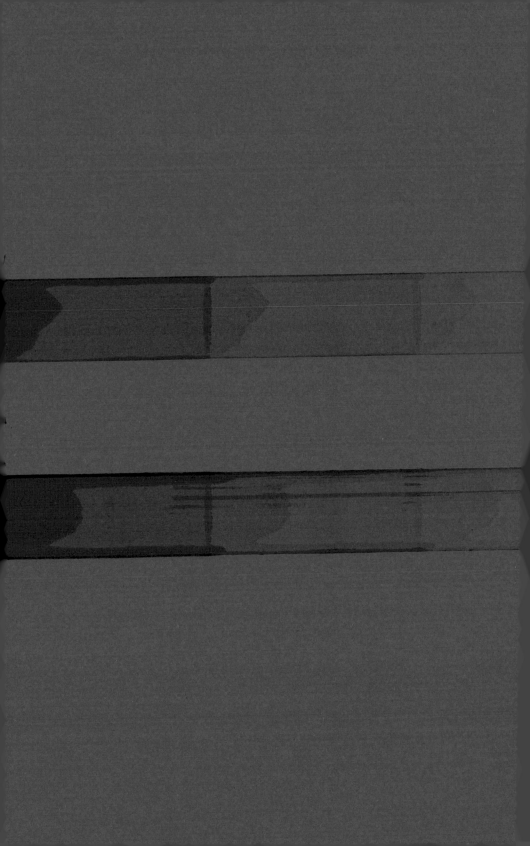

방법에 반대한다

그린비 크리티컬 컬렉션 04

방법에 반대한다

파울 파이어아벤트 지음 | 정병훈 옮김

그린비

목차

제4판에 대한 서론
—이언 해킹[*]

"『방법에 반대한다』(*Against Method*, 이하 AM)는 책이라기보다는 하나의 사건이다."[1] 이 책이 1975년 출간되었을 때, 우리는 그렇게 느꼈다. 파이어아벤트는 젊은 세대가 흠모하는 반면, 기성세대는 혐오하는 것으로 유명했다. 격동의 60년대의 영향이 잠잠해져 가고 있을 무렵, 그 소요에 대한 지적 증거물이 하나 출현한 것이다. 이것은 철학의 우드스탁이라 할 만했다. 이제 우리는 이 책을 두 가지 방식으로 읽어야 한다. 그중 하나는 그 시대의 일부로서 읽는 것이고, 다른 하나는 지적

---

[*] 이언 해킹(Ian Hacking) 토론토대학 철학과 명예교수이다. 『역사적 존재론』, 『과학혁명』, 『확률의 출현』 등의 저자로, 2009년 예술과 인문학, 사회과학, 법률, 그리고 신학에서의 뛰어난 학문적 업적에 대해 수여하는 국제 홀베르크 기념상을 수상했다.

[1] 장 라르고가 이 책에 대한 논평 마지막에 쓴 말이다. Jean Largeault, *Archives de Philosophie* 39, 1976, p.389. 이 에세이는 그 시대의 대부분의 영어권 논평들보다 가장 엄격한 프랑스 과학철학자들에게 훨씬 더 통찰력 있는 것으로 여겨졌다.

인 삶에 대한 장기간에 걸친 기여로서 읽는 것이다.

이 책에는 여러 가지 매력적인 부분이 있다. 첫째는 '주요 논증에 대한 스케치'를 담은 분석적 색인이다. 이것은 오늘날 학문적 저널에서 필요로 하는 유형의 기계 판독이 가능한 초록이 아니다. 파울 파이어아벤트는 그 자신의 명료한(그리고 우아한) 문장으로 그가 흥미롭다고 생각하는 것을 각 장별로 **당신**에게 얘기해 준다. 그렇다. 당신이 몇 장을 빼고 읽거나, 혹여 뒤에서 앞으로 거꾸로 읽는다고 해도 아무 상관없다. 그렇다고 당신이 이 책을 한 문장씩 차례로 읽지 말아야 한다는 말은 아니다. 히치하이킹 하면서 갖고 타든가, 청강하는 데 들고 가거나, 서리한 토마토를 아삭아삭 씹어 먹거나, 폭풍을 피하는 동안 잠깐씩 읽을 수 있다는 것도 어떤 책의 커다란 장점일 수 있다. 당신은 한 가지 아이디어를 골라서, 그것을 추적해 분석적 색인 속에 재배치할 수도 있다. 당신이 그런 버릇을 가졌다면, 당신은 충고를 갈겨 쓸 수도 있는 페이지에 대해서 시종 물리적 관계를 가질 수 있다.

나는 '이 책'이라고 말하고 있다. 그것은 이중으로 잘못이다. 첫째, 파이어아벤트가 솔직히 말하는 바와 같이, "AM은 책이 아니다. 그것은 콜라주이기"[2] 때문이다. 둘째, 콜라주가 하나만 있었던 것이 아니기 때문이다. 1975년에 첫 번째 판이 나왔고, 전면적으로 개정된 1988년 판이 있었다. 그리고 1993년에 제3판이 나왔고, 이번에 또 재간행되었다. 앞선 출판물인 1975년의 콜라주가 1988년 판보다 훨씬 단정해

---

2 Paul Feyerabend, *Killing Time*, Chicago, 1955, p.139. [『킬링타임』, 정병훈 옮김, 한겨레출판, 2009.]

보이지만, 1988년 판은 이전 판에 비해서 훨씬 명료하게 편집된 콜라주이다. 파이어아벤트는 계속해서 텍스트를 수정하였는데, 가장 커다란 변화는 1988년 판에 있었다. 나는 그중 몇 가지를 아래에서 언급하겠다. 아래 「제3판에 대한 서문」에서 기술한 대로, 그가 행한 최종적인 수정에 대해서 그는 전혀 옳게 말하지 않았다. 그렇다. 그는 1975년 판에는 없었던 1988년 판의 제20장에 대한 언급을 빠뜨렸다. 그것은 객관성과, 과학적인 것이든 그 외의 것이든 어떤 대상의 구성에 대한 것이다. 1988년 판 제19장('과학이 왜 그렇게 위대한가?')은 상당히 확장되었다. 그는 1975년 판의 제17장을 기본으로 1988년 판을 위해서 제16장을 다시 썼다고 말한다. 이 말은 틀린 말이다. 그가 한 일은 거기서 6쪽 정도를 잘라 낸 일이 전부이다. 공약불가능성에 대한 논의였는데, 그것은 그가 「제3판에 대한 서문」에서 말한 것처럼 그가 1993년 사망할 때까지 작업하던 문제였다. 또한 그는 상대주의에 대한 후기를 추가하였는데, 그것 역시 그가 두고두고 곱씹은 주제이다.

세 책 모두 결국 출판사가 같다. 왜냐하면 버소(Verso) 출판사는 애초에 뉴레프트북스로 시작했기 때문이다. 파이어아벤트는 뉴레프트북스와 작은 다툼을 벌인 일이 있다 ── 뉴질랜드의 파이어아벤트가 런던의 임레 라카토스(Imre Lakatos)에게 보낸 불만스러운 전보를 포함해 그에게 보낸 재미난 편지들을 보라.[3] 1988년판 서문에서 파이어아벤트는 개괄적인 방식으로 그가 1975년 판에 보탠 것, 재배열한

---

3 *For and Against Method: Imre Lakatos and Paul Feyerabend*, ed. Matteo Motterlini, Chicago, 1999, p.290.

것, 잘라 낸 것을 알려준다. 나는 그가 그렇게 고친 것이 잘한 일이라고
는 생각하지 않는다.

임레 라카토스에게

1975년 판에는 '임레 라카토스, 친구이자 동료 아나키스트에게'라는
헌정사가 있었다. 그것이 1988년 판에서는 삭제되었다. 라카토스가
1974년 급작스럽게 사망하였기 때문에, 그것은 이상한 일은 아니었
다. 1975년 판에는 실제로 아무것도 쓰지 못했지만, 라카토스의 똑같
이 열렬한 화답을 동시에 담아서 그 책을 간행하려고 한다는 감동적
인 문구가 있었다. 1988년 판에는 파이어아벤트가 그 생각을 더 장황
하지만 그다지 효과 없는 서문 속에 담았다. 여기서 그는 새로 끼워 넣
은 재미없는 문장으로 그의 헌정사를 반복했다.

"그러므로 나는 훨씬 쓸쓸한 우리 공동 작업의 이 두 번째 버전을
그에 대한 기억에 바친다." 1975년 판의 서문 — 빈 페이지에 대한 헌
정이 또 다른 빈 페이지에 대한 간결한 문구로 이어지는 것 — 은 보
다 감동적이지만, 역시 지적으로 말하고 있다. 또 내가 보기에 그것은
그렇게 사라졌다. 물론 출판사는 첫 번째 판을 출간하지 않고 마지막
판을 출간한다. 다행스러운 것은 출판사에서 최근 1975년 판을 최근
온라인상에 올려 두었다는 것이다.

한 가지 근본적인 차이는 1975년 판에 아이러니하게도 '동료, 아
나키스트'라는 부제를 달고 라카토스에 대해 제16장에서 길게 썼다는
점에 있다. 그것이 1988년 판에서는 삭제되었고, 그 장에 대한 분석적

색인은 앞 장에 대한 간단한 각주 정도로 축소되었다.[4] 우리는 적절하긴 하지만 아무런 열정이 없는 논문으로 다른 곳에서 간행된 것을 참고할 수 있다.[5] 따라서 1988년 책은 파이어아벤트가 1975년 판에서 붙인 대로, "편지에 쓴 모든 사악한 문구는 상대로부터 더 사악한 답변이 오기를 기대하며 쓰여진"[6] '임레에 대한 긴 사적인 **편지**'가 더 이상 아니다.

라카토스와 포퍼

파이어아벤트는, 첫 번째 책이 간행된 역사적 상황을 제시하기 위해서는 다른 사람이 쓴 서론이 요청된다고 말한다. 다음과 같은 노트는 1975년 이후에 태어난 사람들, 『방법에 반대한다』라고 불리는 사건이 베를린 장벽 붕괴와 같은 전 역사를 거슬러 올라간 어떤 시점이라고 생각하는 사람들을 위한 것이다. 그 책이 임레 라카토스(1922~1974)에게 헌정되었기 때문에, 우리는 그들 사이의 관계로부터 시작할 수 있다. 그렇지만 그것은 내가 나중에 시간을 거슬러 올라가야 한다는 것을 의미한다. 라카토스와 파이어아벤트 사이의 우정을 좀더 깊이 이해하기 위해서, 『방법에 대한 찬반』[7]을 띄엄띄엄 들추어 보자. 그것은

---

4 이 책의 292쪽 제15장 각주 11.
5 Paul Feyerabend, "The Methodology of Scientific Research Programmes", *Problems of Empiricism: Philosophical Papers II*, Cambridge, 1981, pp.202~231.
6 Paul Feyerabend, *Against Method*, New Left Books, 1975, p.7(번호 없음).
7 각주 3을 볼 것.

1967년부터 1974년, 그 두 사람 사이에 정확히 『방법에 반대한다』가 모습을 형성하던 시기에 쓰인 제멋대로이고, 불손하며, 그러면서도 약삭빠른 내용의 편지들을 250쪽이나 담고 있다.

부다페스트에서 교육을 받은 라카토스는 격동의 젊은 시절을 보냈다. 제2차 세계대전 말엽에 그는 헝가리 파시즘에 대항하는 공산주의 저항군에서 세포조직을 이끌었다. 그는 당에서 영향력 있는 인물이 되었으나, 실각하여 투옥되었다가 풀려났고, 1956년의 저항이 실패로 끝나자 헝가리를 떠났다. 그는 케임브리지 대학으로 왔고, 그의 박사 학위 논문은 『증명과 반박』이라는 제목으로 출간되었다. 통상 철학이라기보다는 교육학으로 여겨지긴 하지만 이 책은, 수학의 철학에 대한 가장 독창적인 20세기의 기여라고 할 수 있다. 이후 과학철학으로 전향한 그는, 칼 포퍼가 지배하는 런던대학 정경학부에 1960년 정착하였다.

현장의 과학자들에게 포퍼 이상으로 존경받는 과학철학자는 없었다. 그의 좌우명이자 명언은 '추측과 반박'이었다. 과학은 가설-연역적이다. 과학자들은 추측을 꾸며 내고, 그것들의 논리적 귀결을 테스트한다. 하나의 명제는 그것이 반증가능한 경우, 오직 그런 경우에만 과학적이다. 그렇지 않으면 그것은 '형이상학적'이다. 그것은 논리실증주의자들이 말하듯이 의미 없거나 쓸모없는 것이 아니다. 다만 그것이 테스트 가능한 어떤 것으로 가공되기 위해서는 명료화, 변증법적 분석, 깊은 성찰이 필요하다. 파이어아벤트는 여러 차례 포퍼가 과학적 방법이란 존재하지 않는다는 말로 그의 강의를 시작하였다는 사실을 상기시켰다. 그리고 나서 (파이어아벤트는 말하기를), 그는 다른 방향으로 나가기 시작해서, 결과적으로는 추측과 반박의 방법을 명확히 진술하곤 하였다.

1969년 라카토스는 포퍼의 자리를 물려받았다. 그는 '과학연구프로그램의 방법론'을 창안했는데, 이는 라카토스 자신의 용어로 표현된 것이었고, 합리성과 과학의 본성에 대한 포퍼의 탐구로부터의 발전적인 문제 변이였다. 라카토스는 '포퍼 세미나'의 전통을 이어 가면서, 학기 동안 매주 일을 벌였던 것이다. 그 세미나는 포퍼와 라카토스, 두 사람의 지도 아래 벌어지는 학문적 대결로 유명했다. 초청 인사는 발표시간이 채 10분도 지나지 않아 격렬한 비판의 대상이 되곤 했다. 많은 사람들이 적대감이라고까지 느꼈던 그 경험을 혐오하고 두려워했는데, 어떤 사람들은 그 분위기를 즐겼다. 파이어아벤트는 후자였다. 나는 라카토스와 파이어아벤트, 그 두 사람이 처음 만난 것이 언제인지 알지 못한다. 아마도 1960년대 초기가 아니었을까 싶다. 그들 사이에 서신 왕래가 시작된 1967년 무렵, 그들은 이미 영혼이 통하는 사이가 되어 있었다.

1965년에 라카토스는 런던에서 중요한 모임을 조직했는데, 이는 토머스 쿤의 『과학혁명의 구조』(*The Structure of Scientific Revolution*, 1962)에 대한 첫 번째의 주요한 집단적 반응이었다. 이미 간행되었거나 작업 중에 있는 쿤의 저작에 대한 보수적인 비판들이 많이 있었다. 그러나 그 모임의 중핵은 포퍼주의와 '포퍼 이후'의 관점에 대한 과격한 비판이었다. 라카토스는 그 학술모임의 의사록이 모임이 끝난 다음에 작성되는 것이 좋겠다고 생각했다. 참여한 저자들이 거기서 벌어진 논의로부터 배울 수 있기 때문이다. 그 학술모임에서 발표된 지루한 논문들은 그런 논문들이 통상 그렇듯 지금은 잊혀진 세 권짜리 책으로 출판되었다. 그러나 그 모임의 결론은 기념할 만한 책인 『비판과 지식의 성장』에 담겼다.[8]

여기엔 파이어아벤트, 쿤, 포퍼, 툴민의 글, 그리고 라카토스의 새로운 방법론에 대한 첫 번째 일관된 진술 ── 이것이 그 책의 거의 절반을 차지한다 ── 이 실려 있다. 파이어아벤트는 각주에서 그 책에 실린 자신의 논문 「전문가를 위한 위안」이 1967년 포퍼 세미나에서 발표된 것인데, 그것은 나중에 라카토스에게 보낸 편지를 통해서 결론을 내리려고 하였고, 1968년에 여전히 다시 작업을 진행 중에 있었다고 밝혔다. 하지만 어떤 것이 진행 중이었고, 어떤 것이 최종 작업인지는 분명하지 않다. 그는 "쿤에 대해 쓴 논문"[9]에 대해서 말하고, 6주 후에는 "최근의 반-파르메니데스 논문"[10]에 대해서 말했는데, 서신 왕래의 편집인은 그 두 논문을 모두 「전문가를 위한 위안」과 동일한 것으로 여긴다. 첫 번째 글에 대한 후기에서 그는 자신의 반-쿤 논문을 수전 손택의 『반-해석』[11]에 비유하여 '반방법'(Against Method)으로 부를 것을 고려했다고 말한다. 그의 자서전에서 파이어아벤트는 "쿤 논문 찬반"[12]에 대해서 언급하고, 「위안」에서 우리는 파이어아벤트의 가장

8 *Criticism and the Growth of Knowledge*, eds. Imre Lakatos and Alan Musgrave, Cambridge, 1970.
9 *For and Against Method*, p.120.
10 Ibid., p.129.
11 Ibid., p.125.
12 *Killing Time*, p.128

유명한 발언 "무엇이라도 좋다"[13]를 확실히 발견한다. 그는 이미 1970년에 「반방법: 무정부주의적 인식론의 개관」이라고 제목이 붙은 논문을 1970년에 간행하였다. 이것은 실제로 1975년 간행된 책에 대한 예비적인 버전이었다.[14]

이제 1952년까지 20여 년간을 거꾸로 조명해 보면, 파이어아벤트는 비엔나(빈)에서 비트겐슈타인 밑에서 공부하기 위해 케임브리지로 갈 준비를 하고 있었다. 비트겐슈타인은 그해 사망했고, 그래서 파이어아벤트는 런던정치경제대학(LSE)에서 포퍼와 일하기 위해 영국으로 갔다. 그의 자서전 『킬링 타임』은 영어권에서 어떻게 그가 빨리 명성을 쌓았으며, 1958년 가을에 그가 자리를 잡았던 버클리에서 교수직을 제안받았는가를 보여 준다. 어떻게 미국이, 영국에선 결코 불가능했던 방식으로 그의 인생을 열어 주었는지를 말이다.

쿤과 파이어아벤트

파이어아벤트는 자서전에서 그와 함께 머지않아 세계를 떠들썩하게 만든 공약불가능성이라는 관념을 만들어 내게 한 토머스 쿤과의 진지한 대화를 시작하였다는 사실을 언급조차 하지 않는다.[15] 그가 공약불

---

13 "Consolations for the Specialist", *Criticism and the Growth of Knowledge*, pp.197~230, p.229에 있음.

14 Paul Feyerabend, "Against Method: Outline of an Anarchistic Theory of Knowledge", *Minnesota Studies in the Philosophy of Science* 4, 1970, pp.17~130.

15 그러나 쿤에 대한 찬반 논문 「위안」(각주 13을 볼 것) p.197에서 "1960년과 1961년에 쿤이 캘리포니아 버클리 대학의 철학과의 구성원이었을 때, 나는 그와 함께 과학의 다양한 국면에

가능성에 대한 그의 생각을 N. R. 핸슨의 탁월한, 그러나 이제 대부분 잊고 있는 『발견의 유형』과 연계시키는 것은 옳다. 그 책은 관찰진술이 이론-부하적인 것이며, 따라서 이론의 변화는 관찰보고가 갖는 의미조차도 변화시킬 수 있다는 것을 함의한다고 주장한다.[16] 그러나 그는 '1960년 전후'[17]에 쿤의 『과학혁명의 구조』초고를 읽었다. 한 인간으로서의 쿤은 자서전의 마지막 부분에까지 언급되지 않다가, 끝부분에 가서야 '나의 오랜 친구'[18]로 언급된다. 그 자서전에는 취리히의 한 카페에 두 사람이 나란히 앉아 있는 사진이 실려 있다.

물론 다른 저작에서 그는 쿤을 LSE학파를 제외하고 과학에 관한 가장 중요한 사상을 가진 인물로 인정한다. (곡예 비행을 하던 핸슨은 1967년 42세의 나이로 비행기 충돌 사고로 사망하였다.) AM의 제3판 서문에서 우리는 드디어 그가 쿤의 '대작'에 대해서 말하는 것을 발견하게 된다. 반대로 그의 자서전에서 파이어아벤트는 한때는 논리실증주의자였던 루돌프 카르나프(Rudolf Carnap)와 허버트 파이글(Herbert Feigl)과 같은 인물에 대해 여러 가지 사실을 말하고 있는데, 그들은 독일어권에서 온 다른 이민자들과 망명자들과 함께 미국 철학의 모습을 영원히 바꾸어 놓았다. 다른 곳에서는 그는 비엔나 학파에 대해서 매우 무례하게 말했다. 1988년 중국어판 서문에서 '신실증주의의 설치

대해서 토론하는 행운을 누렸다. 나는 이러한 토론에서 얻은 것이 엄청나게 많다. 나는 그때부터 과학을 새로운 방식으로 바라보게 되었다"는 진술로부터 시작한다.

16 N. R. Hanson, *Patterns of Discovery*, Cambridge, 1958.
17 *Killing Time*, p.141.
18 Ibid., p.162.

류'라고 말하는 것을 어쩌겠는가?[19] 쿤과 파이어아벤트는 인간성이 아주 달랐다. 그중 한 가지는 두 형용사로 가장 잘 표현할 수 있는데, 그것은 맥락을 생각하지 않으면 거들먹거리는 것처럼 들릴 수도 있다. 쿤은 완강하고, 파이어아벤트는 변덕스럽다. 공약불가능성은 쿤의 생애 나머지 부분을 괴롭혔다. 그는 미간행된 문건들을 남겼는데, 내가 판단하건대, 그것은 언어학자와 인지과학자들이 좋아할 공약불가능성 이론을 산출하려는 시도로서 방향을 잘못 잡은 것이다. 파이어아벤트는 고대의 아주 오래된 그리스의 사고 체계들 사이의 공약불가능성에 대한 그의 특이한 설명을 즐겨했다.

무엇이라도 좋다

파이어아벤트는 그 자신이 한 말 때문에 영원히 시달릴 것이다. '무엇이라도 좋다'라는 악명 높은 경구에 대한 책임은 전적으로 그에게 있다. 중국어판 서문에서 그는 그것이 "역사를 주의 깊게 살펴본 한 합리주의자의 겁에 질린 절규"라고 말한다. 그러나 그는 때때로 겁에 질려서가 아니라, 기꺼운 마음으로 라카토스의 방법론조차 파이어아벤트의 반-방법론인 "무엇이라도 좋다'의 입장"을 공유한다고 말한다.[20]

　그 경구가 자주 반-과학적인 것으로 여겨지기 때문에, 뉴에이지

---

19 혹시라도 당신이 파이어아벤트가 이 욕설과 같은 용어를 통해서 비엔나 학파를 의미했을 리가 없다고 생각한다면, 여기서의 문구를 *For and Against Method*, p.45에 있는 라카토스에게 보낸 편지 속의 도표와 비교해 보라.
20 Ibid., p.229.

의 장황한 말투의 한 종류로 간주되기 때문에, 우리는 파이어아벤트가 단 한순간도 과학적 방법을 제외하고 어느 것이라도(그것이 어떤 것이든) '통한다'는 것을 의미하지 않았음을 강조해야 한다. 그는 다양한 과학의 수없이 많은 방법을 포함해서 많은 성공적인 방법이 '통한다'는 것을 의미했다. 또한 그는 그 자신과 같은 반-합리주의자는 그가 반대하는 합리주의자를 혼란스럽게 만들기 위해서 합리주의적 논변을 사용할 자격이 있음을 의미할 수 있다. 그가 싫어하는 것은 모든 종류의 지적인 혹은 이데올로기적인 헤게모니이다. 그가 선호하는 스타일은 다다(Dada)지만, 그가 좋아하는 텍스트는 밀의 『자유론』이다. 진리와 이해를 포함하여 어떤 목표를 추구하는 외곬 정신은 위대한 보상을 받을 수 있다. 그러나 만일 단일한 시각이 당신이 보는 것을 진리, 즉 하나의 유일한 진리라고 생각하게(혹은 깨닫게) 만든다면 그것은 어리석음이다. 따라서 정반대의 자극적인 격률 '무엇이라도 좋다'가 필요해진다.

아나키즘과 다다

한동안 파이어아벤트는 라카토스가 부여한 '무정부주의자'라는 딱지를 즐겁게 받아들였다. 1970년 10월 10일 그는 라카토스에게 편지하면서, 자신이 『방법에 반대한다』의 서문에 "나는 사고에서의, 우리의 개인적인 삶에서의 무정부주의를 지지한다. 그러나 공공의 삶에 있어서는 그렇지 않다"고 쓸 것을 고려 중이라고 썼다.[21] 그는 그 생각을 그대로 실행하지 않았다. 오히려 더 좋게 표현했다. 1975년에 『방법에 반대한다』는 '무정부주의적 인식론의 개관'이라는 부제가 붙게 되었다. 그렇다. 내가 잠시 후에 인용하려고 하는 구절을 포함하여 부제에 대한 각주를 가지고, '무정부주의'라는 용어에 대한 설명으로 독자를 이끌려고 했다.

그 부제는 1988년 포기됐지만 서론에서의 무정부주의에 대한 초반 논의는 거의 같았다. 더욱이 부제에 대한 그 각주는 1988년 판에서는 어느 정도 이곳 저곳을 뜯어다 붙였지만, 삭제된 한 장을 가리킨다. 그 장에서 중요한 부분은 다다와 지적인 무정부주의 사이의 관계에 대한 논의이다. 부제에 대한 그 각주는 또한 1975년 판 서론에 있는 매우 긴 각주 12를 가리킨다. 파이어아벤트는 1972년 8월 7일 라카토스에게 보낸 편지에 이 내용을 썼다.[22] 1988년 판에는 삭제되었지만, 나는 여기서 그것을 인용할 것이다.

내 작업에 대해 '무정부주의'라는 용어를 선택하면서 나는 단순히 일반 용법을 따랐다. 그러나 과거에 실천된 적이 있는 것으로서, 또한 오늘날 계속 수많은 사람들이 점점 더 실천하는 것으로서의 무정부주의는 아직 내가 지지할 준비가 되어 있지 않은 특징을 가진 것이다. 그것은 (어떤 특수한 집단에 속하는 사람들의 삶과 행복을 빼고는) 인간의 삶과 인간의 행복

21 Ibid., p.219.
22 Ibid., pp.294~295.

을 별로 돌보지 않는다. 그것은 정확히 내가 가증스럽게 생각하는 종류의 청교도적인 헌신과 진지함을 담고 있다. (콘벤디트와 같은 일부의 아름다운 예외도 있다.[23] 하지만 그것은 소수이다.) 내가 이제 다다이즘(Dadaism)이라는 용어를 더 좋아하는 것은 바로 이런 이유 때문이다. 다다이스트는 사람은커녕 파리 한 마리도 죽이지 않는다. 다다이스트는 진지한 작업에 전혀 감동받지 않는다. 그는 사람들이 웃음을 그칠 때마다 낌새를 채고, 그 태도와 그러한 얼굴 표정이 무엇인가 중요한 것이 얘기될 것임을 나타낸다고 가정한다. 다다이스트는 우리가 사물들을 **가볍게** 다룰 때, 그리고 우리가 우리의 말에서 심오하지만 수세기에 걸쳐서 누적된 이미 악취가 나는 의미들('진리에 대한 추구', '정의의 수호', '열정적인 관심' 등등)을 제거할 때, 가치 있는 삶이 생성된다고 확신한다. 다다이스트는 변화와 실험과정이 의문의 여지가 없는 (예를 들면, 언어의 근본 기능) 영역에서조차 즐거운 실험의 시작을 준비한다. 나는 그 팸플릿[24]을 읽음으로써 독자들이 나를 진지한 무정부주의자가 아니라, 경솔한 다다이스트로 기억하게 되기를 희망한다.

---

23 다니엘 콘벤디트(Daniel Marc Cohn-Bendit)는 1968년 5월의 파리 학생 봉기에서 중심적인 인물이었다. 그는 드골파와 공산주의 좌파 모두에 의해서 한결같이 맹렬한 비난의 대상이 되었다. 1970년대에 그는 무정부주의 성향의 독일어 잡지를 편집했는데, 그것은 점차 환경보호 정치를 향했다. 1994년 그는 프랑스 녹색당원으로서 유럽의회 의원으로 선출되었고, 1999년에는 녹색당의 지도자가 되었다. 2009년 6월 유럽의회 선거에서 그는 프랑스 유권자들에게 굉장한 인기를 얻었다. 우파는 그를 이민자들을 우대하고, 마약에 대한 벌금을 완화하고, 일반 복지주의 정책을 취한다고 경멸하였다. 반면에 좌파들은 이전의 유고슬라비아에 대한 그의 무장 개입 정책과 유럽연합에 대한 그의 강력한 지지를 증오하였다.

24 그 '팸플릿'은 물론 『방법에 반대한다』이다. 이것은 파이어아벤트가 라카토스에게 편지를 쓸 때마다 사용했던 낱말이다. 그는 그 낱말을 그의 책에 쓸 때 그 문구를 온전히 남겼다.

그러므로 우리는 그를 다다이스트로 기억하도록 하자. 라카토스는 다다이스트가 파리 한 마리도 죽이지 않는다는 주장에 반대한다. 다다이스트는 때때로 그것이 두 가지 악 중에서 덜한 것일 때 해를 끼친다. 라카토스는 의심할 바 없이 저항군의 투사였던 그 자신의 과거의 논쟁적인 사건을 염두에 두고 있었다. 당시 그는 그의 세포조직으로 하여금, 만일 잡히면 그 집단을 위태롭게 할 한 젊은 여성에게 독약을 먹으라고 명령하도록 만들었다. 파이어아벤트는 라카토스의 비판을 받아들인다고 말했다. 그러나 나는 그 논변이 파이어아벤트의 각주의 내용을 손상시키지는 않는다고 생각한다. 오히려 다다로는 충분치 않는 시점이 있을 수 있음을 보여 준다고 여겨진다. 파이어아벤트는 전쟁에서 육체적으로 부상을 당했지만 정신적으로는 손상을 입지 않음으로써 정신적인 성공을 얻을 수 있었다. 그는 그의 삶을 통해서 한 가지 종류의 다다를 실천할 수 있는 특권을 누렸다. 그러나 다다가 무관심이 아니라 열정을 함의한다고 주장하는 것이 중요하다. 그의 마지막 저작인 『풍요로움의 정복』을 예고하려고 의도된 '독자에게 보내는 편지'를 인용하는 것은 이것을 이해하는 데 도움이 될 것이다.[25]

파이어아벤트의 마지막 편지

독자들에게

---

[25] 그 편지는 그라지아 보로미니 파이어아벤트에 의해 1999년 10월 11일에 어떤 디스크에서 발견되었다. *London Review of Books*, p.28에 2000년 6월 22일 처음 실렸다.

이제 여러분은 여러분에게 아마도 친숙할 스타일로 작성된 한 가지 이야기를 몇 쪽 발견하게 될 것이다. 거기에는 사실들과 일반화, 그리고 논변과 많은 각주들이 등장한다. 달리 말해서, 여러분은 (그렇게 뛰어난 것은 아닐 수 있지만) 학문적인 에세이의 한 사례를 발견하게 될 것이다. 따라서 어떤 진리를 전달하거나 확립하는 것이 내 의도가 아님을 여러분들에게 알려놓고 싶다. 내가 하고자 하는 것은 여러분의 태도를 바꾸어 놓는 일이다. 나는 여러분이 행동거지가 얌전한 사물들과 과정들의 질서 잡힌 정돈에 주목했던 곳에서 혼돈을 감지하기를 바란다. 단 한 가지의 트릭만이 나를 내 출발점 ──내가 방금 언급한 각주 투성이의 에세이── 으로부터 벗어나서 내가 여러분 독자들이 도달했으면 하는 지점에 도달하게 할 수 있음이 분명하다.

나의 트릭은 그것들이 일어나도록 했던 환경을 해체하는 사건을 제시하는 것이다. 그 환경이 주어져 있을 때, 그 사건들은 불합리하고, 전례가 없으며, 놀라운 사건이다. 그것은 전혀 이해되지 않는다. 나는 그 환경을 자세히 들여다보고, 그러한 사건에 대한 기대라고 여겨질 수 있는 특징들을 발견할 것이다. 그 특징들은 알려지지 않은 것이다. 그것들은 감추어지지도 않았다. 그러나 그것들은 여러 가지 방식으로 읽힐 수 있고, 단지 몇 가지 독해만이 어려움을 낳는다.

따라서 비합리성은 미리 주어지는 것이 아니다. 어떤 특정한 방식으로, 삶에 의해 만들어지는 것이다. 그리고 그것은 파괴적인 사건을 만드는 사람들에 의해서 지각된 감각이다. 흥미로운 것은 양쪽이 모두 같은 재료를 사용한다는 점이다. 그들은 같은 삶에서 시작하지만 이내 각기 다른 방향으로 나아간다. (몇 년 후나 수세기 후에 '실제로 어떤 일이 일어났는가'를 알아

내려는 학자들에게도 이는 적용된다.)

나는 우리가 이끌어 가는 삶이 모호하다고 결론 내린다. 그것은 하나의 미래만이 아니라, 여러 가지의 미래를 담고 있고, 그것은 미래를 미리 만들어진 것으로도, 어떤 방향으로도 바뀔 수 있다는 가능성도 담고 있지 않다. 그것은 영화 혹은 특별하게 구성된 드라마와도 구별되지 않는다. 어떤 연극을 상상해 보라. 연극은 약 40분간 진행된다. 당신은 등장인물들을 알고 있고, 그들 개인의 특징에 친숙하며, 그들 특유의 버릇에 이미 지루해져 있다. 이제 그들이 자신들의 친숙한 제스처를 보이며 당신 앞에 선다. 그리고 아무런 재미있는 일도 일어날 것 같지 않다. 작가가 사용하는 꼼수로 말미암아, 갑자기 당신이 지각하는 '실재'는 하나의 키메라로 변한다.(알프레드 히치콕, 안소니 샤퍼, 그리고 아이라 레빈은 이러한 종류의 전환의 명수들이다.) 과거를 돌아보며 당신은 이제 사물들이 여겨졌던 모습 그대로가 아니라고 말할 수 있고, 미래를 전망하면서 마음속에 갖고 있는 경험으로 말미암아 당신은 무대에서든 그 밖에 다른 곳에서든 모든 명료하고 명확한 계획을 의심스럽게 여기게 될 것이다. 또한 당신의 의심은 처음 이야기가 견고할수록 더 커질 것이다. 이것이 내가 나의 출발점으로 학문적인 에세이를 고른 이유이다.

이러한 의심이 하나의 진리, 혹은 하나의 이론, 예를 들어 원리를 가진 이론으로 악화되지 않도록 해야 한다는 것이 매우 중요하다. 사물들은 결코 여겨지는 모습 그대로가 아니다. 실재, 혹은 존재, 혹은 신, 혹은 우리를 존속하게 하는 것은 무엇이든 그렇게 쉽게 포착되지 않는다. 문제는 왜 우리가 그렇게 자주 혼돈에 빠지는가 하는 것이 아니라, 왜 우리가 유용하고 이해에 도움이 되는 지식을 가지고 있다고 생각하는가 하는 것이다.

당신은 또한 그러한 태도에 대해 잘 확립된 이름, 예를 들어 상대주의라는 이름을 부여함으로써 내가 말하는 것을 분류하려는 유혹에 저항해야 한다. 철학자와 사회학자들이 정의하는 상대주의는, 그것이 일시적인 키메라라거나 주먹구구라고 간주되지 않는 한, 그 상황에 들어맞기에는 너무나 명확하다. 당신은 영원한 진리의 존재에 대한 부정이 인생이라는 극장을 찾는 사람들에게 주어지는 주의 깊은 힌트라는 것을 반복해 의미하지 않는다면, 그 영원한 진리의 존재를 부정할 수도 없다. 논변이 아무런 목적이 없다고? 아니다. 그렇지 않다. 그것은 우리의 여행을 정해진 길에 묶어 놓지 않으면서 우리와 같이 간다. 무슨 일이 벌어지고 있는지를 알아낼 방법이 있는가? 여러 가지 방법이 있고, 그것이 모든 것을 아우르는 안정된 틀의 일부라고 자주 믿으면서도 우리는 늘상 그것들을 사용한다. 이것과 비슷한 태도 혹은 관점에 대한 이름이 있는가? 그렇다. 만약 이름이 그렇게 중요하다면, 나는 쉽사리 한 가지 ──신비주의── 를 제공할 수 있다. 그것 자체를 의식 속에 떠올리는 사례, 논변, 엄격하게 추리된 텍스트의 구절, 과학적 이론과 실험이 신비주의지만.

나의 친애하는 독자여, 이것이 내가 여러분이 때때로, 특히 이야기가 너무나 명확해서 그것이 명료하게 생각되고, 정확히 구조화된 관점으로 변하기 시작할 때에 기억하기를 바라는 충고이다.

서문

내게 가장 좋은 친구였던 임레 라카토스는 1970년 한 파티에서 나를 붙잡고는 이렇게 말했다. "파울, 너는 그렇게 희한한 생각을 가지고 있는데 말이야, 왜 그것을 쓰지 않는거야? 나는 네 얘기에 대한 답변을 쓸게. 우리는 그 전부를 출판하는 거야. 장담하는데, 엄청나게 재미있을 거야." 나는 그 제안을 좋아라 했고, 일을 시작했다. 내가 쓸 부분에 대한 초고는 1972년에 완성되어 런던으로 보냈는데 거기서 원고가 매우 미스터리한 상황에서 사라져 버렸다. 드라마틱한 제스처를 즐기는 임레 라카토스는 내 원고가 사라진 사실을 인터폴에 알렸고, 실제로 인터폴이 내 초고를 찾아 내게 다시 보내 주었다. 1974년 2월, 개정판을 완성한 지 불과 몇 주일이 지나지 않아, 나는 임레의 죽음을 알게 되었다. 나는 그의 답변 없이 우리의 공동 작업 중 내 부분만을 출간하게 되었고, 1년이 지난 후 추가적인 재료와 비판에 대한 답변을 담은 두 번째 책, 『자유사회에서의 과학』을 출간했다.

이 역사가 이 책의 형식을 설명해 준다. 이 책은 체계적인 저작은 아니다. 이것은 친구에게 보낸 편지이고, 그의 별난 성벽(性癖)에 대해 말한 것이다. 예를 들어, 임레 라카토스는 합리주의자였다. 따라서 합리주의는 이 책에서 중요한 역할을 한다. 또한 임레 라카토스가 포퍼를 칭송하다 보니 포퍼는 그가 갖는 '객관적 중요성'이 인정하는 것보다 훨씬 자주 등장한다. 그는 농담조로 나를 아나키스트라고 불렀다. 그리고 나는 아나키스트의 가면을 쓰기를 거부하지 않는다. 결국 임레 라카토스는 진지한 반대자들을 농담과 역설 등으로 당황하게 만드는 일을 좋아했는데, 나 역시 때때로 역설적인 문맥에서 썼다. 한 예가 제1장의 마지막 부분이다. '무엇이라도 좋다'는 내가 주장하는 원리가 아니다. 나는 '원리들'이 그것들이 영향을 미치는 구체적인 연구 상황을 떠나서 사용될 수 있고, 생산적으로 논의될 수 있다고 생각하지 않는다 ── 그것은 역사를 가까이서 살펴본 합리주의자의 겁에 질린 절규이다. 첫 번째 영문본 간행 이후에 내가 받았던 많은 빈틈없고 진지하며 장황하고, 철저히 방향을 잘못 잡은 비판들을 읽으며, 나는 임레와의 교류를 떠올렸다. 이러한 감정의 토로를 우리가 함께 읽을 수 있다면, 우리 두 사람은 얼마나 웃었을까.

새로운 판은 『방법에 반대한다』의 부분들과 『자유사회에서의 과학』으로부터 일부 발췌한 부분을 합쳐 놓았다. 나는 더 이상 흥미롭지 않은 부분은 빼 버리고, 갈릴레오의 시도에 관한 장과 지식이 복합적인 역사적 과정의 일부라는 사실에 의해 요구되는 실재의 개념에 관한 장을 추가하였으며, 실수들을 제거하였고, 가능한 한 논증을 짧게 하였으며, 그것의 몇 가지 초기 성격으로부터 벗어나고자 하였다. 나는 두 가지 논점을 다시 세우고자 한다. 첫째, 과학은 그 스스로의 역량으로 확립될 수 있고, 합리론자들, 세속적인 휴머니스트, 마르크스주의자들, 그리고 유사한 종교적 운동의 도움을 필요로 하지 않는다는 것이고, 둘째, 비과학적인 문화, 절차, 그리고 가정은 그 자체로서 세워질 수 있으며, 만일 이것이 그 대표자들의 바람이라면, 그렇게 하도록 허용되어야 한다. 과학은 이데올로기로부터 보호되어야 하고, 사회, 특히 민주주의 사회과학으로부터 보호되어야 한다. 이것은 과학자들이 철학 교육으로부터 아무것도 얻을 것이 없다는 말이 아니며, 또한 인류가 과학으로부터 이득을 얻은 적이 없거나 얻을 수 없다는 말도 아니다. 그렇다고 해서 그 이익이 강요되어서는 안 된다. 그것은 검토되어야 하고, 교환의 당사자들의 자유의사로 수락되어야 한다. 따라서 민주적인 과학제도, 연구 프로그램, 그리고 제안들은 대중적인 통제에 종속되어야 하고, 국가와 종교 제도 사이의 분리가 있는 것처럼, 국가와 과학 사이의 분리가 있어야 한다. 또한 과학은 여러 가지 견해들 중 한 가지라고 가르쳐야 하며, 진리와 실재에 다가가는 유일무이한 길이라고 가르쳐서는 안 된다. 그러한 제도적 배열을 배제하고, 그것이 재앙으로 인도되기 쉽다는 것을 보여 주는 것이 과학의 본성 가운데는 없다.

내 논증의 배경이 되는 아이디어들 중 어느 것도 새로운 것은 아니다. 예를 들어, 과학적 지식에 관한 나의 해석은 마흐, 볼츠만, 아인슈타인, 보어와 같은 물리학자들에게는 사소한 것이었다. 그러나 이 위대한 사상가들의 아이디어들이 신실증주의의 설치류들과 그와 경쟁적인 '비판적' 합리주의 교단의 설치류들에 의해서 우리가 알아볼 수 없을 정도로 왜곡되었다. 쿤 이후에 라카토스는 그러한 괴리에 주목하고 그것을 합리성에 대한 복잡하지만 상당히 흥미로운 이론을 통해서 제거하려고 노력한 몇 안 되는 사상가였다. 나는 그가 그 일에 성공했다고 생각하지는 않는다. 그러나 해볼 만한 가치가 있는 시도이다. 과학사에서 흥미로운 결과와 이성의 한계에 대한 새로운 통찰에 도달하였기 때문이다. 따라서 나는 훨씬 쓸쓸한 우리 공동 작업의 이 두 번째 버전을 그에 대한 기억에 바친다.

이 책에서 다룬 문제들과 관련되는 초기의 재료들은 현재 나의 『철학 논문』[1]에 모아져 있다. 『이성이여 안녕』[2]은 서구에서 초기 합리주의의 역사로부터 오늘날의 문제에 대한 적용과 관련된 자료들을 담고 있다.

1987년 9월

버클리에서

---

1 *Philosophical Papars*, 2 vols, Cambridge, 1981.
2 *Farewell to Reason*, London, 1987.

중국어판 서문

이 책은 하나의 논제를 제안하고 그것으로부터 귀결을 이끌어 낸다. 논제는 이것이다.─**과학을 구성하는 사건들, 절차들, 그리고 결과들은 아무런 공통적인 구조를 가지고 있지 않다.** 과학적 탐구에서는 어디서나 발생하는 요소이면서 다른 곳에는 없는 요소란 없다. (안정 상태 우주론의 전복과 DNA 구조의 발견과 같은) 구체적인 발전들은 명확한 특징을 가지고 있으며, 우리는 왜, 그리고 어떻게 이러한 특징들이 성공에 이를 수 있는지를 흔히 설명할 수 있다. 그러나 모든 발견이 같은 방식으로 설명될 수 있는 것은 아니며, 과거에 성과를 올린 절차들이 미래에 적용되었을 때는 큰 혼란을 초래할 수도 있다. 성공적인 연구는 일반적인 기준들을 준수하지 않는다. 그것은 경우에 따라서 각기 다른 묘수에 의존한다. 그것에 진보를 가져왔던 묘수, 무엇이 진보인가를 규정하는 기준이 수를 두는 사람에게 늘 알려져 있는 것은 아니다. 이른바 '코페르니쿠스의 혁명' 혹은 '다윈의 혁명'과 같이 광범위한 관점의 변화는 각기 다른 연구분야에 각기 다른 방식으로 영향을 미치고, 그것으로부터 각기 다른 충격을 받는다. **모든** 과학적 활동에 대한 기준과 구조적 요소들을 고안하고 '이성' 혹은 '합리성'을 언급함으로써 과학적 활동에 권위를 부여하는 과학 이론은 외부자들에게는 감명을 줄수 있겠지만, 그 영역에 있는 사람들, 즉 구체적인 연구 문제를 안고 있는 과학자들이 사용할 도구로서는 너무나 조야한 것이다.

이 책에서 나는 역사적 사례를 통해서 이 논제를 뒷받침하려고 한다. 뒷받침하는 것일 뿐 **정립**시키는 것은 아니고, 다만 그것을 **그럼직하**게 만들 수 있고, 그런 상태에 도달하는 방식이 어떻게 '과학의 본성'에 관한 미래의 진술들을 훼손할 수 있는지를 보여 준다. 어떤 규칙이 있고, 과학에 관한 일반적 진술이 있다면, 그 규칙을 지지하는 사람들이 칭송하는 발전이 늘 존재한다. 그러나 그것은 규칙이 이득보다는 손실을 더 많이 가져온다는 사실을 보여 준다.

이 논제의 한 가지 귀결은 과학의 성공은 단순한 방식으로 설명될 수 없다는 것이다. 우리는 이렇게 말할 수 없다. "사람들이 A, B, C를 했기 때문에 원자핵의 구조가 발견되었다." 여기서 A, B, C는 원자물리학에서의 그들의 용도와는 관련 없이도 이해될 수 있는 절차들이다. 우리가 할 수 있는 일은 사회적 상황들, 우연한 일들, 그리고 개인적인 성향을 포함하여 구체적인 사항들에 대해 역사적으로 설명하는 것이 전부이다.

또 다른 귀결은 '과학'의 성공이 아직 해결되지 않은 문제들을 하나의 표준적인 방식으로 취급하기 위한 논증으로서 사용될 수 없다는 것이다. 그런 일은 오직 특정한 연구 상황으로부터 분리시킬 수 있는 절차들이 있고 그것의 존재가 성공을 보장할 수 있는 경우에만 가능하다. 이 논제는 그러한 절차는 존재하지 않는다고 말한다. 따라서 말하자면 인간 행동을 정량화하는 일을 정당화하기 위해서 '과학'의 성공을 언급하는 것은 아무런 실체 없는 논변이다. 정량화는 몇몇 경우들에서는 작동한다. 그러나 다른 경우들에서는 실패한다. 예를 들어 그것은 모든 과학들 가운데서 가장 정량적인 천체역학(특수 영역, 행성 시스템의 안정성)에서 난점에 봉착하였고, 정성적인(위상적인) 고찰로 대치되었다.

또한 '비과학적' 절차라고 해서 논증을 통해서 배제되지 않는다는 귀결이 도출된다. "당신이 사용하는 절차는 비-과학적이다. 그러므로 우리는 당신의 결과를 신뢰할 수 없고, 연구를 위한 재원을 지원할 수 없다"고 말하는 것은 '과학'은 성공적이며, 과학의 성공은 과학이 균일한 절차를 사용하였기 때문이라는 것을 가정한다. 만일 '과학'이 과학자들이 행하는 일을 의미하는 것이라면, 이 주장의 앞부분('과학은 언제나 성공적이다')은 옳지 않다. 과학에는 수많은 실패들이 있다. 두 번째 부분—성공은 균일한 절차 때문이다—은 그러한 절차가 존재하지 않기 때문에 참이 아니다. 과학자들은 각기 다른 크기와 각기 다른 모양을 가진 건물들을 건축하고, 오직 사건 이후에, 즉 그들이 구조를 완성한 이후에 가서만 평가를 받게 되는 건축가들과 비슷하다. 그것은 뜰 수도 있고, 추락할 수도 있다. 아무도 그 결과를 모른다.

그러나 만일 과학적 성취가 오직 사건 이후에 평가될 수 있고, 과학의 성공을 미리 보장할 수 있는 추상적인 방식이 존재하지 않는다면, 과학적 약속들의 무게를 재는 특수한 방법 또한 존재하지 않는다.

──과학자들은 이러한 문제에 있어서 다른 사람들보다 더 낫지 않다. 그들이 조금 자세히 알 뿐이다. 이것은 대중들도 과학으로 가는, 이미 존재하는 길을 방해하지 않으면서 논의에 참여할 수 있다는 것을 의미한다(그러한 길은 없다). 과학자들의 일이 대중에게 영향을 미치는 경우에, 대중은 그것에 참여해야 한다. 첫째, 대중은 이해 당사자이기 때문이다. (많은 과학적 결정은 대중의 삶에 영향을 미친다.) 둘째로, 그러한 참여는 대중이 얻을 수 있는 가장 좋은 교육이기 때문이다. 과학의 완전한 민주화(그것은 과학자와 같은 소수자들에 대한 보호를 포함한다)는 과학과 충돌하지 않는다. 그것은 어떤 철학과 충돌한다. 그러한 철학은 '합리주의'라고 불리는데, 그것은 차가운 과학의 이미지를 사용하여 과학이 하는 일에 친숙하지 않은 사람들을 공포에 떨게 한다.

내가 제19장에서 암시하고, 그것의 기본적인 논제와 밀접하게 연관된 귀결은 **여러 종류의 과학이 있을 수 있다는 것**이다. 각기 다른 사회적 배경으로부터 출발한 사람들은 세계에 각기 다른 방식으로 접근하며, 그것에 대해서 각기 다른 것을 배운다. 사람들은 과학이 등장하기 이전까지 수천 년을 생존해 왔다. 그러기 위해서 그들은 그들의 주변에 대해서 알아야 했는데, 거기에는 천문학의 요소들도 포함된다. "코아우일라 인디언들이 수천 명 살았어도, 그들은 남캘리포니아의 사막 지대의 자연 자원을 고갈시키지 않았다. 오늘날에는 그 땅에 백인 몇 가족이 겨우 생존한다. 그들은 풍요로운 땅에 살았다. 왜냐하면 이 겉으로 보기에는 완전히 황무지인 영토에서 그들은 식용 가능한 60종 이상의 식물과 마약 성분이 있거나, 흥분제 성분이 있거나, 혹은 의학적 성분이 있는 28종의 다른 식물들을 잘 알고 있었기 때문이다."[1] 유목민의 생활방식을 유지하는 데 필요한 지식은 비과학적인 방식으로 획득되고, 전승되었다.('과학'은 이제 현대 자연과학을 의미한다.) 중국의 테크놀로지는 오랫동안 서구적인 과학의 기반을 갖고 있지 않았지만, 현대적인 서구 테크놀로지를 훨씬 앞선다. 서구 과학이 현재 전 지구를 최고도로 지배하고 있는 것이 사실이다. 그러나 그렇게 된 까닭은 그것의 '고유한 합리성'에 담긴 통찰 때문이 아니다. 그것보다는 파워 플레이(다른 나라의 식민지가 되면 그 나라의 삶의 방식을 강요당하게 된다)와 무기에 대한 수요 때문이다. 서구 과학은 가장 효율적인 살인 도구들을 발명해 왔다. 서구 과학이 없다면 '제3세계'는 기아 상태에 빠질 것이라는 진술은 옳다. 그러나 우리는 초기 형태의 개발로 말미암아 곤란이 줄어드는 것이 아니고, 오히려 새롭게 만들어진다는 말을 첨부해야 한다. 서구의 의학은 기생충과 몇 가지 전염병을 박멸하는 데 도움이 된다. 그러나 그렇다고 서구의 과학이 제공하기에 좋은 것을 가진 유일한 전통임을 의미하지는 않는다. 또한 그것은 다른 형식의 탐구가 어떤 이점도 없다고 말하는 것은 아니다. 제1세계의 과학은 여러 가지 과학 중의 한 가지이다. 그 이상의 것을 주장함으로써 그것은 연구의 한 가지 도구임을 멈추게 된다. 그리고 (정치적인) 압력 그룹으로 변한다. 내 책 『이성이여 안녕』[2]에서 이 문제에 관해 더 많이 논의하고 있다.

1 C. Levi-Strauss, *The Savage Mind*, London, 1966, pp.4f. [클로드 레비스트로스 『야생의 사고』, 안정남 옮김, 한길사, 1996.]
2 *Farewell to Reason*, London, 1987.

내가 이 책을 쓰게 된 주된 동기는 지적인 것이 아니라 인도주의적인 것이었다. 내가 원한 것은 '지식을 진보시키는 것'이 아니라 사람들을 지원하는 것이었다. 전 세계의 사람들은 부분적으로 위험한, 그리고 부분적으로는 동의할 수 있는 환경에서 나름대로 생존하는 법을 발전시켰다. 그들이 말해 준 이야기, 그들이 그들의 삶을 풍요롭게 하기 위해서 참여한 활동들은 그들을 보호하였고, 그들에게 의미를 부여하였다. '지식과 문명의 진보' —— 서구의 방식과 가치를 전 지구의 구석구석까지 밀어붙이는 과정이 그렇게 불리는 것처럼 —— 는 인간의 창의성과 연민의 위대한 산물들을 단 한 번도 그들의 입장에서 살펴보는 일 없이 파괴하였다. '지식의 진보'는 여러 곳에서 정신을 살해하는 것을 의미하였다. 오늘날 낡은 전통이 되살아나고, 사람들은 그들의 삶을 그들의 선조들의 관념들에 적응시키기 시작하였다. 나는 과학, 자연과학의 겉보기에 가장 딱딱한 부분들에 대한 분석을 통해서 과학이 적절히 이해된다면 그러한 절차에 대한 아무런 반대 논변도 가지고 있지 않다는 것을 보여 주려고 노력해 왔다. 그에 따르는 과학자들이 상당히 많다. 물리학자, 인류학자, 그리고 환경론자들은 그들의 절차를 그들이 조언한다고 가정하는 사람들의 가치에 적용하기 시작하였다. 나는 그렇게 이해된 과학에 반대하지 않는다. 그러한 과학은 인간 정신의 가장 놀라운 발명품 가운데 하나이다. 그러나 나는 과학을 문화적 살인을 가리키는 이름으로 사용하는 이데올로기에 대해서는 반대한다.

제3판에 대한 서문

내가 『방법에 반대한다』(AM)를 처음 간행한 이후로 많은 일들이 일어 났다. 정치적, 사회적, 그리고 생태적으로 극적인 변화가 있었다. 자유 는 신장되었다. 그런데 그것은 기아, 불안전, 민족 간의 긴장, 전쟁, 살 인을 낳았다. 세계의 지도자들은 모여서 우리 자원의 고갈에 대해서 다루었다. 그것은 일종의 그들의 버릇인데, 그들은 서로 연설하고 합 의안에 서명했다. 그 합의라는 것이 만족스러운 것이 전혀 아니었고, 그중 어떤 것은 엉터리다. 그러나 적어도 말로는 환경이 전 세계적 관 심사가 되었다. 물리학자들, 개발업자들, 가난한 사람들과 사회적 약 자들을 위해 일하는 목사들은 이러한 사람들이 과학의 보편적 탁월성 에 대한 믿음 혹은 조직화된 종교가 가정했던 것보다 그들의 조건에 대해서 더 잘 알고 있으며, 그들이 자신들의 행동과 관념들을 그에 따 라서 변화시켜 왔다는 사실을 깨닫게 되었다(해방신학: 일차적 환경 보 호 등). 많은 지성인들이 대학과 특수학교에서 배운 것을 적용시켜서 그들의 지식을 보다 효율적이고, 보다 인간적으로 만들고자 하였다.

　　보다 학문적인 수준에서 (과학 혹은 문화의) 역사가들은 과거를 그것 자체의 관점에서 살펴보기 시작했다. 이미 1933년에 프랑스 대학 취임 강연에서 뤼시앵 페브르는 '책상에 앉아서, 산더미 같은 논문들 속에서, 창을 꼭 닫아 막고서' 지주, 농부, 농장노동자의 삶에 대해서 심오한 판단을 내리는 작가들을 조롱하였다. 좁은 영역에서 과학사가들은 멀고 보다 직접적인 과거를 진리(사실)와 합리성에 관한 현대적 신념을 가지고 왜곡시키지 않고 재구성하고자 하였다. 그리고 철학자들은 나름대로 쓸모 있었던 여러 가지 형태의 합리주의가 괴물을 만들어 내었을 뿐만 아니라, 그들이 지침으로 채용해 왔던 과학을 훼손하였다고 결론지었다. 여기서 쿤의 역작이 결정적인 역할을 하였다.[1] 그것은 새로운 관념을 낳았다. 불행하게도 그것은 시시껍적한 얘기들을 고무했다. 쿤의 주요 용어들('패러다임', '혁명', '정상과학', '전과학', '변칙사례', '퍼즐풀이' 등)은 다양한 형태의 사이비 과학을 양산하였다. 반면에 그의 일반적 접근방법은 여러 저자들을 혼돈에 빠뜨렸다. 과학이 독단적인 논리와 인식론의 족쇄로부터 해방되었다는 사실을 발견함으로써 그들은 이번에는 과학을 사회학적 밧줄로 옭아매었다. 그 경향은 70년대 초까지 지속되었다. 이와 대조적으로 특정한 사례들에 집중하면서 그것들이 사회역사적 연관에 의해서 지지되는 경우에만 일반성을 허용하는 역사가와 사회학자들이 나타났다. 브뤼노 라투

---

1 *The Structure of Scientific Revolutions*, Chicago, 1962. [토머스 쿤, 『과학혁명의 구조』, 김명자 · 홍성욱 옮김, 까치, 2013.]

르는 '만들어지는 과학'에 대해서 언급하면서 "자연은 논쟁이 해결된 귀결"[2]이라고 말한다. 내가 AM의 초판에서 썼던 대로, "사물의 창조와, 창조 더하기 사물의 올바른 관념에 대한 충분한 이해는 단 하나의 개별적인 과정의 부분들에 틀림없으며, 그 과정을 중지시키지 않고는 결코 분리시킬 수 없다."[3]

새로운 접근방식의 한 예는 앤드류 피커링(Andrew Pickering)의 『쿼크 구성하기』(*Constructing Quarks*), 피터 갤리슨(Peter Galison)의 『실험이 어떻게 종료되는가』(*How Experiments End*), 마틴 루드윅(Martin Rudwick)의 『위대한 데본기 논쟁』(*The Great Devonian Controversy*), 아서 파인(Arthur Fine)의 『위태로운 게임』(*The Shaky Game*) 등이다.[4] 과학자들에게 영향을 미치고 그들의 연구를 형성하였던 여러 가지 다양한 전통(종교적, 스타일상, 후원 방식 등)에 대한 연구들이 있었다.[5] 그들은 실증주의나 그와 유사한 철학들로부터 출현한 것보다 훨씬 더 복잡한 과학적 지식에 대한 설명의 필요성을 보여 주었다. 보다 일반적인 수준에서는 우리는 마이클 폴라니(Michael Polanyi), 퍼트넘(Hilary Putnam), 반 프라센(van Fraassen), 카트라이트(Cartwright), 마르셀로 페라(Marcello Pera),[6] 그리고 임레 라카토스의 낡은 저작들을 가지고 있다. 그는 역사 그녀 자체 ── 그가 매우 진

---

2 *Science in Action*, Milton, 1987, pp.4 and 98f. [브뤼노 라투스, 『젊은 과학의 전선』, 황희숙 옮김, 아카넷, 2016.]

3 London, 1975, p.26. 이 판본의 p.17에 반복된다. 강조는 본래의 것.

4 4권 모두 Chicago University Press에서 출간.

5 한 예로 곧 간행될 Mario Biagioli, *Galileo Courtier*가 있다.

6 곧 간행될 *Science and Rhetoric*.

지하게 여기는 여인 ——가 이론 평가의 단순한 규칙들을 제공한다고 믿을 만큼 충분히 낙관적이었다.

사회학에서는 구체적인 것에 대한 주목을 통해서 더 이상 왜 그리고 어떻게 '과학'이 변화하는가 하는 것이 문제가 되는 것이 아니라, 어떻게 그것이 함께 유지되는가 하는 것이 문제가 되는 상황에 도달하였다. 철학자들, 그중에서 특별히 생물학의 철학자들은 한동안 명료하게 정의된 원리를 가진 '과학'이라는 하나의 실재가 있는 것이 아니고, 과학이 (높은 수준의 이론적·현상학적·실험적인) 수많이 많은 접근 방식의 다양성을 가진 것이며, 물리학과 같이 하나의 특정한 과학조차도 (탄성, 유체역학, 유동학, 열역학 등등) 각기 독립적인 주제들의 집합으로서, 그것들 각각은 서로 상반된 경향들(예: 프란틀 대 헬름홀츠, 켈빈, 램, 레일리; 트루스델 대 프란틀; 버코프 대 '물리적 상식'; 유체역학에서 모든 경향을 설명하는 킨스먼)을 포함한다고 생각하였다. 몇몇 저자에게 이것은 사실일 뿐만 아니라, 바람직하기도 하다.[7] 여기에도 나는 AM의 제3장, 제4장 그리고 제11장,[8] 라카토스와 머스그레이브(Alan Musgrave)의 『비판과 지식의 성장』(쿤에서 패러다임의 균질성에 대한 비판)에 대한 나의 기고문의 제6절,[9] 이미 1962년에 간행된 『델라웨어 과학철학 연구』에 대한 나의 기고를 통해서 작은 기여를 하였다.[10]

---

7 J. Dupré, "The Disunity of Science", *Mind*, 92, 1983.
8 제1판에서 수정되지 않은 채 전달된 지금의 판본.
9 I. Lakatos and A. Musgrave (eds.), *Criticism and the Growth of Knowledge*, Cambridge, 1965.
10 "How to be a Good Empiricist", *Delaware Studies*, Vol. 2, 1963.

우리가 이론적 수준에서의 문제에 대해서만이 아니라, 실험에 대해, 특히 현대적인 실험실 과학에 대해서 관심을 갖는 경우에, 그러한 통일성은 사라지게 된다. 이언 해킹이 그의 개척자적인 저작 『표상하기와 개입하기』(*Representing and Intervening*)[11]에서 보여 주었고, 피커링의 『실천과 문화로서의 과학』[12]에서도 드러났듯이, '실험', '관찰'과 같은 용어는 많은 가닥들을 포함하는 복잡한 과정을 포괄한다. '사실들'은 서로 다른 당파들 사이의 타협으로부터 도출된 것으로서, 그 최종적인 산물 ― 간행된 보고서 ― 은 물리적 사건들, 데이터 처리 과정, 협잡, 고갈, 자금 부족, 국가적 자부심 등에 영향을 받는다. 실험실 과학에 대한 몇몇 미시적 연구는 지미 브레슬린, 게이 털리즈, 톰 울프 등의 '새로운 저널리즘'을 닮았다. 연구자들은 더 이상 뒤로 물러앉아서 어떤 분야의 논문들을 읽는 사람들이 아니다. 그들은 더 이상 실험실을 말없이 방문하는 일에 만족하지 않는다 ― 그들은 들어가서 과학자들의 대화에 참여하고 일을 만든다. (쿤과 그의 협력자들은 양자역학의 역사에 대한 인터뷰에서 그 절차를 시작하였다.) 어쨌든 우리는 실험과 관찰을 통해 성장하고, 지속적인 합리적 기준에 의해서 질서 잡힌 진술체계로서의 과학이라는 낡은 (플라톤적) 관념으로부터 멀리 벗어나 있다.

AM은 아직도 부분적으로는 명제 지향적인 경향을 가졌지만, 그러나 나는 내 나름대로 분별력을 가지려 했다. 예를 들어 공약불가능

---

11 Cambridge, 1983. [이언 해킹, 『표상하기와 개입하기』, 이상원 옮김, 한울, 2016.]
12 A. Pickering (ed.), *Science as Practice and Culture*, Chicago, 1992.

성에 대한 나의 논의는 피커링이 쓴 대로 "그 차이를 한 이론으로 환원하지" 않는다.[13] 그것은 예술 형식, 지각(제16장의 많은 부분은 그리스 기하학적 예술과 시학으로부터 고전 시대로의 이행에 관한 것이다), 그리고 아동 발달 단계를 포함하며, "과학자들의 견해, 특히 기본적 물질에 관한 그들의 견해는 다른 문화의 이데올로기가 그런 것처럼 다른 경우가 흔하다"[14]는 것을 주장한다. 이러한 연관 속에서 나는 논리의 실천적 측면, 종료된 산물(만일 그러한 산물이 있기나 한다면)에서가 아니라, 계속되는 연구에서 관념들이 서로 연결되는 방식을 검토하였다. 관찰되는 것을 구성하는 많은 사건들에 대한 나의 논의,[15] 특히 갈릴레오의 망원경을 통한 발견들[16]에 대한 나의 논의는 갈릴레오의 **실험실**이 비교적 작았다는 사실만을 빼놓고는 새로운 실험실 사회학의 요건과 일치하였다. 그런데 이 사례는 오래전의 과학철학자들과 마찬가지로 새로운 미시사회학이 보편적인 설명이 아니라, 특정 시기의 중요한 국면들에 대한 기술임을 보여 준다. 상관없다. 어쨌거나 과학에 대한 보편적 기술은 기껏해야 사건들의 목록을 제공할 수 있을 뿐이다.[17] 그것은 고대에는 달랐다.

새로운 상황은 새로운 철학을 추구한다는 것, 특히 무엇보다도 새로운 용어들을 요구한다는 것은 분명하다. 그러나 그 분야에서 가장

13 Ibid., p.10.
14 AM, 첫판, p.274.
15 Ibid., pp.149ff. 이 판본에 재수록되었다.
16 이 판본의 제8장부터 제10장.
17 1992년 에라스무스 심포지엄에서의 나의 발표, "Has the Scientific View of the World a Special Status Compared With Other Views?", 간행 예정.

중요한 연구자들 중 몇 사람은 여전히 연구의 어떤 특정한 부분이 '발견', 혹은 '발명'을 가져오는가를 묻고, 또한 어느 정도까지 하나의 (잠정적인) 결과가 '객관적'일 수 있는가를 묻는다. 그 문제는 양자역학에서 제기되었고, 또한 고전 과학의 문제이기도 했다. 우리는 새로운 통찰을 기술하기 위해서 낡은 용어를 계속 사용할 것인가, 아니면 새로운 언어를 사용하기 시작하는 것이 더 나은가? 또한 시인들과 저널리스트들은 그러한 언어를 찾아내는 데 상당한 도움을 줄 수 있지 않겠는가?

둘째로, 새로운 상황은 '과학' 대 민주주의의 문제를 다시 제기한다. 내게 이것은 가장 중요한 문제였다. 중국어판 서문에서 나는 "내가 이 책을 쓰게 된 주된 동기는 지적인 것이 아니라 인도주의적인 것이었다. 내가 원한 것은 '지식을 진보시키는 것'이 아니라 사람들을 지원하는 것이었다"라고 썼다.[18] 이제 과학이 더 이상 하나의 통일된 체계가 아니라면, 그것의 각 부분이 매우 극단적으로 다른 방식으로 진행되는 것이라면, 그리고 이러한 방식들 사이의 연관이 특정한 연구 에피소드들과 얽인 것이라면, 과학 프로젝트는 개별적으로 취급되어야 한다. 이것이 정부 관계기관들이 얼마 전부터 하기 시작한 방식이다. 60년대 말 '포괄적인 과학 정책'이라는 관념은 점차 포기되었다. 과학이라는 것이 하나가 아니라 여러 가지 과업이며, 그것들 모두를 위한 정책이나 지원책은 존재하지 않는다는 것이 이해되었다.[19] 정부 관계

18 이 판본에 포함됨.
19 J. Ben-David, *Scientific Growth*, Berkeley, 1991, p.525.

기관들은 더 이상 '과학'을 재정적으로 지원하지 않는다. 그들은 특정한 프로젝트를 재정적으로 지원한다. 그러나 그 경우에 '과학적'이라는 낱말은 더 이상 '비과학적' 프로젝트를 배제하지 않는다 ── 우리는 문제를 더 자세히 보아야 한다. 새로운 철학자들과 사회학자들은 이러한 그들의 연구결과를 검토할 준비가 되어 있는가?

다른 여러 가지 변화가 있었다. 의학 연구자들과 기술자들은 (여러 맥락에서 X선 진단이라는 위험한 방법을 대체하는 섬유광학의 원리를 채용하는 것과 같은) 유용한 도구들을 발명했을 뿐만 아니라, 새로운 (혹은 낡은) 관념들에 대해 더 개방적이 되었다. 20년 전만 해도 정신이 물질적 행복에 영향을 미친다는 관념이 일반적이지는 않았다. 오늘날에는 그것이 대세이다. 의료 과실 소송은 의사들을 더욱 조심스럽게 만들어서 때때로 [의사들은] 환자들의 복지에 지나칠 정도로 신경쓰게 되었다. 하지만 의사들에게는 다양한 대안들을 참고해야 한다는 압박도 있었다. (스위스에서는 적대적인 다양한 의견들은 문화의 일부이다 ── 그리고 나는 경직된 과학자들과 '대안적인' 사상가들 사이의 공개적인 대결을 주선하는 데 그것을 사용한다.[20]) 그러나 다른 경우와 같이 여기서도 독단적이든 혹은 보다 진보적인 종류이든 단순한 철학은 그것의 한계를 갖는다. **일반적인 솔루션은 없다.** 진보주의의 확장은 '사실'을 정의하는 데에서 중요한 반향을 끼친다.[21] 반면에 진리는 은폐되었으며, 그것을 확립하기 위한 과정 속에서 왜곡되었다는 관념은 매우 의

---

20 크리스티안 토마스(Christian Thomas)와 내가 편집하였고 취리히의 Verlag der Fachvereine에서 1983~1987년 출간된 시리즈들을 참조할 것.
21 Peter W. Huber, *Galileo's Revenge*, New York, 1991.

미가 있다.[22] 그래서 나는 독자들이 내가 '낡고 독단적인' 원리들을 '새롭고 보다 진보적인 것'으로 교체하려는 의도를 갖고 있지 않다는 것에 주의하기를 바란다. 예를 들어, 나는 '사람들'에 대한 호소를 모든 지식의 기반이라고 여기는 포퓰리스트도 아니고, 그렇다고 '진리 그 자체'가 존재하지 않으며, 오직 이 그룹 혹은 개인 혹은 저 그룹 혹은 개인에 대한 진리가 있을 뿐이라고 믿는 상대주의자도 아니다. 내가 말하려는 것은 비전문가들이 전문가들보다 잘 아는 경우가 자주 있으며, 따라서 그들에게서 **조언을 구해야** 하고, 진리의 예언자들(논증을 사용하는 사람을 포함하여)은 대개 어떤 비전이 탐구하고 있다고 상정하는 바로 그 사건들과 충돌하는 비전에 의해서 납득된다는 것이 전부이다. 이 주장의 두 부분에 대해서 광범위한 증거가 존재한다.

내가 이미 언급한 사례는 개발이다. 개발적 지원의 경제학적, 사회적, 의료적 부분을 다루는 전문가들은 이제야 '합리적' 혹은 '과학적' 절차의 시행이 이따금 (어떤 기생충과 전염병의 박멸과 같이) 유익한 경우도 있지만, 그것이 물질적이고 정신적인 심각한 문제를 야기할 수 있다는 것을 깨달았다. 그러나 그들은 대학에서 배운 것을 포기하지 않는다. 그들은 그러한 지식을 지역적인 신념과 관습과 결합시킨다. 그럼으로써 그들은 우리를 둘러싼 제1, 제2, 제3세계, 어느 곳에서건 일어나는 삶의 문제와 가장 필요한 연결을 확립할 수 있다.

현재 간행하는 판은 커다란 변화(제19장과 제16장의 일부는 새로

---

22 허구적인 설명에 대해서는 Tom Wolf, *The Bonfire of the Vanities*, New York, 1987을 참조.

쓰여졌고, 낡은 제20장은 생략되었다)와 추가(여기저기서 문구를 추가하였고), 스타일 변화(나는 그것들이 개선이 되었기를 희망한다), 그리고 참고문헌에서의 교정과 추가를 포함한다. 나로서는, 이 책의 주된 아이디어(중국어판 서문에서 고딕체로 표현된 아이디어)는 조금 사소한 것이며, 그것을 적합한 용어로 표현한다면, 더 사소한 것으로 보이게 된다. 그러나 나는 역설적인 정식화를 더 선호한다. 친숙한 낱말과 슬로건을 듣는 일만큼 따분한 일도 없기 때문이다. 철학적 상투어를 약화시키고 사람들로 하여금 생각하도록 하는 것은 해체가 갖는 장점 중의 하나이다. 불행하게도 그것은 작은 내부자 그룹에게만 영향을 미친다. 그것은 그들에게조차 늘 명확하지 않는 방식으로 그들에게 영향을 미친다. 이것이 내가 네스트로이(Johann Nestroy)를 선호하는 이유이다. 데리다가 그의 좋은 의도에도 불구하고, 어떤 이야기도 말할 수 없는 반면에, 그는 위대하고, 대중적이고, 재미있는 해체론자이다.

1992년 7월

로마에서

분석적 목차

|

이 책의 주요 논증에 대한 스케치

Against Method

서론

과학은 본질적으로 아나키즘적 영위이다. 즉 이론적인 아나키즘은 그것을 대신하는 법과 질서에 의한 여러 방법들보다도 인도주의적이고, 또한 한층 더 확실하게 진보를 고무한다.

오늘날 질서는 대부분
아무것도 존재하지 않는 곳에 있다.
그것은 빈곤의 현상이다.
—브레히트

이 에세이는 **아나키즘**이 가장 매력적인 **정치철학**은 아닐지라도, **인식론**과 **과학철학**에 대해서는 매우 훌륭한 처방이 된다는 확신을 가지고 쓰여졌다.

그 이유를 밝히기는 어렵지 않다. '일반적으로 역사, 특히 혁명의 역사'는 가장 우수한 역사가나 가장 총명한 방법론자들이 상상하는 것보다 "언제나 훨씬 내용이 풍부하고 변화무쌍하며, 한층 다면적이고, 활기에 넘치며, 또한 이해하기 힘든 것이다."[1] 역사는 "우발적인 사건과 중대한 국면, 사건들의 진기한 연결"[2]로 가득 차 있으며, 그것은 "인간적 사상이 변화무쌍한 것이고, 인간들의 행위나 결단은 모두 그 궁극적인 결과를 예측할 수 없는 성격을 가지고 있다는 사실"[3]을 우리들에게 증명해 보이고 있다. 방법론자들이 지침으로 삼고 있는 소박하고도 단순한 여러 규칙들이 이러한 '상호작용의 미궁'[4]을 설명할 수 있다는 것을 우리는 정말 믿어야만 하는 것일까? 이런 종류의 역사적 과정에 성공적으로 참여하는 것은 어떤 특정한 철학에 속해 있지도 않고, 그때그때 적합하다고 보이는 방편이라면 어느 것이라도 채용하는 무정한 편의주의자(便宜主義者)에게만 가능하다는 것이 오히려 더 분명하지 않을까?

실제로 이것이 총명하고 사려 깊은 관찰자들이 이끌어 낸 결론이다. 레닌은 앞에서 인용했던 구절에 이어서 "이[역사적 과정이 갖는 성

---

1 "역사 전체, 그리고 특히 혁명의 역사는 최고의 당파나, 가장 진보된 계급의 가장 지각 있는 지도자가 상상할 수 있는 것보다도 언제나 더 내용이 풍부하고, 변화무쌍하며, 더 다양하며, 더 활기에 넘치고, 또한 교묘하다."(V.I. Lenin, 'Left-Wing Communism:An Infantile Disorder', *Selected Works*, Vol. 3, London, 1967, p. 401) 레닌은 과학자나 방법론자가 아니라, 정당이나 혁명지도자들에게 이야기하고 있다. 그러나, 그 교훈은 동일하다. 주 5를 참조할 것.

2 Herbert Butterfield, *The Whig Interpretation of History*, New York, 1965, p.66.

3 Ibid., p.21.

4 Ibid., p.25; Hegel, *Philosophie der Geschichte*, *Werke*, Vol. 9, ed. Edward Gans, Berlin, 1837, p.9 참조. "그러나 경험과 역사가 우리들에게 가르쳐 주는 것은 다음과 같다. 즉, 국가나 정부는 역사로부터 아무것도 배우지 않았고, 또한 역사로부터 도출될 수 있는 규칙에 따라 행위하지도 않았다. 모든 시대는 그 시대의 특유한 상황을 갖고 있고, 그것은 매우 개별적인 상태이기 때문에, 결단은 그 시대 속에서, 동시에 그 시대로부터 내려져야 하고, 내려질 수밖에 없다." —'매우 영리한', '약삭빠르고 매우 영리한', '잘 알아 둘 것': 레닌은 이 구절에 대한 자신의 별도의 주에서 이같이 쓰고 있다. (*Collected Works*, Vol. 38, London, 1961, p.307.)

격]로부터 두 가지의 중요한 실천적인 결론이 도출된다"고 쓰고 있다.[5]

"첫째로, 혁명적 계급[즉, 과학과 같은 사회의 일부분, 혹은 사회 전체를 개혁하고자 하는 사람들의 집단]은 그 임무를 수행하기 위해서 사회적 활동의 온갖 형태나 국면에 예외 없이 숙달될 수 있어야만 한다[하나의 특수한 방법론만이 아니라, 그 밖의 어떤 방법론이나 그것이 상상할 수 있는 변형도 이해하고 적용할 수 있어야만 한다]… 둘째로, 어떤 한 방법에서 다른 방법으로 아주 재빠르게, 그러면서도 예측할 수 없는 방식으로 이행할 수 있는 태세가 갖춰져 있어야만 한다." 아인슈타인은 다음과 같이 서술하고 있다.[6] "여러 경험적 사실들이 [과학자에게] 제공하는 외적 조건 때문에 과학자는 자신의 개념적 세계를 구성할 때, 하나의 인식론적 체계에 집착해서 그 자신이 너무나 제약된 입장에 서

---

5 Ibid. 우리들은 여기서 몇 가지를 대치함으로써 어떻게 정치적인 교훈을 방법론에 대한 교훈으로 바꿀 수 있는가를 매우 명료하게 이해한다. 이것은 조금도 놀랄 만한 일이 아니다. 방법론과 정치는 모두 하나의 역사적 단계를 다른 단계로 움직여 가는 수단이다. 유일한 차이점은, 표준적인 방법론들은 역사가 끊임없이 새로운 양상을 만들어 낸다는 사실을 무시하고 있다는 것이다. 우리들은 또한, 레닌과 같이 전통적인 경계에 의해 위협당하지 않고 또 자신의 사상이 직업상의 이데올로기에 속박되지 않는 개인이 어떻게 과학철학자들을 포함한 모든 사람들에게 유익한 조언을 줄 수 있는가를 이해한다. 19세기에는 융통성 있고 역사를 잘 이해하는 방법론이 당연한 것이었다. 따라서 에른스트 마흐(Ernst Mach)는 그의 책 *Erkenntnis und Irrtum*, Neudruck, Wissenschaftliche Buchgesell-schaft, Darmstadt, 1980, p.200에서 다음과 같이 썼다. "연구는 가르쳐질 수 없다는 말을 자주 듣는다. 이것은 어떤 의미에서 옳은 말이다. 형식논리의 도식과 귀납논리의 도식이 지적인 상황에서 거의 소용이 없다는 것은 전혀 같은 말일 수 없다. 그러나 위대한 과학자들의 사례들은 시사하는 바가 매우 크다." 그것이 시사하는 바가 크다는 것은 우리가 그들로부터 추상적인 규칙을 추상해 낼 수 있고 미래의 연구를 그러한 규칙의 범위에 종속시킬 수 있다는 의미에서가 아니다. 그것이 시사하는 바가 큰 것은 그것이 우리 마음을 더 민첩하게 만들고 전적으로 새로운 연구 전통을 창안할 수 있도록 만들 수 있기 때문이다. 마흐의 철학에 대한 보다 자세한 설명은 나의 *Farewell to Reason*, London, 1987, 7장과 나의 *Philosophical Papers*, Cambridge, 1981, Vol. 2, 5장과 6장을 참조할 것.

6 Albert Einstein, *Albert Einstein: Philosopher Scientist*, ed. P.A. Schilpp, New York, 1951, pp.683f.

도록 해서는 안 된다. 그러므로 체계적인 인식론자에게는 과학자가 원칙 없는 편의주의자의 한 전형이라고 보여지게 될 것임에 틀림없다."

놀랍고 전혀 예견하기 어려운 방향으로 전개될 수 있는 복잡한 상황은 복잡한 절차를 요구하며, 끊임없이 변화하는 역사의 조건들에 대한 고려 없이는 미리 설정된 규칙에 의거한 분석을 받아들이지 않는다.

물론, 과학자가 작업하는 상황을 거기에 등장하는 주요한 요소들을 단순화함으로써, 단순화하는 것은 가능하다. 과학의 역사는 단지 어떤 사실들이나, 사실들로부터 도출된 결론만으로 성립되는 것은 아니다. 그것은 여러 관념들, 사실들에 대한 해석들, 대립하는 해석들이 야기하는 문제들, 실수들 등을 포함하고 있다. 더욱 자세히 분석해 보면, 과학에는 어떠한 '적나라한 사실'도 존재하지 않으며, 우리들의 지식 가운데로 들어오는 '사실들'이란 이미 어떤 일정한 방식에 따라서 택하여진 것이고, 따라서 본질적으로 관념적이라는 것이 발견된다. 이것이 사실이라면 과학의 역사는 그것에 포함된 여러 관념들과 마찬가지로 복잡하고, 혼란스러우며, 실수투성이이고 또한 즐거움을 줄 수도 있을 것이다. 그리고 이러한 관념들도 역시 그것들을 만들어 낸 사람들의 정신과 마찬가지로 복잡하고 혼란스러우며, 실수투성이이고, 또한 즐거움을 주는 것이 될 것이다. 그러나 약간의 세뇌는 과학의 역사를 훨씬 활기 없고, 단순하고, 획일적이며, '객관적인' 것으로 만들고, 엄격하고 불변하는 규칙으로 다루기 좋은 것이 되게 할 수 있다.

오늘날 우리들이 알고 있는 바와 같은 과학교육은 바로 이러한 목적을 갖고 있다. 그것은 '과학'을 그것에 포함되는 요소들을 단순화함으로써 단순화한다. 즉 첫째로, 연구의 영역이 제한된다. 이 영역은 역사의 다른 분야로부터 분리되고(예를 들면 물리학은 형이상학 및 신학에서 분리된다), 그것 자체의 '논리'를 갖게 된다. 그 다음에 이러한 '논리'에 대한 철저한 훈련이 그 영역에서 작업하는 사람들을 조건화한다. 그것은 **그들의 행동**을 보다 획일화하고, 더욱이 **역사적 과정**의 거대한 부분을 동결시킨다. 안정된 '사실'이 출현하며, 역사의 영고성쇠에도 불구하고 유지된다. 그러한 사실을 출현시키는 훈련의 본질적인 부분은, 각기 다른 여러 영역들 사이의 경계를 파괴할 수도 있는 직관을 고갈시키려는 시도에 있다. 예를 들어 어떤 사람의 신앙, 그의 형이상학 혹은 그의 유머 감각(그것은 천부적인 유머 감각으로서, 전문화된 직업에서 나타나는 습관화되고 불유쾌한 익살이 아니다)은 그의 과학적 활동과 조금이라도 연관성을 가져서는 안 된다. 그의 상상력은 억압되고 그의 언어 또한 그 자신의 것이 되지 못하고 만다. 이것은 과학적 '사실들'의 본성에 거꾸로 반영되어, '사실들'은 의견이나 신념, 문화적 배경으로부터 독립적인 것으로서 경험된다.

　이렇게 해서, 엄격한 규칙들에 묶여 있는 전통을 창조하는 일이 **가능하게 되고**, 그것은 또 어느 정도 효과를 거둔다. 그러나 과연 이러한 전통이 다른 모든 것을 배제하기에 이르도록 지지되는 것이 **바람직한** 일일까? 우리들은 지식을 다루기 위한 독자적인 권리를 이 전통에 양도하고, 그로 인해 다른 방법에 의해 얻어진 어떤 결과도 규칙위반이라 해서 배제해야 하는 것일까? 또한 과학자들은 그들이 이렇게 협소한 방식으로 정의한 전통의 경계 안에 늘 머물렀는가? 이것이야말로 내가 이 글에서 묻고자 하는 물음이다. 그리고 이 물음에 대해 나는 단호하고도 큰 목소리로 '그렇지 않다'라고 대답할 것이다.

그러한 대답이 적절하다고 생각되는 것은 두 가지 이유에서이다. 그 첫 번째 이유는, 우리들이 탐구하고자 하는 세계는 대부분 미지의 존재라는 것이다. 따라서 우리들은 선택지를 개방해 두어야 하고 우리를 미리 제약해서는 안 된다. 어떤 인식론적 규정이 다른 인식론적 규정이나 혹은 일반적인 원리와 비교해서 훌륭하게 보일는지 모른다. 그러나 그것이 단지 몇 가지 고립된 '사실들'에 대해서가 아니라, 자연의 오지에 널려 있는 어떤 숨겨진 자연의 비밀을 발견하는 데 가장 좋은 방법이라는 것을 누가 보증할 수 있겠는가? 두 번째 이유는 앞에서 기술한 (그리고 학교에서 실천되고 있는 것 같은) 과학교육은 인도주의적 태도와 조화될 수 없다는 것이다. 그것은 "잘 개발된 인간을 만들거나 만들 수 있는 유일한 길인 개성의 육성"[7]과 상충한다. 그것은 중국 여인의 전족과도 같이 압박에 의해서 인간 본성의 탁월한 각 부분을 쓰지 못하게 만들어 버리며, 한 인간을 과학과 과학철학에서 유행하는 합리성의 이상(理想)과는 전혀 다른 유형의 인간으로 만드는 경향이 있다.[8] 그렇기 때문에 자유를 증대하고 풍요로움을 가져다주는 삶에 이르고자 하는 노력, 또한 그것에 상응해서 자연과 인간의 비밀을 탐구하고자 하는 기도는 모든 보편적 기준, 모든 엄격한 전통의 거부를 수반한다.(당연히 그것은 현대과학의 커다란 부분에 대한 거부도 수반하게 된다.)

'이성의 법칙'이나 과학적 실천이 내포한 인간성을 말살하는 효

7 John Stuart Mill, "On Liberty", *The Philosophy of John Stuart Mill*, ed. Marshall Cohen, New York, 1961, p.258.
8 Ibid., p.265.

과가 직업적 아나키스트들에 의해서 검토된 적이 거의 없다는 사실은 놀라운 것이다. 직업적 아나키스트들은 모든 종류의 제약에 반대하고, 개인이 법, 의무, 혹은 책임에 의해 방해받지 않고 자유롭게 개발되기를 요구한다. 그러나 그럼에도 불구하고, 그들은 과학자나 논리학자들의 연구나 모든 종류의 지식 창조 및 지식 변혁의 활동에 부과하는 엄격한 기준들을 아무런 저항 없이 그대로 받아들인다. 과학적 방법의 규칙들, 혹은 특정한 저술가에 의해서 과학적 방법의 규칙들이라고 생각되는 것이 때로는 아나키즘 자체에 통합되는 일마저 있다. 크로포트킨은 "아나키즘은 일체의 현상에 대한 역학적 설명을 기반으로 하는 세계 개념이다. 그 연구 방법은 엄밀한 자연과학의 방법이다. … 귀납과 연역의 방법인 것이다"라고 쓰고 있다.[9] 컬럼비아 대학에 있는 오늘날의 '급진적'인 한 교수는 "과학적 연구가 대화나 토론이라는 절대적인 자유를 요구한다는 것은 그다지 분명하지 않다. 오히려 어떤 종류의 부자유가 과학의 진로에 방해되지 않는다는 것을 시사하는 증거가 있다"[10]고 말한다.

---

9 Peter Alexeivich Kropotkin, "Modern Science and Anarchism", *Kropotkin's Revolutionary Pamphlets*, ed. R.W. Baldwin, New York, 1970, pp.150~152. "그에게 과학 이외의 어느 것도 타당하지 않았다는 사실이 입센의 위대한 특징의 하나이다." G.B. Shaw, *Back to Methuselah*, New York, 1921, xcvii. 이와 같은 유사한 현상을 비평하면서 스트린드베리(August Strindberg)는 *Antibarbarus*에서 다음과 같이 쓰고 있다. "신을 추방하고, 국가와 교회를 분쇄하고, 사회와 도덕성을 전복시키는 용기를 갖고 있던 세대도 역시 과학 앞에서는 무릎을 꿇었다. 그리고 자유가 군림해야 하는 과학에 있어서, 그 당시의 명령은 '권위를 믿으라, 그렇지 않으면 너의 목을 자를 것이다'였다."

10 R. P. Wolff, *The Poverty of Liberalism*, Boston, 1968, p.15. 울프에 대한 더욱 상세한 비판에 대해서는 나의 다음 에세이의 각주 52를 보라. "Against Method", *Minnesota Studies in the Philosophy of Science*, Vol. 4, Minneapolis, 1970.

그러나 바로 이러한 생각이야말로 '그다지 명료한 것이 아니다'라고 생각하는 사람들도 확실히 있다. 그러므로 우리들은 아나키즘적 방법론과 이것에 따르는 아나키스트적 과학의 윤곽을 그려 보는 것으로부터 시작하도록 하자. 이러한 종류의 아나키즘을 특징짓는 것이, 과학과 사회의 법이나 질서에 대한 관심을 저하시키고, 결과적으로 우리를 혼란으로 이끌게 되는 것은 아닌가 하고 걱정할 필요는 없다. 우리들의 신경계는 그러한 사태에 대처하도록 매우 잘 조직되어 있다.[11] 물론 이성에 잠정적인 우위성을 부여하는 일이 필요하고, 다른 모든 것을 배척하고 그것의 규칙을 지키는 일이 현명한 것이 되는 시대가 올지도 모른다. 그러나 나는 오늘날 우리들이 그러한 시대에 살고 있다고는 생각하지 않는다.[12]

11 비결정적이고 애매한 상황에 있어서조차, 행동의 제일성은 곧바로 성취되고, 집요하게 고수된다. Muzafer Sherif, *The Psychology of Social Norms*, New York, 1964를 보라.
12 이것이 1970년 이 에세이의 첫 판을 쓸 때의 내 의견이다. 시간이 흘렀다. 미국 교육과 철학(포스트모더니즘), 크게 보아서 세계적인 어떤 경향('정치적으로 올바른' 교육적 메뉴 등)을 고려할 때, 나는 이성에 커다란 비중을 두어야 하는 것은 그것이 늘상 근본적이었기 때문이 아니라, 오늘날 자주 발생하는 (그러나 내일은 사라질지도 모르는) 상황에서 보다 인간적인 접근을 창조하기 위해서 필요하기 때문이다.

제1장

이것은 역사적 에피소드에 대한 조사와, 관념과 행동 사이의 관계에 대한 추상적 분석에 의해서 밝혀진다. 진보를 방해하지 않는 유일한 원리는 '무엇이라도 좋다'(anything goes)이다.

과학이라는 작업을 지도하기 위한 견고하고 불변하며 절대적으로 속박하는 원리들을 담고 있는 방법이라는 관념은, 역사적 연구의 결과들과 대조할 때, 중대한 곤경에 부딪힌다. 그때 우리는 아무리 그럴싸하고, 또한 아무리 견고하게 인식론에 근거를 두고 있다고 하더라도, 어느 때라도 위반되지 않는 영구 불변의 규칙은 단 하나도 존재하지 않는다는 것을 발견한다. 기존의 규칙에 대한 그러한 위반들은 우연히 발생한 사건들이 아니고, 또한 불충분한 지식이나 피할 수 있었을지도 모르는 부주의의 결과가 아니라는 것이 분명해진다. 반대로 우리들은 그러한 위반이 진보를 위해 필요하다는 것을 알게 된다. 사실, 과학사와 과학철학에 있어서의 최근 논쟁에서 가장 현저한 특징 중 한 가지는 다음과 같은 사실에 대한 인식이다. 즉 고대의 원자론의 발명, 코페르니쿠스의 혁명, 근대원자론(운동론, 분산이론, 입체화학, 양자론)의 등장이나 빛의 파동설의 점진적인 출현과 같은 여러 가지 사건이나 발전은, 몇 사람의 사상가가 어떤 명백한 방법론적 규칙에도 속박되지 않겠다고 **결심했거나**, 아니면 그들이 **무의식중에 그것을 파괴했기** 때문에 가능했던 것이다.

거듭 말하거니와, 이러한 혁신적인 작업은 단지 과학의 역사에만 있는 **사실**이 아니다. 그것은 합리적인 것이고, 지식의 성장을 위해서 **절대적으로 필요하다**. 좀 더 구체적으로, 우리는 다음과 같은 이야기를 할 수도 있다. 어떤 규칙이 주어졌을 때, 단순히 그 규칙을 무시할 뿐만 아니라 그것과 반대되는 것을 채택하는 일이 과학을 위해서 오히려 바람직한 경우가 있을 수 있다. 예를 들어, 임시변통적인 가설, 잘 확립되어 일반적으로 받아들여진 실험적 결과들과 모순되는 가설, 그리고 경험적으로 타당한 현존하는 다른 대안적 가설들 등을 도입하고 그것들을 갈고 다듬으며 옹호하는 것이 바람직한 상황들이 있는 것이다.[1]

---

1 지식의 발전에 있어 이러한 특징을 이해한 드문 사상가 중의 한 사람이 닐스 보어였다. "…그는 결코 어떤 완성된 모습의 윤곽을 그리고자 하지 않고, 무엇인가 명백한 패러독스로부터 시작해 서서히 그 해명으로 이끌어 가면서, 문제 전개의 모든 국면을 참을성 있게 샅샅이 조사하고자 했다. 사실 그는 성취된 결과들을 그 이상의 탐구를 위한 출발점으로 볼 뿐, 다른 각도에서 바라보는 일은 전혀 없었다. 연구의 어떤 방향의 전망에 대해 생각할 때 그는 단순성, 우아함, 혹은 정합성에 대한 통상적인 고려도, 그러한 성질들은 사건이 일어난 **후에야** 비로소 적절하게 판단될 수 있다고 언급함으로써, 염두에 두지 않았다…." L. Rosenfeld의 글, in *Niels Bohr, His Life and Work as Seen by His Friends and Colleagues*, ed. S. Rosental, New York, 1967, p.117(강조는 인용자). 그런데 과학은 결코 완성된 과정이 아니며, 따라서 늘 사건 '이전에' 있다. 그러므로 단순성, 우아함, 혹은 정합성은 결코 (과학적) 실천의 필요조건이 **아니다**.
이러한 고려는 하나의 모순이 모든 것을 '함의한다'는 유치한 언급에 의해서 보통 비판된다. 그러나 사람들이 어떤 방식으로 그것을 사용하지 않는 한 모순은 모든 것을 '함의하지' 않는다. 그리고 사람들이 그것을 단순한 유도의 규칙으로 받아들일 때에만 그것은 모든 것을 함의하는 것으로 사용될 수 있다. 논리적 결함을 가진 이론을 제안하고 그것의 도움으로 재미있는

심지어는 논증이, 그것의 미래지향적인 측면을 잃어버리고 진보의 장애물이 되는 상황들마저 있다. 오히려 그러한 상황들이 매우 자주 일어난다. **어린아이들**을 가르치는 데 (그것에 논증이 들어갈 수 있고, 또한 관례적인 것보다 더 많은 논증들이 들어가야 한다고 하더라도) 오로지 논증만을 사용해야 한다고 주장할 사람은 없을 것이다. 오늘날에는 거의 모든 사람들이 이성의 결과로 보이는 것 ——언어의 숙달, 풍부하게 분절화된 지각세계의 존재, 논리적 능력 —— 은 부분적으로는 습득에 기인하고, 부분적으로는 자연법칙에 의한 성장 과정에 기인한다는 것에 동의한다. 그리고 논증이 확실한 효과를 거두고 있는 것처럼 보이는 경우에도, 그것은 그 **의미 내용**에서 비롯된다기보다는 그 **물리적 반복**에서 비롯되는 경우가 많다.

이러한 사실을 인정한다면, 우리들은 또한 논증에 의존하지 않는 성장의 가능성을 **성인**에 대해서도 인정해야만 하고, 또 과학이나 종교나 매춘 등등의 **제도**(의 이론적 부분)에 있어서도 인정해야만 한다. 확실히, 어린아이에게 가능한 것 ——사소한 자극에 의해서 새로운 행동의 양식을 획득하는 일, 그리고 어느 틈엔가 자신을 그것에 익숙하도록 하는 일

결과를 획득하는(예를 들어 미분의 초기형태의 결과, 선은 점으로 이루어지고, 면은 선으로 이루어지며, 입체는 면으로 이루어진다고 여기는 기하학의 결과, 오래된 양자이론의 예측, 복사현상에 대한 양자이론 초기 형태의 예측 등등) 과학자들은 명백하게 다른 규칙에 따라서 진행한다. 따라서 논리적으로 정화된 과학이 좋은 결과를 가져 온다는 것을 보여 줄 수 없는 한, 그 비판은 그 작가에게 의존한다. 그러한 증명은 불가능하다. 논리적으로 완벽한 형태(만일 그러한 형태가 존재한다면)는 대개 불완전한 형태들이 오랫동안 그것들의 기여에 의해서 과학을 풍요롭게 한 이후에 도달된다. 예를 들어, 파동 역학은 이전 이론들의 '논리적 재구성'이 아니다. 그것은 이전 이론들의 성취를 보존하고 그것의 사용으로부터 발생하는 물리적인 문제들을 해결하려는 시도였다. 성취와 문제는 모두 모든 것을 '논리'의 압제에 종속시키기를 원하는 사람들의 방식과는 매우 다른 방식에서 만들어진 것이다.

—이 성인으로선 도달할 수 없다고 당연하게 여겨 버릴 수는 없다. 오히려 우리는 물리적 상황에 있어서 파국적 변화, 전쟁, 포괄적인 도덕체계의 붕괴, 정치적인 혁명이 중요한 논증의 패턴들을 포함하여 성인의 반응 패턴도 역시 변형시킬 것이라고 예상해야 할 것이다. 그러한 변형은 역시 전적으로 자연적인 과정일 수도 있으며, 합리적인 논증의 유일한 기능은 행동의 돌연한 분출에 앞서고 동시에 그것을 **야기시키는** 정신적 긴장을 증대시키는 점에 있을지도 모른다.

필연적으로 논증들만이 아니라, 새롭고 보다 복잡한 논증 형식들을 포함하여 새로운 기준을 채용하도록 우리를 **야기시키는** 사건들이 있다면, 단지 반대논증뿐만 아니라, 반대에 작용하는 원인들도 제시하는 것이 **현상태**(status quo)의 옹호자들의 의무가 아닐까? ("공포를 동반하지 않는 미덕은 효력이 없다"라고 로베스피에르는 말하고 있다.) 그리고 만일 낡은 형식의 논증이 하나의 원인으로서 너무 약하다고 판정된다면, 이들 옹호자들은 그것을 포기하거나 아니면 보다 강력하고 보다 '비합리적인' 수단에 호소해야 하지 않을까? (논증을 수단으로 세뇌의 효과들과 싸운다는 것은 매우 어렵고 아마도 완전히 불가능하다.) 그때는 가장 청교도적인 합리주의자마저 **추리**를 중지하고, **선전**(propaganda)과 **강압**을 쓰지 않을 수 없을 것이다. 그것은 그의 **근거**의 일부가 더 이상 타당하지 않기 때문이 아니라, 그것을 효과 있게 하고 다른 사람들에게 영향을 줄 수 있도록 하는 **심리적 조건**이 소멸했기 때문이다. 사람들에게 영향을 주지 못하는 논증이 무슨 소용이 있을 것인가?

물론, 문제가 꼭 이런 형태로 생겨나는 것은 결코 아니다. 기준들을 교육하고 그것을 옹호한다는 것은, 그저 배우는 이의 마음에 기준들을 심어 주고, 가능한 한 이것을 **명료하게 한다**는 것과는 결코 일치하지 않는다. 그 기준들은 또한 최대한의 **인과적 효력**을 갖는다고 가정되어 있다. 실제로, 이러한 사실이 논증의 **논리적인 힘**과 그 **실질적인 효과**를 구별하는 일을 매우 어렵게 만든다. 잘 훈련된 애완동물은 그가 처해 있는 혼란이 아무리 크더라도, 또 새로운 행동의 패턴을 채용할 필요가 아무리 절박하더라도, 주인에게 복종할 것이다. 그것과 마찬가지로, 잘 훈련된 합리주의자는 그의 주인의 정신적 표상에 복종하고, 그가 배웠던 논증의 기준들에 순응하며, 그 자신이 아무리 큰 혼란에 빠져 있더라도 그러한 기준들을 고수할 것이다. 그러므로 그는 그가 '이성의 소리'라고 생각하고 있는 것이 단지 그가 받은 훈련의 **인과적 여파**(casual after effect)에 불과하다는 사실을 전혀 깨닫지 못할 것이다. 그는 그가 그토록 쉽게 굴복하게 되는 이성에의 호소가 **정치적 책동**(political manoeuvre) 이외에 아무것도 아니라는 것을 전혀 발견할 수 없게 될 것이다.

관심이나 폭력, 혹은 선전이나 세뇌기술이, 우리들의 지식의 성장이나 과학의 성장에 있어서 일반적으로 믿어지고 있는 것보다도 훨씬 큰 역할을 행하고 있다는 것은 **관념과 행위 사이의 관계**에 대한 분석으로부터도 이해될 수 있다. 새로운 관념에 대한 명석판명한 이해가 그 정식화 및 제도적 표현에 선행한다는 것, 또 선행되어야 한다는 것이 종종 당연하게 생각되고 있다. **첫째**, 우리들은 먼저 관념, 혹은 문제를 갖고, **그 다음**에 행위한다. 즉, 말하고, 만들고, 파괴한다. 그렇지만, 이것은 어린아이들이 발달하는 방식과는 확실히 다르다. 어린아이들은 자기들이 이해할 수 있는 범주를 넘어선 의미를 파악할 때까지 낱말들을 사용하고 사물과 결부시켜 보며, 그 낱말을 가지고 논다. 그리고 최초의 유희적 활동은 이해라는 최종적인 행위를 위한 본질적인 필요조건이다. 이러한 메 커니즘이 성인에 대해서 작동을 멈출 아무런 이유가 없다. 예를 들어 우 리들은 자유의 **관념**은, 자유를 **창조하는 것**으로 생각되는 아주 똑같은 행 위들을 수단으로 해서만이 명료해질 수 있다고 기대해야 한다. **사물의** 창조와, 그에 수반되는 그 사물의 **정확한 관념**에 대한 완전한 이해는 **매 우 빈번히 일치하는 것이고 분리될 수 없는 과정의 부분들이며**, 그 과정을 중지시키지 않고는 분리될 수 없는 것이다. 그 과정 자체는 명확히 정해 진 프로그램에 의해서 인도되지 않으며, 그러한 프로그램에 의해 인도 될 수도 없다. 왜냐하면 그것은 실현 가능한 모든 프로그램의 실현을 위 한 조건들을 포함하고 있기 때문이다. 그것은 오히려 모호한 충동이나 어떤 '열정'(키에르케고르)에 의해 인도된다. 열정은 독특한 행동을 불러 일으키는데, 이 행동은 거꾸로 그 과정을 분석하고 설명하며 그 과정을 '합리적'으로 만드는 데 필요한 상황들과 관념들을 창조하는 것이다.

갈릴레오로부터 20세기에 이르는 코페르니쿠스적 관념의 발전은, 내가 기술하고자 하는 상황의 완벽한 실례이다. 우리들은 동시대의 이 성 및 동시대의 경험과 정면으로 충돌하는 강력한 신념으로부터 출발 한다. 그 신념은 널리 퍼져 있고, 그것보다 더 비이성적이라고는 말할 수 없지만 거의 동등하게 비이성적인 다른 여러 신념들(관성의 법칙, 망원 경)에 의해 뒷받침된다. 연구는 바야흐로 새로운 방향으로 변해 갔고, 새 로운 종류의 도구들이 만들어지며, '증거'는 새로운 방식으로 이론들과 관련된다. 그것은 그 어떤 특정한 부분에 대해서도 독립적인 논증들을 제공할 정도로 풍부하고, 또 논증들이 요구될 것같이 보이는 어떤 경우 에도 독립적인 논증들을 찾을 수 있을 만큼 기동력 있는 이데올로기가 등장하기까지 계속된다. 오늘날 우리는, 갈릴레오가 올바른 노선에 있었다고 말할 수 있다. 왜냐하면, 이전에는 어리석은 우주론으로 생각되었던 것에 대한 그의 고집스러운 추구가 오늘에 와서는, 확실한 방식으로 말할 수 있을 때에만 하나의 견해를 수용하고, '관찰보고'라고 불리어지는 마법적 문구들을 포함하고 있을 때에만 그것을 신용하는 모든 사람들에 대해서, 그것을 옹호하는 데 필요한 소재를 창조하였기 때문이다. 더구나 이것은 하나의 예외적인 현상이 아니다 ── 이것은 정상적인 사례인 것이다. 즉, 이론들은, 그것들의 비정합적인 부분들이 오랫동안 계속 사용된 **후에야** 비로소 명료해지고 '합리적'이 된다. 따라서 그러한 비합리적이고 무의미하며 비조직적인 전회가, 명료함과 경험적 성공의 불가피한 전제조건이라는 것이 분명해진다.

한편, 우리들이 이러한 종류의 발전을 일반적인 방식으로 기술하고, 이해하고자 시도할 때 우리는 물론 그것들을 고려에 넣지 않은, 또한 예견하지 못한 상황들에 대처하기 위해서 왜곡되고 오용되며 새로운 패턴에 맞추어져야 할 기존의 언어형식에 호소하지 않을 수 없다(언어의 계속적인 오용이 없이는, 어떠한 발전도 진보도 있을 수 없다). "더욱이 전통적인 카테고리는 일상적인 사고(통상적인 과학적 사고를 포함해서)와 일상적인 실천의 금과옥조이기 때문에, [이해에 있어서의 그러한 시도는] 결과적으로 거짓된 사고와 행위의 ── (과학적) 상식의 관점에서 볼 때 거짓된 것이다 ── 규칙과 형식을 제출한다."[2] 이것이 **변증법적 사고**가 "형식

2 Herbert Marcuse, *Reason and Revolution*, London, 1941, p.130

논리를 비롯한 오성에 대한 구체적인 규정을 파기시키는"[3] 사고의 형식으로 부각되는 방식이다.

(부차적으로 다음과 같은 점이 지적되어야 한다. 즉 내가 '진보', '진전', '개선' 등의 낱말을 자주 사용하는 것은 내가 과학에 있어서 무엇이 좋고, 무엇이 나쁜가에 대한 특별한 지식을 갖고 있다고 주장하려는 의도 때문이 아니며, 또한 그 지식을 독자에게 강요하고 싶다는 생각을 해서도 아니다. **모든 사람은 그러한 개념들을 자기 나름의 방식으로 읽을 수 있고, 따라서 각자가 속한 전통에 맞추어 읽어도 무방하다.** 그러므로 어떤 경험주의자에게는, '진보'란 그것의 기본적 가정들의 대부분에 대해 직접적인 경험적 테스트를 제공하는 하나의 이론으로의 전이를 의미할 것이다. 몇몇 사람들은 양자론이 이러한 종류의 이론이라고 믿고 있다. 다른 사람들에게는 '진보'란, 경험적 타당성에 있어서는 희생을 치를지라도, 통일과 조화를 의미할 수 있다. 이것이 아인슈타인이 일반상대성이론을 보는 방식이다. **그리고 나의 논지는 아나키즘은 사람들이 어떤 의미의 진보를 택하든 간에 그 진보를 이룩하는 데 도움을 준다는 것이다. 법과 질서에 의한 과학마저도, 때로는 아나키즘적 방책의 실행이 허용되는 경우에만 성공을 거둘 것이다.**)

그렇다면 고정된 방법, 혹은 고정된 합리성의 이론이라는 관념은 인간과 그 사회적 환경에 대한 너무도 소박한 견해에 의존하고 있다는 사실이 분명해진다. 역사가에 의해 제공되는 풍부한 자료를 찾아낸 사람들, 보다 저급한 본능을 즐겁게 하기 위해서 즉 명료성, 정확성, '객관성', '진리'라는 형식 안에서 그들의 지적인 안정감을 탐닉하기 위해서 그 자

---

3 Hegel, *Wissenschaft der Logik*, Vol. 1, Meiner, Hamburg, 1965, p.6

료를 빈곤하게 만들고 싶지 않은 사람들에게는, **모든** 상황에서 또 인류 발전의 모든 단계에서 옹호될 수 있는 단 **하나의** 원리가 있다는 것이 분명해질 것이다. 그것은 **무엇이라도 좋다**(anything goes)라는 원리이다.

이 추상적인 원리는 이제 구체적이고 세부적인 면까지 검토되고 설명되어야 할 것이다.

제2장

예를 들어, 우리는 잘 확증된 이론이나 잘 확립된 실험 결과와 모순된 가설들을 사용할 수 있다. 우리는 과학을 반귀납적으로 진행함으로써 진보시킬 수 있다.

이 원리를 구체적으로 세밀하게 검토한다는 것은, 과학적 작업의 친숙한 규칙과 상반되는 '반대규칙'이 어떠한 귀결을 가져다주는가를 더듬어 보는 것을 의미한다. 이러한 작업이 어떻게 이루어지는가를 보기 위해서, 다음의 규칙을 고찰해 보자. 즉, 이론의 성공도를 측정하는 것은 '경험'이나 '사실' 혹은 '실험결과'이고, 이론과 '데이터' 사이의 일치는 이론을 뒷받침하는 것이 되지만 (혹은 상황을 그대로 진행시키는 것이 되지만) 반대로 그 불일치는 이론을 위태롭게 할 뿐 아니라 나아가서 그 이론을 제거하도록 강요한다는 규칙이 있다. 이 규칙이 바로 확증(confirmation)과 증거보강(corroboration)에 관한 모든 이론들의 중요한 부분이다. 그것은 경험주의의 본질이다. 이것에 대응하는 '반대규칙'은 잘 확증된 이론 혹은 잘 확립된 사실들과 불일치하는 가설을 도입하고, 정교히 할 것을 우리에게 권고한다. 그것은 **반귀납적으로**

(counterinductively) 진행하도록 권고한다.

반귀납적 절차는 다음과 같은 의문을 불러일으킨다. 반귀납은 귀납보다도 더 합리적인가? 반귀납을 사용하는 편이 유리한 상황이 있을까? 어떤 논증이 반귀납을 지지하는 것일까? 어떤 논증이 이것에 반하는 것인가? 어쩌면 늘 귀납이 반귀납보다 나은 것은 아닐까? 등등.

이러한 의문들은 두 단계로 해명될 수 있을 것이다. 나는 먼저 이미 수용된 고도로 확증된 **이론**들과 일치하지 않는 가설들을 발전시킬 것을 요구하는 반대규칙을 검토할 것이다. 그리고 그 다음에 잘 확립된 **사실**들과 일치하지 않는 가설들을 발전시킬 것을 요구하는 반대규칙을 검토하기로 하겠다. 그 결과는 다음과 같이 요약될 수 있다.

첫 번째 경우, 한 이론을 반박할 수 있는 증거는 종종 그 이론과는 양립불가능한 대안적 이론의 도움을 얻어서야 비로소 발견할 수 있다는 것이 드러난다. 반박에 의해 정통적 이론이 불신을 받게 되었을 때에만 그것에 대한 대안적 이론들을 사용하라는 권고(이것은 뉴턴까지 거슬러 올라가고 오늘날까지 매우 인기를 누리고 있지만)는 앞뒤가 뒤바뀌어 있는 것이다. 또한, 한 이론이 갖는 가장 중요한 형식적 속성 가운데 어떤 것은 분석에 의해서가 아니라, 대조에 의해서 발견되기도 한다. 한 과학자가 자신이 지지하고 있는 견해의 경험적 내용을 극대화하기를 원하고, 가능한 명료하게 그 견해를 이해하기를 원한다면, 그는 다른 견해들을 도입하여야만 한다. 즉 그는 **다원적 방법론**을 채용해야만 한다. 그는 관념들을, '경험'보다는 오히려 다른 관념들과 비교해야 하며, 경쟁에서 패한 견해를 폐기하기보다는 개선시키려고 노력해야 한다. 이러한 절차를 통해서 그는 「창세기」나 「포이만드로스」에서 발견되는 인간이나 우주에 관한 이론들을 존속시키고, 그 이론들을 잘 다듬고, 진화론과 또 다른 '현대적' 견해들이 성공했는가를 측정하는 데 이용하게 될 것이다. 그는 진화론이 일반적으로 인정되고 있는 만큼 우수한 것이 아니고, 또한 「창세기」의 개선된 해석에 의해 보충되거나, 혹은 완전히 대치되어야 한다는 사실을 발견할 수도 있다. 이와 같이 생각할 때, 지식이라는 것은 하나의 이상적인 견해로 수렴되는 일련의 자기정합적 이론이 아니다. 즉, 그것은 진리로의 점진적인 접근이 아닌 것이다. 지식이란 오히려 **서로 양립할 수 없는 (그리고 어쩌면 공약불가능한)** 대안이 끊임없이 증가되어 가는 대양과 같은 것이고, 하나하나의 이론이나, 옛날이야기나 신화는 다른 것을 보다 더 정교하게 하고, 이러한 경쟁의 과정을 통해서 우리들의 의식의 발전에 공헌하도록 하는 집합의 일부이다. 고정된 위치를 차지하는 것은 아무것도 없고 어떠한 견해도 포괄적인 설명으로부터 제외될 수는 없다. 디락(Dirac)이나 폰 노이만(von Neumann)보다는 플루타르코스(Plutarchos)나 또는 디오게네스 라에르티오스(Diogenes Laertius)가 이러한 종류의 지식을 나타내는 모델이다. 왜냐하면 이와 같은 유형의 지식에 있어서는 한 과학의 **역사**가 과학 그 자체의 불가분의 부분이 되기 때문이다. ──과학의 역사는, 어떠한 특정한 시점에서도 그것에 포함되어 있는 여러 이론들에 **내용**을 부여해 주며, 그것을 더욱 **발전시**키기 위해서도 본질적인 의의를 갖고 있다. 전문가와 비전문가, 직업적인 사람들과 아마추어, 진리광과 거짓말쟁이 ──이들 모두가 경합에 참가하도록, 그리고 우리들 문화의 풍요로움을 위해서 공헌하도록 초대된다. 과학자의 임무는 더 이상 '진리는 탐구하거나' '신을 찬미하거나' '관찰을 체계화하거나' '예측을 개선하는' 것이 아니다. 이것들은 과학자의 관심이 주로 쏠리고 있는 활동, 즉 소피스트들이 말한 바와 같이 '보다 약한 주장을 강력하게 하고' 그것을 통해 '전체의 운동을 지속시키는' 활동의 단순한 부산물에 불과하다.

두 번째의 '반대규칙', 즉 **관찰, 사실**, 그리고 **실험결과**에 일치하지 않는 가설을 지지할 것을 주장하는 규칙은 특별히 옹호할 것까지도 없다. 왜냐하면, 해당 영역에서 이미 알려진 모든 사실과 합치하는 흥미로운 이론은 하나도 없기 때문이다. 그러므로 문제는 반귀납적 이론이 과학에서 용인되어야 할 것이냐가 아니다. 오히려 문제는 이론과 사실 사이의 현존하는 불일치를 증가시켜야만 할 것이냐, 감소시켜야만 할 것이냐 하는 것이다. 그 어느 쪽도 아니라면 그것을 어떻게 해야만 할 것이냐 하는 것이다.

이 의문에 대답하기 위해서는 관찰보고, 실험결과, '사실적인' 진술들이 이론적 가정들을 **포함**하고 있거나, 아니면 그것들이 사용되는 방식에 의해 그 가정들을 **주장한다는 것**을 상기하는 것만으로 충분하다. (이 점에 대해서는 제6장 이하의 자연적 해석에 대한 논의를 참조할 것.) 실제로 우리들은, 감각에 이상이 없는 정상적인 상황에서 테이블을 응시할 때는 "테이블은 갈색이다"라고 말하지만, 조명 조건이 나쁠 때나 관찰 능력이 부족함을 느낄 때에는 "테이블은 갈색인 것 같다"라고 말하는 습관이 있는데, 이것은 우리들의 감각이 세계를 '실재하는 그대로' 볼 수 있는 익숙한 상황들이 있고, 감각이 기만당하는 또다른 익숙한 상황이 있다는 신념을 표현하고 있는 것이다. 그것은, 우리들의 감각적 인상 중 어떤 것은 진실성이 있고, 다른 것은 그렇지 않다는 신념을 표현하고 있다. 우리들은 또한, 대상과 우리들 사이의 물질적 매체는 어떤 왜곡 효과도 미치지 않으며, 우리들과 대상 사이를 연결하는 물리적 실체 —— 빛 —— 는 참모습을 전달해 준다는 사실을 당연하게 여기고 있다. 이 모든 것들은 추상적이고, 동시에 매우 의심스러운 가정들인데, 그것들은 직접적인 비판을 비껴나 우리들의 세계관을 형성한다. 보통 우리들은 이러한 가정들을 깨닫지도 못하고, 완전히 다른 우주론에 접할 때에야 비로소 그러한 가정의 영향을 인식한다. 선입견은 분석에 의해서가 아니라, 대조에 의해 발견되는 것이다. **과학자**가 자유롭게 취급할 수 있는 소재는, 가장 고상한 이론이나 가장 탁월한 테크닉을 포함해서 정확히 같은 방법으로 구조화된다. 그것들도 또한 알려지지 않고, 알려졌다 해도 테스트하기가 매우 곤란한 원리를 여럿 포함하고 있다. (결과적으로, 이론은 그것이 올바르지 않기 때문이 아니라, 증거가 오염되었기 때문에 증거와 상충하게 되는 것이다.)

그러면 우리들은 우리가 항상 사용하고 있는 것을 어떻게 해야 검토할 수 있겠는가? 어떻게 해야 가장 단순하고 직접적인 관찰을 표현하는 데 습관적으로 사용하고 있는 용어들을 분석하고 그것이 전제하고 있는 것을 드러낼 수 있을까? 우리가 언제나 하던 대로 과학적 절차를 진행할 때 우리들이 전제하고 있는 세계가 어떠한 종류의 것인가를 발견하려면 어떻게 해야 할까?

대답은 분명하다. 우리들은 그것을 그 **내부**에서는 발견할 수 없다. 우리들은 **외부**로부터의 비판기준을 필요로 하고 일련의 대립적인 가정을 필요로 한다. 혹은 이러한 가정은 매우 일반적이고 말하자면, 전혀 다른 세계를 구성하는 것이기 때문에, 우리들은 우리들이 살고 있다고 생각하는 현실세계의 특성을 발견하기 위해서 어떤 꿈의 세계를 필요로 한다. (그리고 우리들이 현실세계라고 생각하는 것이 실제로는 하나의 꿈의 세계일 수도 있다.) 그러므로 친숙해진 개념이나 절차에 대한 비판의 첫 단계, 즉 '사실'들에 대한 비판의 첫 단계는 순환을 파괴하는 시도여야만 한다. 매우 조심스럽게 확립된 관찰결과의 효력을 정지시키거나 이것과 충돌하는 새로운 개념체계, 또 가장 그럴듯한 이론적 원리를 혼란에 빠뜨리며 현존하는 지각세계의 일부가 될 수 없는 지각을 도입하는 새로운 개념체계를 발명해야만 하는 것이다.[1] 이 첫 단계도 또한 반귀납적이다. 그러므로 반귀납은 늘 합당하며, 늘 성공할 기회를 갖고 있는 것이다.

이후 일곱 개의 장에 걸쳐서, 이 결론이 더 상세히 전개되고, 역사적 실례의 도움을 얻어 해명될 것이다. 그러므로 혹자는 내가 귀납을 반귀납으로 대치하고, 이론/관찰의 관습적인 이분법을 대신해서 이론의 다양성과 형이상학적 관점들, 옛이야기들을 이용하는 새로운 방법론을 권유하고 있다는 인상을 가질는지도 모른다.[2] 이 인상은 분명히 오해이다. 나의 의도는 일련의 일반규칙을 다른 일련의 일반규칙으로 대치하려는 것이 아니다. 나의 의도는 오히려 **모든 방법론은, 가장 분명**

---

1 '충돌한다' 혹은 '효력이 정지된다'는 '모순된다'에 비해 보다 일반적인 것을 의미하고 있다. 나는 일련의 관념들 혹은 행위들이 하나의 개념체계와 불일치하든가, 혹은 그 체계를 불합리한 것으로 보여지도록 만들 때에, 전자는 후자와 '충돌한다'고 말한다. 상세한 것은 다음의 제16장을 참조할 것.

2 에르난 맥멀린(Ernan McMullin) 교수는 나의 몇몇 초기 논문들을 이처럼 해석하였다. "Taxonomy of the Relations Between History and Philosophy of Science", *Minnesota Studies* 5, Minneapolis, 1971을 보라.

한 것일지라도 자기 나름의 한계를 갖고 있다는 것을 독자에게 확신시키려는 것이다. 이것을 밝히는 가장 좋은 방법은, 독자가 기본적이라고 간주하기 쉬운 규칙들의 한계뿐만이 아니라, 그 비합리성까지도 증명하는 것이다. 귀납(반증에 의한 귀납을 포함해서)의 경우에, 이것은 반귀납적 절차가 논증에 의해서 어떻게 잘 지지될 수 있는가를 증명하는 것을 의미한다. 사용되고 있는 논증이나 수사학은 결코 나의 어떤 '깊은 확신'을 표현하는 것이 아니라는 사실을 언제나 기억해 주길 바란다. 그것들은 단지 인간들을 합리적인 방법으로 마음대로 끌고 다니는 것이 얼마나 쉬운지를 보여 줄 뿐이다. 아나키스트는 이성(진리, 정직, 정의 등)의 권위를 붕괴시키기 위해서 이성이라는 게임에 참가하고 있는 비밀 공작원과 같은 것이다.[3]

---

3 한스 리히터(Hans Richter)는 *Dada: Art and Anti-Art*에서 다음과 같이 말하고 있다. "다다(Dada)는 단지 어떤 프로그램도 갖지 않았을 뿐만 아니라, 모든 프로그램들에 반대하였다." 이것은, 어떤 프로그램에 대한 옹호가 터무니없음을 보여 주기 위한 프로그램에 있어서는 그것에 대한 능란한 옹호가 아무리 합리적이라도 배제하지 않는다. (같은 방식으로, 배우 또는 극작가는 '깊은 사랑'이라는 관념 자체의 가면을 벗기기 위해서, '깊은 사랑'의 모든 외면적인 현상을 만들어 낼 수 있을 것이다. 실례: 루이지 피란델로Luigi Pirandello.)

제3장

새로운 가설이 이미 수용된 '이론'과 정합적이어야 한다고 요구하는 정합성의 조건은 합당치 못하다. 왜냐하면 그 조건은 보다 나은 이론을 유지하는 것이 아니라 낡은 이론을 유지하는 것이기 때문이다. 잘 확립된 이론과 모순되는 가설은 다른 어떤 방법에 의해서도 얻을 수 없는 증거를 우리에게 제공한다. 이론의 증식은 과학을 위해서 유익하다. 반면에 획일성은 과학의 비판적 능력을 손상시킨다. 또한 획일성은 개인의 자유로운 발전마저 위협한다.

이 장에서는, 우리로 하여금 잘 확립된 **이론**과 **비정합적인** 가설을 도입할 것을 요구하는 '반대규칙'에 관한 보다 구체적인 논증을 제시하고자 한다. 이 논증은 간접적인 방식을 취할 것이다. 또한 그것은 새로운 가설이 그러한 이론들과 **정합적**이어야 한다는 요구에 대한 비판으로부터 시작하게 될 것이다. 이 요구를 **정합성의 조건**(consistency condition)이라고 부르도록 하자.[1]

---

1 정합성의 조건은 적어도 아리스토텔레스까지 거슬러 올라간다. 그것은 뉴턴 철학에서 중요한

정합성의 조건은 얼핏 보기에는 그저 몇 마디 말로 설명될 듯하다. 뉴턴의 이론이 갈릴레오의 자유낙하의 법칙이나 케플러의 법칙과 비정합적이라는 것, 통계역학이 현상이론으로서의 제2법칙과 비정합적이라는 것, 파동역학이 기하광학과 비정합적이라는 것 등은 잘 알려져 있다(또한 뒤엠에 의해서도 상세히 알려져 있다).[2] 그런데 여기에서 말하고자 하는 것은 **논리적** 비정합성이라는 점에 주목하자. 예측에 있어서의 차이는 너무 작아서 실험에 의해서 발견되지 않는 것이 당연하다. 또한 여기에서 말하고자 하는 바가, 말하자면 뉴턴의 **이론**과 갈릴레오의 법칙과의 **비정합성**이 아니라 오히려 갈릴레오의 법칙이 타당성을 갖는 영역 내에서 뉴턴 이론의 **어떤 귀결**들과 갈릴레오의 법칙 사이의 비정합성이라는 데 주목하자. 이 마지막 경우에서 상황은 특히 분명해진다. 갈릴레오의 법칙은 자유낙하의 가속도가 일정하다고 주장한다. 반면에 지구의 표면에서 뉴턴의 이론을 적용할 때에는 가속도는 일정하지 않고 지구 중심으로부터의 거리에 따라 **감소한다**(비록 우리가 지각할 수 없을지라도).

좀더 추상적으로 말한다면 다음과 같다. 영역 D′ 내의 상황을 성공적으로 기술하는 이론 T′를 생각하자. T′는 유한한 수의 관찰(그 집합을 F라 하자)과 일치하고, 동시에 이러한 관찰과 오차 M의 범위 내에서 일치한다. 집합 F의 외부에 있는 관찰과 오차 M의 범위 내에서 T′와 모순되는 어떠한 대안적 이론도 동일한 관찰에 의해 입증된다. 따

역할을 한다(다만 뉴턴 자신도 끊임없이 이것을 위반하였다). 20세기 과학자 대다수는 이것을 의심할 여지가 없는 것으로 간주하고 있다.
2 Pierre Duhem, *The Aim and Structure of Physical Theory*, New York, 1962, pp.180ff.

라서 T′가 수용될 수 있다면 그의 대안적 이론도 수용될 수 있다(나는 F가 유일하게 행해진 관찰이라고 가정한다). 그런데 정합성의 조건은 이것보다 훨씬 덜 관용적이다. 이 조건이 이론이나 가설을 배제하는 것은 그것들이 사실과 일치하지 않기 때문이 아니다. 그것은 하나의 이론이나 가설을 다른 이론, 특히 그것을 확증하는 사례들을 공유하고 있는 이론과 일치하지 않는다는 이유로 배제하는 것이다. 그러므로 이 조건은 그 이론의 아직 테스트되지 않은 부분을 타당성의 척도로 삼고 있는 것이다. 그러한 척도와 보다 새로운 이론 사이의 유일한 차이점은 오래된 정도와 친밀함의 정도일 뿐이다. 새로운 이론이 먼저 존재하고 있었다면 정합성의 조건은 그것에 유리하게끔 작용했을 것이다. "타당한 최초의 이론은 똑같이 타당한 후속 이론에 대해 우선권을 갖는다."[3] 이러한 점에서 정합성의 조건의 효과는 선험적 연역, 본질의 분석, 현상학적 분석, 언어분석과 같은 보다 전통적인 방법들의 효과와 아주 유사하다. 그것은 오래되고 익숙한 것을, 그것이 고유하게 지닌 어떤 이점에 의해서가 아니라 ── 예를 들어 그것이 새롭게 제안된 대안적 이론보다도 관찰에 있어서 보다 나은 기반을 갖는다거나, 보다 세련되었기 때문이 아니라 ── 오래되었고 동시에 우리가 익숙하다는 이유만으로 보존하는 데 힘을 쏟는다. 그러나 좀 더 엄밀히 조사해 보면, 현대의 경험주의와, 그것이 공격하는 강단철학들 사이에서 매우 놀랄 만한 유사성이 나타나는 것은 이런 사례에서만이 아니다.

---

3 C. Truesdell, "A Program Toward Rediscovering the Rational Mechanics of the Age of Reason", *Archives for the History of Exact Sciences*, Vol. 1, p.14.

한편 이러한 간단한 고찰이 정합성의 조건에 대한 흥미로운 **전술적 비판**으로, 또한 반귀납을 지지하는 최초의 몇 가지 통찰로 유도해 간다고 할지라도, 그것은 아직 문제의 핵심을 찌르지 못한다고 생각된다. 그러한 고찰은 수용된 관점과 확증사례를 공유하는 대안적 이론이 사실적인 추론에 의해서 **배제될 수 없다**는 것을 보여 준다. 그러나 그것은 대안적 이론이 **수용될 수 있다**는 것, 더욱이 대안적 이론이 **사용되어야 한다**는 것을 보여 주지는 못한다. 정합성의 조건의 옹호자는 수용된 견해가 충분한 경험적 지지를 얻지 못한다는 것을 지적할 수 있는 것만으로 만족하지 않는다. **똑같이 불만족스러운 요소**를 가진 새로운 이론을 첨가하는 것은 상황을 개선시키지 않는다. 또한 수용된 이론을 가능한 대안적 이론으로 **대치**해 보려는 것도 별다른 의미가 없을 것이다. 그러한 대치는 결코 쉬운 문제가 아니다. 새로운 형식체계가 습득되어야 할지도 모르고, 익숙한 문제들을 새로운 방식으로 계산해야 할지도 모른다. 교과서는 바뀌고 대학의 교육과정은 재조정되고, 실험결과는 재해석되어야 할 것이다. 이러한 모든 노력의 결과는 어떤 것이 될까? 경험적인 입장으로부터 나온 다른 이론도 예전의 이론을 상회하는 별다른 이점을 가지고 있지 않다. 정합성의 조건의 옹호자는 실제적인 개선은 오직 **새로운 사실의 첨가**로부터 생기는 것이라고 계속 주장할 것이다. 그러한 새로운 사실들은 현재 통용되는 이론을 지지하든가, 혹은 어디가 틀렸는가를 정확하게 지적함으로써 그것들을 고치도록 강요하든가 할 것이다. 그 두 경우에 있어서 새로운 사실들은 자의적인 변화만이 아니라 진정한 진보를 촉진시킬 것이다. 그러므로 수용된 관점을 가능한 한 많은 관련 사실들과 맞춰 보는 일이 적절한 절차를 밟는 것임에 틀림없다. 대안적 이론의 배제야말로 효용성의 척도이다. 그러한 것의 발명은 진보에 도움을 주지 못할 뿐 아니라, 보다 나은 일에 바칠 수 있는 시간과 인력을 소모시킴으로써 진보를 저지하기까지 하는 것이다. 정합성의 조건은 이러한 비생산적인 논의를 배제하고, 궁극적으로 유일하게 인정할 만한 이론의 심판관인 사실들에 집중할 것을 과학자에게 요구한다. 이것이 바로 현장의 과학자들이 경험적으로 가능한 대안적 이론을 배제하면서 단일한 이론에 집중하는 것을 변호하는 방식이다.

이 논증의 합리적인 핵심을 반복하는 것은 의미 있는 일이다. 이론은 부득이한 이유가 없는 한 변경하지 말아야 한다. 이론을 변경시킬 수밖에 없는 부득이한 이유로는 오직 사실과의 불일치가 있을 뿐이다. 이론에 일치하지 않는 사실에 대한 논의는 진보를 가져온다. 현행하는 이론에 일치하지 않는 가설에 대한 논의는 그렇지 않다. 따라서 관련된 사실의 수를 증가시키는 것은 건전한 절차이다. 반면에 사실적으로는 적합하긴 하지만 양립할 수 없는 대안적 이론의 수를 증가시키는 것은 건전한 절차가 아니다. 어떤 사람은 증가된 세련도, 간결성, 일반성, 그리고 일관성과 같은 형식적인 개선이 배제돼서는 안된다는 것을 덧붙여 말하려고 한다. 그러나 일단 그러한 종류의 개선이 이루어진 다음에 과학자에게 남겨진 일은 테스트를 목적으로 한 사실들의 수집밖에 없는 것 같다.

또한 그것은, 대안적 이론을 테스트되어야 할 것으로 간주하든 하지 않든 간에 그것과는 독립적으로 사실들이 존재하고 동시에 입수 가능하다고 가정하는 경우에만 할 수 있는 얘기이다. 이 가정은 위에서 말한 논증의 타당성이 가장 결정적으로 의존하고 있는 것인데, 나는 이것을 사실의 상대적 자율성에 대한 가정, 혹은 **자율성 원리**(autonomy principle)라고 부르겠다. 이 원리가 사실의 발견 및 기술은 모든 이론화로부터 독립적이라는 것을 주장하고 있는 것은 아니다. 그러나 어떤 이론의 경험적 내용에 속하는 사실들은 우리가 이 이론의 대안을 고려하는가 고려하지 않는가에 상관없이 입수 가능하다는 것이 주장된다. 나는 매우 중요한 이 가정이 경험적 방법에 대한 하나의 독립적인 요청으로서 명백하게 정식화된 적이 있었는지를 알지 못한다. 그러나 확증이나 테스트에 대한 문제를 취급하는 탐구는 대부분 분명히이 원리를 포함하고 있다. 이러한 모든 탐구는 어떠한 방식으로든 '주어진다'고 가정되는 사실(또는 관찰진술)의 집합과 **단일한** 이론이 서로 비교되는 하나의 모델을 이용한다. 나는 이것이 실제 상황에 대한 너무나도 단선적인 묘사라는 점을 지적하겠다. 사실과 이론은 자율성 원리가 인정하고 있는 것보다도 훨씬 긴밀하게 연결되어 있다. 모든 단일한 사실에 대한 기술은 **어떤** 이론(이것은 물론 테스트된 이론과는 전혀 다를지도 모른다)에 의존하고 있을 뿐 아니라, 테스트된 이론에 대한 대안적 이론의 도움 없이는 발견될 수 없고, 이러한 대안 이론이 배제되는 순간 곧 입수 불가능한 것이 되어 버리는 사실들도 존재한다. 테스트나 경험적 내용의 문제를 논의할 때에 우리가 받아들여야만 하는 방법론상의 단위는, **부분적으로 겹쳐지고 사실적으로 적합하지만 서로 양립불가능한 이론들의 총합**으로 구성된다는 것을 위 사실은 시사하고 있다. 이 장에서는 이러한 테스트의 모델에 대한 최소한의 윤곽만을 보이려고 한다. 그러나 그것을 하기 전에, 비판적인 사실들을 발견하는 데 있어서 대안적 이론들의 기능을 매우 명료하게 보여 주는 하나의 실례에 관해 논의해 보려 한다.

오늘날, 브라운 입자는 제2종의 영구운동기관이라는 사실, 그리고 그것의 존재는 현상론적인 제2법칙을 반박한다는 사실이 알려져 있다. 그러므로 브라운 운동은 제2법칙에 관련된 사실의 영역에 속해 있다. 그렇다면 브라운 운동과 그 법칙 사이의 그러한 관계는 **직접적인** 방식으로 발견될 수 있는 것인가? 즉 이 관계는 열에 관한 대안적 이론을 이용하지 않고 현상이론이 갖는 관찰적 귀결을 검토함으로써 발견될 수 있을 것인가? 이 의문은 곧 두 가지로 분리된다. (1)브라운 입자가 제2법칙과 **관련**을 가지고 있다는 사실이 그러한 방식으로 발견될 수 있을 것인가? (2)브라운 입자가 제2법칙을 실제로 **반박한다**는 사실은 증명될 수 있을 것인가?

첫 번째 의문에 대한 대답은, 우리들로서는 알 수 없다는 것이다. 만일 열에 대한 운동이론이 논쟁에 도입되지 않았다고 한다면 어떻게 되었을까에 대해 말하는 것은 불가능하다. 그러나 나의 추측으로는 그 경우에 있어서 브라운 입자는 하나의 이상현상으로 간주되었으리라고 생각된다 —— 에렌하프트(Felix Ehrenhaft) 교수의 놀랄 만한 결과의 몇 가지가 하나의 이상현상으로 간주된 것과 대략 같은 방식으로. 그리고 현대적 이론에서 브라운 운동이 차지하고 있는 결정적인 위치가 그것에 제공한 것은 없었을 것이라고 나는 추측한다. 두 번째 의문에 대한 답은 간단한데, 그것은 '할 수 없다'이다. 그러면, 브라운 운동의 현상과 제2법칙 사이의 비정합성을 발견하기 위해서는 무엇이 요구되는가에 대해서 고찰해 보자. 그것은 (a) 그 **운동**에너지와 유체의 저항을 극복하기 위해서 소모된 에너지의 합에 생기는 변화를 확실히 하기 위해서 그 입자의 정확한 운동의 측정을 요구할 것이다. 또한 그것은 (b) 열의 측면에서 생기는 모든 손실은 운동하는 입자의 에너지 증가와 유체에 대해 행해진 작용에 의해서 실제로 보충되고 있다는 사실을 성립시키기 위해서 주위의 매체 내의 온도와 열전도에 관한 정확한 측정을 요구할 것이다. 그러한 측정은 모두 실험상의 가능성을 넘어서고 있다.[4] 열의 전도나 입자의 이동은 어느 것도 요구된 정밀도로 측정될 수 없다. 그러므로 현상이론과 브라운 운동의 '사실들'만을 고려하는 제2법칙에 대한 '직접적인' 반박은 불가능하다. 우리들이 살고 있는 세계의 구조와 그 세계에서 타당한 법칙들 때문에 불가능한 것이다. 그리고 잘 알려진 바와 같이 사실상의 반박은 전혀 다른 방식으로 이루어졌는데, 열의 운동이론과, 아인슈타인이 브라운 운동의 통계적 성질에 대한 계산에 그것을 이용했다는 사실을 통해서 이루어졌다. 이러한 과정에 있어서, 현상이론(T′)은 **정합성의 조건이 위반되는 방식으로 통계물리학(T)의 보다 넓은 맥락 속에 통합된 것**이고, 그럼으로써 비로소 결정적인 실험(스베드베리[Theodog Svedberg]와 페랭 [Jean Baptiste Perrin]의 연구)도 시도되었다.[5]

4 상세한 것은 R. Fürth, *Physik*, Vol. 81, 1933, pp. 143ff를 보라.

5 이러한 연구들(그것들의 철학적 배경은 볼츠만으로부터 나온다)에 대해서는 A. Einstein, *Investigations on the Theory of the Brownian Motion*, ed. R. Fürth, New York, 1956을 참조할 것. 여기에는 아인슈타인과 관련이 있는 모든 논문과 R. 퓨르드(Fürth)에 의한 빠짐없는 전기가 담겨 있다. J. 페랭의 실험적인 작업에 대해서는, *Die Atome*, Leipzig, 1920을 보라. 현상이론과 폰·스몰루호프스키(M. von Smoluchowski)의 운동이론과의 관계에 대해서는 "Experimentell nachweisbare, der üblichen Thermodynamik widersprechende Molekularphänomene", *Physikalische Zeitschrift*, Vol. 8, 1912, p. 1069, 그리고 K. R. 포퍼

이러한 예는 매우 일반적인 이론 및 관점과 '사실들' 사이의 관계를 나타내는 전형적인 것으로 생각된다. 결정적인 사실들과 연관을 맺거나 그것을 반박하는 성질은 모두 사실적으로 적합하면서[6] 테스트되어야 할 견해와는 일치하지 않는 다른 이론의 도움을 얻어서 비로소 확립된다. 이것이 사실이라면, 대안적 이론들의 발명과 그것의 정교화는 반박하는 사실들의 산출에 선행되어야 한다. 경험주의는 적어도 그것의 보다 세련된 버전에 있어서, 우리가 소유하는 모든 지식의 경험적 내용이 가능한 한 증가되어야 할 것을 요구한다. **따라서 논의의 중심에 있는 견해에 대한 대안들의 발명은 경험적 방법의 본질적인 부분을 이**

의 간단한 메모, "Irreversibility, or Entropy since 1905", *British Journal for the Philosophy of Science*, Vol. 8, 1957, p.151를 보라. 후자는 본질적인 논증을 요약하고 있다. 아인슈타인의 획기적인 발견 및 그 귀결들에 관한 폰·스몰루호프스키의 훌륭한 발표(*Oeuvres de Marie Smoluchowski*, Cracow, 1927, Vol. 2, pp.226ff, 316ff, 462ff, 530ff)에도 불구하고, 열역학에서의 현재의 상황은 극도로 불투명하다. 특히 환원이라는 매우 의심스러운 관념이 끊임없이 존재하고 있다는 사실을 생각할 때 그러하다. 더 자세하게 말하자면, 복잡한 통계적 과정의 엔트로피 평형을 (반박된) 현상론적 법칙에 조회하여 결정하려는 시도가 종종 행해지고, 그 후에 섭동이 임시변통적인 방식으로 삽입된다. 이것에 대해서는 나의 메모, "On the Possibility of a Perpetuum Mobile of the Second Kind", *Mind, Matter, and Method*, Minneapolis, 1966, p.409 및 나의 논문, "In Defence of Classical Physics", *Studies in the History and Philosophy of Science*, 1, No. 2, 1970을 참조할 것. 덧붙여서, 1903년 아인슈타인이 열역학에 관한 그의 작업을 시작했을 때, 브라운 운동은 분자현상일 수 없다는 것을 시사하는 경험적 증거가 존재하였다는 사실에 대해 언급하지 않으면 안 된다. F. M. Exner, "Notiz zu Browns Molekularbewegung", *Annalen der Physik*, No. 2, 1900, p.843을 보라. 엑스너는 운동이 균등분배의 원리에 기초하여 예상되는 값을 상회하지 않는 양의 질서를 갖는다고 주장하였다. 아인슈타인(*Investigations in the Theory of the Brownian Movement*, pp.63ff, 특히 p.67)은 그 차이에 대한 다음과 같은 설명을 제시했다. "명확한 방식으로 명확한 관찰의 수단을 가지고 작업하는 과학자는 하나의 작위적인 작은 시간 내에서 가로지르는 실제적 궤적을 결코 지각하지 못하기 때문에, 어떤 평균 속도는 그에게 언제나 동시적인 속도로 보일 것이다. 그러나 그렇게 확인된 속도가 조사 중에 있는 운동의 객관적인 속성과 일치하지 않는다는 것은 확실하다." Mary Jo Nye, *Molecular Reality*, London, 1972, pp.98ff.

6 사실적 정합성의 조건은 제5장에서 다룰 것이다.

룬다. 반대로 정합성의 조건이 대안적 이론들을 배제한다는 사실은 이 조건이 과학의 실제 활동뿐만 아니라, 이제는 경험주의와도 불일치한다는 것을 보여 준다. 가치 있는 테스트를 배제함으로써, 그것은 존속하는 이론의 경험적 내용을 축소시킨다(그리고 이것들은 내가 위에서 지적한 대로 대개 앞서 존재했던 이론들이다). 특히 그것은 이론의 한계를 보여 줄 수 있는 사실들의 수를 감소시킨다. 이것이 과학적 지식(그리고 그 문제라면, 다른 형태의 지식)이 갖는 복잡한 본성을 알지 못한 채 정합성의 조건을 옹호하는 (뉴턴, 혹은 양자역학의 정통적 해석이라고 불리는 것의 일부 주창자들과 같은) 경험주의자들이 자신들이 좋아하는 경험적 내용을 갖는 이론을 배제하고, 대신에 그들이 가장 경멸하는 것, 즉 형이상학적 교리로 그것을 되돌리는 방식이다.[7]

존 스튜어트 밀은 혁명적인 관념이 사고의 장애물로 서서히 변해 가는 과정에 대해서 아주 재미있는 설명을 제시한 바 있다. 하나의 새로운 관점이 제안되었을 때, 그것은 적대적인 청중에 직면한다. 그것에 대해서 적절한 정도의 공정한 심리를 받도록 하기 위해서는 탁월한 근거가 필요하다. 근거들이 창출되지만, 그것들은 종종 무시당하고 일소에 붙여진다. 불행은 대담한 발명가의 운명이다. 그러나 새로운 세대는 새로운 것에 관심을 갖고, 호기심을 갖는다. 그들은 그 근거들을 고찰하고, 그것들을 더욱 추구한다. 연구자 집단이 상세한 연구

---

7 그것의 경험적 본성을 명확하게 만들었던 정통적 견해에 대한 가장 극적인 확증은 벨의 정리에 의한 것이다. 그러나 벨은 그가 '반계몽주의자'라고 여긴 보어가 아니라, 아인슈타인의 편에 섰다. (벨의 배경에 대해서는) Jeremy Bernstein, *Quantum Profiles*, Priceton, 1991, pp.3ff를, ('반계몽주의'에 대해서는) p.84를 각각 참조할 것.

에 착수한다. 그 연구는 놀라운 성공에 도달할 수 있다. (그것은 많은 난점을 야기할 수도 있다.) 이제 그것이 난점으로 둘러싸인 성공일지라도, 성공은 성공을 부른다. 이론은 토론을 위한 주제로 받아들일 만한 것이 된다. 그것은 미팅에서, 그리고 대규모 콘퍼런스에서 제시된다. 현상태에 대한 완고한 보수주의자들은 논문들을 공부하고, 불만스러운 논평을 하며, 아마도 그것에 대한 탐구에 참여해야 한다는 의무감을 느낀다. 드디어 그 이론이 더 이상 높은 수준의 세미나와 콘퍼런스에서 다루어지는 소수만이 이해할 수 있는 토론 주제가 아니고, 공공의 영역에 들어오는 때가 온다. 입문용 교과서, 대중화, 시험문항들이 그 이론의 관점에서 풀어야 하는 문제를 다루기 시작한다. 으쓱대려는 먼 분야의 과학자들과 철학자들이 여기저기 힌트를 흘리고, 올바른 편에 서고자 하는 종종 매우 한결같은 이 욕구는 그 이론의 중요성에 대한 추가적인 징후라고 여겨진다.

불행하게도, 이러한 중요성의 증가는 더 깊은 이해를 수반하는 것이 아니다. 오히려 정반대이다. 조심스럽게 구성된 논증들 덕분에 본래 도입되었던 문제되는 국면들은 이제 기본 원리가 되고, 의심스러운 논점이 슬로건으로 변하며, 반대편과의 논쟁은 표준화되며 동시에 매우 비현실적인 것이 된다. 반대편에게는 그들이 반대하는 것을 전제하는 용어들로 자신들을 표현하는 것은 사소한 불만을 표시하고 낱말들을 오용하는 것으로 보인다. 대안들이 여전히 채용되지만, 그것들은 더 이상 현실적인 반대-제안을 포함하지 못한다. 그것들은 새로운 이론의 탁월함에 대한 배경으로서 기여할 뿐이다. 따라서 우리는 성공을 이룬다. 그러나 그것은 진공상태에서 용이한 해결을 위해서 미리 설치된 난점들을 극복하기 위하여 수행된 묘책의 성공이다. 양자역학과 같은 경험적인 이론이나, 유물론적 배경을 가진 현대의 과학적 의술과 같은 유사-경험적 실천은 물론 많은 업적을 들먹이지만, 한동안 존재했던 어떤 견해나 어떤 실천도 나름의 업적을 갖고 있다. 문제는 누구의 업적이 더 훌륭하고 더 중요한가 하는 것이다. 그리고 이 문제는 해답이 주어지지 않는데, 그것은 비교의 논점을 제공할 현실적인 대안들이 존재하지 않기 때문이다.

내가 방금 기술한 과정에 대한 많은 역사적인 사례가 존재한다. 또한 여러 저자들이 그것에 대해서 논평해 왔다. 가장 중요한 최근의 저자는 토머스 쿤 교수이다. 그의 『과학혁명의 구조』[8]에서 그는 과학과 전(前)과학을 구분하고, 과학 안에서는 혁명적 과학과 통상적인 과학을 구분한다. 그에 따르면 전과학은 줄곧 다원적이며, 따라서 사물들에 대해서가 아니라 의견들에 대해서 집중할 위험성을 갖는다(베이컨은 유사한 논점을 지적하였다). 쿤이 과학 혹은 그 점에 대해서 실제적 지식을 산출한다고 주장하는 어떤 활동도 통상적인 구성요소를 갖지 않고 성립할 수 있다는 것을 의심한다는 것을 제외하고는, 성숙한 과학의 두 가지 구성요소는 위에서 언급한 두 단계와 완벽하게 일치한다. 그는 낡은 사고방식이 혁명적 요소에서 발생하는 논쟁에 중요성을 부여하는 데 필요하다고 말하는 것 같다. ──그러나 그는 후자는 대안들 없이는 발전할 수 없다고 덧붙인다. 두 사람의 선행 저자는 밀과 닐스 보어이다. 밀은 하나의 새로운 관점의 초기 단계로부터 정설로서의

---

8 Thomas Kuhn, *The Structure of Scientific Revolutions*, Chicago, 1962.

지위로의 이행에 대해서 명료하고 설득력 있는 기술을 제시한다. 그는 다음과 같이 쓴다.

> 낡은 개념과 느낌이 동요하고 있고, 어떤 새로운 교설도 지배적인 지위를 차지하는 데 아직 성공하지 못했을 경우에, 논쟁과 추리는 이행의 시기에 속하는 특징이다. 그러한 시기에 정신적 활동을 하는 사람들은 느낌이 아니고 낡은 믿음을 포기함으로써 그들이 아직 견지하는 것들이 변형되지 않은 채 유지될 수 있다고 믿고, 새로운 견해에 열렬히 귀를 기울인다. 그러나 이런 사태는 필연적으로 일시적이다. 어떤 특정한 교리의 본체가 드디어 그것을 둘러싼 대다수를 결집시키고, 사회제도와 그것에 부합하도록 행동 양식을 조직하며, 교육은 이러한 새로운 교리를 **그것을 가져온 심적 과정 없이** 이해시킨다. 그리고 점차 그것이 자리를 대치한 교리에 의해 오랫동안 행사되었던 것과 매우 똑같은 억압적인 힘을 획득한다.[9]

대체된 대안, 대체 과정, 그 과정에서 사용된 논증, 낡은 견해의 강함과 새로운 견해의 유약함에 대한 설명, '체계적인 설명'이 아니라, 지식의 각 단계에 대한 역사적 설명이 이러한 문제점을 완화해 주고, 그 주체의 이론적 수행의 합리성을 증진시킨다. 새로운 발견에 대한 보어의 발표는 정확히 이 패턴을 따른다. 그것은 과거를 조사하는 예비적인 요약을 포함하고, '지식의 현상태'로 이행하며, 미래를 위한 일

---

9 *Essential Works of John Stuart Mill*, ed. M. Lerner, New York, 1965, p.119에서 인용된 "Autobiography". 강조는 인용자.

반적인 제안을 하는 것으로 마무리된다.[10]

밀의 견해와 보어의 절차는 그들의 진보적인 태도에 대한 한 가지 표현에 그치는 것이 아니다. 그것들은 관념과 삶의 양식의 다원성이 사물의 본성에 관한 어떤 합리적 탐구에서도 본질적인 부분이라는 그들의 확신을 반영하기도 한다. 혹은 보다 일반적으로 말하면 이러하다. 의견의 만장일치는 엄격한 교회, 어떤(고대 혹은 현대의) 신화를 두려워하는 혹은 갈망하는 희생자들, 혹은 어떤 독재자 앞에 나약하거나 그를 열렬히 추종하는 이들에게는 적합한 것일지도 모른다. 그러나 객관적 지식을 위해서는 의견의 다양성이 필요하다. 그리고 다양성을 고무하는 방법은 또한 인도주의적인 견지와 양립할 수 있는 유일한 방법이다. (다양성에 한계를 설정하는 정도에 따라서, 정합성의 조건은 당연히 거의 모든 경험주의의 특징인 '사실'의 숭배에 존재하는 신학적 요소를 포함한다.)[11]

---

10 더 상세한 설명은 나의 *Philosophical Papers*, Vol. 1, 16장, 6절을 참조할 것.
11 프로테스탄트들을 성서로 인도했던 평범한 문구가 경험주의자들이나 다른 근본주의자들을 그들의 토대 즉 경험으로 인도했던 평범한 문구와 종종 거의 같은 것임을 보는 것은 흥미롭다. 예를 들어 베이컨은 『신기관』(*Norum Organum*)에서, "미리 착상된 관념들(aphorisms 36), 의견들(aphorisms 42ff), 또한 낱말들(aphorisms 59, 121) 모두는 진지하고 굳건한 결단에 의해 간청되고, 포기되며, 오성은 그것들로부터 완전히 해방되고 깨끗해져서, 과학에 기초한 인간의 왕국으로의 통로가 어린아이 이외에는 들어갈 수 없는 하늘의 왕국으로의 통로와 닮을 수 있도록 되어야 한다"(aphorisms 68)고 요구하고 있다. 두 경우에 모두 '논쟁'(이것은 대안적 이론에 대한 고찰이다)이 비판되고, 두 경우에 모두 논쟁 없이 때우도록 권장되고, 두 경우에 모두 한편에서는 신의, 다른 편에서는 자연의 '직접적인 지각'이 약속되어 있다. 이 유사성의 이론적 배경에 대해서는 나의 에세이, "Classical Empiricism", *The Methodological Heritage of Newton*, ed. R. E. Butts, Oxford, and Toronto, 1970을 참조할 것. 청교도주의와 근대과학 사이의 강한 연관에 대해서는 R. T. Jones, *Ancients and Moderns*, California, 1965, Chapters 5~7을 보라. 영국에서 근대의 경험주의의 발흥에 영향을 주었던 수많은 요인들에 대한 철저한 조사는 R. K. Merton, *Science, Technology and Society in Seventeenth Century England*, New York, Howard Fertig, 1970(1938년의 논문을 책으로 꾸민 것)에서 발견된다.

제4장

아무리 옛것이고 불합리하다 하더라도, 관념치고 우리들의 지식을 개선시킬
수 없는 것은 하나도 없다. 사상사 전체는 과학에 흡수되고 이론을 개량시키는
데 이용된다. 정치적인 간섭도 배제되지 않는다. 현상태(status quo)에 대한 대
안들에 저항하는 과학의 맹목적인 배타주의를 극복하기 위해서는 정치적 간섭
이 필요할 수도 있다.

이 장에서, 잘 확증되고 일반적으로 받아들여진 관점과 불일치하는 가
설을 창안하고 다듬는 일을 하는 반귀납의 첫 번째 부분에 대한 논의
가 종결된다. 그러한 기존 관점의 검토에는 종종 그것과 양립할 수 없
는 대안적 이론이 필요하고, 따라서 최초의 난점이 나타날 때까지 대
안적 이론의 고찰을 연기시키라는 (뉴턴식의) 조언은 본말의 전도라는
지적이 있었다. 그러므로 자기 이론의 최대한의 경험적 내용에 관심
을 가지고, 자기 이론의 가능한 한 많은 측면을 이해하기를 원하는 과
학자는 다원주의적 방법론을 채택할 것이고, 그 이론을 경험, '데이터',
혹은 '사실들'과 비교하기보다는 오히려 다른 이론과 비교할 것이고,

경쟁에서 진 것으로 보이는 관점들을 배제하기보다는 오히려 개선시키기를 꾀할 것이다.[1] 왜냐하면 경합이 계속되도록 하기 위해 그가 필요로 하는 대안적 이론은, 과거의 것에서 얻어질 수도 있기 때문이다. 실제, 대안적 이론들은 그것을 찾아낼 수 있는 곳이라면 — 고대의 신화이든 현대의 편견이든 전문가의 노작(勞作)이나 기인(奇人)의 환상이든 — 어디에서 받아들여도 좋다. 한 주제의 역사 전체가 그 주제의 가장 새롭고 가장 '진보'된 단계를 개선시키기 위해서 활용된다. 과학사, 과학철학 및 과학 그 자체 사이의 구분은 흔적도 없이 사라지고, 과학과 비과학의 구분도 사라진다.[2]

1 그러므로 대안적인 이론들은 서로 대면시키는 것이 중요하고, 혹은 어떤 형태의 '탈신화화'에 의해 고립시키거나 거세시키지 않는 것이 중요하다. 틸리히(Paul Tillich), 불트만(Rudolf Bultman) 및 그들의 추종자들과는 달리 우리들은 성서, 길가메시 서사시, 일리아드, 에다(Edda)의 세계관을, 특정한 시대의 '과학적' 우주론을 수정하고, 심지어 대체하기 위해서 이용할 수 있는 충분히 성숙한 대안적인 우주론들로 보아야 한다.

2 이 입장에 대한 설명과 참으로 인도주의적인 옹호는 J. S. 밀의 『자유론』(On Liberty)에서 발견된다. 어떤 사람들은 포퍼의 철학을 오늘날 현존하는 유일무이한 인도주의적 합리주의라고 우리들에게 과장하고 있지만, 그러나 그것은 밀의 희미한 반영에 불과한 것이다. 그것은 훨씬 전문화되어 있고, 훨씬 형식주의적이며 엘리트주의적이고 또한 밀의 뚜렷한 특질인 개인적 행복에 대한 배려를 완전히 빠뜨리고 있다. 우리가 다음의 사실들을 고려할 때, 우리들은 그 특이성들을 이해할 수 있다. 즉, (a) 『과학적 발견의 논리』(Logic of Scientific Discovery)에 있어서 중요한 역할을 담당했던 논리실증주의의 배경, (b) 그 창시자(및 추종자의 대부분)의 가혹한 청교도주의이다. 그리고 동시에, 우리들은 밀의 생애와 그의 철학에 대한 해리엇 테일러(Harriet Taylor)의 영향을 상기해야만 한다. 포퍼의 생애에는 해리엇 테일러와 같은 인물은 전혀 존재하지 않는다. 위에서 말한 논증들은 또한 다음과 같은 사실을 분명히 해줄 것이다. 즉 나는 증식(proliferation)을, 라카토스가 그의 에세이("History of Science and its Rational Reconstructions", *Boston Studies*, Vol. 8, p.98; "Popper on Demarcation and Induction", Manuscript, 1970, p.21)에서 제안하고 있는 것같이, 단지 진보의 '외적인 촉매'로서가 아니라, 그것의 본질적인 부분으로 생각한다. "Explanation, Reduction, and Empiricism", *Minnesota Studies*, Vol. 3, Minneapolis, 1962. 이후, 그리고 특히 "How to be a Good Empiricist", *Delaware Studies*, Vol. 2, 1963에서, 나는 대안적 이론들이야말로 주목의 대상이 되는 견해들의 경험적 내용을 증대시키며, 따라서 반증하는 과정의 '필연적인 부분'이라고 주장해 왔다(Lakatos, "History of Science and its Rational Reconstructions", 각주 27은 그 자신의 입장을 서술

이 입장은 앞에서 제시되었던 논증의 자연스러운 귀결이지만 대답하기에 쉬울 것 같은 반대논증에 의해서가 아니라, 수사학적 물음에 의해서 빈번하게 공격된다. 내가 전에 쓴 논문에 대한 논평에서 헷세 박사는 다음과 같이 쓰고 있다. '만일 어떤 형이상학이라도 좋다면, 우리는 왜 아리스토텔레스주의나, 부두교에서 가능한 현대과학에 대한 객관적 비판으로 **돌아가거나**, 그것을 이용하려고 하지 않는가 하는 의문이 생긴다.'[3] 그리고 그녀는 이러한 종류의 비판은 정말로 웃음거리가 될 것이라고 암시하는 것이다. 불행하게도 그녀의 암시는, 자기

하고 있다). "Reply to Criticism", *Boston Studies*, Vol. 2, 1965에서 나는 "증식의 원리는 단지 새로운 대안적 이론들의 발명을 권장할 뿐만 아니라, 반박되어 온 낡은 이론의 배제도 반대한다. 그 이유는 그러한 이론들이 승리를 얻은 경쟁자들의 내용에 공헌하기 때문이다"(p.224)라고 지적하였다. 이것은 "대안적 이론들은, 나중에 합리적 재구성 가운데에서는 제거될 수 있는 단순한 촉매가 아니다"(Lakatos, op.cit., 각주 27)라는 1971년의 라카토스의 관찰과 일치하는데, 다만 라카토스가 심리학적 견해를 나에게 돌리면서, 나의 실제적인 견해를 그 자신에게 돌린다는 점이 일치하지 않는다. 본문에 있는 논증을 고려한다면 과학의 역사, 과학철학 및 과학 자체 사이의 점점 증대하는 분리는 손실을 초래하며, 따라서 세 학문 모두를 위해서 종결되어야 하는 것이 분명하다. 그렇지 않으면 상세하고도 정확하지만 전혀 쓸모없는 결과만을 다량으로 얻게 될 것이다.

3 Mary Hesse, *Ratio*, No. 9, 1967, p.93; B. F. Skinner, *Beyond Freedom and Dignity*, New York, 1971, p.5를 참조. "현대 물리학자 중의 어느 누구도 아리스토텔레스에게 도움을 청하려고는 하지 않을 것이다." 이것이 사실일 수 있지만, 이점일 수는 없다. 아리스토텔레스의 관념들은 초기 근대천문학과 물리학에 의해서 제거되었다고 주장되지만, 그 이후에도 연구에 영향을 주고 있었다. ──17세기와 18세기 과학의 어떤 역사도 그것을 밝혀 줄 것이다(예: 존 혜일부론의 경이로운 *Electricity in the 17th and 18th Centuries*, Berkeley and Los Angeles, 1979). 그것들은 생물학에서, 개방체계의 열역학에서, 심지어는 수학에서도 다시 등장하였다. 아리스토텔레스의 운동론은(운동하는 물체는 정확한 길이를 갖지 않는다는 것과 정확한 위치를 갖는 물체는 정지해야 한다는 결론을 갖는다) 갈릴레이의 견해보다 더 앞선 것이었고, 우리 시대에서 경험적 연구로부터 출현했던 관념들이 연속체의 문제에 대한 주의 깊은 분석에 의해서도 획득될 수 있음을 보여 주었다. (이 논점에 대한 상세한 논의는 나의 *Farewell to Reason*, London, 1987, 제8장을 참조할 것.) 다른 곳에서처럼 여기서도 소박한 과학주의의 선전술은 그것이 실제로 하고 있는 일이 검토되지 않고 잘못 계획된 루머를 유포하는 것이 전부일 때, 논증을 제시하고 있다는 분위기를 스스로 만들어 내는 것이다.

독자들의 상당한 무지를 가정하고 있다. 진보는 바로 그녀가 지금 추방했던 것과 같은 종류의 '과거로부터의 비판'에 의해 종종 이룩되어 왔다. 아리스토텔레스와 프톨레마이오스 이후에 이상하고 낡고 '매우 어리석은'[4] 것으로 역사의 쓰레기더미에 방치되었던 피타고라스의 견해, 즉 지구가 움직인다는 관념이 코페르니쿠스에 의해 재생되고 다듬어져서 그 관념을 쳐부순 자들을 다시 쳐부수는 무기가 되었다. 이러한 부흥에 있어서 헤르메스주의의 문서가 중요한 역할을 하고 있지만, 이것은 아직도 충분히 이해되고 있지 않다.[5] 또한 헤르메스 문서는 위대한 뉴턴 자신에 의해서도 주의 깊게 연구되었던 것이다.[6] 그러한 발전은 전혀 놀랄 만한 일은 아니다. 어떠한 관념도 그것의 모든 분지(分枝)까지 검토되지는 않으며, 어떠한 관점도 그것이 가져야 할 모든 기회를 갖는 것은 아니다. 이론들은 그 진가를 나타낼 기회를 얻기 훨씬

4 Ptolemy, *Syntaxis*, Manitius가 번역한 *Des Claudius Ptolemaeus Handbuch der Astronomie*, Vol. 1, Leipzig, 1963, p. 18을 인용.
5 르네상스에서 헤르메스 문서의 역할에 대한 긍정적 평가에 대해서는 F. Yates, *Giordano Bruno and the Hermetic Tradition*, London, 1963을 참조. 문헌은 그곳에 실려 있다. 그녀의 입장에 대한 비판에 대해서는 마리 헤세와 에드워드 로젠(Edward Rosen)의 논문들을 참조(*Minnesota Studies for the Philosophy of Science*, ed. Roger Stuewer, Minnesota, 1970의 Vol. 5에 수록). R. S. Westman and J. E. McGuire, *Hermeticism and the Scientific Revolution*, Los Angeles, Clark Memorial Library, 1977. 또한 Brian Vickers, *Journal of Modern History*, 51, 1979를 볼 것.
6 J. M. Keynes, "Newton the Man", *Essays and Sketches in Biography*, New York, 1956을 참조. 그 이상의 상세한 점에 대해서는, McGuire & Rattansi, "Newton and the 'Pipes of Pan'", *Notes and Records of Royal Society*, Vol. 21, No. 2, 1966, pp. 108ff를 참조. 보다 상세한 설명은 Frank Manuel, *The Religion of Isaac Newton*, Oxford, 1974; R. S. Westfall의 문학적이기도 한 기념비적인 전기, *Never at Rest*, Cambridge, 1980과 더불어 R. Popkin, *The Third Force in Seventeenth-Century Thought*, Leiden and New York, 1992. 제X장과 XI장을 참조할 것.

전에 포기되고, 보다 시류에 적합한 설명에 의해 대치된다. 그 밖에도 고대의 이설(異說)들이나, '원시적인' 신화들이 이상해 보이거나 턱없어 보이는 것은, 단지 그것의 과학적 내용이 알려지지 않았거나, 가장 단순한 물리학적·의학적 혹은 천문학적 지식에도 익숙지 못한 문헌학자나 인류학자에 의해 왜곡되기 때문일 뿐이다.[7] 헤세 박사의 소중한 진술(Pièce de résistance)인 부두교의 예가 바로 그러한 경우이다. 아무도 그것을 알지 못하면서도 누구나 그것을 후진성과 혼란의 패러다임으로 이용한다. 그러나 부두는 아직 충분히 이해되고 있지 않지만 확고한 실질적인 기반을 갖고 있고, 그 표현들에 대한 연구는 우리들

---

7 몇 가지 신화의 과학적 내용에 대해서는 G. de Santillana, *The Origin of Scientific Thought*, New York, 1961, 특히 그 서문을 참조. 드 산틸라나는 다음과 같이 쓰고 있다. "거기서 우리들은 환상적으로 보이도록 제멋대로 꾸민 신화 ── 그리스의 아르고나우테스의 이야기는 그 후세의 소산이지만 ── 의 많은 것들이, 어떻게 해서 상징적 주제의 용어, 즉 해독되기 시작하는 일종의 코드를 제공할 수 있는가를 이해할 수 있다. 그것은 판별력 있는 사람들에게 (a) 주어진 행성들의 지구나 천구에 대한 위치, 또한 상호간의 위치를 모호하지 않게 결정하는 것과, (b) 세계의 구성에 관한 모든 현존하는 지식을 '어떻게 해서 세계가 시작되었는가' 하는 이야기의 형태로 표현하는 것을 가능하게 했음을 의미한다." 이 코드가 보다 일찍이 발견되지 않은 데에는 두 가지 이유가 있다. 그중 하나는 과학이 그리스 이전에는 시작되지 않았으며, 과학적 성과들은 오늘날 실천되고 있는 것 같은(또한 그리스의 과학자들에 의해 예시되었던 것 같은) 과학적 방법에 의해서만 획득될 수 있다는 과학사가들의 굳은 확신이다. 다른 하나는 대부분의 아시리아학자, 이집트학자, 구약성서학자 등의 천문학, 지질학 등에 대한 무지이다. 즉 많은 신화들의 외견상의 원시성은 단지 그 수집가나 번역자의 천문학, 생물학 등의 원시적인 지식의 반영에 불과한 것이다. 호킨스(Gerald Hawkins), 마르샤크(Alexander Marshack), 자이덴버그(Seidenberg), 판데르바르던(Bartel van der Waerden, *Geometry and Algebra in Ancient Civilizations*, New York, 1983) 및 다른 사람들의 발견 이후로 학교, 천문대, 과학적 전통 및 지극히 흥미로운 이론들을 만들어 낸 국제적인 구석기 천문학의 존재를 우리들은 인정해야만 한다. 수학적인 낱말이 아니라, 사회학적인 낱말들로 표현되었던 이러한 이론은 북구전설(sagas), 신화, 전설 속에 흔적을 남기고 있고, 또한 이중의 방법으로 재구성될 수 있을 것이다. 즉 표식석, 석조천문대 등과 같은 석기시대 천문학의 물질적 유물로부터 현대로 전향해 나감으로써, 또한 우리들이 북구전설에서 발견하는 문학적 유물로부터 과거로 후향해 나감으로써. 첫 번째 방법의 예는, A. Marshack, *The Roots of Civilization*, New York, 1972. 두 번째 방법의 예는, de Santillana-von Dechend, *Hamlet's Mill*, Boston, 1969.

의 생리학의 지식을 풍부하게 하고 개정하는 데 사용할 수도 있는 것이다.[8]

한층 더 흥미 깊은 실례는, 중국에서의 전통의학의 부흥이다. 우리는 익히 알고 있는 발전으로부터 시작한다.[9] 위대한 문화를 가졌던 거대한 나라가 서양의 지배하에 들게 되고, 통상적인 방식으로 착취당하였다. 새로운 세대는 서양의 물질적·지적 우월성을 인식하고, 그것이 과학에서 비롯된다고 생각하게 되었다. 모든 전통적인 요소들을 젖혀 두고, 과학이 수입되고 교육되었다. 과학적 쇼비니즘이 승리를 거둔다. "과학과 양립할 수 있는 것은 살 것이요, 과학과 양립할 수 없는 것은 죽어야 한다."[10] 이 문맥에서 '과학'이란 단지 특별한 한 방법만을 의미하는 것이 아니라 그 방법이 지금까지 산출해 온 결과 모두를 의미하였다. 이 결과와 양립할 수 없는 것은 배제되어야만 한다. 예를 들어 구식 의사는 의료행위를 못하게 되거나 아니면 재교육을 받아야만 했다. 본초의학이나 침술요법이나 뜸요법 및 그것의 기초를 이루는 철학은 구식이라며 더 이상 진지하게 받아들여지지 않았다. 이것이 1954

---

8 Lévi-Strauss, *Structural Anthropology*, New York, 1967의 Chapter 9를 참조. 부두의 생리학적인 기초에 대해서는 C. R. Richter, "The Phenomenon of Unexplained Sudden Death", ed. W. H. Gantt, *The Physiological Basis of Psychiatry*, Springfield, 1958 및 W. H. Cannon, *Bodily Changes in Pain, Hunger, Fear and Rage*, New York, 1915; "'Voodoo' Death", *American Anthropologist*, n. s., XLIV, 1942를 참조. 이른바 '미개인들'에 의해 행해지고 있는 상세한 생물학적 및 기상학적 관찰은, Lévi-Strauss, *The Savage Mind*, London, 1966에 보고되어 있다.

9 R. C. Croizier, *Traditional Medicine in Modern China*, Cambridge, Mass, 1968. 저자는 신문, 서적, 팸플릿으로부터 수많은 인용을 하면서, 발전에 대한 매우 흥미롭고, 또한 공평한 설명을 하고 있지만, 종종 20세기 과학에 대한 그의 경의 때문에 방해받고 있다.

10 Croizier, op. cit., p.109에 인용되어 있는 Chou Shao, 1933. 또한 D. W. Y. Kwok, *Scientism in Chinese Thought*, New Haven, 1965도 참조.

년경까지의 태도였는데, 이 해에 보건성에서 부르주아적 요소들을 숙청하면서 전통의학 부흥을 위한 캠페인이 시작되었다. 의심할 여지없이 이 캠페인은 정치적 이유에 의해 고취된 것이었다. 적어도 그것은 다음과 같은 두 요소를 포함하고 있다. 즉 (1) 서양과학과 부르주아 과학의 동일시 (2) 과학을 정치적 감시로부터 제외시키는 것과 전문가에게 특권을 주는 것에 대한 당의 거부.[11] 그러나 이것은 그 시대의 과학적 쇼비니즘을 극복하고 관점의 다원성(실제로는 이원성)을 가능하게 하는 데 필요한 대항력을 제공하였다. (이것이 중요한 점이다. 과학의 각 부분이 경화되고 편협해져서 증식[proliferation]이 외부로부터 정치적 수단을 통해 강제되어야 하는 일이 종종 일어난다. 물론 성공은 보장될 수 없다 ──리젠코(Lysenko) 사건을 보라. 그러나 그렇다고 해서 과학에 대한 비과학적 통제의 필요성이 제거되는 것은 아니다.)

한편, 이 정치적으로 강요된 이원론에 의해 중국과 서양 모두에서 매우 흥미롭고 수수께끼 같은 발견이 가능했고, 또한 현대의학에서는 재현할 수 없고 설명할 수도 없는 진단의 효과나 수단이 존재한다는 것을 알게 되었다. 이것은 서양의학에 상당한 허점이 있다는 사실을 노출시켰다. 또한 사람들은 그 대답이 과학의 통상적인 연구방법에 의해서 찾아지리라고 기대할 수도 없었다. 본초의학의 경우 통상적인 연구방법은 두 단계로 이루어진다.[12] 우선 약초의 조합을 화학적 성분으로 분석한다. 다음에 각각 성분의 **특유한** 효과가 결정되고 이에 의해

---

11 '빨갱이'와 '전문가' 사이의 긴장관계에 대해서는 F. Schurmann, *Ideology and Organization in Communist China*, Berkeley, 1966을 참조할 것.
12 M. B. Krieg, *Green Medicine*, New York, 1964를 참조.

특정한 기관에 대한 전체적 효과가 설명된다. 이러한 방법은, 그 전체를 생각할 때 약초는 유기체 **전체**의 상태를 비꿀 수 있다는 가능성과, 병이 든 기관을 치유하는 특효약은 약초 조합의 어떠한 특정한 부분이 아니라 오히려 유기체 전체의 이 새로운 상태라는 가능성을 간과하고 있다. 여기서도 지식은 선호된 이데올로기의 결정된 적용보다는 관점의 증식에 의해 얻어진다. 그리고 관점의 증식은 가장 강력한 과학제도마저도 극복할 수 있을 만한 힘을 가진 비과학적 동인들에 의해 이루어질 수도 있다는 것을 우리들은 깨닫게 된다. 그러한 동인의 예로서는 교회, 국가, 정치적 당파, 공중의 불만, 또는 돈이 있다. 즉 현대 과학자의 '과학적 양심'이 추구하도록 명령하는 것으로부터 그를 떼어 놓기에 가장 좋은 유일한 수단은 지금도 여전히 **달러**(혹은 보다 최근에는 스위스 **프랑**)이다.

이론이나 형이상학적 관점들에서 다원주의는 방법론을 위해서 중요할 뿐 아니라, 인도주의적 전망의 본질적인 부분이기도 하다. 진보적인 교육자는 학생의 개성을 개발하고 아동이 갖고 있는 특수한 그리고 때로는 매우 독특한 능력이나 신념이 결실을 맺도록 하기 위해 노력해 왔다. 그러나 이러한 교육은 사실 종종 백일몽같이 소득 없는 실천으로 생각되어 왔다. 왜냐하면 청소년을 위해서는 **있는 그대로**의 삶에 대해 준비시킬 필요가 있는 것은 아닐까? 이것은 그들이 다른 모든 것을 배제하고 **어떤 특정한 일련의 관점들**만을 배워야 한다는 것을 의미하는 것은 아닐까? 그리고 만일 그들의 상상력의 여지가 아직 남아 있다면, 그것은 예술이나, 우리들이 살고 있는 세계와 별 상관이 없는 꿈이라는 작은 영역에서나 그 적절한 적용대상을 발견하게 되는 것은 아닐까? 이러한 절차는 궁극적으로 무서운 현실과 즐거운 환상, 과학과 예술, 주의 깊은 묘사와 제약 없는 자기표현 사이의 괴리만을 초래하는 것이 아닐까? 그러나 증식에 대한 논증은 이러한 결과가 초래되지는 않으리라는 것을 보여 준다. 우리가 예술적 창작의 자유라고 부르는 것을 **유지하고** 우리가 사는 세계로부터 탈출하는 길로서만이 아니라, 우리가 사는 세계의 모습을 발견하고 변화시키기 위한 필수적인 수단으로서 **그것을 최대한 이용**하는 것이 가능하다. 부분(개인)과 전체(우리가 사는 세계), 순수하게 주관적이며 자의적인 것과 객관적이고 법칙적인 것 사이의 이러한 일치는 다원주의적 방법론을 편들어 주는 가장 중요한 논증의 하나이다. 더욱 자세한 것은 밀의 위대한 에세이 『자유론』을 참고할 것을 독자에게 권한다.[13]

---

13 나의 *Philosophical Papers*, Vol. 1의 제8장, Vol.2의 제4장에 있는 이 에세이에 대한 나의 설명을 볼 것. 이 에세이의 부론도 볼 것.

제5장

어떤 이론도 그 영역 내의 모든 사실들과 합치하지는 않는다. 그렇다고 해서 이론만을 탓할 일은 아니다. 사실들은 낡은 이데올로기에 의해 구성되며, 사실과 이론과의 충돌은 진보에 대한 증명일 수 있다. 또한 그것은 친숙한 관찰적 개념에 함축된 원리들을 발견하려는 시도의 첫 단계이기도 하다.

이제는 단지 다른 이론들뿐만이 아니라, 실험, 사실, 관찰과도 일치하지 않는 이론의 창안, 정교화 및 그것의 사용에 대해 고찰하도록 하자. 우리는 먼저 어떤 이론도 그 영역 내의 이미 알려진 모든 사실들과 일치하지는 않는다는 것을 지적하는 것으로부터 시작할 수 있다. 그리고 그러한 난점은 루머나 엉성한 절차의 결과로 생긴 것이 아니다. 그것은 최고의 정밀도와 신뢰성을 가진 실험이나 측정에 의해서 만들어진 것이다.

　여기서 이론과 사실 사이에 있을 수 있는 두 가지 다른 종류의 불일치를 구별해 두는 것이 편리할 것이다. 즉, 수치적인 불일치와 질적인 실패의 두 가지이다.

　첫 번째 경우는 매우 익숙한 것이다. 하나의 이론이 어떤 수치적 예측을 행하는데, 실제로 얻어진 값은 행해진 예측과 오차 범위를 훨씬 상회하는 차이를 보인다. 여기에는 통상 정밀한 기구가 포함되어 있다. 과학에는 수치적 불일치가 얼마든지 있다. 그것들은 모든 이론 하나하나를 둘러싸는 '변칙성의 대양(大洋)'을 형성한다.[1]

따라서 갈릴레오 시대에 있어서 코페르니쿠스적인 견해는 매우 평이하고 명백한 여러 사실들과도 불일치하였기 때문에, 갈릴레오는 그것을 '분명히 틀렸다'[2]고 하지 않을 수 없었다. 그는 후일 저작에서 다음과 같이 쓰고 있다. "아리스타코스와 코페르니쿠스가 이성을 가지고 감각을 정복하여 감각을 무시하고, 이성을 그들의 신념의 여주인으로 삼을 수 있었다는 것을 생각할 때, 나는 놀라움을 금치 못한다."[3] 뉴턴의 중력이론은 처음부터 반박을 위한 자료를 제공하기에 충분할 정도의 심각한 난점들에 시달렸다.[4] 더구나 오늘날의 비상대성이

---

1 그 '대양'과 그것을 다루는 여러 가지의 방법에 대해서는 나의 "Reply to Criticism", *Boston Studies*, Vol. 2, 1965, pp. 224ff를 참조할 것.

2 S. Drake와 C. D. O'Malley(eds.), *The Controversy on the Comets of 1618*, London, 1960, p. 185에서 인용된 Galileo Galilei, *The Assayer*. '분명히 틀렸다'는 교회의 권위에 의한 비난을 가리킨다. 그러나 이 책, 특히 제13장을 통해서 설명되는 바와 같이, 그 비난은 부분적으로는 움직이는 지구라는 관념이 갖는 '철학적 불합리성', 즉 그 관념에 대한 경험적인 확증의 실패, 그것의 이론적 부적합성에 기반을 두고 있다. 또한 나의 다음 인용과 각주를 볼 것. 갈릴레오는 이 논점에 대해서 다음과 같이 썼다. "화성과 금성의 운동으로부터 제시된 가장 중요한 논증이 그것을 허용하지 않기 때문에, 프톨레마이오스의 체계에 관해서 티코 브라헤나, 그 밖의 천문학자들, 심지어는 코페르니쿠스조차도 그것을 명백하게 반박할 수 없다."(p. 184) 그 '가장 중요한 논증'과 갈릴레오의 해결은 제9장과 10장에서 논의된다.

3 Galileo Galilei, *Dialogue Concerning the Two Chief World Systems*, Berkeley, 1953, p. 328. [이하 *Dialogue*.]

4 뉴턴에 따르면 '유성과 행성이 서로에게 행하는 상호 작용'이 '어떤 사소한 불규칙성'을 산출한다. "…그것은 그 체계의 개혁을 원할 정도로 증가하는 경향을 보일 것이다.", *Optiks*, New York, 1952, p. 402. 뉴턴이 의미하는 바는 중력이 행성계를 분할시킬 것 같은 정도의 방식으로 행성들을 방해한다는 것이다. 프톨레마이오스가 사용하였던 바빌론의 데이터는 행성체계

론적인 영역에 있어서도, "관찰과 이론 사이에 수많은 불일치가 존재한다".[5] 닐스 보어의 원자모형은 정확하고 흔들릴 수 없는 반대 증거가 있음에도 불구하고 도입되었고 유지되었다.[6] 특수상대성이론은 1906년 카우프만(W. Kaufmann)의 명백한 실험결과에도 불구하고, 또한 밀러(D. C. Miller)의 실험에도 불구하고 유지되었다.[7] 일반상대성이론

가 오랜 시간 동안 안정된 상태로 유지된다는 것을 보여 준다. 뉴턴은 그것이 신의 개입에 의해서 정기적으로 '교정된다'고 결론짓는다. 신은 행성체계에서(또한 탄력이 없는 충돌과 같은 과정을 통하여 끊임없이 운동을 잃어 가는 전체로서의 세계에서) 안정화하는 힘으로서 작용한다. 뉴턴이 주목하는 '불규칙성' 중의 하나인 목성과 토성의 커다란 불균등성은 큰 주기를 가진 정기적인 교란이라는 것이 라플라스에 의해 밝혀졌다. 그리고 푸앵카레는 계산상에서 관례적인 급수 발전은 종종 어떤 수렴을 보인 이후에는 예상을 벗어난다는 것을 발견하였고, 반면에 부른스(K. Bruhns)는 급수 전개를 제외하고는 어떤 양적인 방법도 n-체 문제(n-body problem)를 해결할 수 없음을 발견하였다.(상세한 것은 J. Moser, *Annals of Mathematical Studies*, Vol. 77, Princeton, 1973에 있다.) 또한 여러 가지 계산 방법에 대한 조사와 양적인 결과에 대해서는 M. Ryabov, *An Elementary Survey of Celestial Mechanics*, New York, 1961을 볼 것. 질적인 접근은 pp. 126ff에서 간략하게 기술하였다. 따라서 상당히 성공적인 이 이론이 갖는 많은 난점들이 최종적으로 해결되는 데는 200년 이상의 시간이 걸렸다.

5 Brower-Clemence, *Methods of Celestial Mechanics*, New York, 1961; 또한 R. H. Dicke, "Remarks on the Observational Basis of General Relativity", *Gravitation and Relativity*, eds. H. Y. Chiu and W. F. Hoffman, New York, 1964, pp. 1~16. 고전적 천체역학의 몇 가지 난점들에 대한 보다 상세한 논의에 관해서는 J. Chazy, *La Théorie de la relativité et la Méchanique céleste*, Vol. 1, Chapters 4 and 5, Paris, 1928을 참조할 것.

6 Max Jammer, *The Conceptual Development of Quantum Mechanics*, New York, 1966, Section 22 참조. 분석에 대해서는, Lakatos, "Falsification and the Methodology of Scientific Research Programmes", *Criticism and the Growth of Knowledge*, ed. Lakatos-Musgrave, Cambridge, 1970의 section 3c/2를 참조할 것.

7 W. Kaufmann, "Über die Konstitution des Elektrons", *Ann. Phys.*, No. 19, 1906, p. 487. 카우프만은 그의 결론을 전혀 애매하지 않은 방식으로 동시에 고딕체로 강조하고 있다. "**측정의 결과는 로렌츠와 아인슈타인의 기본적 가정과 양립하지 않는다.**" 로렌츠의 반응: "…우리들이 이 관념을 완전히 포기해야 할 것이라는 사실은 지극히 있음직한 것으로 생각된다."(*Theory of Elections*, second edition, p. 213) 에렌페스트: "카우프만은 로렌츠의 변형 가능한 전자가 측정에 의해 제거된다는 것을 증명하고 있다."("Zur Stabilitätsfrage bei den Bucherer-Langevin Elektronen", *Phys, Zs.*, Vol. 7, 1906, p. 302) 푸앵카레가 로렌츠의 '새로운 역학'을 받아들이기를 주저했음은, 적어도 부분적으로는 카우프만의 실험결과에 의해 설명될 수 있다. *Science and Method*, New York, 1960, Book III, Chapter 2, Section V 참조. 여기에서는 카우프만의 실

은 일련의 이따금 상당히 극적인 테스트에서는 놀랄 만큼 성공적이지
만,[8] 수성의 근일점의 이동과는 다른 천체 역학 분야에서는 험난한 시
간을 보냈다.[9] 60년대 들어 디케(R.H.Dicke)와 그 밖의 사람들의 논증
과 관찰은 이러한 예측을 위협하고 있다. 그 문제는 아직 미해결의 상
태에 있다.[10] 반대로 행성체계 내부와 외부 모두에 대해 많은 새로운

험이 상세하게 논의되고 있고, "상대성원리는…사람들이 그것에 부여하고자 하는 근본적
인 중요성을 가질 수 없다"는 것이 그 결론이다. 또한 St. Goldberg, "Poincaré's Silence and
Einstein's Relativity", *British Journal for the History of Science*, Vol. 5, 1970, pp.73ff 및
거기에 주어져 있는 문헌을 참조. 아인슈타인만이 그 결과들을 "운동하고 있는 전자의 질량이
연역되는 그들의 기본적 가정은 보다 광범위한 현상의 복잡성을 포함하는 이론체계들에 의
해 시사되지 않기 때문에, 일어날 수 없는 것"으로 간주하고 있다(*Jahrbuch der Radioaktivität
und Elektrizität*, Vol. 4, 1907, p.349). 밀러의 업적은 로렌츠에 의해 수년 동안 연구되었지만 그
는 난점을 발견할 수 없었다. 밀러의 결과들에 대한 만족스러운 설명이 발견된 것은, 겨우 1955
년, 즉 밀러가 실험들을 마치고 나서부터 25년이 지나서였다. R. S. Shankland, "Concersations
with Einstein", *Am. Journ. Phys.*, Vol. 31, 1963, pp.47~57 특히 p.51과 각주 19와 34를 참조.
또한 "Conference on the Michelson-Morley Experiment", *Astrophysical Journal*, Vol.
68, 1928, pp.341ff에서의 결론이 나지 않은 논의들도 참조할 것.
카우프만의 실험은 막스 플랑크에 의해서 분석되었으며, 결정적인 것은 아니라고 밝혀졌다.
에렌페스트, 푸앵카레, 그리고 로렌츠를 멈추게 했던 것이 플랑크를 막지는 못하였다. 왜 그랬
을까? 나의 추측은 객관적 실재에 대한 플랑크의 굳은 믿음과 아인슈타인의 이론이 그러한 실
재에 관한 것이라는 그의 가정이 그로 하여금 더는 비판적이지 못하도록 만들었다는 것이다.
자세한 것은 Elie Zahar, *Einstein's Revolution*, La Salle, III, 1989.
8 그러한 중력이 빛에 미치는 영향에 대한 테스트는 1919년 에딩턴(A.S.Eddington)과 크로멜린
(A.Crommelin)에 의해서 실시되었고, 에딩턴에 의해서 평가되었다. 그 사건과 그것의 영향에
대한 화려한 기술에 대해서는 C. M. Will, *Was Einstein Right?*, New York, 1986, pp.75ff.
9 Chazy, op. cit., p.230.
10 뉴컴(W.Newcomb)의 고찰(예를 들어 Chazy, op. cit., pp.204ff에서 보고된)을 반복함으로써, 디
케는 태양의 편평도는 수성의 운동에 대해 고전적 용어를 부가할 것이고, 그것의 균일점의
과도한(뉴턴의 이론과 비교해서) 이동을 줄일 것이다. 그리고 디케과 골든버그의 측정에 의해
태양의 적도의 지름과 극지의 지름 사이의 52*km*의 차이와 수성에 대하여 상응하는 3초간 원
호의 감소를 발견하였다──그것은 상대론적인 값으로부터의 포착 가능한 편차이다. 이것
은 디케-골든버그 실험의 정확성에 대한 중요한 논쟁에 도달하였고, 중력에 대한 비(非)아인
슈타인적인 이론의 숫자상의 증가를 가져왔다. 기술적으로 상세한 것은 C. M. Will, *Theory
and Experiment in Gravitational Physics*, Cambridge, 1981, pp.176ff에 있다. 후기의 발
전을 포함한 일반적인 조사는 *Was Einstein Right?* 제5장에 있다. 어떻게 이론적으로 그럴

테스트가 존재한다.[11] 그것은 20년 전에는 들어 보지도 못했고, 아인슈타인도 상상하지 못한 정확성을 가진 확증을 제공한다. 이 모든 사례에서 우리는 보다 좋은 수적 체계의 발견에 의해서 해결될 수 있는 양적인 문제를 다루고 있는 것이고, 그것은 질적인 조정을 행하도록 우리에게 강요하지 않는다.[12]

듯하고 잘 확증된 새로운 이론(아인슈타인의 중력이론)이 '반박된' 그것의 선행이론을 이용함으로써 그리고 적절한 실험을 행함으로써 위험에 빠지는가에 주목하라. Dicke, op. cit.를 볼 것.

11 행성체계 외부에 대한 테스트(우주론, 블랙홀, 펄서[pulsar])가 태양계 내부에 대해서 아인슈타인의 상대성이론과 일치하는 대안들을 검토하기 위해서 필요하다. 이제 상당한 수의 그러한 대안들이 존재하며, 특수한 단계들이 그것들을 분류하고, 그것들 사이의 유사성과 차이점을 설명하기 위해서 실행된다. Will, op. cit.의 서론을 볼 것.

12 지금 기술한 상황은 과학을 소박한-반증주의의 관점에서 접근하는 것이 얼마나 어리석은가를 보여 준다. 그러나 이것은 정확히 일부 철학자들이 노력했던 바이다. 따라서 허버트 파이글(*Minnesota Studies*, 5, 1971, p.7)과 칼 포퍼(*Objective Knowledge*, p.78)는 아인슈타인을 소박한 반증주의자로 만들려고 노력하였다. 그러므로 파이글은 다음과 같이 쓰고 있다. "만약 아인슈타인이 그의 일반상대성이론을 … 구성하는 데 있어서 '아름다움', '조화', '대칭성', '우아함'에 의존했다면, 그럼에도 불구하고 그가 또한 다음과 같이(1920년의 프라하에서의 강의 중에서 ——나는 그때 아주 젊은 학생으로 그 자리에 참석했다) 말한 것을 상기해야 한다. '만일 거대한 별의 스펙트럼에서 적색편이의 관측이 일반상대성원리와 양적으로 일치하지 않는 것으로 나온다면, 그때 나의 이론은 엉망진창이 될 것이다.'" 포퍼는 다음과 같이 쓰고 있다. "아인슈타인은 만일 적색편이 효과가 … 백색 왜성의 경우에는 관측되지 않는다면 그의 일반상대성이론은 반박될 것이라고 말하였다."

포퍼는 그의 말의 출처를 대지 않는데, 그는 그것을 파이글로부터 들었을 가능성이 크다. 그러나 파이글의 말과 포퍼의 되풀이는 작은 결과에 의한 검증에 덧붙여 특히 '사실의 이성'(die Vernunft der Sache)을 강조한 수많은 경우들과 말이 상충된다. 더구나 뒤의 이야기는 강의 중에서의 가벼운 발언 속에서만 아니라, 저서에서도 강조되고 있다. 위의 각주 7에서의 인용을 참조할 것. 그것은 특수상대성이론의 난점을 다루고 있으며, 파이글이 참여했던 강연에 앞선다. 또한 G. Holton, "Influences on Einstein's Early Work", *Organon*, No. 3, 1966, p.242 및 K. Seelig, *Albert Einstein*, Zürich, 1960, p.271에 인용되어 있는 M. 베소(Besso)와 K. 실리그(Seelig)에게 보낸 편지도 참조. 1952년에 보른은 아인슈타인에게 다음과 같이 쓰고 있다(*Born-Einstein Letters*, New York, 1971, p.190. 이것은 태양 가까이에서의 빛의 굴절과 적색편이에 관한 프로인트리히[Freundlich]의 분석을 다루고 있다). "실제로는 당신의 공식이 그렇게 정확하지 않은 것으로 보입니다. 적색편이의 경우[파이글과 포퍼에 의해 언급되었던 결정적인 사례]에는 더욱 나쁜 것으로 생각됩니다. 이것은 태양의 원의 중심 부근에서는 이론치보다 두 번째 경우, 즉 질적인 실패는 익숙하지 않지만 훨씬 더 흥미롭다. 이 경우에 이론은 복잡한 장치의 도움으로만 발전될 수 있고 전문가에게만 알려질 수 있는 알기 어려운 사실과 불일치하는 것이 아니라, 모든 사람들이 쉽게 알 수 있고, 친숙한 환경과 불일치하는 것이다.

내 생각으로는, 이러한 종류의 불일치 가운데 최초의, 그리고 가장 중요한 예는 파르메니데스의 불변적이고 동질적인 일자(一者, One)의 이론이다. 이 이론은 서구의 과학을 그 시작부터 오늘날에 이르기까지 추동해 온 욕망 ── 우리를 둘러싼 수많은 사건들 배후의 단일성을 찾고자 하는 욕망 ── 을 예증한다. 오늘날 추구되는 단일성은 모든 수락된 사실들과 법칙들을 산출하기에 충분할 만큼 풍부한 하나의 **이론**이다. 파르메니데스 시대에 추구되는 단일성은 **실체**였다. 탈레

도 훨씬 작고, 가장자리에서는 훨씬 큽니다. … 이 사실이 비선형성[non-linearity]에 대한 암시가 될 수 있을까요?" 아인슈타인은(1952년 5월 12일의 편지, op. cit., p.192) 다음과 같이 대답한다. "프로인트리히는 … 나의 마음을 조금도 움직이지 못합니다. 빛의 편광, 근일점의 이동 혹은 스펙트럼선의 편이가 설령 알려져 있지 않았다고 해도, 중력방정식들은 여전히 설득력이 있는 것입니다. 왜냐하면 이 방정식들은 관성계(모든 사물들에 영향을 주면서 그 자체는 영향을 받지 않는 유령)를 피하고 있기 때문입니다. 인간이 측정의 정확성은 늘 과대평가하는 경향이 있으면서도 가장 강력한 논증에 대해서는 흔히들 귀머거리가 된다는 것은 참으로 기묘한 일입니다." (파이글의 증언과 아인슈타인이 쓴 것 사이의) 이러한 충돌은 어떻게 설명되어야 할 것인가? 그것이 아인슈타인의 태도의 **변화**라고 설명될 수는 없다. 관찰과 실험에 대한 그의 경멸적인 태도가 틀림없이 처음부터 존재하고 있던 것은 우리들이 본 바와 같다. 그것은 파이글 쪽의 실수라고 설명되거나 혹은 아인슈타인의 '편의주의'의 또 하나의 사례라고 설명될 수 있을 것이다. ──서론의 주6에 대한 본문을 참조.

그의 *Über die Spezielle und allgemeine Relativitätstheorie*, Brunswick, 1922의 마지막 쪽에서 아인슈타인은 다음과 같이 쓴다. "만약 중력의 잠재력에 의해 야기된 스펙트럼 선의 적색편이가 존재하지 않는다면, 일반상대성이론은 유지될 수 없을 것이다." 이것은 위에서 기술한 관찰에 대한 아인슈타인의 무신경한 태도와 상충되지 않는가? 그렇지 않다. 그 문구는 적색 편이에 대해서 말하는 것이지 그것에 대한 관찰에 관해서 말하는 것이 아니다.

스는 물을 제안하였고,[13] 헤라클레이토스는 불, 아낙시만드로스는 그가 아페이론이라고 불렀던 실체인데, 그것은 네 가지 요소 중 어느 하나와 동일하지 않으면서 그 모두를 산출할 수 있는 것이다. 파르메니데스는 하나의 명백하고 동시에 평범한 대답으로 보이는 것을 제시했다. 있는 모든 것들의 배후에 있는 **실체**는 존재이다. 그러나 이 평범한 대답이 놀라운 귀결을 갖는다. 예를 들어 우리는 (첫째 원리) **존재**는 있고, (둘째 원리) **비존재**는 없다고 주장할 수 있다. 이제 변화에 대해서 고찰하고 그것을 근본적이라고 가정하자. 그러면 변화는 존재로부터 비존재로 가는 것일 수밖에 없다. 그러나 둘째 원리에 따르면 비존재는 없다. 그 말은 근본적인 변화란 없다는 것을 의미한다. 다음으로 차이를 고찰해 보고, 그것을 근본적인 것으로 가정해 보자. 그러면 차이란 존재와 비존재 사이에 있을 수밖에 없다. 그러나 (둘째 원리) 비존재는 없다. 따라서 존재에서는 어떤 차이도 존재하지 않는다. 그것은 단일하고, 불변하며, 연속적인 덩어리이다. 파르메니데스는 물론 그를 포함해서 사람들이 변화와 차이를 지각하고 수락한다는 것을 알았다. 그러나 그의 논증이, 그 지각된 과정들이 근본적인 것이 될 수 없다는 것을 보여 주듯이 그는 그것들을 단순한 외양이거나, 믿을 수 없는 것으로 여겼다. 이것이 실제로 그가 한 말이다 —— 그럼으로써 그는 과학의 '실재' 세계를 속성과 정서를 가진 일상적 세계와 대비시키고, 후자를 '단순한 외양'으로 선언하고 그들의 논증을 '객관적' 실험과 수학에

---

13 이 다음의 설명은 매우 사변적이다. 상세한 것은 W. K. C. Guthrie, *A History of Greek Philosophy*, Cambridge, 1962와 1965, Vol. 1과 2; 나의 *Farewell to Reason*, 제1, 2, 3장을 볼 것.

만 전적으로 기초지으려고 노력하는 모든 과학자들을 예상한 것이다. 그는 또한 상대성이론에 대한 하나의 일반적인 해석을 예상하였는데, 그 해석에서는 모든 사건들과 이행은 사차원의 연속체에서 미리 배열된 것이라고 보고, 유일한 변화는 그것의 세계선을 따르는 의식의 (기만적인) 여정뿐이라고 생각한다.[14] 그럼에도 불구하고 그는 보존법칙(존재는 있다)을 제안하고, 실재와 외양 사이의 경계선을 그었으며(그럼으로써 후세 사상가들이 '지식이론'이라고 부르는 것을 창조하였다), '직관'에 호소했던 19, 20세기 수학자들이 했던 것보다 더 만족스러운 연속체의 기초를 제시하였다. 파르메니데스의 논증을 이용하여 아리스토텔레스는 공간과 운동에 관한 이론을 구성하였는데, 그것은 양자역학의 어떤 매우 심오한 배후의 속성들을 예견하였고, 연속체가 나눌 수 없는 요소들로 구성되었다는 더욱 관습적인 (또한 덜 세련된) 해석의 난점들을 피할 수 있었다.[15] 파르메니데스의 이론은 대부분의 현대적 방법론적 원리와 상충된다. ─ 그러나 이것이 그 이론을 무시하는 이유는 되지 못한다.

14 상대성이론이 가진 파르메니데스적인 분위기에 대한 생생한 기술은 H. Wyle, *Philosophy of Mathematics and Natural Science*, Princeton, 1949, p.116에서 제시된다. 아인슈타인은 다음과 같이 썼다. "투철한 물리학자인 우리에게 과거, 현재, 미래 사이의 구분은 집요한 것이지만 하나의 허구라는 것 이상의 의미를 갖지 않는다." *Correspondence avec Michele Besso*, Paris, 1979, p.312. p.292도 참조할 것. 한마디로 인간 삶의 사건들은 '집요하지만 허구이다'.

15 아리스토텔레스에 대해서는 제4장 각주 3에서 인용된 에세이를 볼 것. 연속체가 나눌 수 없는 요소들의 집합이라는 생각에서 벗어나려는 현대적 시도는 A.Gruenbaum, "A Consistent Conception of the Extended Linear Continuum as an Aggregate of Unextended Elements", *Philosophy of Science*, No. 19, 1952, pp.283ff에 보고되어 있다. 또한 W. Salmon, (ed.), *Zeno's Paradoxes*, New York, 1970을 볼 것.

질적인 결함을 가진 이론의 또 한 가지 예는 뉴턴의 색채이론이다. 이 이론에 의하면 빛은 각기 다른 굴절률을 가진 광선들로 구성되고 이들 광선들은 분리되고 재결합되며 굴절될 수도 있지만, 그 내부적 구조는 결코 변화될 수 없고 공간에 있어서는 횡적으로 아주 조금만 팽창할 수 있다. 거울의 표면이 광선의 횡적 팽창보다도 훨씬 거칠다는 사실을 생각할 때(뉴턴 자신이 인정하는 바와 같이) 광선이론은 거울상의 존재와 불일치한다는 사실이 발견된다. 즉, 만일 빛이 광선들로 구성된다면 거울은 거친 표면과 같이 진동해야 할 것이다. 말하자면 거울은 우리에게 벽과 같이 보여야 할 것이다. 뉴턴은 이러한 난점을 **임시변통적인**(ad hoc) 가설의 도움으로 제거함으로써 이 이론을 유지하였다. 즉 "광선의 반사는 반사체의 어느 한 점에 의해서가 아니라 그 표면 전체에 고르게 발산되는 그 물체의 어떤 힘에 의한 결과이다."[16]

뉴턴의 경우에는 이론과 사실 사이의 질적인 불일치가 **임시변통적** 가설에 의해 제거되었다. 이러한 얄팍한 술책이 사용되지 않는 경우들도 있다. 어떤 사람은 이론을 유지하고, 그 결점을 **잊으려고 노력한다**. 이러한 예 중의 하나는 렌즈를 통해 보여지는 대상은 렌즈로부터 눈으로 전해져 오는 광선이 교차하는 지점에서 지각된다는 케플러의 규칙[17]에 대한 태도이다.

---

16 Sir Issac Newton, *Optics*, Book 2, part 3, proposition 8, New York, 1952, p.266. 뉴턴의 방법의 이러한 측면에 관한 논의에 대해서는 나의 에세이 "Classical Empiricism", op. cit.를 참조할 것.

17 Johannes Kepler, *Ad Vitellionem Paralipomena, Johannes Kepler, Gesammelte Werke,*

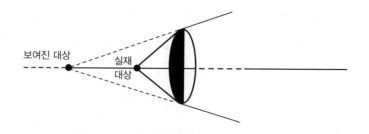

이 규칙은 초점에 위치한 대상은 무한히 먼 거리에서 볼 수 있다
는 사실을 함축하고 있다.

케임브리지에서 뉴턴의 스승이자 전임자였던 배로(Isaac Barrow)
는 이 예측에 주석을 달면서 다음과 같이 쓰고 있다. "그러나 이와는
반대로 우리들은 [초점 가까이 놓인 점이] 눈의 위치가 변함에 따라 각
각 다른 위치에 나타난다는 것을 경험에 의해 확인하였다.…게다가
그것은 육안으로 볼 때 보이는 것보다도 멀리 떨어져 보이는 일은 거
의 없다. 반대로 그것은 종종 훨씬 가깝게 보인다.…이 모든 것은 우
리들의 원리와 맞지 않는 것처럼 보인다." 배로는 계속해서 이렇게 쓰
고 있다. "그러나 내가 보기에 이 난점이나 다른 어떤 난점도 내가 이
성과 명백히 일치한다고 믿어 온 것을 거부하게 될 정도의 큰 영향을
내게 미치지는 않을 것이다."[18]

Vol. 2, Munich, 1939, p.72. 케플러의 법칙과 그 영향에 대한 상세한 논의에 관해서는, Vasco
Ronchi, *Optics: The Science of Vision*, New York, 1957, Chapters 43ff 및 이 책의 제9장~
제11장을 참조할 것.

18 *Lectiones XVIII Cantabrigiae in Scholio publicis habitae in quibus Opticorum Phe-
nomenon genuinae Rationes investigantur ac exponentur*, London, 1669, p.125. 이
구절은 버클리에 의해 전통적인 '객관적' 광학에 대한 그의 공격에 이용되고 있다(*An Essay
Towards a New Theory of Vision*, Works, Vol. 1, ed. Frazer, London, 1901, pp.137ff).

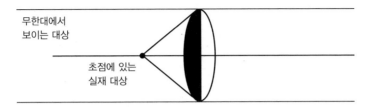

무한대에서
보이는 대상

초점에 있는
실재 대상

배로는 질적인 난점에 대해 **언급하면서,** 그럼에도 불구하고 이론
을 유지할 것이라고 **말한다.** 이것은 통상적인 절차가 아니다. 통상적인
절차는 난점들을 잊고 그것에 대해서 절대 말하지 않으며, 마치 그 이
론이 아무런 결함도 갖지 않는 것처럼 진행시켜 나아가는 것이다. 이
러한 태도는 오늘날에는 매우 일상적인 것이다.

　따라서 맥스웰(James Clerk Maxwell)과 로렌츠(Hendrik Antoon
Lorentz)의 고전적인 전자기학은 자유입자의 운동이 자기 가속적이
라는 사실을 함축한다. 전자의 자기 에너지를 고려한다면 점전하(點
電荷)에 대해서는 발산(發散)하는 식을 얻을 수 있지만, 반면에 유한한
팽창을 갖는 전하는 전자 내부에 테스트 불가능한 응력(應力, stress)과
압력(壓力, pressure)을 부여함으로써만 상대성이론과 일치하도록 만
들 수 있다.[19] 이 문제는 양자역학에도 나타나지만 그 경우에는 '재정
상화'(renormalization)에 의해 부분적으로는 감추어진다. 이 절차는
어떤 계산 결과를 없애 버리고, 그것을 실제적으로 관찰된 것에 대한
기술로 대치하는 것으로 이루어진다. 따라서 사람들은 암암리에 그 이
론이 난관에 부딪혔다는 것을 인정하면서도, 한편으로는 그 이론을 새

19 W. Heitler, *The Quantum Theory of Radiation*, Oxford, 1954, p.31 참조.

로운 원리가 발견되었음을 시사하는 방식으로 정식화한다.[20] 철학적으로는 소박한 저자들이 "모든 증거는 엄격한 정확성을 갖고, 미지의 작용까지도 … 포함하는 모든 과정이 근본적인 양자적 법칙에 따른다…라는 방향을 … 지시하고 있다"[21]는 인상을 갖는다고 해도 놀랄 사람은 많지 않다.

질적인 실패의 놀라운 예는 볼츠만(Ludwig Boltzmann)의 균등분배 정리 이후의 고전 역학과 전자기학의 지위를 나타낸다. 이 정리에 따르면, 에너지는 하나의 (역학 혹은 전자기학) 체계의 모든 자유도에 대해서 균등하게 분배된다. 원자들(그것은 하나의 용기의 벽으로부터나 서로에게서 다시 튀어나올 수 있도록 탄력이 있어야 한다)과 전자기장은 무한히 많은 자유도를 갖는다. 그것은 고체와 전자기장이 채워질 수 없는 에너지의 싱크대와 같이 행동한다는 것을 의미한다. 그러나 "과학사에서 그토록 흔하듯이, 단순하고 일반적으로 알려진 사실과 현행의 이론적 관념들 사이의 갈등은 오직 서서히 인식된다."[22]

---

20 그러는 동안에 재정상화는 양자장이론의 기초가 되었고, 놀라운 정확성을 가진 예측에 도달하였다(문헌상의 보고는 A. Pais, *Inward Bound*, Oxford, 1986). 이것은 멀리서 보았을 때는 절망적으로 틀린 것으로 보이는 하나의 관점이 탁월한 요소를 가지고 있을 수 있다는 것, 그리고 그것의 탁월함은 엄격한 방법론적 규칙에 의해서 인도되는 사람들에게는 드러나지 않을 수도 있다는 것을 보여 준다. 늘 기억하기를 바라는데, 나의 예들은 과학을 비판하는 것이 아니다. 그것들은 과학을 단세포적인 규칙에 종속시키고자 하는 사람들을 그러한 규칙이 생산하는 재앙을 보여줌으로써 비판한다. 각주 3~17의 예들 각각은 제6장~제12장(갈릴레오와 코페르니쿠스의 혁명)에서 수행된 사례 연구의 기반으로서 이용될 수 있다. 이것은 갈릴레오의 경우가 '이른바 과학혁명의 시작을 규정하는 예외'(G. Radnitaky, "Theorienpluralismus Theorienmonismus", *Der Methoden-und Theorienpluralismus in den Wissenschaften*, ed. Diemer Meisenheim, 1971, p.164)가 아니라, 모든 시대의 과학적 변화의 전형이라는 사실을 보여 준다.

21 Rosenfeld, *Observation and Interpretation*, London, 1957, p.44.

22 K. Gottfried, V. F. Weisskopf, *Concepts of Particle Physic*, Vol. 1, Oxford and New York,

현대 물리학의 또 다른 예는 매우 유익한 것인데, 그것은 미시적 세계에 관한 우리들의 지식을 완전히 다른 발전으로 이끌어 갈지도 모르는 것이기 때문이다. 에렌페스트(Paul Ehrenfest)는, 균등분배 정리와 결합된 로렌츠의 고전적 전자이론은 유도자성을 배제한다는 정리(定理)를 증명하였다.[23] 그 추리는 매우 단순하다. 균등분배 정리에 의하면, 주어진 운동의 확률은 U를 운동에너지로 할 때, $\exp(-U/RT)$에 비례한다. 한편, 로렌츠에 의하면, 일정한 자장 B 속에서 운동하는 전자의 에너지는, Q를 운동하는 입자의 전하, V를 그 속도, E를 전기장이라고 할 때, $W=Q(E+V\times B)\cdot V$이다. 이 크기는 자기단극자(磁氣單極子, single magnetic pole)의 존재를 인정하려고 하지 않는 한, 어느 때고 QEV로 환원된다(적절한 맥락이 주어질 때 이 결과는 펠릭스 에렌하프트의 생각과 그의 실험적인 발견을 강력하게 지지한다).

때로는 모든 흥미로운 귀결을 조사할 수 없고, 따라서 이론의 불합리한 결과를 발견하지 못할 수도 있다. 이것은 현존하는 수학적 방법의 결함에서 기인하는 것일지도 모르고, 또 이론을 옹호하는 사람들의 무지에 기인하는 것일 수도 있다. 그러한 상황에서 가장 통상적인

1984, p.6.
23 이러한 난점은 보어의 학위논문에서 인식되었다. Niels Bohr, *Collected Works*, Vol. 1, Amsterdam, 1972, pp.158, 381 참조. 그는 외부의 장(場)의 변화에 의한 속도 변화는 그 장(場)이 성립된 이후에는 동등해 지고 그 결과 자기효과는 전혀 일어날 수 없다고 지적하였다. 또한, Heilbron and T. S. Kuhn, "The Genesis of the Bohr Atom", *Historical Studies in the Physical Sciences*, No. 1, 1969, p.221도 참조. 본문의 논증은 Richard Feynman, *The Feynman Lectures on Physics*, Vol. 2, California and London, 1965, Chapter 34. 6으로부터 가져온 것이다. 좀 더 명료한 설명에 대해서는 R. Becker, *Theorie der Elcktrizität*, Leipzig, 1949, p.132를 참조할 것.

절차는 어느 (종종 매우 자의적인) 선까지는 이전의 이론을 사용하고, 미세한 부분을 계산하기 위해서 새로운 이론을 첨가시킨다는 것이다. 방법론적인 관점에서 본다면, 이 절차는 정말로 악몽이다. 수성의 궤도에 대한 상대론적인 계산을 예로 들어 그것을 설명해 보자.

수성의 근일점(近日點, perihelion)은 1세기당 약 5600초의 속도로 움직인다. 이 값에서 5026초는 기하학적인 것이고 기준계의 운동과 관계있다. 한편 571초는 역학적인 것이고, 태양계 내의 섭동(攝動, perturbation)에 기인한다. 이러한 섭동 가운데서 주지의 43초를 제외하고는 모두 고전역학에 의해 설명된다. 이러한 식으로 그 상황은 보통 설명된다.

이 설명은 우리가 그 43초를 이끌어 내는 전제가 적당한 초기조건을 덧붙인 일반상대성이론이 아니라는 사실을 나타낸다. 이 전제는 어떠한 상대론적인 가정이 주어진다 해도 그것에 **덧붙여** 고전물리학을 포함하고 있다. 더욱이 상대론적인 계산, 소위 '슈바르츠실트(Karl Schwarzschild)의 풀이'는 행성계를 실재적 세계(즉 우리들이 살고 있는 비대칭적인 은하계)에 존재하는 것으로 다루지 않는다. 그것은 단일한 중심을 가진 중심적인 대칭적 우주라는 완전히 공상적인 경우를 다루며 그 밖의 어떤 것도 다루지 않는다. 그러한 전제들의 이상한 결합을 채용하는 이유는 무엇일까?

관례적인 대답에 의하면, 그 이유는 우리들은 근사치를 다루고 있기 때문이다. 고전물리학의 공식은 상대성이론이 불완전하기 때문에 등장하는 것이 아니다. 또한 중앙 대칭적인 사례가 상대성이론이 보다 좋은 예를 제공하지 않기 때문에 사용되는 것도 아니다. 그 두 가지 도식들은 우리가 고려하기에는 너무 적은 크기를 **생략한다면**, 우리 행성계에서 실현되고 있는 특수한 상황 아래서 일반상대성이론으로부터 도출될 수 있는 것이다. 그리하여 우리들은 상대성이론을 일관성 있게 사용하고, 또 그것을 하나의 적절한 방식으로 사용하게 되는 것이다.

이제 현재의 사례에서 필요한 근사치를 구하는 일은 n-체(body) 문제를 구석구석까지(서로 다른 행성궤도 사이의 장기적인 공명을 포함해서) 상대론적으로 계산하고, 얻어진 관찰의 정밀도의 범위 이하의 양을 생략하고, 그 위에 그와 같이 단축된 이론이 슈바르츠실트에 의해 수정된 고전적 천체역학과 부합한다는 것을 보이는 것을 의미한다. 이 절차는, 상대론적 n-체 문제에 대해 답이 아직 주어져 있지 않다는 단순한 이유에서 아무도 사용하지 않고 있다. 논증이 시작되었을 때, 예를 들어 (뉴턴 이론에 있어서 최초의 커다란 장애물의 하나인) 안정성의 문제와 같은 중요한 문제들에 대해서는 근사적인 해결(approximate solution)마저 존재하지 않는다. 그러므로 설명항(explanans)의 고전적인 부분은 단지 편리하기 때문에 등장하는 것이 아니다. **그것은 절대적으로 필요한 것이다.** 그리고 근사치는 상대론적인 계산의 결과가 아니라 상대성이론을 실제의 사례에 맞도록 하기 위해서 도입된 것이다. 이것은 **임시변통적 근사치**라고 부르는 것이 적절할 것이다.[24]

---

24 오늘날 이른바 매개변수화된 뉴턴-이후의 형식은 텍스트에서 개괄된(자세한 것은 Will, *Theory* 참조) 대부분의 필요한 것을 만족시킨다. 나의 논점은 이것이 후기의 성취로서, 그것이 없다고 해서 과학자들이 새로운 관념에 관해서 논증하는 일, 그리고 **논증을 잘 하는 일**에 장애가 되었던 것은 아니다. 이론들은 유도를 위한 전제로서 사용될 뿐만 아니라, 기본적 가정에 대

임시변통적 근사치는 현대의 수리물리학 가운데 많이 있다. 그것은 장(場)의 양자론 가운데서 매우 중요한 역할을 하고 있고, 또한 대응원리의 필수적인 구성요소이다. 우리들이 이 사실의 근거에 대해 관심을 갖지 않을 때, 우리는 단지 다음과 같은 그것의 귀결만을 문제 삼게 된다. 즉, 임시변통적 근사치는 질적인 난점들을 은폐하고 나아가서 그것을 아예 배제해 버리기도 한다는 것이다. 그것은 우리들의 과학의 우수성에 대해 잘못된 인상을 만들어 낸다. 그러므로 세계상으로서의 과학의 타당성을 연구하고자 하는 철학자, 혹은 실재론적인 과학방법론을 건설하고자 하는 철학자는, 현대과학을 특별한 주의를 기울여 바라보아야 한다. 대부분의 경우에 있어서 현대과학은 16세기 및 17세기의 선조보다도 더욱 불투명하고 보다 더 기만적이다.

질적 난점의 마지막 예로서 갈릴레오 시대의 태양중심설에 대해 다시 언급해 보자. 나는 곧 이 이론이 질적으로나 양적으로 부적당하며, 게다가 그것은 철학적으로도 불합리한 것임을 드러낼 기회를 갖게 될 것이다.

이것을 짧고 매우 불완전한 리스트로 요약하면 다음과 같다. 즉 어느 영역을 택하든지, 또한 최소한의 인내심을 가지고 편견에 사로잡

한 형식적 관계를 확신하기 어려운 신선한 예측을 위한 일반적인 배경으로 더욱 빈번하게 사용되기도 하였다. 데카르트는 그의 『방법서설』(*Library of Liberal Arts*, 1965, p.52)에서 "자연의 힘은 너무 크고 광대하며, 이러한 원리들[기계적 우주를 위해서 그가 발전시킨 이론적 원리들]은 너무 단순하고 일반적이어서, 나는 그것이 [이러한 원리들에 부합하도록] 여러 가지 방식으로 만들어질 수 있는지를 즉각 알지 못할 정도로 어떤 특정한 결과를 거의 알아차리지 못한다는 사실을 고백해야 한다. 또한 나의 가장 큰 어려움은 결과가 도출되는 방식을 통상 발견하기 어렵다는 것이다"라고 했다. 현대 이론물리학자들은 정확히 같은 상황에 있다.

히지 않고 증거를 선택할 때에는 언제든지, 우리는 이론들이 어떤 **양적인 결과**를 적절하게 재현시킬 수 없으며 또한 그것이 놀라울 정도로 **질적으로 무능력**하다는 것을 발견한다. 과학은 매우 아름답고 또한 고도로 세련된 이론들을 우리들에게 준다. 현대과학은 정합성과 일반성에 있어서 지금까지 존재했던 어떤 것도 능가하는 수학적 구조를 발전시켜 왔다. 그러나 이러한 기적을 성취시키기 위해서는 존재하는 모든 난점들을 이론과 사실 사이의 **관계** 속에 밀어 넣어야만 했고[25] 또한 **임시변통적인** 근사치나 다른 절차에 의해 이것을 은폐시켜야만 했던 것이다.

이것이 사실이라고 한다면 이론은 경험에 의해 판정되어야 하며 만일 이론이 이미 받아들여진 기본적 진술과 모순된다면 거부되어야 한다는 방법론적 요구를 우리는 어떻게 생각해야 좋을 것인가? 확증

---

25 양자역학에서 폰 노이만의 연구는 이 절차의 특히 교훈적인 실례이다. 힐베르트 공간에서의 팽창정리에 대한 만족스러운 증명에 도달하기 위해서 폰 노이만은 디락(그리고 보어)의 유사-직관적인 관념들을 그 자신의 보다 복잡한 관념으로 바꾸어 놓았다. 이러한 관념들 사이의 이론적 관계는 그것들에 선행하는 관념들 사이의 이론적 관계에 비해서 보다 엄밀하게(폰 노이만과 그 추종자들의 관점으로부터 봐서 '보다 엄밀하게') 다루어질 수 있다. 그것은 그 실험적 절차에 대한 그것들의 관계와는 다르다. 어떠한 측정도구도 대다수의 관찰자들을 위해서 일일이 명시될 수 없으며(Wigner, *American Journal of Physics*, Vol. 31, 1963, p.14), 또한 그러한 명시가 가능한 경우에는 잘 알려지고 반박되지 않은 법칙들을 자의적인 방식으로 수정하는 것이 필요하게 되거나, 그렇지 않으면 산란의 문제와 같은 양자역학의 매우 통상적인 몇몇 문제들이 해답을 갖지 않는다는 사실을 인정할 필요가 있게 된다(J. M. Cook, *Journal of Mathematical Physics*, Vol. 36, 1957). 이렇게 해서 이론은 엄밀성과 정확성을 가진 진짜 괴물이 되지만, 한편으로 경험에 대한 그것의 관계는 전에 비해 한층 애매해진다. 이와 유사한 발전이 또한 '미개한 사고'에서도 일어나는 것을 보는 것은 흥미롭다. 네이더(S. F. Nader)는 *Nupe Religion*, 1954, p.63에서 다음과 같이 쓰고 있다. "누페의 모래나누기의 가장 뚜렷한 특징은 그 과장된 이론적 틀과 실제에 있어서의 그 야만적이고 난폭한 적용 사이의 대조이다." 노이만 식의 악몽을 만들어 내기 위한 과학은 필요하지 않다.

이나 증거보강에 관한 여러 이론에 대해 우리는 어떤 태도를 취해야 좋을 것인가? 왜냐하면 이것들은 모두, 이론은 알려진 사실들에 완전히 일치하도록 만들어질 수 있다는 가정에 의존하고 있고, 도달된 일치의 양을 평가의 원리로 삼고 있기 때문이다. 이러한 요구, 이러한 이론들은 모두 전혀 쓸모없다는 것이 오늘날에는 분명하다고 생각된다. 그것들은 환자가 세균에 면역이 있는 경우에 한해 환자를 치료할 수 있는 약품과 같이 쓸모가 없다. 실제에 있어서 아무도 이러한 것들을 따르지 않는다. 방법론자들은 반증의 중요성을 지적할지도 모른다 — 그러나 그들은 반증된 이론들을 즐겨 사용한다. 그들은 모든 관련된 증거를 고려하는 것이 얼마나 중요한 일인가에 대해 설교할는지도 모르지만 상대성이론이나 양자이론과 같이 그들이 찬양하고 받아들이는 이론들이 반박된 낡은 이론과 마찬가지로 틀린 것인지도 모른다는 중대하고도 강력한 사실에 대해서는 전혀 언급하지 않는다. **실제에 있어서**, 그들은 물리학에서 정상을 차지한 개들의 최근의 발언을 비굴하게 반복하고 있는 것이다. 그렇게 함으로써 방법론자들은 그들의 직업에서의 가장 기본적인 몇 가지 규칙들을 스스로 위반할 수밖에 없게 된다. 도대체 보다 합리적인 방식으로 진행하는 일이 가능할 것일까? 생각해 보자.[26]

흄에 의하면 이론들은 사실들**로부터 이끌어내어질 수 없다**. 사실로부터 도출되는 이론들만을 허용하라는 요구는 우리들에게 어떤 이론

---

26 질적인 난점들, 혹은 '저항의 호주머니'(St. Augustine, *Contra Julianum*, V, xiv, 51 —Migne, Vol. 44)의 존재는 교부(教父)들에 의해 그 시대의 과학이 육체적인 부활의 교리와 같은 기독교 신앙의 일부에 대해 제기한 반론의 핵심을 제거하기 위해서 이용되었다.

도 남겨 주지 않는다. 그러므로 **우리가 알고 있는 바의 과학**은 그러한 요구를 철회시키고 우리들의 방법론을 수정할 경우에만 존재할 수 있다.

우리들의 현재의 논의 결과에 따르자면 사실들과 **일치하는** 이론은 거의 없다. 손에 넣을 수 있고, 받아들여진 사실들과 일치하는 이론만을 허용한다는 요구는 어떤 이론도 우리들에게 남겨 주지 않는다. (나는 거듭해서, **어떤 이론도 남겨지지 않는다**고 말하는데 그것은 어떤 어려움도 당하지 않는 이론은 단 하나도 존재하지 않기 때문이다.) 그러므로 우리들이 알고 있는 바의 과학은, 우리가 그러한 요구를 역시 철회하고, 우리들의 방법론을 재차 수정하여, **바야흐로 지지받지 못하는 가정을 허용하는 것에 덧붙여서 반귀납을 허용할** 경우에만 존재할 수 있다. 올바른 방법은, 우리로 하여금 **반증에 기초하여** 이론을 선택하게 하는 규칙들을 일체 포함해서는 안 된다. 오히려 그 규칙은 우리로 하여금 우리가 이미 테스트하였고, **이미 반증된** 이론들 사이에서 선택할 수 있도록 해야 한다.

좀 더 계속해 보자. 사실들과 이론들은 항상 부조화의 상태에 있을 뿐만 아니라, 모든 사람들이 증명하려고 하는 바와 같이 정확하게 분리되어 있는 것이 결코 아니다. 방법론적 규칙들은 '이론', '관찰' 또한 '실험결과'에 관하여, 마치 그것들이 그것들의 속성들이 쉽게 평가되고 모든 과학자들에 의해서 똑같은 방식으로 이해되고 명쾌하게 잘 정의된 대상인 것처럼 말한다.

그렇지만, 과학자가 **실제로** 취급하고 있는 자료, 그의 법칙, 그의 실험결과, 수학적 기교, 그의 인식론적 선입견, 그가 받아들인 이론들의 불합리한 귀결에 대한 그의 태도는 여러 면에서 확정되지 않은 것이고, 애매하며, **역사적 배경으로부터 결코 충분히 분리되지 않은 것이다.**
이러한 재료는 과학자가 알지 못하는, 설령 안다고 하더라도, 테스트
하기가 극히 어려운 원리들에 늘 오염되어 있다. 예를 들어, 정상적인
환경에서 사용된 우리들의 감각은 세계에 대한 신뢰할 만한 정보를
제공한다는 견해와 같은, 인식에 관한 의심할 만한 견해들이 관찰언어
그 자체에까지 침입하여, 거기에서 관찰어뿐만 아니라 보다 진실한 현
상과 착각의 현상 사이의 구분도 규정하게 된다. 그 결과, 관찰언어는
이렇게 완곡한 방식으로 가장 진보적인 방법론에 대해서까지 영향을
미치는 사변(思辨)의 해묵은 층과 결합하게 될 수 있다. (실례로 고전물
리학의 절대 시공의 틀을 들 수 있는데, 이것은 칸트에 의해서 성문화되고
신성시되었다.) 감각인상은 아무리 단순한 것이라도 지각하는 유기체
의 생리학적 반응을 표현하며 그 자체는 객관적 대응물을 갖지 않은
성분을 언제나 포함하고 있다. 이 '주관적'인 성분은 종종 그 나머지
것과 융합하고 외부로부터 반귀납적 절차의 도움으로 분리되어야 할
하나의 구조화되지 않은 전체를 형성한다. (이것의 한 예는, 육안으로 보
이는 항성의 모습인데, 그것은 망막의 인접요소들의 측면적인 억제에 의해
제약된 광삼[光滲, irradiation], 회절, 산란이라는 주관적 효과를 포함하는
것이다.) 마지막으로 테스트할 수 있는 결론의 유도에 필요한 보조적
인 전제들이 있는데 이것들이 때로는 전체 **보조과학**들을 형성하는 것
이다.

　코페르니쿠스의 가설의 경우를 생각해 보자. 이 가설은 오늘날 사
람들이 생각할 수 있는 거의 모든 방법론적 규칙에 반해서 창안되고,
옹호되고, 부분적으로나마 입증되어 왔다. 여기서의 보조과학이란 지

구상의 대기의 성질과 영향을 기술하는 법칙(기상학), 눈의 구조와 망원경의 구조를 다루는 광학적 법칙, 빛의 움직임을 다루는 법칙, 게다가 운동계에서의 운동을 기술하는 동력학적 법칙 등을 포함하고 있었다. 그러나 그중에서도 가장 중요한 것은, 지각과 물리적 대상 사이의 어떤 단순한 관계를 상정하는 인지 이론이 거기에 포함되어 있었다는 것이다. 이러한 보조적인 학문영역이 모두 명시된 형태로 이용되고 있었던 것은 아니다. 그 대부분은 관찰언어 속에 용해돼 있고 따라서 앞 구절의 서두에서 서술된 상황으로 이끌어 가는 것이다.

이 모든 상황들, 즉 관찰어, 감각의 중심핵, 보조과학, 배경을 이루는 사변 등에 대한 고찰은, 하나의 이론이 증거와 일치하지 않는 것은 그것이 부정확하기 때문이 아니라, **증거가 오염되어 있기 때문**일 수 있다는 것을 시사한다. 이론은 그 증거가 외부적 과정에 단지 부분적으로만 대응하는 분석되지 않은 감각들을 포함하기 때문에, 혹은 증거가 낡은 견해들을 통해서만 제시되기 때문에, 또는 그것이 시대에 뒤떨어진 보조학문의 도움으로 평가되기 때문에 위협받는 것이다. 코페르니쿠스의 이론은 이 모든 이유들 때문에 어려움을 겪었다.

우리들에게 방법론에 대한 신선한 조망이 요구되는 것은 바로 **증거가 가지는 이러한 역사적-생리학적 성격** 때문이다. 그것은 증거가 단순히 객관적인 사태를 기술할 뿐만 아니라, 이 사태에 관한 얼마간의 주관적, 신화적, 그리고 오래전에 잊었던 견해를 표현하기도 한다는 사실 때문이다. 이 사실은 증거가 우리의 이론을 판정하도록 하고, 다른 아무 일도 하지 않는다는 것이 매우 무분별한 일이 될 것임을 보여 준다. '사실들'에 의한 이론의 간단하고도 무조건적인 판정은 **여러 관념들을 단**

순히 그것들이 어떤 낡은 우주론의 틀에 들어맞지 않는다는 것을 이유로 배제하도록 만든다. 실험결과와 관찰을 의심의 여지가 없는 것으로 여기고, 이론에 대해 증명이라는 짐을 짊어지우는 것은 관찰상의 이데올로기를 전혀 검토하지 않고 당연한 것으로 간주하는 것과 다를 바 없다 (실험적 결과들이 가능한 한 최대한도로 주의를 기울임으로써 얻어진 것이라고 가정하고 있음에 주의하자. 결국 '관찰 등등을 의심의 여지가 없는 것으로 여긴다'는 것은, '그 신뢰성에 대한 가장 주의 깊은 검토가 있은 **후**에 그것들을 의심의 여지가 없는 것으로 여긴다'는 것을 의미한다. 왜냐하면 관찰진술에 대한 가장 주의 깊은 검사마저도, 그 진술의 표현에 사용된 개념, 혹은 감각표상의 구조에 간섭하는 것이 아니기 때문이다).

그러면 ── 도대체 우리는 어떻게 해야 우리가 끊임없이 사용하고 있고, 모든 진술에 전제되고 있는 어떤 것을 검사할 수 있을 것인가? 어떻게 해야 우리의 관찰을 표현하기 위해서 우리가 습관적으로 사용하고 있는 용어들을 비판할 수 있을까? 생각해 보자.

일상적으로 사용되고 있는 개념들에 대한 우리의 비판의 첫 단계는 비판의 척도, 즉 이러한 **개념**들과 **비교**될 수 있는 어떤 것을 만들어내는 일이다. 물론 우리들은 나중에 측정의 척도, 그 자체에 대해 좀 더 잘 알고자 할 것이다. 예를 들어 우리는 그것이 검사된 자료보다도 우수한지 어떤지, 혹은 그만큼 좋지 않은 것은 아닌지를 알고자 할 것이다. 그러나 **이러한** 검사를 시작하기 위해서는 어찌되었건 측정의 척도가 존재해야만 한다. 그러므로 습관적으로 사용되는 개념이나 습관적인 반응을 비판하기 위한 첫 단계는 그 울타리 밖으로 발걸음을 옮겨서 가장 주의 깊게 확립된 관찰결과와 충돌하고 가장 그럴듯한 이론적인 원리들을 깨뜨리는 하나의 새로운 개념체계, 예를 들어, 새로운 이론을 발명하든가 혹은 그러한 새로운 체계를 장외(場外)의 과학으로부터, 종교로부터, 신화체계로부터, 무능력자의 관념으로부터,[27] 혹은 미치광이의 터무니없는 생각으로부터 수입하는 것이다. 이 첫 단계는 역시 반귀납적이다. 따라서 반귀납은 **사실** ──과학은 그것 없이는 존재할 수 없었다── 이고, 또한 과학이라는 게임에 있어서는 정당하고도 몹시 긴요한 조처(move)의 하나이다.

---

27 감각의 증거를 무시하고, 지구를 운동하는 것으로 보았던 필롤라오스(Philolaos)가 "비수학적인 착란가였다는 사실은 흥미롭다. 그가 굳게 신봉하고 있는 원리와의 일치를 유지시키기 위해서 많은 위대한 관찰자나 수학적인 식견이 많은 과학자들에게는 결여되었던 감각의 직접적인 증거를 무시하는 용기를 발견한 것은 착란가였다." K. von Fritz, *Grundprobleme der Geschichte der antiken Wissenschaft*, Berlin-New York, 1971, p.165. "그러므로 이 과정의 다음 단계가, 우리들이 아는 한, 그들의 글을 통해서 볼 때 이따금 자기 자신의 흥미로운 관념들을 갖는 재능 있는 스타일리스트(stylist)이자 대중화하는 사람으로 보이지만, 심오한 사상가나 엄밀한 과학자는 아닌 사람에게서 비롯된다는 사실은 놀라운 일이 아니다." Ibid., p.184. 착란가와 천박한 지성은 '전진하고', 반면에 '심오한' 사상가는 현상태(status quo)의 한층 어두운 지대로 '떨어진다', 혹은 다른 표현을 쓰자면, 수렁에 빠진다.

제6장

이러한 시도의 한 예로서, 나는 아리스토텔레스주의자가 지구의 운동을 반박하기 위해 사용했던 '탑의 논증'을 검토하려 한다. 이 논증은 '자연적 해석'을 포함하는데, 자연적 해석은 그것의 존재를 인식하고 그 내용을 결정하기 위해 특별한 노력을 필요로 하는, 관찰과 아주 밀접하게 관련되어 있는 관념이다. 갈릴레오는 그 자연적 해석을 코페르니쿠스와 모순되는 것으로 보고, 그것을 다른 것으로 대치하였다.

갈릴레오는 끊임없이 제기되는 지엽적인 문제들로 고통을 당했는데 그러면서도 그는 각 시점에서 관련되는 모든 문제들을 설명하기를 멈추지 않은 것으로 보인다. 이것은 그가 그것들을 질서정연하게 검토하지 않았다는 사실, ⋯ 제1원인 ⋯ 을 고찰하지 않고 특정한 결과들에 대한 이유만을 추구해 왔다는 사실, 그리고 그가 어떤 토대를 갖지 않고 이론을 세웠다는 사실을 보여 준다.

—데카르트

나는 철학의 학설을 가장 좁은 공간으로 압축시키거나, 딱딱하고 간결하고 거친 방식, 즉 순수 기하학자들이 자신들에게 고유한 것이라고 부르는 것과 같은, 엄격한 필연성에 의해 그들에게 주어지지 않은 것은 단 한 마디도 언급하지 않는, 꾸밈이라고는 전혀 없는 방식을 채용하고 싶지 않다. 나는 단일한 주제만을 가진 논고에 있어서도 많은 다양한 사실에 대해 말하는 것이 잘못이라고 생각하지 않는다. … 왜냐하면 나는 우리들의 업적과 창안에 장엄함과 고귀함과 탁월함을 주는 것은, 필연적인 것이 아니라 ── 이것을 빠뜨리면 큰 잘못이 되겠지만 ── 그렇지 않은 것이라고 믿기 때문이다.

──갈릴레오

그러나 합리화하려는 궤변가들이 공공복지의 기초를 뒤흔들려는 의도를 가지고 있다고 상식인들이 믿는다면, … 반대자를 이롭게 하기 보다는 허위적인 이유에 의해 도움을 주는 쪽이 오히려 합리적일 뿐만 아니라, 무방한 일이며 동시에 칭찬할 만한 것으로 보인다.

──칸트[1]

1 이 세 인용문의 출처는 다음과 같다. 데카르트, 1638년 10월 11일 메르센(Mersenne) 앞으로 보낸 편지, *Oeuvres*, II, p.380. 갈릴레오, 보통 『달의 흰색에 대해서』(*Sul Candor Lunare, Opere*, Favoro, VIII, p.491)라는 제목으로 인용되는 1640년의 토스카나 레오폴드(Leopold of Toscana) 앞으로 보낸 편지. 갈릴레오의 스타일과 그의 자연철학과의 그 관련성에 대한 상세한 설명은, L. Olschki, *Galileo und seine Zeit: Geschichte der neusprachlichen wissenschaftlichen Literatur*, Vol. 3, Halle, 1927, Vaduz, 1965에 재수록. 레오폴드에게 보낸 편지는 pp.455ff에 인용되고 논의되고 있다.
데카르트의 편지는 살몽(W.C.Salmon)에 의해 "The Foundations of Scientific Inference", ed. R.G.Colodny, *Mind and Cosmos*, Pittsburgh, 1966, p.136 가운데서 합리주의와 경험주의의 논쟁의 한 예로 논의되고 있다. 경험주의가, 가장 엄격한 형태의 합리주의와 마찬가지로

구체적인 예로서, 또한 앞으로의 논의의 기초로서, 이제 나는 갈릴레오가 지구의 운동이라는 관념에 대한 중요한 반대논증의 핵심을 제거하던 방식을 간단히 기술하도록 하겠다. 나는 '반박했다'(refuted)라고 하지 않고, '핵심을 제거했다'(defuted)라고 말했는데, 그것은 우리들이 어떤 숨겨진 시도뿐만 아니라, 개념체계를 변화시키는 문제를 다루고 있기 때문이다.

　　티코 브라헤(Tycho Brahe)를 확신시켰고, 또한 갈릴레오가 자신의 『천구론』에서 지구의 운동에 반대하기 위해 사용한 논증에 의하면, 관찰은 "무거운 물체는 … 높은 곳에서 낙하할 때, 지구의 표면과 수직을 이루는 직선에 따라 움직인다는 것을 보여 준다. 이것은 지구가 운동하고 있지 않다는 사실에 대한, 반박할 수 없는 논증이라고 간주된다. 왜냐하면, 만일 지구가 하루를 주기로 자전한다면 어떤 탑의 꼭대기에서 돌을 낙하시킬 때, 이 탑은 지구의 회전에 의해 움직여서, 돌이 낙하할 때 걸리는 시간만큼 수백 야드 동쪽으로 이동할 것이고, 따라서 그 돌은 탑의 원 위치로부터 그 거리만큼 옮겨져 지면에 충돌해야

엄격하고 완고할 수 있다는 것을 생각한다면 그것은 오히려 독단적인 방법론과 편의주의적인 방법론 사이의 쟁점의 한 예라고 간주되어야 한다.

칸트 인용은 *Critique of Pure Reason*, B777, 8ff로부터 온 것이다(나는 플라톤의 『향연』에 대한 스탠리 로젠Stanley Rosen 교수의 저작을 보고 이 인용문에 주목하게 되었다). 칸트는 계속해서 말하기를, "그렇지만 핑계, 변덕, 기만보다 타당한 이유를 주장하려는 의도와 합치하지 않는 것은 아무것도 없다고 나는 생각한다. 만일 우리들이 이것을 아주 당연한 것으로 간주할 수 있다면 사변적 이성의 싸움은 … 이미 옛날에 결론이 났던가, 아니면 곧 종식되고 말 것이다. 그리하여 이유의 순수성은 종종 그것의 참됨과 반비례한다…." 우리들은 또한 칸트가 문명의 등장을 "그 조야한 과거로부터 인류를 벗어나게 하는 기능을 가진"(Ibid., 776, 14f) 불성실한 조처에 기초해서 설명하고 있는 것에 주의해야 한다. 그와 유사한 생각들이 세계사에 대한 그의 해설에서도 나타난다.

할 것이기 때문이다."[2]

이 논증을 고찰할 때, 갈릴레오는 행해진 관찰의 감각적 내용, 즉 "무거운 물체는 높은 곳에서 낙하할 때 지구의 표면에 수직으로 향한다"[3]는 사실의 올바름을 곧바로 인정하고 있다. 이 사실을 반복해서 언급함으로써, 코페르니쿠스주의자를 개종시키고자 시도한 작가 키아라몬티(Chiaramonti)의 일을 생각하면서 그는 다음과 같이 말한다. "나는 이 작가가, 낙하물체의 이와 같은 운동은 단순한 직선운동이며 그 밖의 어떤 것이 아니라는 사실을 감각(sense)에 의해 우리들에게 이해시키기 위해 고생스럽게 노력하지 않기를, 또한 이처럼 명료하고 명백하고 분명한 사실이 의문시된다고 분노하거나 불평하지 말기를 바랍니다. 왜냐하면 이렇게 함으로써, 그가 그 운동이 직선을 그리는 것이 아니라 오히려 원형을 그리는 것이라고 말하는 사람들에게는 돌이 원호를 그리며 가시적으로 움직이는 것처럼 보이리라고 믿고 있다는 것을 암시하게 되기 때문입니다. 그는 결과를 명료히 하기 위해서, 이성이 아니라 감각에 호소하고 있습니다. 하지만 사실은 그렇지 않습니다. 심플리치오 씨, 왜냐하면 나는 … 돌이 수직 아닌 방향으로 낙하하는 것을 내가 지금까지 한 번도 보지 못했고, 또한 보리라고 기대하지조차 않는 것과 꼭 마찬가지로, 누구의 눈에도 그렇게 보이지는 않으리라고 믿고 있기 때문입니다. 그러므로 우리들 모두가 동의하고 있는 현상을 제쳐 두고, 그것의 실재성을 확인하거나, 그것의 허위성을

2 Galileo, *Dialogue*, op. cit., p.126.
3 Ibid., p.125.

드러내기 위해서 이성의 힘을 사용하는 편이 더 좋을 것입니다."[4] 관찰의 정확성은 문제시되고 있지 않다. 문제시되고 있는 것은 그것의 '실재성' 또는 '허위성'인 것이다. 그러나 이 표현이 의미하는 바는 무엇인가?

이 물음은 갈릴레오의 다음의 문구에 등장하는 한 예에서 그 대답을 찾을 수 있다. "이 예로부터 … 누구든지 단순한 현상에 의해, 바꾸어 말하면 자신의 감각이 받아들인 인상이라고 말할 수 있는 것에 의해 얼마나 쉽게 속아 넘어갈 수 있는가를 배울 수 있을 것이다. 이 사건은 한밤중에 길을 걸어가는 사람이, 달이 지붕의 차양을 따라 미끄러져 가는 것을 바라보면서 마치 달이 자신의 걸음걸이와 같은 보조로 자기를 쫓고 있는 것처럼 느끼게 되는 현상이다. 그럴 때에는 달이, 고양이가 실제로 지붕의 기와를 따라서 달려가고 또 그것을 추월해 갈 때와 똑같이 보이는 것이다. 만일 이성이 개입하지 않는다면, 그것은 틀림없이 감각을 속여 버리게 되는 현상이다."

이 예에서, 우리는 먼저 감각적 인상(sensory impression)으로부터 출발해서, 그것이 강력하게 제안하는 진술에 대해 고찰해야 한다. (이 제안은 너무도 강력해서 마법에서의 달의 모양이나 다른 우주론적 가설을 더 상세하게 조사하면 분명해지겠지만, 그것은 모든 신념체계나 의례를 낳게 하였다.) 여기서 '이성이 개입한다'. 인상이 제시하는 진술을 검토하고 그것 대신에 다른 진술들을 생각해 본다. 인상의 본질은 이러한 활동에 의해 조금도 변화되지 않는다. (이것이 완전히 옳다고는 할 수

4 Ibid., p. 256.

없다. 그러나 우리들은, 지금의 목적을 위해서 인상과 명제 사이의 상호작용에서 생기는 복잡한 문제들을 생략할 수 있다.) 그렇지만 그것은 새로운 관찰진술(observation statement) 속에 들어오고, 좋건 나쁘건 간에 우리들의 지식에서 새로운 역할을 하는 것이다. 그런데 이러한 교체를 억제하는 논거나 방법은 무엇일까?

맨 먼저 이 현상 전체의 본성, 현상 더하기 진술의 본성을 명확히 해 두어야 한다. 여기에는 두 가지 행위, 즉 현상을 인지하고 그것을 적절한 진술의 도움으로 표현한다는 두 가지 행위가 있는 것이 아니라, 오직 한 가지, 즉 어떤 관찰적 상황 속에서 '달이 나를 쫓아오고 있다'든지 '돌이 수직으로 낙하한다'고 말하는 것만이 있을 뿐이다. 물론 우리는 이 과정을 추상적으로 몇 개의 부분으로 분할하거나, 진술과 현상이 심리적으로 분리되어서 연결되기를 기다리는 것같이 보이는 상황을 만들어 볼 수 있다. (그러나 이것이 성취되기는 어렵고, 아마도 완전히 불가능할 것이다.) 그러나 정상적인 상황 아래에서는 이러한 분할이 나타나지 않는다. 화자에게 있어서, 친숙한 상황을 기술한다는 것은 진술과 현상이 단단히 유착해 있는 하나의 사건인 것이다.

이 통일성은 우리들의 유년시절에 시작된 학습과정의 결과이다. 아주 어렸을 때부터 우리들은 여러 상황에 대해 적절한 언어적 반응 혹은 다른 방식의 반응으로 대처하는 것을 배운다. 교육적 절차들은 '모습'(appearance) 혹은 '현상'(phenomenon)을 **형성**하고, 언어와의 굳은 **연관**(connection)을 확립하여 그 결과 마침내, 현상이 외부로부터의 도움이나 외부적인 지식 없이 스스로 말하는 것처럼 보이게 된다. 현상이란 그것과 결합된 진술이 그것에 관해서 무엇이라고 주장하는 것이다. 물론 그것이 '말하는' 언어는, 앞선 세대에서 매우 오랜 기간 동안 유지되어 온 신념의 영향을 받고 있는데, 이러한 신념은 너무 오래되어서 더 이상 분리된 원리로 보이지 않고, 일상적인 담화의 용어들 속에 들어가고, 일정한 훈련을 거친 뒤에는 사물 그 자체로부터 출현하는 것처럼 보이는 것이다.

이 시점에서 우리는 상상력을 통해서 매우 추상적으로 다른 이데올로기와 결합된 다른 언어들에 대한 교육이 가져올 결과를 비교해 보고 싶어 할지도 모른다. 더욱이 우리는 의식적으로 그러한 이데올로기 중의 어떤 것들을 변화시키고, 그것을 보다 '현대적인' 관점에 적응시켜 보고 싶어 할 수도 있다. 그러나 그렇다고 해도 **만일 우리가 감각작용(지각)의 성질과 구조, 혹은 적어도 과학의 본체에 들어오는 감각작용의 성질과 구조는 그것들에 대한 언어적 표현으로부터 독립적이라는 또 하나의 가정을 설정하지 않는다면, 이것이 우리의 상황을 어떻게 변화시킬 것인가를 말하기란 매우 어렵다.** 이 가정은 간단한 실례에 의해서도 반박될 수 있기 때문에, 그 근사적인 타당성마저 나는 대단히 의심스럽게 생각한다. 또한 이 가정이 규정하는 한계 안에 머무르는 한, 우리들은 새로운 놀랄 만한 발견의 대부분을 스스로 없애버리고 있는 것이라고 나는 확신한다. 그럼에도 불구하고 나는 잠시 동안 매우 의식적으로 그 한계 안에 머무르려고 한다(내가 만일 책을 다시 쓴다면 나의 첫 번째 과제는 이러한 한계를 탐구하고, 또한 감히 이것을 뛰어넘으려는 일이 될 것이다).

이 단순화를 위한 부가적 가정을 세운다면, 우리들은 감각작용과

'감각과 매우 밀접하게 연결되는 정신적 작용'[5] 사이를 구분할 수 있게 된다. 감각작용은 그것들의 반응과 매우 단단하게 결합되어 있어서 그 분리가 대단히 어렵다. 이러한 작용(operation)의 기원과 효과를 고려해서, 나는 이것을 **자연적 해석**(natural interpretation)이라고 부르겠다.

사상사(思想史) 가운데서, 자연적 해석은 과학의 **선험적 전제**(a priori presuppositions)로 간주되든가 혹은 어떤 진지한 검토를 시작하기 전에 먼저 제거되어야 할 **선입견**(prejudice)으로 생각되어 왔다. 첫 번째 견해는 칸트의 것이고, 또한 칸트와는 아주 다른 방식으로 매우 다른 재능을 가진 몇몇 현대 언어철학자들의 견해이기도 하다. 두 번째 견해는 베이컨에게서 나온 것이다(그렇지만 그에게는 그리스의 회의론자와 같은 전임자들이 있다).

갈릴레오는 자연적 해석을 영원히 **유지**하려고도 아예 **배제**하려고도 하지 않았던 희귀한 사상가 중의 한 사람이다. 이와 같이 모든 것을 포괄하는 판단은 그의 사고방식과는 매우 거리가 먼 것이다. 그는 어떤 자연적 해석이 유지될 수 있고, 어떤 것이 대치되어야만 하는가를 결정하는 **비판적 논의**를 요구한다. 이 점이 그의 저서에서 언제나 분명하게 밝혀져 있지는 않다. 아니 오히려 아주 정반대이다. 그가 매우 즐겨 사용하는 상기(想起)의 방법은, 아무것도 변한 것이 없으며 우리가 우리의 관찰을 낡고 익숙한 방식으로 계속해서 표현하고 있다는 인상을 만들어 내기 위해서 고안되었다. 그렇다고 해도 그의 태도는 비교적 확인하기 쉽다. 그에 의하면 자연적 해석은 **필요한**

---

5 Francis Bacon, *Novum Organum*, Introduction.

것이다. 이성의 도움이 없다면, 단지 감각만으로는 자연에 대한 올바른 설명을 얻을 수 없다. 그 올바른 설명에 도달하기 위해서 필요한 것은 '추리(reasoning)가 수반되는 … 감각이다'.[6] 더욱이 지구의 운동에 대한 논증에 있어서 문제를 야기하는 것은 바로 이 추리이고, 그것은 감각 혹은 현상에 대한 메시지가 아니라 관찰용어(observation term)의 내포(connotation)이다. "그러므로 우리 모두가 동의하고 있는 현상(appearance)을 제쳐 두고, 그것의 실재성을 확증하거나 그것의 허위성을 드러내기 위해서, 이성의 능력을 사용하는 편이 좋은 것이다."[7] 그러나 현상의 실재성을 확증한다든가 그것의 허위성을 드러내는 것은 현상과 너무나도 밀접하게 결합되어 있기 때문에 더 이상 별개의 가정으로 여길 수 없는 자연적 해석의 정당성을 검토하는 것을 의미한다. 이제 낙하하는 돌로부터의 논증 안에 함축된 첫 번째 자연적 해석으로 눈을 돌려 보자.

코페르니쿠스에 따르면, 낙하하는 돌의 운동은 '직선-원의 혼합'[8] 이어야 한다. '돌의 운동'이란 단순히 관찰자의 시야 내의 어떤 시각적인 표식에 대한 상대적인 운동, 즉 관찰상의 운동이 아니라, 오히려 태양계 혹은 (절대)공간에서의 그것의 운동, 즉 그것의 실재적인 운동을 의미한다. 한편 그 논증에서 예로 인용된 친숙한 사실은 다른 종류의 운동, 즉 단순한 수직운동을 주장한다. 이 결과는, 관찰진술에 나타나는 운동의 개념이 코페르니쿠스의 예측에 나타나는 운동의 개념과 동

6 *Dialogue*, op. cit., p.255.(강조는 인용자)
7 Ibid., p.256.
8 Ibid., p.248.

일한 경우에 한해, 코페르니쿠스의 가설을 반박한다. '돌은 수직으로 낙하한다'는 관찰진술은 그러므로 (절대)공간에서의 운동을 가리키는 것이어야 한다. 그것은 실재적인 운동에 관한 것이어야 한다.

한편 '관찰로부터의 논증'의 힘은 그것에 포함된 관찰진술들이 현상과 단단히 결합되어 있다는 사실에서 비롯된다. 만일 보고 있는 사물을 어떻게 기술해야 하는지 알지 못한다거나 혹은 만일 그러한 기술을 정식화하는 데 사용하는 언어를 마치 지금 막 배운 것처럼 그것을 기술하는 데 쩔쩔맨다면, 관찰에 호소하는 것은 아무 소용이 없다. 그러므로, 관찰진술을 만들어 낸다는 것은 두 가지의 매우 다른 심리적인 사건들로 이루어져 있다. 즉 (1)하나의 명료하고 애매하지 않은 **감각작용**, (2)이 감각작용과 언어의 부분들 사이의 명료하고도 **애매하지 않은** 결합이다. 이것이 감각작용이 언급되는 방식이다. 그런데 앞의 논증에서의 감각작용이 실재적인 운동에 대한 언어를 말하는 것일까?

17세기의 일상적인 사고의 문맥에서는 감각작용이란 실재적인 운동에 대한 언어를 말한다. 적어도 이것은 갈릴레오가 우리에게 말하는 것이고, 그가 말하는 바에 의하면 그 당시의 일상적인 사고는 **모든 운동의 '작용적'**(operative) 성격을 가정하고 있다. 혹은 잘 알려진 철학용어를 사용한다면, **운동에 관한 소박한 실재론**(naive realism)을 가정하고 있다. 즉, 때때로 일어나는 피할 수 없는 착각을 제외하면, 외관상의 운동은 실재적인 (절대)운동과 동일한 것이다. 물론 이러한 구분은 명확히 그어질 수 있는 것은 아니다. 사람들은 먼저 외관상의 운동과 실재적인 운동을 구별하고, 그 다음에 두 가지의 운동을 대응규칙에 의해 결합하는 것이 아니다. 사람들은 오히려 그것이 마치 원래부터 실재적인 것인 것처럼 운동을 기술하고, 지각하고, 동시에 이것에 반응하는 것이다. 그러나 모든 상황 아래서 이러한 방식으로 해 나가는 것도 아니다. 외관상 움직이고 있는 것같이 보이지 않는 대상이 움직이고 있을지도 모른다는 사실은 인정되고 있다. 또한 어떤 운동은 착각이라는 사실도 인정되고 있다(이 장의 앞 부분에서 언급했던 달의 예를 참조하라). 외관상의 운동과 실재적인 운동이 늘 동일시되는 것은 아니다. 그렇지만, 속는다는 것을 인정하기가 전혀 불가능하지는 않지만 심리적으로 매우 어려운 **패러다임적 사례**(paradigmatic case)들이 있다. 운동에 관한 소박한 실재론이 설득력을 갖는 것은 예외적 사례들로부터가 아니라 바로 이러한 패러다임적 사례로부터이다. 또한 이 것은 **우리들이** 처음으로 운동에 관한 용어를 배우는 상황이기도 하다. 바로 우리의 유년시절부터 우리들은 그러한 개념들 안에서 성립된 소박한 실재론을 가지는 운동 및 운동의 외관과 구별하기 어려울 만치 결합되어 있는 개념들을 통해서 그러한 사례에 반응하는 것을 배운다. 탑의 논증에서 돌의 운동이나 지구의 운동에 대한 주장 등은 이러한 패러다임적 사례이다. 지구와 같이 거대한 물질 덩어리가 빠르게 운동하는 것을 인지하지 못할 수가 있겠는가! 낙하하는 돌이 공간에 널리 확장된 궤도를 그린다는 사실을 어떻게 인지하지 못할 수가 있겠는가! 그러므로 17세기의 사고와 언어의 관점에서 본다면 그 논증은 완벽하고도 매우 강력한 것이다. 그러나 분명하게 정식화되지 않은 이 **론**(모든 운동의 '작용적' 성격, 감각보고의 본질적인 정확성)이 어떻게 관찰적 용어를 가장하여, 논쟁에 참가하는가를 주목하기 바란다. 우리는 여기에서도 관찰적 용어는 가장 주의 깊게 살펴야 하는, 트로이의 목마와 같다는 것을 다시 한 번 깨달을 수 있다. 이러한 곤란한 상황을 어떻게 뚫고 나아가야 할 것인가?

낙하하는 돌에 대한 논증은 코페르니쿠스적 견해를 반박하는 것처럼 보인다. 이는 코페르니쿠스주의에 내재한 약점에서 기인하는 것일 수도 있으나, 개량할 필요가 있는 자연적 해석이 존재하는 탓일지도 모른다. 그때의 첫째 과제는 전진을 방해하는 검토되지 않는 이러한 장애물들을 **발견하고 고립시키는** 것이다.

자연적 해석은 모든 관찰의 감각적 핵(sensory core)이 적나라하게 드러날 때까지 한 장 한 장 껍질을 벗겨 가는 분석의 방법에 의해서 발견될 수 있다는 것이 베이컨의 신념이었다. 그렇지만 이 방법에는 중대한 결함이 있다. 첫째로, 베이컨이 생각하는 자연적 해석은 그것에 앞서 존재하는 감각작용의 영역에 단순히 **부가**된 것이 아니다. 그것은 베이컨 자신이 말하는 바와 같이 그 영역을 **구성**하는 데 있어서 도구적인 것이다. 모든 자연적 해석을 배제해 보라. 그러면 당신은 사고하고 지각하는 능력마저 배제하게 된다. 두 번째로 자연적 해석의 이 근본적 기능을 무시한다면, 다음과 같은 일이 분명해질 것이다. 즉 사용할 수 있는 자연적 해석을 단 하나도 갖지 않은 채로 지각적 영역과 대면하는 사람은 **방향을 완전히 잘못 잡은** 것이고 그는 과학이라는 작업을 **시작할 수조차 없다.** 그러므로 어느 정도 베이컨적 분석을 한 후에도, 우리들이 그것을 시작한다는 사실은 분석을 너무 일찍 끝내 버렸음을 나타내고 있다. 분석은 우리들이 알지는 못하지만 그것 없이는 진행시킬 수 없는 자연적 해석에서 정확히 멈추는 것이다. 따라서 모든 자연적 해석을 제거해 버리고 제로상태로부터 출발하자는 생각은 자기 파괴적인 것이다.

더욱이 일군의 자연적 해석을 **부분적으로** 해명하는 일마저 불가능하다. 얼핏 보면 그 일은 아주 간단하게 보일 것이다. 우리는 관찰진술들을 하나하나 순서대로 늘어놓고, 그 내용을 분석한다. 그러나 관찰진술 가운데 감추어져 있는 개념들은 언어의 보다 추상적인 부분에서도 정체를 잘 드러내려고 하지 않는다. 만일 정체를 드러낸다고 해도 그것을 고정시키기란 여전히 어려운 것이다. 개념은 지각대상과 거의 마찬가지로 애매하며 배경(background)에 의존한다. 더군다나 개념의 내용은 그것이 지각에 관계되는 방식에 의해서도 결정된다. 그렇지만 이 방식이 어떻게 순환 없이 발견될 수 있는가? 지각이 무엇인지가 알려져야 하는데, 그 알려지는 메커니즘은 조사되어야 할 개념의 용법을 지배하는 아주 똑같은 몇 가지 요소를 포함할 것이다. 우리는 결코 이 개념을 완전히 꿰뚫어 볼 수 없다. 왜냐하면, 우리는 그 구성요소들을 발견하고자 하는 시도에서 늘 그것의 일부를 사용하기 때문이다. 이러한 순환으로부터 빠져나가는 길은 오직 한 가지 방법밖에 없는데, 그것은 개념과 지각대상을 관계 짓는 새로운 방법을 포함한 **비교의 외적인 기준**을 사용하는 것이다. 자연적인 담화의 영역으로부터도, 그 생활양식을 형성하는 모든 원리나 습관이나 태도들로부터도 분리되어 있기 때문에, 이러한 외적인 기준은 실제로 이상하게 보일 것이다. 그렇지만 이것은 그 기준을 사용하는 것에 대한 반론이 되지는 않는다. 반대로 이상하다고 하는 인상은 자연적인 해석이 작동하고 있다는 것을 폭로하는 것이고, 자연적 해석의 발견을 향한 첫 걸음인 것이다. 이러한 상황을 탑의 실례를 빌려 설명해 보자.

이 예는 코페르니쿠스적 견해가 '사실'과 일치하지 않는다는 것을 보여 주려는 의도에서 사용된다. 이러한 '사실'의 관점으로부터 본다면, 지구의 운동이라는 관념은 이상하고 비합리적이며 명백한 오류이다. 이것들은 당시 종종 사용되었던 표현의 단지 몇 가지만을 언급한 것인데, 이것들은 또한 오늘날의 직업적이고 고지식한 사람들이 새로운 반(反)사실적인 이론에 직면했을 때마다 듣게 되는 말이기도 하다. 바로 이 사실이 우리들에게 코페르니쿠스적 견해란 방금 앞에서 기술한 것과 똑같은 종류의 외적인 척도가 아닐까 하는 생각이 들도록 하는 것이다.

여기에서 우리들은 논증의 방향을 돌려서 그것을 지구의 운동을 배제하는 자연적 해석을 발견하는 데 도움이 되는 **탐지기**로 사용할 수 있다. 논증의 방향을 돌려서, 우리들은 먼저 지구의 운동을 **주장하고**, 그 뒤에 어떠한 변화가 모순을 제거하게 될 것인지를 **탐구한다**. 이러한 탐구는 상당한 시간을 요구하는 것일지도 모른다. 그리고 거기에는 오늘날까지도 지속되는 훌륭한 의미가 있다. 그러므로 어떤 모순이 수십 년 내지 수세기 동안 우리들과 더불어 남아 있을 수도 있다. 더구나, 우리들이 검토를 끝마치기까지는, **모순은 지지되어야만 한다**. 그렇지 않으면 우리들의 검토, 우리들의 지식 속의 태고로부터의 성분을 발견하고자 하는 시도는 시작될 수조차 없다. 이것이, 이미 본 바와 같이, 사실과 일치하지 않는 이론들을 유지하는 일, 나아가 그런 것들을 **발명하는** 일에 대해서조차 부여할 수 있는 이유들 중의 하나이다. 우리들의 지식의, 그리고 보다 특별하게는 우리들의 관찰의 이데올로기적 성분은 그것들에 의해서 반박당하는 이론들의 도움을 받아서 발견된다. 그것은 반귀납적으로 발견되는 것이다.

　지금까지 주장되었던 것을 되풀이해서 기술해 보자. 이론은 사실에 의해 테스트되고 반박될 수 있다. 사실은 이데올로기적 성분, 즉 우리들의 시야로부터 감추어지고 혹은 결코 명료한 방식으로 정식화되지 않은 오래된 견해를 포함하고 있다. 이러한 성분은 극도로 의심스러운 것이다. 첫째, 그것의 연령과 모호한 기원 때문에 우리들은 왜, 그리고 어떻게 그것이 최초로 도입되었는가를 알지 못한다. 둘째, 바로 그것의 그러한 본성이 비판적인 검토로부터 그것을 보호하고, 또한 실제로 지금까지 보호해 왔기 때문이다. 그러므로 새롭고 흥미 있는 이론과 완벽하게 확립된 사실의 집합 사이의 모순이라는 사건이 발생했을 때, 가장 좋은 절차는 그 이론을 포기하는 것이 아니라, 그것을 그 모순을 일으키는 숨겨진 원리들을 발견하는 데 사용하는 것이다. 반귀납은 이러한 발견과정의 본질적인 부분인 것이다. (탁월한 역사적인 실례 : 파르메니데스와 제논에 의한 운동과 원자성에 대한 반대논증, 키니코스 학파인 시노페의 디오게네스는 많은 현대 과학자 그리고 모든 현대 철학자가 택하는 단순한 과정을 취하였다. 그는 우뚝 서서 여기저기로 걸어 다니는 것으로 그 논증을 반박하였다. 여기에서 권장된 것은 그 반대의 과정인데, 그것은 훨씬 흥미진진한 결과를 이끌어 내었다. 그것은 역사 속의 실례들에 의해서 입증되었다. 그러나 우리들은 디오게네스에 대해 그렇게 냉혹하게 생각해서는 안 된다. 왜냐하면 그는 그의 제자가 스스로 부가적인 근거들을 제시하지 않고는 받아들이지 말았어야 했을 근거들을 제시하였노라고 외치면서, 그의 반박에 만족하였던 그 제자를 배척했다는 사실이 또

한 보고되고 있기 때문이다.)[9]

한편, 하나의 특정한 자연적 해석을 발견하였다면, 우리는 어떻게 그것을 **검토**하고, **테스트**할 수 있는가? 분명히 통상적인 방식, 즉 예측을 이끌어 내고 그것을 '관찰결과'와 비교하는 방법으로는 진행할 수 없다. 이러한 결과는 이미 쓸모없다. 정상적인 조건 아래서 사용되는 한, 감각은 실재적인 사건에 대한 정확한 보고, 예컨대 물리적 물체의 실재적인 운동에 대한 보고를 산출한다는 관념은 이미 모든 관찰진술로부터 제거되었다(이 관념이 반-코페르니쿠스적 논증의 본질적인 부분이라는 것이 밝혀졌다는 사실을 상기하자). 그러나 이러한 관념이 없다면 우리들의 감각반응은 테스트와 적절한 관계를 갖지 못하게 된다. 이러한 결론은 몇몇 과거의 합리주의자들에 의해서 일반화되었는데, 그들은 그들의 과학을 (단지 이성에 의거해서만) 건설하고자 마음먹고, 관찰에는 아주 작은 보조적인 기능만을 부여하였다. 그러나 갈릴레오는 이러한 방식을 택하지 않는다.

만일, 어떤 자연적 해석이 다른 어떤 매력적인 견해에 대해 문제를 야기한다면, 그리고 만일 그 자연적 해석의 **배제**가 관찰의 영역으로부터 그 견해를 제거해 버리게 된다면, 그때 받아들여질 수 있는 유일한 절차는 **다른** 해석들을 사용하여 무엇이 일어나는가를 살피는 것이다. 갈릴레오가 사용한 해석은 감각을 탐구의 도구라는 지위로 회복시키는데, 단지 **상대적인 운동의 실재성**에 관해서만 그러한 것이다. '운동을

---

9 Hegel, *Vorlesungen über die Geschichte der Philosophie*, I, ed. C. L. Michelet, Berlin, 1840, p.289.

공통적으로 공유하는 사물들 가운데서의' 운동은 '비작용적'이다. 즉, "그것은 비감각적이고 비지각적이며 또한 어떠한 영향도 갖지 않는 다".[10] 그러므로 코페르니쿠스 학설에 대한 검토와, 친숙하지만 감추어 진 자연적 해석에 대한 검토를 병행해서 행하고자 할 때, 갈릴레오의 첫 단계는 그 자연적 해석을 어떤 다른 해석으로 대치하는 것이다. 달리 말 하면, 그는 새로운 관찰언어를 도입한다.

물론, 이것은 매우 정당한 조처이다. 일반적으로, 논증 가운데 등 장하는 관찰언어는 오랫동안 사용되었고, 따라서 매우 친숙한 것이

10 *Dialogue*, op. cit., p.171. 갈릴레오의 운동학적인 상대주의는 일관성 있는 것이 아니다. 인 용된 구절에서 그는 (1) 공유된 운동은 아무런 효과도 갖지 않는다는 견해를 제안한다. 그는 다음과 같이 말한다. "운동은 그것이 운동으로서 존재하고 작용을 미치는 한, 그것을 갖지 않 은 사물에 대해 상대적으로 존재합니다. 그리고 어떤 운동을 모두 똑같이 공유하고 있는 사 물 사이에서는 그것은 작용을 미치지 않으며, 마치 존재하지도 않는 것 같습니다."(p.116) '지 구의 운동은 어떤 것이든지 … 우리들이 지상의 대상만을 보고 있는 한, 필연적으로 감지될 수 없는 것으로 남게 됩니다."(p.114) "… 여러 운동하는 물체들에 공통적인 운동이란 근거없 는 것이며, 그것은 그러한 운동체들 사이의 관계에 대해 아무런 영향을 미치지 않습니다…." (p.116) 반면에, (2) 그는 또한 "… 자연적으로 직선운동을 하는 것은 아무것도 없습니다. 모 든 천체의 대상들의 운동은 원을 그립니다. 배, 마차, 말, 새 모두는 지구 주위의 원을 움직입 니다. 동물의 각 부분들의 운동은 모두 회전운동입니다. 요컨대 ── 무거운 것(gravia)은 아래 로(deorsum), 가벼운 것(levia)은 위로(sursum) 각기 분명히 직선으로 움직인다고 가정하게 됩니다. 그러나 그것이야말로, 지구가 정지하고 있다는 사실이 증명되지 않는 한, 확실치 않 은 것입니다."(p.19) 그런데, 만일 (2)가 채용된다면 직선을 움직이고 있는 계의 느슨한 부분 들은 원형의 궤적을 그리는 경향을 보이겠지만, 그렇게 됨으로써 (1)과 모순된다. 이러한 부 정합성이 나로 하여금 갈릴레오의 논증을 두 단계로 나누어서 하나는 운동의 상대성(상대적 인 운동만이 지각될 수 있다)을 다루는 단계, 또 하나는 관성의 법칙(그리고 관성운동만이 계의 각 부분 사이의 관계에 영향을 미치지 않는다 ── 물론, 서로 이웃한 관성적인 운동이 거의 평행하 다고 가정할 때)으로 보도록 자극한다. 논증의 두 가지 단계에 대해서는 다음 장을 보라. 우리 들은 또한, 관성적인 경로에 대해서마저 운동의 상대성을 받아들이는 것이 임페투스 이론에 대한 포기를 의미한다는 것을 이해해야 한다. 이것이 갈릴레오가 지금까지 행해 온 것이라고 생각된다. 왜냐하면, 『천문대화』(*Dialogue*)의 pp.147ff에서 그가 개관하는 '무한한' 혹은 '영 구적인' 운동의 존재에 대한 그의 논증은, 중립적인, 즉 자연적이지도 강제적이지도 않고, 그 러므로(?) 영원히 계속된다고 가정할 수 있는 운동에 호소하고 있기 때문이다.

다. 한편으로는 일상적인 관용어(common idiom)의 구조를, 다른 한편으로는 아리스토텔레스의 철학적 구조를 고찰한다면, 이러한 용법과 친숙성은 그 어느 것도 기반이 되는 원리들에 대한 테스트라고 간주될 수 없다. 이러한 원리들, 이러한 자연적 해석들은 모든 기술(description)에 나타난다. 난점들을 만들어 낼 수 있는 이상한 사례는 '~과 같은'(like)이나 '유사한'(analogous)이라는 '조절어들'(adjustor words)[11]의 도움으로 그 핵심이 제거되었다. 그 조절어들은 그러한 사례들을 외면하게 만들고, 그 결과 기본적인 존재론은 도전받지 않은 채로 남아 있게 된다. 그렇지만 테스트는 절실하게 요구된다. 그것은 원리들이 새로운 이론을 위협하는 것처럼 보이는 경우에는 특별히 더 요구된다. 그러한 경우에 대안적인 관찰언어를 도입하고, 그것을 본래의 관용어 또는 검토 중에 있는 이론과 비교해 보는 것은 매우 합리적이다. 이러한 방식으로 진행해 나갈 때, 우리들은 그 비교가 **공정하다**는 것을 확신해야 한다. 즉, 우리들은 하나의 관찰언어로서 기능하리라고 생각되는 어떤 관용어를, 그것이 아직 잘 알려져 있지 않다는 이유로, 또한 그 때문에 다른, 더 '일상적'인 관용어와 비교해서 우리들의 감각반응과의 결합이 약하다든가 또는 그럴듯하지 않다든가 하는 이유로 비판해서는 안 된다. 이러한 종류의 피상적인 비판은 정신과 육체의 문제에 대한 논의에서 많이 나타나는데, 그것은 하나의 완전히 새로운 '철학'으로 확립되고 있다. 그러므로 새로운 견해를 도입하

---

11 J. L. Austin, *Sense and Sensibilia*, New York, 1964, p.74. 조절어(adjustor word)들은 아리스토텔레스의 철학 가운데서 중요한 역할을 하고 있다.

고 그것을 테스트하고 싶어 하는 철학자는 자신들이 가장 잘 대답할 수 있는 **논증**이 아니라, 잘 확립된 **반응**을 가진 견고한 담벼락과 대면하고 있다는 것을 발견하는 것이다. 이것은 어떤 색깔이 '로소'(rosso)보다 '빨강'(red)에 의해서 좀더 잘 기술된다고 느끼는, 외국어에 대해 무지한 사람들의 태도와 조금도 다를 바 없다. 친숙함에 호소함으로써 개종시키려는 시도들('나는 고통이 무엇인가를 **안다**. 그리고 또한 나는 내관을 통해 그것이 물질적 과정과 아무런 관계도 갖지 않는다는 사실도 **알고 있다!**')에 반대해서 우리는 다음의 사실을 강조해야 한다. 즉 관찰언어들, 예를 들어 유물론적 관찰언어, 현상주의적 관찰언어, 객관적–관념론적 관찰언어, 신학적 관찰언어 사이의 비교를 통한 판단은 **그것들 모두가 똑같이 유창하게 말해질 때**에 비로소 시작될 수 있다는 것이다.

그러면, 여기서 갈릴레오의 추리에 대한 우리들의 분석을 계속하도록 하자.

제7장

새로운 자연적 해석들은 새롭고 고도로 추상적인 관찰언어를 구성한다. 그것
들은 도입됨과 동시에 은폐되기 때문에 우리들은 그것들로 말미암아 일어나는
변화를 알아차릴 수 없다(상기: 想起, anamnesis의 방법). 그것들은 모든 운동
의 상대성과 회전관성법칙의 관념을 포함한다.

갈릴레오는 하나의 자연적 해석을, 그것과 전혀 다르고 또 그 당시만
해도(1630년) 적어도 부분적으로는, 비자연적이라고 할 수 있는 해석
으로 대치하였다. 그는 어떻게 진행하였는가? 그는 어떻게 하여 지구
가 움직인다는 주장과 같은 불합리하고 반귀납적인 주장들을 도입하
고, 그것들을 올바르고 주의 깊게 경청하도록 하였는가? 우리는 논증
이 충분치 않을 것이라고 예상하는데 ── 합리주의의 흥미롭고도 매
우 중요한 한계 ── 실제로 갈릴레오의 발언은 단지 겉치레만의 논증
이라고 할 수 있다. 왜냐하면 갈릴레오는 **선전술**(propaganda)을 사용
하기 때문이다. 갈릴레오는 그가 제시해야 하는 어떤 지적인 근거에
도 **심리적인 속임수**를 덧붙여 사용한다. 이러한 속임수는 매우 성공적

이었고, 그를 승리로 이끌었다. 그러나 그러한 속임수들은 발전단계에 있던, 경험에 대한 새로운 태도를 알 수 없도록 만들었고, 합리적인 철학의 가능성을 몇 세기나 지연시켰다. 그 속임수들은 갈릴레오가 코페르니쿠스적인 견해의 기초로 삼고자 하였던 경험이 그 자신의 풍부한 상상력의 소산이며, 발명된 것이라는 사실을 알기 어렵게 만들었다. 그 속임수들은, 출현한 새로운 결과가 모든 사람들에게 알려지고 인정되며 그것이 진리의 가장 명백한 표현으로 나타나기 위해서는 우리의 주의를 환기시키기만 하면 된다고 암시함으로써 그 사실을 알 수 없게 만들었다.

갈릴레오는 공유된 운동(shared motion)의 비작용적 성격이 명백하고 확고하게 믿어지는 상황들이 있다는 것은, 모든 운동의 작용적 성격이라는 관념이 다른 상황들에서 명백하고 확고하게 믿어지는 것과 다를 바 없다는 것을 우리에게 '상기시킨다'(그러므로 이 후자의 관념은 운동에 대한 자연적 해석에 불과하다). 그 상황이란 보트 가운데서의 사건이고, 순조롭게 움직이고 있는 마차 안에서의 사건이며, 또한 그것은 어떤 관찰자를 그 속에 포함하여 그로 하여금 어떤 단순한 조작을 행하도록 허용하는 다른 계(系) 안에서의 사건이다.

샤그레도 : 내가 우리나라를 위한 집정관이 되어 알레포(Aleppo)를 향해 항해하던 어느 날, 어떤 기가 막힌 환상이 내 머릿속을 스쳐 갔습니다. … 만일 베니스에서 알렉산드리아에 이르는 나의 여정 내내 펜의 끝을 배 위에 놓았을 때, 그것이 내 여정 전체에 걸쳐 눈에 보이는 표식을 남겨 놓을 수 있는 성능을 가진 것이라면, 그 펜 끝은

어떤 흔적 — 어떤 표식 — 어떤 선(線)을 남겨 놓을까요?

심플리치오 : 그것은 베니스에서 알렉산드리아까지 뻗어 있는 하나의 선을 남겨 놓겠지요. 그 선은 완전한 직선이 아니라 — 혹은 완전한 원호(圓弧)로 뻗어 있는 것이 아니라 — 선체가 때때로 요동함에 따라서 다소 오르내리는 선이 되겠지요. 그러나 이와 같이 오른쪽 왼쪽, 위 아래로 구부러지는 것이 어떤 곳에서는 1야드나 2야드가 되겠지만 수백 마일의 거리이기 때문에 선 전체로 보면 그다지 큰 차이가 없을 겁니다. 이 선의 구부러짐은 거의 식별되지 않을 정도일 것이고 중대한 오류를 범하지 않고 완전한 원호의 일부라고 불릴 수 있겠지요.

샤그레도 : 그렇다면 만일 파도의 요동이 없어지고 선체의 움직임이 안정되고 평온하다면, 펜 끝의 거짓 없는 정확한 움직임은 완전한 원호의 일부가 되겠군요. 자, 그러면 만일 내가 그 펜을 계속 내 손에 쥐고 때때로 이리저리로 아주 조금씩 움직인다면, 이 선 전체에 어떠한 변화를 가져오게 될까요?

심플리치오 : 완벽한 직선으로부터 여기저기로 벼룩의 눈만큼 벗어나 있는 1000야드의 직선의 경우보다도 작은 변화가 생기겠지요.

샤그레도 : 그러면 만일 한 화가가 항구를 떠날 때 그 펜으로 한 장의 종이 위에 그림을 그리기 시작해서, 알렉산드리아에 이르는 동안 계속 그 일을 하였다고 한다면, 그는 펜의 움직임으로부터 풍경, 건물, 동물 그 밖의 다른 것들을 담은, 완전하게 묘사되고 무수한 방향에서 스케치된 많은 그림들의 전체 이야기(whole narrative)를 얻어 낼 수 있을 것입니다. 그러나 펜 끝에 의해 표시된 현실적인, 실

재적인, 본질적인 운동은 단지 하나의 선이겠지요. 매우 길지만 단순한 선이지요. 그렇지만 화가 자신의 활동에 대해서 말한다면, 이것은 배가 조용히 정지하고 있는 경우와 완전히 똑같은 것을 행한 것이지요. 펜의 긴 운동이 종이에 그려 놓은 표식을 제외하고 어떤 흔적도 남기지 않을 이유는, 베니스에서 알렉산드리아에 이르는 거대한 운동은 종이나 펜이나 배에 있는 그 밖의 모든 것들에 대해서 공통적인 것이었기 때문입니다. 그러나 화가의 손가락으로부터 펜에 전달된 전후, 좌우로의 조그마한 운동은 종이에는 전달되지 않고 펜에만 속하는 것이었기 때문에 그러한 운동에 대해서는 움직이지 않고 있던 종이 위에 흔적이 남겨질 수 있었던 것입니다.[1]

또는

살비아티 : … 당신의 눈을 돛대의 한 점에 고정시켰다고 상상해 보십시오. 배가 활기차게 움직이고 있기 때문에 당신의 시선을 돛대의 한 점에 계속해서 고정시키기 위해서, 그리고 점의 운동을 쫓아가기 위해서는 눈을 움직여야 할 것이라고 생각하십니까?
심플리치오 : 어떤 변화를 일으킬 필요가 전혀 없으리라고 나는 확신합니다. 단지 시선에 대해서뿐만 아니라, 내가 소총으로 조준하고 있다 하더라도, 배가 어떻게 움직이든지 간에 조준을 유지하기 위해서 소총을 움직일 필요는 털끝만큼도 없습니다.

1 *Dialogue*, op. cit., pp. 171ff.

살비아티 : 배는 돛대에 전하는 운동을 당신이나, 당신의 눈에도 가져오기 때문에, 당신은 돛대의 꼭대기를 응시하기 위해서 눈을 움직일 필요가 조금도 없으므로 그렇게 됩니다. 결과적으로 돛대는 당신에게 정지해 있는 것처럼 보입니다(따라서 시선은 눈으로부터 돛대에, 마치 끈으로 배의 양쪽 끝을 연결시킨 것처럼 나아갑니다. 한편 100가닥의 끈이 서로 다른 고정점에 연결되어 있어도 그 각각은 배가 움직이거나 정지하거나 간에 그 위치를 유지합니다).[2]

이러한 상황이 상식의 범위를 벗어나지 않고서도 운동의 비-작용적 개념을 가져오게 한다는 것은 분명하다.

한편 상식 ──나는 17세기 이탈리아의 직인(職人)의 상식을 말하는데 ──도 역시 모든 운동이 **작용적** 성격을 갖는다는 관념을 담고 있다. 이 후자의 관념은 부분들을 지나치게 많이 함유하고 있지 않은 하나의 제한된 대상이 넓고 안정된 주위를 움직이고 있을 때 생긴다. 예를 들어 낙타가 사막을 지나갈 때, 혹은 돌이 탑에서 떨어질 때가 그러하다.

그런데 갈릴레오는 우리가 운동이 공유되고 있을 때 운동이 갖는 비작용적 성격을 주장하기 위한 조건을 이와 같은 경우에도 '상기하

---

2 Ibid., pp.249ff. 눈에 보이는 운동의 현상이 상대적인 운동에 의존한다는 것은 유클리드 (Euclid)에 의해, 『광학』(Optics), Theon red. par. 49ff에서 주장된 바 있다. par. 50의 한 고전적 주석은 항구를 떠난 배의 예를 들고 있다 : Heiberg, Ⅶ, 283. 이 예는 코페르니쿠스에 의해, 『천구의 회전에 대해서』(De Revolutionibus)의 Book I, Chapter Ⅷ에서 되풀이되고 있다. 그것은 중세의 광학에서는 통상적인 것이었다. Witelo, Perspectiva, Ⅳ, par. 138, Basel, 1572, p.180을 참조. 오늘날 우리들은 그것이 속도가 일정한 경우에만 타당하다는 것을 알고 있다.

도록' 권고하고, 또 두 번째 경우를 첫 번째 경우에 포섭시킬 것을 요구한다.

따라서 위에서 언급된 비작용적 운동의 두 가지 패러다임들 중에서 첫 번째 경우 뒤에는 이러한 주장이 이어진다. ──"마찬가지로 다음과 같은 것들도 진실입니다. 즉, 지구가 움직이고 있기 때문에 낙하하는 돌의 운동은 실제로는 수백 야드 혹은 수천 야드의 긴 거리를 움직이는 것입니다. 또한 그 돌이 그 움직이는 경로를 정지해 있는 공기나 어떤 다른 표면 위에 표시할 수 있다면, 그것은 매우 길고 기울어진 선을 남기게 될 것입니다. 그러나 이 운동 전체 가운데서 바위, 탑, 그리고 우리들 자신에게 공통적인 부분은 감지할 수 없는 것으로 남고, 마치 존재하지 않는 것처럼 보입니다. 탑이나 우리들이 관계되지 않은 부분만이 관찰 가능한 것으로 남습니다. 한마디로, 돌이 떨어지면서 탑을 지나쳐 간다는 운동의 그 부분만이 남는 것입니다."[3]

또한 두 번째 패러다임은 다음과 같은 권고에 선행하여 나타난다. "이러한 논증을 지구의 회전운동과 탑 꼭대기에 위치한 돌에 대입시켜 보시오. 당신은 탑 꼭대기의 바위의 운동을 식별할 수 없는데, 그것은 당신이 그 바위와 동일하게 지구로부터 그 탑을 쫓아가는 데 필요한 운동을 얻고 있기 때문입니다. 즉, 당신은 눈을 움직일 필요가 없습니다. 다음에, 만일 당신이 특유하고 공유할 수도 없으며, 이 회전운동과 혼합되어 있는 낙하운동을 돌에 더한다고 해도, 돌과 눈에 공통적인, 운동의 회전하는 부분은 계속 지각 불가능할 것입니다. 오직 직선

---

3 Ibid., pp. 172ff.

운동만이 감지될 수 있는데 그 운동을 따라가기 위해서는 당신의 눈을 아래로 움직이지 않으면 안 되기 때문입니다."[4]

이것은 참으로 강력한 설득이다.

이러한 설득에 굴복해서 우리는 이제 **완전히 자동적으로** 두 가지 경우들의 조건을 혼동하는 상대론자가 된다. 이것이 갈릴레오의 속임수의 본질이다! 그 결과 코페르니쿠스와 "우리들과 우리들의 머리 위의 공기 가운데 있는 사물에 영향을 미치는 조건들"[5] 사이의 충돌은 해소되어서, 우리들은 결국 "보통, 지구는 정지해 있고 태양과 항성이 움직이고 있다고 주장하게 하는 지상의 모든 사건들은 지구가 움직이고 다른 것이 정지해 있다고 하더라도 필연적으로 우리에게 똑같이 보이게 될 것입니다"[6]라는 말을 이해하게 된다.

---

4 Ibid., p.250.

5 Ptolemy, *Syntaxis*, I, 1, p.7.

6 *Dialogue*, p.416: *Dialogue Concerning Two New Sciences*, trans. Henry Crew and Alfonso de Salvio, New York, 1958, p.164를 참조. "처음 보았을 때에 어떤 사실을 보여 준다고 생각되던 똑같은 실험이, 보다 주의 깊게 검토하게 되면 반대의 것을 우리들에게 확인시켜 준다." 맥멀린 교수는 사태를 이런 방식으로 보는 것에 대한 비판에서, 갈릴레오가 논증했을 뿐만 아니라, 속이기도 했다는 나의 주장에 대해서, 한층 "논리적이고 동시에 전기(傳記)에 입각한 정당화"를 요구하고("A Taxonomy of the Relation between History and Philosophy of Science", *Minnesota Studies*, Vol. 5, Minneapolis, 1971, p.39), 또한 내가 갈릴레오를 동력학적인 상대주의로 끌어들이는 방식에 반대한다. 그에 의하면, "갈릴레오가 주장하는 것은, 그의 논적이 그러한 맥락(배 위에서의 운동)에서 행해진 관찰을 이미 '상대론적'인 방식으로 해석하면서, 지구의 표면에서 행해진 관찰의 경우에는 다른 해석을 한다면 어떻게 그가 일관성을 유지할 수 있을까 하는 것이다"(Ibid., p.40). 사실상, 이것이 갈릴레오가 논증하는 방법이다. 그렇지만 그는 그의 논적에 반대해서 그렇게 논증한다. 그에 의하면 그 논적이란, "운동을 공유하고 있는 사물들 사이의 운동의 비작용적 성질을 인정하는 데 커다란 반감을 느끼고 있는"(*Dialogue*, op. cit., p.171) 사람이고, 배는 상대적 운동을 갖는 것 이외에 절대적인 위치와 운동을 갖는다는 것을 확신하는 사람이며(Aristotle, *Physics*, 208b8ff 참조), 어쨌든, 모순에 빠지는 일 없이 경우에 따라서 각기 다른 관념들을 사용하는 기술을 발전시킨 사람이다. 그런데 만일 앞의 주장이 공격되어야 할 입장이라면, 논적이 운동의 상대적인 관념을 갖고 있다는 것이나

이제 이 상황을 보다 추상적인 관점에서 조망해 보도록 하자. 우리들은 '일상적' 사고의 두 가지 개념적 하부체계로부터 출발한다(다음 쪽의 표를 참고할 것). 그중 하나는, 운동을 우리들의 감각에 대한 효과를 포함하는 효과들을 늘 갖는 절대적인 과정으로 간주한다. 여기서 주어진 이 개념체계에 대한 기술은 다분히 이념화된 것일 수 있다. 그러나 갈릴레오 자신에 의해서 인용된, 그리고 그에 의하면 "매우 그럴 듯한"[7] 코페르니쿠스 반대자들의 논증은, 그러한 개념체계에 의해서 생각하는 경향이 널리 퍼져 있었고, 이 경향은 대안적인 관념들을 논의하는 데 심각한 장애물이 되었음을 보여 준다. 때로는 '위'와 '아래'와 같은 개념이 절대적으로 사용되는 보다 원시적인 사고방식마저 발견된다. "태양을 넘어 올라가서 다시 곤두박질쳐서 떨어지기에는 지구가 너무 무겁다"[8]는 주장, "지구의 회전과 함께 내려앉음에 따라 산은 잠시 후에는 위치가 바뀌어 버려서, 조금 전에는 그 정상을 향해서 가파르게 올라가야 했던 것이 몇 시간 후에는 그곳에 도달하기 위해서 몸을 굽혀서 내려가지 않으면 안 된다"[9]는 주장이 그러한 예이다. 갈릴레오는 그의 여백의 주(註)에서 이러한 것들을 "저능한 사람에게

일상적인 일 가운데서 종종 상대적인 관념을 이용하고 있다는 것을 보여 주는 것은, 결코 "그가 자신의 '패러다임' 안에서 정합적이지 못하였음에 대한 증명"(McMullin, op. cit., p.40)이 되지 않는다. 그것은 단지 다른 부분은 건드리지도 않고 패러다임의 한 부분만을 드러낼 뿐이다. 논증은 절대적인 관념이 억압되든가, 감쪽같이 제거되든가, 그렇지 않으면 상대론적 관념과 동일시되는 경우에만, 요구된 증명으로 바뀐다 —— 그리고 내가 나타내고자 했듯이, 이것이야말로 갈릴레오가 은밀히 실제로 행한 것이다.

7 *Dialogue*, op. cit., p.131.

8 Ibid., p.327.

9 Ibid., p.330.

지구가 고정되어 있다는 것을 믿도록 하기에 충분한 매우 유치한 근거"[10]라고 일축하고, "군단(軍團)이라고 **불러야 할** 이러한 사람들을 걱정하거나, 그들의 바보 같은 언동에 주의할"[11] 필요가 없다고 생각한다. 그러나 절대적인 운동의 개념은 '견고히 지켜져서' 그것을 대치하려는 시도는 강력한 저항에 부딪힐 수밖에 없었음이 분명하다.[12]

10 Ibid., p.327.
11 Ibid., p.327. 강조는 추가된 것이다.
12 우주에는 절대적인 방향이 있다는 관념은 매우 흥미로운 역사를 갖고 있다. 그것은 지구의, 혹은 관측자가 알고 있는 지구 표면에서의 중력장의 구조에 의존하고 있으며, 거기서 얻어진 경험을 일반화한다. 그 일반화가 하나의 독립된 가설로 간주되는 일은 거의 드물고, 그것은 오히려 상식의 '문법'에 개입하여 '위'와 '아래'라는 낱말에 절대적인 의미를 부여한다. (이것은, 앞의 본문에서 설명되었던 바로 그 의미에서의 '자연적 해석'인 것이다.) 4세기의 교부 락탄티우스(Loctantius)는 다음과 같이 물으면서(*Divinae Institutiones*, III, De Falsa Sapientia) 이 의미에 호소한다. "누가 발이 머리 위에 있는 인간의 존재를 가정할 정도로 혼란스럽게 될 것인가? 어디서 나무와 과실이 위가 아니라, 아래로 자라는가?" 대척지(對蹠地)는 왜 지구로부터 떨어지지 않는가라는 물음을 제기한 그 '교육받지 못한 사람들의 무리'(Pliny, *Natural History*, II, pp.161~166. 또한 Ptolemy, *Syntaxis*, I, 7도 참조)도 언어의 동일한 사용을 전제하고 있다. 지구가 '아래로' 떨어지는 것을 막는 기둥을 발견하고자 하는 탈레스, 아낙시메네스 및 크세노파네스의 시도(Aristotle, *De Coelo*, 294a12ff)는, 아낙시만드로스를 유일한 예외로 하고, 거의 모든 초기 철학자들이 이러한 사고방식을 공유하고 있었음을 보여 준다(원자는 본래 '아래로' 떨어진다고 가정하는 원자론자들에 대해서는 Jammer, *Concepts of Space*, Cambridge, Mass., 1953, p.11을 참조). 갈릴레오는 떨어지는 대척지라는 관념을 철저하게 조소했는데(*Dialogue*, op. cit., p.331), 그도 '우리들에게 보이지 않는' 달의 부분을 의미하면서, 때때로 '달의 위 절반'에 대해 말하고 있다. 그리고 '자기 자신의 한계를 인식하지 못할 정도로 어리석은(Galileo, op. cit., p.327) '오늘날의 몇몇 언어철학자가 적어도 국소적으로는 '위-아래'의 절대적인 의미를 부활시키기를 원하고 있다는 것을 잊지 말도록 하자. 비슷한 사정으로, 갈릴레오 역시 싸워야 했던 비등방적인 세계를 가정하고 있는 미개한 개념적 틀이 그와 동시대 사람들의 정신에 가한 힘은 과소평가되어서는 안 된다. 갈릴레오 시대의 천문학적인 상식을 포함하여 영국의 상식의 몇몇 국면에 대한 검토에 관해서는 E.M.W. Tillyard, *The Elizabethan World Picture*, London, 1963을 참조할 것. 민중의 의견과 중심대칭적 우주와의 일치에 대해서는 아리스토텔레스에 의해, 예를 들어 *De Coelo*, 308a23f 등에서 빈번히 주장되고 있다.

패러다임 I	패러다임 II
거대한 공간적 넓이를 갖는 안정된 상황에 있어서의 작은 물체의 운동 ——사냥꾼이 관찰하는 사슴	배, 마차, 그 밖의 움직이는 계 (系) 안에서의 물체의 운동
자연적 해석 : 모든 운동은 작용적이다,	자연적 해석 : 상대적 운동만이 작용적이다.

| 낙하하는 돌 증명한다 ⋮ 지구의 정지 | 지구의 운동 예측한다 ⋮ 돌의 기울어진 운동 | 낙하하는 돌 증명한다 ⋮ 출발점과 지구 사이의 상대적 운동은 없다 | 지구의 운동 예측한다 ⋮ 출발점과 돌 사이의 상대적 운동은 없다 |

　　두 번째의 개념체계는 운동의 상대성을 둘러싸며 구축되어 있고, 그것의 고유한 적용범위에 있어서 견고하게 지켜지고 있다. 갈릴레오는 지상이든 천상이든 간에 **모든** 경우에 있어서, 첫 번째 체계를 두 번째 체계로 대치하려는 데 그 목표를 둔다. 운동에 관한 소박한 실재론은 **완전히 배제되어야 하는 것이다.**

　　그런데 우리들은 이 소박한 실재론이 때때로 우리의 관찰용어에 있어서 본질적인 부분인 것을 보았다. 이러한 경우(패러다임 I)에 있어서 관찰용어는 **모든** 운동이 효력을 갖는다는 관념을 담고 있다. 혹은 그것을 구체적으로 말하자면, 이러한 상황에서의 우리의 경험은 절대적으로 운동하는 대상에 대한 경험인 것이다. 이것을 고려한다면, 갈릴레오의 제안은 우리들의 관찰언어 혹은 우리들의 경험에 대한 부분적인 수정에 해당한다는 것이 분명하다. 지구의 운동이라는 관념과 부분적으로 **모순되는** 경험은 적어도 '지상의 사물'에 관해서는 그것을 확증하는 경험으로 변화된다.[13] 이것이 **실제로 일어나는** 일이다. 그러나 갈릴레오는, 어떠한 변화도 일어나지 않았으며 두 번째 개념체계는 비록 그것이 보편적으로 사용되지는 않지만 이미 보편적으로 **알려져 있다**는 것을 우리에게 납득시키고자 하였다. 『천문대화』에 있어서 그의 대리인인 살비아티, 그의 논적 심플리치오, 총명한 문외한인 샤그레도, 이들 모두는 갈릴레오의 논증(argumentation) 방법을 플라톤의 — 현명한 전술적인 술책(move), 전형적인 갈릴레오적 술책이라고 할 만한 — **상기**(anamnesis)설과 연관시켰다. 그러나 우리는 실제로 일어난 혁명적인 발전에 관해서 속아서는 안 된다.

공유된 운동이 비작용적이라는 가정에 대한 저항은 잊혀져 버린 관념들이 그것들을 알리려고 하는 시도에 대해 나타내는 저항과 동일시되었다. 저항에 대한 이러한 **해석**을 받아들이자! 그러나 그 저항의 **존재**를 잊지는 말도록 하자. 그리고 우리는 그 저항이 상대론적 관념의 사용을 억제하고 그것을 우리의 일상적인 경험의 **일부분**에 제한한다는 것을 인정해야 한다. 이 부분의 **밖**에서, 즉 행성 사이의 공간에서 그 관념은 '잊혀지고' 따라서 작용하지 않는다. 그러나 이 부분의 밖이라고 해서 완전한 혼돈은 아니다. 거기서는 다른 개념들이 사용되는데, 그중에는 첫 번째 패러다임으로부터 도출된, 역시 절대론적인 개념들이 있다. 우리는 그 개념들을 사용할 뿐만 아니라, 그것들이 매우 적절한 것임을 인정해야 한다. 우리가 첫 번째 패러다임의 범위 안에 머무르는 한 어떠한 난점도 생기지 않는다. '경험', 즉 모든 영역의 모

---

13 *Dialogue*, op. cit., pp.132 and 416.

든 사실의 총체는 갈릴레오가 가져오고자 하는 변화를 수행하도록 우리를 강요할 수 없다. 변화에 대한 동기는 다른 원천으로부터 오지 않으면 안 된다.

그것은 첫째로, 코페르니쿠스 자신이 이미 표현했듯이, "전체가 그것의 부분들과 놀라운 단순성을 가지고 [대응한다]"[14]는 것을 보고자 하는 욕구로부터 온다. 그것은 이해와 개념적 표현의 통일에 대한 '전형적인 형이상학적 충동'으로부터 온다. 두 번째로, 변화에 대한 동기는, 갈릴레오가 받아들이고, 포기하려 하지 않은 지구의 운동에 대한 여지를 마련하려는 의도와 연관된다. 지구의 운동이라는 관념은 적어도 갈릴레오의 시대에는 두 번째 패러다임보다는 첫 번째 패러다임에 가깝다. 이것이 아리스토텔레스적인 논증들에 힘을 부여하고 그것들을 그럴듯한 것으로 만든다. 이 그럴듯함을 배제하기 위해서는, 첫 번째 패러다임을 두 번째 패러다임 아래 포섭하고 상대론적인 생각을 모든 현상에 확장시키는 일이 필요하였다. 여기서 상기(想起)의 기법은 하나의 심리적인 버팀대, 즉 그것의 존재를 은폐함으로써 포섭의 과정을 원활하게 하는 하나의 지렛대로서 기능한다. 그 결과 우리는

14 Ibid., p.341. 여기서 갈릴레오는 코페르니쿠스가 『천구의 회전에 대해서』에서 교황 베드로 3세에게 보낸 헌사를 인용하고 있다. 또한 제10장 및 『제1해설』(Narratio Prima; E. Rosen, *Three Copernican Treatises*, New York, 1959, p.165에서 인용)을 참조할 것. "왜냐하면 이 모든 현상들은 마치 황금고리에 의해서 연결되어 있는 듯이 가장 고상하게 결합되어 있는 것처럼 보인다. 그리고 행성 하나하나는 그것의 위치와 질서 그리고 그 운동의 균차(均差, inequality)에 의해, 지구가 움직인다는 것과, 지구 위에 살고 있는 우리들은 그 위치변화를 받아들이기보다는 행성이 자기 자신의 온갖 종류의 운동 가운데서 방황한다고 믿는다는 것을 입증한다." 경험적 이유들이 그 논증에서 결여되고 있다는 것, 또한 결여되어야 한다는 것은 코페르니쿠스 자신이 프톨레마이오스 이론이 '수학적 데이터와 일치한다'는 것을 인정하기 때문이다(Copernicus, *Commentariolus*, E. Rosen, *Three Copernican Treatises*, p.57)

이제 상대론적인 생각을 배나 마차나 새에 대해서만이 아니라 '견고하고 확고부동한 지구' 전체에 대해서도 적용할 **준비**가 된 것이다. 또한 우리는 이 준비 태세가 비록 그것을 의식하기에는 다소간의 노력이 필요하지만, 항상 우리들 가운데 있었다는 인상을 갖는다. 이러한 인상은 확실히 잘못된 것이다. 그것은 갈릴레오 선전술의 음모의 결과이다. 우리는 이 상황을 다른 방식으로, 즉 우리들의 개념체계의 변화로서 기술하는 것이 더 좋을 것이다. 혹은 우리가 자연적 해석에 속하며 따라서 매우 직접적인 방식으로 감각과 연관되는 개념들을 다루고 있기 때문에, 우리는 그것을 우리가 코페르니쿠스의 학설에 적응하는 것을 가능하게 해주는 **경험의 변화**라고 기술하지 않으면 안 된다. 이 변화는 후에 제11장에서 기술되는 패턴에 완전히 대응한다. 하나의 부적절한 견해, 즉 코페르니쿠스의 이론은 또 다른 부적절한 견해, 즉 공유된 운동의 비작용적 성격이라는 관념에 의해서 뒷받침되며, 이 두 이론들은 그러한 과정 가운데서 힘을 갖게 되고 서로를 뒷받침하게 된다. 아리스토텔레스적인 관점으로부터 근대과학의 인식론으로의 전이의 기초가 되는 것은 바로 이러한 변화이다.

왜냐하면 경험은 이제 상식과 아리스토텔레스 철학 모두에 있어서 불변의 토대가 될 수 없기 때문이다. 코페르니쿠스를 지지하기 위한 시도는, 천구를 유동적인 것으로 만들어서 "개개의 별이 천구 안에서 스스로 배회하도록 한 것"[15]과 같은 방식으로 경험을 '유동적인 것'으로 만든다. 경험으로부터 출발하여 아무런 주저함이 없이 그 위

---

15 *Dialogue*, op. cit., p.120.

에 자신의 주장을 세우는 경험주의자는 이제 그가 딛고 설 기반을 잃게 된다. 지구, 즉 '견고하고 확고부동한 지구', 혹은 그가 통상 의존하는 사실들은 이제 그 어느 것도 신뢰할 수가 없다. 그와 같은 유동적이고 변화하는 경험을 사용하는 철학은 경험에 의한 이론의 비대칭적인 판정을 주장하지 않는 새로운 방법론적 원리들을 필요로 한다는 것이 명백하다. **고전물리학**은 직관적으로 그러한 원리들을 채용한다. 적어도 뉴턴, 패러데이, 볼츠만과 같은 위대하고 독립적인 사상가들은 이러한 방식으로 진행한다. 그러나 그 **공식적** 학설은 여전히 안정되고 불변하는 기초라는 관념을 고수한다. 이 학설과 실제적 절차 사이의 충돌은 연구결과들의 혁명적인 기원을 감추고 그 **결과**들이 안정되고 불변하는 원천으로부터 나왔다는 것을 시사하는, 연구결과들에 대한 의도적인 형태의 표현에 의해서 은폐된다. 이러한 은폐방법들은 새로운 관념들을 상기라는 은폐물 아래서 도입하고자 한 갈릴레오의 시도에서 시작되어 뉴턴에 있어서 절정을 이룬다.[16] 만일 우리가 과학에 있어서의 진보적인 요소들에 대한 좀더 나은 좋은 설명에 도달하고자 한다면 그러한 은폐물들이 벗겨져야 한다.

　반(反)-코페르니쿠스적인 논증에 관한 나의 논의는 아직 완결되지 않았다. 지금까지 나는 움직이는 탑과 **나란히 움직이는** 돌이 원호를 그리며 움직이는 것처럼 보이지 않고 '수직으로' 낙하하는 것처럼 보이도록 하는 가정이 무엇인가를 발견하려고 노력하였다. 내가 **상대성의 원리**라고 부르려는, 우리의 감관들은 오직 상대적인 운동에만 주의

---

16 "Classical Empiricism", op. cit.

하며 대상들이 공통적으로 갖는 운동에 대해서는 전혀 무감각하다는 가정은 그 책략을 성취한 것으로 보인다. 이제 설명되어야 할 것은 **왜 돌이 탑 뒤로 떨어지지 않고 탑과 같이 있는가** 하는 것이다. 코페르니쿠스의 견해를 구하기 위해서는 가시적 대상들 사이의 관계를 보존하는 운동이 왜 주목되지 않는가 하는 것뿐만 아니라, 여러 가지 대상들의 공통적인 운동이 왜 그 관계에 영향을 미치지 않는가 하는 것을 설명해야 한다. 즉 우리는 왜 그러한 운동이 **인과적 작용인**(causal agent)이 아닌가를 설명해야 한다. 제6장의 141쪽의 각주 10에 대해 본문에서 설명된 방식으로 그 물음을 살펴본다면, 거기서 기술된 반-코페르니쿠스적인 논증은 다음과 같은 두 가지 자연적 해석에 의존하고 있다는 것이 이제 분명해진다. 즉, 절대운동은 언제나 **주목된다는 인식론적 가정**과 방해받지 않는 (낙하하는 돌과 같은) 대상은 그것의 자연적 운동을 가정한다는 **동역학적 원리**가 그것이다. 아리스토텔레스에게 방해받지 않는 대상의 자연적 운동은 정지, 즉 속성과 위치의 일정함이다.[17] 이것은 우리 자신의 경험과 대응하는데, 거기서 사물들이 움직이기 위해서는 밀쳐져야 한다. 씨앗, 박테리아, 바이러스의 발견은 법칙의 질적인 부분에 대한 강력한 믿음이 없었더라면 불가능했을 것이다 — 또한 그러한 발견은 그러한 믿음을 가장 인상적인 방식으로 확증한다. 이러한 법칙을 이용해서 과학자들은 움직이는 지구 위에 위치한 탑으로부터 떨어진 돌이 뒤쪽에 떨어질 것이라고 추론하였다. 따라서 상대

---

17 이것은 운동에 대한 **일반적인** 설명이다. **우주론적** 설명에서 우리는 지구의 위에서 위-아래로 움직이는 회전운동을 갖는다.

성 원리는 지구의 운동이 여전히 주장될 수 있는 방식으로 새로운 관성의 법칙과 결합되어야 했다. 우리는 곧, 내가 **회전관성의 원리**라고 부르는 다음의 법칙이 우리에게 요구된 해결책을 제공한다는 것을 알게 된다. 즉, 마찰이 없는 구면 위에서 주어진 각속도(角速度)로 지구의 중심을 도는 대상은 영원히 동일한 각속도로 계속 움직인다는 법칙이 그것이다. 낙하하는 돌의 현상을 상대성의 원리, 회전관성의 원리 그리고 속도의 합성에 관한 몇 가지 단순한 가정과 결합시킨다면,[18] 우리는 코페르니쿠스의 견해를 더 이상 위협하지 않고 그것에 부분적인 지지를 부여하는 데 사용될 수 있는 하나의 논증을 얻게 된다.

상대성의 원리는 두 가지 방식으로 옹호되었다. 그 첫째는 그것이 어떻게 코페르니쿠스를 도울 수 있는가를 보여 줌으로써 옹호되었다. 이 옹호는 참으로 **임시변통적**이다. 두 번째는 상식에서의 그것의 역할을 지적하고 그 기능을 은밀하게 일반화함으로써 옹호되었다(앞을 볼

18 이러한 가정들은 결코 당연한 것들이 아니고, 아리스토텔레스 물리학의 몇 가지 매우 기본적인 관념들과 대립된다. 회전관성의 원리는 임페투스 이론과 연관된다. 그러나 그것과 동일한 것은 아니다. 임페투스 이론은 변화를 일으키기 위해서는 힘이 필요하다는 관념을 유지한다. 다만 그 힘을 변화하는 물체 내부에 둔다. 한 번 밀리면, 물체는 운동을 계속한다. 가열된 물체가 따뜻하게 유지되는 것과 같은 방식이다. ──그 둘 안에는 모두 새로운 상태의 원인이 들어 있다. 갈릴레오는 이 관념을 두 가지 방식으로 수정하였다. 첫째, 임페투스에 의해서 운동을 지속하는 물체가, 마치 그것의 유사체인 가열된 물체가 점차 차가워지듯이, 점차 속도가 주는 데 비해, 회전운동은 영원히 지속된다고 가정된다. 이러한 수정에 대한 논증은 아래 텍스트에서 주어진다. 그것은 순전히 수사학적이다. 둘째, 영원한 회전운동은 어떤 원인도 없이 진행되어야 한다. 만일 상대운동이 작용적이지 않다면, 같은 중심과 같은 각속도를 갖는 운동을 임페투스에 의해 유지되는 회전운동으로 도입하는 것으로는 힘을 배제할 수 없다. 우리는 임페투스로부터 모멘텀으로 이동하고 있다(A. Maier, *Die Vorlaufer Galileis im 14. Jahrhundert*, Rome, 1949). 그 이행이 새롭고 더 좋은 역학의 단순한 결과이며, 그런 역학은 이미 주어져 있었고, 단지 확정된 방식으로 적용되지 못했다고 가정하는 사람들은 이 모든 변화를 간과하였다.

것). 어떠한 독립적인 논증도 그것의 타당성을 위해서 주어지지 않았다. 회전관성의 원리에 대한 갈릴레오의 지지도 똑같은 종류의 것이다. 그는 여기서도 실험이나 독립적인 관찰에 대한 조회에 의해서가 아니라 누구나 이미 알고 있다고 가정되는 것에 대한 조회에 의해서 이 원리를 도입한다.

심플리치오 : 그렇다면 당신은 100회의 실험을 한 것이 아닙니까? 아니면 한 번도 하지 않았나요?

살비아티 : 실험 없이도, 나는 결과가 내가 당신에게 말한 대로일 것이라고 확신합니다. 왜냐하면 그렇게 되지 않으면 안 되기 때문입니다. 나는 당신 자신도, 당신이 아무리 모르는 체해도, 그렇게 될 수밖에 없다는 것을 알고 있다고 덧붙여도 될 것입니다. … 그러나 나는 사람들의 머릿속에 있는 것을 끄집어내는 데 매우 능숙하기 때문에 나는 당신이 자기도 모르게 이것을 고백하도록 만들겠습니다.[19]

조금씩 조금씩 심플리치오는 지구의 중심과 중심이 같은 구면을 마찰 없이 운동하는 물체가 '무제한적으로', '영구적인' 운동을 할 것이라는 것을 인정하지 않을 수 없게 된다. 물론 우리들은 공유된 운동의 비-작용적 성격에 관한 분석을 이제 막 끝냈기 때문에 심플리치오가 받아들인 것이 실험이나 증거가 보강된 이론에 기초한 것이 아

19 *Dialogue*, op. cit., p.147.

니라는 사실을 안다. 그것은 상상력의 엄청난 비약을 포함하는 대담하고 새로운 제안이다.[20] 그리고 몇 가지의 분석은 이 제안이 『새로운 과학의 대화』의 '실험'[21]과 같은 그런 실험과 **임시변통적 가설**에 의해서 연결되어 있음을 보여 준다. (배제되어야 할 마찰의 양은 독립적인 연구 ── 훨씬 뒤에 18세기에 가서야 시작된 연구와 같은 ── 로부터가 아니

20 코페르니쿠스에게, 거기에 포함된 유일한 비약은 지구를 천상의 물체와 동일시하는 것이다. 아리스토텔레스에 따르면 천상의 물체는 원을 움직이고, 그 원을 움직이는 물체는 무거움도 가벼움도 없는데, 왜냐하면 그것은 중심으로부터의 그것의 거리를 자연적인 방식이나 강제적인 방식으로 변화시킬 수 없기 때문이다.

21 부수적으로 말해서, 지구의 운동에 관한 논증에서 사용된 많은 '경험' 혹은 '실험'은 완전히 허구이다. 따라서 갈릴레오는 '아리스토텔레스와 프톨레마이오스의 의견을 따르는' 그 『천구론』(Opere, Vol. 2, pp.211ff)에서 지구의 자전에 반대하여 다음과 같은 논증을 이용하고 있다. 예를 들어 "탑의 꼭대기에서 떨어뜨린 돌과 같이 우리가 높은 곳에서 지면에 떨어뜨린 물체는 탑의 발부리 가까이에 떨어지지는 않을 것이다. 왜냐하면 돌이 수직으로 지면을 향해 떨어지면서 공기 중에서 소비하는 시간 동안에, 지구는 서쪽으로부터 **빠져나와** 동쪽으로 이동하면서, 그것을 탑의 발부리로부터 멀리 떨어진 곳에서 받게 되기 때문이다. 그것은 **빠르게** 움직이는 배의 마스트로부터 떨어뜨린 돌이 그 마스트 바로 밑에 떨어지지 않고 조금 선미 쪽으로 향하게 되는 것과 **똑같은 방식이다.**"(p.224). 배에서의 돌의 움직임에 대한 고덕체의 언급은 『천문대화』에서 프톨레마이오스의 논증을 논할 때 재차 이용되고 있지만, 그것은 더 이상 올바른 것으로서 받아들여지지 않는다. 살비아티(ibid., p.180)는 다음과 같이 말한다. "코페르니쿠스주의자들이 그들의 논적이 전혀 해보지도 않은 많은 실험을 진실하고 올바르다고 너무나도 관대하게 인정할 때가 그들이 논적들에 대해 갖는 관대함에 주의하기에 적당한 기회인 것 같습니다. 예를 들어 움직이고 있는 배의 마스트로부터 물체를 떨어뜨리는 실험이 그러한 것입니다." 앞의 p.154에서는 배가 움직이고 있을지라도 돌은 마스트의 바로 밑에 떨어질 것임이 관찰되기보다는 암시되었다. 가능한 실험은 p.186에 논의되고 있다. 부르노(La Cena de le Ceneri, Opere Italiane, I, ed. Giovanni Gentile, Bari, 1907, p.83)는 돌이 마스트의 바로 밑에 떨어질 것임을 당연하게 여긴다. 이 문제가 실험적 해결에 쉽게 적용되지 못하였음에 주의해야 한다. 실험이 행해졌지만, 그 결과들은 결정적인 것과는 거리가 멀다. A. Armitage, "The Deviation of Falling Bodies", *Annals of Science*, 5, 1941-1947, pp.342ff와 A. Koyré, *Metaphysics and Measurement*, Cambridge, 1968, pp.89ff. 탑의 논증은 Aristotle, *De Coelo*, 296b22와 Ptolemy, *Syntaxis*, I, 8에서 발견된다. 코페르니쿠스는 『천구의 회전에 대해서』의 동일한 장에서 그것을 논의하고 있는데, 그러나 다음 장에서는 그것의 핵심을 제거하기 위해 노력한다. 중세에 그것의 역할은 M. Clagett, *The Science of Mechanics in the Middle Ages*, Madison, 1959, 제10장에 기술되어 있다.

라 획득되어야 할 결과, 즉 회전관성의 법칙으로부터 도출된 것이다.) 자연 현상을 이와 같은 방식으로 조망한다면, 우리가 이미 본 바와 같이, 모든 경험에 대한 재평가가 이루어질 것이다. 우리들은 이제 그것이 아리스토텔레스나 상식의 경험보다도 훨씬 세련되고 **훨씬 사변적인 새로운 종류의 경험**의 발명으로 인도된다는 것을 덧붙일 수 있다. 역설적으로, 그러나 부정확하지는 않게 말해서, 우리는 **갈릴레오가 형이상학적**

22 앨런 차머스는 흥미롭고 잘 논증된 논문에서("The Galileo that Feyerabend Missed: An Improved Case Against Method", *The Politics and Rhetoric of Scientific Method*, J. A. Schuster and R. R. Yeo(eds.), Dordrecht, 1986, pp.1ff) 한편에서는 새로운 과학에 대한 갈릴레오의 기여와 다른 한편에 과학이 발전되고 실천되는 사회적 조건에 대한 물음을 구분한다. 그는 (내가 제안했던 것보다 훨씬 적지만) '선전술'이 후자를 변화시키려는 그의 시도의 일부였을 수 있다는 것을 인정하지만, 전자에 대해서는 영향을 주지 않는다는 점을 강조한다. 차머스는 "과학 그 자체에 대한 갈릴레오의 기여의 주요 원천은 그의 『두 새로운 과학』이다"라고 말한다. 이 책은 내가 갈릴레오의 절차를 탐구하기 위해서 연구해야 했던 저작이다. 그러나 『두 새로운 과학』은 내가 논의하는 토픽, 즉 코페르니쿠스에로의 이행을 다루지 않는다. 여기서 갈릴레오는 그의 후기 저작에서 사용했던 것과는 다른 절차를 사용한다. 『천문대화』에 대한 차머스의 평가를 공유했던 손다이크(Lynn Thorndike)는 갈릴레오가 그 주제에 관해서 체계적인 교과서를 썼기를 바랐다. (*A History of Magic and Experimental Science*, Vol.6, New York, 1941, p.7과 p.62: "갈릴레오는 그의 도발적인 대화편들보다 한 권의 체계적인 교과서를 썼더라면 더 좋을 뻔하였다.") 그런데 그러한 교과서가 실질적 내용을 가지려면 그것은 아리스토텔레스의 경쟁자가 될 만큼 일반적인 것이 되어야 하고, 어떻게 그리고 왜 아리스토텔레스의 개념이 가장 기본적인 수준에서 대체되어야 하는가를 보여 주어야 한다. 아리스토텔레스의 개념들은 비록 추상적이기는 하지만 상식과 맞닿아 있었다. 따라서 몇 가지 상식적인 개념들을 다른 것들로 대체하는 일이 필요했다. (나는 지금 차머스가 '지각적 상대성'이라고 부르는 것에 대해서 말하고 있다.) 두 가지 질문이 떠오른다. 그 변화는 얼마나 큰 것인가? 그리고 그러한 변화를 일으키기 위해서는 선전술(수사학, 그것은 '비합리적인 조치'였다)이 필요했는가? 후자의 질문에 대한 나의 대답은 주요한 개념적 변화를 가져오려고 시도하는 논의는 과학, 상식, 그리고 문화적 변화의 통상적인 부분이며(후자에 대해서는 제16장과 제17장 항목 VI '열린 교환'), 그리고 그것은 다소간의 안정된 틀 안에서 행해지는 논의와는 다르다는 것이다. 개인적으로 나는 그것을 합리성의 일부로 여길 준비가 충분히 되어 있다. 그러나 그것에 반대하고 그것을 비정합적이라고 부르는 철학적 학파가 존재한다(힐러리 퍼트남Hilary Whitehall Putnam의 견해의 일부를 논의하는 『이성이여 안녕』 제10장을 볼 것). **이 학파의 전문용어들을 사용하여** 나는 갈릴레오의 '속임수' 등이라고 말한다. 그리고 나는 과학이 때로 그러한 '속임수'가 수락 가능한 것이 될 필요가 있는 요소들을 포함한다고 덧붙였다. 따라서 『두 새로운 과학』과 『천문

성분을 가진 경험을 발명했다고 말할 수 있을 것이다. 지구고정적(地球固定的, geostatic)인 우주론으로부터 코페르니쿠스와 케플러의 관점으로의 전이가 성취된 것은 그러한 경험을 통해서이다.[22]

대화』의 차이는 과학과 사회학 사이의 차이가 아니고, 실재론적으로 해석되었을 때 좁은 영역에서의 기술적인 변화와 근본적인 변화 사이의 차이이다. 첫 번째 물음에 대한 나의 대답은 지각적 상대성은, 비록 여러 학자들이(아리스토텔레스 자신도) 인정하고 있지만, 공통적으로 갖는 것이 아니라는 것이다. (갈릴레오는 몇몇 그의 동료 과학자들조차도 이 점에 대해서는 머뭇거린다는 점을 지적한다.) 따라서 이 부분에 대해서는 상당한 논증이 필요하다. 제5장에서의 질적인 난점에 대한 나의 논의가 보여 주듯이, 이것은 결코 놀랄 만한 일이 아니다. 그 밖에도 배를 타고 있는 여행자는 그것이 마치 어떤 이상한 힘에 의해서 제거되는 것같이 항구로부터 멀어지는 것을 본다는 것이 정말 사실인가? 나는 갈릴레오의 '속임수'가 새로운 우주론을 적절히 이해하기 위해서 필요했으며, 그것이 '속임수'인 것은 오직 개념적 변화에 대해 협소한 조건을 설정하는 철학에 대해서만 그러하다는 것, 그리고 그러한 조건들에 의해서 여전히 제약되고 있는 영역으로 확장되어야 한다(제12장에서 나는 심신의 문제가 그런 영역 중 하나라는 것을 논증한다)고 결론 내린다.

제8장

갈릴레오는 자연적 해석과 더불어, 코페르니쿠스를 위태롭게 하는 것으로 보이는 감각(sensation)들을 바꾸어 버렸다. 그는 그러한 감각들이 있다는 것을 인정하고, 코페르니쿠스가 그것들을 무시했음을 찬양한다. 또한 그는 그의 망원경의 도움을 받아 그러한 감각들을 제거해 버렸다고 주장한다. 그렇지만 그는 왜 망원경이 하늘의 참된 상(像)을 줄 것이라고 기대되는가에 대해서는 하등의 이론적 근거도 제시하지 않는다.

이제까지의 논의를 다시 반복하고 요약해 보자. 코페르니쿠스를 관찰에 의해 논박하는 논증이 제시되었다. 그 논증은 모순을 책임져야 할 자연적 해석을 발견하기 위해서 뒤집힌다. 부적합한 해석들은 다른 해석들로 대치되며, 선전, 상식과 동떨어진 고도로 이론적인 부분들에 대한 호소가 낡은 습관의 핵심을 제거하고 새로운 습관을 왕좌에 앉히기 위해서 사용된다. 새로운 자연적 해석은 보조 가설로서 명백하게 정식화되는데, 그것은 부분적으로는 코페르니쿠스에게 주어지는 지지에 의해 그리고 부분적으로는 개연성에 대한 고려와 **임시변통적** 가설에 의해 확립된다. 전적으로 새로운 '경험'이 이러한 방식으로 생겨난다. 독립적인 증거는 아직 없지만, 그것이 새로운 이론의 결함이 되지는 않는다. 새로운 우주론을 지지하는 사실들을 조합하는 데는 시간이 걸린다. 새로운 동역학, 천상과 지상의 운동을 모두 설명하는 고체이론과 기체역학이 요청되지만, 이러한 과학들은 아직 미래 속에 감추어져 있다.[1] 그러나 그것들의 과제는 이제 명확히 정의된다. 왜냐하면 그의 임시변통적 가설을 포함해서 갈릴레오의 가정들은 미래의 탐구방향을 규정하기에 충분할 만큼 명료하고 단순하기 때문이다.

덧붙여서 갈릴레오의 절차는 동역학의 내용을 극히 간소화시켰다는 것에 주목하기 바란다. 아리스토텔레스의 동역학은 위치변화, 질적인 변화, 생성과 소멸을 포함하는 변화에 관한 일반이론이었으며, 또한 그것은 심적 과정에도 적용될 수 있었다. 그러나 갈릴레오의 동역학과 그 후속 이론들은 위치변화 그것도 물질의 위치변화만을 다룬다. 다른 종류의 운동들은 위치변화가 결국 모든 운동을 설명할 수 있으리라는(데모크리토스에게서 비롯된) 신념에 의해서 제쳐 놓는다. 이렇게 해서 운동에 관한 포괄적인 경험적 이론은 협소한 이론과 운동의 형이상학을 합한 것으로 대치된다.[2] 이것은 '경험적인'(empirical)

---

1 갈릴레오의 원형법칙은 올바른 동역학이 아니다. 그것은 아직 코페르니쿠스에게 남아 있던 주전원(epicycle, 周轉圓)에도 들어맞지 않고, 케플러의 타원에도 맞지 않는다. 사실상, 그것은 그 둘에 의해서 반박된다. 갈릴레오는 여전히 그것을 코페르니쿠스 관점의 본질적인 구성요소로 간주하고, 운동이 아주 명백하게 원형이 아닌 혜성과 같은 물체를 행성 간의 공간에서 배제하려고 하였다. 그의 『시금자』(The Assayer)에서 갈릴레오는 "혜성에 대해서 말하면서[그것들을 무지개와 유사한 허구라고 해석하였대] 그것은 코페르니쿠스의 체계를 가능한 반증으로부터 보호하기 위한 것이었다". P. Redondi, Galileo: Heretic, Princeton, 1987, pp. 145, 31.
2 이른바 과학혁명은 놀랄 만한 발견들로 나아가고, 물리학, 생리학 및 천문학에 관한 우리들의

경험이 사변적인 요소를 포함한 경험으로 대치되는 것과 같다. 그렇지만, **반귀납**이 이론들뿐만 아니라 사실들에 대해서도 중요한 역할을 한다는 것을 이제 알 수 있다. 반귀납은 분명히 과학의 진보를 돕는다. 이것으로 제6장으로부터 시작된 고찰들이 결론지어진다. 나는 이번에는 갈릴레오의 선전-캠페인의 또 다른 부분을 다루고자 한다. 그것은 자연적 해석을 다루는 것이 아니라, 우리들의 관찰진술의 **감각적 중핵**을 다루는 것이다.

코페르니쿠스주의자들의 수가 적다는 데 놀라움을 표시하는 대

지식을 상당히 확장시켰다. 이것은 낡은 철학을 지지해 왔던 사실들을 옆으로 제쳐 놓고, 관련이 없는 것, 또한 **종종 존재하지 않는** 것으로 간주함으로써 이룩되었다. 이리하여 마술, 귀신들림, 악령의 존재 등에 대한 증거는 이것이 확증하였던 '미신'과 더불어 무시되었다. 그 결과는 이러하다. 즉 "중세 말엽에 과학은 인간심리학으로부터 추방되고 그 결과, 인문주의의 최고 대표자로서 에라스무스나, 그의 친구인 비테스의 위대한 노력조차도 그것을 되돌려 놓기에는 불충분하였다. 그리고 정신병리학은 일반내과학 및 외과학의 발전해 가는 추세를 몇백 년 뒤처진 채 쫓아가야만 했던 것이다. 사실 … 의학과 정신병리학의 분리는 매우 명확한 것이었는데, 후자는 늘 신학 및 교회법이나 시민법의 영역에 전적으로 귀속되었다 ── 이 두 영역은 당연하게 더욱 더 의학으로부터 멀어져 갔던 것이다…." G. Zilboorg, MD, *The Medical Man and the Witch*, Baltimore, 1935, pp.3ff and 70ff. 천문학은 발전하였지만, 인간에 관한 지식은 이전보다 미개한 상태로 퇴보하였다. 또 다른 예는 점성술이다. A. 콩트는 이렇게 쓰고 있다 (*Cours de Philosophie Positive*, Vol. 3, pp.273~280, ed. Littré, Paris, 1836). "인간 정신의 초기 단계에 있어서 천문학과 생물학과의 이러한 연관성은 매우 다른 관점에서이기는 하지만 적어도 연구되었고, 발생기의 불완전한 실증주의가 주는 제약의 영향을 받고 있는 우리 시대의 일반적인 경향에서와 같이 시야에서 사라져 버리지는 않았다. 별의 생리학적 영향에 대한 낡은 철학의 황당무계한 신념 아래서, 생명과 관련된 사실은 어떠한 방식으로든 태양계에 의존하고 있다는 진리에 대한 혼란스럽지만 강력한 인식이 깔려 있었다. 인간 지성의 원시적인 영감 전체와 마찬가지로, 이 느낌은 실증적 과학에 의해 수정될 필요가 있었지만, 그렇다고 파괴되어야 했던 것은 아니다. 그러나 불행하게도 과학에 있어서도 정치에 있어서와 마찬가지로 단기간 동안의 전복 없이 재편성하는 것은 좀처럼 어려웠다." 제3의 영역은 수학이다. 아리스토텔레스는 제논에 의해서 제기된 난점들을 극복하는 고도로 세련된 연속체 이론을 발전시켰고, 운동에 대한 양자이론적 관념을 예상하였다(제5장의 각주 15와 본문을 볼 것). 대부분의 물리학자들은 불가분의 요소들로 이루어진 연속체의 관념으로 돌아갔을 것이다 ── 즉 만일 그들이 잘 이해되지 않은 그러한 물질을 고려하였다면.

담자에게 대답하면서 "코페르니쿠스의 역할을 담당하는"[3] 살비아티
는 다음과 같이 설명한다. "당신은 [지구가 움직인다는] 피타고라스 견
해의 추종자가 그렇게 적다는 사실을 이상하게 생각하지만, 나는 오
히려 오늘날까지도 그것을 받아들이고 추종하는 사람이 있다는 데 놀
랐습니다. 또한 나는 그 견해를 붙들어 쥐고 그것을 사실로서 받아들
이는 사람들의 탁월한 통찰력을 아무리 찬양해도 부족합니다. 그들은
순수한 지성의 힘으로 그들 자신의 감각을 억누름으로써, 감각 가능
한 경험이 그 반대의 사실을 보여 주는데도 불구하고 이성이 그들에
게 말하는 것을 택합니다. 왜냐하면 우리가 이미 검토한 지구의 회전
(자전)에 대한 반대논증[앞에서 논의한 동역학적 논증]이 우리가 본 대
로 매우 그럴듯하기 때문입니다. 또한 프톨레마이오스주의자와 아리
스토텔레스주의자 그리고 그들의 모든 제자들이 그것을 결정적인 것
으로 여긴다는 사실은 그 반대논증들의 유효성에 대한 아주 강력한
논거이기 때문입니다. 그러나 연주기(年周期) 운동(태양의 주위를 도는
지구의 운동)과 명백하게 모순되는 경험의 외견상의 힘은 참으로 크기
때문에, 반복해서 말하지만 아리스타쿠스와 코페르니쿠스가 이성으
로 감각을 정복할 수 있었으며, 감각을 무시하고 이성을 그들의 신념
의 여왕으로 삼았던 것을 생각할 때, 나는 놀라움을 금할 길이 없습니
다."[4]

3 *Dialogue*, op. cit., pp.131, 256.
4 Ibid., p.328. 다른 곳에서 갈릴레오는 훨씬 호전적이고 교조적으로, 여기에서 언급되었던 난점
   들을 몰랐던 것처럼 분명하게 말하고 있다. 크리스티나 대공작부인에게 보낸 편지를 위한 그
   의 예비 메모 *Opera*, V, pp.367ff를 참조.

조금 뒤에 갈릴레오는 "그들[코페르니쿠스주의자들]은 이성이 그들에게 말하는 것을 확신하였습니다!"[5]라고 쓰고 있다. 또한 갈릴레오는 "그[코페르니쿠스]는 이성을 그의 인도자로 삼아서 감각적 경험에 모순되는 것처럼 보이는 것을 계속 단호하게 주장하였습니다"라고 말함으로써 코페르니쿠스주의의 기원에 대한 그의 간략한 설명을 마무리한다. 갈릴레오는 반복한다. "나는 놀라움을 금할 수 없습니다. 그는 다음과 같은 주장을 계속 고집하려고 하기 때문입니다. 금성이 태양을 돌지도 모르며 그래서 어떤 때는 다른 때보다 금성이 우리로부터 6배나 멀리 떨어져 있을 수도 있고, 그때는 40배나 크게 보여야 한다고 말입니다. 그러나 금성은 여전히 언제나 동일한 크기로 보입니다."[6]

'연주기 운동과 명백히 모순되는 경험', 즉 앞에서의 동역학적 논증과 비교해서도 '외견상 훨씬 큰 힘을 갖는 경험'이란 다음과 같은 사실이다. 즉, "화성은, 우리로부터 가장 가까이 있을 때에는 가장 멀리 있을 때보다 60배 크게 보여야 할 것입니다. 그러나 그러한 차이가 보이지 않습니다. 뿐만 아니라, 화성이 태양의 반대편에 있어서 우리 쪽에 가까이 있을 때는 오히려 합(合)의 상태(conjunction)가 되어 태양 광선 뒤편에 감추어지게 될 때보다 4~5배 크게 보입니다." "금성에 의해서 우리에게 생기는 또 하나의 보다 큰 난점은, 만약 금성이 코페르니쿠스가 말하는 대로 태양 주위를 돈다면 그것이 그리는 원의 직경만큼 우리에게 가까워지거나 멀어지거나 하면서 어떤 때는 태양의 뒤

5 Ibid., p.335.
6 Ibid., p.339.

쪽에 있고 어떤 때는 태양의 앞쪽에 있어야 합니다. 그리하여 그것이 태양의 아래쪽에 있어 우리에게 매우 가까울 때는 태양의 뒤쪽에 있어 합의 상태에 가까울 때보다 그 원판이 40배 가까이 크게 보여야 할 것입니다. 그러나 그러한 차이는 거의 지각되지 않습니다."[7]

　　좀더 초기의 논문인 『시금자』에서 갈릴레오는 더욱 솔직하게 자신의 입장을 표현한다. 코페르니쿠스주의에 대하여 문제점을 제기한 논적에게 대답하면서 그는 다음과 같이 말한다. "화성과 금성의 운동으로부터 얻어진 가장 중요한 논증이 언제나 장애가 되는 한, **티코나 그 밖의 천문학자들 그리고 코페르니쿠스조차도 (프톨레마이오스를) 명백하게 반박할 수가 없었다**."(이 '논증'은 『천문대화』에서 재차 언급되었고, 지금 그것을 인용한 것이다.) 그는 '그 두 체계'(코페르니쿠스의 것과 프톨레마이오스의 것)가 "확실히 거짓이다"[8]라고 결론 내린다.

　　우리들은 여기서 코페르니쿠스주의의 기원에 관한 갈릴레오의 견해가 우리에게 보다 친숙한 역사적 설명들과는 매우 다르다는 것을 알게 된다. 그는 움직이는 지구라는 관념에 대해 귀납적 **지지**를 제공하는 **새로운 사실들**을 지적하지도 않고, 코페르니쿠스주의에 의해서 설명은 되지만 지구 중심적 관점을 **반박하는** 관찰들에 대해서도 언급하지 않는다. 반대로 그는 프톨레마이오스뿐만 아니라 코페르니쿠스도 사실들에 의해 논박된다는 점을 강조하고[9] 아리스타쿠스와 코페르

7 Ibid., p.334.
8 *The Assayer; The Controversy on the Comets of 1918*, op. cit., p.185에서 인용.
9 이것은 16세기 말엽 이전의 시기에 관해서 언급한다. Derek J. de S. Price, "Contra-Copernicus: A Critical Re-Estimation of the Mathematical Planetary Theory of Ptolemy,

니쿠스가 엄청난 난점들에 직면해서도 자신의 이론을 포기하지 않았던 점을 칭찬한다. 그는 그들이 **반귀납적으로** 진행했다는 점을 칭찬하는 것이다.

그러나 이것이 이야기의 전부가 아니다.

왜냐하면 코페르니쿠스가 단지 신념에 입각해서 행동했다는 것이 인정될 수도 있지만, 반면에 갈릴레오가 전혀 다른 입장에 있었다고도 말할 수 있기 때문이다. 결국 갈릴레오는 새로운 동역학을 창안하였다. 또한 그는 망원경을 발명하였다. 사람들은 새로운 동역학이 지구의 운동과 '우리들 자신 및 우리 위의 대기 중의 사물들에게 영향을 미치는 조건들' 사이의 불일치를 제거한다는 점을 지적하고자 할 수도 있다.[10] 그리고 망원경이 코페르니쿠스의 도식에 기초해서 예측된 화성과 금성의 외견상 밝기의 변화와 육안으로 보이는 밝기의 변

Copernicus and Keper", *Critical Problems in the History of Science*, ed. M. Clagett, Madison, 1959, pp.197~218. 프라이스는 새로운 견해의 **운동학적·광학적** 난점만을 다루고 있다. (동역학적 난점의 고찰은 그의 주장을 더욱 강력하게 해줄 것이다.) 그는 다음과 같이 지적한다. "최상의 조건하에서, 이심원(혹은 그와 동등한 것)을 주전원과 함께 사용하는 지구 정지체계나 태양 정지체계는 행성의 모드 각 운동을 6분 상회하는 정밀도로 설명할 수 있다. … 단지, 수성을 … 설명하는 데 필요한 특수한 이론과 그러한 이론으로부터 30분의 이탈을 나타내는 행성, 즉 화성은 예외로 한다. [이것은] 틀림없이 코페르니쿠스 자신이 그의 이론에 대한 만족할 만한 목표라고 이야기했던 10분의 정밀도를 웃돌고 있다." 그렇지만 그의 이론은 테스트하기 어려웠는데, 특히 코페르니쿠스 시대에는 굴절(수평선상에서 거의 1도가 된다)이 고려되지 않았고 예측의 관찰적 기초가 만족할 만한 것이 아니었기 때문에 그러했다.

칼 슈마허(Carl Schumacher, *Untersuchungen über die ptolemäische Theorie der untern Planeten*, Münster, 1917)는 수성과 금성에 관한 프톨레마이오스의 예언이 코페르니쿠스의 예측과는 고작 30분이 틀린 것을 발견하였다. 현대의 예측과 프톨레마이오스(및 코페르니쿠스)의 예측 사이에서 볼 수 있는 차이는 수성의 경우에는 7도까지 달하지만, 이것은 주로 부정확한 세차의 상수값을 포함하여, 틀린 상수나 초기 조건에 의한 것이다. 프톨레마이오스적인 도식의 만능적인 성격에 대해서는 N. R. Hanson, *Isis*, No. 51, 1960, pp.150~158을 참조.

10 Ptolemy, *Syntaxis*, I. 7.

화 사이의 '보다 눈에 뜨이는' 충돌을 제거한다는 점을 지적하고자 할 수도 있다. 우연하게도 이것은 갈릴레오 자신의 견해이기도 하다. 갈릴레오는 "자연적이고 통상적인 감각보다 우월하고 보다 훌륭한 감각이 존재하며, 이성과 힘을 합치지 않았더라면 코페르니쿠스의 체계에 대해서 보다 반항적"[11]이었을 것임을 인정한다. 그 '우월하고 보다 훌륭한 감각'이란 물론 **망원경**이다. 사람들은 겉보기에는 반귀납적인 절차가 실제로는 보다 훌륭한 자연적 해석들뿐 아니라, 갈릴레오의 아리스토텔레스적인 전임자들이 가질 수 있었던 것보다 더 훌륭한 감각적 핵이 들어 있는 **보다 훌륭한 경험에 기초한 귀납**(혹은 추측 더하기 반박 더하기 새로운 추측)이었다고 말하고 싶을 것이다.[12] 이제 이 문제를 좀 더 구체적으로 검토해 보아야겠다.

망원경은 천문학적 문제들을 판단하는 데 새롭고 보다 신뢰할 만한 증거를 주는 '우월하고 보다 훌륭한 감각'이다. 그러나 이 가설은 어떻게 검토되어야 하는가? 또한 이 가설에 유리한 어떤 논증들이 제시될 수 있는가?

갈릴레오의 망원경에 의한 첫 번째 관찰을 담고 있는 『별에서 온

---

11 *Dialogue*, op. cit., p.328.

12 이 견해에 대해서는 Ludovico Geymonat, *Galileo Galilei*, trans. Stillman Drake, New York, 1965(first Italian edition 1957), p.184를 참조. 갈릴레오의 망원경 발명과 사용에 대한 이야기에 대해서는 R. S. Westfall, "Science and Patronage", *Isis*, Vol. 76, 1985, pp.11ff를 볼 것. 웨스트폴에 따르면, 갈릴레오는 "망원경을 천문학의 도구로서보다는 후원의 도구로 더 여겼다"(p.26). 그리고 그의 제자(이자 충실한 코페르니쿠스주의자)였던 카스텔리(Castelli)에 의해서 떠밀려서 어떤 천문학적 적용을 하게 되었다. 갈릴레오의 망원경은 그 당시 유통되고 있던 다른 망원경보다 훌륭했고, 따라서 요구가 훨씬 많았다. 그러나 그는 먼저 잠재적 후원자들의 요구를 만족시켰다. 망원경의 성능에 불만을 품었고(다음 장 각주 21과 본문을 볼 것), 더 좋은 도구를 갖기를 열망하였던 케플러는 기다려야 했다.

소식』[13]은 그의 명성에 가장 중요한 공헌을 하였던 출판물이다. 여기에서 갈릴레오는 그가 "굴절이론에 대한 깊은 연구를 통해서 (망원경을 만드는 데) 성공했다"고 쓰고 있다. 이것은 갈릴레오가 육안에 의한 관찰보다 망원경에 의한 관찰결과를 택하는 **이론적인 근거**를 가지고 있었다는 것을 암시한다. 그러나 그가 제시하는 특정한 이론적 근거 — 굴절이론에 대한 그의 통찰 — 는 **정확하지도 충분하지도** 못하다.

그 근거는 정확하지 않다. 왜냐하면 당시의 물리광학에서 망원경으로 본 현상에 대한 이해와 관련해서 갈릴레오의 지식에 대해서 심각한 의문이 제기되기 때문이다. 『별에서 온 소식』보다 반년 이상 늦은 1610년 10월 1일[14] 줄리아노 테 메디치에게 보낸 편지에서 갈릴레오는, 이탈리아에서는 아직 그것을 구할 수가 없다고 지적하면서, 케플러의 1604년의 『광학』 사본을 요청하고 있다.[15] 1614년에 갈릴레오

13 *The Sidereal Messenger of Galileo Galilei*, trans. E. St. Carlos, London, 1880(Dawsons of Pall Mall에 의해 재간행, 1960), p.10.

14 Galileo, *Opere*, Vol. 10, p.441.

15 *Ad Vitellionem Paralipomena quibus Astronomiae Pars Optica Traditur*, Frankfurt, 1604. Franz Hammer(ed.) *Johannes Kepler, Gesammelte Werke*, Vol. 2, Munich, 1939에서 인용. 이 특정한 저서를 '1604년의 광학'이라고 언급한다. 그것은 당시 존재하고 있던 유일하게 쓸모 있는 광학이었다. 갈릴레오가 호기심을 가졌던 것은 대개 『별에서 온 소식』(*Sidereus Nuncius*)에 대한 회답 중에 있는 이 저서에 대한 케플러의 많은 언급 때문이었다. 이 회답의 역사와 번역에 대해서는, *Kepler's Conversation with Galileo's Sidereal Messenger*, trans. E. Rosen, New York, 1865를 참조. 『대화』(*Conversation*)에 포함되어 있는 초기 저작에 대한 언급은 갈릴레오의 몇몇 논적에 의해 '그의 얼굴에서 가면이 벗겨진' 증거로서(G. 후거가 케플러에게 보낸 편지, 1610년 5월 28일, Galileo, *Opere*, Vol. 10, p.361) 또 그[케플러]가 '갈릴레오로부터 멋지게 뽑아낸' 증거로(메스트린이 케플러에게 보낸 편지, 8월 7일, Ibid., p.428) 해석되었다. 갈릴레오는 케플러의 『대화』를 5월 7일 이전에 받았음에 틀림없고(Ibid., p.349), 케플러에게 보낸 8월 19일의 편지 중에서(Ibid., p.421) 갈릴레오는 인쇄된 『대화』를 받았음을 인정하고 있다.

에게 미리 배율이 정해진 망원경의 조립에 관해서 물었던 장 타르드 (Jean Tarde)는 그의 일기에서, 갈릴레오는 그 문제를 매우 어려운 것으로 여겼으며 케플러의 1611년의 『광학』[16]은 너무 이해하기 어려워서 "아마도 저자 자신도 그것을 이해하지 못할 것이다"라고 생각하였다고 보고한다.[17] 갈릴레오는 죽기 2년 전에 쓴 리체티(Liceti)에게 보낸 편지에서, 빛의 본성에 관한 한 그 자신은 아직도 미궁 속을 헤매고 있다고 말한다.[18] 갈릴레오와 같은 별난 저자의 경우에 따져 봐야 할 그러한 발언들을 우리가 아무리 조심스럽게 생각해 본다고 해도, 우리는 광학에 관한 갈릴레오의 지식은 케플러의 지식에 훨씬 못 미치는 것이었음을 인정하지 않을 수 없다.[19] 이것은 호프(E. Hoppe) 교수의 결론이기도 한데, 그는 이 상황을 다음과 같이 요약한다.

"네덜란드 사람의 망원경에 관해서 들은 후에 수학적 계산에 의해서 그 장치를 재구성했다는 갈릴레오의 주장은 물론 약간 과장된 것으로 이해

---

16 *Dioptrice*, Augsburg, 1611; *Werke*, Vol. 4, Munich, 1941. 이 저서는 갈릴레오의 여러 발견 뒤에 쓰여졌다. 서문에서 케플러에 대한 언급은 E. St. 카를로스(Carlos)가 번역하였다. op. cit., pp.37~79ff. 타르드에 의해 언급되었던 문제는 케플러의 『광학』에서 다루어지고 있다.

17 Geymonat, op. cit., p.37.

18 1640년 6월 23일에 리체티에게 보낸 편지. *Opere*, VIII, p.208.

19 갈릴레오와 동시대 사람들 중에서 가장 총명하고 사랑스러운 인물인 케플러는, 광학적인 사례에 대해서 보다 고도의 지식을 갖고 있었음에도 불구하고 '그 장치를 조립하는 시도를 보류했던' 이유에 대해 명료하게 설명하고 있다. 그는 갈릴레오를 향해 이렇게 말한다. "그렇지만 당신은 나의 칭찬을 받을 만합니다. 모든 의심을 제쳐 두고 당신은 시각 실험으로 눈을 돌렸습니다."(*Conversation*, op. cit., p.18) 갈릴레오는…광학에 관한 지식이 모자랐던 탓으로 극복해야만 했던 '의심'을 갖고 있지 않았다는 사실을 덧붙여 두자. "갈릴레오는…광학이라는 과학에 전적으로 무지했으며, 이 사실이 그에게나 인류 전체에게 매우 우연한 행복이었다고 가정한다고 해도 아주 지나친 것은 아니다." Ronchi, *Scientific Change*, ed. Crombie, London, 1963, p.550.

되어야 한다. 왜냐하면 그의 저작들 가운데서 우리는 어떤 계산도 발견할 수 없으며, 그의 첫 번째 시도에 관한 편지에 담긴 보고는 보다 나은 렌즈를 만들 수 없었다고 말하고 있다. 그런데 우리는 그가 엿새 후 레오나르도 도나티 총독에게 보다 우수한 망원경을 선물로 건네주기 위해서 베니스로 가는 것을 발견한다. 이것은 계산에 의한 성과가 아닌 것처럼 보인다. 오히려 그것은 시행착오에 의한 성과로 보인다. 계산은 다분히 다른 종류의 것에 관한 것이었을 것이다. 그리고 거기서 그 계산에 성공하였다. 왜냐하면 1606년 8월 25일 그의 봉급이 3배나 올랐기 때문이다."[20]

시행착오 —— 이것은 "망원경의 경우, 갈릴레오를 자신의 고안물의 신뢰성에 대한 담담한 믿음으로 이끈 것은 수학이 아니라 경험이었다"[21]는 것을 의미한다. 망원경의 기원에 관한 이 두 번째 가정은 갈릴레오의 증언에 의해서도 뒷받침된다. 거기서 그는 그가 망원경을 "무수한 별들과 다른 대상들에 대하여 수백 수천 번 테스트하였다"[22]

---

20 Hoppe, *Die Geschichte der Optik*, Leipzig, 1926, p.32. 망원경의 발명에 관한 호프의 판단에 대해 볼프, 치나 및 다른 사람들도 동조하고 있다. 호이겐스는, 이용할 수 있는 물리학과 기하학을 기초로 망원경을 발명하는 데는 초인적인 지성이 필요했을 것이라고 지적하고 있다. 결국 우리들은 아직도 망원경의 작동을 이해하지 못한다고, 그는 말한다("Dioptrica", *Hugenii Opuscula Postuma*, Ludg. Bat., 1903, 163; A. G. Kästner, *Geschichte der Mathematik*, Vol. 4, Göttingen, 1800, p.60을 의역하였다).

21 Geymonat, op. cit., p.39.

22 1616년 5월 24일, 카리오소에게 보낸 편지, *Opere*, X, p.357. 1611년 5월 12일, 디니(P. Dini)에게 보낸 편지, *Opere*, IX, p.106. "또한 내가 지난 2년 동안에 나의 도구를(아니 수십 개의 나의 도구를) 가까운 것과 먼 것, 큰 것과 작은 것, 밝은 것과 어두운 것 등, 수백 수천 개의 대상에 대해 테스트했다는 것을 의심하지 마십시오. 그러므로, 나는 관찰 중에 내가 어리석게 속아 넘어갔다고 어떻게 생각할 수 있는지 이해가 가지 않습니다." 수백 수천 가지의 실험이라는 것은 후크(Hooke)를 생각나게 하고, 그리고 아마도 역시 거짓일 것이다. 제10장의 각주 9 참조.

고 쓰고 있다. 이러한 테스트들은 위대하고도 놀라운 성공을 가져왔다. 그 시대의 문헌들 ──편지, 책, 가십란 ──은 망원경이 **지상에서의 시각**을 개선하는 도구로서 가져온 놀라운 인상에 대해 증언한다.

로마의 철학교수였던 율리우스 카이사르 라갈라(Julius Caesar Lagalla)는 갈릴레오가 그의 고안물을 증명하였던 1611년 4월 16일의 모임을 다음과 같이 기술하고 있다. "우리들은 예전에 시인 마르티알리스의 저택이 있었다고 전해지고 지금은 대사제 말바시아의 소유로 되어 있는, 성령에 따라서 이름 붙여진 시(市)의 대문 가까이에 있는, 자니쿨러 언덕 정상에 있었다. 그 기구 덕분에 우리는 토스카나 언덕에 자리한 가장 이름난 알템프스 공작의 궁전을 매우 또렷하게 보았는데, 우리는 모든 창문을 하나하나 가장 작은 것까지도 쉽게 셀 수 있었다. 그 거리는 16이탈리안마일이다. 같은 곳으로부터 우리는 식스투스가 축원을 위해서 라테란 궁에 세운 회랑(回廊)의 글자들을 분명하게 읽었는데, 적어도 2마일의 거리에서 글자들 사이에 새겨진 마침표들까지 구별하였다."[23]

---

23 Lagalla, *De phaenomenis in orbe lunae novi telescopii usa a D. Galileo Galilei nunc iterum suscitatis physica disputatio*, Venice, 1612, p.8; E. Rosen, *The Naming of the Telescope*, New York, 1947, p.54에서 인용. 로마에서의 사건이나 가십에 대한 우르비노공국의 정기적인 보고(*Avvisi*)는 그 사건에 대한 다음과 같은 보도를 담고 있다. "수학자 갈릴레오 갈릴레이는 부활절 전에 피렌체로부터 이곳에 도착하였다. 이전에는 파두아의 교수였지만, 현재 그는 스쿠화 1,000개의 봉급으로 토스카나 대공 밑에 있다. 그는 별의 운행을 안경(occiali)으로 관찰했는데, 이것은 그가 발명했거나 아니면 개량한 것이다. 고대 철학자 모두의 의견에 반대해서 그는 특히 4개의 별 혹은 행성 ──이것은 목성의 위성이고, 그리고 그는 이것을 메디치 체(體)라고 부른다 ──과 토성의 두 반성(伴星)이 존재한다고 선언하고 있다. 그는 이곳에서 예수회 신부 클라비우스(Clavius)와 그의 의견에 대해 토론하였다. 목요일 밤, 성 판크라티우스 문(門) 밖, 몬시노르 말바시아 저택의 높고 공개된 장소에서, 그를 위한 연회가 몬티첼리 후작인 추기경 체시의 조카, 페데리코 체시에 의해 개최되었는데, 여기에는 그의

다른 보고들도 이 사건 그리고 이와 비슷한 사건들을 확인한다. 갈릴레오 자신은 '그 기구가 육지나 바다에서 사용될 때 가져올 것이라고 기대되는 이득의 수와 중요성'[24]을 지적한다. 이렇게 해서 망원경의 **지상에서의 성공**은 확보되었다. 그러나 그것의 별에 대한 적용은 전혀 다른 문제였다.

친척 파울로 모날데스코가 동반하였다. 그 모임에는 갈릴레오, 테렌티우스라는 이름의 프랑스 인 추기경, 체시의 추종자인 페르시오, 이곳 대학의 교수인 [라]갈라, 추기경 곤자가의 수학자인 그리스 사람, 시에나의 교수인 피파리, 그 밖의 8명의 사람들이 있었다. 그들 중의 몇 사람은 일부러 문 밖에 나가서 이 관찰을 실행했는데, 그들이 새벽 1시까지 머물렀음에도 불구하고, 여전히 일치를 보지 못하였다."(Rosen, op. cit., p.31에서 인용)

24 *Sidereal Messenger*, op. cit., p. ii . 베렐루스에 의하면(Berellus, *De Vero Telescopii Inventore*, Hague, 1655, p.4), 모리츠 공은 망원경의 군사적 가치를 올바로 인식하고, 그 발명 ─ 이것을 베렐루스는 자카리아스 얀센에게 돌리고 있다 ─ 을 비밀에 부칠 것을 명하였다. 그러므로 망원경은 비밀무기로 등장했던 것처럼 보이고, 후일에야 비로소 천문학적으로 쓰였던 것이다. 문헌 중에는 망원경에 대한 예상이 자주 나타나지만, 그것들은 대부분 자연적 마술의 영역에 속하고, 또한 그것에 대응하는 방식으로 사용되고 있었다. 이 한 예가, 아그리파 폰 네테샤임인데, 그는 신비철학에 대한 책(1509년에 쓰여짐. 제2권 제23장) 속에서 다음과 같이 쓰고 있다. "그리고 나는 그들로부터 경이적인 것과 볼 만한 것을 만들어 내는 것을 배우는데, 이것들로는 누구라도 매우 먼 곳에서도 보고 싶다고 생각하는 모든 것을 볼 수 있을 것이다." (et ego novi ex illis miranda conficere, et specula in quibus quis videre poterit quaecunque voluerit a longissima distantia) "그러므로 한 시대의 장난감이 다른 시대에서는 귀중한 보물이 될 수도 있다." Henry Morley, *The Life of Cornelius Agrippa von Nettesheim*, Vol. 2, p.166.

제9장

망원경에 의한 '초기' 경험도 그러한 근거를 제공하지 않는다. 망원경에 의한 최초의 천체관측은 불명료하고, 불확정적이고, 모순을 안고 있으며, 누구든지 기구의 도움 없이 맨눈으로 볼 수 있는 것과 상충된다. 또한 망원경에 의한 착각과 실재적인 현상을 구별하는 데 도움을 줄 수 있다고 생각되던 유일한 이론은 간단한 테스트에 의해서 반박되었다.

먼저 망원경에 의한 시각의 문제가 있다. 이 문제는 천상의 대상에 대한 것과 지상의 대상에 대한 것이 다르다. 또한 그것은 두 경우에 있어서 다를 것이라고 **생각되었다.**[1]

그것은 천상의 물체와 지상의 물체가 서로 다른 물질로 형성되어 있고 서로 다른 법칙을 따르고 있다는 그 당시의 관념에 의해서 그렇

---

1 이것은 (케스트너를 포함하여; Kästner, op. cit., p.133) "우리들은 망원경이 지상에서는 문제없이 사용될 수 있는데, 천체에서는 속일 수 있는 이유가 무엇인지 알지 못한다"고 주장하는 사람들에게는 지금까지도 거의 이해되고 있지 않다. 케스트너의 주석은 호르키(M. Horky)의 견해에 반대하고 있다. 이 장의 각주 9~16에 대한 본문을 보라.

게 생각된 것이다. 이러한 생각으로부터 빛(그것은 두 영역을 결합시키며, 특별한 속성들을 가진다)과 지상 물체와의 상호작용의 결과를, 그 이상의 논의 없이, 하늘로 확장시킬 수 없다는 것이 귀결된다. 사람들은 이러한 물리적인 관념과 더불어, 아리스토텔레스적인 지식이론(그리고 또한 물질에 관한 현재의 견해들)과, 감관은 지상 물체의 친숙한 현상을 잘 알고 있어서 망원경의 상이 크게 왜곡되거나 주위의 변색에 의해서 모양이 손상되는 일이 있더라도, 그것들을 명확하게 지각할 수 있다는 관념을 추가한다. 그러나 별들은 가까이에서 볼 수가 없다.[2] 따라서 별의 경우에는, 망원경에서 얻어지는 것과 대상 그 자체에서 유래하는 것을 구별하는 데 우리의 기억을 사용할 수 없다.[3] 더욱이 지구의 표면에 대한 우리의 시각을 구성하고 그것을 도와주는 모든 익숙한 단서들(배경, 중복됨, 가까운 거리에 있을 때의 크기에 대한 지식과 같은 것)은 천체를 다룰 때에는 주어지지 않는다. 따라서 새롭고 놀라운 현상이 생길 수밖에 없다.[4] 망원경 내에서 빛의 행동에 관한 가설뿐만

2 감관은 우리의 일상적인 환경을 잘 알고 있지만, 이 영역 밖의 대상들에 관해서는 잘못된 보고를 하기 쉽다는 생각은 일단 달의 외양에 의해서 즉시 증명된다. 지구에서는 산과 같이 친숙한 환경에서 크고 멀리 있는 대상은 크게 보이고 멀리 있는 것으로 보인다. 그러나 달의 외양은 그것의 거리와 그것의 크기에 대해서 완전히 잘못된 관념을 제공한다.

3 낯익은 알파벳의 문자를 낯선 선으로 이루어진 배경으로부터 분리하는 것은, 설령 그것이 거의 읽을 수 없는 필체로 쓰여 있다고 해도, 그렇게 어려운 일이 아니다. 그러나 이러한 분리는 낯선 알파벳에 속한 문자의 경우에는 가능하지 않다. 이러한 문자의 각 부분은, K. 코프카(Koffka)에 의해 묘사되고 있는 방식으로 합체해서 일반적인 (광학적) 잡음과 구별되는 명료한 패턴을 형성하는 것이 아니다(*Psychological. Bulletin*, 19, 1922, pp.551ff ─ 부분적으로 *Experiments in Visual Perception*, ed. M. D. Vernon, London, 1966에 재발간되었다. 또한 같은 책의 고트샬트K. Gottschaldt의 논문도 참조).

4 망원경의 상의 배치와 형태에 있어서, 조리개, 십자선, 배경 등과 같은 단서의 중요성과 단서가 존재하지 않을 때에 생기는 기묘한 상황에 대해서는 Ronchi, *Optics*, op. cit., 특히 pp.151, 174, 189, 191 등을 참조. 또한, R. L. Gregory, *Eye and Brain*, New York, 1966의 여러 군

아니라, 예외적인 환경 아래서 눈의 반응에 관한 가설들까지 포함하는 새로운 시각이론만이 물리학과 천문학적 관찰에 있어서 명백한 사실이었던(오늘날에도 여전히 그러하다) 천체와 지구 사이의 간격을 메꿀 수 있을 것이다.[5] 우리는 머지않아 당시에 이용 가능했던 이론들을 논평할 기회를 갖게 될 것인데, 그 이론들 중 어느 것도 그러한 과제에는 적합하지 않았으며 평범하고도 명백한 사실에 의해서 반박되었다는 것이 분명해질 것이다. 나는 잠시 동안 관찰 그 자체에 대해서만 생각하고자 한다. 또한 나는 망원경이 가져오는 천계에 대한 관찰결과를 관찰된 사물의 안정된 객관적 속성들을 나타내는 것으로 액면 그대로 받아들이려고 할 때 생기는 여러 가지 모순점들과 난점들에 대해서 논의하고자 한다.

이러한 난점들 가운데 어떤 것들은 그 당시의 『보고』(Avvisi)[6]의 기사 가운데서 이미 알려져 있는데, 그것은 다음과 같은 말로 끝을 맺는다. 즉 "그들(기술된 회합 참가자들)이 이러한 관찰[네댓 개의 별 혹은 행성, 즉 목성의 위성들과 토성의 두 반성(伴星)에 대한 관찰[7]]을 하기 위해 일부러 밖에 나가 새벽 1시까지 서 있었음에도 불구하고, 그들은 일치된 견해에 도달할 수 없었다."

데 및 p.99(자동운동에 대해서)도 참조. F. P. Kilpatrick(ed.), *Explorations in Transactional Psychology*, New York, 1961은 친숙한 단서가 빠져 있을 때에 일어나는 일에 관해 풍부한 자료를 포함하고 있다.

5 갈릴레오가 수행한 척했던(제8장의 각주 13의 본문) "굴절 이론에 대한 깊은 연구"가 망원경의 유효성을 확립하기에 아주 불충분했던 것은 이러한 이유에서이다. 이 장의 각주 16도 참조.

6 상세한 것은 제8장 각주 23에 있다.

7 당시 토성의 고리는 이처럼 보여지고 있었다. 또한 R. L. Gregory, *The Intelligent Eye*, p.119도 참조.

전 유럽에 걸쳐서 유명해진 또 다른 모임은 그 상황을 보다 분명히 보여 준다. 약 1년 전, 1610년 4월 24일과 25일에 갈릴레오는 모든 교수단에서 모인 24명의 교수들에게 증명하기 위해서 볼로냐에 있는 그의 논적, 마지니(G.A.Magini)의 집에 자신의 망원경을 가지고 갔다. 광적으로 케플러를 따르던 그의 제자 호르키는 이 모임에 대해서 다음과 같이 썼다.[8] "나는 4월 24일, 25일에 걸쳐 밤낮을 가리지 않고 갈릴레오의 기구를 이 지상의 사물들과 천상의 사물들에 대해서 천 여 번에[9] 걸쳐 테스트하였다. **그것은 지상에서는 놀라울 정도로 작동하였다.** 그러나 천상에서는 우리들을 속였다. 어떤 항성[예를 들어 처녀자리의 스피카(Spica Virginis)가 지상의 불꽃과 함께 언급되고 있다]은 이중으로 보이기 때문이다.[10] 내 증인으로는 가장 탁월한 사람들과 고귀한 박사들이 있다. 그들 모두는 기구가 우리를 속인다는 사실을 인정했다. 이것은 갈릴레오를 침묵하도록 만들었고, 그는 26일 이른 아침 비 통해하면서 그 집을 떠났다. 마지니에게 근사한 식사에 대한 감사인사도 하지 않고서…." 마지니는 5월 26일 케플러에게 다음과 같이 썼다. "그는 아무것도 성취하지 못했습니다. 왜냐하면 20명 이상의 학식 있는 사람들이 있었지만 아무도 새로운 행성들을 분명하게 보지 못했기

---

8 Galileo, *Opere*, Vol. 10, p.342(강조는 인용자. 앞에서 논했던 하늘의 관찰과 지상의 관찰 사이의 차이에 대해서 언급하고 있는 것이다).

9 여기에서 다시 보여지는, '수백' '수천'의 관찰이나, 시행 등은 거의가 수사적인 꾸밈 이상이 아니다("우리가 당신에게는 천 번이나 이야기하고 있습니다"라고 말하는 경우와 같다). 이것을 쉴 새 없이 관찰하는 생활을 추론하는 데 이용하기란 불가능하다.

10 여기서도 역시 외적인 단서가 빠져 있는 사례에 직면한다. 불꽃, 작은 불빛의 현상에 관해서는 Ronchi, *Optics*, op. cit.를 참조.

때문입니다['nemo perfecte vidit']. 그는 행성들에 대한 자신의 주장을 더 이상 유지하기 어렵겠지요."[11] 몇 달 후 (루피니에 의해 서명된 편지에서) 그는 다음과 같은 주장을 되풀이하였다. "예리한 시각을 가진 단 몇 사람만이 어느 정도 납득하였다."[12] 이것을 포함한 여러 다른 부정적인 보고들이 사방 각지에서 물밀듯이 케플러에게 도착한 이후에 케플러는 갈릴레오에게 증거들을 요구하였다.[13] "나는 적지 않은 이탈리아인들이 프라하에 편지를 보내서, 그들이 당신의 망원경을 통해서 그 별들[목성의 달들]을 볼 수 없었다고 주장하는 것을 숨기고 싶지 않습니다. 나는 망원경을 사용한 사람을 포함해서, 어떻게 그 많은 사람들이 그 현상을 부정할 수 있는지를 자문해 봅니다. 그리고 나에게 때때로 일어나는 일을 생각해 보면, 나는 수천 명이 볼 수 없는 것을 어느 한 사람만이 보는 경우가 있을 수 없다고는 생각하지 않습니다.[14] 그러나 다른 사람들이 확인하는 데 이렇게 긴 시간이 걸린다는 것을 유감으로 생각합니다. 그 때문에 갈릴레오, 당신에게 부탁하건대, 가능한 한 빨리 증거들을 내게 보여 주십시오." 8월 19일의 그의 답장에서 갈릴레오는 그 자신과 토스카나 공(公), 줄리아노 데 메디치뿐 아니라 피

---

11 5월 26일의 편지, *Opere*, III.

12 Ibid., p.196.

13 1610년 8월 9일의 편지. Caspar-Dyck, *Johannes Kepler in Seinen Briefen*, Vol. 1, Munich, 1930, p.349.

14 폴리오피아(polyopia)를 앓고 있었고("이 병에 걸리면 멀리 있는 작은 대상이 2개나 3개로 보이게 됩니다. 따라서, 달이 1개가 아니라, 10개나 그 이상으로 내 앞에 나타나는 것입니다." *Conversation*, op. cit., footnote 94. 그 밖의 인용에 대해서는 각주의 남은 부분도 참조). 또한 플라터(Platter)의 해부학적 연구 (상세한 문헌에 대해서는 S. L. Polyak, *The Retina*, Chicago, 1942, pp.134ff를 참조)에도 익숙해 있던 케플러는 **천문학적 관찰에 대한 생리학적 비판**의 필요성을 잘 깨닫고 있었다.

사, 플로렌스, 볼로냐, 그리고 파두아의 다른 사람들에 대해서도 언급하고 있는데, "그들은 침묵하고 있으며 주저하고 있습니다. 그들 대부분은 목성, 혹은 화성 그리고 달조차도 행성이라고 전혀 알아보지 못합니다"[15]라고 하였다.

오늘날 우리들은 망원경을 사용한 시각(vision)에 직접 호소하는 것이 어째서 초기 단계에 있어서는 실망을 안겨 줄 수밖에 없는가에 대해 좀 더 잘 이해할 수 있다. 그 가장 주된 이유는 아리스토텔레스에 의해서 이미 예견된 것인데, 비정상적인 조건 아래서 적용된 감각은 비정상적인 반응을 가져오기 쉽다는 것이다. 이전의 역사가들 중 몇몇 사람은 그 상황을 어렴풋이 감지하고 **부정적** 측면에 대해 말하였다. 그들은 만족스러운 관찰적 보고의 **결여**와 망원경에서 보이는 것의 **빈약함**을 설명하려고 노력한다.[16] 그들은 관찰자가 **강력한 긍정적인 착각**에 의해서도 혼란에 빠질 수 있다는 가능성을 알지 못한다. 그러한 착각의 정도는 아주 최근에 주로 론치(Ronchi)와 그의 학파의[17] 작업의 성

15 Casper-Dyck, op. cit., p.352.

16 따라서 Emil Wohlwill, *Galileo und sein Kampf für die Kopernikanische Lehre*, Vol. 1, Hamburg, 1909, p.288은 다음과 같이 쓰고 있다. "의심할 바 없이, 마음에 들지 않는 결과들은 망원경에 의한 관찰의 훈련 부족이나 갈릴레오의 망원경의 시야가 제약되었기 때문이었고 또 렌즈를 학구적인 사람들의 눈의 특이성에 맞추기 위해서 그 거리를 변화시킬 수 있는 가능성이 존재하지 않았던 탓이다…." 극적으로 표현되어 있지만, 똑같은 판단이 아서 쾨슬러(Arthur Koestler)의 *Sleepwalkers*, p.369에서 보인다.

17 Ronchi, *Optics*, op. cit.; *Histoire de la Lumière*, Paris, 1956; *Storia del Cannochiale*, Vatican City, 1964; *Critica dei Fondamenti dell' Acustica e del'Ottica*, Rome, 1964를 참조. 또한 *Archives d'histoire des sciences*, December 1966, pp.333ff에서, E. 칸토르(Cantore)의 요약도 참조. 나는 여기서 론치 교수의 연구가 과학의 방법에 대한 나의 생각에 커다란 영향을 주었던 것에 감사드리고 싶다. 갈릴레오의 업적에 대한 간결한 역사적 해설에 대해서는, *Scientific Change*, ed. A. C. Crombie, London, 1963, pp.542~561에서 론치의 논문을 참조. 이 분야가 얼마나 일천한가 하는 것은 S. 톨란스키(Tolansky)의 저서, *Optical*

과가 나오기 전까지는 알려지지 않았다. 그들의 업적에서 망원경의 상
의 위치설정에 따른, 그와 상응해서, 관찰된 상의 **배율**에 따른 커다란
편차가 보고되었다. 몇몇 관찰자들은 상을 망원경 내부에 똑바로 세우
고, 잔상(殘像)이나 망원경 내부에서의 반사상(反射像)의 경우와 아주
똑같이, 눈의 위치에 따라서 상의 위치가 변화하도록 하였다. 이것은
우리가 하나의 '착각'을 다루고 있음에 틀림없다는 것에 대한 훌륭한
증명이다.[18] 다른 몇몇 사람들은 길이의 배율이 30배 이상이 되었는데
도, 상이 전혀 확대되지 않도록 상을 위치시키기도 한다.[19] 상의 중복조

Illusions, London, 1964에 의해 분명해진다. 톨란스키는 물리학자이지만, (결정과 금속에 대한) 현미경을 통한 연구에서 나타나는 광학적 착각 때문에 고민하였다. 그는 다음과 같이 쓰고 있다. "이 사실이 우리들의 관심을 다른 상황의 분석으로 향하게 하고, 최후에는 광학적 착각은 많은 일상적인 과학의 관찰에 영향을 주는 커다란 역할을 할 수 있고, 또한 현재 행하고 있다는, 예기치 못한 발견을 초래하였다. 이것이 나에게 부주의하지 않도록 경고하고, 그 결과 예기하고 있던 것보다도 많은 착각과 마주치게 되었다." '직시(direct vision)의 착각'이 과학연구에서 차지하는 역할은 서서히 재발견되고 있지만, 이것은 중세 과학에 대한 저자들에게는 잘 알려져 있던 것이었고, 그들은 그것을 교과서에 특별한 장을 만들어 다루고 있었다. 더욱이 그들은 렌즈의 상을 심리적 현상으로서, 오해의 결과로서 취급했는데, 왜냐하면 상은 '단지 원래의 장소 밖에서 대상의 현상에 불과하다'는 것은, 존 페캄(John Pecham)에서 읽을 수 있는 바와 같다(David Lindberg, "The 'Perspectiva Communis' of John Pecham", *Archives Internationales d'histoire des sciences*, 1965, p.51 및 페캄의 *Perspectiva Communis*의 Proposition ii/19의 마지막 대목을 참조. 후자는 *John Pecham and the Science of Optics*, ed. D. Lindberg, Wisconsin, 1970, p.171에서 보인다).

18 Ronchi, *Optics*, op. cit., p.189. 이 사실은 망원경의 안쪽을 보고 싶다고 자주 말하는 욕구를 설명할지도 모른다. 지상의 대상인 경우에 그 상은 정해진 대상의 위치(ibid., p.182)에 놓여지기 때문에 그러한 문제가 전혀 생기지 않는다.

19 갈릴레오의 망원경의 배율에 대해서는 *The Sidereal Messenger*, op. cit., p.11을 참조. 또한 A. Sonnefeld, "Die Optischen Daten der Himmelsfernrohre von Galileo Galilei", *Jenaer Rundschau*, Vol. 7, 1962, pp.207ff를 참조. "그것에 따라 물건이 보여지는 크기, 위치, 배치는 물건이 바라보이는 각도의 크기에 의존한다"(R. Grosseteste, *De Iride*, Crombie, *Robert Grosseteste*, Oxford, 1953, p.120에서 인용)는 오래된 규칙은 유클리드에게까지 거슬러 올라가는데, 그것은 거의 언제나 틀렸다. 나는, 배율이 약 150배라고 알려진 반사망원경을 조립하여 달을 보았는데, 달이 고작 5배로 확대되어 접안렌즈의 바로 옆에 위치해 있는 것을 발견했을

차도 초점을 제대로 맞추지 못한 데서 나오는 결과라고 설명될 수 있다.[20] 이러한 심리학적 난점들과 더불어 당시의 망원경이 가진 여러 결함을 생각한다면,[21] 우리는 만족스러운 보고가 적은 이유를 잘 이해할 수 있다. 또한 우리는 오히려 새로운 현상의 실재성이 받아들여지고, 그것이 관습과 같이 공적으로 승인되어 가는 속도에 놀라게 된다.[22] 우

때(1937년)의 실망을 아직까지도 기억한다.

20 상은 상당한 시간 동안 예리하게 또 변함없이 남는다 — 그러니 초점이 맞지 않는다는 것은 상이 겹친다는 사실에서 보여질 수 있다.

21 케플러는 선거제후 쾰른의 에른스트로부터 받았던 최초의 유용한 망원경(후자는 이것을 갈릴레오로부터 받았다)에 기초하여 『그에 의해 관찰되었던 4개의 목성의 위성에 대한 이야기』(*Narratio de observatis a sequartuor Jovis satellibus*, Frankfurt, 1611)를 저술했는데 그는 별을 **정방형인** 동시에 강한 **빛깔**을 가진 것으로 보았던 것이다(*Ges. Werke*, IV, p.461). 쾰른의 에른스트 자신은 망원경으로 아무것도 보지 못하고, 보다 좋은 도구를 보내주도록 클라비우스(Clavius)에게 요청하였다(*Archivio della Pontifica Universita Gregoriana*, 530, f182r). 1643년부터 계속해서 금성의 모양을 관측했던 프란체스코 폰타나(Francesco Fontana)는, 그 윤곽이 매끄럽지 않은 사실에 주목하였다(그리고 산이 있다는 것을 추론하였다). R. Wolf, *Geschichte der Astronomie*, Munich, 1877, p.398 참조. 당시의 망원경의 특이성과 기술을 포함하는 문헌에 대해서는 Ernst Zinner, *Deutsche und Niederländische Astronomische Instrumente des 11. bis 18. Jahrhunderts*, Munich, 1956, pp.216~221을 참조. 또한 그 책의 제2부, 저자의 카탈로그도 참고하라.

22 유력한 로마 예수회학원의 천문학자였던 클라비우스 신부는(1610년 12월 17일의 편지, *Opere*, X, P.485), 갈릴레오를 목성의 달을 최초로 관찰한 사람으로 칭찬하고 또한 그 실재성을 인정하고 있다. 마지니, 그란버거와 다른 사람들은 바로 이를 받아들였다. 그 점에 있어서 그들은 자신의 철학에 의해 규정되는 방법에 따라 나아가지 않았거나 문제의 연구에 있어 엄격하지 않았음이 분명하다. 맥멀린 교수는(McMullin, op. cit., footnote 32), 갈릴레오의 망원경에 의한 관찰을 신속하게 받아들인 점을 중시하고 있다. "위성과 금성의 차고 이지러짐에 대해 관측된 규칙적인 주기는 그것이 생리학 혹은 광학상의 인공적인 현상이 아니라는 사실을 강력하게 시사하고 있었다. 확실히 '보조과학'은 전혀 필요하지 않았다…." 맥멀린은 '보조과학은 전혀 필요하지 않았다'고 쓰고 있기는 하지만, 그러나 그때 그 자신은 천문학적 사건은 규칙성과 상호주관성을 갖는다는 점에서 생리학적 사건과 구별된다는 보조가설을 이용하고 있는 것이다. 그러나 이 가설이 **옳지 않다**는 것은 달의 착각, 파타모르가나 현상, 무지개, 달무리 등과 톨란스키에 의해 한층 생생하게 묘사되고 있는 많은 현미경의 착각에 의해, 마술의 현상에 의해, 그리고 그 밖의 다른 수많은 현상에 의해 지적되었다. 또한 이 가설은 렌즈나 거울, 다른 광학적 장치에 의해 만들어지는 규칙적이며 상호주관적인 '착각'을 연구했던 페캄이나 비텔로(E. Witelo)나 다른 중세 학자들에 의해서 옳지 않음이 알려져 있었다. 맥멀린 가설

리의 가장 훌륭한 관찰자에 의한 보고조차도 그 대부분이 명백한 거짓이며, 더욱이 당시에 있어서 그것이 **거짓**이라는 것이 알려질 수 있었다는 것과 **자기모순적**이었다는 것을 고려한다면, 그러한 발전은 한층 수수께끼 같은 것이 된다.

따라서 갈릴레오는, 달의 햇빛을 받는 부분의 안쪽 경계에는 "울퉁불퉁함, 거대한 돌기, 깊은 틈, 그리고 굴곡들"[23]이 있는데, 이에 반해 바깥 경계는 "울퉁불퉁하거나 돌출되거나 불규칙하지 않고, 컴퍼스로 그린 것처럼 매우 매끄럽고 완전한 원형이며, 둥글고, 어떤 돌기나 동공에 의한 웅덩이도 없는 것으로 보인다"[24]고 보고한다. 그러므로 달의

의 잘못은 고대에서는 흔히 있는 일이었다. 갈릴레오는 혜성에 대한 저서 중에서 이것을 명백하게 논의하고, 이를 거부하고 있다. 그러므로 새로운 시각이론은 단지 갈릴레오의 관찰을 수용하기 위해서만이 아니라, 그 천문학상의 실재성을 위한 논의를 제공하기 위해서도 요구되고 있었다. 물론, 클라비우스는 이 요구를 깨닫고 있지 않았을지도 모른다. 이것은 놀랄 만한 일은 아니다. 예를 들어 맥멀린 교수와 같은 20세기 학자들도 그것을 깨닫지 못하기 때문이다. 여기에 덧붙여 우리들은 목성의 위성의 '규칙적인 주기'는 맥멀린이 암시하고 있는 정도로 잘 알려져 있지는 않았다는 사실을 지적해야 한다. 갈릴레오는 전 생애에 걸쳐 바다에서의 경도를 잘 측정할 수 있는 방법을 발견하기 위해 이들의 주기를 결정하려고 노력하였다. 그는 성공하지 못하였다. 나중에 위성에서의 광속도 결정의 시도가 모순된 결과를 가져왔을 때(카시니), 똑같은 문제가 다른 형태로 대두되었다. 이것은 뢰머의 발견 이후에 바로 카시니에 의해 발견되었다. I. B. Cohen, 'Roemer and the first determination of the velocity of light (1676)', *Isis*, Vol. 31 (1940), pp. 347ff. 클라비우스와 로마학원의 과학자들의 태도에 대해서는, 매우 흥미로운 저서인, Pasquale M. d'Elia, S. J., *Galileo in China*, Cambridge, Mass., 1960을 참조하라. 학원 천문학자들의 초기 관찰은 그들 자신의 저술인 "Nuncius Sidereus", *Opere*, III/I, pp. 291~298에 포함되어 있다.

23 *The Sidereal Messenger*, op. cit., p.8.

24 *Ibid.*, p.24—갈릴레오가 발간했던 책에서 발췌한, p.194의 그림 3을 참조. 케플러는 그가 1604년에 지은 『광학』에서 (육안에 의한 관찰의 기초에 대해서) 다음과 같이 쓰고 있다. "가장 바깥 경계의 원에 무엇인가 빠져 있는 듯이 생각된다."(*Werke*, Vol. 2, p.219) 그는 『대화』(*Conversation*, op. cit., pp.28ff)에서 이 주장으로 되돌아가, 그 자신이 육안으로 바라본 사실에 의해 갈릴레오의 결과를 비판하고 있다. "당신은 달의 가장 바깥쪽 원도 왜 불규칙하게 보이지 않는가를 묻고 있습니다. 나는 당신이 이 주제에 대해 어느 정도 주의 깊게 생각하였는가, 또 당신의 의문이 있을 수는 있겠지만 통속적인 인상에 근거하고 있는 것은 아닌지, 잘 모

안쪽은 산들로 가득 차 있는 것으로 보이지만, 바깥 둘레는 완전히 평평한 것으로 보이는데, 이것은 달 자체의 가벼운 칭동(秤動, libration)의 결과로 그 바깥 둘레가 **변한**다는 사실에도 불구하고 그렇게 보이는 것이다.[25] 또한 항성들의 겉보기 직경이 감소되었음에도 불구하고 달

르겠습니다. 그 점에 대해서는 나의 책 '1604년의 『광학』'에서 만월 동안에 그 가장 바깥쪽 원에 어떤 불완전성이 확실히 나타난다고 서술하고 있습니다. 그 문제를 연구해 주십시오. 그리고 당신에게 그것이 어떻게 보이고 있는가를 다시 한번 우리들에게 말해 주십시오…." 여기서는 육안으로의 관찰결과가 갈릴레오의 망원경에 의한 보고에 반대되는 증거로서 나타나고 있다. 그리고 그것이 전혀 나무랄 데 없는 이유에 의해서라고 하는 것은 다음에서 보는 그대로이다. 케플러의 폴리오피아(이 장의 각주 14를 참조)를 기억하고 있는 독자는 그가 어떻게 그렇게까지 자신의 감각을 신용할 수 있었는가 이상하게 생각할는지도 모른다. 그 대답은 다음의 인용(Werke, II, pp.194ff)에 들어 있다. "월식이 시작될 때, 이러한 질환 때문에 고생을 하는 나는 다른 모든 관찰자보다도 먼저 월식을 알아차리는 것이다. 나는 월식이 시작되기 훨씬 전에, 그림자가 접근해 오는 방향까지도 알아차리지만 다른 사람들은 한층 예리한 시각을 갖고 있으면서도 여전히 의심쩍어하는 형편인 것이다. … 앞에서 언급했던 달의 불안정성(앞의 인용을 참조)은 달이 그림자에 접근함에 따라 사라지고 태양광선의 가장 강한 부분이 차단된다…." 갈릴레오는 달의 모순된 현상에 대해 두 가지 설명을 갖고 있다. 그 하나는, 달이 대기를 갖고 있다는 것이다(Messenger, op. cit., pp.26ff). 다른 설명(ibid., pp.25ff)은 서로 그 배후에 위치하고 있는 일련의 산의 접선방향의 현상을 포함하는 것인데, 그것은 달의 공 모양의 가시적인 부분 가까이에 있는 산의 분포가 필요한 배치를 보여 주지 않는 것과 같이(이 사실은 현재는 1959년 10월 7일 러시아에서 달의 사진이 출간됨으로써 한층 잘 확립되었다. Zdenek Kopal, *An Introduction to the Study of the Moon*, North Holland, 1966, p.242를 참조) 실제로는 전혀 그럴듯하지 않다.

25 달의 칭동은 갈릴레오가 주목한 것이다. C. G. Righini, "New Light on Galileo's Lunar Observations", M. L. Righini-Bonelli and R. Shea(eds.), *Reason, Experience and Mysticism in the Scientific Revolution*, New York, 1975, pp.59ff. 따라서 갈릴레오를 오도한 것은 관찰의 지저분함이 아니라, 현상 자체이다.

저널 *Science*(1980년 5월 2일과 10월 10일)에 보낸 두 차례의 편지에서 T. H. 휘터커(Whitaker)는 갈릴레오의 관찰 능력에 대한 잘못된 설명을 제시했다고 나를 비방하였다. ── 나는 그의 달 관찰이 사실상 매우 인상적이었을 때 그를 미숙한 관찰자라고 불렀다. 그 비방은 이 장의 각주 29와 30에 대한 본문에 의해서 반박된다. 휘터커는, 내가 볼프(각주 28의 본문)를 인용한 것이 내 의견을 반영한다고 분명히 생각하였다. 그는 또한 갈릴레오 관찰의 동판 인쇄는 *Nuncius*를 출간한 목판인쇄보다 훨씬 훌륭하다는 것을 근대적 관점에서 지적하였다. 이것은 사실이지만, 그렇다고 그것이 출간된 설명에 근거를 둔, 논쟁에 대한 나의 기술을 부당한 것으로 만들지는 않는다.

과 목성과 같은 몇몇 행성은 확대되었다. 즉 후자는 가까워지고 전자는 멀어진 것이다. 갈릴레오는 다음과 같이 말한다. "별들은 항성이건 행성이건 간에, 망원경을 통해서 보면, 다른 대상들이나 달과 똑같은 비율로 그 크기가 증가하는 것같이 보이지 않는다. 별들의 경우에서는 그러한 증가가 매우 작기 때문에, 당신의 망원경이 다른 대상을, 예컨대 100배로 확대할 정도로 강력하다고 해도, 별을 4배 내지 5배의 크기로조차 확대하지 못하는 일이 틀림없이 있을 수 있다고 생각할 수 있다."[26]

그렇지만, 망원경의 초기 역사의 가장 기이한 특징은 우리가 달을 **그린 갈릴레오의 그림**을 자세히 살펴볼 때 분명히 드러난다.

---

26 *Messenger*, op. cit., p.38. 그리고 *Dialogue*, op. cit., pp.336ff에 있는 더욱 상세한 해설을 참조. A. 츠발리나(Gzwalina)는 그가 편집한 *Kleomedes, Die Kreisbewegung der Gestirne*, Leipzig, 1927, p.90에서 태양과 달을 제외한 모든 별의 외관상의 겉보기 지름의 감소에 대해 해설하면서 "망원경은 사실상 갖가지의 하늘을 우리들로부터 멀리 옮겨 놓는다"고 쓰고 있다. 나중에 행성(혹은 혜성) 및 항성의 배율의 차이는 그것을 식별하는 수단으로 이용되었다. 천왕성을 처음으로 관찰하여 보고하고 있는 논문(*Phil. Trans.*, 71, 1781, pp.493ff ── 그 행성은 여기에서는 혜성으로 오인되어 있다)에서, 허셜(F.Herschel)은 다음과 같이 쓰고 있다. "나는 경험을 통해서 항성의 지름은 행성과는 달리 배율이 높아짐에 비례하여 확대되지 않는다는 사실을 알고 있다. 거기서, 나는 460배와 932배의 배율을 걸어서, 혜성의 지름이 그 정도로 배율에 비례하여 확대된다는 사실을 발견하였다…" 그 규칙이 갈릴레오 시대에 사용되었던 망원경에서는 일정불변하게 적용되지 않았던 사실은 주목할 가치가 있다. 예를 들어, 1618년에 나타난 혜성을 설명하면서, 오라치오 그라시(Horatio Grassi, "On the Three Comets of 1618", *The Controversy on the Comets of 1618*, op. cit., p.17에 있다)는 "혜성은 망원경을 통해 관찰되었을 때, 거의 조금도 확대되지 않았다"고 지적하고, 허셜의 '경험'과 완전히 일치하여, "그것은 우리들로부터 달보다도 훨씬 멀리 떨어져 있다고 말해야만 할 것이다…"라고 추론하고 있다. 그는 『천문학의 저울』(*Astronomical Balance*) 속에서, '유럽 도처'의 '유명한 천문학자'의 공통된 경험에 의하면 '길이가 긴 망원경으로 관찰된 혜성은 거의 확대되지 않았다…'고 되풀이하고 있다. 갈릴레오(ibid., p.80)는 이것을 사실로서 수용하고, 그라시가 그것에서 도출하고자 하는 결론만을 비판한다. 이러한 현상들은 모두 망원경은 "늘 똑같은 방식으로 기능한다"는 갈릴레오의 주장(*Assayer*, op. cit., p.204)을 반박한다. 또한 그것들은 그의 광삼 이론(이 장의 주 56를 참조)을 손상시켰다.

독자가 "기록된 특징들 중에서 달의 풍경에 관해서 알려진 것과 똑같은 것은 아무것도 없다"[27]는 것을 확신하기 위해서는 갈릴레오의 그림과 같은 모양의 사진을 잠깐 보기만 하면 된다. 그러한 증거를 봄으로써 "갈릴레오는 위대한 천문학적 관찰자가 아니었거나 아니면 그 당시에 갈릴레오가 이룩한 망원경에 의한 많은 발견들이 가져온 흥분에 의해 그의 기교와 비판적 감각이 일시적으로 둔화되었다"[28]고 쉽게 생각할 수 있다.

이러한 주장은 충분히 옳을 수 있다(비록 나는 갈릴레오가 다른 기회에 보여 준 매우 비상한 관찰 능력을 생각할 때, 그것을 의심스럽게 생각하지만).[29] 그러나 나는 그것이 내용적으로 빈약하고, 전혀 흥미로운 것이 아니라고 말하겠다. 왜냐하면 뒤에 추가될 연구를 위한 어떤 새로운 제안도 생길 수 없고, **테스트**의 가능성도 희박하기 때문이다.[30] 그렇지만 우리를 새로운 제안으로 이끌어 가고 또한 갈릴레오 당시의 상황이 얼마나 복잡했는가를 우리에게 보여 주는 다른 가설들이 있다.

27 Kopal, op. cit., p.207.
28 R. 볼프(Wolf, *Geschichte der Astronomie*, p.396)는 갈릴레오가 그린 달의 그림이 수준 낮은 것이라고 평가하고 있지만("…우리들은 그가 베낀 달의 그림을 … 거의 … 그림이라고 부를 수 없다."), 한편 치나(Zinner, *Die Geschichte der Sternkunde*, Berlin, 1931, p.473)는 달과 금성에 대한 갈릴레오의 관찰을 '초심자의 관측의 전형'이라고 부르고 있다. 치나에 의하면, 그가 그린 달의 그림은 "달과 전혀 비슷하지 않다"(ibid., p.472). 또한 그는 예수회 수사에 의해 거의 동시에 이루어졌던 관찰의 내용이 훨씬 우수하다는 것을 언급하고(ibid., p.473), 마지막으로 갈릴레오가 행한 달과 금성의 관찰은, 주의 깊은 눈의 소산이 아니라, 오히려 창조적인 두뇌의 결과가 아닐까 하고 묻고 있다("관찰의 아버지란 … 그 당시의 희망이 아니었을까") ── 특히 이 장의 각주 34에 간단하게 묘사된 현상을 고려한다면 매우 정당한 의문이다.
29 목성의 위성을 발견하고 확인한 것은 업적으로 여겨지지 않았는데, 그것은 특히 망원경에 대한 유용하고 안정된 뒷받침이 발달되지 않았기 때문이다.
30 그 이유는 무엇보다도 망원경에 의한 시각이 관찰자마다 달랐기 때문이다. Ronchi, op. cit., Chapter IV 참조.

다음의 두 가지 가설을 고찰해 보자.

가설 I. 갈릴레오는 그가 보았던 것을 충실하게 기록하였고, 그럼으로써 우리에게 최초의 망원경의 결함을 보여 주는 증거와 당시의 망원경에 의한 시각(vision)의 특성에 관한 증거를 남겼다. 이런 식으로 해석한다면 갈릴레오의 그림은 스트래턴(G.M. Stratton), 에리스만(Ehrismann), 그리고 콜러(Kohler)의 실험[31]에서 나타나는 보고와 똑같은 종류의 것이 된다.[32] ── 단지 물리적 장치의 특성들과 그 대상들의 비친밀성도 고려되어야 한다는 것이 다를 뿐이다. 우리는 갈릴레오의 시대에서조차도 달의 표면에 관한 대립되는 많은 견해들[33] ── 이 견해들은 관찰자들이 본 것에 대해 영향을 미쳤을지도 모른다[34] ── 이

---

31 몇 가지 입문적인 문헌과 개관에 대해서는 Gregory, op. cit., Chapter 11를 참조. 보다 상세한 논의와 문헌에 대해서는, K. W. Smith and W. M. Smith, *Perception and Motion*, Philadelphia, 1962를 참조(그중의 일부는 M. D. Vernon, op. cit.에 재수록되어 있다). 또한 독자는 에임즈(A. Ames)의 논문 "Aniseikonic Glasses", *Explorations in Transactional Psychology*를 참고로 해야 하는데, 이것은 때로는 매우 사소한 비정상적인 광학적 상황에 의해 야기되는 정상적인 시각의 변화를 다루고 있다. 포괄적인 해석은 I. Rock, *The Nature of Perceptual Adaptation*, New York, 1966에 들어 있다.

32 오래된 장치의 대부분과 그 탁월한 기술은 지금도 여전히 이용된다. Zinner, *Deutsche und Niederlandische astronomische Instrumente*를 참조.

33 흥미로운 정보에 대해서 독자들은 케플러의 『대화』(*Conversation*)와 『꿈』(*Somnium*)의 대목을 참고로 해야 한다(후자는 현재 E. 로젠에 의한 새로운 번역이 이용될 수 있는데, 그는 상당한 양의 배경적인 자료를 덧붙였다. *Kepler's Somnium*, ed. Rosen, Madison, 1967). 당시의 갖가지 신념을 표준적으로 저술한 책은 여전히 플루타르크의 『달의 얼굴』(*Face on the Moon*)이다(이것은 *Moralia XII*, London, 1967의 H. 체르니스Cherniss의 번역으로부터 인용될 것이다).

34 "사람들은 달의 표면에서 지각한다고 여기는 대상에 의해 달을 묘사한다."(Kästner, op. cit., Vol. 4, p.167, 1646년 폰타나의 관찰보고에 대한 논평 중에서) "메스트린은 달에서 비를 보았다"(Kepler, *Conversation*, op. cit., pp.29f. 메스트린 자신의 관찰보고를 제시하면서). 또한 다빈치의 노트(J. P. Richter, *The Notebooks of Leonardo da Vinci*, Vol. 2, New York, 1970, p.167에서 인용)도 참조. "만일 당신이 달의 반점을 자세하게 관찰해 나간다면 거기서 큰 변동을 자주 보게 될 것이다. 그리고 나 자신도 그것을 그려서 증명하였다. 또 이것은 달에 있는 물에서 생겨 올라가는 구름에서 비롯되는 것이다…." 미지의 대상에 대한 심상의 불안정성과 그것의 신념(혹

있었다는 것을 기억해야 한다. 이 문제를 좀 더 자세히 다루기 위해서 요구되는 것은, 현존하는 모든 그림을 포함해서 초기의 망원경에 의한 모든 성과들을 가능한 한 일람표의 모양으로 경험적으로 수집해 보는 일이다.[35] 도구적인 특성들을 제거해 버리면 그러한 수집은 장래에 쓰여질 지각의 (그리고 과학의) 역사에 매혹적인 자료를 보태는 것이 된다.[36] 이것이 가설 I의 내용이다.

가설II는 가설 I보다 특수하며, 가설 I을 어떤 방향으로 보다 발전시킨 것이다. 나는 지난 2, 3년간 정도의 차이는 있으나 그것에 대해 계속 생각해 왔고, 그것에 대한 나의 흥미는 스티븐 툴민(Stephen Toulmin) 교수로부터의 최근의 편지 덕분에 되살아났다. 나는 툴민 교수가 그 견해를 명료하고 간단하게 제시해 준 데 대해서 감사한다. 그러나 나는 그 가설은 여러 가지 난점들에 직면해 있고 따라서 아마도 포기될 것이라고 생각한다.

가설 II는 가설 I과 마찬가지로 지각이론의 관점으로부터 망원경에 의한 보고에 접근한다. 단지 거기서는, 망원경을 통한 관찰을 실천

은 '지식')에 대한 의존성에 대해서는 Ronchi, *Optics,* op. cit., 4장 참조.

35 Kopal, op. cit., 15장은 바로 이런 종류의 흥미로운 수집을 담고 있다. W. Schulz, *Die An-schauung vom Monde und seinen Gestalten in Mythos und Kunst der Völker*, Berlin, 1912는 한층 넓은 시야를 갖고 있다.

36 물론 우리들은 보이는 물체가 현재의 회화적인 표현방법에 의존하고 있다는 사실도 연구해야만 한다. 천문학 이외의 영역에서는, 이것은 E. Gombrich, *Art and Illusion*, London, 1960 및 L. Choulant, *A History and Bibliography of Anatomic Illustration*, New York, 1945(싱어Charles Singer와 다른 사람들에 의해 번역되고 보충되었다)에 의해 이루어졌는데, 후자는 해부학을 다루고 있다. 천문학은 난제의 한 가지 측면, 즉 별이 구조적으로 매우 단순하고 (예를 들어, 자궁보다도 훨씬 단순하다), 또 비교적 잘 알려져 있다는 이점을 갖고 있다. 그리고 다음의 제17장도 참조.

하는 것과 새로운 망원경에 의한 보고에 접하는 것은, 망원경을 통해서 보는 것만이 아니라, **맨눈으로 보는 것도** 역시 변화시켰다는 점이 추가된다. 그것은 우리들이 갈릴레오의 보고에 대한 당시의 태도를 평가하는 데 분명히 중요한 의의를 갖는다.

별들의 외관(appearance)과 달의 외관이 어떤 시대에서는 오늘날보다 훨씬 불확실할 수 있었다는 생각을 내가 처음으로 가질 수 있었던 것은, 모든 사람이 자신의 눈으로 확실하게 볼 수 있는 것과 양립할 수 없는 달에 관한 여러 가지 이론들이 존재한다는 사실에 의해서였다. 아낙시만드로스의 부분적 정지이론(그것은 달의 모양을 설명하는 데 도움이 되었다), 지구의 다른 영역들에는 각기 다른 태양들과 다른 달들이 있다는 크세노파네스의 신념, 달이 차고 기우는 것은 —— 헤라클레이토스에게 있어서 태양과 달을 표상하는 —— 양동이의 회전에 의해 일어난다는 헤라클레이토스의 가정[37] —— 이 모든 견해들은 하나의 안정되고 명백히 볼 수 있는 표면, 즉 달이 가지고 있다고 우리가 '알고 있는' 하나의 '얼굴'의 존재와 충돌하는 것이다. 이것은 나중에 루크레티우스 당시에 나타난 베로소스(Berossos)의 이론[38]과 더 나중의 알하젠(Alhazen)의 경우도 마찬가지이다.

---

37 이러한 이론 및 모든 문헌에 대해서는 J. L. D. Dreyer, *A History of Astronomy from Thales to Kepler*, New York, 1953을 참조.
38 베로소스에 대해서는 *Isis*, No.38, 1967, p.65의 툴민의 논문을 참조. 루크레티우스는 다음과 같이 쓰고 있다(*On the Nature of Things*, tr. Leonard, New York, 1957, p.216). "또한 그녀는 자신의 주위를 돌 수 있고/공의 구체와 같이 —— 어쩌다가 그렇게 되면 —— /그녀의 절반은 상기된 빛으로 한 면이 물들고/또한 그 구체의 회전에 의해서/그녀는 우리들에게 다양한 형태를 줄 수 있고/그녀가 그녀의 불타는 듯한 부분으로 향하기까지/전체를 사람들의 시야와 열려진 눈으로…."

그런데 우리들에게는 매우 분명한 현상을 이렇게 무시하는 것은, 존재하는 증거가 오늘날과 같은 정도로 명확하고 상세하였음에도 불구하고 이것에 대해 무관심했기 때문이든가, 아니면 **증거 그 자체가 달랐기 때문이었을 것이다.** 이 두 가지 대안들 사이에서 선택하기란 쉽지 않다. 비트겐슈타인(L. Wittgenstein), 핸슨(N. R. Hanson) 그리고 그 밖의 사람들의 영향을 받아서 나는 얼마 동안 두 번째 견해에 치우쳐 있었는데, 지금은 그 두 번째 견해가 생리학(심리학)과 역사적 정보 모두에 의해서 배제되었다고 생각된다.[39] 우리는 단지 코페르니쿠스가 그 시대에 이미 잘 알려져 있었던 화성과 금성의 밝기의 변화로부터 생기는 난점들을 무시했던 방식을 기억하기만 하면 된다.[40] 또한 달의 얼굴에 관해서는, 우리는 "별들은 **회전하지 않는다.** 왜냐하면 회전은 자전을 수반하기 때문이다. 그렇지만 달의 '얼굴'이라 불리는 것은 언제나 보인다"[41]라는 발언에서 아리스토텔레스가 그러한 사실을 명확하게 언급하고 있다는 것을 알게 된다. 그리고 우리는 달의 얼굴이 언제나 변화하지 않는다는 사실이 때때로 무시되는 것은, 분명한 인상

39 나의 "Reply to Criticism", op. cit., p.246의 각주 50ff에 해당하는 본문을 참조.
40 고대에는, 금성과 화성의 크기의 변동은 '우리들의 눈에 분명한' 것으로 간주되었다. Simplicius, *De Coelo*, II, 12, Heiberg, p.504. 이 점에서, 폴레마르코스는 에우독소스의 동심이론의 난점을 고찰하였다. 즉, 금성과 화성은 "역행운동 가운데서 몇 배나 밝아 보이고, 그 때문에 (금성은) 달이 없는 밤에도 물체가 그림자를 갖는 원인이 된다"(아우톨리코스의 반론)는 것이다. 또한 그가 감각의 기만 가능성에 호소하는 것도 무리는 아니다(이것은 고대의 여러 학파에 의해 빈번히 논의되었다). 아리스토텔레스는 이러한 사실 모두에 친숙해 있었음에 틀림없지만, 『천체론』혹은 『형이상학』에서는 어디서도 그것에 관해 언급하고 있지 않다. 단지 그는 에우독소스의 체계와 폴레마르코스와 칼리푸스의 개량에 관해 해설하고 있다. 제9장의 각주7 참조.
41 *De Coelo*, 290a25ff.

이 주어지지 않기 때문이 아니라 감각을 신뢰할 수 없다는 견해가 널리 주장되고 있었기 때문이라고 추론할 수 있다. 이러한 추론은 이 문제에 대한 플루타르코스(Plutarch)의 논의에 의해서 뒷받침되는데, 이 논의는 보이는 것을 다루는 것이 아니라(어떤 견해를 지지하거나 반박하는 증거일 경우를 제외하고) 그 밖의 잘 알려져 있다고 가정되는 현상에 대한 어떤 설명을 취급하는 것이다.[42] 그는 다음과 같이 말한다. "먼저, 우리에게 보이는 달의 모양을 시각의 이상(異常) … 우리들이 현혹(현란함)이라고 부르는 상태라고 말하는 것은 비합리적이다. 이러한 주장을 하는 사람은 누구든지, 태양이 예리하고도 강렬하게 우리를 비추고 있기 때문에 이 현상이 오히려 태양과의 관계에서 일어나야 한다는 사실에는 주목하지 않는다. 또한 그런 사람들은 어째서 둔하고 약한 눈이 달 모양의 어떤 특징도 구별하지 못하며 그 구체가 고른 빛으로 가득 찬 것으로 보는 데 반해서, 예리하고 건전한 시각은 얼굴의 특징들의 유형을 보다 정확하고 분명하게 파악하고, 그 변화를 명료하게 지각하는가 하는 것을 설명하지 않는다." 플루타르코스는 이어서 다음과 같이 말한다. "달의 모습이 일정하지 않다는 사실도 역시 그 가설을 완전히 반박한다. 왜냐하면 우리가 보는 그림자는 연속되거나 혼돈되어 있지 않고 아게시아낙스(Agesianax)의 말에서 묘사되어 있는 바와 같기 때문이다. '그녀는 둥근 불꽃을 두르고 빛난다/그 안에서는 청색 돌보다 파란 처녀의 눈이/아름다운 이마가 뚜렷한 하나의 얼굴을

---

42 op. cit., p.37. 또한 S. Sambursky, *The Physical World of the Greeks*, New York, 1962, pp.244ff도 참조.

보인다.' 실제로 어두운 반점들이 그것들을 둘러싸고 있는 밝은 부분 아래 잠겨 있다. 그리고 그것들은 서로 완전하게 합쳐져서 도형의 윤곽을 하나의 그림과 유사하게 만든다."[43] 나중에 가서 얼굴의 항상성은 달이 불 혹은 공기로 만들어졌다는 이론들을 반대하는 논증으로 이용된다. 왜냐하면 "공기는 희박하며 형상을 갖지 않고, 따라서 자연적으로 분산되어 한 곳에 머무르지 않기 때문이다."[44] 그러므로 달의 외관은 잘 알려진 분명한 현상인 것처럼 보이는 것이다. 문제가 되는 것은 그 현상이 천문학적 이론에 대해 가지는 **연관성**이었다.

우리는 같은 것이 갈릴레오 시대에도 해당된다고 가정할 수 있다.[45]

그러나 그렇게 되면, 우리들은 갈릴레오의 관찰이 맨눈으로 검사될 수 있고, 그럼으로써 이러한 방식으로 착각이라는 사실이 밝혀질 수 있다는 것을 인정하여야 한다.

따라서 달 원판의 중심보다 아래 있는 원형의 이상한 물체는[46] 육

---

43 Ibid. 이 장의 각주 17, 달은 "얼룩져 있다가 갑자기 밝게 빛난다"라는 플리니(Pliny)의 진술 (*Natural History*, II, 43, 46), 또 이 장의 주 34에서 인용했던 다빈치의 보고를 참조.

44 Ibid., p.50.

45 이 주장을 지지하는 강력한 논증은 1604년의 『광학』에서의 케플러의 달의 묘사이다. 그는 빛과 그림자의 경계의 울퉁불퉁한 성질에 대해 해설하고(*Werke*, II, p.218), 월식 동안 달의 검은 부분을, 찢겨진 고기 혹은 부숴진 나무와 같이 보인다고 묘사하고 있다(ibid., p.219). 그는 대화에서 이러한 구절로 돌아가서, 갈릴레오에게 다음과 같이 말하고 있다. "당신의 이러한 매우 예리한 관찰은 나 자신의 증언으로부터도 지지를 얻고 있습니다. 이렇게 말하는 것은 [나의 『광학』 중에서] 당신은 반달이 물결 같은 선으로 나뉘어 있는 것을 보셨을 것입니다. 이 사실로부터 나는 달의 본체 중의 봉우리나 웅덩이를 연역했습니다. [나중에] 나는 월식 기간 중의 달을 찢겨진 고기나 부숴진 나무와 같이 보고, 밝은 선이 그림자의 영역을 꿰뚫고 있는 것 같이 묘사하고 있습니다." 또한 케플러가 갈릴레오의 망원경에 의한 보고를 그 자신의 육안에 의한 관찰에 기초하여 비판한다는 것을 기억하기 바란다. 이 장의 각주 24 참조.

46 "내가 도저히 잊을 수 없다고 생각하며, 내가 알아차렸을 뿐 아니라 그것을 보고 의심스럽게

안에 의한 관찰값을 훨씬 상회한다.(그 직경은 3½분의 원호보다 크다.) 반면에 우리들은 한 번 보기만 해도, 달의 얼굴이 어디서도 이러한 종류의 손상 때문에 그 모양이 바뀌지 않는다는 것을 확신할 수 있다. 당시의 관찰자들은 그 문제에 대해서 어떻게 말했어야 했는가,[47] 혹은 만일 그들이 예술가였다면, 이 소재를 어떻게 그려야 했을까를 알아보는 것도 흥미로운 일이다.

나는 지금까지 밝혀진 것을 요약하겠다.

갈릴레오는 그 당시의 광학이론을 아주 조금밖에 알지 못했다.[48] 그의 망원경은 지상에서는 놀라운 성과를 거두었고, 이 결과들은 정당하게 칭송되었다. 그러나 오늘날 우리가 아는 바대로, 문제는 천계(天

생각한 점이 있다. 그것은, 달의 중심부에, 그 나머지 부분보다도 크고, 그 모양이 완전히 둥근 웅덩이가 있는 것을 보았던 것이다. 나는 그것을 위쪽 가장자리와 아래쪽 가장자리 부분에서도 보았고, 이미 언급했던 두 번째 그림 속에서, 내가 할 수 있는 한 잘 표현해 두었다. 만일 보헤미아와 같은 지역이 완전한 원주 위에 배치되어 매우 높은 산들에 의해 모든 방향이 둘러싸여 있다면, 그것은 그것이 지구 위에서 만들어 낼 수 있는 현상을 빛과 어둠에 대해 만들어 낸다. 그렇게 말할 수 있는 것도 달 위의 그 대지는 제방도 없는 매우 높은 봉우리들로 단절되어 있고 달의 어두운 부분과 인접해 있는 가장 먼 측면은 빛과 그림자의 경계가 원형의 넓은 구역의 중심까지 도달하기 전에 태양빛을 받는 것이 보인다…"(*Messenger*, op. cit., pp.21ff) 이 묘사는 관찰상의 실수라는 코괄의 추측을 명백하게 반박한다고 생각된다. 『별에서 온 소식』의 목판화(p.199의 그림 1)와 갈릴레오가 원래 그린 그림과의 차이에 주목하는 것은 흥미롭다. 목판화는 그 묘사와 완전히 밀접하게 대응하고 있는데, 한편 인상주의적인 특징을 가진 원본("거의 그림이라고 할 수 없다"고 볼프는 말한다)은 매우 심한 관찰상의 오류라는 비난을 피하기에 충분할 정도로 모호하다.

47 "내가 통상 구의 왼쪽 코너라고 부르는 장소의 커다란 원형 웅덩이의 의미에 대해서, 당황하지 않을 수 없다"고 케플러는 쓰고 있다(*Conversation*, op. cit., p.28). 그리고 나서 그 기원에 대해 갖가지로 추측하고(지적인 존재의 의식적인 노력도 포함해서) 있다.

48 현대의 학문적 광학은 단순한 기하학적 구성(갈릴레오는 이것에 대해 알았을 것이다)을 넘어섰다. 또한 그것은 거울을 볼 때, 혹은 렌즈를 통해서 볼 때, 혹은 렌즈들의 조합을 통해서 볼 때의 **보이는 것**에 대한 설명을 포함한다. 광삼(光滲)을 제외하고는 갈릴레오는 어느 곳에서도 망원경에 의한 시각의 속성에 대해서 고찰하지 않았다. 갈릴레오의 망원경에 의한 관찰 이후의 아리스토텔레스적인 저작에 관해서는 Redondi, op. cit., pp.169ff.

界)에서 생기리라고 생각되었다. 문제는 곧 발견되었다. 망원경은 가짜의 모순적인 현상을 만들어 내었고, 그 성과의 일부는 망원경의 도움을 받지 않은 육안에 의한 관찰에 의해서도 반박될 수 있었다. **망원경에 의한 시각에 대한 새로운 이론만이 그 혼돈**(그것은 당시 육안으로 보는 경우에서조차도 현상들이 때때로 달리 나타났기 때문에 더욱 큰 문제일 수 있었다)에 질서를 가져올 수 있었고 실재와 현상을 구별할 수 있었다. 그러한 이론은 케플러에 의해서 1604년에 처음 등장했고, 1611년에 재차 전개되었다.[49]

케플러에 의하면 점상(點狀, punctiform)의 대상의 상 위치는 다음과 같이 발견된다. 즉 먼저 대상으로부터 나오는 광선의 경로를 그것들이 눈에 도달하기까지 (반사와) 굴절의 법칙에 따라서 추적하고 나서, 그 다음에는 "상은 양쪽 눈에 도달한 광선을 역방향으로 연장시킨 교선에 의해 결정되는 점에서 보일 것이다"[50]라는 원리, 그리고 한쪽 눈으로 보는 경우에는 눈동자의 양쪽으로부터 같은 방식으로 정해진 점에서 보인다는 원리를 이용하는 것이다[51](오늘날에도 그렇게 가르치

---

49 나는 여기에서는 델라 포르타(G. della Porta)의 저작(*De Refractione*)과 마우롤리코(F. Maurolico)의 저작을 무시했지만, 이 두 사람은 어떤 점에서는 케플러를 앞지르고 있다(또한 그는 당연히 그렇다고 언급하고 있다). 마우롤리코는 화면(火面, caustic)의 앞쪽만을 생각한다는 중요한 발전을 이루었다. *Photismi de Lumine*, tran. Henry Crew, New York, 1940, p.45[거울에 대해서] 및 p.74[렌즈에 대해서]. 그러나 직접적인 시각에 의해 보이는 것과의 결합은 아직 확립되어 있지 않다. 케플러의 단순하고 교묘한 가설에 의해 제거된 난점에 대해서는, Ronchi, *Histoire de la Lumière*, Chapter III을 참조.

50 *Werke*, II, p.72. 1604년의 『광학』은 F. Plehn, *J. Keplers Grundlagen der geometrischen Optik*, Leipzig, 1922에 부분적으로 독일어로 번역되어 있다. 특히 관련 있는 부분은 Chapter 3의 section 2, pp.38~48.

51 Ibid., p.67.

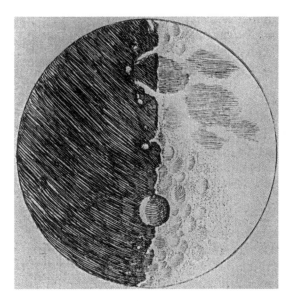

그림1　달의 산과 벽으로 둘러싸인 평지의 모습. 갈릴레오의 『별에서 온 소식』
(*Sidereus Nuncius*, Venice, 1610 p.109 참조)으로부터.

고 있다). 이 규칙은 "상은 시각행위의 작품이다"라는 가정으로부터 생기는데, 그것은 부분적으로는 경험적이고, 부분적으로는 기하학적이다.[52] 이곳은 상의 위치를 '계측 삼각형'(metrical triangle)[53] 혹은 론치가 부르듯이 '거리계측 삼각형'(telemetric triangle)[54]에 근거시키는데, 이 삼각형은 눈에 최종적으로 도달하는 광선들로부터 구성되고, 눈과

---

52 "상은 시각의 작품이기 때문에"(Cum imago sit visus opus), Ibid., p.64. "시각에 있어서 양쪽 눈의 공통감각은, 거리를 습관적으로 알아차리고, 실거리와의 각도를 눈의 감각에 의존해 감지하는 것이다."(In visione tenet sensus communis oculorum suorum distantiam ex assuefactione, angulos vero ad illam distantiam notat ex sensu contortionis oculorum), Ibid., p.66.
53 '측량자의 거리의 삼각형'(Triangulum distantiae mensorium), Ibid., p.67.
54 *Optics*, op. cit., p.44. 케플러 이전의 광학의 역사에 대해서는 이 책의 2장을 참조해야만 한다.

정신에 의해 상을 적절한 위치에 놓기 위해서 이용되는 것이다. 어떤 광학적 시스템의 경우에도, 또한 대상으로부터 관찰자에게 도달하는 광선의 전 경로가 어떤 것이 되더라도, 관찰자의 정신은 **그 최종적인 부분만을** 이용하고 그 시각적 판단, 즉 지각을 그 위에 기초짓는 것이다.

이 규칙이 그 이전의 모든 사고와 비교해서 상당한 진보를 이루고 있음은 분명하다. 그러나 그것이 완전히 거짓이라는 것을 보여 주기 위해서는 단 1초밖에 걸리지 않는다. 확대경을 들어서 그것의 초점을 정하고, 그것에 가까이 있는 한 대상을 살펴보자. 이때 거리계측 삼각형은 대상을 넘어서서 무한대에 도달한다. 거리를 약간 변화시키는 것만으로 케플러 식으로 말해서 상은 무한대로부터 가까운 곳으로 왔다가 또다시 무한대로 움직인다. 그러나 그러한 현상은 결코 관찰되지 않는다. 우리들은 대부분의 경우에 약간 확대된 상을 대상과 렌즈 사이의 실제적 거리와 같은 거리에서 본다. 우리들이 렌즈와 대상 사이의 거리를 아무리 크게 변화시켜도 또한 상이 왜곡되고 나중에 가서는 없어지는 때마저도 상의 시각상의 거리는 일정하게 유지된다.[55]

<hr />

55 Ibid., pp.182, 202. 이 현상은 케플러를 포함하여, 확대경을 한 번이라도 사용해 본 적이 있는 모든 사람들에게 알려져 있다. 이 사실은 친숙한 현상에 대한 무시는, 그 현상이 다른 방식으로 보인다는 것을 반드시 함축하지 않음을 보여 준다(이 장의 주 44에 해당하는 본문을 참조). 버클리에 의하면(op. cit., p.141), "이 현상은 … 거리를 선과 각도에 의해 판단하고자 하는 사람들의 의견을 완전히 감춰 버린다…". 버클리는 이 의견을 그 자신의 이론으로 바꾸어 버렸는데, 이에 의하면 정신은 일차적 인상의 명료함이나 혼란에 의해 판단한다. 거리계측 삼각형에 대한 케플러의 생각은 바로 이 영역에 있어서 거의 모든 사상가들에게 채용되었다. 그것은 데카르트에 의해 기본적인 지위가 주어졌는데 그에 의하면 "우리들은 거리를 … 양쪽 눈의 어떤 상호간의 협력에 의해 안다"(*Dioptrices. Renati Descartes Specima Philosophiae*, Amsterdam, 1657, p.87에서 인용). 배로는 "그러나 이 난점이나 다른 어떤 난점도 이성에 명백히 합치하고 있는 것으로 내가 알고 있는 사례를 내가 거부하도록 만들지는 … 않을 것이다"라고 말한다. 안경과 광학 일반에 대한 과학이론의 완만한 진보는 그 원인이 이러한 태

이것이 갈릴레오가 망원경에 의해 발견한 여러 가지를 출판했던 1610년의 실제적 상황이다. 갈릴레오는 이 상황에 어떻게 반응하였는가? 해답은 이미 주어져 있다. 그는 망원경을 '최상의, 가장 훌륭한 감각'[56]이라는 지위로 격상시켰다. 그가 그렇게 한 이유는 무엇인가? 이

도에 있다. 모리츠 폰 로어(Moritz von Rohr)는 다음과 같이 쓰고 있다(*Das Brillenglas als optisches Instrument*, Berlin, 1934, p.1). "이 기묘한 현상의 원인은 안경과 눈과의 밀접한 연관 속에서 구해져야 하며, 안경에 대한 수용가능한 이론을 시각과정 자체에서 일어나는 일을 이해하지 못하면서 제시할 수는 없다." 거리계측 삼각형은 바로 이 과정을 생략하고, 안이하고 잘못된 설명을 주는 것이다. 20세기 초엽의 광학의 상태는 헬름홀츠(Helmholtz)의 『생리학적 광학논고』(*Treatise on Physiological Optics*, trans. Southall, New York, 1962, pp.261ff)의 A. 굴스트란드(Gullstrand)의 '제1부의 부록' 속에 잘 묘사되어 있다. 여기에서 시각의 심리-생리학적 과정으로 복귀함으로써 물리학자가 광학적 표상의 물리학에 대해서조차 훨씬 합리적 설명을 할 수 있게 된 경로를 읽을 수 있다. "실제적인 광학적 표상에 관한 법칙이 생리광학의 요구들에 의해 사용되기 시작한 이유는 부분적으로는, 지루하긴 하지만 그러나 실행하기 용이한 삼각법의 계산이라는 수단에 의해 광학기술자가 그의 문제의 갖가지 실재에 한층 더 접근이 용이했다는 사실 때문이다. 이리하여 아베(E. Abbe)와 그 학파의 사람들의 작업에 의해, 기술적 광학은 현재의 눈부신 발전에 도달하였다. 이용할 수 있는 과학적 수단을 갖고 있다고 해도, 눈 가운데의 표상에서는, 복잡한 관계에 대한 포괄적인 파악이 현실적으로 불가능하였다."

56 "아아, 니콜라스 코페르니쿠스여, 당신의 체계 중에 이 부분이 이렇게도 명료한 실험에 의해 확증되는 것을 보는 것은, 얼마나 기쁜 일인가요!"라고 갈릴레오는 쓰면서, 새로운 망원경에 의한 현상은 코페르니쿠스에 대한 추가적인 지지를 가져온다는 것을 함축하고 있다(*Dialogue*, op. cit., p.339). 그는 행성과 항성 사이의 차이(이 장의 주 26을 참조)를, '도구[눈]는 그 자신의 장애를 도입한다'(ibid., p.335)라는 가설, 또 망원경은 이 장애, 즉 광삼을 제거하고, 눈이 별이나 행성을 현재 있는 그대로 볼 수 있도록 한다는 가설에 의해 설명한다(갈릴레오 추종자의 한 사람인, 마리오 귀두치(Mario Guiducci)는 광삼을 눈 표면의 습기에 의한 굴절 탓으로 돌렸다. *Discourse on the Comets of 1618*, op. cit., p.47). 이 설명은 합당한 것같이 생각되지만(특히, 광삼이 망원경 이외의 수단에 의해 어떻게 제거될 수 있는가를 보여 주는 갈릴레오의 시도를 고려한다면), 우리들이 바라는 만큼 올바른 것은 아니다. 굴스트란드(op. cit., p.426)는 다음과 같이 말하고 있다. "눈에서 굴절되는 한 다발의 광선의 파면의 성질 때문에… 어떤 횡단면이 눈동자와 동심원의 형태를 한 매끄러운 곡선으로 화면(火面)을 가로지르는 것은, 수학적으로 불가능하다." 다른 저술가들은 '다양한 체액, 그리고 특히 수정체의 비동질성'을 지적하고 있다(Ronchi, *Optics*, op. cit., p.104). 케플러는 다음과 같은 설명(*Conversation*, op. cit., pp.33ff)을 덧붙인다. "점광원은 그 원추를 수정체까지 전한다. 그곳에서 굴절이 이루어지고, 수정체 배후에서 원추는 다시 점으로 수축된다. 그러나 이 점은 망막과 같이 먼 곳에는 없다. 그러므로, 빛은 한 번 산란하고, 망막의 작은 영역 위에서 한 면으로 퍼진다. 한 점에만 해당되

의문은 제8장에서 보고되고, 논의된 증거(코페르니쿠스에 대립하는)가 제기하는 문제들로 우리들을 되돌아가게 한다.

어야 하는 것은 아니지만, 따라서 망원경은 하나의 굴절을 도입함으로써, 이 점을 망막과 일치시킨다…." 폴리아크(S. Polyak)는 고전적 작품 『망막』(The Retina)에서, 광삼은 부분적으로는 '굴절광의 매체의 결함과 불완전한 조정'에서 비롯된다고 하였는데, 그러나 '주로 망막 자신의 특이한 내부구조'(p.176) 탓으로 돌리면서, 그것은 뇌의 기능일지도 모른다고 덧붙이고 있다(p.429). 이것 중 어느 가설도 광삼에 대해 알려져 있는 모든 사실을 포함하고 있지는 않다. 굴스트란드, 론치, 그리고 폴리아크는(우리들이 바라는 모든 사실을 설명하기 위해서 사용될 수 있는 뇌에 대한 언급을 제외한다면) 망원경에 있어서 광삼의 소멸을 설명할 수 없다. 또한 케플러, 굴스트란드 및 론치는 커다란 대상은 그 가장자리에서 광삼을 조금도 나타내지 않는다는 론치에 의해 강조된 사실("광삼현상을 설명하려고 노력하는 사람은 누구라도, 전구가 점과 같이 보일 정도로 멀리서 볼 때는 광선의 큰 관으로 둘러싸인 것처럼 보이지만, 가까이서 볼 때는 그 주위에서 전혀 아무것도 볼 수 없다는 것을 인정해야만 한다." Optics, op. cit., p.105)을 설명할 수도 없다. 오늘날 우리는 커다란 대상은 망막의 요소의 측면으로부터의 억제적인 상호작용에 의해 명확하게 알게 된다는(이것은 뇌의 기능에 의해 더욱 증대된다) 것을 알고 있지만(Ratliff, Mach Bands, p.146 참조), 대상의 직경을 수반하는, 또 망원경에 의한 시각이라는 조건 아래서의 현상의 변동은 아직 탐구되고 있지 않은 채로 있다. 갈릴레오의 가설은 주로 코페르니쿠스적 관점과 일치함으로써 지지를 받은 것이며, 따라서 그 대부분이 임시변통적이다.

제10장

한편, 명백히 코페르니쿠스적인, 망원경에 의한 몇 가지 현상들이 있다. 갈릴레오는 이 현상들을 코페르니쿠스를 지지하는 독립적인 증거로 도입하는데, 그 상황은 오히려 하나의 논박된 견해 — 코페르니쿠스주의 — 가 다른 논박된 견해 — 망원경에 의한 현상이 신뢰할 만한 천체의 상(像)이라는 관념 — 로부터 나온 현상들과 어떤 유사성을 갖는 상황이다.

코페르니쿠스 이론에 따르면, 화성과 금성은 각각 1 : 6, 1 : 8의 비율로 지구에 접근하거나 멀어진다.(이것은 근사적인 수치이다.) 그것들의 밝기의 변화는 각각 1 : 40과 1 : 60이어야 한다.(이것들은 갈릴레오의 값이다.) 그러나 화성의 밝기는 매우 적게 변화하며, 금성의 밝기의 변화는 '거의 감지할 수 없다'.[1] 이러한 경험들은 '[지구의] 연주기 운동과 명백히 모순된다'.[2] 한편 망원경은 새롭고 이상한 **현상**을 산출하는데,

---

1 화성과 금성의 실제적 변화는 각기 4등급과 1등급이다.
2 Galileo, *Dialogue*, op. cit., p.328.

그중 어떤 것은 육안에 의한 관찰에 의해 착각인 것이 드러나고, 또 어떤 것은 모순적이며, 어떤 것은 착각인 것 같은 모습을 갖는다. 반면에 이러한 혼돈에 질서를 부여할 수 있는 유일한 **이론**인 케플러의 시각이론은 가장 명백한 종류의 증거에 의해서 논박된다. 그러나 ── 그리고 여기서 나는 갈릴레오의 절차의 중심적 특징이라고 생각되는 것에 도달하게 되는데 ── **육안에 의한 관찰결과보다도 훨씬 가깝게 코페르니쿠스와 일치하는 망원경에 의한 현상**, 즉 행성의 밝기에 대한 망원경의 관찰현상이 존재한다. 망원경을 통해서 보면, 화성은 실제로 코페르니쿠스의 견해에 일치하는 것같이 변한다. 망원경이 연출하는 현상 전체와 비교해 볼 때도 이 변화는 역시 매우 당혹스러운 것이다. 그것은 망원경이 출현하기 이전의 증거와 비교했을 때 코페르니쿠스의 이론이 수수께끼 같았던 것과 마찬가지다. 그러나 그 변화는 코페르니쿠스의 예언과는 잘 조화된다. **갈릴레오에게 있어서 코페르니쿠스를 증명하고**, 지상의 물체에서와 마찬가지로 천상에서의 **망원경의 정확성을 증명하는 것**은 우주론이나 광학에 대한 깊은 이해가 아니라, 바로 이러한 **조화**이다. 또한 그는 이러한 조화에 근거해서 우주에 대한 완전히 새로운 견해를 세운다. 루도비코 게이모나트(Ludovico Geymonat)는 그 상황의 이러한 측면에 대해서 다음과 같이 쓰고 있다.[3] "갈릴레오는 망원경을 하늘로 향하게 한 첫 번째 사람은 아니었다. 그러나 … 그는 그렇게 해서 보인 사물들에 대해서 지대한 관심을 가졌던 최초의 사람이었다. 또한 그는 이러한 사물들이 낡은 천문학과는 모순되지만, 코페르

---

3 Geymonat, op. cit., pp. 38ff(강조는 인용자).

니쿠스의 이론에는 완전하게 들어맞는다는 사실을 금방 이해하였다. 갈릴레오는 수년 동안 코페르니쿠스주의를 진리라고 믿어 왔다. 그러나 친구들과 동료들에게 장담했던 지나치게 낙관적인 진술들에도 불구하고, 그는 결코 그것을 증명할 수 없었다. [그는 또한, 우리가 살펴보았고 그 자신이 말했듯이 그의 이론을 반박하는 사례들을 제거하지도 못하였다.] 직접적인 증거[그 증거와의 단순한 **일치조차도**]는 결국 여기서 찾아져야 할 것이 아닌가? 이 확신이 그의 마음에 뿌리를 내릴수록, 그에게는 새로운 기구의 중요성이 더하여 갔다. 갈릴레오 자신의 마음속에서는 망원경에 대한 신뢰성의 신념과 그것의 중요성에 대한 인식은 **두 가지 별개의 행위**가 아니라 오히려 **같은 과정의 두 가지 측면**이었다.” 독립적인 증거가 존재하지 않는다는 것이 이보다 분명하게 표현될 수 있을까? 내가 그 문제에 대해서 읽은 것 중에서 가장 간명한 설명 가운데서 프란츠 하머(Franz Hammer)는 다음과 같이 쓰고 있다.[4] “『별에서 온 소식』은 두 가지 미지의 것들을 담고 있는데, 그중 하나는 다른 하나의 도움으로 해결된다.” 이것은, 그 '미지의 것들'이 미지의 것이라기보다는, 갈릴레오 자신이 말하는 바와 같이 잘못 알려진 것이라는 사실을 빼놓고는, 완전히 옳다. 갈릴레오는 이 두 가지 흥미로운, 그

---

4 Johannes Kepler, *Gesammelts Werke*, op. cit., Vol. 4, p. 447. 케플러는(*Conversation*, op. cit., p. 14) '상호간의 자기지지적 증거'에 대해 말하고 있다. 그러나 '상호간의 자기지지적'인 것이란 두 개의 반박된 가설이고, 기초진술의 영역에서 독립적인 지지를 가지는 두 가지 가설이 아니라는 사실을 상기하라. 1598년 3월 26일의 헤르바르트에게 보낸 편지에서 케플러는 지구의 운동에 대해 끌어대고자 하는 '많은 이유들'에 대해서 말하면서, “이 이유들 각각은 그것 자체로는 단지 불충분한 신념에 불과하다는 것이 발견된다”라고 덧붙이고 있다(Caspar-Dyck, *Johannes Kepler in seinen Briefen*, Vol. 1, Munich, 1930, p. 68).

러나 논박된 관념들 중의 어느 하나도 배제하지 않기 위해서 특이한 상황, 즉 두 가지 관념들 사이의 그러한 조화를 이용하였다.

이와 똑같은 절차가 그의 새로운 동역학을 유지하기 위해서도 사용된다. 우리는 이 과학도 관찰 가능한 사건들에 의해 위태로운 지경에 처해 있었다는 것을 보았다. 그 위험을 제거하기 위해서 갈릴레오는 **임시변통적** 가설들의 도움을 받아 마찰을 포함한 간섭들을 도입하는데, 그때 그는 마찰이나 그 밖의 다른 간섭들을 언젠가는 새롭고 독립적인 증거가 주어질 수 있는 마찰이론(그러한 이론은 훨씬 뒤인 18세기에 가서야 생겨났다)에 의해서 설명되는 물리적 사건으로 취급하는 것이 아니고, 오히려 사실과 이론 사이의 명백한 불일치에 의해서 **정의되어야 할** 경향으로 취급한다. 그러나 갈릴레오는 그의 **상기**(anamnesis)의 방법의 도움으로 새로운 동역학과 지구의 운동이라는 관념 사이의 일치를 강화시킴으로써 그 둘 모두를 보다 합당한 것으로 보이게끔 만들었다.

이러한 종류의 역사적 현상에 관한 보다 구체적인 연구는 코페르니쿠스 이전의 우주론으로부터 17세기의 우주론으로의 이행이 보다 일반적인 추측(conjecture)에 의해 반박된(refuted) 이론을 대치하는 과정이라는 견해를 심각한 난점에 봉착하도록 만든다는 것을 독자는 이해하게 될 것이다. 여기서 보다 일반적인 추측이란 반박 사례들을 설명하고, 새로운 예측들을 행하며, 이 새로운 예측들을 테스트하기 위해 실시된 관찰들에 의해 증거보강된(corroborated) 이론을 말한다. 그리고 독자는 그와는 다른 견해가 갖는 이점을 알 수 있게 될 것이다. 그 다른 견해란 코페르니쿠스 이전의 천문학이 **커다란 곤란에 직면해**

있었다면(일련의 반박사례와 받아들이기 어려움에 직면해 있었다), 코페르니쿠스의 이론은 **보다 더 큰 곤란에 직면해 있었으며**(보다 철저한 반박사례들과 받아들이기 어려움에 직면해 있었다), 그럼에도 불구하고 코페르니쿠스의 이론은 그것보다 **더욱 부적합한 이론**들과 조화됨으로써 힘을 얻고 유지되었으며, **임시변통적** 가설들과 영리한 설득기술에 의해서 그것에 대한 반박을 무력하게 만들었다는 주장이다. 이러한 견해가 다른 모든 대안적 설명에 의해서 제시된 것들보다 갈릴레오 시대에 있어서의 발전에 대한 훨씬 적합한 기술이라고 생각된다.

나는 이제 역사적 논고를 중단하고, 그 기술이 **사실적으로 적합할** 뿐 아니라, **완전히 합당하다**(reasonable)는 것을 보여 주고, 또한 예컨대 추측과 반박과 방법과 같은 20세기의 친숙한 방법론들 중의 어떤 것을 강요하려는 어떠한 기도도 비참한 결과를 초래하게 될 것임을 보여 주겠다.

제11장

그와 같은 '비합리적인' 지지의 방법들은 과학의 각각 다른 부분들의 '균일하지 않은 발전'(마르크스, 레닌) 때문에 필요하다. 코페르니쿠스주의를 포함한 근대 과학의 본질적인 구성요소들은 과거에 이성이 빈번히 억제되었기에 비로소 살아남았다.

철학적 논쟁에서 하나의 지배적인 경향은 소위 **영원한 상(相) 아래서** (sub specie aeternitatis) 지식의 문제들에 접근하는 것이다. 진술들은 그 역사를 고려하지 않고, 또한 그것들이 각기 다른 역사적 단층에 속할 수도 있다는 것을 고려하지 않고 서로 비교된다. 예를 들어 우리들은 다음과 같이 물을 수 있다. 배경 지식이나 초기 조건, 기본적 원리, 그리고 받아들여진 관찰들이 주어져 있다고 가정하자. 우리는 새롭게 제안된 하나의 가설에 관해서 어떤 결론을 이끌어 낼 수 있을까? 그 대답은 상당히 다양하다. 어떤 사람들은 확증의 정도를 결정하는 일이 가능하고, 가설은 확증의 정도를 결정함으로써 평가될 수 있다고 말한다. 또한 어떤 확증의 논리도 거부하고, 가설을 그 가설의 내용에 의해서 또는 실제로 일어난 반증에 의해서 판단하는 사람들도 있다. 그러나 거의 모든 사람들은 정확한 관찰, 명료한 원리, 잘 확증된 이론은 이미 **결정적이라는** 것을 당연하게 여긴다. 더욱이 제안된 가설을 배제하거나 그것을 받아들일 수 있는 것으로 인정하기 위해서, 혹은 그것을 증명하기 위해서도 그러한 관찰, 원리, 이론들이 **현시점**에서 사용될 수 있으며, 사용되어야 한다는 것을 당연히 여기고 있다.

그러한 절차는 오직 우리 지식의 요소를 ─ 이론, 관찰, 논증의 원리 ─ 이 같은 정도의 완전성을 공유하는 **초시간적인 존재**이고, 모두 동등하게 입수 가능하며, 그것들을 산출하는 사건으로부터 독립된 형태로 서로 연관되어 있다고 가정할 수 있을 때에만 가능한 것이다. 물론 이것은 극히 상식적인 가정이며, 모든 논리학자들은 그것을 당연한 것으로 생각하고 있다. 즉, 그러한 가정이 발견의 맥락(context of discovery)과 정당화의 맥락(context of justification) 사이의 통상적인 구분을 근거짓고 있으며, 또한 그것은 과학이 명제(proposition)를 다루는 것이지 진술(statement)이나 문장(sentence)을 다루는 것이 아니라고 말하는 것으로도 때때로 표현된다. 그렇지만 그러한 절차는 과학이 복잡한 것이며, 미래의 이데올로기에 대한 모호하고도 비정합적인 기대와 고도로 세련된 이론체계들과 더불어 낡고 경직된 사고형식들을 포함하는 이질적인 역사적 과정이라는 사실을 간과한 것이다. 과학의 요소들 중에 어떤 것은 정연하게 쓰여진 진술의 형태로 입수할 수 있는 반면에 어떤 것은 확실히 드러나지 않는 것이어서, 지금까지의 것과는 다른 새로운 견해들과 대조하고 비교함으로써만 알 수 있는 것이다. (이것이 갈릴레오가 반전(反轉)된 탑의 논증의 도움을 받아서 코페르니쿠스에 대립하는 자연적 해석을 발견하였던 방법이다. 또한 이것은 아인슈타인이 무한히 빠른 신호의 존재의 가정과 같은 고전역학에 깊이 스며 있는 가정을 발견하게 된 방법이기도 하다 —— 일반적인 고찰에 대해서는 제5장 마지막 대목을 참조할 것.) 과학에서 나타나는 부조화와 모순의 많은 부분은 그 재료의 이와 같은 이질성, 마르크스주의자가 말하는 바의 역사적 발전의 이러한 '불균일성'에 기인한다. 또한 그것들은 직접적인 이론적 중요성을 전혀 갖지 않는다.[1] 그것들은 고딕식 성당

---

1 마르크스에 의하면, 요구, 예술적 창작이나 법적 관계와 같은 사회적 과정의 '이차적' 부분이 물질적 생산에 앞서며, 그것을 이끌어 갈 수도 있다. Karl Marx, *The Poverty of Philosophy*, 특히, *Introduction to the Critique of Political Economy*, Chicago, 1918, p.309를 참조. "예컨대 물질적 생산의 발전과 예술의 발전 사이의 불균등한 관계, 일반적으로 진보의 개념은 통상의 추상화된 의미에서 받아들여져야 하는 것은 아니다. 예술 등의 경우에서 이 불균등성을 이해하는 것은, 예를 들어 미국과 유럽에 있어서의 교육의 관계와 같은 실천적인 사회적 관계의 경우와 똑같이 중요하거나 어려운 것이 아니다. 그렇지만 여기에서 논의되어야만 하는 참으로 어려운 문제점은 법적 관계로서의 생산관계의 불균등한 발전에 대한 것이다." 트로츠키도 똑같은 상황을 기술하고 있다. "문제의 요점은 이러한 사실 즉, 역사적 진보의 여러 다른 측면들 —— 경제학, 정치, 국가, 노동자계급의 성장 —— 은 평행선상에서 동시에 발전하지 않는다는 데 있다."(Leon Trotsky, "The School of Revolutionary Strategy", 1921년 7월의 모스크바 단체의 일반당원 집회에서 행해졌던 연설, *The First Years of the Communist International*, Vol. 2, New York, 1953, p.5에 있다) 또한 한 사건의 원인들은 그 위상이 서로 다를 수 있으며, 그것들이 함께 일어날 때에만 효과를 갖는다는 사실에 관해서는 Lenin, *Left-Wing Communism: An Infantile Disorder*, op. cit., p.59를 보라. 다른 형태에 있어서, '균일하지 않은 발전'이란 테제는 자본주의가 다른 국가 또는 동일한 국가의 다른 부분에 있어서 각기 다른 단계에 도달했다는 사실을 다루고 있다. 불균일한 발전의 이 두 번째 유형은 그것에 수반하는 이데올로기 사이의 역관계를 초래하고, 따라서 생산과 급진적 정치사상에 있어서의 유효성이 역비례적으로 발전하는지도 모른다. "고도로 발달한 기계생산, 풍요롭고 다양한 문화와 그 제도로 인해 문명화된 유럽은 역사의 어떤 시점에 이미 도달했기 때문에, 거기서는 지배자의 부르주아 계급이 프롤레타리아 계급의 성장과 힘의 증대를 겁낸 나머지, 퇴보적이고 사장된 또한 중세적인 모든 것에 대한 지지를 드러낸다. … 그러나 모든 젊은 아시아는 강력한 민주주의 운동을 발전시키고 확대하며, 힘을 획득하고 있다."(Lenin, "Backward Europe and Advanced Asia", *Collected Works*, Vol. 19, op. cit., pp.99ff) 과학철학에 이용할 만한 이 매우 흥미로운 상황에 대해서는 A. C. Meyer, *Leninism*, Cambridge, 1957, Chapter 12, 그리고 L. Althusser, *For Marx*, London and New York, 1970, Chapter 3 and 6 참조. 철학적 배경은 마오쩌둥의 에세이 *On

바로 옆에 발전소를 세워야 할 경우에 일어나는 문제와 많은 공통점을 갖는다. 때때로, 그러한 특징들이 고려될 때도 있다. 예를 들어, 물리적 법칙(진술)과 생물학적 법칙(진술)이 다른 개념적 영역에 속하여 직접적으로 비교할 수 없다고 주장되는 경우가 그러하다. 그러나 대부분의 경우에 있어서, 특히 관찰 대(對) 이론의 경우에 방법론자들은 과학의 다양한 요소들과 그것들이 위치하는 여러 가지 다른 역사적 단층을 모두 동일한 평면에 투사하여 그것들을 그대로 비교하고, 판단한다. 이것은 마치 어린아이와 어른 사이에 싸움을 붙이고, 어떻게 보아도 명백한 승패, 즉 어른의 승리를 의기양양하게 선언하는 일과 같다(운동이론의 역사나, 보다 최근의 양자역학에 있어서 숨겨진 변수이론의 역사들은 이러한 종류의 어리석은 비판으로 가득 차 있으며, 정신분석이나 마르크스주의의 역사 역시 그렇다). 새로운 가설에 대한 검토에 있어서 우리들은 역사적 상황을 명백히 고려해야 한다. 역사적 상황이 우리들의 판단에 어떻게 영향을 미치는지 생각해 보자!

지구중심설과 아리스토텔레스의 지각과 인식에 관한 이론은 서로 잘 들어맞는다. 지각은 지구의 부동성을 함축하는 운동이론을 지지하는데, 그 운동이론은 또한 위치변화, 증가와 감소, 질적 변화, 생성과 소멸 등을 포함하는 운동에 관한 포괄적 견해의 한 가지 특수한 경우이다. 이 포괄적인 견해에서 운동은 작용자로부터 피작용자에로의 형상의 이행이라고 정의되고, 이 이행은 피작용자가, 상호작용이 시작될

Contradiction (*Selected Readings*, Peking, 1970, p.70 특히 Section IV)에서 훌륭하게 설명되어 있다.

때 작용자를 특징짓고 있는 형상과 정확히 같은 형상을 소유했을 때 끝나게 된다. 이와 마찬가지로 지각이란 지각되는 대상의 형상이 그 대상을 특징짓고 있는 것과 완전히 동일한 형상으로서 지각자 속에 들어오고, 그 결과 지각자가, 어떤 의미에서는, 대상의 성질을 취하게 되는 과정이다.

이러한 종류의 지각이론(혹자는 이것을 소박실재론의 세련된 변형으로 간주할는지도 모른다)은 관찰과 관찰된 사물 사이의 어떠한 중대한 불일치도 허용하지 않는다. "단지 지금 그리고 잠시 동안만이 아니라, 원리적으로 그리고 인간의 자연적 자질 때문에 인간에게 도달하기 어렵고, 따라서 인간에게는 결코 보여질 수 없는 사물이 세계에 존재한다는 것은 고대 후기뿐 아니라 중세에 있어서도 전혀 생각할 수 없는 것이었다."[2] 이 이론은 도구(instrument)의 사용 또한 권장하지 않는데, 왜냐하면 도구가 매체 안에서의 과정에 간섭하기 때문이다. 매체 안에서의 과정은 간섭이 없는 때에 한해서만 진정한 모습(picture)을 전달한다. 간섭은 지각된 대상의 형태와는 전혀 다른 형태를 만들어 낸다——그것은 **착각**을 만들어 낸다. 그러한 착각은 곡면의 거울이

---

2 F. Blumenberg, *Galileo Galilei, Sidereus Nuncius, Nachricht von neuen Sternen*, Vol. 1, Frankfurt, 1965, p. 13. 아리스토텔레스 자신은 그 마음이 보다 개방적이었다. "(천체 현상에 관한) 증거는 감각에 의해서 조금밖에 공급되지 않지만, 반면에 사멸하는 식물이나 동물에 관해서는 우리들이 그 한가운데서 생활하고 있으므로, 풍부한 지식을 소유하고 있다…" *De Partibus Animalium*, 644b26ff. 그 이하에는 후기 아리스토텔레스주의에 관한 고도로 이념화된 해설이 주어지고 있다. 달리 언급되지 않는 한 '아리스토텔레스'라는 말은 이 이념화를 언급하고 있다. 아리스토텔레스 자신에 관한 정합적인 상을 형성하는 일이 어렵다는 것에 대해서는 Düring, *Aristoteles*, Heidelberg, 1966을 참조. 아리스토텔레스와 중세에 있어서의 그 추종자 사이의 차이점에 대해서는 Wolfgang Wieland, *Die Aristotelische Physik*, Göttingen, 1970을 참조.

나 조잡한 렌즈에 의해서 산출된 상(像)을 조사해 보기만 해도 곧 증명될 수 있다[3](갈릴레오가 사용한 렌즈는 오늘날에 이루어진 완성도에는 훨씬 못 미친다는 것을 기억하자). 상은 왜곡되었으며 렌즈상의 그 주변은 변색되었다. 또한 대상은 대상의 위치와는 다른 위치에 나타날 수도 있다. 천문학, 물리학, 심리학, 인식론 등의 모든 학문 분야가 아리스토텔레스 철학과 협력하여 정합적이며, 합리적이고, 관찰결과와 일치하는 하나의 체계를 만들어 낸다. 그것은 아리스토텔레스의 철학을, 몇몇 중세철학자들이 발전시킨 형식을 통해서 검토해 보면 곧 알 수 있다. 그러한 분석은 아리스토텔레스 체계의 고유한 힘을 보여 준다.

아리스토텔레스에 있어서 관찰의 역할은 매우 흥미롭다. 아리스토텔레스는 경험주의자였으며, 지나치게 이론적인 연구방법에 대한 그의 금칙은 17~18세기의 '과학적' 경험주의자들에게 뒤지지 않을 만큼 투쟁적이었다. 그러나 후자가 경험주의의 진리와 내용을 모두 당연한 것으로 여기는 데에 비해서, 아리스토텔레스는 (1)경험의 본성, (2)왜 경험이 중요한가, 하는 것을 설명한다. 경험이란 정상적인 관찰자(감각이 질서정연하며, 취하거나 몽롱한 상태가 아닌 관찰자)가 정상적인 상황(밝은 햇빛: 매체에 의한 어떤 간섭도 없을 때) 아래서 지각하는 것이고, 지각한 것을 사실에 들어맞고 모두에게 이해될 수 있는 관용어로 기술하는 것이다. 정상적인 상황이 주어진다면 관찰자의 지각은 대

---

3 이미 보통의 거울이 하나의 재미있는 착각을 불러일으킨다. 그것에 주목하려면 먼저 보통 거울 속의 자신을 들여다보라. 당신은 당신의 얼굴을 '통상적인' 크기로 보게 된다. 그리고 나서 수증기를 거울의 표면에 응축시켜 보라. 그리고 수증기 속의 당신 얼굴의 윤곽을 그려 보라. 그 윤곽은 당신 얼굴의 반 정도 크기로 보일 것이다.

상 가운데 갖추어져 있는 것과 동일한 형식을 똑같이 포함하기 때문에, 경험은 **지식을 위해서도** 중요하다. 이것은 임시변통적인 설명이 아니다. 이것은 아리스토텔레스의 운동이론 일반과, 감각이 우주의 다른 모든 것과 동일한 물리적 법칙에 따른다는 생리학적 관념이 결합되었을 때 얻어지는 직접적인 귀결이다. 그리고 이것은 이 두 가지 견해들 중 어떤 것을 확증하는 증거(왜곡된 렌즈의 상의 존재는 이러한 증거의 일부이다)에 의해서 확증된다. 오늘날 우리들은, 오늘날에 와서는 거짓된 것으로 여겨지는 운동과 지각에 관한 이론이 그때는 왜 그렇게 성공적일 수 있었는지를 조금은 더 잘 이해한다(유기체의 적응에 대한 진화론적 설명: 매체 가운데서의 운동). (그것이 어떠한 난점도 가지지 않는 것이 아니었음에도 불구하고) 그것에 대한 어떠한 결정적인 경험적 반대논증도 제출될 수 없었다는 사실이 남아 있다.

인간의 지각과 아리스토텔레스적 우주론 사이의 이러한 조화가 지구의 운동을 지지하는 자들에 의해서는 착각이라고 간주된다. 코페르니쿠스주의자들의 견해에 의하면, 거대한 우주적인 덩어리들을 포함하면서도 우리의 경험에는 **어떤 흔적도 남기지 않는** 대규모의 변화과정이 존재한다. 그 때문에 현존하는 관찰들은 더 이상, 제안되어 있는 새로운 기본법칙에 대한 테스트라고 간주되지 않는다. 그 관찰들은 이 법칙에 직접적으로 연결되어 있지 않으며, 완전히 단절될 수도 있다. **오늘날**, 즉 근대과학의 성공이, 인간과 우주와의 관계는 소박실재론이 가정하는 만큼 단순하지 않다는 것을 우리들에게 충분히 인식시킨 이**후에야** 우리들은 그것이 올바른 추측이었다고 말할 수 있게 되었다. 즉 관찰자는 실제로 그의 관찰 무대인 지구의 특별한 물리적 상황(중력의

그림2 상현달의 모습

효과, 관성의 법칙, 코리올리스의 힘, 광학적 관찰에 대한 대기의 영향, 수차
[收差], 별의 시차[視差]…)에 의해, 또는 관찰의 기본적 도구인 인간의
눈의 특성(광삼[光滲], 잔상, 인접한 각막의 요소들의 상호제어…)에 의
해, 그리고 더욱이 관찰언어에 침투하여 그것으로 하여금 소박실재론
(자연적 해석)의 언어를 말하게 하는 낡은 견해들에 의해, 세계의 법칙
으로부터 분리되어 있다고 말할 수가 있다. 관찰은 관찰된 사물로부
터 주어진 것을 포함할는지 모르지만, 그러나 주어진 것은 통상 다른
효과들(그것들의 일부를 우리는 방금 언급했지만)에 의해서 압도당하고,
그것들에 의해 완전히 말소될 수도 있다. 망원경을 통해서 보여진 항
성의 상을 생각해 보자. 이 상은 굴절, 수차, 그리고 어쩌면 중력의 영

향에 의해서도 바뀔 수 있다. 그것은 현재와 같은 모양이 아니라, 얼마전(은하계가 아닌 초신성의 경우 이 차이는 수백만 년이 된다)에 나타났던 것과 같은 모양의 별의 스펙트럼을 포함하고 있고, 도플러 효과, 별들 사이의 물질 등에 의해 왜곡된다. 더욱이 상의 연장(extension)과 내부구조는 망원경과 관찰자의 눈의 구조에 의해서 완전히 결정되어 있다. 즉 회절된 원반이 얼마나 커지는가는 망원경이 결정하고, 이 원반의 구조가 어떻게 보이는가는 인간의 눈이 결정한다. 본래의 원인인 별에 의해 주어진 것을 분리시키고 그것을 테스트에 이용하기 위해서는 상당한 기술과 **많은 이론**이 필요하게 되는데, 이것은 눈과 대상 사이에 생기는 복잡한 과정과 각막과 뇌 사이의 보다 복잡한 과정을 기술하는 보조과학들의 도움을 받아서 관찰과 법칙을 **분리시킨** 다음에야 비로소 비(非)아리스토텔레스적인 우주론이 테스트될 수 있다는 것을 의미한다. 코페르니쿠스의 경우, 우리는 지구의 운동이 지구의 표면에서의 물리적 과정에 영향을 줄 수 있는 방식을 진술하는 새로운 **동역학**뿐만 아니라, 새로운 **기상학**(달 아래 있는 사물을 취급한다는 이 말의 진정한 어원적 의미에 있어서), 시각의 주관적(정신) 측면과 객관적(달, 매체, 렌즈, 눈의 구조) 측면을 취급하는 **생리 광학**이라는 새로운 과학을 필요로 한다. 관찰은 이러한 새로운 학문적 주제에 의해 기술되는 과정들이 세계와 눈 사이에 삽입된 후에야 비로소 적절성을 갖게 되는 것이다. 관찰을 표현하는 우리들의 언어 또한, 새로운 우주론이 공정한 찬스를 가질 수 있고, 그것이 감각과 낡은 관념의 알아차릴 수 없는 협력에 의해 위기에 빠지는 일이 없도록 수정되지 않으면 안 된다. 요컨대, 코페르니쿠스에 대한 **테스트**를 위해서는, 인간에 관한 새로운

견해와 인간의 인식능력에 관한 새로운 견해를 포함하는 완전히 새로운 세계
관이 요구되는 것이다.[4]

4 베이컨은 과학적 변화가 몇 가지 관념뿐 아니라, 세계관 전체, 그리고 인간의 본성 그 자체의
개혁을 포함한다는 사실을 깨닫고 있었다. 그는 『신기관』(*Novum Organum*)[베이컨, 『신기관』,
진석용 옮김, 한길사, 2016] 경구 50에서 "감각은 약하고 그르칠 수 있다"라고 썼다. "사람의 감
각이 사물들의 기준이라고 잘못 주장되기 때문이다. 반대로 모든 지각, 즉 감관과 정신의 지각
모두는 세계와 관계되는 것이 아니고, 인간과 관계된다. 또한 인간의 마음은 자신들의 속성을
그것으로부터 광선이 방출되는 대상에 전달하고, 대상들을 왜곡하고 망가뜨리는 불균형한 거
울을 닮았다."(경구 41) 베이컨은 반복해서 '감관의 둔함, 무능력, 그리고 실수'에 대해서 논평
한다(50). 그리고 '자연과 사물 그 자체'에 대한 판단으로서 기능하는 것이 실험임에도 불구하
고 '실험을 … 판단하는'(50) 일만을 감각에게 허용하였다. 따라서 베이컨이 '편견이 없는 감
각'에 대해서 말할 때, 그는 감각자료 혹은 즉각적인 인상을 의미한 것이 아니다. 그것은 자연
을 올바른 방식으로 비추기 위해서 **원상회복된** 감각기관의 반응을 의미한다. 연구는 **인간 존재
전체가 개조되어야 할 것을 요구**한다. 인간성의 물리적이고 정신적인 개조라는 이 아이디어는 종
교적 성격을 갖는다. '가지를 제거하는 일'(115), '속죄의 과정', '마음의 정화'(69)가 지식의 축
적에 앞서야 한다. "우리의 유일한 구원의 희망은 '오직 깨끗하게 하고, 윤을 내고, 표면을 평
평하게 한 이후에'(115) 마음의 일 전체를 다시 시작하는 것이다."(서문) 미리 착상된 개념(36),
의견(42ff), 가장 평범한 낱말들(59, 121)조차도 "견고하고 엄숙한 결의에 의해 포기되고 단념
되어야 한다. 그리하여 과학에 기초를 둔 인간의 왕국으로의 접근은 어린이들만이 들어가는
것이 허용된 하늘의 왕국에 접근하는 것과 유사할 것이다."(68)
인간의 개조는 올바른 과학을 위해서 필요하다. — 그러나 그것만으로 충분하지 않다. 베이컨
에 따르면 과학은 사건들을 질서화할 뿐 아니라, 그것의 물리적 근거를 제공한다고 가정된다.
따라서 프톨레마이오스와 코페르니쿠스는 우리에게 "하늘의 아름다운 외관으로서 별들의 수,
상황, 운동, 그리고 주기를 준다. 반면에 피부와 내장은 부족하다. 즉 잘 구성된 체계, 혹은 독창
적인 이론이 대부분 그렇게 하듯이 현상을 해결할 뿐만 아니라, 천체들의 실체, 운동, 그리고
영향력을 실제의 모습 그대로 보여 주는 정당한 이론에 대한 물리적 근거와 기초는 부족하다."
(*Advancement of Learning*, ch.4, New York: Wiley Books, 1944, p.85에서 인용[베이컨, 『학문
의 진보』, 이종구 옮김, 동서문화사, 2016]) "누구라도 그가 자연스러운 운동의 본성을 먼저 파악
하지 못한다면, 지구와 천체가 하루주기의 운동으로 회전하는지를 확정할 희망을 갖지 못하도
록 하라. 새로운 인간은 그의 천문학에 실질적 내용을 부여하기 위해서 새로운 물리학을 필요
로 한다. 갈릴레오는 그러한 물리학을 제공하는 데 성공하지 못했다."(*Novum Organum*, p371
참조)
자신들을 '비판적'이라고 부르는 사람들을 포함해서 과학을 사랑하는 철학자들은 자신들이
좋아하는 관념을 공유하지 않는 사상가들을 쉽사리 비판한다. 베이컨은 코페르니쿠스에게로
단번에 넘어가지 않았다고 종종 비판받는다. 그는 이러한 형언할 수 없는 죄로 말미암아 자신
들의 '합리주의' 철학으로는 결코 코페르니쿠스를 살릴 수 없었던 철학자들의 비판을 받았다.
그 한 예가 K. R. Popper, *The Open Society and Its Enemies*, Vol. 2, p.16이다.

그러한 새로운 세계관이 나타나는 데는 오랜 시간이 걸린다는 것, 또 우리들은 그것을 전체에 걸쳐서 정식화하는 데 결코 성공할 수 없을 것이라는 것은 분명하다. 오늘날 '고전물리학'의 본체를 구성하고 있다고 얘기되는 모든 과학들이 형식적으로 잘 확립된다면, 거기로부터 곧바로 지구의 운동의 관념이 이끌어진다는 것은 거의 생각하기 어렵다. 좀 더 사실적으로 말한다면, 그와 같은 사건의 추이는 좀처럼 생각하기 어려울 뿐만 아니라, 인간의 본성 및 인간이 사는 세계의 복잡성을 가정하는 한, **원리적으로 불가능하다**. 그러나 테스트가 의미를 갖는다고 말할 수 있는 것은 그러한 과학들이 도래한 **후**에 한한다.

이것은 **기다리는** 일을 필요로 하고, 거대한 양의 비판적 관찰과 측정을 **무시하는** 일을 필요로 하는데, 그것은 우리들의 방법론에서는 거의 논의된 것이 없다. 새로운 물리학, 혹은 새로운 천문학은 새로운 지식이론에 의해서 판단되어야 하며 완전히 새로운 테스트를 필요로 할지도 모른다는 가능성을 무시하고, 과학자들은 이것을 곧바로 **현행이론**(status quo)과 대결시키고, "그것은 사실이나 수용된 원리들과 일치하지 않는다"고 의기양양하게 선언한다. 물론 그들은 옳다. 사소한 점에 있어서도 그렇다. 그러나 그들이 의도한 의미에서 옳은 것은 아니다. 왜냐하면 발전의 초기 단계에서 모순은 단지 낡은 것과 새로운 것이 **다르다**는 것을 나타낼 뿐이기 때문이다. 그것은 어느 쪽 견해가 더 **좋은가**를 보여 주지 않는다. **이러한 종류의 판단은 경쟁자들이 같은 조건에서 서로 경쟁한다는 것을 전제한다.** 그러한 공정한 비교를 가져오기 위해서 우리는 어떻게 진행해야 할 것인가?

그 첫 번째 단계는 명료하다. 우리는 새로운 우주론을, 그것이 필요로 하는 보조 과학들에 의해 보충될 때까지 **유지해야** 한다. 우리는 명백하고, 모호하지 않은 반박 사실들에 직면해서도 그것을 유지해야 한다. 물론 우리들은 비판적 관찰들이 적절하지 않다든가, 혹은 그것은 착각이라고 말함으로써 우리의 행동을 설명하려고 할 것이다. 그러나 우리들은 그러한 설명을 단 하나의 객관적 이유로 뒷받침할 수는 없다. 우리들이 어떠한 설명을 제시하더라도 그것은 하나의 **언어적인 제스처**, 즉 새로운 철학의 발전에 함께 참여하라는 점잖은 초대일 따름이다. 또한 우리는, 관찰사실이 적절하다는 것을 말해 주고 이 주장에 근거를 제시하며 독립적인 증거에 의해 확증된다는 것을 말해 주는 수락된 지각**이론**을 합당하게 제거할 수가 없다. 따라서 새로운 견해는 그것에 선행하는 견해를 뒷받침하는 자료들로부터 매우 고의적으로 분리되고, 보다 '형이상학적'인 것이다. 과학의 역사에서 새로운 시대는, 이론들이 더 모호하고 경험적 내용이 더 적은, 그 이전 단계로 우리들을 되돌려 보내는 **후향운동**(backward movement)과 더불어 시작된다. 이 후향운동은 단순히 우발적인 사건이 아니다. 그것은 하나의 명확한 기능을 가지고 있다. 만일 우리가 현 상태를 타파하기를 원한다면 그것은 필요불가결하다. 왜냐하면 그것은 우리에게, 가장 중요한 견해(main view)를 구체적으로 전개시키고, 필요하다 싶은 보조 과학을 발견하는 데 필요한 시간과 자유를 주기 때문이다.[5]

---

5 이러한 종류의 퇴보적인 운동의 한 예는 『짧은 해설서』(*Commentariolus*)의 운동학으로의 갈릴레이의 복귀와 『천구의 회전에 대해서』에서 전개된 주전원의 기구에 대한 그의 경시이다. 이 단계에 관한 훌륭한 합리적 설명에 대해서는 Imre Lakatos and Eli Zahar, "Why Did Copernicus' Research Programme Supersede Ptolemy's", *Imre Lakatos, Philosophica*

이러한 후향운동은 참으로 필요불가결하다. 그러나 우리는 어떻게 사람들로 하여금 우리들의 지시를 따라오도록 설득할 수 있을까? 우리들은 어떻게 잘 정리되고, 세련되며, 경험적으로도 성공적인 체계로부터 사람들을 유인해서, 채 마무리되지도 않은 불합리한 가설에 충성하도록 그들을 전환시킬 수 있을까? 더욱이 새로운 가설은, 만일 우리가 수고스럽지만 우리들의 감각으로 그 정당성을 간단히 보여 줄 수 있는 종래의 체계와 비교하여 보기만 하면, 관찰결과와 차례로 모순된다는 사실을 알 수 있는 것이다. 우리들은 어떻게 하면 사람들에게 **현행이론**의 성공이 단지 겉으로 보기에만 그러할 뿐이라는 것과 우리들에게 유리한 논증이 하나도 없을 때에는(내가 두 구절 앞에서 사용한 실례는 고전물리학의 성공으로부터 그 힘을 얻은 것이며, 코페르니쿠스주의자들에게는 이용될 수 없었음을 상기하라)[6] 500년 이상이나 그렇게 보여져야 했다는 것을 납득시킬 수 있을 것인가? 새로운 관찰에 대한 충성은 논증이 아닌 다른 수단에 의해서 유발되어야 한다는 것이 명백하다. 그것은 선전, 정서, 임시변통적 가설, 온갖 종류의 선입견과 같은 **비합리적인 수단**을 통해 도출해 내야만 된다. 신념을 건전한 '지식'으로 변화시키는 보조 과학들, 사실, 논증들이 발견될 때까지, 맹목적인 신념에 불과한 것을 유지하기 위해서는 이러한 '비합리적인 수단'

Papers, Vol. 1, Cambridge, 1978을 볼 것.

6 그것들은 회의주의자들, 특히 아이네시데모스(Aenesidemus)에게는 이용 가능한 것이었다. 필로(Philo)에 의하면 아이네시데모스는 어떤 대상도 있는 그대로 보이지 않고, 공기, 빛, 습기, 열 등에 의해 변형된다고 지적한다. *Diogenes Laertius*, IX, 84 참조. 그렇지만 회의주의적 견해는 근대 천문학의 발전에 대해 아주 적은 영향밖에 주지 못하였으며, 그것은 납득할 만하다. 결국 합리적인 입장을 취하는 것으로부터는 어떤 운동도 시작되지 않는다.

이 필요한 것이다.

새로운 관점을 가지며, 학교에서의 과학, 그 방법과 그 결과, 그리고 그 언어에 대해서까지도 상당한 불만을 가진 새로운 세속적인 계급이 생기는 것이 그토록 중요한 것은 이러한 맥락에서이다. 학자들이 사용하는 조야한(barbaric) 라틴어(그것은 현재 옥스퍼드의 철학자들이 사용하는, 조야함에 있어 뒤지지 않는 '일상 영어'와 많은 공통점을 갖는다), 아카데믹한 과학의 지적인 야만성, 곧 무용지물이라고 해석되는 그 탈속성(脫俗性), 가톨릭 교회와의 연관 ── 이 모든 요소들이 이제는 아리스토텔레스적인 우주론과 한 덩어리가 되어, 그러한 것들에 대해서 사람들이 느끼는 불만이 아리스토텔레스의 모든 논증 하나하나에 옮겨진다.[7] 이러한 결합에 의한 죄과는 아리스토텔레스의 논증들을 덜 **합리적이도록** 만들거나, 덜 결정적인 것으로 만드는 것이 아니라, 코페르니쿠스를 기꺼이 따르려는 사람들의 마음에 미치는 **그 논증들의 영향을 약화시키는 것**이다. 왜냐하면 코페르니쿠스는 이제 다른 영역에서와 마찬가지로 진보의 표상이며, 플라톤이나 키케로의 고전적 시대를 회고하면서 자유롭고 다원적 사회를 기대하는 새로운 계급의 이상의 상징이기 때문이다. 천문학적인 관념과 역사적이고 계급적인 경향의 결합은 새로운 논증을 산출하는 것도 아니다. 그러나 그것은 태양중심설에 대한 확고한 가담이 일어나도록 야기시킨다. 그리고 이것이야말로 이미 우리가 본 것처럼, 이 단계가 필요로 하는 것의 전부이

---

7 이러한 사회적 압력에 대해서는 올시키(Olschki)의 훌륭한 저서 *Geschichte der neusprachlichen wissenschaftlichen Literatur*를 참조. 청교도주의의 역할에 대해서는 R. F. Jones, op. cit., Chapters V and VI를 참조.

다. 또한 우리들은 갈릴레오가 그 상황을 어떻게 능란하게 이용하였으며, 책략이나 농담, 그리고 그 자신의 **불합리한 추론들**을 사용하여 어떻게 그 상황을 확대시켜 나갔는가를 살펴보았다.[8]

여기서 우리들은, 만일 우리가 '이성'과 '비합리성' 사이의 논쟁점에 대해서 오늘날의 강단철학자들이 갖는 태도보다 더 합당한 태도를 채택하고자 한다면, 어떻게든지 분석하고 이해해야 할 하나의 상황을 다루고 있다. 이성은, 지식을 확대하거나 개선하기 위해서 우리들이 도입하는 관념은 매우 무질서한 방식으로 **생겨날** 수 있다는 것과 또한 어떤 특정한 관점(point of view)의 **기원**은 계급적 편견이나 정열, 개인적 특질과 양식의 문제, 그리고 순수하고 단순한 오류에까지도 의존

---

8 매우 주목할 만한 책, P. Redondi, *Galileo: Heretic*, Princeton, 1987(첫 판은 이탈리아어로 1982년에 출간되었다)에서 피에트로 레돈디(Pietro Redondi)는 새로운 과학의 발전——그것들 중에 갈릴레오가 그의 *Assayer*에서 설명하였던 지각, 연속체, 물질과 운동에 관한 견해들——을 호의적으로 바라보던 교회의 내부(교황 자신을 포함해서)와 외부 집단에 대해서 기술하였다. 가장 중요한 성례인 성만찬에 대한 전통적인 설명과 직접적으로 상충하는 것으로서 이 견해들은 코페르니쿠스주의보다도 상당히 더 위험한 것이었고, 그 집단들과 교황 자신이 그 시대의 복잡한 정치적 발전에서 우세할 경우에 한해서 관용될 수 있었다(30년 전쟁, 프랑스와 스페인의 정치, 프랑스와 교황의 동맹). 교황의 성쇠의 정치적 반전은 정치적인 기반에서 그를 반대해서 제기되었던 이단 관용에 대한 고발이 과학적인 문제에 대한 그의 태도에도 그림자를 드리웠고(여기서도 그는 이단을 지지하는 것으로 보였다), 방어적인 조치가 필요해졌다. 레돈디는 (a) 시간에 관한 물리학이 성찬식에 관한 교리와 같은 신학적인 교리와 연관되었다는 것과 그러한 연관을 간과하는 과학사는 이해할 수 없다는 것, (b) 그러한 연관에 의해 야기된 과학적 문제에 대한 태도, 그리고 혁신을 향한 태도가 정치적인 분위기를 변화시켰다는 것을 보여 주고자 한다. (b)의 두 번째 부분은 참일 수 있으나, 그 나머지 부분을 지지하는 증거는 미약하다. 갈릴레오가 그의 *Assayer*에서 원자론에 대해서 말한 것은 성변화(聖變化)와 상충되기에는 너무 간략하고 명확하지 않으며(그것은 거의 하나의 여담이고, 정교한 진술이 아니다), 오히려 몇 가지 문제되는 문헌을 제외하고는 그러한 상충은 지각되지 않는다(R. S. Westfall, *Essays on the Trial of Galileo*, Vatican Observatory Publications, 1989, pp.84ff). 레돈디의 설명에서 가치 있는 것은 영향을 미칠 수 있는 가능한 요소들의 도메인을 확장하였고, 따라서 지금과 마찬가지로 당시에도 과학적 합리성이 과학이라는 학문의 내부적인 문제 상황으로 제한되었다는 (시대착오적인) 믿음을 약화시킨 데 있다.

할 수 있다는 것을 승인한다. 그러나 이성은 이러한 관념에 대해 **판단할 때에 우리들이 명료하게 정해진 어떤 규칙에 따를 것을 요구한다.** 즉 관념들에 대한 우리들의 **평가**는 비합리적인 요소에 의해서 침해되어서는 안 된다는 것이다. 그런데, 역사적인 실례가 보여 준다고 생각되는 것은 다음과 같은 것이다. 즉, 우리들의 가장 진보적인 판단과 우리들의 가장 진보적인 규칙이 오늘날 우리들이 과학에 대해서 필수적이라고 여기는 어떤 관념이나 관점을 배제하도록 하였거나 그것이 유포되는 것을 허용하지 않았던 상황들이 있다. ──그리고 그러한 상황들은 아주 빈번하게 일어난다(이 점에 대해서는 제5장의 실례를 참조할 것). 그러나 그러한 관념들은 살아남았고, 그것들은 **오늘날에는 이성과 일치**한다고 말할 수 있다. 그것들은 선입견, 정열, 자만, 오류, 순수한 고집, 한 마디로 발견의 문맥을 특징짓는 모든 요소가 이성의 명령에 반대했기 때문에, **또한 이러한 비합리적인 요소들이 나름대로 활동하도록 허용되었기 때문에 살아남았다.** 그것을 달리 표현한다면, **코페르니쿠스주의를 포함한 '합리적인' 견해들은 그것들의 과거 어떤 시점에서, 이성이 억제되었기 때문에 비로소 오늘날 현존하는 것이다**(그 반대도 역시 옳다. 즉 마술이나 다른 '비합리적인' 견해들은 그것들의 과거 어떤 시점에서 이성이 억제되었기 때문에 더 이상 영향력을 행사하지 않게 된 것이다).[9]

---

9 이러한 고찰들은 *British Journal for the Philosophy of Science*, Vol. 23, 1972, 189f에서 나의 '비합리주의'를 내 연구의 결과가 아니라 그 전제라고 표현하는 J. 도링(Dorling)을 반박한다. 그는 다음과 같이 계속한다. "…혹자는 과학철학자가 합리적으로 재구성할 수 있는 것으로 보이는 과학적 논증을 끄집어내고, 상세히 분석하는 일에 가장 관심을 갖는다고 생각했을 것이다." 혹자는 과학철학자가 과학의 **진보**에 필요한 방책을 끄집어내고, 상세히 분석하는 일에 가장 관심을 기울인다고 생각했을 것이다. 나는 그러한 방책이 합리적 재구성에 역행한다는

한편, 코페르니쿠스주의를 좋은 것이라고 가정한다면, 우리들은 그것의 생존을 좋은 것으로 인정해야 한다. 또 그것의 생존 조건을 고려한다면, 우리는 더 나아가 16, 17세기 그리고 18세기에 있어서까지 이성이 억제되었던 것이 좋은 일이었음을 인정해야 한다. 더욱이 16, 17세기 우주론자들은 오늘날 우리들이 갖고 있는 지식을 가지고 있지 못했다. 그들은 코페르니쿠스주의가 '과학적 방법'의 관점에서, 받아들일 만한 과학적 체계를 낳을 수 있다는 것을 알지 못하였다. 그들은 그 당시에 존재하던 여러 가지 견해들 중 어떤 것이, '비합리적' 방식으로 옹호될 때 미래의 이성에 도달할 수 있는가를 알지 못하였다. 그러한 지침이 없었기 때문에 그들은 추측에 의존할 수밖에 없었고, 또한 이미 우리가 본 대로 그 추측을 행함에 있어서도 오직 그들의 취향만을 따를 수밖에 없었다. 그러므로 **어떤 상황**에 있어서도 자신의 취향이 이성에 어긋나도록 하는 것이 바람직하다. 왜냐하면 그것이 삶을 덜 제약하고 과학은 거기서 이득을 얻기 때문이다.

이러한 논증, 즉 우리들에게 이성으로 하여금 우리들의 취향을 억제하도록 하지 말고, 때때로(혹은 빈번하게—제5장의 자료를 볼 것) 이성의 활동을 완전히 정지시킬 것을 권고하는 논증은 내가 제시하는 역사적인 자료에 의존하고 있지 않다는 것은 분명하다. 만일 갈릴레오에 대한 나의 설명이 역사적으로 옳다면 그 논증은 정식화된 그대로의 효력을 가질 것이다. 그리고 만약 갈릴레오에 대한 나의 설명이 하나의 옛날 이야기라는 것이 밝혀진다면, 그 옛날 이야기는 이성과 진

것을 밝히고자 노력하였다.

보의 예비조건이 서로 충돌할 수 있다는 것을 우리에게 말해 주고, 그것은 어떻게 그것이 일어날 수 있는가를 밝혀 주며, 또한 진보할 수 있는 우리의 기회가 합리적이고자 하는 우리의 욕구에 의해 방해받을 수 있다는 결론을 우리에게 강요한다. 또한 여기서 진보란 과학에 대한 합리주의적 애호가가 정의하는 바와 같이 즉, 코페르니쿠스는 아리스토텔레스보다 낫고, 아인슈타인은 뉴턴보다 낫다는 것을 함의하는 것으로 정의되고 있음에 유의하기 바란다. 물론 확실히 매우 좁은, 이와 같은 정의를 받아들일 필요는 없다. 우리들은 그것을 사용하여 대다수의 합리주의자들(모든 비판적 합리주의자들을 포함해서)에 의해 받아들여진 이성의 관념이, 그와 똑같은 대다수에 의해서 정의된 진보를 방해할 수도 있다는 것을 보여 주려고 할 뿐이다. 나는 아리스토텔레스로부터 코페르니쿠스로의 전이에서의 몇 가지 구체적인 부분들에 대한 논의로 다시 돌아가려 한다.

새로운 우주론에로의 첫걸음은 내가 말했던 대로 일보 **후퇴**이다. 겉보기에 적절한 증거가 도외시되고, 새로운 증거가 임시변통적 결합에 의해 도입되며, 과학의 경험적 내용은 철저하게 감소된다. 또한 주목 대상이 되며, 그것을 채용함으로써 변화를 가져올 수 있는 우주론은 오직 하나의 관점에서만 다른 견해들과 다르다. 즉 그것은 문제된 시기에 있어서 어떤 사람들에게 매력적이라고 보여지는 특징을 갖고 있는 것이다. 그러나 관념치고 그 나름의 장점을 갖지 않으며, 노력을 경주할 만한 단초를 갖지 않는 관념이란 하나도 없다. 어떠한 발명도 고립되어 이루어질 수 없으며, 따라서 어떤 견해도 (추상적 혹은 경험적인) 지지를 완전히 결여하고 있지는 않다. 한편, 만일 부분적인 지지와 부분적인 그럴듯함이 새로운 경향을 출발시키기에 충분하다면, ─나는 그렇다고 제안해 왔다─ 그리고 만일 새로운 경향을 출발시키는 것이 증거로부터 일보 후퇴하는 것을 의미한다면, 만일 어떤 관념이라도 그럴듯해질 수 있고 부분적인 지지를 받을 수 있다면, 일보 후퇴는 사실상 일보 전진이다. 그리고 그것은 꽉 짜여지고, 고도로 증거보강되고, 품위 없이 제안된 이론체계의 독재로부터 벗어나는 것이다. 베이컨은 이 점에 관해서 다음과 같이 자세히 쓰고 있다.[10]

"또 하나의 다른 오류는 … 지식을 예술과 방법으로 독단적으로 환원하는 것이다. 그렇게 되면 과학은 거의 개선되기 어렵다. 왜냐하면 어린이들의 몸이나 팔다리가 충분히 형성되면 거의 자라지 않는 것과 같이, 지식도 역시 격언(aphorism)과 관찰 가운데 존재할 동안에만 성장단계를 유지하기 때문이다. 그러나 그것이 일단 방법에 맞추어지고 나면, 그것이 아무리 다듬어지고, 예증되고, 사용하기에 적합한 것이 되어도 그 크기와 실질적 내용에 있어서는 더 이상 증가하지 않는다." 때때로 주장되어 온 과학과 예술의 유사성이 이런 점에서 정확히 나타난다. 엄밀한 경험적 적합성은 미덕이 아니며 변화의 시대에는 완화되어야 한다는 것이 일단 이해되고 나면, 스타일, 표현의 우아함, 표현의 간결성, 플롯과 이야기의 긴장, 내용의 매력 등이 우리들의 지식의 중요한 특징이 된다. 그것들은 이야기된 것에 생명력을 주고,

---

10 *Advancement of Learning* (1605 edition), New York, 1944, p. 21. 또한 *Novum Organum*, Aphorisms 79, 86; 더욱이 W. N. 왓킨스(Watkins)의 훌륭한 소책자 *Hobbes's System of Ideas*, London, 1965, p. 169 참조.

관찰적인 재료의 저항을 극복하는 데 도움을 준다.[11] 그것들은 관찰적 지평으로부터 부분적으로 제거되고, 관례적인 표준에 의해서 판단한다면 경쟁상대에 뒤떨어지는 것으로 보일 이론에 대한 관심을 **창조하고 유지하는 것**이다. 갈릴레오의 작업의 대부분은 이러한 맥락에서 이해되어야 한다. 이 작업은 때때로 마치 **선전**과 같은 것이었다.[12] 그것은 틀림없이 선전이다. 그러나 이러한 종류의 선전은 보다 실질적인 방어수단에 추가되어도 좋고 추가되지 않아도 좋을 여변적인(marginal) 일이 아니고, 아마도 '직업적으로 정직한 과학자'라면 회피해야 할 일도 아니다. 우리들이 지금 고찰하고 있는 상황에서 **선전은 본질적인 것이다.** 통상의 방법론적 규정이 어떤 단서를 갖고 있지 않을 때, 선전은 관심을 창조해야 하고 새로운 근거에 도달하기까지 이러한 관심이 아마도 수세기 동안 유지되어야 하기 때문이다. 그러한 근거, 즉 적절한 보조 과학이 일거에 완벽한 형식적 정합성을 갖추고 나타나야 할 필요는 없다는 것은 분명하다. 그것은 처음에는 매우 불명료할 수도 있고, 현존하는 증거와 모순될 수도 있다. 그러한 근거가 처음 등장할 때 그것에 대해 요구되는 것은 우주론과의 일치, 혹은 부분적인 일치일 뿐이다. 그러한 일치는 그것이 적어도 **관련성을 가지며** 언젠가는 어엿한 적극적인 증거를 산출할 수 있을 것임을 보여 준다. 이와 같이 망원경이 세계를 있는 그대로 보여 준다는 관념은 여러 가지 난점에 부딪힌다. 그러나 그것이 코페르니쿠스에게 부여하며 또 그것으로부터 받

11 "과학적 현상에 그 생명력을 회복시키는 것은 예술이다."(*The Diary of Anaïs Nin*, Vol. 1, p.277)
12 A. Koyré, *Etudes Galiléennes*, Vol. 3, Paris, 1939, pp. 53ff.

는 지지는 우리들이 올바른 방향으로 움직이고 있다는 것에 대한 암시이다.

여기서 우리는 일반적인 견해와 그것에 대한 증거를 구성하는 특정한 가설들 사이의 매우 재미있는 관계를 발견하게 된다. 때때로 일반적인 견해는 적절한 증거가 충분히 규정될 수 있지 않는 한 커다란 의미를 갖지 못한다고 가정되고 있다. 예를 들어 카르나프는 "[어떤 이론 혹은 세계관을 정식화하는 데 사용되는 언어]에 대한 독립적인 해석이란 결코 존재하지 않는다"고 주장한다. "체계 T[그 이론의 공리들과 유도의 규칙들]는 그 자체가 해석되지 않은 하나의 공준체계이다. [그 체계에 등장하는] 개념들은 그것들 가운데 몇 가지가 대응규칙에 의해 관찰적 개념들과 연결된다는 사실에 의해서 간접적이고 불완전한 해석을 얻을 뿐이다."[13] "독립된 해석이란 결코 존재하지 않는다"라고 카르나프는 말한다. 그러나 지구의 운동이라는 관념은 그 당시의 증거와는 일치하지 않았으며 따라서 그러한 증거가 부적절하다는 주장을 바탕으로 유지되었는데, 그럼으로써 그것은 동시대 천문학의 가장 중요한 사실들로부터 단절되었던 것이었다. 그러나 그것은 마침내 중핵(nucleus)이 되었고, 점차적으로 명료성이 증대되어, 궁극적으로는 새로운 종류의 증거를 포함하는 새로운 우주론에 융합되는 다른 부적절한 견해들의 집합을 결정화(結晶化)하는 점이 되었다. 이 과정을 설명하는 데는 존 스튜어트 밀이 우리에게 남긴, 자신이 받은 교육의 전 과

---

13 Carnap, "The Methodological Character of Theoretical Concepts", *Minnesota Studies in the Philosophy of Science*, Vol. 1, Minneapolis, p. 47.

정에 대한 기술보다 더 좋은 것이 없다. 논리적인 문제에 대해서 그의 아버지가 그에게 해준 설명에 대해 언급하면서 그는 다음과 같이 쓰고 있다. "그 설명들은 그 당시의 나에게 있어서, 문제를 조금도 명료하게 해주지 않았다. 그러나 그것들은 쓸모없는 것이 아니었다. 그것들은 나의 관찰과 반성이 그 위에 결정화되게 하는 하나의 중핵으로 남았다. 아버지가 말한 일반적인 견해의 의미는 **나중에** 나의 주의에 들어오는 특정한 실례들에 의해서 해석되어졌다."[14] 이것과 똑같은 방식으로 코페르니쿠스의 견해는 엄밀한 경험주의의 관점에서 보면 인식적 내용을 결여하고 있거나, 반박되어야 할 것이었음에도 불구하고, 보조적 과학들의 도움으로 테스트가 가능하게 되기 **이전에도**, 또한 거꾸로 보조적 과학들에 가장 강력한 종류의 지지 증거를 제공하기 이전에도 보조적 가설들을 구성하는 데 필요하였다.

이러한 조치, 영향, 신념의 태피스트리에서 매우 흥미롭고, 최근 들어서야 주목받는 또 하나의 요소가 있다 — 바로 후원의 역할이다. 오늘날 대부분의 연구자들은 대학과(대학이나) 연구소와의 연관을 통해서 명성, 봉급, 그리고 연금을 획득한다. 이것은 하나의 팀에서 일하는 능력, 기꺼이 자신의 아이디어를 팀 리더의 아이디어에 종속시키려는 마음가짐, 자신의 과학하는 방식과 그 직장의 나머지 사람들의 과학하는 방식의 조화, 증거를 제시하는 어떤 스타일, 방식 등등의 어떤 조건들을 포함한다. 모든 사람들이 이러한 조건에 적합한 것은 아니

14 *Autobiography, Essential Works of John Stuart Mill*, ed. M. Lerner, New York, 1965, p. 21 에서 인용.

다. 능력 있는 사람이 그러한 조건의 일부를 만족시키지 못해서 실업 상태에 있는 경우도 있다. 반대로 어떤 대학 혹은 연구소의 명성은 그 구성원들의 명성과 더불어 상승한다. 갈릴레오 시대에서는 후원자가 그와 비슷한 역할을 했다. 후원자를 획득하고 그것을 유지하는 어떤 방식이 존재하였다. 후원자는 거꾸로 그가 탁월한 성취를 가진 개인들을 유인하고 유지해야 그에 대한 평가가 상승했다. 웨스트폴에 따르면,[15] 교회는 갈릴레오의 『천문대화』 안에 담긴 논쟁적인 내용들에 대해서 충분한 지식을 가지고도 그것의 출간을 허락했다. 그것은 마에케나스(Maecenas)로서의 그의 명성을 자랑스럽게 여기던 교황(우루바누스 8세)이 그 시대의 등불에 대해서 아니다라고 말함으로써 그의 영광을 위태롭게 하고 싶지 않았기 때문이다. 그리고 갈릴레오는 후원의 규칙 중에서 그가 지켜야 할 부분을 위반했기 때문에 몰락하였다.[16]

이러한 요소들을 고찰해 보면, '코페르니쿠스적인 세계관의 등장'은 정말로 복잡한 문제가 된다. 수락된 방법론적 규칙은 사회적 요구(후원자는 논증보다도 더 효과적인 수단에 의해서 설득될 필요가 있었다) 때문에 무시되고, 도구들은 경험에 의해서 테스트되기보다는 경험을 재규정하는 데 사용되었으며, 국소적인 결과는 반대되는 근거에도 불구하고 우주로 확장되었고, 풍부한 유추가 ── 되돌아보면 이 모든 것

---

15 Westfall, op. cit., p.73.
16 이 문제에 대한 상세한 부분은 이 책의 제8장 각주 12에 있다. Westfall, op. cit; M. Biagioli, *Galileo, Courtier*. M. Finocchiaro, *Galileo and the Art of Reasoning*, Dordrecht, 1980 은 갈릴레오의 수사학 사용에 대해서 논평하였고, 반면에 M. Pera and W. R. Shea (eds.), *Persuading Science: The Art of Scienctific Rhetoric*, 1991; 특히 곧 출간될 Marcello Pera, *Sciencce and Rhetoric*은 과학적 수사학 일반에 대해서 논평하였다.

이 — 인간 조건이 함의하는 제약을 피해 가는 올바른 방식으로 판명되었다. 이것은 지식 획득과 개선의 복잡한 과정에 대한 더 훌륭한 통찰을 얻는 데 사용해야 하는 재료이다.

앞의 다섯 장의 내용을 요약해 보자.

지구의 운동이라는 '피타고라스적 관념'이 코페르니쿠스에 의해 부활되었을 때, 그것은 동시대의 프톨레마이오스의 천문학이 부딪히고 있었던 난점들보다 더한 난점들에 직면하게 되었다. 엄밀히 말하면, 우리는 그것을 반박된 것으로 간주해야 한다. 코페르니쿠스의 견해의 진리성을 확신하였고, 또한 어떤 안정된 경험에 대한 결코 보편적이지는 않으나 매우 상식적인 신념에 동의하지 않았던 갈릴레오는, 코페르니쿠스를 지지할 수 있고, 모든 사람들에 의해서 받아들여질 만한 새로운 종류의 사실을 찾았다. 그는 그러한 사실들을 두 가지 다른 방식으로 얻었다. 첫째는 일상적인 경험의 **감각적 중핵**을 변화시키고, 그것을 황당하고 설명되지 않은 현상으로 대치시켰던 **망원경**의 발명에 의한 것이었고, 또 하나는 그것의 **개념적인 구성요소**들을 변화시키는 **상대성의 원리와 동역학**에 의한 것이었다. 망원경에 의한 현상이나, 운동에 대한 새로운 관념은 그 어느 것도 상식(혹은 아리스토텔레스주의자들)으로서는 받아들여질 수 없는 것이었다. 그 밖에도 그와 연관된 이론들이 거짓이라는 것은 쉽게 드러날 수 있었다. 그러나 이러한 거짓된 이론, 이러한 받아들여질 수 없는 현상은 갈릴레오에 의해서 왜곡되어서 코페르니쿠스에 대한 강력한 지지로 전환되었다. 일상적인 경험과 그의 독자들의 직관의 풍부한 축적물 전체가 논증에서 이용되었지만, 그들이 상기하도록 유도된 사실들은 새로운 방식으로 정리되고, 근사치가 만들어지고, 알려진 효과가 생략되고, 다른 개념상의 선이 그어져서, 그 결과 거의 제로 상태로부터 **만들어진 새로운 종류의 경험**이 생겨났다. 그리고 이 새로운 경험은 독자들에게 언제나 친숙한 것이었다는 사실을 지적하여 교묘하게 독자의 환심을 삼으로써 **견고하게** 되었다. 그것의 개념적인 구성요소들이 상식의 개념적인 구성요소보다 비교할 수 없을 정도로 사변적임에도 불구하고, 그것은 견고해지고 곧 절대적 진리로 받아들여졌다. 따라서 우리들은 갈릴레오의 과학이 **예증된 형이상학**(illustrated metaphysics)에 의존하고 있다고 말할 수 있다. 그러한 왜곡은 갈릴레오에게 전진을 가능하게 하였다. 그러나 그것은 그 밖의 모든 사람들에 대해서는 갈릴레오의 노력을 비판적 철학의 기초로 삼는 것을 방해하였다(오늘날까지도 그의 수학이나 그가 했다는 실험 혹은 '진리'에 대한 그의 빈번한 호소만이 강조되고, 그의 선전적인 수단은 전혀 무시되고 있다). 나는 다음과 같이 제안한다. 갈릴레오가 행한 것은 반박된 이론들이 서로를 지지하도록 한 것이며, 그렇게 함으로써 선행하는 우주론(일상의 경험을 포함해서)과 다만 느슨하게 결합되어 있던(만일 어떤 결합이 있다면) 새로운 세계관을 구축하였다. 그리고 그는 오늘날에 와서야 비로소 진정한 이론들(생리학적 광학, 연속체 이론)에 의해 대치된 그 우주론과 지각적 요소들 사이의 위조된 결합을 확립하였으며, 가능한 한, 단순히 코페르니쿠스를 지지하려는 목적으로 낡은 사실을 그가 **발명한** 새로운 유형의 경험에 의해 대치하였던 것이다. 부차적으로, 갈릴레오의 절차는 동역학의 내용을 매우 현저하게 감소시킨다는 것을 기억하기 바란다. 즉 아리스토텔레스의 동역학은 위치변화, 질적 변화, 생성소멸을 포함한 하나의 일반적 이론이었는 데 비해 갈릴레오의 동역학과 그 후속이론들은 위치변화만을 다루고, 위치변화는 궁극적으로 모든 운동을 이해할 수 있게 한다는 (데모크리토스에게서 비롯된) 가정 아래, 다른 종류의 변화는 문제 삼지 않는다. 따라서 운동에 관한 포괄적인 경험적 이론은 운동에 관한 훨씬 좁은 이론과 형이상학을 합한 것으로 대치되는데, 그것은 마치 하나의 '경험적인'(empirical) 경험(experience)이 사변적인 요소를 포함하는 경험에 의해 대치되는 것과 같다. 나는 이것이 갈릴레오가 행한 실제적 절차라고 제안한다. 그는 이러한 방식으로 진행하면서 스타일, 유머 감각, 탄력성, 우아함, 그리고 인간사고의 가치 있는 유약성에 대한 이해를 보여 주었는데, 과학사에 있어서 결코 그와 비견할 만한 것이 발견될 수 없을 것이다. 여기에 방법론적 사색을 위한, 그리고 더욱 중요하게는 우리에게 정보를 줄 뿐만 아니라 우리들을 즐겁게 해주는 지식의 특징들을 발견하기 위한, 무진장한 재료의 원천이 있는 것이다.[17]

---

17 몇 년 전에 과학주의의 투견인 마틴 가드너(Martin Gardner)는 "Anti-Science, the Strange Case of Paul Feyerabend", *Critical Inquiry*, Winter 1982/83라는 제목의 논문을 출간하였다. 그 용맹한 투사는 이런 구절들을 간과하였다. 나는 과학을 반대하는 것이 아니다. 나는 과학의 으뜸가는 실행자들을 찬양한다. 또한 (다음 장에서) 그들이 행한 절차를 철학자들이 따를 것을 제안한다. 내가 반대하는 것은 편협한 철학적 개입과 인간이 시도하는 모든 부분에 최근 유행하는 과학의 방식을 편협하게 확장하려는 시도이다. — 한마디로 내가 반대하는 것은 과학에 대한 이성주의적 해석과 옹호이다.

제12장

갈릴레오의 방법들은 다른 분야들에서도 마찬가지로 작동한다. 예컨대 그것은
유물론에 반대하는 기존의 논증들을 제거하거나, 심신(心身)에 관한 철학적인
문제들을 종결시키는 데 사용될 수 있다(그렇지만 이것에 대응하는 과학적인 문
제들은 그대로 남는다).

갈릴레오는 낱말과 낱말 사이의 친숙한 결합을 변화시키고(그는 새로
운 개념들을 도입하였다), 낱말과 인상 사이의 친숙한 결합을 변화시킴
으로써(그는 새로운 자연적 해석들을 도입하였다), 새롭고 낯선 원리(그
의 관성의 법칙과 그의 보편적 상대성의 원리와 같은)를 사용함으로써,
그리고 관찰진술의 감각적 중핵을 변경시킴으로써 진보를 이룩하였
다. 그의 동기는 코페르니쿠스의 관점을 정착시키는 데 있었다. 코페
르니쿠스주의는 명백한 몇몇 사실들과 충돌하고, 그럴듯하고 겉보기
에 잘 확립된 원리들과 불일치하며, 일상적인 관용어의 '문법'에 맞지
않는다. 그것은 이러한 사실들, 원리들, 그리고 문법적 규칙들을 담고
있는 '삶의 형식'과 맞지 않는다. 그러나 규칙도, 원리도, 그리고 사실

조차도 신성불가침한 것은 아니다. 잘못은 지구가 움직인다는 관념에 있는 것이 아니라, 이러한 규칙, 원리, 사실에 있을 수도 있다. 그러므로 우리들은 그것을 바꿀 수 있고, 새로운 사실이나 새로운 문법적 규칙을 만들어 낼 수도 있으며, 일단 그러한 규칙을 사용할 수 있게 되고 그것과 친숙해지면 어떤 일이 일어나는가를 살펴볼 수도 있다. 그러한 시도는 상당한 시간이 걸릴 수도 있으며, 어떤 의미에서 갈릴레오의 모험은 오늘날까지 끝나지 않았다. 그러나 우리들은 이미 그러한 변화가 현명한 것이었으며, 다른 모든 것을 배제하고 아리스토텔레스적인 삶의 형식에 매달리는 것은 바보 같은 짓이었을 것임을 알 수 있다.

심신 문제에 있어서도 상황은 아주 똑같다. 여기서도 우리는 관찰, 개념, 일반적 규칙, 그리고 문법적 규칙을 가지고 있거니와, 이것들을 합쳐 놓으면 겉보기에는 이원론과 같은 견해를 뒷받침하고, 유물론과 같은 다른 견해들을 배제하는 '삶의 형식'을 구성한다(내가 '겉보기에는'이라고 말한 것은, 여기서는 그 상황이 천문학의 경우에서보다 훨씬 명료하지 않기 때문이다). 그리고 우리들은 여기서도 갈릴레오식으로, 유물론에 적합한 새로운 자연적 해석, 새로운 문법적 규칙, 새로운 원리를 찾고 그 다음에 체계 **전체** —— 한편에는 유물론과 새로운 사실, 규칙, 자연적 해석, 원리, 그리고 다른 한편에는 이원론과 낡은 '삶의 형식' ——를 비교해 볼 수 있다. 따라서 스마트(Smart)처럼 유물론이 상식의 이데올로기와 양립할 수 있다는 것을 보여 주려고 노력할 필요가 없다. 그리고 여기서 제안된 절차는, 개념적 변화에 익숙하지 못한 사람들에게 보이듯이, '절망적인'(암스트롱) 것은 아니다. 그 절차는 고대에는 흔해 빠진 일이었고, 상상력 있는 연구자들이 새로운 방향을

창시할 때는 언제나 발생하는 것이다(아인슈타인과 보어가 최근의 예들이다).[1]

여기까지는 논증이 순수히 지적이다. 나는 논리 혹은 경험은 그 어느 것도 사변을 제한하지 못한다는 것과 탁월한 연구자들은 널리 수락된 제한점을 자주 뛰어넘는다는 것을 보여 주려고 하였다. 그러나 개념들은 논리적 내용뿐만 아니라 연관을 가진다. 그것들은 감정을 불러일으키고, 이미지들과 결합된다. 이러한 연관, 감정, 이미지는 우리가 동료 인간들과 관계하는 방식에서 본질적이다. 그것들을 제거하거나 그것들을 근본적인 방식으로 변화시키는 것은 아마도 우리 개념들을 더욱 '객관적'인 것으로 만들지 모른다. 그러나 그것은 자주 중요한 사회적 제약을 위반한다. 아리스토텔레스가 조금 더 생리학적인 접근 방식이 제한된 도메인에서 성공적이라는 단순한 이유에서 인간에 관한 직관적 견해를 포기하기를 거부한 것은 바로 이러한 근거에서이다. 그 이론에 결부된 원자론자나 외과의사가 무엇을 말한다고 해도 아리스토텔레스에 있어서 한 인간은 사회적 존재이고 도시에서의 그 혹은 그녀의 기능에 의해서 정의된다. 이와 비슷하게 천문학적 책략뿐만 아니라, 영혼에도 관심을 가진 로마교회는 갈릴레오가 그의 충분한 근거가 없는 추측을 진리라고 제시하는 것을 금했고, 그가 그러한 금지를 위반하자 그를 벌했다. 갈릴레오 재판은 추상적 지식과 같은 전문가의 생산물이 사회에서 행한다고 생각하는 역할에 대한 중요한 물음을 제

1 보다 상세한 논의에 대해서, 독자에게 *Philosophical Papers*, Vol. 1, 제9장과 제10장을 참조하라고 권하고 싶다.

기한다. 내가 이제 이 사건에 대해서 간략한 설명을 제공하려는 것도
이러한 이유 때문이다.

제13장

갈릴레오 시대의 교회는 그 당시에, 또 부분적으로는 심지어 지금도, 이성(理性)이라고 정의된 것에 밀착되어 있었다. 그것은 갈릴레오의 견해가 초래할 윤리적이고 사회적인 귀결을 검토하였다. 갈릴레오에 대한 교회의 기소는 합리적이었고, 오직 기회주의와 균형감의 결여만이 재고를 요청할 수 있었다.

17세기에는 많은 재판이 있었다. 소송절차는 사적 당파에 의한 고소, 공무원에 의한 공무적 행위, 혹은 때로는 상당히 모호한 의심을 토대로 한 심문으로부터 시작되었다. 장소, 관할 구역의 배정, 특정 시기에서의 힘의 균형에 따라서, 범죄들은 왕의 법정 혹은 자유도시의 법정과 같은 세속의 법정에 의해서 심문되거나, 각 주교에 소속된 종교 법정과 같은 교회의 법정, 혹은 종교재판을 하는 특별한 법정에서 심문된다. 12세기 중엽 이후에는 주교의 법정은 로마법 연구에서 커다란 도움을 받는다. 법률가들의 영향력이 매우 커져서, 교회법과 신학에서 전혀 훈련을 받지 않은 법률가조차도 신학자보다 훨씬 높은 승진의 기회를 갖게 되었다.[1] 심문과정은 로마법에 의해서 제공되던 보호장치를 제거하였고, 몇 가지 잘 알려진 과도한 결과를 낳았다. 같은 정도로 알려지지 않은 사실은 왕의 법정이나 세속 법정의 과도함이 종교재판의 그것에 필적할 만한 것이었다는 것이다. 그것은 가혹하고, 잔인한 시대였다.[2] 1600년경 종교재판은 그것이 가져왔던 힘과 공격성의 많은 부분을 상실했다. 이러한 사실은 이탈리아에서 두드러졌고, 특히 베네치아에서 더 그러했다.[3]

종교재판의 법정은 지식의 생산과 사용에 관한 범죄를 심문하고, 벌주었다. 이것은 그것의 기원으로 설명될 수 있다. 그것들은 이단, 즉 사람들로 하여금 어떤 믿음에 기울도록 만드는 행동, 가정, 그리고 이야기로 구성된 복합물을 절멸시킨다고 생각되었다. 어떤 지식이 그 법과 관련되는가를 묻는 놀란 독자는 지식-주장이 오늘날 겪고 있는 많은 법률적·사회적·재정적 장애물들을 기억해야 한다. 갈릴레오는 그

---

1 이러한 불평(로저 베이컨이 한 것인데)에 대해서는 H. Ch. Lea, *A History of the Inquisition of the Middle Ages*, Vol. 1, p.309를 볼 것. 제9장부터 심문절차의 자세한 내용, 그것이 다른 절차와 구분되는 방식, 그리고 그러한 차이의 이유를 설명한다. 또 G. G. Coulton, *Inquisition and Liberty*, Boston, 1959, 11장에서 15장을 볼 것.

2 위대한 진보적 역사학자인 찰스 헨리 레아(Charles Henry Lea)는 다음과 같이 썼다. "전체적으로 우리는 종교재판의 비밀 감옥이 감독교회와 공공 감옥보다 견디기가 덜 어려운 거처였다고 결론지을 수 있다. 비록 완고한 사람의 강퍅함을 무너뜨려야 할 때만 태만한 감독이 학대를 허용하였고 가혹한 행위의 풍부한 원천이 비축되어 있었지만, 그것들에 관한 일반적 정책은 스페인이든 다른 어느 곳이든 간에 다른 관할 구역의 그것보다 더 인도적이고 계몽된 것이었다." *History of the Inquisition in Spain*, Vol. 2, New York, 1906, p.534. 비종교적인 법정에서 고발된 죄수들은 때때로 교회의 관할 구역에서 죄를 범하기 때문에, 그들은 종교재판에 회부될 수 있다. Henry Kamen, *Die Spanische Inquisition*, Munich, 1980, p.17.

3 1356년에 베네치아의 비종교적 관리들은 그의 죄수들이 트레비소의 종교재판을 받지 못하도록 금지하였다. 그들은 그의 밀고자를 체포하여 피의자의 재산을 도둑질한다는 혐의로 그들을 고문하였다. Lea, *Inquisition in the Middle Ages*, Vol. 2, p.273.

의 아이디어가 기존의 우주론을 대체하기를 바랐지만, 그는 그러한 목적을 향해 가는 일을 금지당했다. 오늘날 자신들의 견해가 다른 견해들과 나란히 학교에서 가르쳐지기를 바라는 창조론자들의 훨씬 온건한 바람도 교회와 국가의 분리를 확립한 법률에 마주치게 된다.[4] 이론적이고 공학적인 정보의 늘어 가는 양은 군사적인 이유에서 비밀에 부쳐지고, 그것으로 말미암아 국제적인 교류가 차단된다.[5] 상업적 이해도 그와 같은 제약적 경향을 갖고 있다. 따라서 (상대적으로) 고온 상태의 세라믹에서 초전도성을 발견한 것은 국제적인 협력의 결과인데, 곧 미국 정부에 의해서 보호 조치가 내려지게 된다.[6] 재정적인 조정에 따라서 연구 프로그램과 직업들이 만들어질 수도 있고 혹은 없어질 수도 있다. 사람들로 하여금 말하는 것을 금하는 것 말고도 사람들을 침묵하게 만드는 수단은 여러 가지가 있다. 오늘날 그것들 모두가 사용되고 있다. 지식 생산과 지식 유포의 과정은 합리주의자들이 생각하듯이 결코 자유롭고, '객관적이며', 순수히 지적인 교류가 아니다.

4 그러한 갈등으로부터 결과된 한 재판에 대한 포괄적인 보고는 *Science*, Vol. 215, 1982, pp.934ff에서 출간되었다. 그 밖에도 많은 재판이 이어졌다.
5 핵문제에 대한 비밀유지에 대한 필요성은 과학자 자신들에 의해서 처음 제기되었던 것으로 보인다. Spencer R. Weart and Gertrude Weiss-Szilard(eds.), *Leo Szilard, His Version of the Facts*, Cambridge, Mass., 1978, 특히 2장 이후에 있는 보고와 문서들을 볼 것. 또 오펜하이머의 사례에 대한 자료를 볼 것. 망원경 발명가는 그 장치가 가진 군사적 중요성이 곧 알려지자 비밀유지를 강요당했다. 제8장 각주 24를 볼 것.
　연구팀은 그들의 접근이 하나의 대발견에 이른다고 생각하는 순간 매우 비밀스러워진다. 결국 성패가 달린 것은 저작권, 산업에서의 자문회사, 금전 그리고 아마도 노벨상의 영예이다. 특수한 경우에 대해서는 R. M. Haze, *Superconductors*, London, 1988을 볼 것. 법원에 의한 지식의 조작은 Peter W. Huber, *Galileo's Revenge*, New York, 1991에 많은 사례들을 가지고 논의된다.
6 *Science*, Vol. 237, 1987, pp.476ff와 593f. 배타성을 향한 하나의 중요한 단계는 연구의 일부를 군사에 할당하는 것이다.

갈릴레오 재판은 여러 재판 중의 하나이다. 그것은 아마도 갈릴레오가 그의 거짓말과 속이려는 시도에도 불구하고 너무나 온건하게 취급받았다는 사실을 제외하고는 아무런 특별한 특징을 갖지 않는다.[7] 그러나 스캔들에 굶주린 작가들의 도움을 받는 작은 지성인 무리가 그것을 거대한 차원으로 부풀리는 일에 성공했고, 한 전문가와 사물에 대한 보다 폭넓은 견해를 옹호하는 제도 사이의 논쟁이 이제는 거의 천국과 지옥 사이의 전투처럼 보인다. 이것은 유치하기도 하고 17세기 정의의 다른 많은 희생자들에게는 매우 불공정한 일이다. 그것은 특히 조르다노 부르노에게는 공정하지 못한데, 그는 화형을 당했지만, 과학적 정신을 가진 지성인들은 그를 애써 잊으려고 했다. 갈릴레오 열전에서 중요한 역할을 하는 것은 인도주의에 대한 관심이라기보다는 당파의 이익이다. 그러면 이 사건을 좀더 자세히 들여다보자.[8]

이른바 갈릴레오 재판은 두 가지의 분리된 절차들 혹은 재판으로

---

7 그 한 예가 1633년 4월 12일의 심문에 대한 갈릴레오의 답변이다. Maurice A. Finocchiaro, *The Galileo Affair*, Berkeley and Los Angeles, 1989, p.262. 처음 두 줄. 찬미자의 반응이 특징적이다. "이 우스꽝스러운 가식…." Geymonat, op. cit., p.149.

8 압력집단, 사적인 불만, 선망, "그 자신의 천재성에 너무 도취된" 갈릴레오가 "견딜 수가 없었다"(Westfall, op. cit., pp.52, 38)는 사실, 그리고 후원의 규칙이, 그것들이 모든 재판에서 혹은 비슷한 상황에서 한 것처럼 너무나 중요한 역할을 했다는 것은 부정할 수 없다. 그러나 한편에서 교회의 여러 집단들과 다른 편에서 과학적 자율성에 대한 요구 사이의 긴장은 필요한 정도로 실재하였다. 결국 그들의 현대적 계승자들(우리의 교육제도와 전체 사회에 과학이 마음대로 통용될 수 있도록 해야 하는가 아니면 다른 특수한 이해 집단과 같이 취급되어야 하는가?)은 여전히 우리와 함께 있다. 여기서 교회는 올바른 일을 했고, 반면에 과학은 지식을 포함한 인도적인 문제에 대한 결정권을 가지고 있지 않았다.

재판에 관련된 주요 문건은 피노치아로(Finocchiaro)에 의해 모아져서 논평과 서문과 함께 번역되었다. 나는 그의 번역을 사용할 것이다. 재판들과 그것의 문제들에 대한 설명은 G. de Santillana, *The Crime of Galileo*, Chicago, 1954; Geymonat, op. cit.; Redondi, op. cit.; 가장 최근에는 웨스트폴(Westfall)에게서 발견된다.

이루어졌다. 첫 번째 재판은 1616년 행해졌다. 코페르니쿠스의 학설이 검토되고 비판되었다. 갈릴레오는 명령을 받았다. 그러나 그는 처벌받지 않았다. 두 번째 재판은 1632~1633년에 있었다. 여기서는 코페르니쿠스 학설은 문제된 논점이 아니었다. 오히려 검토된 것은 갈릴레오가 첫 번째 재판에서 그에게 내려진 명령을 준수했는가의 여부이거나, 그가 재판관을 속여서 마치 명령이 내려진 적이 없다고 믿도록 만들었는가의 여부였다. 두 재판의 기록은 안토니오 파바로(Antonio Favaro)에 의해서 갈릴레이 자료 국가 편집본 19권에 발간되었다. 19세기에 오히려 유행하였던, 거기 포함된 재판 기록이 문서들을 반증했다거나, 따라서 두 번째 재판이 훨씬 가혹했다는 제안은 더 이상 받아들여지지 않는 것으로 보인다.[9]

첫 번째 재판에 앞서 비난과 소문이 있었는데, 다른 많은 재판들과 마찬가지로 거기서도 탐욕과 질투가 작용했다. 심문은 그것들을 검토하는 것으로부터 시작되었다. 전문가(심리준비원)에게 코페르니쿠스 학설에 대한 다소 정확한 설명을 담은 두 가지 진술들에 대한 의견

---

9 그러한 제안을 한 작가들 중 한 사람이 갈릴레오 연구자인 에밀 월빌(Emile Wohlwill)이었다. 그 당시에 매우 인상적이었던 그의 근거들은 그의 *Der Inquisitionsprozess des Galileo Galilei*, Berlin, 1870에 주어져 있다. 월빌에 따르면 1616년 2월 25일과 26일로 날짜가 적힌 재판 기록에 대한 두 문건(Finocchiaro, op. cit., pp.147f)은 서로 상충된다. 첫 번째 것은 갈릴레오에게 코페르니쿠스를 하나의 수학적 모델로 취급하라고 조언한다. 그 조언을 거절한다면, 그는 어떤 형태로도 코페르니쿠스에 대한 언급을 하지 못하도록 금지당한다. 둘째 문건에서는 갈릴레오에게 위와 똑같이 조언하고, 코페르니쿠스를 언급하는 일을 당장 중지하도록 (그의 반응을 기다리지 않고) 한다. 월빌은 두 번째 문건이 위조된 것이라고 생각하였다. 이제 이 점이 반박되는 것 같다. de Santillana, op. cit., 13장을 볼 것. 드레이크(Stillman Drake)는 (Geymonat에 대한 부록) 그러한 불일치를 설명하기 위해 흥미로운 가설을 고안하였다.

을 제출하라는 명령이 내려졌다.[10] 그들의 결정[11]은 두 가지 논점, 즉 오늘날 그 학설의 **과학적 내용**이라고 불리는 것과 그것이 갖는 **도덕적(사회적) 함의**에 관한 것이었다.

첫 번째 논점에 대해서 전문가들은 그 학설이 '철학으로서 어리석고 비합리적'이고, 혹은 현대적인 용어를 사용하자면, 비과학적이라고 선언하였다. 이 판단은 신앙 혹은 기독교 교리에 대한 아무런 조회 없이 내려진 것이었고, 전적으로 당시의 과학적 상황만을 근거로 한 것이었다. 그것은 많은 탁월한 과학자들(티코 브라헤도 그중 한 사람이었다)이 공유했던 판단이었고, 사실, 당시의 이론들과 표준들에 근거해서는 **옳은 것이었다**.[12] 그러한 사실, 이론, 그리고 표준과 비교할 때, 지

10 몇몇 비평가들은 전문가들 쪽에서 이해가 충분하지 않았다는 사실에 대한 증거를 정식화하는 데 특유한 표현법을 사용하였다. 그러나 심문관들은 그들이 조사하는 작가들의 언어에 너무 집착할 필요가 없었다. 코페르니쿠스주의에 대한 그들의 설명은 그러한 원문에 대한 철저한 분석 없이도 충분히 명료하다.

11 Finocchiaro, op. cit., p.146.

12 나의 판단을 제시하면서 나는 많은 현대 과학자들과 과학철학자들이 동의하는 기준들에 의존한다. 17세기 초엽으로 돌아간다면, 이 합리성의 챔피언들은 갈릴레오를 그 당시에 판단되던 아리스토텔레스주의자로 판단했을 것이다. 예를 들어 마이켈슨은 망원경과 같이 잘 이해되지 않는 도구로부터 지식을 획득하려는 갈릴레오의 시도에 경악했을 것이다. 또한 상대성 이론에 대해서 결코 환영하지 않았던 러더퍼드는 그의 특징인 무례한 언사를 내뱉었을지도 모른다. '명료한 실험적 단계'에 의해서 결정될 수 있는 이론들을 선호하는 탁월한 미생물학자 샐버도어 루리아(Salvador Luria)는 그 논쟁을 '사회학'과 같은 '과학의 외부 분야'로 강등시키고 그것으로부터 한 발짝 물러날지도 모른다(*A Slot Machine, a Broken Test Tube*, New York, 1985, pp.115, 119). 왜냐하면 갈릴레오가 제안했던 것은 그것에 유리한 것이라고는 오직 유추뿐이고, 수많은 난점에 시달리고 있는 이론을 참인 것으로 간주하는 것과 다름없었기 때문이다. 그리고 그는 이러한 제안을 공개적으로 했는데, 오늘날에도 그의 동료들의 의견을 묻기 전에 공개적으로 발표하는 것은 과학자에게는 치명적으로 죄악시되는 일이다(예는 A. Pickering, "Constraints on Controversy: the Case of the Magnetic Monopole", *Social Studies of Science*, Vol. 11, 1981, pp.63ff에 있다). 이 모든 것이 '진보적인' 과학적으로 편향된 교회의 군주들에 의해서도, 과학자들에 의해서도 인식되지 못했다. 따라서 '갈릴레오의 재판'에 대한 논쟁은 우리와 갈릴레오가 거주하는 실재 세계와는 거의 관련이 없는 꿈의 세계에서 일어

구의 운동이라는 관념은 벨리콥스키(I. Velikovsky)의 관념을 50년대의 사실, 이론, 그리고 표준들과 비교할 때와 마찬가지로, 비합리적인 것이었다. 근대 과학자들은 이 문제에 대해서 실제 선택의 여지가 없다. 그는 그 자신의 매우 엄격한 기준에 매달릴 수 없으며, 동시에 코페르니쿠스를 옹호하는 갈릴레오를 칭송할 수 없다. 그는 교회 전문가들의 판단의 첫 번째 부분에 동의하든가, 아니면 기준, 사실, 그리고 법률이 한 사례를 결정할 수 없다는 것과 근거없고 이해하기 힘들고 비정합적인 학설이 근본적인 진리로 제시될 수 있다는 것을 인정해야 한다. 오직 몇몇 갈릴레오의 추종자들만이 이 복잡한 상황에 대한 낌새를 알아차렸다.

그 상황은 우리가 코페르니쿠스주의자들이 견해를 바꾸었을 뿐 아니라 견해들을 판단하는 기준마저도 바꾸었다는 사실을 감안하면 더욱 복잡해진다. 아리스토텔레스주의자들은 이러한 측면에서 커다란 통계적 샘플에 대한 검사 혹은 루리아의 의미에서 '명석판명한 실험적 단계'에 근거해서 주장하는 근대 역학자(疫學者), 분자생물학자, 그리고 '경험적' 사회학자들과 결코 다르지 않다. 갈릴레오주의자들이 광범위하고, 뒷받침이 없고, 부분적으로는 반박된 이론들에 만족하는데 반하여 그들은 강력한 경험적 뒷받침을 요구하였다.[13] 나는 그것

___

난다. 그 점에 대한 그 이상의 논증은 *Farewell to Reason* 제9장과 이하의 제19장에서 발견된다.

13 제8장의 각주 1에서 쓴 것처럼, 갈릴레오의 관성 법칙은 코페르니쿠스뿐만 아니라, 행성 운동에 관한 케플러의 취급방식과도 상충한다. 갈릴레오는 미래의 수용을 희망했다. 그것은 합리적인 일이었지만 그 시대 그리고 오늘날의 기준과 일치하지 않는다. 오늘날에도 이론가와 경험주의자 사이의 그와 유사한 충돌이 예방의학이란 분야에서 발생한다. 엑스레이와 다른 특

을 두고 그들을 비판하지 않는다. 반대로 나는 닐스 보어가 "이것은 그만큼 미치지는 않았다"고 한 것에 찬성한다. 나는 갈릴레오를 칭송하고 교회를 비판하면서도, 그들과 동시대 사람들의 업적을 향해서는 갈릴레오 당시의 교회만큼이나 엄격하였던 사람들의 행동에서 모순을 드러내고자 할 뿐이다.

두 번째 논점, 사회적(윤리적) 함의에 대해서, 전문가들은 코페르니쿠스 학설은 '공식적으로 이단적'이라고 선언하였다. 이것은 그것이 교회가 해석하는 바의 성경과 모순된다는 것을 의미한다. 그것은 그러한 상황에 대한 충분한 인식을 토대로 이루어진 일이지, 무심코 한 일이 아니다. (그것은 '실질적인' 이단이다.)

두 번째 논점은 일련의 가정들에 의존하는데, 그것들 중에는 성경이 인간 존재의 주요한 경계조건이고, 따라서 연구의 주요한 경계조건이라는 가정이 포함된다. 그 가정은 코페르니쿠스, 케플러, 그리고 뉴턴을 포함하여 모든 위대한 과학자들이 공유하는 가정이었다. 뉴턴에 따르면 지식은 두 가지 원천으로부터 흘러나온다. 신의 언어 ―성경 ―와 신의 활동 ―자연 ―이 그것들이다. 그는 우리가 보았듯이 행성체계에서의 신의 간섭을 상정한다.[14]

그것에 덧붙여서 로마교회는 거룩한 성경을 탐구하고, 해석하고,

정한 방사선의 형태가 암의 위험도를 가장 적은 양으로 줄인다고 여길 만한 이론적인 근거들이 있다. 그러나 많은 예방의학자들은 빈도의 어떤 임계점 아래서 발생할 때 사건들이 그런 방식으로 발견될 수 없다는 것이 분명한데도 불구하고 경험적 증거를 요구한다.
14 제5장 각주 4, 또한 제4장에 대한 각주 6의 문헌들을 볼 것. 갈릴레오에 따르면(위대한 네덜란드의 크리스티나에게 쓴 편지), 두 가지 원천에 대한 관념은 Tertullian, *Adrersus Marcionem*, ed. E. Evans, I, 18.

적용하는 데 있어 독점적인 권한을 갖는다고 주장하였다. 교회의 가르침에 따르면 평신도는 성경에 손댈 만큼의 지식이나 권위를 가지고 있지 않았다. 그들은 그렇게 할 수 없도록 금지되어 있었다. 이 해석의 엄격성은 새로운 트리엔트 공의회의 정신의 결과로서,[15] 강력한 제도의 관습을 잘 알고 있는 사람들에게는 놀라운 것이 아니었다. 일반 실습자에 대한 미국 의학협회의 태도는 평신도 해석자를 향한 교회의 태도만큼이나 엄격하다. 또한 그것은 법률의 허락을 얻기도 한다. 전문가 혹은 전문지식의 형식적 휘장을 획득한 무식한 사람은 언제나 특수한 영역에서의 독점적인 권리를 스스로 확보하기 위해서 노력하였고, 그렇게 하는 데 자주 성공하였다. 로마교회의 엄격성에 대한 모든 비판이 근대과학에서나 근대과학과 연관된 부분에서의 계승자들에게도 적용되었다.

이제 반대의견의 형식과 행정적인 뒷받침으로부터 그 내용으로 관심을 돌린다면, 우리는 그것이 우리 자신의 시대에서도 그 중요성이 점증하고 있는 주제 ─ 인간 존재의 질 ─ 를 다루고 있음을 알게 된다. 넓은 의미로 정의된 이단은 균형 잡히고 신성화된 삶을 보장하는 행동, 태도, 그리고 관념으로부터의 일탈을 의미한다. 그러한 일탈은 과학연구에 의해서 고무될 수도 있고, 때로는 실제로 고무되었다. 따라서 과학 발전의 이단적 함의를 검토하는 일이 필요하게 되었다.

두 가지 관념들이 이러한 태도에 담겨 있다. 첫째, 삶의 질은 과학

---

15 정확한 단어선택에 대해서는 Denzinger-Schoenmetzer, *Enchiridion Symbolorum*, 36th edtion, Freiburg, 1976, pp.365f를 볼 것.

과 독립적으로 규정될 수 있다는 것, 그것이 과학자들이 그들의 활동의 자연적 구성요소라고 간주하는 요구와 충돌할 수 있다는 것, 그리고 그럴 경우에 과학이 변화되어야 한다는 것이 가정되었다. 둘째로, 성경은 성로마교회에 의해서 해석된 것으로서 균형 있고 성스러운 삶에 대한 올바른 설명의 개요를 말해 준다고 가정되었다.

두 번째 가정은 성경이 과학으로부터 나올 수 있는 어떤 것보다도 인간성에 대한 교훈에 있어서 가장 풍부한 것이라는 것을 부정하지 않고는 반박될 수 없다. 과학의 성과, 그리고 (만일 그런 것이 있다면) 과학적 에토스는 살 만한 가치가 있는 삶에 대한 기초로서 단순히 너무나 경박하다. 많은 과학자들은 이러한 판단에 동의한다.[16]

16 따라서 콘라트 로렌츠(Konrad Lorenz)는 흥미롭지만 그다지 깊이는 없는 그의 책 *Die Acht Todsünden der Zivilisierten Menschheit*, Munich, 1984(1973년에 초판 간행), p.70에서 다음과 같이 쓴다. "합리적으로 파악될 수 있는 것, 혹은 과학적인 방식으로 증명될 수 있는 것만이 인간의 굳건한 지식을 형성한다는 잘못된 믿음은 처참한 귀결을 갖는다. 그것은 '과학적으로 계몽된' 젊은 세대들로 하여금 모든 고대 문화의 전통 안에, 또 위대한 세계 종교의 가르침 안에 포함된 지식과 지혜의 광대한 보고를 버리도록 유도한다. 이 모든 것이 중요성을 갖지 않는다고 생각하는 사람들은 누구나 자연히, 과학이, 사실상 무에서 합리적인 방식으로 그것의 모든 구성요소를 가지고 전체 문화를 창조할 수 있다는 믿음을 가지고 사는, 또 다른 똑같이 유해한 실수에 무릎을 꿇는다." 비슷한 식으로 중국의 과학과 기술의 위대한 역사의 창시자이자 공저자인 조지프 니덤(J. Needham)은 '과학적 아편'에 대해서 말하는데, 거기서 그가 의미하는 바는 '다른 사람들의 고통에 대한 무감각'이다. *Time, the Refreshing River*, Nottingham, 1986.

피터 메더워(Peter Medawar)는 *Advice to a Young Scientist*, New York, 1979, p.101에서 "사람들이 묻기 쉬운 많은 단순하고 어린이 같은 물음, 흔히 질문이 아닌 것, 혹은 사이비 질문으로 경멸스럽게 묵살되는 기원과 목적에 관한 물음에 대해 사람들은 하나의 답을 가질 만큼 충분히 명료하게 또 오랫동안 그것들을 이해해 왔건만 합리주의는 그것들에 대답하기에 미흡하다. 이것들은 합리주의자들이 — 그들이 진단할 수 없는 질병과 대면한 나쁜 의사들과 같이 — '상상력'이라고 치부하기 쉬운 지적인 고통이다"라고 썼다.

가장 명료하고 가장 통찰력 있는 진술은 Jacques Monod, *Chance and Necessity*, New York, 1972, p.170(p.169로부터 괄호 안에 든 텍스트)에서 발견된다. 모노는 "어떤 설명도 제안하지 않고 단지 모든 그 밖의 정신적인 양식의 금욕적인 포기를 부과하는, '객관적인 지식 그들은 삶의 질이 과학과 독립적으로 규정될 수 있다는 데 동의한다. 그것은 첫 번째 가정의 첫 번째 부분이다. 갈릴레오 시대에는 이러한 질을 그것 자체의 방식으로 보살피는 제도, 즉 로마교회가 있었다. 우리는 두 번째 논점 — 코페르니쿠스는 '형식적으로 이단이다' — 은 오늘날 우리에게 긴급히 요구되는 관념과 연관되었다고 결론지어야 한다. 교회는 올바른 노선으로 가고 있었다.

그러나 그것이 가진 좋은 삶의 관념과 불일치하는 과학적 견해를 반박하는 것이 잘못된 일인가? 제3장에서 나는 지식은 복수의 관념들을 필요로 한다는 것, 잘 확립된 이론은 대안적인 접근의 존재를 근절시킬 정도로 강하지 않다는 것, 그리고 높이 칭송되고 포괄적인 관점이 갖는 실수를 발견하는 거의 유일한 방식으로서의 그러한 대안은 경험주의와 같은 협소한 철학에서조차도 요구되었다는 것을 논증하였다. 이제 만약 그것이 윤리적인 근거에서도 필요한 일이라고 판명된다면, 우리는 '과학'과 갈등하지 말아야 할 이유를 한 가지가 아니라, 두 가지를 갖게 된다.

그 밖에도, 교회는, 나는 교회의 가장 뛰어난 대변자를 의미하는데, 과학에 비해 훨씬 겸손하였다. 교회는 '우리가 해석할 때 성경과

이 유일한 진정한 원천'이라는 냉정하고 꾸밈이 없는 관념은 걱정을 누그러뜨리는 것이 아니라, 대신 그것을 약화시킨다. 그것은 단 하나의 일격으로 인간의 본성 그 자체가 되어 버린 수십만 년의 전통을 쓸어 없앤다고 주장한다. 그것은 인간과 자연 사이의 고대의 정령주의적 약속에 종지부를 찍고, 그 귀중한 유대 대신에 얼어붙은 고독한 세계를 남긴다. 어떤 청교도적인 오만을 제외하고 아무것도 추천할 것이 없는 상태에서 어떻게 그러한 관념이 받아들여질 수 있는가? 그럴 수 없다. 그것은 아직 가질 수 없다. 그것은 통제된 인식을 가졌다. 그러나 그것은 그것의 엄청난 실행의 힘 때문에 그렇게 했다'라고 썼다.

모순되는 것은 그것을 지지하는 과학적 근거들이 아무리 강하다고 해도 제거되어야 한다'고 말하지 않았다. 과학적 추리에 의해서 지지되는 진리는 제거되지 않았다. 그것은 그것과 명백히 불일치하는 성경구절의 해석을 수정하는 데 사용되었다. 평평한 지구를 암시하는 듯한 구절이 성경에 많았다. 그러나 교회의 교리는 구체의 지구를 당연한 것으로 받아들였다. 반대로 교회는 혹자가 어떤 모호한 추측을 했다고 해서 해석을 변경하려 하지 않았다. 교회는 증명(proof)을 원했다. 그것은 과학적 문제에 대한 과학적 증명이다. 여기서 교회는 근대 과학기관들과 별반 다르지 않게 행동했다. 그것은 여러 나라의 대학, 학교, 그리고 연구기관 등이 새로운 관념들을 그것의 교육과정에 포함시키기 이전에 오랜 시간을 기다리는 것과 같다. (스탠리 골드버그 교수는 특수상대성이론의 경우를 가지고 그 상황을 기술하였다.) 그러나 코페르니쿠스의 학설에 대한 믿을 만한 증거가 아직 없었다. 따라서 교회는 갈릴레오에게 코페르니쿠스를 **하나의 가설로서** 가르치라고 조언하였다. 교회는 그가 그것을 **하나의 진리로서** 가르치는 것을 금하였다.

이러한 구분은 오늘날까지도 유지된다. 그러나 교회가, 충분한 증거가 제시된다면 몇몇 이론들이 진리일 수 있고, 코페르니쿠스의 이론도 진리일 수 있음을, 인정할 준비가 되어 있었던 반면에,[17] 오늘날 모

---

17 로마 대학에 있었던 논쟁적인 문제의 대가 로베르트 벨라르미노 추기경이 1615년 4월 12일 코페르니쿠스 체계의 실재성에 관한 물음을 제기한 나폴리 출신 카르멜회 수도사 파울로 안토니오 포스카리니에게 보낸 널리 논의된 편지에서 우리는 다음과 같은 구절(Finocchiaro, op. cit., p.68)을 발견한다. "…만일 태양이 세계의 중심에 있고, 지구가 제3의 하늘에 있으며, 태양이 지구를 회전하지 않고, 지구가 태양을 회전한다는 사실에 대한 참된 증명이 있다면, 우리는 그와 반대로 보이는 성경구절들을 설명하는 데 있어서 매우 주의 깊게 진행해야 하

든 이론들은 예측의 도구라고 여기고, 진리에 관한 논의를 형이상학적이고 사변적인 논의로 배격하는 과학자들이(특히 고에너지 물리학 분야에) 많다. 그들이 제시하는 이유는 그들이 사용하는 장치가 분명히 계산의 목적으로 디자인된 것이고, 이론적 접근은 그 일반화가 합리적인 것으로 보이도록 하는 간결함과 용이한 적용 가능성에 대한 고려에 명백히 의존한다는 것이다. 그 밖에 '근사치'의 형식적 속성은 흔히 기본 원리의 그것과 다르며, 많은 이론들은 미래의 시점에 근사치를 산출할지도 모르는 하나의 새로운 관점을 향한 새로운 단계이고, 따라서 이론으로부터 실재로의 직접적인 추론은 오히려 소박하다.[18] 이 모든 것은 16~17세기 과학자들에게 알려져 있었다. 오직 소수의 천문학자들만이 이심원과 주전원이 하늘에 실제로 있는 길이라고 생각하였다. 대부분의 천문학자들은 그것이 계산을 돕도록 종이 위에 그려진

며, 증명된 것이 거짓이라고 말하기보다 그것들을 이해하지 못한다고 말해야 할 것이다. 그러나 나는 그런 것이 내게 보여지기 전까지는 그런 증명이 있다고 믿지 않을 것이다. 또한 태양이 중심에 있고 지구가 하늘에 있다고 가정함으로써 우리가 현상을 구할 수 있음을 증명하는 것과 태양이 중심에 있고 지구가 하늘에 있다는 것을 진실로 증명하는 것은 동일한 것이 아니다. 왜냐하면 나는 첫 번째의 증명이 가능하다고 생각하는 데 반해서, 두 번째 증명에 대해서는 커다란 의심을 가지고 있으며, 의심하는 경우에 우리는 거룩한 아버지에 의해서 해석된 거룩한 성경을 포기해서는 안 되기 때문이다." 그의 *Considerations on the Copernican Opinion*, Finocchiaro, op. cit., pp.70f, 특히 pp.85f에서 갈릴레오는 이 점을 정확히 언급하고 있다. 그는 "만일 코페르니쿠스주의 천문학자들이 90% 이상 옳지 않다면, 그들은 묵살될 수 있을 것이다"라는 데 동의한다. 그러나 그는 "만일 반대 입장을 가진 철학자들과 천문학자들에 의해서 산출된 모든 것이 대부분 거짓으로 밝혀질 수 있고, 전반적으로 중요한 것이 아니라면, 그와 반대 입장이 폄하되어서는 안 되고 역설적이라고 생각되어서도 안 되며, 그것이 결코 명료하게 증명될 수 없다고 생각되어야 한다." 증명이 아직 가능하지 않은 것에 대해서도 연구가 허용되어야 한다. 이것은 벨라르미노의 제안과 상충하지 않는다. 그것은 당시의 태도와 상충되었고, 어느 정도까지는 많은 현대의 연구기관의 태도와 상충한다.

18 이 점에 대해서는 Nancy Cartwright, *How the Laws of Physics Lie*, Oxford, 1983에서 상세히 논의한다.

길로서 실재 세계에서 대응물을 갖는 것은 아니라고 간주하였다. 코페르니쿠스의 관점도 같은 방식으로 널리 해석되었다. 그것은 흥미롭고, 진기하고, 매우 효율적인 모델이라고 간주되었다. 교회는 과학적 이유와 윤리적 이유에서, 갈릴레오가 이 해석을 수락할 것을 요구하였다. 그 모델이 실재에 대한 기술이라고 간주될 때 직면하는 난점들을 고려할 때, 우리는 과학사가이자 물리화학자였던 피에르 뒤엠(Pierre Duhem)이 재미있는 에세이에서 쓴 대로 "논리가 갈릴레오의 편이 아니라, 벨라르미노의 편이었다"는 점을 인정해야 한다.[19]

요약해 보자. 교회 전문가의 판단은 과학적으로 옳았고, 전문가의 교묘한 술책으로부터 사람들을 보호하고자 하는 올바른 사회적 의도를 가지고 있었다. 그것은 제한적 영역에서는 작용하지만 조화로운 삶을 지속시키기는 어려운 편협한 이데올로기에 의해서 오염되지 않도록 사람들을 보호하기를 원했다. 판단에 대한 수정은 교회로 하여금 과학자들 가운데 몇몇 친구를 얻게 했다. 그러나 중요한 인간적 가치와 초인간적 가치의 수호자로서의 기능은 심각하게 손상되었다.[20]

19 *To Save the Phenomena*, Chicago, 1969, p.78.
20 그 문제를 고찰하고자 하는 명백한 의지를 밝히고 나서(Paul Cardinal Poupard ed., *Galileo Galilei: Towards a Resolution of 350 Years of Debate*, Pittsburgh, 1987의 에필로그로 출간된 아인슈타인 탄생 100주년을 맞는 교황 요한 바오로 2세의 연설을 볼 것) 추기경 요제프 라칭거는, 벨라르미노가 일찍이 가졌던 입장과 유사한 입장을 가지고, 판단의 수정을 시대착오적이고 논점이 없는 것으로 만드는 방식으로 그 문제를 정식화하였다. 일부가 *Il Sabato*, 31 March 1990, pp.80ff에 보고된 1990년 3월 15일 파르마에서의 그의 강연을 볼 것. 주교는 증인으로서 (단순한 편의의 문제로서, 지구 중심주의와 태양 중심주의 사이의 과학적 선택은 지구의 실천적이고 종교적인 중심성을 기각할 수 없다고 한) 에른스트 블로흐(Ernst Bloch), (갈릴레오는 곧바로 원자폭탄으로 이어진다고 한) 칼 프리드리히 폰 바이츠제커(C. F. von Weizsäcker), 그리고 나 자신(이 장의 주제)을 인용하였다. 나는 두 번의 인터뷰에서 그 연설에 대해서 논평하였다. *Il Sabato*, 12 May 1990, pp.55ff; *La Repubblica*, 14 July 1990, p.20.

제14장

갈릴레오의 탐구는 이른바 코페르니쿠스 혁명의 작은 일부를 형성할 뿐이다. 나머지 요소들을 보탠다고 해도 우리에게 친숙한 이론 평가의 원리에 따르면 그것의 발전을 받아들이기 어렵다.

갈릴레오는 물리학, 천문학, 그리고 우주론의 개혁에 참여한 유일한 과학자는 아니다. 그는 천문학 분야 전체를 다루지 않았다. 예를 들어서 그는 코페르니쿠스와 케플러가 했던 것만큼 자세히 행성의 운동을 연구하지 않았다. 또한 그는 코페르니쿠스의 위대한 작품의 매우 기술적인 부분을 읽어 본 적도 없었을 것이다. 그것은 예외적인 일이 아니다. 지금처럼 당시에도 지식은 전문 분야로 세분화되어 있었다. 어떤 한 분야의 전문가가 다른 분야, 그것도 거리가 먼 분야의 전문가이기도 한 경우는 드물었다. 지금처럼 그 당시도 크게 견해가 갈라지는 철학을 가진 과학자들은 새로운 제안과 발전에 대해서 의견을 말할 수 있었고, 실제로 그렇게 했다. 티코 브라헤는 탁월한 천문학자였다. 그의 관찰은 일반적으로 받아들여진 견해들의 몰락에 기여하였다. 그는 코페르니쿠스의 우주론의 중요성에 주목하였다. 그러나 그는 신학적인 근거에서뿐만 아니라 물리적인 근거에서도 부동의 지구를 유지하였다. 코페르니쿠스는 충실한 기독교인이었고, 훌륭한 아리스토텔레스주의자였다. 그는 중심이 있는 원운동을 그것이 원래 가지고 있던 명성대로 회복시키고자 하였고, 하나의 운동하는 지구를 상정하였고, 행성 궤도를 재배열하고자 하였으며, 그것들의 지름에 절대 가치를 부여하였다. 멜란히톤(Melanchthon)과 그의 교육 개혁을 지지하는 천문학자들은 코페르니쿠스의 업적의 첫 번째 부분을 받아들이고 칭송하였다. 그러나 그들은 (단 한 사람의 예외는 레티쿠스 Rheticus) 두번째 부분을 무시하고, 비판하였으며, (오시안더 Osiander!를) 재해석하였다. 또한 그들은 자주 코페르니쿠스의 수학적 모델을 프톨레마이오스 시스템에 맞도록 변환시키려고 하였다.[1] 케플러의 스승인 메스틀린(Michael Maestlin)은 혜성들을 단단한 물체라고 여겼고, 그것들 중 어느 하나의 궤도를 측정하려고 노력하였다. 그의 (부정확한) 결과는 그로 하여금 (아직도 케플러에게 영향을 끼치고 있었던) 행성 궤도에 대한 코페르니쿠스의 배열을 받아들이도록 만들었다. 메스틀린은 아리스토텔레스를 존경하였지만, 수학적 정확성과 조화를 물리학적 진리의 징표라고 여겼다. 갈릴레오의 접근은 그것 자체의 특징을 가지고 있었다. 그것은 더 복잡하고, 추측이 더 많았다. 그것은 부분적으로는 신학적 고찰이 이탈리아에서 행하는 중요한 역할에 적응하였고, 부분적으

---

1 상세한 것과 문헌은 R. S. Westman, "The Melanchthon Circle, Rheticus, and the Wittenberg Interpretation of the Copernican Theory", *Isis*, Vol. 66, 1975, pp. 165ff에 있다.

로는 수사학 혹은 후원의 법칙에 의해 결정되었다. 많은 각기 다른 인격, 직업, 그리고 그룹들이 각기 다른 신념에 의해 인도되고 있었고, 오늘날 요약해서 '코페르니쿠스의 혁명'이라고 기술되는 과정에 기여하는 각기 다른 제한 조건들에 종속되었다.

내가 서두에서 말했듯이 이 과정은 단순히 사물이 아니었고, 다양한 주제들에서의 발전들로 이루어져 있었다. 그것들 중에는 천문학, 천문표의 계산, 광학, 인식론, 그리고 신학 등이 있다.

나는 정확성을 위해서가 아니라. 실제로 존재하는 연구의 세부적인 구분을 반영하기 때문에 그러한 구분을 한다. 예를 들어, 물리학은 변화를 일으키는 환경에 대한 조회 없이 변화를 기술하는 일반적인 운동이론이었다. 그것은 유식한 선생이 무식한 제자에게 전달하는 지식뿐만 아니라, 행성과 동물의 이동과 성장을 포함한다. 아리스토텔레스의 『자연학』과 그것에 대한 많은 중세의 주석들은 우리에게 다루어진 문제와 제안된 해결에 대한 하나의 관념을 제시한다. 우주론은 우주와 그 안에서 발견되는 특수한 운동을 기술한다. 방금 설명한 의미에서 자연학의 기본 법칙은 운동력 없는 운동은 정지에 도달한다는 것 ― 물체의 '자연' 상태는 정지(이것은 질적 변화를 결여한다는 것을 포함한다)라는 것이다. **우주론**의 '자연적' 운동은 주목할 만한 방해 없이 발생하는 것이다. 예를 들어서 불의 상승운동과 돌의 하강운동이 그것이다. 아리스토텔레스의 『천체론』(*On the Heavens*)과 그것에 대한 많은 중세의 주석은 이 영역에서의 문제들과 논의된 견해들에 대한 관념을 우리에게 제공한다.

내가 방금 언급한 책들은 단지 더 전문적인 연구를 위한 것이다.

개론적인 텍스트는 문제들과 대안적인 제안들을 생략하였고, 당시 사람들이 가졌던 관념들의 기본적인 뼈대에만 집중하였다. 우주론에서 가장 인기 있는 개론서 중 하나는 사크로보스코의 『세계의 구에서』(de spera)인데, 그것은 세계에 대한 스케치를 담고 있었고, 구체들의 운동에 대한 상세한 내용을 제시하지 않은 채 주요한 구체들을 기술하였다. 그 나머지에 대해서는 침묵하였다.[2] 여전히 그것은 갈릴레오 자신의 시대에까지 전달되는 전문적인 비판적 주석을 제시하는 기반으로 사용되었다.

물리학과 우주론은 참인 진술들을 제시한다고 주장한다. 신학 역시 참인 진술을 제시한다고 주장하지만, 그것은 이 분야들에서의 연구를 위한 경계조건으로 간주되었다. 이러한 요구조건들의 강도와 그것에 대한 제도적인 뒷받침의 강도는 시간과 장소에 따라서 달랐다. 그것은 그 모델에 대해서 진리를 주장하지 않으면서 별들의 운동을 다루는 천문학에 대해서 결코 필수적인 경계조건이 아니다. 천문학자들은 행성의 실제적인 배열에 대응할 수 있는 모델에 관심을 가졌다. 그러나 그들은 그것에만 제약되지는 않았다. 프톨레마이오스의 핸드북 같은 천문학의 핸드북, 그리고 그것에 기초한 여러 가지 통속적인 문건들은 개략적인 우주론적 서론이 앞에 온 뒤에 상세한 천문학적 모

---

2 Lynn Thorndyke(ed.), *The Sphere of Sacrobosco and Its Commentators*, Chicago, 1949 를 볼 것. 그 기본요소들과 그것들의 운동은 첫째 장에 정지해 있는 지구를 지지하는 단순한 논증과 함께 간략하게 언급되어 있다. 지구는 중심에 위치하고 있다. (이러한 사실은 별자리들이 지구의 자전이 그것들을 어느 곳에 있게 하는지에 상관없이 같은 크기라는 사실을 포함하여 광학적 논증에 의해서 일찍이 밝혀졌다.) 이퀀트(equant), 이심원(deferent), 주전원(epicycle)이 예수의 죽음이 동반하는 일식의 기적 같은 본성과 함께 제4장에서 언급된다.

델을 담고 있었다. 이러한 서론에 대해서 말하자면, 아리스토텔레스의 우주론이 오직 한 가지 우주론으로 존재하였다. 몇몇 핸드북들은 천문표를 싣고 있었다. 천문표들은 '실재'로부터 한걸음 더 떨어진 것이었다. 그것들은 '가설' 즉 실재의 구조를 반영하지 않는 모델이었고, 그것들은 근사치를 사용하였다. 그러나 천문학자의 근사치는 그의 모델의 수월성에 늘 상응하지는 않았다. '전문적인'(우리의 관점에서) 모델은 조악한 근사치와 결합되어 그것의 낡은 대응물보다 더 나쁜 천문표를 제시할 수도 있었다.[3]

한편에 물리학과 우주론, 다른 편에 천문학을 구분하는 것은 실제적인 사실일 뿐 아니라, 견고한 철학적 뒷받침을 가지고 있었다. 아리스토텔레스에 따르면[4], 수학은 실제적 사물들을 다루지 않고 추상물을 포함한다. 따라서 물리학, 우주론, 생물학, 심리학과 같은 물리적 대상들과 광학, 천문학과 같은 수학적 대상들 사이에는 본질적인 차이가 존재한다. 중세 초기의 백과사전에서는 그 분리가 당연시되었다.

광학 교과서는 천문학적 문제들을 드물게 다루었다.[5] 천문학은 선

---

3 프톨레마이오스-코페르니쿠스의 사례는 Stanley E. Babb, Jr. "Accuracy of Planetary Theories, Particularly for Mars", *Isis*, Vol. 68, September 1977, 특히 p.432에서 취급되고 있다.

4 *Met.*, Book xiii, 제2장; *Physics*, Book ii, 제2장. 아리스토텔레스의 수학 이론에 대한 설명과 옹호에 대해서는 나의 *Farewell to Reason*의 제8장을 볼 것.

5 그 한 예로 나는 존 페캄의 광학(David Lindberg ed., *John Pecham and The Science of Optics*, Madison, 1970에서 인용)을 언급한다. 천문학적 문제들은 이 책에 다음과 같이 등장한다. p.153(지평선 가까이의 수증기에 의해서 설명된 달 착시, 태양의 북향 이동과 항성), p.209(태양을 반사하는 회전하는 표면의 비균질함에 의해서 설명된 별의 섬광), p.218(외양으로 별의 크기를 확정할 수 없음), p.233(별이 실제의 크기보다 작게 보인다), p.255(그것들이 수평선에서는 북쪽으로 이동한다. 그리고 자오선으로부터의 거리가 길수록 더 그러하다).

형전파의 법칙과 같은 기본적인 광학 법칙을 사용하였다. 그러나 광학 이론의 보다 복잡한 부분들은 잘 알려지지 않았다. 같은 것이 인식론에 대해서도 적용된다. 갈릴레오의 논증들(그리고 그것의 기초가 되는 코페르니쿠스의 논증들)은 인식론을 다시 과학에 도입한다(같은 일이 여러 해 후에도 양자이론과 관련해서 일어났다).

이제 방금 언급한 것과 같은 상대적으로 독립적인 주제, 연구전략, 논증, 의견의 모음이 일정한 방식으로 발전할 것이라고 기대해야 하는가? 우리는 코페르니쿠스 학설에 대응하는 모든 물리학자, 우주론자, 신학자, 그리고 철학자들이 같은 동기와 이유에 의해서 이끌어지고 있고, 이 이유들이 그들에게 수락될 뿐 아니라, 그 장면에 참여하는 모든 과학자들을 한데 묶는 것으로 간주된다고 실제로 가정할 수 있는가? 아인슈타인과 같은 개별적인 과학자가 가진 관념들이 어떤 정합성을 보여 줄 수는 있다.[6] 그리고 이 정합성이 그의 표준과 그의 이론화에 반영될 수도 있다. 정합성은 연구가 법률이나, 동료의 압력이나, 재정적인 술책에 의해서 인도되는 전체주의적 환경에서 기대된다. 그러나 코페르니쿠스 시대, 그리고 그 후의 천문학자들은 그러한 환경에서 살지 않았다. 그들은 불일치, 전쟁, 그리고 격변이 일반화된 시대에 살았고, (로마 혹은 피렌체와 같은) 다른 도시에서는 진보적인 과학자들이 상당한 위험에 처해 있는 데 반해서, 한 도시(예를 들어 베

---

6 아인슈타인의 사례는 이 온건한 가정조차도 너무 멀리 나갔음을 보여 준다. 아인슈타인은 느슨한 기회주의를 최선의 전략으로 추천한다(서론의 각주 6에 대한 본문에서의 인용을 볼 것). 그는 (특수상대성이론에 이르는 고찰과 같은) 훌륭한 농담이 너무 자주 반복되지 말아야 한다고 경고하였다. Philipp Frank, *Einstein, His Life and Times*, London, 1946, p.261.

네치아, 그리고 자체의 사법권을 가진 도시들)에서는 그들이 안전하였던 시기에 살았으며, 단일한 개인의 관념이 그의 외골수적인 생각과 일치하지 않은 일군의 과학자들을 대면하는 시기에 살았다. 이것을 보여주기 위해 우리는 그 발전에 참여한 두 천문학자, 즉 코페르니쿠스 자신과 케플러의 스승인 메스틀린의 경우를 살펴보기로 하자.

코페르니쿠스는 천문학의 개혁을 원하였다. 그는 그의 의구심과 그가 그것을 극복하기 위해 노력한 방식을 이렇게 설명하였다.[7]

프톨레마이오스와 대부분의 다른 천문학자들의 행성이론은 … 어떠한 작은 난점도 제시하지 않는 것처럼 보인다. 왜냐하면 이러한 이론들은, 확실한 이심원이 함께 착상되지 않는 한, 적절한 것이 아니기 때문이다. 그리고 그때에 하나의 행성은 일정한 속도로 그것의 가상의 원을 도는 것도 아니고, 실제적인 중심에 상대적인 궤도를 도는 것도 아닌 것으로 보인다. … 이러한 결함을 알아차린 후에, 나는 모든 명백한 불균형이 그것으로부터 유도될 수 있고, 모든 것들이 완성된 운동의 규칙이 요구하는 대로 그것의 적절한 중심을 일정하게 도는, 보다 합리적인 원의 배열이 발견될 수 있을까를 자주 생각하였다.

---

7 *Commentariolus*, ed. E. Rosen, *Three Copernican Treatise*, 3rd edition, New York, 1971; 번역은 다음 책에 따라서 부분적으로 바뀌었다. F. Krafft, "Copernicus Retroversus I", *Colloquia Copernicana* III and IV; Proceedings of the Joint Symposium of the IAU and the IUHPS, Torun, 1973, p.119. 이후부터 나는 F. Krafft, "Copernicus Retroversus II", loc. cit. 도 이용하겠다.

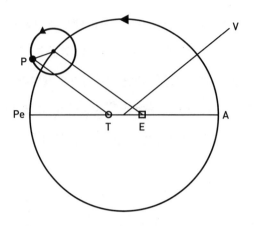

코페르니쿠스의 비판은 화성, 목성, 그리고 토성의 경도를 측정하는 데 사용되는 다음과 같은 모델에 관한 것이었다. 행성 P는 작은 원, 주전원을 운동하는데, 그 원의 중심은 보다 큰 원, 즉 가상원에 자리 잡는다. 주전원의 중심은 이심 E에 대해서 일정한 각속도로 전진한다. 그 행성은 지구 T로부터 관찰된다. E와 T는 그것으로부터 같은 거리에 있는 가상원의 중심에서 서로 반대편에 있다.

코페르니쿠스는 그 모델의 경험적 적절성을 문제 삼지 않았다. 반대로, 그는 프톨레마이오스주의자들과 다른 사람들의 행성이론이 수적인 데이터와 일치한다는 것을 인정하였다.[8] 그는 이 데이터가 수정되어야 할 필요가 있다고 믿지도 않았다. 새로운 관찰을 도입하는 대신에 그는 다음을 강조하였다.

8 Rosen, op. cit., p.59.

우리는 그들[고대 그리스인들]의 발자국을 따르고 하나의 유산과 같이 우리가 물려받은 그들의 관측을 굳게 유지해야 한다. 그리고 만약 어떤 사람이 그와 반대로 고대인들은 이 부분에서 믿을 만한 가치가 없다고 생각한다면, 분명코 이 기술의 관문은 그에게 닫혀 있는 것이다.[9]

코페르니쿠스가 불편했던 까닭은 새로운 관찰이나 그에게 알려진 것을 잘 처리하지 못한 프톨레마이오스의 무능함이 아니다. 그가 깨달은 난점은 다른 곳에 있었다.

코페르니쿠스는 절대 운동과 겉보기 운동 사이를 구별해서 설명한다. 행성운동의 두 번째 불균형성, 즉 하나의 행성이 그 진로에서 앞질러 가거나 역방향으로 가거나 하는 사실은 '겉보기 현상'이다. 그것은 다른 운동으로 환원되어야 한다. 코페르니쿠스에 따르면, 이 다른 운동은 중심 주위를 일정한 각속도로 원을 그리는 운동이다. 프톨레마이오스는 그 조건을 위반하였다. 그는 주전원의 중심(equant)를 이용하였다. 주전원의 중심은 겉보기 운동을 진정한 운동에 의해서가 아니라, 다시금 겉보기 운동에 의해서 설명한다. 그 겉보기 운동에서 행성은 그것 자신의 "가상원(deferent)을 따라서 일정하게 움직이거나 실제 중심에 대해서 상대적으로 움직이지 않는다…." 코페르니쿠스(그리고 다른 많은 천문학자들)에게 실제 운동은 일정한 각속도로 하나의 중심을 도는 원운동이다.[10]

---

9 *Letter Against Werner*, in Rosen, op. cit., p.99.
10 에라스무스 라인홀트(Erasmus Reinhold)는 그가 개인적으로 소장했던 *de Revolutionibus: Axioma Astronomicum Motus coelestis aequalis est et circularis vel ex aequalibus et*

코페르니쿠스는 편심(excentre, 偏心)과 주전원의 중심을 제거하고, 그것을 주전원으로 대치하였다.[11] 프톨레마이오스의 도식에서는 각 행성은 이제 세 가지 주전원을 갖는다. 오래된 주전원, 편심과 주전원의 중심을 대체하는 두 가지의 추가적인 주전원.

이러한 주전원의 누적을 피하기 위해서(그것들은 이따금 행성을 먼 공간 속으로 밀어내었다) 코페르니쿠스는 두 번째 불균형에 대한 다른 설명을 찾았다. 그는 두 번째 불균형이 태양의 위치와 일치한다는 사실로부터 도움을 받았다.[12] 따라서 그것은 지구 쪽의 실제 운동(그리고, 물론 원운동)에 의해서 만들어지는 겉보기 운동이라고 해석될 수 있다.

지금까지 (크라프트 Krafft를 따라서) 재구성한 논증은 두 가지 요소를 담고 있다. 그중 하나는 순수히 형식적인 요소이고 다른 하나는 실재에 관한 주장이다. 형식적으로 어떤 주기적인 운동도 중심을 도는 원운동으로 환원될 것을 요구한다. 그 요청은 회전운동만이 실재적인 반면에 불균형성은 겉보기에만 그렇다는 가정과 연결된다. 이 가정을 **제 1 실재성 가정**이라고 부르자. 그러나 코페르니쿠스는 그의 절차

---

*circularibus compositus*의 속표지에 썼다. Westman, "The Melanchthon Circle", op. cit., p.176에서 인용함.

11 이것이 『짧은 해설서』(*Commentariolus*)에 대한 진실이다. 그의 주저작에서 그는 다시 편심원(excentric deferent)을 사용한다. 오직 주전원의 중심만이 주전원으로 대치되었다. 역시 달이론에서의 이 '주전원의 중심으로부터의 해방'(에라스무스 라인홀트)은 코페르니쿠스의 새로운 우주론과 지구의 운동에 대해서 아무런 관심을 두지 않았던 몇몇 코페르니쿠스 찬미자들을 크게 감동시켰다.

12 코페르니쿠스에서의 평균 태양. 케플러는 참된 태양으로의 환원을 가져왔고, 따라서 코페르니쿠스적인 논증을 강화하였다.

가 그로 하여금 모든 행성의 진로를 '커다란 원', 즉 지구의 원을 절대적 기준으로 하는 하나의 체계에 통합시키는 일을 허용하였다. 코페르니쿠스는 그의 주 저작에서 "이런 현상들은 모두 마치 황금 사슬에 의한 것처럼 가장 우아한 방식으로 서로 연결된다. 그리고 각각 자신의 위치와 질서를 가진 행성들은, 지구에 사는 우리가 그것의 운동을 인지하지 못한 채 모든 종류의 운동을 행성들에게 귀속시키지만, 지구는 움직인다는 사실에 대한 증거이다"[13]라고 썼다. 코페르니쿠스로 하여금 지구 운동의 실재성을 믿도록 한 것은 행성 체계의 모든 부분들의 내적 연결성이다. 나는 이것을 **제2 실재성 가정**이라고 부른다.

제1 실재성 가정은 플라톤적 전통의 일부였다. 아리스토텔레스는 그것에 물리학적 기반을 제시했다. 제2 실재성 가정은 아리스토텔레스주의적 물리학 및 우주론과 충돌한다. 아리스토텔레스는 이미 **제2 실재성 가정**의 초기(피타고라스적) 버전을 비판하였다. 추상화인 수학적 조화는 그것이 잘 확립된 물리학적 원리와 일치할 경우에만 진리를 반영한다. 이것은 합당한 요청이었다. 그것은 우리 자신의 세기에서는 파동역학에 대한 슈뢰딩거의 해석을 반박하는 데 사용되었다. 그것은 특히 수학이 물리적 과정을 기술할 수는 있지만 그것을 구성할 수는 없는 보조 과학이라고 여기는 사상가들에게는 합당한 것이었다. 그것은 플라톤주의자나 피타고라스주의자들에게는 합당하지 않았다. 거기서 비롯된 수학적 진술의 본성에 대한 두 가지 해석이 '코페르니

---

13 *De Revol*. 바오로 교황에 대한 서문. 크라프트는 코페르니쿠스가 주전원의 중심을 제거하려고 노력하는 와중에 이러한 조화를 발견하였고, 나중에 가서야 그것을 지구의 실제 운동을 지지하는 근본적인 논증으로 만들었다고 가정한다.

쿠스 혁명'에서 중요한 역할을 하였다.

코페르니쿠스는 헤르메스 전통과 태양의 예외적인 역할에 관한 관념과 같은 전통을 언급함으로써,[14] 그리고 어떻게 그것이 현상과 조화될 수 있는가를 보임으로써 제2 실재성 가정을 강화했다. 그는 두 가지 가정을 만들었다. 첫째, 물체의 운동은 그것의 모양에 걸맞는 것이라는 가정이다. 지구는 구체이다. 따라서 그것의 운동은 회전운동일 수밖에 없다. 둘째로 돌과 같은 대상은 그것이 분리되었던 물체(지구)와 같이 머문다. 따라서 떨어지는 돌은 탑에 가까운 곳에 멈춘다. 아리스토텔레스에 따르면 대상의 자연적 운동, 즉 불의 상승 운동과 돌의 하강 운동은 공간의 구조(중심 대칭)에 의해서 결정된다. 코페르니쿠스에 따르면, 그것은 물질의 분포에 의해서 결정된다. 코페르니쿠스는 무거운 물체의 자유낙하와 같은 '현상을 구해냈으나', 상세한 비교를 가능하게 하는 독립적인 논증이나 엄밀한 법칙을 제시하지는 못했다. 그의 절차는 **임시변통적**이다. 이것은 그것이 나쁘다는 의미가 아니다. 그것은 단지 그것이 오늘날의 대표적인 방법론과는 조화될 수 없다는 의미이다.

나의 두 번째 예는 케플러의 스승인 미하엘 메스틀린이다. 메스틀린은 전문적인 천문학자였고, 그의 판단은 일반적으로 존중되었다. 그

---

14 "또한 그 중간에 태양이 위치한다"는 구절은 새롭지 않다. 낡은 천문학에서 태양은 실제로 행성들의 중간에, 즉 그것 위에 있는 화성, 목성, 그리고 토성과, 그것 아래 있는 금성, 수성과 달 사이에 있었다. 그것은 또한 그것의 운동이 모든 행성(달은 제외하고)들의 운동에 반영된다는 의미에서 행성들을 '지배하였다'. 예컨대 Macrobius, *Somnium Scipionis*를 볼 것.

는 프톨레마이오스 방식의 천구의 분포를 '단지 마지못해 포기하였다'. 그러나 그는 그가 통제할 수 없는 환경에 의해서 그렇게 할 수밖에 없었다.[15] 우리가 파악할 수 있는 한, 그 환경이란 먼저 1572년의 신성(新星)을 말한다. 메스틀린은 그것을 관측하였고, 그것의 시차(視差)를 측정하였으며, 그것을 달의 영역을 넘어서 고정된 별의 영역에 위치시켰다. 메스틀린에게 (달을 넘어선) 첫 번째 부분은 시차를 빠뜨림으로써 주어지는 것이고, 두 번째 부분(고정된 별)은 적절한 운동의 결여로부터 온 것이다. 이 논점에서 메스틀린이 사용한 관념을 제시한 코페르니쿠스에 따르면, 행성은 태양으로부터의 거리가 멀수록 더 천천히 움직인다. 빛깔과 밝기를 관측함으로써 메스틀린(그리고 그의 연금술 연구실에 가는 길에서 새로운 별을 발견한 티코)은 달 위의 영역이 아리스토텔레스가 가정한 바와 같이 변화 없이 존재할 수 없다고 추론하였다. 그러나 그렇다고 메스틀린(과 티코)이 신성을 '소요학파의 철학에 반대하는 일격'으로 여겼다고 결론짓는 것은 성급한 일이다.[16] 테오도르 베자(Theodore Beza)를 포함한 많은 교회 사람들은 그 현상을 베들레헴 별의 귀환과 같은 초자연적인 사건으로 여겼다.[17] 티코는 이러한 비교를 너무 온건하게 생각하였다. 그는 적어도 여호수아가

---

15 아래에서 나는 R. A. Jarrell, *The Life and Scientific Work of the Tuebingen Astronomer Michael Maestlin*, Toronto, 1972의 박사학위논문과 R. S. Westman, "Michael Maestlin's Adoption of the Copernican Theory", *Colloquia Copernicana IV*, Ossilineum, 1975, pp.53ff를 사용한다.

16 Jarrell, op. cit., p.108.

17 P. H. Kocher, *Science and Religion in Elizabethan England*, New York, 1969, pp.174f. 각주 12와 13에 있는 문헌을 볼 것. 또한 Lynn Thorndike, *A History of Magic and Experimental Science*, New York, 1941의 Vol. 6, 32장을 볼 것.

태양을 멈춘 일에 비견할 수 있는 위대한 기적이 여기 있다고 말한다.[18] 이것은 적어도 티코에 있어서는 기적이 자연 법칙의 자율성이라는 관념(그것은 아리스토텔레스의 관념이다)을 거부한다는 것을 의미한다. 그들은 구체적인 법칙을 반박하지 않았다. 반대로 기적에 대해서 더욱 회의적이었던 메스틀린은 실제로 그 경우를 아리스토텔레스에 반하는 일격이라고 여겼다.

그 다음 물음은 그것이 그에게 얼마나 심각한 타격이었는가 하는 것이다. 영원한 천체라는 관념은 우주론의 일부이고, 5개 원소에 대한 특수한 가설을 담고 있었다. 이 가설이 거짓이라는 사실은 나머지 운동의 법칙이나 탑의 논증을 훼손시키지 않는다. 클라비우스와 티코 모두는 변화하는 천체를 받아들였다.[19] 그러나 지구의 운동을 배격하기 위해서 여전히 탑의 논증을 사용하였다. 만약 메스틀린의 의심이 더욱 커졌다면, 그것은 아리스토텔레스 학설의 특이한 해석 때문이거나 비아리스토텔레스적 세계관을 향한 개인적인 성향에서 기인한다. 우리는 후자를 가정해야 한다.

코페르니쿠스를 향한 메스틀린의 여정에서 그 다음 결정적인 사건은 1577년의 혜성이다. 이번에도 메스틀린은 수없이 많은 관측에 이끌려서, 그 혜성을 달 위의 영역에 집어넣는다.[20] 이 영역이 변화로부터 자유롭다는 관념은 이제 결정적으로 포기되었다.

---

18 *Progymnasmata*, p.548.
19 클라비우스에 대해서는, 사크로보스코의 구체에 대한 그의 논평을 볼 것. 1593 edition, pp.210f. 또 Westfall, op. cit., p.44를 볼 것.
20 Jarrell, op. cit., p.112.

메스틀린은 그 혜성의 궤적을 결정하려는 노력도 하였다. 그는 그것이 『천구의 회전에 대해서』의 제6권 제12장에 기술된 바와 같이 금성의 궤도를 움직인다는 사실을 발견하였다. 무언가 여전히 주저하면서 그는 이제 코페르니쿠스적인 천구들의 질서를 받아들인다.[21] 그러나 그가 그렇게 하지 않을 수 없었던 것은 '극단적인 필연성' 때문이었다고 그는 덧붙인다.[22]

이 '극단적인 필연성'은 기하학적 고찰이 우주론적 논증에 힘을 불어넣을 때 발생한다. 여러 해가 지난 후 갈릴레오는 이런 방식의 추리에 대해서 주의를 주었다. 그는 무지개가 삼각측량법에 의해서 포착될 수 없다고 말했다. 메스틀린은 그러한 의문을 갖지 않았다. 그는 물리학과 천문학 사이의 전통적인 구분을 받아들였고, 물리학과 수학을 동일시하였다. 그는 그의 『천구의 회전에 대해서』 소장본의 여백에 "코페르니쿠스는 그의 저작 전체를 물리학자로서 쓴 것이 아니고, 천문학자로서 썼다"라는 코멘트를 남겼다.[23] 그리고 그는 제2 실재성 가정을 사용하여 수학적 논증의 결과를 해석하였다. 이것은 그가 그러한 해석에 대한 아리스토텔레스주의의 저항을 극복하지 못했다는 것, 그리고 그가 마치 그러한 저항이 **없었던 것처럼** 행동하였다는 것을 의미한다. 그는 그의 여백에 남긴 노트에 다음과 같이 썼다.[24] "이 논증은 완전히 이성에 일치한다. 그것이 확실한 증명을 허용하는 것은 이 광대

21 Ibid., p.117.
22 Ibid., p.120.
23 Westman, op. cit., p.59.
24 Ibid.

한 기계(machina) 전체의 배열이다. 실제로 온 우주는 어떤 것도 그것의 '부분들'의 혼란 없이는 위치를 바꾸는 일이 없는 방식으로 회전하며, 따라서 이러한 '더 확실한 증명'에 의해서 모든 운동 현상은 가장 정확하게 증명될 수 있다. 왜냐하면 부적절한 어떤 것도 궤도의 진로에서 발생하지 않기 때문이다." 케플러도 역시 이러한 조화 때문에, 혜성 때문에 코페르니쿠스주의자가 되었는데, 그것은 행성의 진로에 대한 메스틀린의 계산이 심각한 실수를 포함하고 있다는 흥미로운 사실을 말한다. 그것은 금성의 궤도로 움직이지 **않았다.**

이제 이러한 사건들과 그것들이 일어나는 상황을 몇몇 한때 유행했던 과학철학자들과 비교해 보도록 하자. 우리는 즉시 이러한 철학 중 어느 것도 그 논쟁에 기여한 모든 학문 영역들을 고찰하지 않음을 알게 된다. 천문학이 그 중심에 있다. 이 분야에서의 발전에 대한 합리적인 재구성은 코페르니쿠스 혁명 그 자체에 대한 합리적 재구성이라고 생각된다. 물리학의 역할(탑의 논증), 신학이 이따금 강한 경계 조건을 형성한다는 사실(신성과 지구의 운동이라는 관념에 대한 티코의 반응 참조), 그리고 각기 다른 수리 철학의 역할은 이것이 참일 가능성이 없다는 것을 보여 준다. 이 치명적인 불완전성은 지금까지 제시된 모든 재구성에 대한 최초의 가장 근본적인 반대이다. 그들은 여전히 관찰만이 한 사례를 결정한다는 (실증주의적) 편견, 형이상학적 대안을 포함하는 다른 대안으로부터의 도움(혹은 방해) 없이도 한 이론을 그것 자체로서 판단할 수 있다는 편견에 의존한다. 더욱이 그들은 그들이 재구성을 위해서 선택한 협소한 도메인, 즉 천문학에서조차 실패하였다.

이것을 보여 주기 위해서 우리는 다음 설명을 고찰해 보도록 하자.

1. **소박한 경험주의**: 중세는 성경을 읽었고, 하늘을 쳐다보지 않았다. 그러다가 사람들은 갑자기 하늘을 보게 되었고 세계가 교회 철학자들의 의견과 다르다는 것을 발견하였다.

이러한 설명은 천문학에서는 사라졌다. 그러나 그것과 유사한 것이 다른 분야(예를 들자면, 의학사의 어떤 부분)에서 잔존한다. 그것에 반대하는 주요 논증은 아리스토텔레스가 제1의 경험주의자이며, 프톨레마이오스는 수집된 데이터를 조심스럽게 사용했다는 것이다.[25]

2. **세련된 경험주의**: 새로운 관측이 천문학자들로 하여금 이미 가지고 있었던 경험적인 학설을 변경하도록 강요했다.

이것은 확실히 코페르니쿠스와 16세기 그의 추종자들에게는 사실이 아니다. 우리가 살펴본 대로, 코페르니쿠스는 프톨레마이오스의 체계가 **경험적으로 적합하다**고 생각하였다. 그는 그것을 **이론적인 이유**를 들어서 비판하였다. 그리고 그 자신이 말한 바와 같이, 그의 '관찰'은 본질적으로 프톨레마이오스의 것이었다.

더욱이 코페르니쿠스 및 프톨레마이오스의 예측과 '사실'과의 비교, 즉 19세기와 20세기의 계산과의 현대적인 비교는 경험적인 예측이 개선되지 않았으며, 경쟁하는 체계들이 같은 수의 변수들에 제약되

---

25 '조심스럽게' 하였는지는 R. R. Newton, *The Crime of Claudius Ptolemy*, Baltimore, 1977에 의해 검토되었다. 뉴턴은 프톨레마이오스의 많은 '데이터'가 그의 모델에 맞도록 가공되었음을 밝힌다. 그의 광학에 대해서 이런 사실은 오랫동안 알려져 왔다.

는 경우에 실제로 더욱 악화된다는 것을 보여 준다.[26]

유일하게 새로운 관측이 티코 브라헤에 의해서 행해졌다. 그것은 이미 코페르니쿠스를 넘어서 케플러에게로 이어졌다. 갈릴레오의 관측은 천문학이 아니라, 우주론에 속한다. 그것은 코페르니쿠스의 유추 (analogies)에 개연성을 부여한다. 그러나 지구의 운동에 대한 강력한 증명은 출현하지 않았다. 왜냐하면 갈릴레오의 관측은 티코의 체계에 의해서 수용될 수 있었기 때문이다.

3. 반증주의: 새로운 관측은 낡은 천문학의 중요한 가정을 논박하였고, 새로운 가정의 발명으로 이어졌다. 이것은 코페르니쿠스와 천문학의 도메인에서는 옳지 않다(위의 2에 대한 주석 참조). 천체의 불변성에 대한 '반박'은 지구 운동의 문제에 대한 강력하거나 결정적인 주장이 될 수 없었다. 그 밖에 지구 운동의 관념은 큰 난관에 봉착해 있었고, '당신이 원한다면' 논박될 수 있었다. 그것은 매우 너그럽게 취급되는 경우에만 생존할 수 있었다. 그러나 만일 그것이 너그럽게 취급된다면, 낡은 체계에 대해서도 그렇게 할 수 있다.

우리는 여기서 '코페르니쿠스 혁명'을 반증원리와 같은 단일한 원

---

26 Stanley E. Babb, Jr., "Accuracy of Planetary Theories, Particularly for Mars", op. cit., pp.426ff; Derek de Solla Price, "Contra Copernicus", M. Clagett (ed.), *Critical Problems of the History of Science*, Madison, 1959, pp.197ff의 초기 논문; N. R. Hanson, *Isis*, No. 51, 1960, pp.150ff를 볼 것. 또한 Owen Gingerich, "Crisis vs Aesthetics in the Copernican Revolution", Beer (ed.), *Vistas in Astronomy*, Vol. 17, 1974도 볼 것. 깅그리치는 스토플러(Stoeffler), 스타디우스(Stadius), 메스틀린(Maestlin), 마지니(Magini) 그리고 오리가누스(Origanus)의 표(table)들을 비교하고, 그것들이 모두 대략 같은 정도의 양(비록 일식에 따라서 같은 분포를 갖는 것은 아니지만)의 실수로 어려움을 겪는다는 것을 발견하였다.

리로 환원하려고 하는 것이 얼마나 잘못된 조치인가 하는 것을 분명하게 볼 수 있다. 반증은 새로운 관측이 역할을 하는 것과 꼭 같은 방식으로 역할을 한다. 그러나 그 두 가지는 경향성과 태도, 그리고 전적으로 다른 본성을 가진 고찰을 담은 사건들의 복잡한 패턴에 포함된다.

4. 규약주의: 낡은 천문학은 점점 더 복잡해졌다. 따라서 그것은 결국 하나의 단순한 이론에 의해서 대치된다. '주전원적인 퇴행'이라는 조소하는 듯한 언급을 초래한 것은 이 가정이다. 그 이론은 코페르니쿠스적인 도식도 프톨레마이오스의 도식만큼이나 많은 원들을 가지고 있다는 사실을 간과한 것이다.[27]

5. 위기 이론: 천문학은 하나의 위기에 봉착해 있다. 그 위기는 코페르니쿠스 체계의 승리를 가져오는 혁명으로 이어진다.

그 대답은 2에서와 같다. 경험적으로는 어떤 위기도 없다. 그리고 어떤 위기도 해결되지 않았다. 위기는 우주론에서는 일어나지 않았다. 그러나 그것은 지구의 운동이라는 관념 이후에 가서야 진지하게 청취되었다. 코페르니쿠스에 선행하는 천문학적 예측(예를 들어, 레기오몬타누스)의 부정확성에 관한 많은 불만은 기본적인 이론이 아니라, 정확한 초기 조건과 정확한 천문표의 결여를 비판하였다. 또한 그러한

---

27 독자는 Galileo의 *Dialogue*, Chicago, 1964의 산틸라나(de Santillana) 판본에 있는 매우 교훈적인 도표를 참조할 것.

비판은 이 이론들에 대한 그 후의 검토가 보여 주듯이 완전히 부당한 것이었다.[28]

28 위의 각주 26을 볼 것.

제15장

지금까지 얻어진 결과는 발견의 맥락과 정당화의 맥락의 구분을 폐지하고, 또한 이와 관련해서 관찰어와 이론어의 구분을 무시할 것을 제안하고 있다. 그 두 가지 구분은 모두 과학의 실천에서 아무런 역할도 하지 못한다. 그것들을 강요하는 것은 파괴적인 결과를 가져올 것이다. 같은 이유로 포퍼의 '비판적' 합리주의도 실패한다.

그러면 지금까지의 여러 장의 자료를 현대 경험주의의 다음과 같은 여러 특징을 해명하는 데 이용해 보도록 하자. 즉, (1)발견의 맥락과 정당화의 맥락 구분 (2)관찰어와 이론어의 구분 (3)공약불가능성의 문제. 이 마지막 문제는 우리들을 합리성 및 질서 대(對) 아나키즘의 문제로 이끌어 갈 것인데, 그것이 이 에세이의 주요한 논제이다.

역사상의 실례로부터 방법론적 결론을 이끌어 내고자 하는 나의 시도에 대해 제기되었던 반론의 하나는, 그것이 본질적으로 구분되는 두 가지의 맥락, 즉 발견의 맥락과 정당화의 맥락을 혼동하고 있다는 것이다. **발견**은 비합리적일 수 있고, 어떤 알려진 방법에 따를 필요가 없다. 반대로, **정당화**, 혹은——어떤 학파의 거룩한 말을 사용하자면——**비판**은 발견이 이루어진 **이후**에 비로소 시작되고, 또한 어떤 질서정연한 방식으로 진행되는 것이다. 허버트 파이글(Herbert Feigl)은 다음과 같이 쓰고 있다. "역사적 기원, 심리학적 발생 및 발전, 과학이론의 수용과 폐지를 위한 사회·정치·경제적 제반 조건을 검토하는 일은 개념의 구조 혹은 과학이론의 테스트에 대한 논리적 재구성을 행하는 일과는 완전히 다른 일이다."[1] 이것들은 확실히 두 가지 서로 다른 일이다. 특히 서로의 독립성을 매우 질시하는 두 가지의 다른 학문 영역(과학사와 과학철학)에 의해 각각 수행되기 때문에 그러하다. 그러나 문제가 되는 것은 창조력이 풍부한 정신이 복잡한 과정에 직면했을 때 어떤 구분을 생각해 낼 수 있는가 하는 것도 아니고, 또한 어떻게 같은 종류의 소재가 세분될 수 있는가 하는 것도 아니다. 문제는 설정된 구분이 어느 정도로 현실의 차이를 반영하고 있는가 하는 것, 또한 과학이 분리된 여러 가지 영역들 사이의 강한 상호작용 없이 진보할 수 있는가 하는 것이다(하천은 국경으로 분할될 수 있지만 이것이 하천을 비연속적인 존재로 만드는 것이 아니다). 물론 과학철학자에 의해 '재구성'된 테스트의 여러 규칙과 과학자가 실제 연구에 이용하고 있는 절차 사이에는 매우 현저한 차이가 있다. 이러한 차이는 피상적인 검토에 의해서도 분명히 드러난다. 한편 매우 피상적인 검토를 통해서도, 정당화의 맥락에 속한다고 하는 비판과 증명의 방법이

1 "The Orthodox View of Theories", *Analyses of Theories and Methods of Physics and Psychology*, ed. Radner and Winokur, Minneapolis, 1970, p.4.

엄밀히 적용되었더라면 우리들이 알고 있는 바의 과학은 말살될 것이고, 그것이 생성되는 일조차 결코 허용되지 않았을 것임이 분명해진다.[2] 반대로 과학이 현존한다는 사실은 그러한 방법이 때때로 위반되었다는 사실을 증명한다. 그러한 방법은 틀림없이 오늘날 발견의 맥락에 속한다고 말해지는 절차에 의해서 침해되었다. 그러므로 '역사적 기원, 심리학적 발생 및 발전, 과학이론의 수용과 폐지에 작용하는 사회·정치·경제적 여러 조건들을 추적하려는' 시도는 테스트의 기준과는 아무런 연관이 없지만 실제로는 이러한 기준에 대한 비판으로 이어진다 — 다만 두 가지의 영역, 즉 역사적 연구와 테스트 절차에 관한 논의가 분리되어 있지 않다는 가정하에.

다른 논문에서 파이글은 그의 논증을 반복하면서 몇 가지 논점을 추가하고 있다. 그는 "핸슨, 토머스 쿤, 마이클 폴라니(Michael Polany), 파울 파이어아벤트, 지그문트 코흐(Sigmund Koch), 그리고 그 밖의 학자들이 그러한 구분이 부당하다고 여기거나 적어도 사람들을 호도하는 것으로 생각하고 있는 데 놀랐다."[3] 그리고 그는 발명의 심리학도, 과학과 예술 사이의 어떠한 유사성도 — 그것이 아무리 크다 하더라도 — 그러한 구분이 존재하지 않음을 말해 주지는 않는다고 지적한다. 이 점에 있어서 그는 분명히 옳다. 과학자들이 그들의 이론에 도달하는 방식에 대한 가장 놀랄 만한 이야기마저도, 그들이 일단 이론을 발견한 후에는 완전히 다른 방향으로 진행할 가능성을 배

---

2 제5장의 예들을 참조.
3 "Empiricism at Bay", MS, 1972, p.2.

제할 수는 없다. 그러나 이러한 가능성은 결코 현실화되지 않는다. 이론을 발명할 때, 그리고 또한 이론에 대해서 구속 없는 '예술적인' 방식으로 숙고할 때에, 우리들은 때때로 방법론적 규칙이 금지하는 조처들을 취한다. 예를 들어 우리들은 증거를 우리들의 공상적인 관념에 적합하도록 해석하고, 난점들을 임시변통적 가설에 의해 제거하거나, 제쳐 놓거나, 진지하게 받아들이기를 거부한다. 그러므로 파이글에 의하면 발견의 맥락에 속하는 활동은 단지 철학자들이 정당화에 관해서 말한 것과 **다를** 뿐만 아니라, 그것과 충돌한다. 과학적 실천은 나란히 움직이는 두 맥락을 포함하지 않는다. 그것은 절차들의 복잡한 혼합물이다. 그리고 우리들은 이 혼합물을 그대로 둘 것인가 아니면 그것을 보다 '질서 있는' 배열로 대치할 것인가 하는 문제에 직면하는 것이다. 이상이 현재의 논증의 첫째 부분이다. 한편 우리들이 살펴본 바에 의하면, 우리들이 오늘날 알고 있는 바의 과학은 정당화의 맥락이 때때로 침해당하지 않았더라면 존재할 수 없었다. 이것이 논증의 두 번째 부분이다. 그 결론은 명료하다. 첫째 부분은, 우리가 차이점을 가진 것이 아니라, 하나의 혼합물을 가지고 있음을 보여 준다. 두 번째 부분은 그 혼합물을 양쪽에 발견과 정당화를 포함하는 질서로 대치하는 것이 과학을 붕괴시킨다는 것을 보여 준다. 우리들은 어느 한 쪽을 택해야 할 두 대안을 다루고 있는 것이 아니라, 모든 구성 요소들이 과학의 성장에 대해서 똑같이 중요한 단 하나의 균질적인 실천을 다루고 있을 뿐이다. 이것이 그 구분을 해결한다.

유사한 논증이 방법론적 **규정**(prescription)과 역사적 **기술**(description) 사이의 의례적인 구분에도 적용된다. 방법론은 무엇이

행해져야 하는가를 다루는 것이며, 그것은 **사실적인 것**에 비추어서 비판될 수 없다고 얘기되고 있다. 그러나 우리들은 물론, 우리들의 규정이 역사적 자료 가운데서 어떤 **공격 지점**을 갖는다는 사실을 확신해야 하며, 또한 그러한 단호한 적용이 바람직한 결과를 가져온다는 사실을 확신해야 한다. 우리들은 주어진 상황 아래서 무엇이 가능하고 무엇이 가능하지 않은가를 말해 주며, 그럼으로써 바람직한 규정과 막다른 골목으로 가게 되는 규정을 구별하게 하는 (역사적·사회적·물리적·심리학적 등의) **경향과 법칙**을 고찰함으로써 그러한 확신을 갖게 된다. 다시 말해서 **당위**(ought)와 **사실**(is) 사이의 구분이 기본적인 경계선이라기보다는 일시적인 장치라고 인정될 때에만 진보가 성취될 수 있는 것이다.

이전에는 인정되었을지도 모르지만, 오늘날에는 분명히 인정할 수 없는 구분 중의 하나가 **관찰용어**(observational term)와 **이론용어**(theoretical term) 사이의 구분이다. 오늘날에는 이 구분이 10년이나 20년 전에 생각했던 만큼 엄격한 것이 아니라는 것이 일반적으로 인정되고 있다. 또한 노이라트(Otto Neurath)의 독창적인 견해에 완전히 일치하는 것이지만 이론과 관찰 **그 어느 쪽도** 포기될 수 있다는 것이 인정되고 있다. 이론은 그것과 모순되는 관찰에 의해서 제거될 수 있으며, 관찰은 이론적인 이유에 의해서 제거될 수 있을 것이다. 마지막으로 우리들은 **학습**(learning)이 관찰에서 이론으로 나아가는 것이 아니고 항상 두 요소 모두를 포함하고 있다는 것을 발견하였다. 경험은 이론적 가정 이전에 생기는 것이 아니라 그것과 **더불어** 생기고, 이론 없는 경험은 경험 없는 이론과 마찬가지로 틀림없이 이해할 수 없을 것이다. 한 감각하는 주체로부터 이론적인 지식의 부분을 제거하여 보자. 그러면 그는 완전히 방향을 잃을뿐더러 가장 단순한 행위도 실행할 수 없게 될 것이다. 나아가 지식을 제거하여 보자. 그러면 그의 감각 세계(그의 '관찰언어')는 해체되고 말 것이며, 색과 그 밖의 단순한 감각들이 소멸하여 마침내 그는 어린아이보다도 더욱 미숙한 단계에 이르게 될 것이다. 한편 어린아이는 그에게 주어진 이론의 의미를 파악하기 위해서 사용할 안정된 지각세계를 소유하고 있지 않다. 완전히 그 반대이다——그는 서로 느슨하게 연결되어 있을 뿐인 여러 가지 지각적 단계(이전의 단계는 새로운 단계가 시작되면서 **소멸한다**——제16장 참조)를 거치는데, 그 단계들은 그 시기에서 입수할 수 있는 모든 이론적 지식을 포함하고 있는 것이다. 더욱이 그 전 과정은 어린아이가 신호에 정확히 반응하고, 그것을 **정확하게 해석하기 때문에**, 또한 그가 최초의 명료한 감각을 경험하기 이전에 이미 해석의 수단을 소유하고 있기 때문에, 시작될 수 있는 것이다.

이러한 모든 발견은, 개인의 성장과 과학 전체의 발전 모두에서, 매우 밀접히 결합되어 있는 것을 더 이상 분리시키지 않는 새로운 술어(terminology)를 절실히 요구하는 것이다. 그러나 아직도 관찰과 이론 사이의 구분이 지지되고 있다. 그러나 도대체 그 논점은 무엇인가? 과학의 문장이 긴 문장과 짧은 문장으로 분류될 수 있다는 것, 혹은 과학의 진술은 직관적으로 명백한 것과 그렇지 않은 것으로 분류될 수 있다는 것을 부정할 사람은 없을 것이다. 누구도 이러한 구분이 **만들어질 수 있다**는 것을 부정하지 않을 것이다. 그러나 누구도 그것에 큰 비중을 두지 않을 것이고, 심지어 언급조차 하지 않을 것이다. **왜냐하면**

그러한 구분은 오늘날 과학이라는 작업에서는 어떤 결정적인 역할도 하고 있지 못하기 때문이다.(이것은 언제나 그렇지는 않다. 예를 들어 직관적 그럴 듯함[intuitive plausibility]이 한때는 진리에 도달하는 가장 중요한 수단이라고 생각되었다. 그것은 직관이 경험에 의해, 또한 형식적 고찰에 의해서 대치되자 곧 방법론에서 사라졌다.) 과연 경험은 그러한 역할을 하는가? 이미 우리가 살핀 바와 같이 그렇지 못하다. 그럼에도 불구하고 이론과 관찰 사이의 구분이 적절하지 못하다는 추론은 도출되지 않고 있거나, 명백하게 거부되고 있다.[4] 우리는 한 걸음 더 내딛어서 과학에서의 교조주의의 이 마지막 잔재를 포기하자!

다음으로 내가 논의하려는 공약불가능성(incommensurability)은 과학의 합리성에 대한 물음과 밀접히 연관되어 있다. 실제로 공약불가능한 이론들을 **사용하는** 것뿐만 아니라, 과학의 역사 가운데서 발견되는 그러한 이론들이 **현재 존재한다**고 생각하는 것에 대한 극히 일반적인 반론의 하나는, 공약불가능한 이론들이 전통적인 비변증법적인 **논증**의 유용성을 매우 제한할 것이라는 우려에서 비롯된다. 그러므로 몇몇 사람들이 '합리적' 논증의 내용을 구성한다고 주장하는 비판적인 '기준'(critical standards)을 좀 더 상세히 살펴보도록 하자. 특히 상당히 퇴행적인 지식 영역에서 아직도 진지하게 취급되고 있는 포퍼 학파의 기준을 살펴보도록 하자. 이것은 과학에 있어서 법과 질서의 방법론과 아나키즘 사이의 논쟁점에 대한 우리들의 논의의 마지막 단계

---

4 "노이라트는 … [경험적 진술을 다른 것들로부터 구별하는] 규칙을 제시하는 데 실패하고, 따라서 부지불식간에 경험주의를 내동댕이친다." K. R. Popper, *The Logic of Scientific Discovery*, New York and London, 1959, p.97.

를 준비하는 것이 될 것이다.

위의 텍스트에 들어 있는 나의 논증에 대해 어떤 독자들은 포퍼의 '비판적' 합리주의가 내가 기술해 온 발전에 적용할 만큼 충분히 진보적임을 지적할지도 모른다. 이제 비판적 합리주의는 의미 있는 생각이든가, 어떤 상황에도 적용할 수 있는 슬로건의 집합이다.

전자의 경우에는 우리들이 비합리적인 행동을 **발견하고**, 그것을 구체적인 제안의 도움을 받아서 **수정할 수 있도록**, 비판적인 행위(사고, 가창, 극작)를 다른 유형의 행위로부터 분리시키는 일을 가능하게 하는 규칙, 기준, 제약조건을 만들 수 있어야 한다. 포퍼 학파에 의해 옹호되는 합리성의 기준을 만들어 내는 일은 어렵지 않다.

이 기준은 **비판**의 기준이다. 즉, 합리적인 논의는 비판하기 위한 시도이며 어떤 것을 증명하거나 개연적인 것으로 만들기 위한 시도가 아니다. 하나의 견해를 비판으로부터 방어하거나, 혹은 안전하게 하거나, '충분히 근거 있는' 것으로 만들려는 모든 절차는 합리성으로부터 멀어지는 절차이다. 보다 비판되기 쉽도록 만드는 절차는 어떤 것이라도 환영받는다. 더욱이 결점이 발견된 생각은 포기하도록 권고되고, 적절한 반대논증을 제공할 수 없는 한, 강하고 성공적인 비판에도 불구하고 그것을 유지하려는 것은 금지된다. 당신의 관념들을 (그것들에 대한 비판이 가능하도록) 전개시켜 보라. 그것들을 가차 없이 공격해 보라. 그것들을 방어하려고 노력하지 말고 그것들의 약점을 노출시켜라. 이 약점들이 명확하게 드러나는 순간, 그것들을 제거하라 ── 이것이 우리의 비판적 합리주의자들이 제시한 몇 가지의 규칙이다.

이러한 규칙들은 우리가 과학철학, 특히 자연과학의 철학에 눈을 돌려 볼 때 보다 명확하고 상세해진다.

자연과학 내부에서는, 비판은 실험 및 관찰과 연결되어 있다. 한 이론의 내용은 그것과 모순되는 기본진술(basic statement)의 총합이다. 그것은 그것의 잠재적인 반증자(反證者)들의 집합이다. 증대된 내용은 증대된 비판가능성(vulnerability)을 의미한다. 따라서 보다 많은 내용을 담은 이론이 적은 내용의 이론들보다 선호되어야 한다. 내용의 증대는 환영받고, 내용의 축소는 회피되어야 한다. 받아들여진 기초진술과 모순되는 이론은 포기되어야 한다. 임시변통적 가설은 금지된다 등등. 그러나 이러한 종류의 비판적 경험주의의 규칙을 받아들이는 과학은 다음과 같은 방식으로 발전하게 될 것이다.

우리는 플라톤 시대에 있어서 행성(planet)에 관한 문제와 같은 하나의 **문제**(problem)로부터 시작한다. 이러한 문제(그것은 어느 정도 이상화된 형태에서 논의될 것이다)는 단순히 호기심의 결과가 아니라 하나의 **이론적 결과**이다. 그것은 어떤 **기대**가 무너져 버렸다는 사실에서 기인한다. 즉, 한편으로는 별은 신성한 것임에 틀림없다는 것이 분명해 보이고, 따라서 우리는 그것들이 질서정연하고 법칙적인 방식으로 움직이리라고 기대한다. 그러나 이와 달리 우리는 쉽게 식별할 수 있는 어떤 규칙성을 발견할 수 없다. 행성은 모든 의도와 목적에 완전히 어긋나도록 혼돈된 방식으로 움직이고 있다. 이러한 사실이 어떻게 그러한 기대와 그 기대의 근거가 되는 원리와 조화될 수 있는가? 그것은 그 기대가 잘못된 것임을 나타내는 것인가? 아니면 우리가 사실에 대한 분석에 실패한 것인가? 이것이 문제이다.

문제의 요소들이 단순히 **주어진** 것이 아니라는 사실을 이해하는 일이 중요하다. 예를 들어 불규칙성이라는 사실은 또 다른 수고 없이는 입수될 수 없는 것이다. 그것은 정말 건강한 눈과 건전한 정신을 가진 누구라도 발견할 수 있는 것이 아니다. 그것이 우리에게 주목의 대상이 되는 것은 어떤 기대를 통해서인 것이다. 혹은 보다 정확하게 말하자면, 이 불규칙성이라는 사실은 규칙성에 대한 기대가 있고 '규칙적'이라는 것이 무엇을 의미하는지를 규정하는 관념이 있기 때문에 **존재하는** 것이다. 결국 '불규칙성'이라는 말은 우리가 규칙을 갖고 있는 경우에만 의미가 있다. 우리의 사례에서, 규칙성을 규정하는 규칙은 일정한 각속도를 가진 원운동을 주장한다. 항성은 이 규칙과 일치하고, 태양도 우리가 그 항성에 대해 상대적인 궤도를 추적한다면 마찬가지이다. 그렇지만 행성은 직접적으로도 ─ 즉, 지구에 대해서, 간접적으로도 ─ 즉, 항성에 대해서도, 규칙을 따르지 않는다.

(우리들이 지금 검토하고 있는 문제에 있어서 규칙은 명시적으로 정식화되고, 논의될 수 있다. 그렇지만 늘 그런 것은 아니다. 어떤 색을 빨강이라고 인식하는 것은 우리 주변 환경의 구조에 관한 깊이 감추어진 패턴에 의해 가능한 것이고, 이러한 패턴이 더 이상 존재하지 않을 때 인식은 생기지 않는다.)

포퍼주의 교리의 이 부분을 요약해 보자. 연구는 문제로부터 시작된다. 문제는 기대와 기대에 의해 구성된 관찰 사이의 갈등의 소산이다. 이 교리가, 객관적인 사실들이 수동적인 정신에 들어가고, 그곳에 흔적을 남기게 된다는 귀납주의의 교리와는 다르다는 것은 분명하다. 그것은 칸트와 마흐와 푸앵카레와 딩글러(H. Dingler)와 밀(『자유론』)에 의해 준비되었던 생각이다.

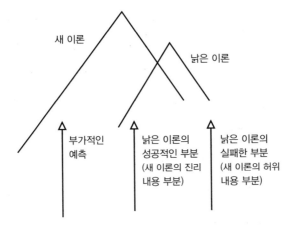

새 이론

낡은 이론

부가적인
예측

낡은 이론의
성공적인 부분
(새 이론의 진리
내용 부분)

낡은 이론의
실패한 부분
(새 이론의 허위
내용 부분)

하나의 문제를 정식화한 다음에, 우리들은 그것을 **해결하려고** 노력한다. 문제를 해결한다는 것은, 적절하고 반증 가능한(대안적 이론의 어느 것보다도 큰 정도로), 그러나 아직 반증되지 않은 이론을 발명하는 것을 의미한다. 위에서 들었던 사례(플라톤 시대에 있어서의 행성)에서 문제는 다음과 같다. 즉, 행성의 현상들을 해결하려는 목적으로 일정한 각속도를 가진 원운동들을 찾아내는 일이다. 그 문제는 에우독소스(Eudoxos)와 폰토스의 헤라클레이데스(Heracleides)에 의해 해결되었다.

다음으로, 문제를 해결하기 위한 시도로서 제안되었던 이론에 대한 **비판**이 따라온다. 성공적인 비판은 이론을 **일거에 완전히** 제거하고, 새로운 문제, 즉 (a) 어째서 그 이론이 지금까지 성공적이었는가, 그리고 (b) 왜 실패하였는가를 설명해야 하는 과제를 낳는다. 이 문제를 해결하고자 노력하는 가운데 우리들은 낡은 이론의 성공적인 귀결들을 재현하면서도 그 시행착오는 거부하며 동시에 이전에는 행해지지 않았던 예측을 행하는 새로운 이론을 필요로 한다. 이것들이 **반박된 이론의 적절한 후속 이론이** 만족시켜야 하는 **형식적 조건의** 몇 가지이다. 이러한 조건을 채용함으로써 우리들은 추측과 반박을 통해서 일반성이 적은 이론으로부터 일반성이 풍부한 이론으로 나아가고, 인간의 지식의 내용을 확장한다.

점점 많은 사실이 **발견되고**(혹은 기대의 도움으로 구성되고), 또 이론들에 의해서 설명된다. 과학자들이 모든 문제를 해결하리라는 것, 또한 반박된 모든 이론을 형식적 조건을 만족시키는 후속 이론으로 대치하리라는 것에 대한 어떠한 보증도 존재하지 않는다. 이론의 발명은 우리들의 재능과 만족스러운 성생활과 같은 다른 우발적인 상황에 의존하고 있다. 그러나 이러한 재능들이 고갈되지 않는 한, 여기서 내건 도식은 비판적 합리주의의 규칙을 만족시키는 지식의 성장에 관한 올바른 설명이다.

한편 이 시점에서 두 가지의 의문이 제기될 수 있다.

1. 비판적 합리주의의 규칙에 따라서 사는 것이 **바람직한** 것일까?

2. 우리들이 알고 있는 과학과 이 규칙 두 가지 모두를 동시에 소유하는 일이 **가능할까?**

나로서는 첫 번째 의문이 두 번째 의문보다도 훨씬 중요하다. 사실 과학을 포함한 답답하고도 너그럽지 못한 제도들이 우리들의 문화에서는 중요한 역할을 맡고 있고, 많은 철학자들(대부분의 철학자는 기회주의자이다)의 관심의 중심을 차지하고 있다. 실제 포퍼 학파의 생각은 방법론적이고, 인식론적인 문제들에 대한 해결을 일반화함으로써 얻어졌던 것이다. 비판적 합리주의는 흄의 문제를 해결하고 아인슈타인의 혁명을 이해하고자 하는 시도로부터 생겨나서 나중에는 정치 문제나 우리들의 사적 생활을 지도하는 데 이르기까지 확장된다(그러므로 포퍼를 실증주의자라고 부른다는 점에서는, 하버마스나 그 밖의 사람들은 정당하다고 생각된다). 그러한 절차는 **강단철학자**를 만족시킬지는 모른다. 왜냐하면 강단철학자는 삶을 그 자신의 기술적 문제라는 안경을 통해 보고, 증오나 사랑, 행복을 그것들이 이러한 문제 속에 나타나는 범위 안에서만 인식하기 때문이다. 그러나 만일 우리들이 **인간의 관심**, 무엇보다도 그들의 자유(굶주림으로부터의, 절망으로부터의, 융통성이 없는 사상체계의 횡포로부터의 자유이고 아카데믹한 '의지로부터의 자유'가 아니다)의 문제를 고찰한다면, 우리들은 생각할 수 있는 최악의 방법으로 나아가고 있는 것이다.

왜냐하면, 우리들이 오늘날 알고 있는 과학, 또는 전통적 철학의 스타일에서 '진리의 탐구'는 하나의 괴물을 만들어 낼 수도 있으며, 그것이 인간을 해치고 인간을 비참하고 차갑고 독선적인 매력도 유머도 없는 기계장치로 바꾸어 놓을 수 있기 때문이다. 키에르케고르는 다음과 같이 질문하고 있다. "자연에 대한 객관적인[혹은 비판적-합리적인] 관찰자로서의 나의 활동이 인간 존재로서의 나의 힘을 약화시키지 않을까?"[5] 나는 이러한 물음에 대한 대답은 틀림없이 긍정적인 것이리라고 추측하며, 과학을 보다 아나키즘적으로, 동시에 보다 주관적인(키에르케고르적 의미에서) 것으로 만드는 일이 긴급히 요구되고 있다고

---

5 S. Kierkegaard *Papirer*, ed. P. A. Heiberg, VII, Pt. I, sec A, No. 182. 밀은 과학적 방법이 어떻게 인간에 관한 이론의 일부로서 이해될 수 있는가를 밝히고자 노력하며, 따라서 키에르케고르가 제기한 의문에 대해 긍정적인 해답을 제시한다. 제4장의 각주 2 참조.

믿는다.

그러나 이것들은 내가 지금 논의하고자 하는 문제가 아니다. 지금 이 에세이에서 나는 두 번째 의문에 나 자신을 한정시키고, 다음과 같이 묻겠다. 즉, 우리들이 오늘날 알고 있는 과학과 방금 묘사된 비판적 합리주의의 규칙을 모두 소유하는 것이 가능할까? 그리고 이 의문에 대한 대답은 단호하고, 동시에 우렁찬 목소리로 **그렇지 않다**(No)라는 것이 되리라고 생각한다.

먼저 우리들은 간단하게나마 다음과 같은 사실을 알게 되었다. 즉 제도, 관념, 실천 등의 실제적 발전은 종종 **문제로부터 시작되는** 것이 아니라, 오히려 어떤 관련 없는 활동, 예를 들어 유희와 같은 것으로 시작되는 것이고, 이것은 그 부차적인 효과로서 미처 깨닫지 못한 문제에 대한 해결이라고 나중에야 해석될 수 있는 발전으로 나아갈 수 있다는 것이다.[6] 이러한 발전은 배제되어야만 하는 것일까? 그리고 만일 배제한다면, 이것은 우리들의 적응적 반응의 빈도와 학습과정의 질을 상당히 저하시키지 않을까?

둘째로, 우리들은 제8장~제14장에서 **엄격한 반증 원리 혹은 라카토스가 칭한 바의 '소박한 반증주의'**[7]가 우리들이 오늘날 알고 있는 과학을 말살하고 또한 과학의 시작조차 결코 허용하지 않는다는 것을

---

6 제1장에 있는 관념과 행위 사이의 관계에 관한 짧막한 논평을 참조할 것. 자세한 것은 "Against Method", *Minnesota Studies*, Vol. 4, 1970의 각주 31ff를 참조.

7 Lakatos, "Falsification and the Methodology of Scientific Research Programmes", *Criticism and the Growth of Knowledge*, Cambridge, 1970, pp.93ff. (여기서는 '소박한 반증주의' 가 '교조적'이라고 불리고 있다.)

이해하였다.

　　내용 증대에 대한 요구도 또한 만족되지 않았다. 포괄적이고 동시에 충분히 잘 확립된 관점을 전복시키고, 그 뒤를 잇는 이론은, 처음에는 사실들의 매우 좁은 영역, 즉 이론을 뒷받침하는 패러다임적 (paradigmatic) 현상에 제한되어 있고, 다른 영역으로는 매우 느리게 확대된다. 이것은 역사적 실례(제8장의 각주 12)를 통해 보여지지만, 또한 일반적인 근거에 기초해서도 타당한 것이다. 즉 새로운 이론을 발전시키고자 시도한다면 우리들은 먼저 증거로부터 **후퇴**하고, 관찰의 문제를 제고해야만 한다(이것은 제11장에서 논의되었다). 물론 나중에 이론은 다른 영역으로 확장되지만 그 확장의 양상이 선행 이론의 내용을 구성하는 요소에 의해 결정되는 일은 거의 드물다. 서서히 등장하는 이론의 개념적인 도구는 **곧 그 자신의 문제**를 정의하기 시작하고 이전의 문제, 사실, 그리고 관찰은 잊혀지든가 혹은 관련 없는 것으로 제쳐 두게 되든가 한다. 이것은 전적으로 자연스러운 발전이고, 또한 전혀 흠잡을 데가 없는 것이다. 어째서 하나의 이데올로기가, 어쨌든 오직 포기된 맥락 속에서만 의미를 가지며 이제는 어리석고 부자연스럽게 보이는 낡은 문제들에 구속되어야만 하는 것일까? 왜 그것은 이런 종류의 문제들을 야기시켰거나 그 해결에 있어서 한 역할을 담당했던 '사실들'까지 **고려해야** 하는 것일까? 어째서 그렇게 하는 대신에 자신의 길을 가고, 자신의 과제를 고안하고, 자신의 '사실들'의 영역을 조합해서는 안 되는 것일까? 결국 포괄적인 이론은 무엇이 존재하는가를 결정하고, 따라서 가능한 사실들과 가능한 문제들의 영역을 확정 짓는 **존재론**을 포함하는 것으로 상정된다. 과학의 발전은 이러한 생각들과 일치한다. 새로운 견해는 새로운 방향을 개척하고, 이전의 사상가들의 마음을 크게 흥분시켰던 낡은 **문제들**(지구를 받치고 있는 토대는 무엇일까? 플로지스톤의 비중은 어느 정도일까? 지구의 절대속도는 얼마일까?)과 낡은 **사실들**(『마녀들의 추골』에 쓰여 있는 대부분의 사실[제8장 각주 2], 부두교의 사실[제4장 각주 8], 플로지스톤의 성질, 혹은 에테르의 성질)에 눈살을 찌푸린다. 그리고 새로운 이론이 선행하는 이론에 주의를 기울이는 경우에 그것은 이미 기술한 방식으로 그것의 사실적인 중핵(factual core)을 적용시키려고 하는데, 그것은 **임시변통적** 가설, **임시변통적** 근사, 용어의 재정의를 통하든가, 그 문제에 대한 보다 상세한 연구가 없어도 그 중핵은 새로운 기본원리로부터 '귀결된다'고 단순히 주장함으로써 행해진다.[8] 새로운 이론은 "명약관화하게 불일치하는 낡은 프로그램에 접목된다."[9]

이러한 모든 절차의 결과로 하나의 재미있는 **인식론적 착각**(epistemological illusion)이 생긴다. 즉 그 이전의 이론들의 **추측된**(imagined) 내용(이것은 이 이론의 기억되는 귀결들과 새롭게 인식된 문제 및 사실의 영역과의 교차이다)은 **줄어들어서** 새로운 이데올로기의 추측된 내용(그것은 이 이데올로기의 실제적 귀결과 **임시변통적** 가설, **임시변통적** 근사, 혹은 영향력 있는 물리학자나 과학철학자의 독단에 의해 그것과 결합된 '사실', 법칙, 원리를 모두 **합친** 것인데, 그것은 본래 선행 이론들에 속한 것이다)보다 작아지는 정도까지 감소할 수 있을 것이다. 낡은

---

8 "아인슈타인의 이론은 … 1916년에 뉴턴의 이론보다 우월했다. 왜냐하면 그것은 뉴턴의 이론이 성공적으로 설명했던 모든 사례를 설명했기 때문이다…." Lakatos, op. cit., p.124.
9 라카토스, 코페르니쿠스와 보어를 논하고 있다. Ibid., p.143.

이론과 새로운 이론을 비교한다면, 경험적 내용의 관계는 다음과 같이 나타날 것이다.

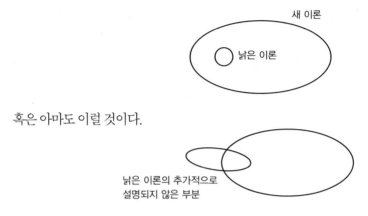

혹은 아마도 이럴 것이다.

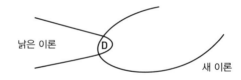

반면에 실제 사실은 훨씬 이런 모양에 가까울 것이다.

영역 D는 아직까지 상기되며 새로운 이론적 틀(framework)에 적합하도록 왜곡된 낡은 이론의 문제들 및 사실들을 표시하고 있다. 내용 증대에 대한 요구가 끊이지 않고 계속되는 것은 바로 이 착각 때문인 것이다.[10]

10 이러한 착각은 로렌츠로부터 아인슈타인으로의 발전에 대한 엘리 자하르(Elie Zahar)의 탁월한 논문의 골자이다. 자하르에 의하면, 아인슈타인은 수성의 근일점에 대한 설명(1915)으로 로렌츠를 대체하였다. 그러나 1915년에는 아무도 라플라스와 푸앵카레가 근사치의 정도

마지막으로, 이제까지 우리는 **임시변통적 가설**에 대한 필요성을 아주 명백하게 살펴보았다. 즉, 임시변통적 가설과 임시변통적 근사는 '사실'과, 미래의 어느 시점에선가 보다 많은 소재를 부가한 후에야 그것들을 설명할 수 있을 것으로 생각되는 새로운 견해의 그러한 부분과의 잠정적인 접촉영역을 만들어 낸다. 그것들은 가능한 피설명항 (explananda)과 설명항(explanatia)을 명확히 나타내고, 따라서 미래의 연구의 방향을 결정한다. 만일 새로운 이론적 틀이 부분적으로 미완성의 것이라면, 그것들은 영구히 유지되어야 할는지도 모른다(이것은 양자이론의 경우에서 일어났는데 양자이론은 그것이 하나의 완전한 이론으로 변화되기 위해서 고전적 개념을 요구한다). 혹은 그것들은, 새로운 이론에 정리(theorem)로서 통합되어, 선행하는 이데올로기의 기본적 용어를 재정의하는 데 이르게 된다(이것은 갈릴레오와 상대성이론의 경우에서 일어났다). **이전 이론이 최상의 것으로서 지배하던 기간에 착상된,** 이전 이론의 진리내용(truth-content)이 후속 이론의 진리에 포함되어야 한다는 요구는 이 두 경우에 모두 위반되고 있다.

로 도달하였던 고전적인 섭동이론에 대한 상대주의적 설명을 제시하는 데 성공하지 못했다. 로렌츠 이론의 분자적 수준에서의 함의들(금속에 관한 전자이론)은 어느 것도 설명되지 못하였지만, 그것은 점차 양자이론에 의해서 대체되었다. 로렌츠는 한 가지 이론에 의해서가 아니라, 적어도 두 가지의 서로 다르고 서로 공약불가능한 프로그램에 의해서 '대체되었다'. 라카토스는 *Commentariolus*로부터 *De Revol*에 이르는 코페르니쿠스의 연구 프로그램의 발전에 대한 그의 탁월한 재구성에서 그 진보적 변화에 대해 주목하였는데, 그것은 단지 그가 동역학적 문제와 광학적 문제를 빠뜨리고 오직 순수하고 단순한 운동학에만 집중하였기 때문이다. 자하르와 라카토스가 모두 그 내용 조건이 여전히 만족되고 있다는 인상을 받는 것은 놀랄 일이 아니다. 나의 짧은 노트 "Zahar on Einstein", *British Journal for the Philosophy of Science*, March 1974와 또한 R. N. Nugaev, "Special Relativity as a Stage in the Development of Quantum Theory", *Historia Scientarium*, No. 34, 1988, pp.57f를 볼 것.

요약해 보자. 우리가 어느 곳을 보더라도, 우리가 어떤 예를 고찰해 보더라도, 우리는 비판적 합리주의의 원리들(반증을 진지하게 행하자, 내용을 증대시키자, 임시변통적 가설을 피하자, '정직하라'-그것이 무엇을 의미하든 간에, 등등)과 **더욱이**(a fortiori) 논리 경험주의의 원리들(정확하라, 이론을 측정으로 뒷받침하라, 애매하고 불완전한 관념을 피하라 등등)은 전체로서의 과학의 과거 발전에 대해서 적절하지 못한 설명을 제시하며, 미래의 과학을 방해하기 십상임을 본다. 과학은 그 방법론적 이미지보다는 훨씬 '엉성하고', '비합리적인' 것이므로, 그것들은 과학에 대한 부적절한 설명을 제시한다고 할 수 있다. 그리고 그것들은 과학을 방해하기 십상인데, 왜냐하면 우리가 이미 살펴본 대로 과학을 좀더 '합리적'으로 좀더 '정확히' 만들려는 시도는 과학을 말살하는 일이 되기 때문이다. 따라서 명백한 역사적인 사실인 과학과 방법론 사이의 차이는 후자의, 그리고 아마도 또한 '이성의 법칙들'의 약점을 드러낸다. 왜냐하면 그러한 법칙과 비교할 때, '엉성함', '혼돈' 또는 '기회주의'(opportunism)로 보이는 것은 우리가 오늘날 자연에 대한 지식의 근본적인 부분들로 인정하는 이론들의 발전에 가장 중요한 기능을 하는 것이기 때문이다. **이러한 '일탈'(deviation), 이러한 '실수'(error)가 진보의 필요조건이다.** 그것들은 우리들이 살고 있는 복잡하고 어려운 세계에서 생존하기 위한 지식을 허용하고, 우리들이 자유롭고 행복한 행위자일 수 있게 한다. '혼돈' 없이는 어떤 지식도 없다. 이성의 빈번한 추방 없이는 진보가 있을 수 없다. 오늘날의 과학의 기초를 이루고 있는 관념은 오직 편견, 자만심, 열정과 같은 것이 있었기 때문에, 그것들이 **이성에 반대했기** 때문에, 그리고 그것들이 제 나름대로 활동하도록 허용되었기 때문에 존재한다. 여기서 우리들은 다음과 같이 결론지어야 한다. 즉, 이성은 과학의 **내부에서조차** 포괄적이도록 허용될 수 없으며, 허용되어서도 안 된다. 또한 이성은 다른 기능들에 도움이 되도록 때때로 파기되고, 제거되어야 한다. 모든 상황 아래서 타당한 단 하나의 규칙, 또 항상 그것에 호소하는 일이 가능한 단 하나의 기능은 존재하지 않는다.[11]

---

11 라카토스의 독창적인 방법론조차도 이러한 폐단에서 벗어나지 못한다. 라카토스는 매우 적게 금했기 때문에 진보적으로 보인다. 그는 여전히 어떤 것을 금하고 있기 때문에 합리적으로 보인다. 그러나 그가 금하는 유일한 것은 '퇴행하는 연구 프로그램', 즉 새로운 예측을 결여하고 있고, 임시변통적인 적응으로 채워지는 연구 프로그램을 진보적이라고 기술하는 것이다. 그는 그것의 사용을 금하지 않는다. 그러나 이것은 그의 기준이 어떤 범죄자가 그것들에 대해서 결코 거짓말을 하지 않는 경우에만, 그가 원하는 만큼 많은 범죄를 저지르도록 허용한다는 것을 의미한다. 자세한 것은 나의 *Philosophical Papers*, Vol. 2, 10장.

부론 1

나의 아나키즘적인 설교를 들은 위그너(E. Wigner) 교수는 다음과 같은 반응을 보였다. "그러나, 당신은 틀림없이 여러 사람들이 써 보낸 원고 모두를 읽지는 않았을 것이다. 쓰레기통으로 직행된 것이 대부분이겠지." 나는 대부분의 경우에 그렇게 하고 있다. '무엇이라도 좋다'는 것은 쓰여진 논문 모두를 하나하나 읽겠다는 말이 아니다 ── 당치도 않다 ── 그것은 극히 개인적인 나의 특유한 방식으로 선택하겠다는 말이다. 그 한 이유는, 내 흥미를 끌지 않는 것을 읽는 것이 싫기 때문이고 ── 내 흥미는 매주 또 매일 변한다 ── 또 하나는 인류는 말할 것도 없이 과학조차도, 인간 한 사람 한 사람이 자신들의 일을 행하는 것에서 덕을 본다고 내가 확신하고 있기 때문이다. 어떤 물리학자는 수정과 같이 명료한 논고보다도, 엉성하고 이해할 수 없는 부분도 있는 논문을 선호할 것이다. 왜냐하면, 그것이 자기 자신의 아직 정리되지 않은 연구의 자연스러운 연장이라고 믿기 때문이다. 또한, 그 물리학자가 아직 완성되지 않은 미숙한 것은 결코 읽지 않겠다고 맹세한 경쟁상대보다도 훨씬 먼저 분명하게 자신의 일을 완수할 수도 있다 (코펜하겐 학파의 자랑거리 중 하나는 때 이른 정확성을 회피하는 능력이었다). 그는 자신의 중요한 성과로 간주하고 있는 것에 대한 논쟁에서, 이야기가 옆길로 빠지는 것을 막기 위해서 사용하고자 하는 원리에 대한 가장 완벽한 증거를 찾으려고 할 수 있다. 물론 비가 오나 눈이 오나 똑같은 방식으로 집에 온 우편물을 분류하여, 타인의 선택원리를 그대로 모방하는 소위 '사상가'라고 일컬어지는 사람들도 있다. ──그러나 우리들은 그러한 사람들이 보여 주는 일관성 때문에 그들을 존경하지는 않을 것이고, 더군다나 그들의 행동이 '합리적'이라고는 결코 생각하지 않을 것이다. 과학은 적응력 있고 재능 있는 사람을 필요로 하지, '기존의' 행동양식을 엄격하게 모방하는 사람을 필요로 하는 것이 아니다.

국가과학기금(NSF)과 같은 연구기관과 연구조직의 경우도 마찬가지다. 조직의 특징이나 효율성은 그 구성원에 달려 있고, 조직은 그 구성원이 가진 정신적, 정서적 기민성에 따라 진보한다. 프록터 앤드 겜블사(社)에서조차 이제는 예스맨들이, 비통상적인 사고방식이나 의견을 가진 사람들보다 그 잠재적 경쟁력에서 뒤처진다는 것이 이해되고 있고, 기업은 최고의 비타협주의자들을 자신의 기구에 받아들이기 위한 길을 모색해 왔다. 기금재단 등에서는 자금을 정당하고도 합리적인 방법으로 분배하고자 하지만, 거기서 특수한 문제가 발생한다. 이러한 경우, 정당한 분배란 응모자가 누구인가에 따라서 달라지는 일이 없는 판단기준에 의거하고, 또 그 원조를 받게 될 분야의 학문적인 상황을 잘 반영하는 기준에 의거하여 행하는 분배일 것이다. 그러한 요구는 **보편적인 '합리성의 기준'**이 없더라도 임시변통적인 방식에 의해서 만족될 수 있다. 자유로운 인간의 결사는 어느 것이든, 그 구성원의 환상을 존중하고 그것에 제도적인 뒷받침을 제공해야 한다. **합리성의 환상**은, 과학적 제도가 정치적인 요구에 반발하는 경우에 특히 강해진다. 그러한 경우, 한 부류의 기준은 다른 부류의 기준에 대항하는 형태로 설정된다 — 그리고 이것은 매우 정당하다. 각 조직이나 정당, 종교단체는 자신의 특유한 삶의 양식과 그것이 포함하는 모든 기준들을 옹호할 권리를 갖는다. 그러나 **과학자들은 거기에 그치지 않는다.** 그들 이전에 유일한 **참된 종교**의 옹호자들이 그랬던 것처럼, 과학자들은 그들의 기준이, 진리에 도달하고 **결과들**을 얻기 위해서 **본질적인 것**이라고 주장한다. 그리고 정치가의 요구에 대해서는 그러한 권위를 인정하지 않는다. 과학자는 특히 정치적인 간섭에 반대하여, 이구동성으로 청중이나 독자에게 저 리젠코 사건의 참혹한 결과를 상기하도록 독려한다.

한편, 우리들이 본 바에 의하면, 과거에도 항상 성공으로 인도했고, 또 앞으로도 항상 성공으로 이끌어 갈 단 하나의 기준의 집합이 있다는 신념은 괴물에 불과하다. 과학의 **이론적 권위**는 보통 생각하는 것보다 훨씬 작다. 이에 반해, 과학이 지닌 사회적 권위는 지금에 와서는 너무 강력하기 때문에, **균형 잡힌 발전을 유지하기 위해서는 정치적인 간섭이 필요하다.** 그러한 간섭의 **효과**를 판단하기 위해서는 몇 가지 분석되지 않은 사례를 연구해야 한다. 과학을 그대로 내버려 두었을 때 지독한 실수를 저질렀던 사례를 상기해야 하고, 정치적인 간섭이 상황을 개선시켰던 사례를 잊어서도 안 된다.[1] 그러한 증거들이 균형 있게 제시된다면, 이제는 매우 관례화된 국가와 교회의 분리에, 국가와 과학의 분리를 더하는 것이 이미 때늦은 것이라는 확신마저 생길 수 있다. 과학은 환경에 대응하기 위해서 인류가 만들어 낸 많은 도구 중의 하나에 불과하다. 과학은 결코 유일한 것이 아니다. 과학은 결코 절대 확실한 것이 아니다. 과학은 혼자 내버려 두기에는 너무 강력하고, 너무 추진력이 강하고, 너무 위험한 것이다. 이제 합리론자들이 그들의 방법론의 도움으로 실현시키고자 하는 **실제적인 목적**에 대해서 한마디 하겠다.

합리론자들은 지적인 오염을 염려하고 있다. 그것을 염려하기는 나도 마찬가지이다. 교양 없고 어리석음으로 가득 찬 책들이 시장에 넘치고 있다. 기묘하고 비전적인 용어들로 가득 찬 공허한 말들이 심오한 통찰을 표현한다고 자칭한다. 머리도 좋지 않고, 개성도 없고, 지적·형식적·정서적 기질이라곤 조금도 갖지 못한 '전문가'들이, 우리들이 갖추어야 할 '조건'에 대해 말하고, 그것을 개선하는 방법에 대해 말한다. 그들은, 그들을 간파할 수 있는 **우리들**에게만 설교하는 것이 아니라, 우리들의 아이들마저도 마음대로 건드려서 우리의 아이들을 그들 자신의 지적인 불결함으로 끌어내리는 일까지 하고 있다.[2] 평점과 낙제의 공포를 이용하는 '교사'들은 젊은이의 두뇌를 어떤 틀 속에 집어넣어서 이전에는 갖고 있었을지도 모를 상상력을 완전무결하

---

1 한 예가 제4장의 각주 9~12에 대한 본문에서 논의되었다.
2 Peter Huber의 *Galileo's Revenge*, New York, 1991에서 밝혀진 대로, 이제는 법률조차도 이러한 경향을 지지하는 것으로 보인다.

게 파괴해 버린다. 이것은 매우 참담한 상황이고, 쉽사리 치유될 수 없는 상황이다. 이러한 상황 속에서 합리주의적 방법론이 어떤 도움을 줄는지 나는 알 수 없다. 내가 생각하는 한, 가장 우선되어야 하고 가장 시급한 문제는 '직업적인 교육자'들의 손에서 교육을 빼앗는 것이다. 평점, 경쟁, 정기적인 시험 등에 의한 속박은 제거되어야 하고, 학습과정과 어떤 특정한 직업을 위한 준비는 분리되어야 한다. 나는 사업이나 종교, 혹은 과학이나 매춘과 같은 특수한 직업은, 그것들에 종사하는 사람들이나 실천가들에 대해서 그들이 중요하게 생각하는 기준을 준수할 것을 요구할 권리를 가지며, 그들의 능력을 확인시킬 것을 요구할 권리도 갖는다는 것을 당연하게 생각한다. 또한 남성이나 여성에게 그들에게 해당되는 '시험'에 대해 준비시키는 특수한 교육이 필요하다는 것도 인정한다. 그러나 이 경우에 가르쳐지는 기준이란, 어떤 의미에서도, 보통 제시되는 바와 같이 '합리적'이거나 '합당한' 것이어야 할 필요가 없다. 그러한 기준은, 과학과, 대기업, 또는 하나뿐인 참된 종교로서, 어떤 사람이 가입하고 싶어 하는 단체에 의해서 받아들여지는 것으로 족하다. 결국, 민주주의에서는 사람들이 귀를 기울이거나 혹은 표현한다는 점에서 '이성'은 '비이성'과 같은 정도의 권리밖에 갖지 못한다. 특히 어떤 사람에게 '이성'인 것이 다른 사람에게서는 광기가 된다는 사실에 비추어 보면, 그것은 확실하다. 그러나 어떠한 일이 있어도, 피해야 할 것이 하나 있다. 특정한 문제와 특정한 직업을 규정하는 특정한 기준이 일반교육 속에 침투하는 것은 허용되지 말아야 하고, 더욱이 그것이 '교육을 잘 받은 인간'을 정의하는 속성이 되어서는 안 된다. 일반교육은 한 시민이 여러 기준들 중에서 어떤 것을 선택할 수 있도록 준비시켜야 하고, 다양한 기준들을 수행하는 집단들을 포함하는 사회 속에서 자신의 길을 찾을 수 있도록 준비시켜야 한다. 그러나 그것은 그들의 마음을 속박하여 **어떤 특정한 집단의 기준에 맞도록 만드는 조건 아래 있게 해서는 안 된다. 여러 기준들이 고려되고, 논의되어야 할 것이다.** 어린이들을 보다 중요하다고 생각되는 과목에 숙달되도록 권장하는 것은 좋을 것이다. 그러나 그것은 단지 **어떤 게임에 숙달되는 것과 같은 것**이지, 그것에만 완전히 매달리게 되거나, 그 이외의 게임을 할 수 있는 능력을 어린이의 마음으로부터 **빼앗아 버리는** 일이 되어서는 안 된다. 이러한 방식으로 준비된 젊은이는 그의 나머지 인생을 어떤 특정한 직업에 바칠 것을 결정할 수 있고, 그것을 바로 정면으로 대처해 나가기 시작할 수 있을 것이다. 이러한 '수행'(commitment)은 **미리 결정된 결론**이 아니라, 선택의 여지에 대한 충분한 지식에 근거한 신중한 결정의 결과가 될 것이다.

물론, 이러한 것이 의미하는 바는, 우리들은 과학자가 교육을 담당하는 일을 중지시켜야 하고, 오늘날의 신화가 무엇이든 간에, 그것을 '사실'이나 '유일하고 참된 방법'이라고 가르치는 일을 중지시켜야 한다는 것이다. 과학에 찬성하고, 과학의 규범에 따라 일하고자 하는 결심은, 검토와 선택의 결과이어야만 하고, 그렇게 되도록 어린이들을 교육시키는 특정한 방법의 결과여서는 **안 된다.**

교육에 있어서의 이러한 변화, 그리고 그 결과로서 생기는 관점의 변화는, 합리주의자들이 개탄하는 지적 오염의 상당 부분을 제거해 주리라고 생각된다. 관점의 변화는, 우리들을 둘러싼 세계를 질서화하는 방법이 무수히 많으며, 어떤 일련의 기준들의 증오할 만한 강제도 다른 종류의 기준을 자유롭게 수용함으로써 타파될 수 있고, 따라서 모든 질서를 거부할 필요도 없으며, 투덜대는 의식의 흐름에 자신을 빠뜨릴 필요도 없다는 것을 분명히 해줄 것이다. 잘 규정되고 제약적인 일련의 규칙에 기초하여, 인간됨과 그러한 규칙에 따름이 동의어가 되는 사회에서는, 그 규칙의 반대자는, 규칙이 전혀 없는 무인지대로 내몰리고, 그 결과 그의 이성과 그의 인간성은 유린당한다. 현대적 비합리주의의 주창자들이 합리주의와 질서와 명료한 언사를 슬며시 동일시한 결과, 자신은 말을 더듬고 바보스럽게 행동하도록 강요당하기에 이르게 된다는 것은, 현대 비합리주의의 역설이다. ― 많은 형태의 '신비주의'나 '실존주의'는 멸시받는 이데올로기의 어떤 원리와 확고하지만 아직 실현되지 않은 수행 없이는 불가능한 것이 된다.(시[詩]란 다채롭게 표현된 정서에 불과하다는 '이론'을 상기해 보면 안다.) 원리를 제거하고 여러 가지 삶의 양식의 가능성을 인정하자. 그러면 그러한 현상은 하나의 악몽같이 사라질 것이다.

지금까지의 진단과 처방은 라카토스의 그것과 일치한다. 라카토스는 지나치게 경직된 합리성의 원리를, 몇 가지 버전의 비합리주의의 원천과 동일시하고, 우리들에게 새롭고 보다 자유로운 기준을 채용할 것을 권고하였다. 나는 지나치게 경직된 합리성의 원리뿐만 아니라, '이성'에 대한 일반적 존중을 몇 가지 형태의 신비주의와 비합리주의의 원천과 동일시하였다. 그리고 나도 역시 보다 자유로운 기준을 채용할 것을 권고한다. 그러나 라카토스의 '위대한 과학에 대한 존중'[3]이

---

3 Lakatos, "History of Science and its Rational Reconstruction", p.113.

그로 하여금 '지난 2세기 동안의'[4] 근대과학에 한정되는 기준을 찾게 하는 데 반해, 나는 과학을, 그것이 많은 장점과 많은 결함을 동시에 가진 지식의 한 형태이고, 흥미로운 것이기는 하지만 그것밖에 없는 유일한 지식의 형태는 아니라는 본래의 지위로 되돌려 놓을 것을 권장하고 있다. "과학은 전체적으로 본다면 유해한 것이지만, 그래도 그것에서 배울 만한 것이 있다."[5] 또한 나는, 규칙을 강화함으로써 협잡꾼들을 가두어 놓을 수 있다고도 믿지 않는다.

협잡꾼들은 어느 시대에도, 가장 강력하고 치밀하게 수행되는 직업에서도 존재해 왔다. 라카토스가 들었던 몇 가지 예들은[6], 그러한 문제가, 통제가 너무 약했기 때문이 아니라 너무 강했기 때문에 생겼음을 보여 주는 것으로 보인다.[7] 이 점은 새로운 '혁명가들'이나 그들의 대학 '개혁'의 경우에 특히 꼭 들어맞는다. 그들의 잘못은 그들이 청교도라는 데 있는 것이지, 그들이 자유사상가라는 데 있는 것이 아니다.[8] 더구나, 겁쟁이가 자유사상가보다도 더 쉽게 그 지적인 분위기를 개선할 것이라고 누가 기대할 것인가? (아인슈타인은 이 문제를 간파하고, 연구와 직업을 결부시키지 말라고 충고하고 있다. 연구는 언제나 직업이 부과

---

4 Ibid., p.111.

5 Gottfried Benn이 Gert Micha Simon에게 보낸 1949년 10월 11일자 편지, G. Benn, *Lyrik and Prosa, Brief und Dokumente*, Wiesbaden, 1962, p.235에서의 인용.

6 Lakatos, "Falsification and the Methodology of Scientific Research Programmes", p.176, 각주 1.

7 "History of Science and its Rational Reconstruction"에서의 '허위 의식'에 관한 언급도 참조할 것. pp.94, 108ff.

8 더 오래된 예는, *Born-Einstein Letters*, New York, 1971, p.150 참조.

할 수 있는 압력으로부터 자유로워야만 한다.[9]) 더욱 잊어서는 안 될 것은, 자유로운 방법론이 공허한 말이나 엉터리 같은 사고(어떤 관점에서는 '엉터리'라도, 다른 관점에서는 그렇지 않을 수도 있다)를 **실제**로 조장하는 드문 경우는 그 책임이 있는 자유주의가 또한 자유롭고 인간다운 삶의 전제 조건이라는 의미에서 불가피할 수 있다.

마지막으로 되풀이하지만, 생각건대 과학에 대한 광신적인 호교론(護敎論)은, 지적 오염의 문제보다도 훨씬 중대한 문제이다. 과학의 광신적인 호교론이야말로 지적 오염의 최대 원인의 하나라고 말할 수도 있다. 과학자들은 자신들이 과학적 방법의 규칙이라고 생각하는 것에 맞추어 자신이 즐기는 일을 해 나가는 것에만 만족하지 않는다. 그들은 이 규칙을 보편화하고자 한다. 그들은 그 규칙이 사회의 보편적인 일부가 되기를 바라고, 자신의 목적을 달성하기 위해서 모든 방법 — 논증, 선전, 강압적인 전략, 협박, 회유 등 — 을 제멋대로 사용한다. 중국 공산당은 그러한 과학의 광신적인 호교론에 내재된 위험을 깨닫고, 그것을 제거하려고 하였다. 그 과정 속에서 그들은 중국인의 지적, 정서적인 유산의 중요한 부분을 부흥시켰고, 또한 의술도 개선시켰다.[10] 다른 나라 정부도 이것을 본받으면 유익할 것이다.

---

9 Ibid., pp.105ff.
10 이 책의 제4장 각주 9~12에 해당하는 본문을 참조.

제16장

마지막으로, 대부분의 방법론의 배경을 이루는 것과 같은 종류의 비교는 좀 더 단순한 경우에서만 가능하다. 이것은 우리들이 비과학적인 견해를 과학과 비교할 때, 또는 과학 자체의 가장 진보되고, 가장 일반적이며, 따라서 가장 신화적인 부분들을 고찰할 때 일어난다.

나는 워프에 의해서 명백하고도 우아하게 정식화된(베이컨에 의해서도 예상되었던) 다음과 같은 견해에 크게 공감한다. 즉, 언어와 언어가 포함하는 반응 패턴들은 사건(사실, 사태)들을 기술하는 도구일 뿐만 아니라, 사건(사실, 사태)들의 **형성자**(shaper)이기도 하며,[1] 언어의 '문법'은 우주론, 포괄적인 세계관, 사회관, 사고와 행위와 지각에 영향

---

1 워프(Benjamin Whorff)에 의하면 "각 언어의 배경을 이루는 언어학적 체계(다른 말로 하자면, 문법)는 단지 생각을 표현하기 위한 재생적 체계가 아니라, 오히려 그 자체가 생각을 형성하는 것이고, 개인의 정신적 활동을 위한, 인상 분석을 위한, 교환되는 정신적 축적물의 종합을 위한 프로그램이며, 지침이다." *Language, Thought and Reality*, MIT Press, 1956, p.121. 또한 이 책의 부록 2를 보라.

을 미치는 인간의 상황²에 대한 견해도 함유하고 있다는 것이다.³ 워프에 의하면, 언어의 우주론은 낱말의 명시적인 용법에 의해 표현되기도 하지만, 그것은 "명시적인 표식 없이 …결합유대(linkage bond)라는 눈에 보이지 않는 '중앙교환소'를 통해서, 집합을 표시하는 다른 낱말들을 결정하도록 작용하는 분류에 의존하고 있다."⁴ 따라서 "소년, 소녀, 아버지, 부인, 아저씨, 여자, 여성 등과 같은 성칭(性稱) 명사들은 George, Fred, Mary, Charlie, Isabel, Isadore, Jane, John, Alice, Aloysius, Esther, Lester와 같은 수천 개의 이름들을 포함하는데, 그것들은 쓰여지는 과정 속에서 라틴어의 *-us*나 *-a*와 같은 성(性)을 구별하는 표식을 전혀 가지고 있지 않다. 그럼에도 불구하고, 이 수천 개의 낱말들 하나하나는 각각의 절대적 정확성을 가지고 '그'(he) 또는 '그녀'(she)라는 낱말과 연결되는 불변의 결합유대를 갖는다. 그러나 이 결합유대는 대화의 특수한 상황이 그것을 요구하지 않는 한, 명시적인 모습을 나타내지 않는다."⁵

비명시적 분류들(그것들은 은밀한 본성을 갖기 때문에 "이해되기보다는 감지된다 ── 그것들에 대한 인식은 직관적 성격을 갖는다."⁶ ── "그것

---

2 하나의 예로 워프의 호피(Hopi) 형이상학에 대한 분석을 참조할 것. Ibid., pp.57ff.

3 "현저하게 서로 다른 문법의 사용자들은 그 문법에 의해 다른 유형의 관찰을 갖게 된다…." Ibid., p.221.

4 Ibid., p.69.

5 Ibid., p.68.

6 Ibid., p.70. '음소' 조차도 "그 합의의 일부로서 명확한 의미론상의 의무를 지니고 있다. 영어에서는 음소 ð [thorn](th의 유성음)은 처음에는 지시 불변화사(the, this, there, than 등)의 비밀유형(cryptotype)[어떤 중요한 이분법과도 연결되지 않은 비명시적 분류]에서만 나타난다. 그러므로 thig, thay, thob, thuzzle 등과 같이 지시적인 의미를 갖지 않는 새롭거나 가상적인 말에서는 th의 유성음을 받아들이기를 거부하는 심리적 압박이 존재한다. 새로운 낱말(예를 들어 thob)을

들은 명시적 분류보다 합리적인 경향이 훨씬 강하다."[7] 그리고 그것들은 매우 '감지하기 어렵고', '어떤 고상한 이분법과도' 연관되지 않을 수 있다[8])은 '대폭적으로 차이 나는 관점들에 대해서 패턴화된 저항'[9]을 낳는다. 이 저항이 저항의 대상이 되는 대안들의 진리성에만 반대하는 것이 아니라, 어떤 대안이 제출되어 있는 가정에도 반대하는 경우, 우리들은 공약불가능성의 사례를 갖게 된다.

또한 나는 아리스토텔레스의 운동이론, 상대성이론, 양자론, 고전적 우주론과 근대적 우주론과 같은 과학이론들이 자연적 언어들과 똑같은 방식으로 고찰할 수 있을 만큼 일반적이고, '심오하며', 충분히 복잡한 방식으로 발전하였다고 믿는다. 물리학이나 천문학에 있어서 새로운 시대로의 이행을 준비하는 논의들은 정통적 관념의 명시적인 특징들에만 국한될 수 없다. 이 논의들은 종종 숨겨진 관념들을 드러

어떤 곳에서 대할 때, 우리들은 그것에 'think'의 th 무성음 θ를 '본능적으로' 주게 될 것이다. 그러나 그것은 '본능'에 의한 것이 아니다. 그것은 우리들이 오래전부터 익숙한 언어학적 합의에 의한 것이다."(p.76, 강조는 인용자)

7 Ibid., p.80. 이 대목은 다음으로 이어진다. "… 어떤 명시적인 특징에 의해 표시되는, 형식적인 것으로서 의미는 거의 갖지 않는 언어 그룹이 우연히 그 병행현상의 합리화를 시사하는 방식으로 현상의 어떤 연쇄와 대체로 일치한다는 일이 있을 수는 있다. 음운의 변화를 통해서, 식별하는 표시는 굴절어미나 다른 어떤 것을 잃어버리고, 분류는 형식적인 것에서 의미론적인 것으로 이행한다. 반응방식이 이제는 그것을 하나의 류(類)로서 식별하고, 그 관념이 그 류를 통일한다. 시간이 흐르고 계속 사용됨에 따라, 그것은 합리화의 원리를 중심으로 점차 조직화되고, 의미론적으로 적절한 낱말을 끌어당기는 동시에 의미론적으로 부적절하게 된 이전의 구성요소를 잃어버리게 된다. 이제는 논리가 그것을 통합시키는 것이다." 또한 제11장의 각주 14의 본문에서 묘사된 밀의 교육적인 발달에 관한 설명도 참조할 것.

8 Whorff, op. cit., p.70. 이러한 포착하기 힘든 분류는 워프에 의해 '비밀유형'이라고 불린다. 비밀유형이란 "어떤 현실적인 낱말에도 대응하지 않지만, 그러나 언어학적 분석에 의해 문법에서는 기능상 매우 중요하다는 것이 밝혀진 숨겨지고, 포착하기 힘들고, 알기 힘든 의미"이다.

9 Ibid., p.247.

내고, 그것들을 다른 종류의 관념들로 대치하며, 명시적 분류와 비명시적 분류 모두를 변화시킨다. 탑의 논증에 대한 분석은 아리스토텔레스의 공간이론에 대한 보다 명료한 정식화를 가져왔고, 임페투스(대상 안에 내재한 절대적 크기)와 모멘텀(이것은 선택된 준거계에 의존한다) 사이의 차이를 드러내었다. 동시성에 대한 아인슈타인의 분석은, 알려지지 않은 채 공간과 시간에 관한 모든 논의에 영향을 끼쳐 온 뉴턴적 우주론의 몇몇 특징들을 드러내 주었다. 한편 이에 덧붙여, 닐스 보어는 물리적 세계가 관찰자로부터 완전히 독립해 있다고는 간주될 수 없음을 발견하였고, 고전물리학의 일부를 형성하였던 독립성의 관념에 동의하였다. 우리들은 이러한 사례들에 주목함으로써, 과학적 논증이 실제로 '패턴화된 저항'에 종속될 수 있음을 깨닫게 되며, 공약불가능성이 이론들 사이에서도 생길 수 있다는 것을 예상하게 된다.

(공약불가능성은 비명시적 분류들에 의존해 있고 주요한 개념적 변화들을 포함하기 때문에, 공약불가능성에 대한 명확한 정의는 거의 불가능하다. 또한 관례적인 '재구성'으로는 공약불가능성을 부각시키는 데 성공하지 못할 것이다. 공약불가능성의 현상은 다양한 여러 사례들을 제시함으로써 보여져야 하고, 그럼으로써 독자를 그 현상으로 인도해야 한다. 그때 독자는 그 현상에 대해서 스스로 판단해야 한다. 이것이 이 장에서 채용되는 방법이 될 것이다.)

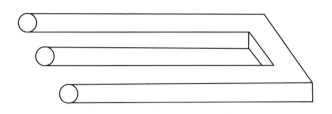

　　공약불가능성의 흥미로운 사례들은 이미 **지각**의 영역에서 나타난
다. 적절한 자극, 그러나 상이한 분류체계(상이한 '심적 태도')가 주어지
면, 우리의 지각장치는 쉽사리 비교될 수 없는 지각대상들을 산출할
수 있다.[10] 직접적인 판단은 불가능하다. 우리들은 그 두 가지 대상들을
우리들의 **기억** 속에서는 비교할 수도 있겠지만, **같은 그림**에 주목하는
동안에는 그렇게 할 수 없다.

　　위의 첫 번째 그림은 한 걸음 더 나아간다. 그것은 단지 다른 지각
대상을 **부정하는** —— 그럼으로써 기본적 카테고리를 유지하는 —— 것이
아니라, 어떠한 지각대상도 형성하지 못하도록 방해하는 지각대상을
만들어 낸다. (가운데 있는 원주가, 둘로 갈라진 자극의 안쪽에 접근함에
따라 점차 사라지는 것에 주목하라.) 여기서는 기억조차도 대안적인 것
들을 충분히 볼 수 있게 해주지 못한다.

10 "내성법(內省法)의 대가, 케네스 클라크(Kenneth Clark)는 최근 착각을 막아 보려는 시도에
　　서 그조차도 실패하고 만 모습을 아주 생생하게 묘사하였다. 그는, 위대한 벨라스케스의 그림
　　을 응시하면서, 캔버스 위의 붓 자국이나 물감 자국이 그가 뒤로 물러섬에 따라 변형된 실재
　　의 모양으로 변해 갈 때, 무슨 일이 일어났는가를 관찰하고자 한다. 그러나 뒤로 갔다 앞으로
　　갔다 해보았지만, 그는 결코 동시에 두 가지 모양을 볼 수 없었다…." E. Gombrich, *Art and
　　Illusion*, Princeton, 1956, p.6.

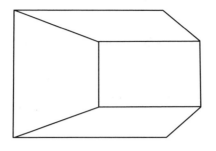

원근법을 약간이라도 사용한 그림들은 모두 이러한 현상을 나타
낸다. 즉, 우리들은 선이 그어져 있는 종이조각에 주목하겠다고 마음
먹을 수도 있다.——그러나 그때는 3차원의 패턴이 전혀 존재하지 않
는다. 이와는 달리, 우리들은 이 패턴의 특성을 조사하려고 마음먹을
수도 있다. 그러나 그때는 이미 종이의 표면이 사라지거나, 아니면 착
각이라고 부를 수밖에 없는 것에 통합된다. 그 두 경우들 사이의 이
행을 '포착할' 방법은 없다.[11] 이 모든 경우들에 있어서 지각된 심상
(image)은 약물이나 최면이나 세뇌의 도움이 없이도 마음대로 바꿀
수 있는 '심적 태도'에 의존한다. 그러나 심적 태도는 질병에 의해서,
사람이 어떤 문화 속에서 양육됨으로써, 또는 우리가 통제할 수 없는
생리학적 결정요인들 때문에 굳어질 수도 있다. (모든 언어의 변화에 지
각적인 변화가 수반되는 것은 아니다.) 다른 인종들 또는 다른 문화적 배

---

11 R. L. Gregory, *The Intelligent Eye*, London, 1970, Chapter 2 참조. 또한 Plato, *Sophistes*,
235b8ff에서의 아이콘(eikon)과 환상(phantasma)의 구별도 참조할 것. "실제적으로 '~이다'
가 아니라, '~처럼 보이다' 또는 '~같다'라는 것,⋯ 이 모든 표현들은 언제나 난관에 부딪혀
왔고, 지금도 여전히 그렇다." 플라톤은 거대한 크기의 상(像)이 적절한 비율을 갖는 것처럼
보이도록 상이 도입되는 왜곡에 대해 말하고 있다. 이러한 경우에, "나는 착각을 이용하면서
도 동시에 그것을 응시할 수는 없다"라고 곰브리치는 말하고 있다. op. cit., p.6.

경을 가진 사람들에 대한 우리들의 태도는 종종 두 번째 종류의 '굳어진' 태도에 의존한다. 즉, 얼굴들을 표준적 방식으로 '읽는 법'을 배움으로써 우리들은 표준적 판단을 내리며, 따라서 잘못을 범하게 된다.

공약불가능성으로 인도되는, 생리학적으로 결정된 심적 태도의 흥미로운 예는, **인간지각의 발전**(development of human perception)이다. 피아제와 그의 학파[12]가 시사한 바와 같이, 어린아이의 지각은 비교적 안정되고 성숙한 형태에 도달하기까지 여러 단계를 거친다. 어떤 단계에서는 대상들은 잔상(after-image)들과 매우 유사하게 움직이는 것으로 보이며, 또 그렇게 취급된다. 어린아이는 대상이 사라질 때까지 그것을 눈으로 쫓는다. 그는, 그 대상을 재발견하는 데 극히 작은 육체적 (또는 지적) 노력, 게다가 자신이 할 수 있는 적은 노력만이 요구된다고 하더라도, 전혀 그렇게 하려고 시도하지 않는다. 찾아보려는 기미조차도 보이지 않는다. ── 그리고 개념적으로 말해서 이것은 아주 적절하다. 왜냐하면 잔상을 '조사하려고' 하는 것은 참으로 의미없는 일이기 때문이다. 그 '개념'은 그러한 조작을 제공하지 않는다.

개념이나 지각적 심상이나, 물질적 대상의 출현은 그 상황을 매우 극적으로 변화시킨다. 행동적 패턴의 극적인 방향전환이 발생한다. 따라서 사고에 대해서도 똑같은 변화가 일어나리라고 추측할 수 있다. 잔상이나 그것과 거의 유사한 어떤 것들이 여전히 존재한다. 그러나 이제 그것들을 발견하기는 어렵고, 특수한 방법들에 의해서만 발견될

---

12 J. Piaget, *The Construction of Reality in the Child*, New York, 1945, pp.5ff.

수 있다. (그러므로 이전의 시각적 세계는 문자 그대로 **사라진다.**)[13] 그러한 방법들은 새로운 개념적 도식으로부터 생기고(잔상은 **인간들에게** 생기는 것이지, 물리적 세계의 일부가 아니다), 그것들은 이전 단계의 것과 똑같은 현상으로 되돌아갈 수 없다. (그러므로 이러한 현상들은 '사이비 잔상'과 같은 다른 이름으로 불리어야 한다. ―― 이것은 예컨대 뉴턴역학으로부터 특수상대성으로의 이행에 대한 매우 흥미로운 지각적 유추이다.) 잔상과 사이비 잔상은 둘 다 새로운 세계에 있어서 특별한 지위를 갖지 않는다. 예컨대, 그것들은 물질적 대상의 새로운 개념이 의존한다고 생각되는 **증거로서** 취급되지 않는다. 또한 그것들은 이러한 개념을 **설명**하는 데 사용될 수도 없다. 즉, 잔상은 물질적 대상의 개념과 더불어 **일어나고** 그것에 의존하며, 아직 물질적 대상들을 인식하지 못한 사람들의 정신에는 주어질 수 없는 것이다. 또한 사이비 잔상은 그러한 인식이 생김과 동시에 **사라진다.** 지각적 지평은 사이비 잔상을 포함하여 어떠한 잔상도 함유하지 않는다. 각 단계들은 일종의 관찰적 '기초'를 갖는데, 그것에는 특별한 주의가 기울여지고 수많은 시사점들이 그것으로부터 나온다는 것이 인정되어야 한다. 그렇지만, 이 기초는 (a) 각 단계마다 **변하며,** (b) 주어진 단계의 개념적 장치의 **일부**이지, 몇몇 경험주의자들이 설득하듯이 해석의 유일한 원천은 아니다.

 이러한 발전들을 고찰한다면, 우리들은 '물질적 대상'을 중심으로

---

13 이것은 새로운 지각세계를 획득하는 것의 일반적인 특징으로 생각된다. "오래된 표상은 대부분 개량되기보다 오히려 억제된다"라고, 스트래턴은 그의 획기적인 에세이 "Vision without Inversion of the Retinal Images", *The Psychological Review*, IV, 1897, p.471에서 말하고 있다.

형성된 개념군과 '사이비 잔상'을 중심으로 한 개념군은, 정확히 지금 논의되고 있는 의미에 있어서, 공약불가능하다고 생각할 수 있다. 왜 냐하면 이 개념군들은 동시에 사용될 수도 없고, 그것들 사이에 어떤 논리적이고 지각적인 연관도 성립될 수 없기 때문이다.

이러한 종류의 개념적, 지각적 변화가 어린아이에게만 일어난다 고 생각하는 것이 과연 합당한가? 어른들이, 여러 가지 방식으로 수정 될 수는 있지만 그 일반적 윤곽이 영원히 고정되어 있는 안정된 지각 세계와 거기에 수반되는 안정된 개념체계에 고착되어 있는 것이 사실 이라면, 우리는 그러한 사실을 좋게 받아들여야 할 것인가? 공약불가 능성을 수반하는 근본적 변화가 어른들에게도 여전히 가능하고, 따라 서 우리들이 보다 높은 단계의 지식과 의식으로부터 영원히 배제되지 않도록 그러한 변화를 고무시켜야 한다고 가정하는 편이 보다 현실적 인 일이 아닐까? 성인 단계에서도 그러한 일이 가능할 것인가에 관한 물음은 어쨌든 **연구**되어야 할 경험적인 문제이며, 방법론적 **명령**에 의 해 대답되어서는 안 된다.[14] 주어진 개념적 체계의 경계를 무너뜨리려 는 시도가 그러한 연구의 본질적인 부분이기도 하다.(그것은 또한 어떤 재미있는 삶에서도 본질적인 부분이 되어야 한다.)

그러한 시도는 몇몇 계몽주의의 잔당들이 우리들에게 믿게끔 하

---

14 라카토스가 시도했듯이 "공약불가능한 이론은 서로 모순되지도 않으며, 내용을 서로 비교할 수도 없다. 그러나 우리들은 사전에 의해 그것을 모순되면서 동시에 그 내용을 비교할 수 있는 것으로 만들 수 있다." (Lakatos, "Falsification and the Methodology of Scientific Research Programmes", p.179, 각주1)

였던, 오래 계속되어 온 '비판적 논의'[15] 이상의 것을 포함한다. 우리들은 새로운 지각적, 개념적 관계들을 **산출**할 수 있고 **파악**할 수 있어야 하는데, 그러한 관계들은 즉각적으로 명백하지 않은 관계들(비명시적 관계 — 앞을 볼 것)과 비판적 논의만으로는 얻어질 수 없는 관계들(앞의 제1장, 제2장을 참조할 것)을 포함한다. 물론, 정통적인 설명들은 이론들의 의미에 기여하는 비명시적 관계를 무시하고, 지각적 변화를 경시하며, 그 나머지는 엄격히 표준화된 방식으로 다루기 때문에, 비통상적인 관념들에 대한 논의는 일련의 틀에 박힌 응답에 의해 바로 제동이 걸리고 만다. 그러나 이제 이러한 응답 전체가 의문시된다. 그리고 그 응답 속에 나오는 모든 개념들, 특히 '관찰', '시험' 그리고 물론 '이론'과 같은 '근본적' 개념들이 의문시된다. 그리고 이 단계에서는 '진리'라는 말은 사람들을 흥분시키는 것이기는 하지만, 그 이상은 아무것도 성취하지 못하였다고 말할 수밖에 없다. 이러한 상황 속에서 진행할 수 있는 최선의 방법은 틀에 박힌 응답의 범위를 벗어나는 것을 예로 드는 것이다. 내가 언어나 이론들과는 다른 표현 수단을 검토하고, 그것들과 관련시켜서 내 나름의 용어를 전개하려고 하는 것은 이 때문이다. 특히 나는 회화(painting and drawing)에 있어서의 양식(style)들을 검토하려고 한다. 여기서, 어떠한 양식으로도 표현될 수 있고, '실재'에 대한 그것의 가까움을 측정하는 '중립적' 대상은 없다는 사실을 알게 될 것이다. 이것은 언어에 대해서도 분명히 적용된다.

에마뉘엘 로위(Emanuel Loewy)는 고대 그리스 예술에 관한 그의

---

15 *Criticism and the Growth of Knowledge*, p.56에서의 포퍼.

저서[16]에서 '고대적 양식'의 특징들을 다음과 같이 정의하고 있다. (1) 상(像)과 그 부분들의 구조와 동작은 몇 가지의 전형적 도식으로 한정된다. (2) 개개의 형태는 양식화되고, 어떤 규칙성을 나타내며, "정확한 추상에 의해 만들어진다."[17] (3) 형태의 표현은 윤곽(contuor)에 의존하는데, 그것은 독립된 선의 가치를 보유할 수도 있고 또 실루엣의 경계를 형성할 수도 있다. "많은 자세들에 대해 실루엣이 만들어질 수 있다. 그것들은 일어서고, 걷고, 배를 젓고, 싸우고 죽고, 탄식할 수 있다. … 그러나 그것들의 본질적인 구조는 항상 명료해야 한다."[18] (4) 색깔은 단일한 **명암**만을 나타내며, 밝기와 어두움의 정도는 없다. (5) 보통 상은 그것들의 부분들을(그리고 커다란 에피소드는 그것들의 요소들을) 가장 완전한 모습으로 보여 주는데, 가령 이것이 구도의 서투름이나 '어떤 공간적인 관계들에 대한 무시'를 의미하는 것이 되더라도 그렇게 한다. 그렇게 함으로써 부분들이 전체에 대해 갖는 관계가 모순되더라도 부분들에 대해서는 이미 알려진 가치가 주어진다.[19] 그 때문에 (6) 몇 가지 확실히 정해진 예외들을 제외하고, 구도를 형성하는 상

---

16 *Die Naturwiedergabe in der älteren Griechischen Kunst*, Rome, 1900, 제1장. 로위는 '고대적'(archaic)이라는 낱말을 이집트, 그리스 및 미개의 예술이나, 유아나 교육받지 않은 관찰자가 그린 그림에서의 현상들을 포괄하는 **총칭적** 개념으로 사용하고 있다. 그의 의견은 그리스에 있어서는 기하학적 양식(B.C. 1000~700)과 그에 이어지는 고대기(B.C. 700~500)에 들어맞는데, 후자는 인간의 모습을 매우 상세하게 다루고 있으며 그것을 생생한 에피소드에 담고 있다. 또한 F. Matz, *Geschichte der Griechischen Kunst*, Vol. 1, 1950 및 Beazly and Ashmole, *Greek Sculpture and Painting*, Cambridge, 1966, 제2장과 제3장도 참조할 것.

17 Webster, *From Mycenae to Homer*, New York, 1964, p.292. 웹스터는 그리스의 기하학적 미술에 있어서의 이 '단순하고 명쾌한 패턴'의 사용을 '미술(궁극적으로는 투시법의 발명), 수학 및 철학에 있어서의 이후의 발전의 전조'라고 간주하고 있다.

18 Ibid., p.205.

19 Ibid., p.207.

들은 **중복되지 않도록** 배치되며, 서로 앞뒤에 위치한 대상들은 병렬적으로 표현된다. (7) 행위의 **배경**(산, 구름, 나무 등)은 완전히 무시되거나, 대폭 생략된다. 행위는 전형적인 장면(전투, 장례 등)의 자기 완결적인 단위들을 형성한다.[20]

미개인들에게서뿐만 아니라, 어린아이들의 그림, 이집트인들의 '정면을 향하는' 미술이나 초기 그리스 미술에서 발견되는 여러 가지 형태의 이러한 양식적 요소들을, 로위는 심리학적 메커니즘에 기초해서 설명한다. "실재(reality)가 육안에 가져오는 심상들과 더불어 우리들의 정신 가운데서만 존재하는, 더 적절히 말한다면, 생명을 갖는 전혀 다른 심상들의 세계가 존재한다. 그것들은 실재에 의해서 주어진 것이지만, 완전히 변형된 것이다. 모든 원시적인 미술 행위는, 이러한 심상들을 오직 심적 기능의 본능적 규칙성에 의해서 재생산하려는 것이다."[21] 고대적 양식은 "자연에 대한 수많은 계획된 관찰"의 결과로서 변화하는데, 그것은 "순수한 심적 심상들을 변경시키고",[22] 리얼리즘을 향한 발전을 개시하며, 그럼으로써 미술의 역사가 시작되게 한다. 고대 양식과 그 변화에는 **자연적**, 생리학적 이유들이 주어진다.

그런데 어째서 기억의 심상을 모사하는 것이 그것보다 훨씬 더 잘 정의되고 훨씬 더 영속적인 지각의 영상을 그리는 것보다도 더 '자연적'인가는 명료하지 않다.[23] 또한 우리들은 리얼리즘이 종종 보다 도식

---

20 Beazly and Ashmole, op. cit., p.3.
21 Loewy, op. cit., p.4.
22 Ibid., p.6.
23 투시법에 관한 사실들은 알려졌지만, 그것들은 회화적 표현에는 들어가지 않았다. 이것은 문

적인 표현형태에 **선행한다**는 것을 발견한다. 이것은 구석기시대,[24] 이집트의 예술,[25] 아테네식(Attic)의 기하학적 미술[26]에 대해서도 마찬가지다. 이 모든 경우들에 있어서 '고대적 양식'은, 외적인 자극이 남긴 내적 흔적에 대한 자연적인 반응이라기보다는 **의식적인 노력**(물론 이 것은 무의식적인 경향들과 생리학적 법칙들에 의해 도움을 받거나, 방해받을 수도 있다)의 결과이다.[27] 그러므로 '양식'의 생리학적 **원인**들을 조사하는 대신에, 우리들은 그것들의 **구성요소**들을 발견하고, 그 **기능**을 분석하고, 그것들을 같은 문화 속의 다른 현상(문학상의 양식, 문장구성, 문법, 이데올로기)과 비교하려고 노력하며, 그렇게 함으로써 그 기반이 되는 **세계관**의 윤곽에 도달하게 된다. 그 윤곽에는 세계관이 지각, 사

학적 묘사에서 나타난다. H. Schäfer, *Von Aegyptischer Kunst*, Wiesbaden, 1963, pp.88ff
를 참조할 것. 여기서 이 문제는 더 구체적으로 논의되고 있다.

24 Paolo Graziosi, *Palaeolithic Art*, New York, 1960 및 André Leroc-Gourhan, *Treasures of Prehistoric Art*, New York, 1967을 참조할 것. 양쪽 모두 탁월한 그림을 포함하고 있다. 이러한 결과는 로위에게는 알려져 있지 않았다. 예를 들어 카르타야크의 '회의주의자의 참회'는 1902년에 가서야 나타났다.

25 왕조 이전의 시대로부터 제1 왕조로의 이행과정에서 동물 표현에서 일어났던 변화를 참조할 것. 베를린의 사자(베를린, 국립박물관, Nr.22440)는 난폭하고, 위협적 모습으로서, 표현과 만듦새에 있어서 제2, 제3왕조의 당당한 동물과는 다르다. 후자는 어딘가의 어떤 개별적인 사자의 표현이라기보다, 사자라는 개념의 표현인 것으로 보여진다. 나르머왕의 승리명판(뒤쪽)에 있는 매와 제1 왕조의 와드지(디에트)왕의 묘석에 있는 매 사이의 차이도 참조할 것. '어디서나, 사람들은 순수한 명료성으로 나아가고 있다. 형태는 강화되고, 단순화된다.' Schäfer, op. cit., pp.12ff. 특히 p.15에 더욱 상세히 제시되어 있다.

26 "그리스의 기하학적 미술이, 문학에 종사하는 학자들이 그림에 대해 요구하고 있는 것으로 보이는 사진적인 리얼리즘을 갖고 있지 않다고 해서, 그것을 원시적이라고 보아서는 안 된다. 그것은 그 목적에 이바지하는 그 나름의 양식을 가지고 있는 고도로 세련된 예술이다. 형태와 장식에 있어서는, 하나의 혁명이 그것을 미케네의 그림으로부터 분리시킨다. 이 혁명을 통해서 상(像)은 그 최소한의 실루엣으로 축소되었으며, 이 최소한의 실루엣으로부터 새로운 예술이 성립하였다." Webster, op. cit., p.205.

27 이 논제는, 이른바 미개인은 그가 그리고 싶어 하는 대상을 종종 외면한다는 관찰에 의해 더욱 뒷받침된다.

고, 논증에 영향을 미치는 방식과, 그것이 상상력의 활동에 부과하는 제한들에 대한 설명이 포함된다. 우리들은 그러한 윤곽에 대한 분석이, 개념적 변화의 과정에 대하여, 자연적 설명이나 "비판적 논의와 여러 가지 이론적 틀 사이의 비교가 언제나 가능하다"[28]는 진부한 문구보다도 더 좋은 이해를 제공한다는 것을 보게 될 것이다. 물론 **몇** 가지 종류의 비교는 **항상** 가능하다(예를 들어, 어떤 물리학 이론은 기타 반주에 맞추어 크게 읽을 때 다른 물리학 이론보다 더 아름답게 들릴지도 모른다). 그러나 내용의 집합에 논리의 규칙들을 적용시키는 것과 같이 비교의 과정에 대해 **특수한** 규칙을 정한다면, 예외나 부당한 제약들이 발견될 것이다. 따라서 여러 가지 난점에 부딪히지 않을 수 없게 될 것이다. 만일 그 비교가 어떤 구체화되고 역사적으로 잘 확립된 틀 내에서 행해져야 한다면, 어떤 종류의 사례들이 말해질(표현될) 수 있고 어떤 종류의 사례들이 말해질(표현될) 수 없는가를 조사하는 것이 훨씬 더 흥미롭고 도움이 된다. 그와 같은 조사를 위해서 우리들은 일반론을 넘어서서 여러 가지 틀을 구체적으로 연구해야 한다. 나는 고대양식의 몇 가지 예들을 설명함으로써 시작하려 한다.

인물상(人物像)은 다음과 같은 특징들을 나타낸다. 즉 "사람들은 매우 크고 가냘프며, 가슴은 허리 쪽이 뾰족한 삼각형이고, 머리는 얼굴을 나타내는 이상한 생성물인 돌기로 되어 있다. 이 양식의 말기에 가면 머리가 오뚝 서게 된다. 머리의 돌기는 대략적으로 그려져 있고,

---

28 Popper, *Criticism*, etc., p.56.

점은 눈을 표시한다."[29] 전부이거나 아니면 거의 모든 부분들이 옆모습으로 보이며, 꼭두각시나 헝겊 인형의 팔다리처럼 서로 매달려 있다. 그것들은 하나의 유기적 전체로 '통합되어' 있지 않다. 고대적 양식의 이 '가법적'(加法的, additive) 특징은 눈을 취급한 것을 보면 매우 분명해진다. 눈은 몸의 활동에 참여해 있지 않으며, 몸을 인도하지도 않으며, 주위환경과의 접촉을 확보하지도 않는다. 그것은 '보기 위한' 것이 아니다. 눈은 마치 예술가가 '다리, 팔, 발과 같은 것들 외에도 사람은 눈을 가지고 있고, 그것들은 머리의 양쪽에 하나씩 있다'라고 말하고 싶어 한 것처럼 표시법의 한 부분으로서 머리의 측면에 덧붙여져 있다. 이와 비슷하게 신체의 특정한 상태들(살아 있거나 죽었거나 병든 상태)은 신체의 각 부분들의 특정한 배열에 의해서가 아니라, 동일한 표준적 신체를 다양한 표준적 **위치**에 놓음으로써 표시된다. 그러므로 장례마차 안의 죽은 사람의 신체는 서 있는 사람과 완전히 똑같이 묘사되어 있는데, 다만 90도 돌려져 있고 수의(壽衣)의 밑바닥과 영구차의 꼭대기 사이의 공간에 삽입되어 있는 것이 다르다.[30] 이것은 살아 있는 사람의 신체같이 그려진 것이 죽은 위치에 **부가적으로** 놓여진 것이다. 또 하나의 예는 사자에게 반쯤 잡아먹힌 새끼염소의 그림이다.[31] 사자는 사납게 보이고 새끼 염소는 평화롭게 보이며, 잡아먹는 행위는 사자라는 것과 새끼 염소라는 것의 표현에 단순히 덧붙인(tacked on) 것

29 Beazley and Ashmole, op. cit., p.3.
30 Webster, op. cit., p.204. "화가는 그가 두 팔, 두 다리, 그리고 남자다운 가슴을 가지고 있다고 말할 필요를 느낀다."
31 R. Hampl, *Die Gleichnisse Homers und die Bildkunst seiner Zeit*, Tübingen, 1952.

이다. (우리는 병렬적 집합체[paratactic aggregate]라고 불리는 것을 보고 있다. 즉, 그러한 집합체의 요소들은 모두 동등한 중요성을 가지며, 그것들 사이의 유일한 관계는 계기[繼起]이다. 어떤 계층도 없으며, 어떤 부분들이 다른 것들에 종속되거나 그것들에 의해서 결정되는 것으로 표현되지 않는다.) 그 그림은 사나운 사자, 평화스러운 새끼 염소, 사자가 새끼 염소를 잡아먹음으로 해독된다.

어떤 상황의 모든 본질적인 부분들을 드러내야 할 필요가 실제로는 접촉하고 있는 부분들의 분리를 자주 가져온다. 그림은 목록이 된다. 그러므로 전차 위에 서 있는 전사(戰士)는 마차 바닥(그것은 가장 잘 보이도록 표현되어 있다) 위에 서 있는 것으로 보여지고, 난간에 의해 방해받지 않기 때문에, 그 결과 그의 발과 마차 바닥과 난간이 모두 명료하게 보일 수 있다. 우리가 그 그림을 사건 그 자체에 대한 착각에서 그려진 묘사라고 보지 않고 사건의 부분들에 대한 **시각적 카탈로그로** 본다면, 아무런 곤란도 생기지 않는다. (우리가 다음과 같이 **말할** 때에도 역시 아무런 곤란도 생기지 않는다. 즉, 그의 발은 **장방형의 바닥**에 닿아 있고, 그는 **난간**에 둘러싸여 있다…)[32] 그러나 그러한 해석도 **학습되어야** 하는 것이며, 그림으로부터 단순히 읽어 낼 수는 없는 것이다.

---

32 "전차에 대한 모든 기하학적인 그림은 이러한 왜곡들 중 적어도 어느 한 가지를 가리키고 있다." Webster, op. cit., p. 204. 한편, 미케네 후기의 도자기는 탑승자의 발이 옆으로 숨겨져 있는 모습을 담고 있다.

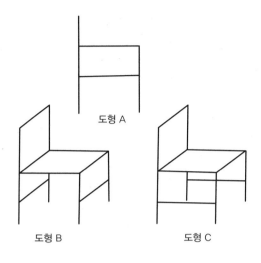

도형 A

도형 B   도형 C

　필요한 학습의 양이 실제로는 엄청난 것일 수도 있다. 몇몇 이집트의 선화(線畵)와 채색화(彩色畵)는 표현된 대상 그 자체의 도움을 받아서든가, 혹은 그것에 대한 3차원적 표현[인간, 동물 등의 경우에는 조상(彫像)]의 도움을 받아서만 해독이 가능하다. 그런 정보를 이용함으로써, 우리는 도형 A의 의자가 도형 B의 대상이 아니라, 도형 C의 대상을 표현하며 다음과 같이 해독되어야 한다는 것을 배운다. 즉 "등받이와 네 개의 다리를 가진 의자, 다리들은 버팀대에 의해 연결된다." 여기서는 단지 앞다리와 뒷다리만 연결되어 있고 앞다리들, 뒷다리들은 서로 연결되어 있지 않다는 것이 이해된다.[33] 아직도 집단에 대한 해석이 어렵고, 몇몇 사례들은 여전히 이해되지 않고 있다.[34]

　(어떤 양식을 '읽기' 위해서는 어떤 특징들이 관계없는 것인가에 관한

33 Schäfer, op. cit., p.123.
34 Ibid., pp.223ff.

지식이 필요하다. 어떤 고대적인 목록의 특징들은, 쓰여진 문장의 특징 모두가 내용을 표현하는 데 어떤 역할을 하지는 않는 것과 마찬가지로, 모두 표현적 가치를 갖는 것은 아니다. 이것이, 이집트의 조상(彫像)이 '당당한 자세'를 한 이유에 대해 처음으로 묻기 시작한 그리스 사람들[플라톤은 이미 이것에 대해 논평하고 있다]이 간과한 점이다. 그러한 물음은 "만일 어떤 사람이 체스판에 있는 왕의 나이나 기분에 관해서 물었을 때 우리가 당혹해하는 것과 같이 이집트 예술가를 당혹하게 할지도 모른다".)[35]

이상이 '고대적' 양식의 몇몇 특이성들에 대한 간단한 설명이다.

하나의 양식은 여러 가지 방식으로 기술되고, 또 분석될 수 있다. 지금까지의 서술은 **형식적 특징**들에 주목한 것이다. 즉, 고대적 양식은 **시각적인 목록**을 제공하는데, 그 목록의 각 부분들은 대략적으로 말해서, 그러한 배열이 중요한 요소들을 감추게 되는 경우를 제외하고는, '자연'에서 일어나는 것과 똑같은 방식으로 배열된다. 모든 부분들은 같은 수준에 있고, 우리들은 그 목록들을 착각에 의한 상황 설명으로 '보는' 것이 아니라, 오히려 그것들을 '읽는다'고 가정한다.[36] 목록들

---

35 Gombrich, op. cit., p.134, 문헌에 나타나 있다.
36 "만일 우리들이 그것들의 부분적인 내용을 이야기 식의 서술적 문장 형식으로 읽는 것에서 시작한다면 대상들의 정면을 향하는[geradvorstelliger] 그림의 사실적인 내용에 한층 가까워지게 된다. 정면을 향하는 표현양식은 표현되는 사물(상황)의 '시각적 개념'[Sehbegriff]을 준다." Schäfer, op. cit., p.118. 또한 미케네 미술과 기하학적 미술의 '이야기적'이고 '설명적' 성격에 대해서는 Webster, op. cit., p.202도 참조. 그러나, H. A. Groenewegen-Frankfort, *Arrest and Movement*, London, 1951, pp.33f도 참조할 것. 이집트 무덤의 벽면에 그려져 있는 일상생활의 광경은 다음과 같이 "해독되어야" 한다. 즉, 수확은 경작, 파종, 그리고 추수를 필연적으로 수반한다. 가축을 돌보는 일은 시내를 건너고 우유를 짜는 일을 반드시 수반한다. … 광경의 연쇄는 순수히 개념적인 것이고, 이야기적인 것이 아니며, 광경과 함께 나타나는 기사는 그 성격이 극적이지도 않다. 행위의 빛을 발하게 하는 표식, 의견, 이름, 노래 그리고 설명은 … 사건을 연결시키거나 그 발전을 설명하지 않는다. 그것들은 전형적인 상황에

은 계기적인 것 이외의 어떤 방식으로도 조직되지 않는다. 즉, 한 요소의 형태는 다른 요소의 존재에 의존하지 않는다(사자에게 잡아먹는 행위를 부가하는 것은 새끼 염소가 불행하게 보이도록 만들지 않는다. 그리고 죽어 가는 과정을 부가하는 것은 사람이 약하게 보이도록 만들지 않는다). 고대의 그림들은 종속적 체계(hypotactic system)가 아니라, **병렬적인 집합체**이다. 그 집합체의 요소들은 머리, 팔, 바퀴와 같은 물리적인 부분들일 수도 있고, 하나의 육체가 죽었다는 사실과 같은 사태(states of affair)일 수도 있으며, 잡아먹는 것과 같은 행위일 수도 있다.

우리들은 어떤 양식의 형식적 특징들을 기술하는 대신에, 그 양식에서 표현되고, 적절한 방식으로 배열된 요소들로 이루어진 세계의 **존재론적 특징들**을 기술할 수 있다. 또한 그러한 세계가 관망자에게 부여하는 **인상**을 기술할 수도 있을 것이다. 이것은, 예술가가 화폭에 그리는 인물들의 특유한 행동에 대해서, 또 그 행동이 나타내는 것처럼 보이는 '내면적 삶'에 대해서 장황하게 논하기를 좋아하는 예술비평가의 방법이기도 하다. 그러므로 한프만(G. M. S. Hanfmann)[37]은 고대적 상(像)에 대해서 이렇게 쓰고 있다. "고대의 영웅이 아무리 생기 있고 민첩하다 할지라도 그들은 그 자신의 의지에 의해 움직이는 것처럼 보이지 않는다. 그들의 몸짓은 어떤 행위가 진행되고 있는가를 설명하기 위해서 배우들에게 부여된 설명 형식이다. 그리고 내면적 삶의 설득력 있는 묘사로 보는 데 결정적인 장애가 되는 것은 고대적인 눈의

속한 전형적인 진술이다."

37 "Narration in Greek Art", *American Journal of Archaeology*, Vol. 61, January 1957, p.74.

기묘하게 초연한 성격이다. 눈은 한 사람이 살아 있다는 것을 보여 주지만, 특정한 상황의 요구에는 맞지 않는다. 고대의 예술가가 유머러스하거나 비극적인 분위기를 묘사하는 데 성공할 때조차도, 외면화된 몸짓과 초연한 눈초리라는 이러한 요인들이 인형극의 과장된 동작을 상기시킨다."

존재론적 기술은 종종 형식적 분석에 사족을 첨가할 뿐이다. 그것은 '민감성'과 날카로움의 훈련에 불과하다. 그러나 우리는 한 특정한 양식이 예술가와 그 동시대인들에게 보여진 대로의 세계를 정확히 설명해 줄 수 있는 가능성과, 모든 형식적 특징들이 그것의 기저가 되는 우주론이 고유하게 지니고 있는 가정들에 (은밀히 혹은 명백하게) 대응할 가능성을 무시해서는 안 된다. (또한 '고대적' 양식의 경우, 사람들은 실제로 자신들을 외부의 힘에 의해서 조종되는 인형처럼 느꼈고, 그래서 그의 동료 인간들에 대해서도 그렇게 보고, 그렇게 취급했을 가능성을 무시해서는 안 된다.) 양식에 대한 그러한 실재론적 해석은, 언어는 사건(그것은 어떤 기술에 의해서도 포착되지 않는 다른 특징들을 가질 수도 있다)을 기술하기 위한 도구라는 것 이외에 사건들의 형성자(shaper)이기도 하지만(그 때문에 주어진 어떤 언어로 말할 수 있는 언어적 한계가 있고, 이 한계는 사물 자체의 한계와 일치한다), 그것은 비언어적 표현 수단을 포함함으로써 그것을 넘어설 수 있다는 워프의 논제와도 일치한다.[38] 실재론적 해석은 매우 그럴듯하다. 그러나 그것을 당연한 것으로 여겨서는

38 이 장의 각주 1과 본문을 참조할 것.

안 된다.[39]

그것을 당연하게 여겨서는 안 되는 이유는 기술적인 실패나, 우주론을 바꾸지 않고도 양식을 바꿀 수 있는 특별한 의도(캐리커처)가 존재하기 때문이다. 또한 우리들은 모든 사람들이 대체로 동일한 신경생리학적 장치를 갖고 있으며, 따라서 지각은 사람들이 선택하는 어떤 방향으로나 형성될 수 있는 것이 아님을 기억해야 한다.[40] 그리고 몇 가지 경우에 있어서, '자연의 충실한 표현'으로부터의 일탈이 대상에 대한 상세한 지식이 존재하는 상황에서보다 '실재적인'(realistic) 표현과 나란히 나타난다는 것을 실제로 보여 줄 수 있다. 텔알-아마르나(고대의 아체트-아톤 Achet-Aton)에 있는 조각가 투트모시스(Thutmosis)의 작업장에는 살아 있는 모델들로부터 직접 떠낸 가면들과 그 가면들에서 발전시킨 머리들이 있는데, 가면들은 머리와 얼굴을 구성하는 한 부분들을 본래 모습대로 모두 지니고 있다. 그러나 그것을 발전시킨 머리들 중의 어떤 것들은 자세한 부분들을 보존하고 있는 데 비해, 다른 것들은 그 자세한 부분들을 제거하고 단순한 형태로 대치하고 있다. 이러한 양식의 극단적인 예는 이집트인의 완전히 매끄러운 머리이다. 그것은, "적어도 몇몇 예술가들이 의식적으로 자연으로부터의 독립을 확보했다"[41]는 것을 증명한다. 아메노피스 4세(B.C.

---

39 물리이론의 경우에 생기는 문제의 개관에 대해서는 나의 "Reply to Criticism", *Boston Studies in the Philosophy of Science*, Vol. 2, 1965, sections 5~8 및 특히 p.234의 문제의 리스트를 참조. 핸슨, 포퍼 및 다른 사람들은 실재론이 옳다는 것을 당연히 여기고 있다.

40 약물로 유도된 상태와는, 특히 그것이 체계적인 교육과정의 일부일 경우에는, 다를지도 모른다. 앞 장의 각주 19와 본문을 참조할 것.

41 Schäfer, op. cit., p.63.

1364~1347)의 통치기간 동안, 표현 양식은 두 번 바뀌었다. 리얼리즘적인 양식으로의 첫 번째 변화는 그가 왕위에 오른 지 4년 만에 일어났다. 그것은 리얼리즘에 대한 기술적 능력이 존재했고, 그것을 사용할 준비가 되어 있었지만, 의도적으로 발전시키지는 않았다는 것을 보여 준다. 그러므로 양식(또는 언어)으로부터 우주론과 지각의 양식을 추론하는 것은 특별한 논증을 필요로 한다. 그것은 당연한 일로 여겨질 수 없다. (이와 비슷한 주의가 상대성이론, 혹은 지구의 운동이라는 관념과 같은 과학의 통속적인 이론으로부터 우주론, 지각의 양식으로의 추론에 대해서도 요구된다.)

그 논증(이것은 결코 결정적인 것은 아니다)은 거리가 먼 분야의 특성들을 지적하는 것이다. 만일 회화의 특정한 양식의 특성들이 조상(彫像)이나 당시 언어의 문법(특히, 쉽게 변화되지 않는 비명시적인 분류)에서도 발견된다면, 만일 그러한 언어가 예술가와 대중들에게 공통적으로 사용되었다는 것을 보일 수 있다면, 만일 그러한 언어로 정식화된 철학적 원리들이 있어서 그러한 특성들이 세계의 특징들이고 단지 세계 내의 인공물이 아니라는 것을 단언하고 그러한 특성들의 기원을 설명하려는 시도가 존재한다면, 만일 사람과 자연이 그러한 특징들을 회화에서뿐만 아니라 시나 속어나 불문법(common law) 속에서도 갖는다면, 만일 그러한 특징들이 정상적인 지각의 일부라는 관념이 우리가 생리학이나 지각심리학을 통해서 이미 알고 있는 것과 모순되지 않는다면, 만일 후세의 사상가들이 그러한 특성들을 '참된 방법'에 대한 무지에서 기인한 '오류'라고 공격한다면, 이러한 경우 우리들은 우리가 단지 기술적인 실패와 특정한 의도를 다루고 있는 것이 아니라 **정합적인 삶의 방식**을 다루고 있다고 가정할 수 있으며, 이러한 삶의 방식 속에 있는 사람들은 우리가 지금 그들의 회화를 보는 것과 똑같은 방식으로 세계를 보아 왔을 것으로 기대할 수 있다. 이 모든 조건들이 고대 그리스에서는 만족되었던 것으로 보인다. 즉 텍스트와 후세의 텍스트에 대한 언급으로부터 재구성된 **그리스 서사시**의 형식적 구조와 이데올로기는 후세의 기하학적 양식과 초기 고대양식의 모든 특이성들을 반복하고 있다.[42]

우선 호메로스(Homer)풍의 서사시들 가운데 9할은, 한두 단어에서 여러 행의 완전한 시구에 이르기까지 미리 조립된 어구들로서, 적당한 곳에서 반복되는 **공식**들로 이루어져 있다.[43] 시의 1/5은 여기저기서 완전히 반복되는 시행으로 되어 있다. 호메로스의 28,000개의 시행 가운데 약 25,000개가 반복된 어구들이다. 이러한 시구의 반복은 미케네 궁정시에서도 이미 등장했는데, 그것은 동양의 궁정시에서 그 기원을 발견할 수 있다. "신들, 왕들, 그리고 인간들의 칭호는 정확해야 한다. 또한 궁정 세계에서는 정확한 표현의 원칙이 더욱 확장될 수도 있다. 왕의 전언(傳言)은 매우 형식적이며, 이 형식성은 시의 사자(使者)의 장면을 넘어서, 도입부의 말에 사용되는 정해진 문구에까지 확장된다. 마찬가지로 군사행동은 작전명령 자체가 내려졌든 안 내려졌든 간

---

42 Webster, op. cit., pp. 294ff.
43 20세기에 정해진 문구의 역할이 밀먼 페리에 의해 기술되고 검토되었다. Milman Parry, *L'Epithète traditionelle chez Homère*, Paris, 1928; *Harvard Studies in Classical Philology*, Vol. 41(1930), 43(1932). 간결한 설명으로는 D. L. Page, *History and the Homeric Iliad*, University of California Press, Chapter VI와 G. S. Kirk, *Homer and the Epic*, Cambridge, 1965, Part I을 참조.

에, 작전명령의 특유한 말로 보고되며, 이 테크닉은 그 배후에 이러한 작전명령을 갖고 있지 않은 다른 서술에도 확장된다. 이러한 강제들은 궁극적으로는 모두 왕의 궁정으로부터 유래한 것이고, 궁정에서는 시에서 그러한 형식성을 즐겼다고 생각하는 것이 합당하다."[44] (수메르, 바빌로니아, 후르리, 히타이트, 페니키아, 미케네) 궁정들의 환경 역시 내**용** 중에 표준화된 요소들(전형적인 장면: 전시와 평화시의 왕과 귀족, 가구, 아름다운 사물의 묘사)이 등장하는 것을 설명해 준다. 이러한 것들은 도시에서 도시로 옮겨 가며, 또는 국경을 넘어서 반복되고 지역적 상황에 적응된다.

이러한 수많은 종류의 적응으로부터 불변적 요소와 가변적 요소들 사이의 결합이 서서히 생기는데, 그리스 '암흑시대'의 문맹시인들은 이것을 이용하여 **구술적인 창작**(oral composition)의 요구들을 가장 잘 만족시킬 수 있는 언어와 표현양식들을 발전시킨다. **기억**의 요구는 필기의 도움 없이 머릿속에서 창작하는 시인들이 이용할 수 있는, 미리 만들어진 사건들에 대한 서술이 존재할 것을 요구한다. **운율**의 요구는 기본적이고 묘사적인 문구들이, 시인이 완성하려는 여러 부분의 시행에서 사용되기에 알맞을 것을 요구한다. 즉 "자신의 시구를 써내려 가는 시인과는 달리 … [구술 시인은] 그의 다음 말을 천천히 생각할 수 없으며, 그가 작성한 것을 변경할 수도 없으며, 그가 방금 쓴 것을 읽어 볼 수도 없다. … 그는 자신의 시에 사용하기 위해서, 모두 자신의

44 Webster, op. cit., pp.75f.

시에 들어맞도록 되어 있는 일군의 낱말들을 소유하고 있어야 한다."[45]

경제성은 다음과 같은 것을 요구한다. 즉 어떤 상황과 운율상의 구속(시행의 시작, 중간 그리고 마지막)이 주어졌을 때, 이야기를 계속하기 위해서는 오직 한 가지 방법만이 존재한다. — 그리고 이 요구는 놀라울 정도로 만족되고 있다. 즉, "『일리아드』와 『오디세이』의 모든 주요한 등장인물들은, 만일 그들의 이름이 형용어구(epithet)와 함께 시행의 후반에 들어맞을 수 있다면, 시행의 제3운각의 장단격(長短格)의 분절(caesura)과 시행의 마지막 부분 사이를 채우는 단일한 자음으로 시작하는 명사-형용어구의 주격이 정해진 문구를 갖게 된다. 예를 들어 인내력이 강한 신과 비슷한 오디세우스($\pi o\lambda \acute{v}\tau\lambda a\varsigma\ \delta\hat{\imath}o\varsigma\ O\delta v\sigma\sigma\epsilon\grave{v}\varsigma$)가 그러하다. 이러한 형이 정해진 문구(formulae)를 갖는 37명의 등장인물들의 목록은 시 속에서 어떤 중요성을 갖는 모든 사람을 포함하는데, 그중에서 첫 번째 형을 대치할 수 있는 두 번째 형을 갖는 것은 오직 3개의 이름에 불과하다."[46] "만일 아킬레스에 대해 사용된 명사-형용어구가 정해진 문구의 모든 단수형을 다섯 가지의 문법적인 격에서 택한다면, 45개의 다른 정해진 문구가 있는데, 그중에서 어느 하나도 같은 격에서 같은 운율값을 갖는 것은 없다는 것을 발견할 것이다."[47] 이러한 방식으로 행해지기 때문에, 호메로스풍의 시인은 "표현의 독창성 혹은 다양성에는 전혀 관심을 갖지 않는다. 그는 전승된 정해진 문

---

45 M. Parry, *Harvard Studies Classical Philology*, 41, 1930, p.77.
46 Ibid., pp.86f.
47 Ibid., p.89.

구를 사용하거나 적용한다."[48] 그는 "선택하지 않으며, 선택에 관해서는 생각조차 하지 않는다. 왜냐하면 시행의 일부가 주어진다면, 격변화의 어떤 경우가 필요하게 되든지 또 주제가 어떤 것이 되든지, 정해진 문구의 어휘가 곧바로 미리 만들어진 결합을 제공해 주기 때문이다."[49]

정해진 문구를 사용함으로써, 호메로스풍의 시인은 **전형적인 장면**에 대한 설명을 제시하는데, 그 설명에서 대상들은 때때로 "부분들을 병렬적으로 덧붙여서 **일련의 낱말들이 되게 함**"[50]으로써 기술된다. 오늘날 우리들이 다른 관념들에 논리적으로 종속되는 것으로 여기고 있는 관념들이, 따로따로 분리된, 문법적으로 등위(等位)인 명제들 가운데서 진술된다. 예를 들어 다음과 같은 것이다(『일리아드』 9.556ff). 멜레아그로스(Meleagros)는 "그의 부인, 아름다운 클레오파트라, 복사뼈가 아름다운 마르페사의 딸, 에우에노스의 딸, 그리고 이데스의 딸 옆에 누웠다. 이데스는 그 당시 세계에서 가장 강한 사람이었고, 그는 복사뼈가 아름다운 처녀를 위해서 주인 포에버스, 아폴로를 향해서 활을 겨냥했다. 그때 그녀의 아버지와 고상한 어머니는 그들의 저택에서 그녀를 알키온이라 불렀다. 왜냐하면…" 등등, 이렇게 대단원의 막을 내리기까지 10행 또는 보다 커다란 두세 개의 주제가 계속된다. 그리스 초기[51]에 종속절의 정교한 체제가 없었던 점과 같은 이러한 호메

48 Page, op. cit., p.230.
49 Ibid., p.242.
50 Webster, op. cit., pp.99f. 강조는 인용자.
51 Raphael Kühner, *Ausführliche Grammatik der Griechischen Sprache*, 2, Teil, reprinted

로스 시의 **병렬적인** 특징은, 왜 아프로디테가 실제로 눈물을 흘리며 탄식할 때(『일리아드』 5.375) 이를 "사랑스럽게 웃는다"고 표현하였는가, 또 아킬레스가 앉아서 프리암에게 말하고 있을 때(『일리아드』 24.559) 이를 왜 '빨리 걷는다'고 표현하였는가를 분명히 해준다. 후기의 기하학적 도기(陶器)에서(로위의 '고대' 양식에 있어서), 죽은 육체가 죽음의 위치에 놓여진 산 육체이고(앞의 각주 30에 대한 본문을 참조할 것), 또 잡아먹히는 새끼 염소가 사나운 사자의 입에 대해 적절한 관계에 놓여진 살아 있고 **평화스러운 새끼 염소**이듯이, 탄식하는 아프로디테는

Darmstadt, 1966, 20세기에는 이러한 병렬적이거나 '동시주의적'(simultanistic) 표현방법이 초기 표현주의자들에 의해 사용되었다. 예컨대 야콥 폰 호디스(Jacob von Hoddis)의 시 「세계의 종말」(*Weltende*)이 그런 것이다.

시민의 뾰족한 머리에서 모자가 날고
하늘 구석구석에서 비명소리가 들리는 것 같다.
지붕 만드는 사람은 떨어져서 가루가 되고
그리고 해안에는 ─ 사람이 책을 읽는다 ─ 바닷물이 가득 차 있다.
폭풍이 온 것이다. 광폭한 바다가 뛰어 올라
완강한 제방을 누르고 육지를 노린다.
대부분의 사람들은 코감기를 앓고 있다.
철도가 철교에서 떨어진다.

폰 호디스는 호메로스를 선구자로 칭하면서, 호메로스는 사건을 한층 투명하게 하기 위해서가 아니라, 측량할 수 없는 웅장한 느낌을 만들어 내기 위해서 동시성을 사용하였다고 설명하고 있다. 호메로스가 전투를 묘사하면서 무기의 소음을 나무꾼의 도끼 소리와 비교하는 것은 그가 단지 전투가 벌어지고 있는 동안에도, 나무꾼의 일하는 소리만이 들리는 숲의 고요함이 있다는 사실을 나타내고자 하였기 때문이다. 커다란 재앙도, 전혀 중요하지 않은 어떤 사건을 동시에 생각하지 않고서는 생각할 수 없다. 거대한 것과 작은 것, 중요한 것과 사소한 것이 혼합된다. (논문에 대해서는 J. R. 베커의 다음 소논문을 참조할 것. *Expressionismus*, ed. P. Raabe, Olten und Freiburg, 1965, pp.50ff. 이 소논문은 폰 호디스의 8행 시가 1911년 처음으로 등장했을 때 주었던 놀라운 인상에 대한 묘사도 포함하고 있다.) 우리들은 동일한 인상을 호메로스적인 시인들의 청중들도 받았다고 추론할 수 없다. 왜냐하면 그들은 눈물을 자아내는 감상주의로 떨어지는 복잡하고 로맨틱한 수단을 비교의 배경으로 소유하지 않았기 때문이다.

탄식하는 상황에 **삽입된** 아프로디테 ─ 그리고 그것은 웃고 있는 여신(女神)이다 ─ 로서, 이 상황에 그녀의 본성을 바꾸지 않고 단지 외면적으로만 참가하는 것이다.

사건들에 대한 **부가적 처리**(additive treatment)는 (사람의) 동작을 나타내는 경우에는 더욱 분명해진다. 아킬레스는 헥토르를 끌고 흙먼지 속을 간다. "끌려가는 그의 주위에는 흙먼지가 쌓이고, 검은 머리칼은 천천히 양쪽으로 흘러내리며, 그의 아름다운 머리는 흙먼지 속으로 **떨어진다**"(『일리아드』 22.298). ─ 즉, 끌고 가는 과정은 그 동작을 구성하는 다른 부분들과 함께 하나의 독립적인 부분으로서의 눕는 **상태**를 포함한다.[52] 좀더 추상적으로 말한다면, 시인에게 "시간은 순간들로 구성되어 있다"[53]고 말할 수 있다. 많은 직유 표현들은 하나의 복합적인 존재의 부분들이 자체적인 생명을 가지며, 자유롭게 분리될 수 있다고 가정한다. 기하학적 인간은 부분들과 위치들의 가시적인 목록이고, 호메로스의 인간은 팔다리, 표면, 그리고 정확히 정해진 모양을 가진 생명이 없는 대상들과 비교함으로써 분리된 결합으로 조립된다. 즉, 히폴로코스의 몸통은 아가멤논에게 그의 팔과 다리를 잘린 다음에 **통나무**와 같이 전쟁터를 굴러다니고(『일리아드』, 11.146: ὅλμος, 원주형의 둥

---

52 Gebhard Kurz, *Darstellungsformen menschlicher Bewegung in der Ilias*, Heidelberg, 1966, p.50을 참조할 것.
53 이것은 아리스토텔레스가 제논에게 돌렸던 이론이다. *Physics*, 239b, 31. 그 이론은 화살의 논증에서 가장 명쾌하게 나타난다. "날아가는 화살은 정지하고 있다. 왜냐하면, 만일 무엇이라도 그 자신과 동등한 공간을 차지할 때 그것은 정지한 것이며, 또한 날고 있는 것은 어떤 주어진 순간에도 늘 그 자신과 동등한 공간을 차지하는 것이라면, 그것은 운동할 수 없기 때문이다."(*Physics*, 239b) 그 이론이 제논 자신에 의해 주장되었다고는 말할 수 없지만, 그러나 제논의 시대에 그것이 중요한 역할을 하였다는 것은 추측할 수 있을 것이다.

근 돌), 헥토르의 육체는 팽이와 같이 돌며(14.412), 고르기티온의 머리는 "열매와 봄의 소나기로 **무거워진 양귀비**"와 같이 한쪽으로 떨어진다(8.302),[54] 등등 또한, 서사시의 정해진 문구, 특히 명사-형용어구의 결합은 종종 내용에 따라서가 아니라, 운율상의 편의성에 따라서 이용된다. 예를 들어, "제우스가 폭풍-산의 신에 대한 조언자에서 아버지로서의 신으로 변화하는 것은, 그가 하고 있는 일과 관련해서가 아니라, 운율의 지시에 의해서이다. 그는, 그가 구름을 모을 때가 아니라, 운율상의 단위인 ∪∪-∪∪--를 만족시킬 때"[55] 구름을 모으는 제우스가 되는 것이다. 이것은 기하학적 양식의 예술가가 시각적인 이야기를 그 자신의 특유한 방식으로 말하기 위해서 공간적 관계를 왜곡시킬 수—전혀 존재하지 않는 접촉을 도입하고, 일어나는 접촉을 파괴할 수—있는 것과 같다. 이렇게 함으로써 시인은 기하학적 양식의 예술가와 고대 초기의 예술가에 의해 사용된 형식적 특징들을 반복한다. 그들 모두는 대상들의 결합을 유지하고, 그것들의 부분들이 속하는 '고도의 통일성'을 반영하도록 부분들을 형성하는 '근원적인 실체'에 주의를 기울이지 않는 것처럼 보인다.

또한 이와 같은 '고도의 통일성'은 언어 속에 있는 **개념**들에서도 발견되지 않는다. 예컨대, 인간의 육체를 하나의 단일한 존재로서 묘사할 수 있는 표현은 없었다.[56] '소마'(soma)는 시체(屍體)이고, '데마스'

---

54 Kurz, op. cit.

55 R. Lattimore, *The Iliad of Homer*, Chicago, 1951, pp.39f.

56 다음에 대해서는 B. Snell, *The Discovery of the Mind*, Harper Torchbooks, 1960, 제1장을 참조. 스넬의 견해는 비판되어 왔지만, 비판을 견디어 왔다. F. Krafft, *Vergleichende Unter-*

(demas)는 특수한정(特殊限定)을 나타내는 대격(對格)으로서 '구조에 있어서'라든가 '형태에 관해서'를 의미한다. **팔다리**(limb)에 대한 언급은 오늘날 우리들이 육체에 관해서 말할 때 등장한다.(γυῖα: 관절에 의해 움직여지는 것으로서의 팔다리, μέλεα: 육체적으로 강인함을 발휘하는 팔다리, λέλυντο γυῖα: 그의 전신이 떨렸다. ισρος έχ μελέων έρρεν: 그의 육체가 힘으로 충만하였다.) 우리가 가질 수 있는 것은, 오직 다소 분절된 부분들로 조합된 인형이 전부였다.

이 인형은 우리들이 생각하는 것과 같은 영혼을 갖지 않는다. '육체'는 팔다리, 몸통, 동작의 집합체이고, '영혼'은 반드시 사적인 것이 아니라, 서로 다른 개체들에 속할 수도 있는 '심적' 사건들의 집합체이다. "호메로스는 관념이나 정서에 대한 묘사에서 결코 순수히 공간적인 혹은 양적인 정의(定義) 이상으로 나아가지 않았다. 그는 결코 그것들의 특수한, 비-육체적인 성질을 발하게 하려고 시도하지 않았다."[57] 행위들은 '자율적인 나'에 의해 시작되는 것이 아니라, 다른 행위들, 사건들, 신의 간섭 등과 같은 일들에 의해서 시작된다. 그리고 이것이 정확히 심적 사건들이 **경험되는** 방식이다.[58] 꿈이나 이상한 심리적 행위, 예컨대, 전투 도중이나 필사적인 탈출 도중의 돌연한 상기, 돌연

---

suchungen zu Homer und Hesiod, Hypomnemata, Heft 6, Göttingen, 1963, pp.25ff. 그의 *Gesammelte Schriften,* Göttingen, 1966, p.18에서 스넬은 또한 "호메로스에서 우리는 결코 개인적인 결단, 행동하는 인간에 의한 의식적인 선택을 발견할 수 없다. 다양한 가능성을 마주하는 인간은 '이제 그것은 나에게 달렸다. 그것은 내가 어떻게 결단하는가에 달려 있다'고 결코 생각하지 않는다"고 주장한다.

57 Snell, *Gesammelte Schriften,* p.18.
58 Dodds, *The Greeks and the Irrational,* Boston, 1957, Chapter1 참조.

한 인식행위, 돌연한 활력의 증대, 또한 분노의 갑작스러운 폭발은 신이나 악마를 끌어들여서 **설명될** 뿐만 아니라, 그러한 것으로 **느껴지기도** 한다. 아가멤논의 꿈은 "그[제우스]의 말을 따르고, 내려간다"(『일리아드』, 2.16). ─꿈이 내려가는 것이지, 꿈속의 인물이 내려가는 것이 아니며, "그것은 그[아가멤논]의 머리 옆에 네스토르와 같은 모양으로서 있다"(2.20). 사람들은 꿈을 **소유하는** 것이 아니다(꿈은 '주관적' 사건이 아니다). 사람들은 그것을 보며(그것은 '객관적' 사건이다), 또한 그것이 다가오고 멀어져 가는 방식을 본다.[59] 갑작스러운 분노나 힘의 폭발이 신의 행위로 기술되고 느껴진다.[60] "제우스는 그가 하고 싶은 대로 사람들에게 힘을 불어넣기도 하고, 감소시키기도 한다. 왜냐하면 그의 힘은 모든 것을 능가하기 때문이다"(『일리아드』, 20.241)라는 문구는 하나의 객관적 묘사(이것은 동물의 행동까지도 포함하도록 확장될 수도 있다)일 뿐만 아니라, 변화가 외부로부터 초래된다는, 즉 "강한 용기로 … 가득 채워졌다"(12.60)는 느낌을 표현하기도 한다. 오늘날에

---

59 약간의 노력을 들이면, 이 경험은 오늘날에도 반복될 수 있다. 1단계 ─누워서 눈을 감고, 침입하는 환각에 주목하라. 2단계 ─환각이 스스로 그리고 그 자신의 경향에 따라 진행하도록 놔두어라. 그러면 그것들은 눈앞의 사건들로부터, 보는 이를 점점 에워싸는 사건으로 변화한다. 그러나 아직까지 그를 3차원적 꿈의 공간에서 어떤 행위의 적극적인 참가자로 만들지는 않는다. 3단계 ─환각상의 사건을 보는 것으로부터, 보는 이에게 작용을 미치며 그에 의해 작용받을 수 있는 실재적 사건의 복합체의 일부가 되는 것으로 옮겨 가라. 3단계는, 존재하지 않는 의지의 작용에 의해, 혹은 또한 외부의 소음에 의해 역전될 수 있다. 삼차원적인 광경은 이차원적인 것이 되고, 눈앞의 한 곳에 모여들었다가 사라져 버린다. 이러한 형식적인 요소가 문화가 다름에 따라 어떻게 변하는가를 보는 것은 흥미로운 일일 것이다.

60 오늘날 우리들은, 어떤 사람은 감정에 '지배되고', 그의 분노를 그의 의지에 반하여 침범하는 소원한 사물로 느낄 수 있을 것이라고 말한다. 그리스인의 다이몬적인 존재론은 우리들의 감정의 이러한 특징을 묘사하는 객관적 용어를 포함하고 있으며, 그것에 의해 감정을 안정시키고 있다.

는 그러한 사건들은 잊혀졌든가 아니면 순전히 우연한 것으로 생각되고 있다.[61] "그러나 호메로스나 고대의 일반적인 사고에 있어서, 우연한 사건이라는 것은 존재하지 않는다."[62] 모든 사건들은 설명된다. 이것이 사건들을 보다 명료하게 하고, 그것들의 객관적 특징을 강화하며, 그 사건들을 이미 알려진 신과 악마의 모형틀에 끼워 맞춘다. 그렇게 함으로써 그 **끼워** 맞춰진 사건들은 그 사건들을 설명하는 데 사용되는 신적인 장치에 대한 강력한 증거로 바뀌는 것이다. 이렇게 해서 "신들은 현존한다. 이것을 그리스인들에게 주어진 사실로서 인식하는 것이 그들의 종교와 문화를 이해하기 위한 제1의 조건이다. 신들의 현존에 대한 우리의 지식은 신 그 자체 혹은 신들의 행위에 대한 (내적이거나 외적인) 경험에 의존한다".[63]

요약해 보자. 고대 세계는 우리를 둘러싸고 있는 세계보다 훨씬 치밀하지 못하며, 또한 덜 치밀한 것으로 경험된다. 고대인은 '육체적' 통일성을 결여하고 있으며, 그의 '육체'는 수많은 부분들, 팔다리, 표면, 연결부들로 이루어져 있다. 또한 그는 '심적인' 통일성도 결여하고 있는데, 그의 '마음'은 다양한 사건들로 구성되어 있고, 그것들 중

---

61 정신분석과 이에 관련된 이데올로기는 현재, 이러한 사건을 보다 넓은 맥락의 일부로 간주하는 일에 다시금 기여하고 있고, 그럼으로써 그것에 실체성을 주고 있다.

62 Dodds, op. cit., p.6.

63 Wilamowitz-Moellendorf, *Der Glaube der Hellenen*, I, 1955, p.17. 그렇지 않으면 세계에 대한 우리들의 개념파악은 균일한 재료를 분할하고, 객관적인 밝기에는 어떤 변화도 없는 곳에서 지각된 밝기에 있어서의 차이를 만들어 낸다. 동일한 과정이, 우리들의 내적 생활의 혼돈에 찬 인상을 질서화하고 신의 간섭에 대한 (내적인) 지각으로 이끌어 간다. 또한 그것은 악마, 신, 영혼을 외적 지각의 영역으로 도입하기도 한다. 어쨌든 ──이 추측을 바로 철회하지 않도록 하기에 충분할 정도의 많은 악마의 경험이 존재한다.

의 몇몇은 오늘날 우리가 생각하는 의미에서 '심적인' 것도 아니다. 그 것은 육체를 가진 인형의 부가적인 구성요소로서 곁들여져 있거나, 외부로부터 주어지는 것이다. 사건들은 개인에 의해 **형성**되는 것이 아니라, 여러 부분들의 복잡한 배열이며, 그것의 적당한 위치에 육체를 가진 인형이 **삽입되는 것이다.**[64] 이것이, '고대적' 예술과 호메로스 시의 **형식적** 특징에 대한 분석을 호메로스풍의 시인이 보는 것을 묘사하기 위해 사용되는 **개념**들에 대한 분석과 결합시켰을 때, 그 결과로서 나타나는 세계관이다. 그것의 주요한 특징들은 그 개념들을 사용하는 개인들에 의해서 **경험**된다. 이 개인들은 그 시대의 예술가들에 의해 **구성**된 **것과 똑같은 종류의 세계에서 실제로 사는 것이다.**

이러한 추측에 대한 그 밖의 증거는 일반적인 종교적 태도와 지

---

64 이 사실은 성공이란 개인적 노력의 결과가 아니라, 상황에 맞는 행운이라는 것을 의미하고 있다. 그것은 πράττειν와 같은 낱말로 표현되는데 이것은 활동을 가리키는 것으로 생각된다. 왜냐하면 호메로스에게 있어서 그러한 낱말은 행위자가 초래한 결과가 올바른 방법으로 생겨났다는 사실, 그것을 초래한 과정이 별로 방해를 받지 않았다는 사실을 강조하고 있다. 그 과정은 그것을 둘러싼 다른 과정에 들어맞을 뿐이라는 것이다(아티카 방언에서εὐπάττω는 지금도 여전히 '나는 잘하고 있다'라는 것을 의미하고 있다). 마찬가지로 τεύχειν는 개인적인 업적이 아니라, 사물이 잘 되어 나간다는 사실과, 그것이 환경에 적합하다는 사실을 강조하고 있다. 같은 사실이 지식의 획득에도 들어맞는다. "오디세우스는 많은 것을 보고, 많은 것을 경험했지만, 그 이상으로 그는 늘 새로운 방법으로 자신을 구해 낼 수 있는 사려 깊은(πολυμήχανος) 사람이며, 결국 그는 그의 여신 아테나의 말을 듣는 사람이다. 보는 것에 기초한 지식은 실제로는 그의 활동과 탐구의 결과가 아니라, 오히려 그가 외적 상황에 의해 옮겨 다니는 동안에 그에게 우연히 생긴 것이다. 그는 솔론과는 아주 다른데, 솔론은 헤로도토스가 말한 바에 의하면 이론적인 이유로 인해 여행한 최초의 인물이었다는 것이다. 왜냐하면 그는 탐구에 흥미를 가지고 있었기 때문이다. 오디세우스에게 있어서는 많은 사물들에 대한 지식은 επισασθαι의 영역에서의 그의 활동으로부터 기묘하게 분리되고 있다. 이 활동은 그와 그의 동료들의 목숨을 구하기 위한 어떤 목적에 도달하는 수단을 발견하는 데 한정되어 있다." B. Snell, *Die alten Griechen und Wir*, Göttingen, 1962, p.48. 이곳에는 또한 관련된 단어에 대한 더욱 자세한 분석이 주어져 있다. 또한 개인적 결정의 명백한 비-존재에 대해서는 각주 56을 볼 것.

식(에 대한 태도)에 관한 '이론이라 할 수 있는' '메타-태도'(meta-atittude)를 검토함으로써 얻어질 수 있다.

왜냐하면 방금 기술된 치밀성의 결여는, 이데올로기의 영역에서도 다시 나타나기 때문이다. 종교적인 문제들에서는 **관용**(tolerance)이 있는데, 그 후의 세대들은 그것이 도덕적으로나 이론적으로 받아들일 수 없는 것임을 발견한다. 그리고 그것은 오늘날에도 경박하고 단순한 정신의 표현으로 간주된다.[65] 고대인은 종교적 절충자이고, 다른 나라의 신들과 신화들에 반대하지 않으며, 종합하거나 모순을 제거하려는 어떤 시도도 하지 않은 채로 존재하는 세계의 내용에 그것들을 부가한다. 거기에는 성직자도, 도그마도, 신과 인간과 세계에 관한 어떤 정언적 진술도 존재하지 않는다.[66] (이러한 관용은 이오니아의 자연철학자들에게서도 역시 발견되는데, 그들은 신화를 제거하지 않고 자신들의 관념을 신화와 병행하여 발전시킨다.) 우리가 오늘날 생각하는 바의 종교적 '도덕성'도 없으며, 영원한 원리의 추상적 구현으로서의 신도 없다.[67] 신은 나중에 가서 영원한 원리의 추상적 구현이 되는데, 고대의 신이 "[그의] 인간성을 상실한 결과 그렇게 된 것이다. 그 때문에 올림피아주의는 그것이 도덕화된 형태에서 공포의 종교가 되는 경향을 갖고 있었는데, 그러한 경향이 종교적인 용어 가운데서도 반영되고 있다. 『일리아드』에는 '신을 두려워함'에 해당하는 낱말이 없다".[68] 이것

---

65 실례 F. Schachermayer, *Die frühe Klassik der Griechen*, Stuttgart, 1966.
66 Wilamowitz-Moellendorf, op. cit.를 볼 것.
67 M. P. Nilsson, *A History of Greek Religion*, Oxford, 1949, p.152.
68 Dodds, op. cit., p.35.

이 어떤 사람들이 '도덕적 진보'니 '과학적 진보'니 하고 부르기 좋아하는 것에 의해 삶이 비인간화되는 방식이다.

같은 의견이 이 고대의 세계관에 함축되어 있는 '지식이론'에 대해서도 적용된다. 『일리아드』(2.284ff)에서 뮤즈들은, 사물들에 가까이 있기 때문에 — 그들은 풍문에 의존하지 않는다 — , 또 저자에게 흥미로운 많은 사물들 모두를 하나하나 알고 있기 때문에, 지식을 얻을 수 있다. "강도가 아니라, 양이 판단과 지식에 관한 호메로스의 기준이다."[69] 이것은 πολύφρων와 πολύμητις, '많이 고려한다'와 '많이 생각한다'라는 낱말들로부터, 또한 "많은 것을 배우는 것[πολυμαθίη]이 지성을 가르치지는 않는다"[70]와 같은 후세의 비판으로부터 명백히 드러난다. 많은 놀라운 일들(예컨대, 지진, 태양과 달의 일식과 월식, 나일강의 역설적인 홍수과 가뭄)이 각각 특유한 방법으로, 보편적인 원리들을 이용하지 않고 설명되는데, 이러한 사물에 대한 흥미와 이것을 이해하고자 하는 열망은 8세기와 7세기(그리고 그 후)의 연안지방의 묘사(이것은 단순히 여행하면서 차례로 알게 된 부족, 부족의 습관, 해안의 형상 등을 열거한다)까지 계속 이어진다. 탈레스와 같은 사상가도 흥미로운 많은 관찰을 행하고 나서 그것들을 하나의 체계로 묶으려 하지 않았으며, 단지 많은 설명들을 제공하는 데 만족한다.[71] (하나의 '체계'를 구성한 최

---

69 Snell, *The Discovery of the Mind*, p.18.
70 헤라클레이토스, *Diogenes Laertius*, IX, 1에 의한다.
71 탈레스가 자연현상 배후의 통일성을 표현하는 원리를 사용하였고, 또한 이 원리를 물과 동일시했다는 생각은 Aristotle, *Metaphysics*, 983b 6~12와 26ff에서 최초로 발견된다. 이 부분과 다른 문장을 한층 자세하게 조사하고 또한 헤로도토스의 충고를 듣는다면, 그는 수많은 이상한 현상을 다루었고, 수많은 관찰을 하나의 체계로 묶는 일 없이 행하였던 사상가들의 그룹

초의 사상가는 헤시오도스를 따르던 아낙시만드로스였다.) 그러한 **지식**은 감각의 보고(report) 배후에 있는 본질을 파악하려고 노력함으로써 얻어지는 것이 아니다. 그것은 (1) 대상(과정, 집합체)에 관련된 올바른 위치에 관찰자를 집어넣음으로써, 즉, 관찰자를 세계를 구성하는 복잡한 패턴 속의 적절한 위치에 삽입시킴으로써, 그리고 (2) 이러한 상황 아래서 주목되는 요소들을 첨가함으로써 얻어진다. 지식은 적당하고 유리한 지점에서 행해진 복잡한 조사의 결과이다. 우리들은 모호한 보고나, 다섯 차례 이상 행해진 설명조차도 의심할 수 있다. 그러나 자신의 눈으로 명료하게 볼 수 있는 것을 의심할 수는 없다. 묘사되거나 기술된 **대상**은 요소들의 적절한 배열인데, 그것은 원근법적 표현과 그밖의 원근법적 현상을 포함할 수도 있다.[72] 노가 물속에서 구부러져 보인다는 사실이 여기서는 다른 이데올로기에서 가정되는 회의적인 힘을 갖고 있지 않다.[73] 앉아 있는 아킬레스가 그의 발이 빠르다는 것을 의심하게 만들지 않는 것과 마찬가지로 —— 실제로, 만일 그가 원리적으로 앉을 수 없다는 것이 사실로 밝혀진다면, 우리는 그의 발이 빠르

에 여전히 속해 있었다는 사실이 드러난다. F. Krafft, *Geschichte der Naturwissenschaften*, I, Freiburg, 1971, 제3장에 나타나는 생생한 묘사를 참조.

72 원근법적인 여러 현상은 때때로, 마치 묘사되고 있는 대상의 특별한 성질인 것처럼 다루어졌다. 예를 들어, 옛날 왕국(고대 이집트)의 한 용기는 윗면에 원근법을 나타내는 자국을 갖고 있지만, 그 자국은 대상 자체의 특징으로서 표현되어 있다. Schäfer, op. cit., p.266. 몇몇 그리스 예술가는 원근법을 고려할 필요가 없는 상황을 발견하려고 시도하였다. 이러한 이유로 거의 기원전 530년경에 생겨났던 이른바 적회(赤繪) 양식의 특이성은 "원근법을 사용하여 그려져 있었다는 사실에 있었던 것이 아니라, 그것을 피하기 위한 새롭고도 아주 다양한 방법에 있다". E. Pfuhl, *Malerei und Zeichung der Griechen*, Vol. 1, Munich, 1923, p.378.

73 A. J. 에이어(Ayer)의 *The Foundations of Empirical Knowledge*, London, 1940의 제1장에 있는 논의를 볼 것. 그 예는 고대 회의주의자들에게 잘 알려져 있다.

다는 것을 의심하게 될 것이다 ─ 그와 똑같은 방식으로, 구부러져 보이는 노는, 그것이 공기 중에서는 완전히 곧게 뻗어 있다는 것을 의심하게 만들지 않는다 ─ 만일 그것이 물속에서 실제로 구부러져 보이지 않는다면, 우리는 그것이 직선이라는 것을 의심하게 될 것이다.[74] 구부러져 보이는 노는, 다른 **상**(相)이 아니라, 실제적인 노의 특정한 한 **부분**(상황)이다. 그것은 노가 곧게 뻗어 있다는 사실과 **양립**할 뿐만 아니라, 그것을 요구한다. 즉 지식의 대상은, 고대 예술가의 시각적인 목록이나 고대 시인에 의해 묘사된 상황과 마찬가지로 가법적(加法的)이다.

또한 획일적인 지식의 개념도 존재하지 않는다.[75] 매우 다양한 낱말들이 오늘날 지식의 여러 형태들, 혹은 지식을 획득하는 여러 방식이라고 생각하는 것을 표현하는 데 사용된다. σοφία[76]는 예술을 포함해서 어떤 직업(목수, 가수, 장군, 의사, 전사, 격투가)에서의 전문적 지식을 의미한다. εἰδέναι는, 문자 그대로, '본 것'을 의미하는데, 그것은 조사를 통해서 획득된 지식을 가리킨다. συνίημι는, 특히 『일리아드』에서는, 때때로 '듣는 것' 혹은 '이해하는 것'으로 번역되지만, 좀더 강한 의미로

---

74 이것은 또한 J. L. 오스틴(Austin)이 이 사례를 다루는 방법이기도 하다. *Sence and Sensibilia*, New York, 1962를 참조. 예를 들면, '이론적 존재의 실재성의 문제'와 같은 문제들은 이러한 상황 하에서는 생겨날 수 없음이 분명하다. 이러한 모든 문제는 고대와 선(先)고대기의 가법적인 이데올로기를 대치한 새로운 접근법에 의해 만들어졌다.

75 B. Snell, *Die Ausdrücke für den Begriff des Wissens in der vorplatonischen Philosophie*, Berlin, 1924. 간단한 해설은 Snell, *Die Alten Griechen und wir*, pp.41ff에 쓰여져 있다. 또한 von Fritz, *Philosophie und sprachlicher Ausdruck bei Demokrit, Plato, und Aristoteles*, Leipzig-Paris-London, 1938도 참조.

76 호메로스에 있어서는 『일리아드』 15 및 42에만 등장하고 이것은 목수의 σοφία에 관한 것이다 (라티모어는 '숙련된 목수'라고 번역하고 있다).

따르는 것과 복종하는 것이라는 관념을 함유한다. 사람들은 어떤 것에 열중하여 그것에 따라 행위한다. (듣는 것이 중요한 역할을 할 수도 있다.) 이러한 표현들 가운데 많은 것은 인식하는 사람의 수용적 태도를 수반한다. 그는 그의 주변에 있는 사물들의 행동을 그의 행위 가운데서 반복하고, 그 사물들에 따르며,[77] 그가 점유하는 장소에 삽입된 실재에 어울리도록 행위한다.

다시 한 번 더 반복하고, 결론을 내리자. 고대 그리스 초기에 사용된 표현양식들은, 단순히 무능함이나 특별한 예술적 관심의 반영들이 아니라, 고대인의 세계의 근본적인 특징이라고 느껴지고, 보이고, 생각되는 것들에 대한 충실한 설명을 제공하는 것이다. 이 세계는 열린 세계이다. 이 세계의 요소들은 '근원적인 실체'에 의해서 형성되거나 하나로 통합되는 것이 아니며, 그것으로부터 이 실체가 어렵게 추론될 수 있는 현상도 아니다. 그것들은 때때로 합체(合體)하여 집합체를 형성한다. 단일한 요소가 그것이 속하는 집합체에 대해 갖는 관계는, 부분과 부분의 집합 사이의 관계와 같은 것이지, 부분과 그것을 제압하는 전체와의 관계와 같은 것이 아니다. '인간'이라고 불리는 특정한 집합체는 '심적 사건들'(mental events)의 방문을 받으며, 때로는 그것들이 들어와 살게 된다. 그러한 사건들은 인간 속에 상주할 수도 있고, 밖으로부터 들어올 수도 있다. 다른 모든 대상과 마찬가지로 인간은 하나의 독자적인 행위의 원천, 하나의 '나'가 아니라(데카르트의 '코기토' [cogito]는 이 세계에서는 단초를 가지지 못하며, 따라서 그의 논증은 시작

---

77 Snell, *Ausdrücke*, p.50을 참조.

될 수조차 없다), 오히려 여러 가지 영향들의 교환소인 것이다. 이러한 관점과 마흐(Mach)의 우주론 사이에는, 고대 세계의 요소들이 인지 가능한 물리적, 정신적 형태들이고 사건들인 데에 비해서, 마흐가 이용하는 요소들은 보다 추상적이고 아직 알려지지 않은 연구의 **목표**일 뿐 그 **대상**이 아니라는 점을 제외하고는 커다란 유사성이 존재한다. 요컨대, 고대 세계관의 표현적인 단위들은 실재론적인 해석을 받아들이며, 정합적인 존재론을 표현하며, 또한 워프의 여러 관찰들에도 들어맞는다.

여기서 나는 나의 논증을 그치고, 지금까지의 관찰을 과학적 방법의 문제들과 연관시키는 몇 가지 논평을 하고자 한다.

1. 원근법적 표현과 그 밖의 원근법상의 표시는 우리들의 지각세계의 너무나 명백한 특징이므로, 그것은 고대인들의 지각세계에서도 결여될 수 없다는 반론이 있을 수 있다. 따라서 고대적인 표현방식은 불완전하며, 그것에 대한 실재론적 해석은 옳지 않다.

대답 : 원근법적 표현은 그것에 대해서 특별한 주의가 주어지지 않는 한, 우리들의 지각세계의 명백한 특징이 될 수 없다(사진과 영화의 시대에 있어서는 오히려 빈번하게 주의가 기울여진다). 우리가 직업적인 사진사나 영화제작자나 화가가 아닌 이상, 우리들은 **사물**들을 지각하는 것이지, **상**을 지각하는 것이 아니다. 복잡한 사물들 사이를 빨리 움직일 때, 우리들은 상의 지각이 허용하는 것보다 훨씬 작은 변화밖에 느끼지 못한다. 상과 원근법적 표현은 만일 그것들이 우리의 의식

에 들어온다면, 지각발달의 적절한 단계가 완성되면[78] 잔상이 억제되는 것과 마찬가지로, 흔히 억제되며, 오직 특수한 상황에서만 주목된다.[79] 고대 그리스에서는 그러한 특수한 상황은 극장에서, 아이스킬로스와 아가타르코스의 감동적인 상연에서 그 맨 앞줄에 앉은 관객들에게만 생기며, 실제로 원근법의 발전에 대한 결정적인 영향을 극장에게 돌리는 학파도 있다.[80] 또한 고대 그리스의 지각세계가 우리들의 것과 일치해야 할 이유가 무엇인가? 앞의 반론을 확고히 하기 위해서는 현존하지 않는 지각의 형식에 대한 언급 이상의 논증이 요구된다.

2. 독자는 고대 우주론의 특수성을 확립하기 위해서 사용된 절차는 여러 종족공동체의 세계관을 조사하는 인류학자의 방법과 많은 점에서 공통적임에 주목해야 한다. 차이점은 증거의 부족과 증거 출처의 특수한 상황들(쓰여진 자료, 미술작품, 개인적 접촉의 결여)에 기인한다. 이 절차에 대해 좀 더 자세히 살펴보자.

그가 선택한 종족의 우주론과 그것이 언어, 예술, 일상생활에 반영되는 방식(실재론 대 도구주의의 문제)을 발견하려고 노력하는 인류학자는, 먼저 언어와 기본적인 사회적 관습을 배운다. 그는 그것들이 소의 우유 짜기, 요리 등 겉으로 보기엔 별로 중요하지 않은 **행위**들을 포함하는 그 밖의 행위들과 어떻게 관련되는가를 탐구한다.[81] 그는 **중**

---

78 이 장의 각주 12 이하와 본문을 참조.
79 각주 13을 참조.
80 Hedwig Kenner, *Das Theater und der Realismus in der Griechischen Kunst*, Vienna, 1954의 Part II, 특히 pp.121f를 참조.
81 Evans-Pritchard, *Social Anthropology*, New York, 1965, p.80.

심관념(key idea)들을 알아내려고 노력한다.[82] 사소한 점에 대한 그의 주목은 완전성에 대한 잘못된 충동의 결과가 아니라, 어떤 사고방식(지각의 방식)에 대해서는 중요하지 않은 것이 다른 사고방식에 있어서는 매우 중요한 역할을 할 수도 있다는 것을 인식한 결과이다. (로렌츠주의자의 지필 작업과 아인슈타인주의자의 그것 사이의 차이는 매우 작은 것이고, 발견될 수 없는 것일 수도 있지만, 그것들은 중요한 이데올로기의 대립을 표현한다.)

중심관념들을 발견한 다음에 인류학자는 그것들을 **이해하려고** 노력한다. 그는 이것을 그의 소득원인 특수한 직업의 언어를 포함해서, 그 자신의 언어를 처음으로 이해했을 때와 똑같은 방식으로 행한다. 그는 그 관념들을 **내면화**하여, 그 관념들 사이의 결합이 그의 기억과 그의 반응 속에 확고하게 각인되고 마음대로 산출될 수 있도록 한다. "만일 인류학자가 원주민 사회를 이해하려고 한다면, 그것은 단지 인류학자의 노트에 있는 것이 아니라, 인류학자 자신 가운데 있어야 한다."[83] 이 과정은 **외부적 간섭으로부터 자유로워야 한다**. 예컨대, 연구자는 그 관념들을 그가 이미 알고 있거나, 아니면 보다 잘 이해할 수 있다거나 정확하다고 생각하는 관념들과 견주어 봄으로써, 그 부족의 관념들을 더 잘 파악하려고 노력해서는 안 된다. 어떤 일이 있어도, '논리적 재구성'을 시도해서는 안 된다. 그러한 절차는 그를 이미 알려진 것, 혹은 어떤 그룹들이 선호하는 것에 묶어 놓을 것이며, 따라서 그가 조

82 Ibid., p.80.
83 Ibid., p.82.

사하는 미지의 세계관을 파악하는 일을 영원히 방해할 것이다.

자신의 연구를 끝내고 나서 인류학자는 그 자신 속에 원주민 사회와 그 자신의 배경 모두를 갖게 될 것이고, 따라서 이제 그는 그 두 가지를 비교하는 작업을 시작할 수 있다. 그 비교는 원주민의 사고방식이 유럽의 용어들(오직 한 종류의 '유럽의 영어들'만이 존재한다고 가정한다면)로 재현될 수 있는가, 혹은 그것이 서양 언어에서는 발견될 수 없는 그 나름의 '논리'를 가지고 있는가를 결정한다. 인류학자는 그 비교과정에서 원주민의 어떤 관념들을 영어로 고쳐 말할 수도 있을 것이다. 이것은 그 **비교와 전혀 관계없이 말해지는** 영어가 원주민의 관념을 이미 포함하고 있다는 것을 의미하지는 않는다. 그것은 언어들이 여러 가지 방식으로 사용될 수 있다는 것, 그리고 이해는 어떤 특정한 일군의 규칙에 의존하지 않는다는 것을 의미한다.

3. 중심개념들에 대한 조사는 여러 단계에 걸쳐서 행해지는데, 그중의 어느 것도 완전한 해명에 도달하지 못한다. 여기서 연구자는 즉각적 명료성과 논리적 완전성에 대한 자신의 충동을 확고하게 통제해야 한다. 그는 (그 이상의 연구에 잠정적인 도움이 되는 것을 제외하고는) 어떤 개념을 그 자료가 시사하는 것보다 더 명료하게 만들려고 노력해서는 안 된다. 개념들의 내용에 관해서 결정을 내리는 것은 그의 논리적 직관이 아니라, 이 자료이다. 한 예를 들어 보자. 나일강 유역의 종족인 누아족은 에번스-프리처드(Evans-Pritchard)에 의해서 조사되었는데, 그들은 몇 가지의 흥미로운 시공(時空) 개념들을 가지고 있

다.[84] 누아족의 사고에 너무나 생소한 연구자는 그 개념들을 '불명료하고 충분히 정확하지 않은' 것이라고 생각할 것이다. 그 문제를 개선하기 위해서, 현대의 논리적 관념을 이용하여 그것을 해명하려고 노력할 수 있다. 그것은 명료한 개념들을 창조할는지는 모른다. 그러나 그 것들은 이미 누아족의 개념은 아니다. 이와는 달리, 만일 그가 명료하면서도 누아족의 것이기도 한 개념들을 갖고자 한다면, **올바른 정보가 얻어질 때까지**, 즉 현장연구가 놓쳤던 요소들 —— 그것들은 그 자체로서는 그가 이미 발견한 요소들과 마찬가지로 불명료한 것이지만 —— 을 건져 낼 때까지, 그의 중심관념들을 모호하고 불완전한 채로 유지해야만 한다.

정보의 각 항목들은 이해라는 건축물을 구성하는 벽돌들이다. 이 것은 정보의 각 항목이 성급히 정의함으로써가 아니라, 그 종족의 언어와 이데올로기로부터 다른 벽돌들을 발견함으로써 명료화되어야 함을 의미한다. 다음과 같은 진술들은 그 각각이 하나의 건축 벽돌이다. 즉 "…누아족은, 시간이 실제적인 어떤 것이며, 그것은 흘러가고, 지체될 수 있고, 절약할 수도 있다는 식으로 시간에 관해서 말하지 못한다. 나는 그들이 시간과 싸운다는 느낌이나 여러 가지 활동들을 추상적인 시간의 경과에 맞추어야 된다는 느낌을, 우리가 경험하듯이 경험한다고는 생각하지 않는다. 왜냐하면 그들이 언급하는 항목은 주로 일반적으로 여유로운 성격의 행위들 그 자체이기 때문이다…."[85] 이 경

---

84 Evans-Pritchard, *The Nuer*, Oxford, 1940, Part III; *Social Anthropology*, pp.102ff의 간결한 해설을 참조.
85 *The Nuer*, p.103.

우에 있어서 이러한 진술들의 내용은 불완전하며 충분히 이해되지 않는다. 그리고 그것들은 모든 벽돌 전체의 배열을 기대하는 예비적인 시도이다. 그때 그 진술들은 테스트되어야 하고, 논리적 명료화에 의해서가 아니라, 다른 벽돌들의 발견에 의해서 명료화되어야 한다. (어린이는 논리적 명료화에 의해서가 아니라, 낱말과 사물, 낱말과 다른 낱말이 결합하는 방식을 이해함으로써 한 낱말의 의미를 배운다.) 어떤 특정한 인류학적 진술의 불명료성은 인류학자의 논리적 직관의 모호함을 나타내기보다는 자료의 결핍을 나타낸다.

4. 정확히 같은 언급이 공약불가능성 개념과 같은 중요한 현대적 개념을 탐구하는 어떤 시도에도 적용된다. 과학 내부에서 공약불가능성은 의미와 밀접하게 연결된다. 따라서 과학에서의 공약불가능성 연구는 의미-용어(meaning-term)들을 산출하는데, 이러한 용어들은 앞 절의 인용문에서 '시간'이란 용어가 불완전하게 이해되는 것과 마찬가지로 불완전하게 이해될 뿐이다. 그러한 진술들은 오직 명료한 의미론(theory of meaning)[86]이 산출되고 **나서야** 행해져야 한다는 언급은 누아족의 시간에 대한 이해를 **가져오는** 자료인 시간에 관한 누아족의 진술들이, 그러한 이해가 성취된 다음에 기록되어야 한다는 언급과 마찬가지로 의미 있다.

5. 논리학자들은 이에 반대하기 쉽다. 그들은, 의미에 대한 검토와

---

86 Achinstein, *Minnesota Studies in the Philosophy of Science*, Vol. 4, Minneapolis, 1970, p.224는 다음과 같이 말하고 있다. "파이어아벤트의 의미론은 우리들에게서 나온 것이다." 그리고 그는, 헴펠(C. Hempel)이 공약불가능성에 포함되어 있는 의미의 개념이 명료해진 다음에야 그것을 받아들이려고 한다고 말한다. Ibid., p.156.

용어들 사이의 관계에 대한 검토는 **논리학**의 과제이지 인류학의 과제가 아니라고 지적한다. 그러나 우리들은 '논리학'이란 말로 적어도 각기 다른 두 가지를 의미할 수 있다. '논리학'은 어떤 유형의 담론 고유한 구조에 대한 연구, 혹은 그 연구의 성과를 의미할 수 있다. 또한 그것은 어떤 특정한 논리체계 혹은 체계들의 집합을 의미할 수도 있다.

첫 번째 종류의 연구는 인류학에 속한다. 왜냐하면, 예를 들어 우리들이 $AB \lor A\overline{B} \equiv A$가 '양자론의 논리'의 일부인가를 알기 위해서는 양자론을 연구해야 할 것이기 때문이다. 그리고 양자론이 신의 유출(流出, emanation)이 아니고 인간의 작품이기 때문에, 우리는 인간의 작품을 연구하는 데 보통 사용될 수 있는 방식으로 그것을 연구해야 한다. 즉 우리는 역사적 기록들—교과서, 논문의 원본, 모임이나 사적인 대화의 기록, 편지 등과 같은 것들—을 연구해야 한다. (양자론의 경우에, 우리의 입장은 양자이론가라는 종족이 아직 죽지 않았다는 사실에 의해 개선된다. 그러므로 우리들은 쿤과 그의 조력자들의 작업과 같이 인류학적 현장조사로 역사적 연구를 보충할 수 있다.[87])

이러한 기록들만 가지고서는, 우리의 문제에 대한 **유일무이한** 해답을 산출하지 못한다는 것을 인정해야만 한다. 그러나 도대체 누가 그 기록들이 그러한 것을 산출한다고 가정하는가? 역사적 기록들은 역사적 문제들에 대해서도 유일무이한 해답을 산출하지 않는다. 그러

---

87 T. S. Kuhn, J. L. Heilbron, P. Forman과 L. Allen, *Sources for the History of Quantum Physics, American Philosophical Society*, Philadelphia, 1967. 이 보고서에서 기술된 프로그램 아래 조합된 재료는 여러 대학에서 논의될 수 있다. 캘리포니아 버클리대학도 그중 하나이다.

나 아무도 역사적 기록이 무시되어야 한다고 제안하지는 않는다. 그러한 기록들이 지금 검토하고 있는 의미에서의 논리적 연구에 **필요하다**는 것은 의문의 여지가 없다. 문제는 그것들이 어떻게 **이용**되어야 하겠느냐는 것이다.

우리는 담론 영역의 구조를 발견하고자 하는데, 그것에 대해서 기록들은 불완전한 설명을 제시한다. 우리는 그것에 아무런 변화를 주지 않으면서 그것에 대하여 배우고자 한다. 우리의 예에서, 우리는 미래의 **완성된** 양자역학이 $AB \vee A\overline{B} \equiv A$를 채용할 것인가, 아니면 우리 자신의 **발명**이나 전에 미리 생각한 몇몇 현대논리학의 원리들과 일치하고 신속하게 해답을 제공하도록 이론을 변화시키는 단편적인 '재구성'이 그 원리를 이용할 것인가에 관심을 갖지 않는다. 우리는 **물리학자들이 실제로 실행하는** 것으로서의 양자이론이 그 원리를 사용하는가를 알고자 한다. 왜냐하면 우리들이 조사하고자 하는 것은 물리학자들의 작품이지, 재구성주의자들의 작품이 아니기 때문이다. 그리고 이 작품은 어쩌면 모순과 공백으로 가득 차 있을 수도 있다. 아마도 그것의 '논리'(지금 내가 그 용어를 사용하고 있는 의미에서)는, 형식논리의 한 특정한 체계의 관점에서 판단할 때 '비논리적인' 것일 수도 있다.

한편 우리의 문제를 이런 방식으로 제시할 때, 우리는 그것이 아무런 해답도 주지 못할지도 모른다는 것을 이해한다. 모든 물리학자들이 같은 방식으로 사용하고 있는 단일한 이론으로서의 하나의 '양자론'이란 존재하지 않을 수도 있다. 다시 말해서 보어, 디락, 파인만과 폰 노이만 사이의 차이점은 이것이 요원한 가능성이 아님을 시사한다. 우리가 이 가능성을 테스트하기 위해서는, 즉 그것을 제시하거나 그것을 명확히 하기 위해서는, 구체적인 사례들을 조사해야 한다. 구체적인 사례들에 대한 이러한 조사를 통해서, 양자이론가들이, 가톨릭교도와 여러 가지 유형의 개신교도가 다른 정도로, 서로 크게 다르다는 결론에 도달할 수도 있다. 즉 그들은 같은 책을 사용하고 있지만(이것조차도 의심스럽다 — 디락과 폰 노이만을 비교해 보라), 그 책으로 확실히 서로 다른 일을 행하고 있다.

처음에는 단일한 신화, 항상 동일하고 항상 같은 방식으로 사용되고 있는 신화에 의해 지배되고 있는 것처럼 보이는 영역에서 인류학적 사례연구가 필요하다고 하는 것은 과학에 관한 우리의 통상적인 지식에 중대한 결함이 있을는지도 모른다는 것을 나타낸다. 그것은 완전히 잘못된 것일 수도 있다(몇몇 오류는 앞 장들에서 암시되었다). 이러한 상황에서, 유일하게 안전한 방법은 무지를 고백하고, 재구성을 포기하며, 과학에 대한 연구를 출발점에서 다시 시작하는 것이다. 인류학자가 새로 발견된 부족공동체의 주술사가 가진 정신적 기형에 접근하듯이, 우리들은 과학에 접근해야 한다. 그리고 우리들은 이러한 기형이 (형식논리의 특정한 체계의 관점에서 판단할 때) 매우 비논리적이며, 또한 그것이 실제로 기능하기 위해서는 매우 비논리적이어야 한다는 것을 발견할 마음의 준비를 미리 하고 있어야 한다.

6. 그러나 소수의 과학철학자들만이 '논리'를 이러한 의미로 해석한다. 새롭게 발견된 어떤 관용어(idiom)를 기초짓는 기본적 구조가, 우리들에게 보다 친숙한 형식논리체계의 기본적 구조와는 근본적으로 다를 수 있다는 것을 인정할 자세가 되어 있는 철학자는 거의 없으며, 이것이 과학에 있어서도 사실일 수 있다는 것을 인정하려는 사람

은 결코 없다. 거의 대개의 경우, 어떤 특정한 언어나 이론의 (지금까지 논의된 의미에서의) '논리'가 하나의 특정한 논리적 체계의 특징들과 즉각적으로 동일시되고 있다. 예컨대,[88] 기드민(J. Giedymin) 교수는 '논리'라는 말로서, 그가 좋아하는, 매우 포괄적이지만 결코 모든 것을 포함하지는 않는 하나의 체계를 의미한다. (예를 들어 그것은 헤겔의 관념들을 포함하지 않으며, 그것을 정식화하는 데 사용될 수도 없다. 그리고 그것이 비형식적인 수학을 표현하는 데 사용될 수 있다는 것을 의심하는 수학자들도 있었다.) 기드민과 그의 동료 논리학자들이 이해하는 과학에 대한 논리적 연구란, 이러한 체계의 일군의 공식, 그 구조, 그 궁극적인 구성요소들의 속성(내포, 외연 등), 그것의 귀결, 그리고 가능한 모델들에 대한 연구이다. 만일 이러한 연구가 인류학자가 예컨대 과학에서 발견한 특질을 반복하지 않는다면, 그것은 과학이 어떤 결함을 가지고 있거나 아니면 인류학자가 어떤 논리도 알지 못한다는 것을 보여 준다. 이 두 번째 의미의 논리학자에게는, 그가 사용하는 공식들이 과학적 진술과 **같지 않고**, 과학적 진술과 같이 **사용되지도 않으며**, 또 과학이 아마도 그의 머리로 이해할 수 있는(그리고 그가 허용될 수 있는 유일한 방식이라고 간주하는) 단순한 방식으로 행해질 수 없다는 사실이 전혀 문제가 되지 않는다. 그는 이러한 불일치를 깨닫지 못하거나, 아니면 그것을 만족스러운 설명으로부터 제거되어야 할 불완전성에 기인하는 것으로 간주한다. 그는 그 '불완전성'이 어떤 중요한 **기능**을 가질 수

88 *British Journal for the Philosophy of Science*, August 1970, pp.257ff와 February 1971, pp.39ff.

있고, 만일 그것들이 제거되면 과학적 진보가 불가능하리라는 것을 전혀 생각하지 않는다. 그에게 과학은 공리, 모델이론, 대응규칙, 그리고 관찰언어를 합한 것이다.

그러한 절차는, 과학에서의 명시적인 분류와 비명시적인 분류를 우리에게 친숙하도록 만드는 하나의 인류학적 연구가 완성되어 있고, 그것이 공리적 접근이 용이하도록 결정되어 있다는 것을 (그러한 하나의 가정이 포함되어 있다는 것을 알지 못하는 채로) 가정한다. 그러나 그런 연구는 지금까지 수행된 적이 없다. 그리고 오늘날 주로 핸슨, 쿤, 라카토스와 실증주의적 편견에 아직 물들지 않은 다수의 역사학자들의 작업 결과로 얻어질 수 있는 현장연구의 단편적인 부분들은, 논리학자의 접근방식이 과학의 비본질적인 장식을 제거할 뿐 아니라, 과학의 진보를 가져오고 과학을 가능케 하는 특징 그 자체마저도 제거한다는 것을 보여 준다.

7. 내가 언급하였던, 의미에 관한 논의는 논리학자의 접근방식이 갖는 결함에 대한 또 다른 예증이 될 것이다. 기드민에게 이 용어와 '공약불가능성'이라는 용어와 같은 파생어들은 '불명료하고 충분히 정확하지 못한' 것이었다. 이것에 나는 동의한다. 기드민은 그 용어들을 보다 명료화하기를 원하였고, 보다 잘 이해하고자 하였다. 그는 결여되어 있다고 생각되는 명료성을, 어떤 특정한 종류의 형식논리 및 이중언어모델의 입장에서, 선택된 논리에서 설명된 '내포'와 '외연'에 논의를 제한하면서 해명함으로써 획득하려고 시도하였다. 기드민과 내가 견해 차이를 보이기 시작하는 것은 바로 이 부분이다. 왜냐하면 문제는, '의미'와 '공약불가능성'이 하나의 특정한 논리체계의 내부에

서 어떻게 일어나는가 하는 것이 아니기 때문이다. 문제는, 그것들이 (실제적인, 즉 재구성되지 않은) 과학에 있어서 어떤 역할을 수행하느냐 하는 것이다. 명료화는 이러한 역할에 대한 보다 구체적인 연구로부터 획득되어야 하며, 공백은 그러한 연구의 결과에 의해서 채워져야 한다. 또한 그것을 채우는 일이 시간을 요하듯이, 열쇠가 되는 개념들은 수년 아마도 수십 년 동안 '불명료하고, 충분히 정확하지 않은' 채로 있게 될 것이다. (위의 제3 항목과 제4 항목을 볼 것.)

8. 논리학자들과 과학철학자들은 상황을 이런 방식으로 보지 않는다. 그들은 비형식적인 논의를 꺼리고 그것을 수행할 능력도 없기 때문에, 그 논의에 사용되는 중요한 '용어들'의 '명료화'를 요구한다. 또한 어떤 논의의 용어들을 '**명료화**'한다는 것은, 그 용어들을 충분히 이해하는 데 필요한 문제된 영역의 **부가적이고** 아직 알려지지 않은 (그 용어들을 충분히 이해하는 데 필요한) 속성들을 연구하는 것을 의미하는 것이 아니다. 그것은 논리와 상식이라는 완전히 다른 영역으로부터 가져온 **기존의** 개념들로, 바람직하게는 관찰적인 관념으로, 이 용어들을 채워서, 그 자체가 일상적인 것처럼 들리도록 하고, 그 채우는 과정이 받아들여진 논리의 법칙들을 준수하도록 배려하는 것을 의미한다. 논의는 그 초기 단계가 이와 같은 방식으로 수정된 **뒤에야** 비로소 진행될 수 있다. 따라서 하나의 연구의 경로는 이미 이해된 사물들의 좁은 채널들에 쏠리게 되고, 이러한 연구에서는 기본적이고 개념적인 발견의 가능성(혹은 기본적이고 개념적인 변화의 가능성)이 상당히 감소된다. 이와 달리 기본적이고 개념적인 변화는 새로운 세계관과 그것을 표현할 수 있는 새로운 언어들을 전제로 하고 있다. 그런데 새로운 세

계관을 만드는 일, 그리고 그것에 상응하는 새로운 언어를 만드는 일은, 과학에서뿐 아니라 메타 과학에 있어서도 상당한 시간을 요하는 과정이다. 새로운 언어의 용어들은 그 과정이 충분히 진행되어 그 결과, 각각의 낱말이 그것과 다른 낱말들, 문장들, 추리들, 제스처를 연결시키는 수많은 방향의 중심이 될 때 비로소 명료하게 된다. 그리고 이러한 것들도 처음에는 어색하게 들리지만, 일단 연결이 생기고 나면 완전히 합당한 것이 된다. 따라서 논증, 이론, 용어, 관점 그리고 논쟁은 최소한 두 가지의 다른 방식으로 명료화될 수 있다. 즉 (a) 이미 기술된 방식, 즉 익숙한 관념들로 되돌아가서 새로운 것을 이미 이해된 사물들의 특수한 사례로 취급하는 방식과, (b) 미래의 용어에 융합되는 것에 의한 방식, 즉 이것은 우리가 아직 설명되어 있지 않은 용어들을 가지고 논증하는 것과 아직 명료한 사용규칙들이 주어져 있지 않은 문장들을 사용하는 것을 배워야 한다는 것을 의미한다. 어린이들은 미처 이해하지 못한 채로 낱말을 사용하기 시작하고, 그의 유희적 활동에 이해하지 못하는 보다 많은 언어적 조각들을 첨가해 가며, 이러한 방식으로 오랫동안 활동하다가 의미부여의 원리를 발견한다. 이와 똑같은 방식으로 새로운 세계관의 발명가(그리고 그의 절차를 이해하려고 노력하는 과학철학자)는 그와 친구들이 만들어 낸 난센스의 양이 점점 커져서, 그것의 모든 부분들에 의미를 부여하기에 이를 때까지 난센스를 계속 말할 수 있어야 한다. 밀(J. S. Mill)이 우리에게 남긴 교육의 변천에 관한 기술보다 이러한 과정에 대한 더 좋은 설명은 없다. 그의 아버지가 논리적인 문제에 관해서 그에게 한 설명에 대해 언급하면서 그는 다음과 같이 쓰고 있다.

"당시 그 설명들은 문제를 전혀 명료하게 해주지 않았다. 그러나 그렇다고 해서 그것들이 전혀 쓸모없는 것은 아니었다. 그것들은 나의 관찰과 반성을 결정화(結晶化)시키는 핵으로서 나에게 남았다. 그의 일반적인 언급의 의미는, 나중에 내가 주의를 기울이게 된 특수한 사례들로 인해서 내게 분명해졌던 것이다."[89] 하나의 새로운 언어(세계 혹은 지식을 이해하기 위한)를 만드는 것도, 초기의 '핵'이 주어지지 않고 발명되어야 한다는 것을 제외한다면, 정확히 똑같은 과정이다. 우리는 여기서 수수께끼의 형식으로 말하기를 배우는 것이 얼마나 본질적이며, 즉각적인 명료성에 대한 추구가 우리의 이해에 미치게 될 효과가 얼마나 참담한 것인가를 볼 수 있다. (더욱이 그러한 추구는 매우 편협하고 야만적인 정신성을 무심코 드러낸다. "낱말들과 어구들을 조심스럽게 검토하지 않고 쉽게 사용하는 것은, 일반적으로 함부로 길러졌다는 표시가 아니다. 이와 달리 지나치게 정확한 것이 오히려 잘못 양육된 것이다.…"[90])

이 모든 언급은 오히려 평범한 것이고, 분명한 예들에 의해 예증될 수 있다. 고전논리는 오직 하나의 출발점으로서, 그리고 테스트의 기반으로서 기여하는 (수학, 수사학, 정치학에 있어서의) 충분한 논쟁의 재료가 있은 후에야 비로소 등장하였다. 산수는 수의 개념에 대한 명

---

89 이 과정에서는 합리주의자가 허용하거나 감지하는, 그리고 주목하기도 하는 것 이상으로 많은 작위성이 있다. von Kleist, "Über die allmähliche Verfertigung der Gedanken beim Reden", Hans Meyer, *Meisterwerke Deutscher Literaturkritik*, Stuttgart, 1962, pp.741~747을 참조. 헤겔은 이 상황을 어렴풋이 느끼고 있었다. K. Loewith and J. Riedel(eds.), *Hegel, Studienausgabe I*, Frankfurt, 1968, p.54. 밀에 대해서는 11장 각주 13을 볼 것.

90 Plato, *Theaitetos*, 184c. 또한 I. Düring, *Aristoteles*, Heidelberg, 1966, p.379는 즉각적인 정확성에 대한 아리스토텔레스의 요구를 비판하고 있다.

료한 이해 없이 발전하였다. 그러한 이해는 그것에 내용을 부여하기에 충분한 분량의 산술적 '사실들'이 존재하였을 때에만 생겼다. 같은 방식으로 의미에 관한 (그리고 공약불가능성에 대한) 적절한 이론들은, 그러한 이론을 하나의 개념 제안(concept-pushing) 연습 이상의 것으로 만들기에 충분한 '사실들'이 모여진 이후에 비로소 생길 수 있다. 이것이 이 장에서 실례들이 제시된 이유이다.

9. 주된 이야기로 돌아가기 전에, 고찰해야 할 또 하나의 도그마가 아직 남아 있다. 그것은 모든 주제들은, 그것들이 어떻게 조합되었든지 간에, 완전히 자동적으로 논리의 법칙에 따른다는 혹은 논리의 법칙에 따라야 한다는 도그마이다. 만약 그렇다면, 인류학적 현장 연구는 피상적인 것처럼 보일 것이다. 포퍼는 "논리학에 있어서 참인 것은, 심리학, … 과학적 방법, 그리고 과학사에 있어서도 참이다"라고 쓰고 있다.[91]

이러한 독단적인 주장은 명료하지도 않고, (그것의 주된 해석에 있어서) 올바르지도 않다. 먼저 '심리학', '과학사', '인류학'이라는 표현이 (자연, 지각, 인간정신, 사회의) 사실과 규칙성의 어떤 영역들을 지칭한다고 가정하자. 그렇다면 그 주장은 **명료**하지 않다. 왜냐하면 이러한 영역들의 논리적 구조를 드러내 줄 수 있는 단일한 주제 — 논리(LOGIC) — 는 존재하지 않기 때문이다. 헤겔(Hegel)이 있고, 브라우어(Brouwer)가 있으며, 형식주의자들이 있다. 그들은 동일한 논리적

---

91 K. Popper, *Objective Knowledge*, Oxford, 1972, p.6. 콩트(*Course*, 52ᵉ Leçon), 물론 아리스토텔레스에 의해서도 예견되었다.

'사실들'의 집합에 대해 다른 해석들을 제시하는 것이 아니라, 전혀 다른 '사실들'을 제시한다. 또한 그러한 단언은 **옳지 않다.** 단순한 논리적 규칙들을 위반하는 정당한 과학적 진술들이 존재하기 때문이다. 예를 들어, 기존 과학의 학문 영역에서 중요한 역할을 하고 있지만, 오직 자기 모순을 범할 경우에만 관찰적으로 적절한 것이 관찰되는 진술들이 있다. 가령 지금 막 정지된 운동의 패턴에 시선을 집중한다면, 그것이 위치를 변화시키지 않으면서, 반대방향으로 움직이는 것처럼 보이게 될 것이다. 현상론적으로 적절한, 유일한 기술은 "그것은 공간에서 움직이지만 위치를 바꾸지는 않는다"이다. 이러한 기술은 자기 모순적이다.[92] 기하학에서의 예들도 있다.[93] 예컨대 (모든 사람들에게 같은 방식으로 보일 필요가 없는) 닫혀진 도형은, 그 밑면이 수직선에 의해서 이등분되어 있지 않은 이등변삼각형으로 보이게 된다. 또한 $a=b, b=c$ 그리고 $a \geq c$가 현상론적으로 적절한, 유일한 기술이 되는 예들이 있다.[94] 더욱이 유용하고 발전적일 뿐만 아니라, 논리적 요구와도 일치하는 유일한 과학 혹은 삶의 형식이라는 것은 없다. 모든 과학은 사실이나 다른 이론들과 모순되며, 구체적으로 분석되었을 때 그 모순을 나타내는

---

92 그것은 다음과 같이 반박된다(에이어, G. E. L. 오언). 우리들은 현상을 다루고 있는 것이지, 실제적인 사건을 다루고 있는 것이 아니며, 정확한 기술은 "그것은 움직이고 있는 것처럼 보인다…"라는 것이다. 그러나 난점은 남는다. 왜냐하면 만일 우리가 '처럼 보인다'를 도입한다면, 그것을 글의 마지막에 두어야 하고, 그 결과 "그것은 움직이면서 동시에 위치를 바꾸지 않는 것처럼 보인다"라고 읽을 것이다. 그리고 현상은 현상학적 심리학의 영역에 속하기 때문에, 우리들은 우리들의 논점, 즉 이 영역은 자기 모순인 요소를 포함한다는 것을 확보하는 것이다.

93 E. Rubin, "Visual Figures Apparently Incompatible with Geometry", *Acta Psychologica*, VII, 1950, pp.365ff. 또한 p.166~7의 그림 참조.

94 E. Tranekjaer-Rasmussen, "Perspectoid Distances", *Acta Psychologica*, 1955, p.297.

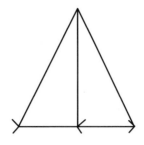

이론들을 포함한다. 제일성(齊一性)을 갖는 학문이라고 주장되는 '논리학'의 원리들에 대한 교조적인 신념만이 우리들로 하여금 이러한 상황을 무시하도록 만드는 것이다. 논리적 원리, 다시 말해서 수학의 원리는 추측과 반박의 방법(혹은, 다른 어떤 '경험적인' 방법)의 영향을 받지 않는다는 점에서 경험적 원리와 다르다는 반론은, 이 영역에서의 보다 최근의 연구로 인해 무력하게 되었다.[95]

둘째로, '심리학', '인류학', '과학사', '물리학' 등의 표현은 사실과 법칙을 가리키는 것이 아니라, 관찰을 이론과 가설에 연관시키는 방식을 포함하여, 사실을 조합하는 **방법**을 가리키는 것이라고 가정하자. 즉 '과학'이라는 활동과 그것의 다양한 하부영역을 고찰해 보자. 우리들은 이 활동에 두 가지 방식으로 접근할 수 있을 것이다. 우리들은 지식과 지식획득에 대한 이념적 요구를 규정할 수 있을 것이고, 또한 이러한 요구에 따르는 (사회적) 기구를 구성하려고 노력할 수도 있을 것이다. 모든 인식론자들과 과학철학자들은 이러한 방식으로 진행한다.

95 주로 임레 라카토스의 저서, "Proofs and Refutation", *British Journal for the Philosophy of Science*, 1962/1963에 의한다.

때때로 그들은 어떤 이상적 조건에서 작동할 수 있는 기구를 발견하는 데 성공한다. 그러나 그들은 그러한 조건이 우리의 이러한 현실세계에서 만족될 것인가를 결코 탐구하지 않거나, 아니면 그것이 탐구할 가치가 있다는 사실은 인정하려 하지도 않는다. 한편, 그러한 탐구는 과학자들이 **현실적으로** 그 상황에 대처하는 방식을 탐구해야만 한다. 그것은 그들의 산출물, 즉 '지식'의 현실적인 형태와 이러한 산출물이 복잡한 사회적, 물질적 조건에서 하나의 결정과 행위의 결과로 변화하는 방식을 검토해야 할 것이다. 한 마디로, 그러한 탐구는 인류학적인 것이어야 할 것이다.

인류학적 탐구가 무엇을 밝혀 줄 거라고 예상할 방법은 없다. 앞의 몇 절은 특정한 에피소드에 대한 인류학적 연구에 대한 투박한 스케치인데, 거기서 다음과 같은 사실이 분명해졌다. 즉 과학은 언제나 공백과 모순들로 가득 차 있으며, 무지, 우직함, 편견에 대한 신뢰, 거짓말은 지식의 진보를 방해하는 것이 아니라 그 근본적 전제이다. 정확성, 일관성, '정직성', 사실의 존중, 주어진 상황 아래서의 최대한의 지식이라는 전통적인 미덕이 만일 단호하게 실천된다면, 그것은 과학의 발전을 멈추게 할 것이다. 또한 논리적 원리들은 과학을 진보시키는 (논증적, 비논증적) 수단 가운데 아주 작은 역할을 할 뿐이고, 그것들을 보편적으로 강요하려는 시도는 과학을 심각할 정도로 방해할 것이다(우리는 폰 노이만이 양자이론을 발전시켰다고 말할 수 없다. 그는 확실히 양자론의 기초에 관한 논의를 보다 장황하고 성가신 것으로 만들었다).[96]

96 그 밖에도, 그가 형식으로부터 제거한 부정확성이 이번에는 이론과 사실 사이의 관계에서 다

그런데 연구의 어떤 한 부분에 참여하는 과학자는 명확한 결과에 이르는 모든 단계를 아직 끝낸 것이 아니다. 그의 미래는 아직 열려 있다. 그는 자신에게 명료성, 일관성, 실험적 지지(혹은 실험적 반증), 반증의 엄밀성, '정직성' 등등의 미덕에 관해서 설교하는 쓸모없고 무지한 논리학자를 따를 것인가? 아니면, 논리학자들이 지금 그에게 부과하고자 하는 규칙들을 대부분 파괴함으로써 앞서 나간 그의 분야에서의 그의 전임자들을 모방할 것인가? 아니면, 추상적인 에피소드에 대한 연구결과에 의존할 것인가? 나는 그 대답은 명료하며, 인류학적 현장연구는 인류학자에게만이 아니라, 그가 검토하는 사회의 구성원들에게도 적절한 것임이 분명하다고 생각한다. 나는 이제 본론으로 돌아가서, 고대 그리스의 병렬적인 우주로부터 그 후계자들의 실체-현상의 우주로의 이행을 기술해 가고자 한다.

고대적 우주론(이제부터 이것은 우주론 A라고 부르겠다)은 사물, 사건 및 그것의 부분들을 포함한다. 그것은 어떤 현상도 포함하지 않는다.[97] 어떤 대상에 대한 완성된 지식은 그것의 부분들과 특질들에 대한 완전한 열거이다. 인간은 완전한 지식을 가질 수 없다. 너무 많은 사물

시 나타난다. 제5장의 각주 25를 참조.
97 Snell, *Ausdrücke*, p.28은 (호메로스에 대해 언급하면서) '현상으로부터 출발하여' 많은 현상을 참된 본질로 규정된 구성단위 안에 통합하는 '지식'에 대해 말하고 있다. 이것은 소크라테스 이전의 철학자에게는 적용될지 모르나 호메로스에게는 맞지 않는다. 호메로스의 경우에는 "세계는 공간 속에서 볼 수 있는 사물의 총계로서 다루어지고, 강력하게 작용하는 이성으로서 다루어지지는 않는다"(Ibid., p.67. 엠페도클레스를 논하고 있는 부분에서, 또한 이 테마의 그 이상의 전개에 대해서는 인용부분에서 계속되는 문장을 참조).

들, 너무 많은 사건들, 너무 많은 상황들이 있으며, 그는 오직 그것의 매우 적은 부분에만 접근할 수 있을 뿐이다. 그러나 인간은 완전한 지식을 가질 수는 없지만 상당한 분량의 지식을 가질 수는 있다. 그의 경험이 넓을수록, 모험과 보고 듣고 읽은 사물의 수가 많아질수록 그의 지식은 커진다.[98]

기원전 7세기에서 5세기에 걸쳐서 일어난 새로운 우주론(우주론 B)은 박식함(much-knowing)과 πολυμαθίη과 참된 지식을 구분한다.[99] 또 '이유가 불분명한 경험으로부터 생긴 습관', ἔθος πολύπειρου의 신뢰에 대해 경고한다.[100] 그러한 구분과 경고는 그것의 구조가 A의 구조와는 다른 세계에서만 의미가 있다. 서구 문명의 발전에 커다란 역할을 하였고, 이론적 실재의 존재에 대한 문제, 소외의 문제 같은 문제들을 밑받침하고 있던 하나의 견해에서, 새로운 사건들은 우리가 '참된 세계'(True World)라고 부를 수 있는 것을 형성한다. 반면에 일상생활의 사건들은 단지 그것의 희미하고 오도된 반성일 뿐인 현상이 된다.[101] 참된 세계는 단순하고 정합적이며, 하나의 획일적인 방식으로 기술될 수 있다. 따라서 모든 행위는 그것의 요소들에 의해서 파악될 수 있고, 몇

---

98 Snell, *Die alten Griechen und Wir*, p.48.

99 Heraclitus, fr. 40 (Diels-Kranz)을 참조.

100 Parmenides, fr. 7, 3 "여기서 처음으로 감각과 이성이 서로 대비되고 있다." W. K. Guthrie, *A History of Greek Philosophy*, Vol. 2, Cambridge, 1965, p.25.

101 이 구분은 어떤 신화적인 관점의 특징이기도 하다. 예를 들어 호메로스는 그에 앞선 신화와도 다르고, 그로부터 이어지는 철학들과도 다르다. 그의 관점은 커다란 독창성을 갖고 있다. 20세기에서는 J. L. 오스틴이 똑같은 관념을 발전시켰다. 그리고 그는 탈레스로부터 플라톤을 거쳐서 현대의 본질주의로 이르는 발전을 비판하였다. *Sense and Sensibilia*의 첫째 장을 볼 것. *Farewell to Reason*의 제3장이 상세한 것을 담고 있다.

몇 추상적인 개념들이, 어떻게 우주론 A에서 인간이 그의 환경에 '삽입될' 수 있는가를 기술하기 위해, 또 그렇게 해서 얻어진 정보의 수많은 유형들을 표현하기 위해 사용된 수많은 개념들을 대치한다. 그때부터는 오직 한 가지 중요한 정보의 유형이 있게 되는데, 그것이 바로 지식이다.

세계 B가 서서히 도래한 결과로서 생겨나는 개념적 전체주의(conceptual totalitarianism)는 재미있는 귀결을 낳게 되는데, 그 모두가 바람직한 것만은 아니다. 인식의 특정한 유형과 연결되어 있을 때는 의미를 갖던 상황이, 이제 고립되고, 비합리적이 되며, 외형적으로 다른 상황과 모순을 일으키기 시작한다. 우리는 '현상의 혼돈'을 갖게 된다. 그 '혼돈'은 참된 세계에 대한 신앙에 수반하는 언어의 단순화의 직접적인 귀결이다.[102] 더욱이 관찰자의 모든 다양한 능력은 이제 이러한 참된 세계를 향하게 되고, 그것은 **특정한** 목표를 위해서 형성된 하나의 **일관된** 목표에 적응해 가며 서로 더욱 유사해진다. 그것은 인간이 그의 언어와 더불어 빈곤해져 가는 것을 의미한다. 그는 정확히 그가 자율적인 '나'를 발견하는 순간 빈곤해지기 시작하고, (크세노파네스에게서 발견되는) '보다 진보된 신의 개념'이라고 부르기를 좋아했던 상태로 나아간다. 그것은 인간에게 전형적인 다양한 특징들을 풍부하게 갖추고 있지 않은 신의 개념이다.[103] 이전에는 육체적 사건과의 유

---

102 Snell, *Ausdrücke*, pp.80f; von Fritz, *Philosophie und sprachlicher Ausdruke bei Demokrit, Plato und Aristoteles*, Leipzig-Paris-London, 1938, p.11.

103 "···우주적인 정의의 구현자가 됨으로써, 제우스는 그 인간성을 상실하였다. 그러므로 도덕화된 형식에 있어서의 올림푸스주의는 공포의 종교가 되는 경향이 있었다···." Dodds,

비에 의해 취급되고, **그것에 따라서 경험되었던** '정신적 사건'[104]이 보다 '주관적'인 것이 되고, 그것은 자발적인 영혼의 변용, 행위, 계시가 된다. 현상(첫인상, 단순한 의견)과 실재(참된 지식)의 구분은 모든 곳으로 확산된다. 이제 **예술가의 과제**는 근원적인 본질이 쉽게 파악될 수 있는 방식으로 형태를 배치하는 일이 된다. 미술에 있어서 이것은 우리가 눈을 속이기 위한 체계적인 방법이라고 부를 수밖에 없는 것의 발전으로 이끌어진다. 고대 미술가들은 작가가 한 장의 파피루스를 취급하듯이 그가 칠하는 표면을 대한다. 그것은 현실의 표면이고, 그것은 현실의 표면으로 **보인다**고 가정되며(늘 그것에만 주의를 기울이는 것은 아니다), 그가 그 위에 칠하는 표식은 청사진의 선이나 글자와 비교할 수 있다. 그것들은 독자에게 **대상의 구조**, 그것의 부분들, 그리고 각 부분들이 서로 관계되는 방식을 **알려 주는** 상징들이다. 예를 들어 다음의 단순한 도식은 한 점에서 만나는 세 가지 길을 표현한다. 반대로 투시법을 사용하는 화가는, 표면과 그 위에, 그가 그리는 표식에 3차원적 대상의 한 가지 배열이 있다는 **착각**을 유발하는 **자극**으로 여긴다. 그 착각은 인간 정신이 적절한 자극을 받았을 때 생기는 착각적 경험 때문에 생긴다. 그 그림은 보는 이를 향하여 확장하는 듯한 하나의 입방체의 각으로 보이거나, 그로부터 떨어진 방향을 향하는(그리고 밑에서 본) 입방체의 각으로 보이거나, 아니면 종이의 표면 위에 떠 있는 세 길이 만나는 2차원적인 그림을 갖는 평면으로 보일 것이다.

Greeks, p.35. 크세노파네스에 대해서는 *Farewell to Reason*, 제3장을 볼 것.
104 Snell, *The Discovery of the Mind*, p.69.

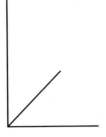

이렇듯 새로운 보는 방식이 새로운 지식의 개념과 결합되면, 우리들은 새로운 실재, 즉 대부분의 현대 철학자들에 의해서 이해되는 바와 같은 물리적 대상을 얻게 된다. 설명을 위해서, 다시 노의 예를 들어보기로 하자.

고대적 관점에서 '노'는 대상들, 몇 가지 상황들, 몇 가지 사건들이 그 부분을 이루는 복합적인 것이다. "발이 빠른 아킬레스는 천천히 걷는다"라고 말할 수 있는 것처럼, "곧은 노는 부러져 있다"('부러져 있는 것으로 보이지'는 않는다)고 말할 수 있다. 왜냐하면 그 요소들은 모두 똑같은 중요성을 가지기 때문이다. 그것들은 모두 하나의 병렬적 집합체의 부분들이다. 한 여행자가 이상한 나라의 모든 곳을 여행하고 그곳의 특성들을 열거하는 '견문록'(periegesis)에 그 특성들을 차례대로 기술하듯이, 같은 방식으로 노, 보트, 말, 사람들과 같은 단순한 대상들을 연구하는 이는 그 자신을 '중요한 노-상황'에 삽입시키고, 그것들을 적절한 방식으로 파악하고, 속성, 사건, 관계의 목록을 통해서 그것들을 보고한다. 또한 하나의 상세한 견문록이 한 나라에 관해서 말할 수 있는 모든 것을 속속들이 논하듯이, 같은 방식으로 하나의 구체적인 목록은 하나의 대상에 관해서 말할 수 있는 모든 것을 속속들이 논한다.[105] '물에서는 구부러지는 성질이다'라는 것은 '손에서는 곧다'와 마찬가지로 노에 속한다. 그것은 '똑같이 실재적'이다. 그러나 우주론 B에서의 '물에서는 구부러진다'는 것은 곧은 대상의 '외양'에서 보여지는 것과는 **모순되는** '외양'이고, 따라서 모든 외양이 기본적으로 믿을 수 없는 것임을 보여 준다.[106] 한 대상의 개념은 동등하게 중요한 지각 가능한 부분들의 집합체라는 개념으로부터, 여러 가지 기만적인 현상의 기초를 이루는 지각 불가능한 본질이라는 개념으로 바뀌었다. (우리는 대상의 외관도 같은 방식으로 변했다는 것과 대상이 이제 전보다 덜 '납작하게' 보인다는 것을 추측할 수 있다.)

이러한 변화와 특징을 고찰할 때, (논리적으로 잘 훈련되었지만 다른 점에서는 무지한 방관자들에 의해서 '재구성된' 것이 아니라) **참여자들에 의해서 해석된 것으로서의** A와 B의 비교는 여러 가지 문제들을 제기할 것이라고 가정할 수 있게 된다. 이 장의 나머지 부분에서는 이러한 몇 가지 문제들의 몇 가지 국면들만이 논의될 것이다. 따라서 나는 A로부터 B로의 전이를 수반하는 심리학적 변화는 거의 언급하지 않겠다. 그것은 단지 추측으로 끝날 문제가 아니라, 독립적인 연구에 의해서 확립될 수 있는 문제이다. 여기서 틀(정신적 체계, 언어, 표현양식)의

---

105 지식이 목록으로 이루어진다는 생각은 수메르의 과거로 거슬러 올라간다. von Soden, *Leistung und Grenzen Sumerisch-Babylonischer Wissenschaft*, new edn, Darmstadt, 1965를 참조. 바빌로니아와 그리스의 수학과 천문학의 차이는 바로 이 점에 있다. 한쪽은 우리들이 오늘날 '현상'이라고 부르는 하늘에 나타나는 흥미롭고 관련된 사건들을 표현하는 방법을 발전시키고, 다른 쪽은 '천구를 내버려 둔 채로'(Plato, *Rep.*, 530bf; *Lgg.*, 818a) 천문학을 발전시키려고 하였다.

106 Xenophanes, fr. 34.

역할과 합리주의의 한계에 대한 상세한 연구를 위한 풍부한 자료가 주어진다.

먼저 우주 A와 우주 B는 각기 다른 **요소들**로부터 만들어진다는 것에서부터 시작해 보기로 하자.

A의 구성요소들은 외적인 관계를 맺는 대상들의 비교적 독립적인 부분들이다. 그것들은 그 고유한 속성들을 변화시키지 않은 채 집합체에 참여한다. 특정한 집합체의 '본성'은 그 부분들이 서로 관계를 맺는 방식에 의해서 결정된다. **부분들을 적절한 순서로 열거하라. 그러면 당신은 대상을 갖게 될 것이다.** 이것은 물리적 집합체나 인간(정신과 육체)과 동물에게 적용되고, 또한 전사의 명예와 같은 사회적 집합체에도 적용된다.

B의 요소들은 두 가지 부류로 분류된다. 즉 본질들(대상들)과 (대상들의) 현상들이다. (다음의 사실은 B에 대한 몇 가지 간략화된 해석에 대해서만 해당된다.) 대상들(사건 등)은 다시 결합될 수 있는데, 그것들은 각 부분들이 전체에 의미를 주면서 그것으로부터 의미를 부여받는 조화로운 전체를 형성할 수도 있다(극단적인 것은 파르메니데스의 경우인데, 거기서는 고립된 부분들은 인지 불가능할 뿐만 아니라, 전혀 생각할 수 없는 것이다). 적절하게 결합된 상(相)들은 **대상**들을 산출하는 것이 아니라, 단지 또 다른 상에 불과하고 특히 거기서 오해를 불러일으키기 쉬운 상(相)인(그것들은 매우 설득력 있어 보인다) **심리적 환상**(phantom)을 파악하기 위한 심리적 조건들을 산출한다. **상들의 열거는 결코 대상과 동일하지 않다**(귀납의 문제).

따라서 A로부터 B로의 이행은 새로운 존재들과, 존재들 사이의 새로운 관계를 도입한다(그것은 회화와 조각에 있어서 극히 명료하게 보인다). 또한 그것은 인간의 개념과 인간의 자기 경험을 변화시킨다. 고대인은 수족과 연결부와 몸과 목과 머리 등의 집합물이고,[107] 사회적환경, 감정(이것들은 객관적인 작용력으로 묘사되고, 지각된다 ── 앞부분을 볼 것)과 같은 외부로부터의 힘에 의해서 움직여지는 인형이다.[108] "인간은 그에게 파고들며, 그의 모든 핵심에 침투하는 수많은 힘에 대해 열려 있는 표적이다."[109] 그는 물질적이고 정신적이며, 언제나 객관적인 원인들의 교환장소(exchange-station)이다. 그리고 이것은 단순한 '이론적인' 관념이 아니라, 관찰적인 사실이다. 인간은 이와 같은방식으로 기술되고, 이와 같이 묘사될 뿐 아니라, 그 자신을 이와 같이구성된 것으로 느낀다. 그는 행위의 중앙기관을 갖고 있지 않고, 자기자신의 개념, 감정, 의도를 산출하는 자동적인 '자아'를 갖고 있지도 않다. 따라서 유형 A의 행동, 사회제도, '정신적' 사건과는 다르다. 그러한 '자아'는 언급되지도 않고, 주목되지도 않는다. 그것은 A의 내부에서는 발견할 수 없는 것이다. 그러나 그것은 B의 내부에서는 매우 결정적인 역할을 한다. 실제로 상(相), 외양, 느낌의 모호성[110]과 같은 B의몇 가지 뚜렷한 특질들이 자기의식이 상당히 증가한 결과로서 등장한다

---

107 "정확히 말해서 호메로스는 팔이나 다리에 대한 어떤 낱말도 갖고 있지 않다. 그는 손에 대해서, 팔목에 대해서, 팔의 윗부분에 대해서, 발에 대해서, 장단지에 대해서, 굵은 넓적다리에 대해서 말한다. 또한 몸통에 대한 포괄적인 용어도 존재하지 않는다." Snell, *The Discovery of the mind*, Chapter 1, 각주 7.

108 "감정은 인간으로부터 자발적으로 솟아 나오는 것이 아니라, 신들에 의해 주어진다." Ibid., p.52. 또한 이 장 앞부분의 해석을 볼 것.

109 Ibid., p.20.

110 사포(Sappho)의 'bitter-sweet Eros'. Ibid., p.60

고 가정하는 것은 어렵지 않다.

그런데 우리들은 그러한 이행을 다음과 같이 설명하고 싶어 할 수도 있다. 즉, 고대인은 제한된 우주론을 갖고 있었다. 그는 어떤 것을 발견하였고, 어떤 것은 놓쳤다. 그의 우주론은 중요한 대상을 빠뜨리고 있고, 그의 언어는 중요한 개념을 빠뜨리고 있으며, 그의 지각은 중요한 구조를 빠뜨리고 있다. 빠뜨린 요소들을 우주론 A에 더하고, 빠뜨린 개념들을 언어 A에, 빠뜨린 구조들을 A의 지각적 세계에 더한다면 우리는 우주 B, 언어 B, 지각 B를 획득하게 될 것이다.

나는 얼마 전에는 이와 같은 설명을 뒷받침하는 이론을 언어(혹은 다른 표현수단)에 대한 '공백이론'(hole theory) 혹은 '스위스 치즈 이론'이라고 불렀다. 공백이론에 의하면, 모든 우주론(언어, 지각양식)은 **다른 것을 일체 변화시키지 않으면서** 채울 수 있는 상당히 큰 공백(lacunae)을 가지고 있다. 그러나 그 공백이론은 수많은 난점에 봉착해 있다. 지금의 사례에서는 우주 B는 우주 A의 어떤 요소도 포함하고 있지 않다. 일단 B로의 이행이 완료되고 나면, 어떠한 상징적인 용어나, 철학의 이론이나, 회화나, 조각 및 미술상의 개념이나, 종교나, 신학적 사변도 A의 구성요소를 전혀 포함하지 않게 된다. **이것은 역사적인 사실이다.**[111] 이 사실은 우발적 사건인가, 아니면 A가 상황 A와 상황

---

111 그 사실은 쉽게 확립되지 않는다. 한층 상세하고 세련된 표현을 포함해서, A의 많은 표현들은, B개념에 의해 감염되고 있다. 하나의 예가 이 장의 각주 97에서 인용되고 있다. 여기에서도 다른 경우와 마찬가지로, 인류학적 방법만이 우리가 바라는 사고의 반영 이상인 지식으로 이끌어질 수 있다. 개인적인 발전 과정에서 이와 비슷한 상황이 이 장의 각주 12에 대한 본문에서 기술된다.

B의 공존을 방해하는 어떤 구조적인 속성을 갖고 있는 것일까? 조사해 보자!

나는 이미 왜 B는 사실 A가 포함될 여지를 갖지 않는가 하는 이유에 대해 암시를 줄지도 모르는 하나의 사례를 언급하였다. 즉 아래의 그림이 그림 A(시각상의 목록)의 여러 원리들에 일치하도록 제시된 것이라고 생각한다면, 그것은 세 길의 교차를 나타낼 수도 있을 것이다. 투시법이 (하나의 객관적 방법이나 정신적 태도로서) 도입된다면, 그것은 더 이상 그런 식으로 보이지는 않을 것이다. 우리들은 종이 위의 직선 대신에, 보다 간단한 종류이긴 하지만 깊이를 갖는 3차원적 파노라마의 착각을 갖게 된다. 이러한 착각에 의한 것이 아니고서는 A 그림을 B 그림에 통합할 방법이 없다. 그러나 이 시각상의 목록에 의한 착각은 시각상의 목록 그 자체는 아니다.

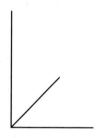

개념 쪽으로 관심을 돌려보면 그 상황은 보다 분명해진다. 나는 위에서 A에 있어서 하나의 대상(집합체)의 '본성'은 집합체의 요소들과 그 사이의 관계에 의해서 결정된다고 말하였다. 우리들은 이 결정이 요소들과 그것들 사이의 관계가 대상을 **구성한다**는 의미에서 '닫혀진'(closed) 것이라는 것을 덧붙여야 한다. 그것들이 주어졌다면 대상

도 역시 주어진 것이다. 예를 들어, 『일리아드』(9.225)에서 그의 연설에서 오디세이가 묘사한 '요소들'은 명예, 우아함, 존경을 **구성한다**. 따라서 A개념들은 '외통수의 장군'과 같은 개념들과 매우 유사하다. 판위의 말들이 외통수로 배열되었을 때, 그 게임이 더 계속될 수 있다는 것을 '발견할' 방법은 존재하지 않는다. 이와 같은 '발견'이 하나의 갭을 메꿀 수는 없다. 그것은 가능한 체스의 배열에 대한 우리의 지식을 늘려 주는 것이 아니라, 그 게임을 끝나게 할 것이다. 그리고 다른 수나 다른 배열 배후의 '실재적인 의미'를 발견하는 것도 마찬가지일 것이다.

정확히 같은 주의가, A에 등장하는 유형의 얼굴, 행동, 객관적인 '정신상태'와는 다른 한 개체로서의 나의 '발견', (이전에는 A의 요소였던) '현상' 배후의 실체의 '발견', 혹은 그것의 외적인 표현이 모두 현존함에도 불구하고 명예가 결여되어 있을지 모른다는 '발견'에 대해서도 주어진다. 헤라클레이토스의 "당신이 모든 곳을 여행한다고 해도 영혼의 한계를 발견할 수는 없을 것이다. 그것의 **로고스**는 그렇게 심오하다"(Diels, B 45)라는 진술은 단지 우주 A에 **부가**되는 것이 아니다. 그것은 A형의 '정신상태'를 구성하는 데 요구되는 원리들을 **제거**하는 것이다. 반면에 헤라클레이토스가 박식(πολυμαθίη)을 거부하고 파르메니데스가 잡다한 경험에서 생긴 습관(ἔθος πολύπειρον)을 거부하는 것은 A의 **하나하나의 사실**의 구성을 지배하고 있는 규칙들을 제거하는 것이다. 세계관 전체, 즉 사고, 발화(speech), 지각의 전 우주가 해체되는 것이다.

이 해체의 과정이 특정한 사례들에서 어떻게 나타나는가를 보는 것은 흥미 있다. 『일리아드』 9.308 이하의 긴 연설에서 아킬레스는, 명예는 그 모든 외적인 표현이 현존한다고 해도 존재하지 않을 수 있다는 것을 말하고 싶어 한다. 이러한 과정에서 작가가 사용하는 언어에서 용어들은 특정한 사회적 상황과 극히 밀접하게 연결되어 있기 때문에, 그는 그가 착각으로부터 해방되었음을 표현하기 위한 언어를 소유하고 있지 못하다. 그럼에도 불구하고 그는 그것을 표현할 뿐 아니라, 괄목할 만한 방식으로 그렇게 한다. 그는 그가 마음대로 사용하는 언어를 오용함으로써 그것을 행한다. 그는 대답할 수 없는 질문을 던지고, 만족될 수 없는 요구를 내세운다.[112] 그는 가장 '비합리적인' 방식으로 행동한다.

똑같은 비합리성이 다른 모든 고대 작가들의 작품들 속에서도 발견된다. A와 비교해서 소크라테스 이전의 철학자들은 정말 이상한 방식으로 말한다. 또한 자신들이 '발견한' 자아의 새로운 여러 가지 가능성을 탐구하는 서정시인들도 같은 방식으로 행한다. 잘 확립되어 있고 애매하지 않은 표현양식과 사고양식의 속박으로부터 해방되면, A의 구성요소들은 친숙한 기능을 잃고, 목표도 없이 방황하기 시작한다—'감각의 혼돈'이 시작되는 것이다. 견고하고 애매하지 않은 사회적 상황으로부터 해방되면, 감정은 부상하고, 양면적 가치를 가지며, 모순적인 것이 된다. "나는 사랑한다. 그리고 나는 사랑하지 않는다. 나는 격노한다. 그리고 나는 격노하지 않는다"라고 아나크레온은

---

112 A. Parry, "The Language of Achilles", *Transactions and Proceeding of the American Philological Association.*, 87, 1956, p.6; *Farewell to Reason*, 제10장에 있는 사례에 대한 논의 참조.

쓰고 있다.[113] 후기의 기하학적 회화양식의 규칙들로부터 해방되면, 예술가들은 투시법과 청사진의 기묘한 혼합을 산출한다.[114] 고정된 심리적 태도로부터 분리되고, 사실적인 의미로부터 자유로워지면 개념들은 이제 거짓말을 한다는 비난을 받지 않고 '가설적'으로 사용되고, 예술가들은 하나의 상상력 있는 방식으로 가능한 세계들을 탐구하기 시작할 수 있을 것이다.[115] 이것은 이전에는 변화를 위해서, 그리고 가능하다면 진보를 위해서 필요한 전제라고 보았던 '퇴보'인 것이다.[116] 단지 지금은 그것이 관찰을 배제할 뿐만 아니라, 합리성의 중요한 기준들까지도 배제하는 것이다. A로부터 (그리고 나중 시대의 몇몇 이데올로기의 관점으로부터) 보면, 이러한 사상가, 시인, 예술가들은 사납게 날

---

113 Diels, *Anthologia Lyrica*, fr. 79.

114 Pfuhl, op. cit. 또 J. White, *Perspective in Ancient Drawing and Painting*, London, 1965를 참조.

115 플루타르코스는 그의 『솔론의 생애』에서 다음과 같은 이야기를 보고하고 있다. "테스피스의 극단이 비극을 공연하기 시작하고 그 신기함이 민중을 매료했으면서도 아직 공공연하게 경연되지는 못하고 있을 무렵의 일이다. 솔론은 듣거나 배우는 것을 좋아하였고, 늙어서는 여가나 오락, 또한 술 마시는 모임이나 음악으로 시간을 보내고 있었는데, 테스피스가 고대에 행해지던 대로 자작극을 공연하자 그것을 보러 갔다. 솔론은 공연이 끝난 후에 그에게 다가가서 이 많은 사람들에게 이다지도 많은 거짓을 말하는 것이 부끄럽지는 않은가 하고 물었다. 테스피스가 이러한 말이나 행위를 재미 삼아 연기하는 데 아무 두려울 것은 없다고 대답하자, 솔론은 지팡이로 땅을 마구 치면서 말하였다. '만일 이러한 것을 재미 삼아 칭송한다면, 머지 않아 그것들에게 진정으로 경의를 표하는 자신들을 발견하게 될 것이다.'" 이 이야기는 역사적으로는 있을 수 없는 일이라고 생각되지만, 그러나 그 당시 널리 퍼져 있던 태도를 명확히 드러내 준다. (이 태도에 대해서는, John Forsdyke, *Greece before Homer*, New York, 1964의 Chapter 8을 참조.) 솔론 자신은 전통적인 사고형식에서 어느 정도 벗어나 있는 것으로 보이고, 최초의 (정치적인 종류의) 연극배우 중의 한 사람이었을 수도 있다. G. Else, *The Origin and Early Form of Tragedy*, Cambridge, 1965, pp.40ff를 참조. 그 반대의 태도는 B의, 확신에 차고 이미 어느 정도 자만하고 있는 시민을 분명하게 드러내 주는데, 테살리아인들은 어째서 그에게 속지 않았을까라는 질문에, "그들은 너무나도 어리석기 때문이다"라고 대답한 시모니데스에 의해 표현되고 있다. Plutarch, *De aud poet*, 15D.

116 제11장, 각주 5의 본문.

뛰는 미치광이이다.

　이러한 상황을 낳게 하는 배경을 기억하자. 우리는 그것의 구성 요소(개념, '사실', 회화)들이 어떤 구성 원리에 일치하도록 만들어진 하나의 관점(이론, 틀, 우주, 표현양식)을 가지고 있다. 그 원리는 '폐쇄회로'(closure)와 같은 어떤 것을 포함한다. 즉 원리를 위반하는(위반한다는 것은 그것과 모순된다는 것을 의미하지 않는다) 일 없이는 말하거나 '발견될 수' 없는 사물들이 있다는 것이다. 그 사물에 대해 말하거나 발견을 하려 한다면, 그 원리는 효력이 정지되는 것이다. 이제 우주의 (이론의) 모든 요소, 모든 사실(모든 개념)의 기초를 이루는 그러한 구성적 원리를 들어 보자. 이와 같은 원리를 문제가 되어 있는 이론의 **보편적 원리**라고 부르기로 하자. 보편적 원리의 효력을 정지시키는 일은 모든 사실 및 모든 개념의 효력을 정지시키는 것을 의미한다. 마지막으로 만일 어떤 발견이나 진술, 혹은 태도가 보편적 원리 가운데 어떤 것을 정지시킨다면, 우리는 그것을 그 우주(이론, 틀)와 **공약불가능하다**고 부르기로 하자. 헤라클레이토스(B 45)는 A의 심리학적인 부분과 공약불가능하다. 즉 그것은 개체들을 구성하는 데 필요한 규칙들의 효력을 정지시키고, 개체들에 관한 일체의 A 사실들에 종말을 가져온다(물론 그와 같은 사실들에 대응하는 현상은 상당한 기간 동안 존속할는지도 모른다. 왜냐하면 모든 개념적인 변화가 지각상의 변화로 이끌어지는 것이 아니고, 또한 현상의 내부에 아무런 흔적도 남기지 않는 개념적 변화도 존재하기 때문이다. 그러나 이 같은 현상은 더 이상 통상적인 방식으로 **기술될 수 없고**, 따라서 통상적인 '객관적 사실'의 관찰로 간주될 수 없기 때문이다).

'공약불가능한'과 논리적 용어법의 부재에 관한 이러한 설명이 잠정적이고 모호한 성질을 가진다는 점에 유의하자. 그것이 모호한 이유는 이미 설명되었다(위의 제3, 4 항목). 논리의 부재는 우리들이 논리의 영역 밖에 있는 현상을 다루고 있다는 사실에서 연유한다. 나의 의도는 구체적으로 특징지어진 논리체계들의 속성을 정의하려는 것이 아니라, 오직 불완전하게 이해된 어떤 복잡한 역사적–인류학적 현상을 기술하기 위한 용어를 발견하려는 것이다. '보편적 원리'나 '효력이 정지된다'와 같은 용어들은, 누아족의 시간에 관한 에번스–프리처드의 설명(각주 85에 대한 본문)이 그가 자유롭게 처리할 수 있는 인류학적 정보를 요약하는 것(위의 제3항의 간단한 논의도 참조할 것)과 똑같은 방식으로 인류학적 정보를 요약한다고 가정된다. 설명의 모호함은 재료의 불완전성과 복잡성을 반영하며, 계속적인 연구에 의해서 명료화된다. 설명은 **어떤** 내용을 가지고 있어야 한다. 그렇지 않으면 그것은 아무 쓸모 없는 것이 된다. 그러나 그것은 **너무 많은** 내용을 가져서도 안 된다. 그렇지 않으면 우리들은 그 각 행을 한 줄 건너 고쳐 써야 한다.

또한 나는 '원리'라는 것으로 단지 '개념들은 일정한 수의 조건들이 만족될 때에 적용된다'라든가 혹은 '지식이란 병렬적인 집합체를 형성하는 별개의 요소들의 열거이다'와 같은 **진술**을 의미하는 것이 아니라, 그 진술에 대응하는 **문법적 습관**을 의미하고 있음에 유의하라. 방금 인용한 두 가지 진술들은, 그것을 구성하는 부분들의 목록이 충분히 제시되었을 때에야 대상을 주어진 것으로 간주하는 습관을 기술한 것이다. 이러한 습관은 가장 완전한 목록조차도 대상을 남김없이 논하지는 않는다는 **추측**에 의해서(모순되지는 않지만) 그 효력이 정지된다. 그것은 **또한** 새로운 양상들과 새로운 성질들에 대한 어떤 부단한 연구에 의해서도(역시 모순되지 않지만) 효력이 정지된다. (따라서 '공약불가능성'을 진술들에 대한 조회에 의해서 정의할 수는 없다.)[117] 만약 그 습관의 효력이 정지된다면, 그와 더불어 A 대상도 효력이 정지된다. 즉 우리들은 어떤 목표도 갖지 않는 추측과 반박이라는 방법에 의해서 A대상을 검토할 수 없다.

그러한 이행기간 중의 '비합리성'은 어떻게 극복될 것인가? 그것은 통상적인 방식으로(앞의 제8항을 참조할 것), 즉 반대자가 산출된 자료에서 새로운 보편적 원리들을 찾을 수 있고 모든 사람들이 그것을 인정할 수 있을 만큼 풍부하게 될 때까지 단호하게 난센스를 산출해 나감으로써 극복될 수 있다. (새로운 보편적 원리들을 찾는다는 것이 반드시 그 원리들을 명료하고 정확한 진술의 형태로 기록하는 것일 필요는 없다.) 광기는, 만일 그것이 새로운 세계관의 기초로서 기능할 수 있을 만큼 충분히 풍부하고 충분히 규칙적인 것이라면, 건전한 정신으로 바뀐다. 또한 그렇게 된다면 우리는 새로운 문제를 갖게 된다. 즉 낡은 관점은 새로운 관점과 비교될 수 있는가?

지금까지 얘기된 것으로부터 우리가 A와 B의 **내용**들을 비교할 수 없다는 것은 분명하다. A사실과 B사실은 양립할 수 없으며, 그것은 기억 속에서조차 불가능하다. B사실들을 제시한다는 것은 A사실들

---

117 이것은 새피어(D. Shapere)의 논문(*Mind and Cosmos*, Pittsburgh, 1966에 실림) 주 63에 있는 비판을 고려하고 있다. 원리에 의한 분류는 워프의 의미에 있어서 '비명시적'이다. 앞의 각주 4 및 각주 9의 본문을 참조.

을 구성하는 데 있어 가정된 원리들의 효력을 정지시키는 것을 의미한다. 우리가 행할 수 있는 것은 A 사실들에 관한 B 그림들을 B에 그리는 것이거나, A 사실들에 관한 B 진술들을 B에 도입하는 것뿐이다. 우리들은 A 사실들에 관한 A 진술들을 B에서 사용할 수 없다. 또한 언어 A를 언어 B로 **번역**하는 일도 불가능하다. 이것은 우리가 두 관점들에 대해 **논의**할 수 없다는 것이 아니라, 그 논의가 두 견해들(그리고 그것들이 표현되는 언어들)의 상당한 변화에 도달할 수 있다는 것이다.

내가 생각건대, 예를 들어, (실재론적으로 해석된) 고전역학과 (닐스 보어의 견해와 일치하도록 해석된) 양자역학, 또 (실재론적으로 해석된) 뉴턴역학과 (역시 실재론적으로 해석된) 일반상대성이론 사이의 관계는 많은 점에 있어서 우주론 A와 우주론 B의 관계와 유사하다. 따라서 뉴턴역학의 모든 사실들은, 형태, 질량, 주기가 물리적 상호작용에 의해서만 변화된다는 것을 가정하는데, 이러한 가정은 상대성이론에 의해서 효력이 정지된다. 마찬가지로 양자이론은 고전적 접근방식에 의해서 그 효력이 정지되는 불확정성의 관계와 일치하도록 사실들을 구성한다.

여기서 상황을 이해 가능한 방식으로 해석하는 일이 중요하다. 그렇지 않으면 과학적(문화적) 변화는 설명이 불가능한 기적이 되고 만다. 우주론 A(그리고 훨씬 좁은 영역에서는 고전물리학)와 우주론 B(상대성이론 혹은 양자역학)와 같은 사고, 행동, 지각의 포괄적인 방식이 고정된 규칙을 갖는 닫힌 틀이라는 생각은, 놀라운 방식으로 다르지만, 위의 텍스트에서 설명한 종류의 논증, 암시, 차용, 비유, 일반 원리에 의해서 아직 연결되어 있는 상황들 사이에 건널 수 없는 간극을 만들어 낸다. '논증'이라는 용어를 안정되고 정확한 개념들을 포함하는 추리의 연쇄라고 한정하며, 그에 상응하게 정확하고 애매하지 않은 용어들을 사용하여 이론과 세계관을 재구성하는 논리학자들은 그러한 연결을 '비합리적'이라고 부르도록 강요된다. 반면에 그들의 반대자들은 그 이성의 성채라고 주장된 과학이 흔히 결정적인 방식으로 이성을 위반한다고 보고할 수 있다. 그 둘은 모두 실제 과학 혹은 문화에 대해서 말하고 있는 것이 아니라, 괴물들에 대해서 말하고 있다. 우리가 우리의 정보의 원천으로 논리가 아니라 과학적 실천 혹은 문화적 실재를 사용할 때, 달리 말해서 우리가 재구성이 아니라, 사회학적 연구에 종사할 때, 상황은 달라진다. 그때 우리는 과학적 개념들(그리고 일반적으로 개념, 모양, 지각 내용, 스타일)의 결정적인 사건들이 그것들의 출현, 그것들의 지각된 함의, 그리고 그것과 더불어 그들이 복종하는 논리에 영향을 미칠 수 있다는 의미에서 애매하다는 것을 발견한다. 아킬레스(위의 각주 112에 대한 본문을 볼 것)는 '실제의' 명예와 그것의 사회적 구현 사이의 차이를 주장함으로써 그가 마음대로 사용할 수 있는 언어를 '잘못 사용'하였다. 차이를 주장하는 것은 견해 A와 충돌하는 것이 아니다. 예를 들어, 신이 가진 지식, 힘, 그리고 행동과, 인간이 가진 지식, 힘, 그리고 행동 사이에는 커다란 차이가 있다. 명예는 명예의 사회적 구현을 평가절하하는 인간의 열망에 대해서 벌주지 않는 신의 손에 있다고 가정하는 것은 인간을 종속적으로 만든다. 그 가정은 견해 A의 일반적 윤곽에 잘 들어맞는다. 그러나 아킬레스는 처음으로 그것을 행했다. 왜? 그의 분노, 그의 고난이 그로 하여금 널리 퍼진 낙관주의 때문에 명예에 관한 일반적 견해의 일부가 되지 못하고,

그것의 '정의'에 기여하지 못한 연관을 보게 했기 때문이다. 그는 기본적인 사회적 규칙을 위반하였던 것으로 보인다. 그러나 아가멤논의 행동에 의해 야기된 불안을 통해서 본다면, 그러한 규칙은, 이미 존재하는 물질 안에 함의되어 있는 것이지만 아직까지 표면화되지 않은 것으로 간주되는 다른 관념으로 대치된다. 일반화하자면, 우리는 개념들이 그것들을 규정한다고 생각되는 용법들을 넘어서는 잠재력을 갖고 있다고 말할 수 있다. 그것들로 하여금 전적으로 다른 개념 체계를 연결할 수 있도록 하는 것은 바로 이러한 특성 때문이다. 이것에 대해서는 (내가 약속하지만!) 나의 마지막 저작 『풍요로움의 정복』을 더 참고하길 바란다.

부론 2

위프가 말하고 있는 것은 '관념'에 대한 것이지 '사건'이나 '사실'에 대한 것이 아니다. 그리고 그의 견해를 내 식으로 확대하는 것에 그가 동의할 것인지는 늘 확실하지 않다. 그는 "시간, 속도, 물질 등은 이 세계에 관한 정합적인 그림을 구성하는 데 본질적인 것이 아니다"라고 말하고,[1] "우리들은 자연을 재단하고, 그것을 개념으로 조직하고, 그것에 현재와 같은 의미를 부여하는데, 그것은 주로 우리들이 이러한 방식으로 자연을 조직하는 데 합의하기를 좋아하기 때문이다"[2]라고 말한다. 그리고 그것은, 매우 동떨어진 언어는 단지 사실들을 질서화하기 위해서 각기 다른 관념들을 제출할 뿐만 아니라, 사실들조차도 다르게 제출한다는 것을 함의한다고 생각된다. '언어적 상대성의 원리'는 똑같

---

1 Whorf, op, cit., p.216.
2 Ibid., p.213.

은 방향을 나타내는 것처럼 보인다. 그것을 비형식적 용어로 말하자면, "현저하게 다른 문법을 사용하는 사람들은 그 문법의 차이에 의해, 각기 다른 유형의 관찰을 하게 되고, 또한 외적으로 유사한 관찰행위에 대해 각기 다른 평가를 내리게 된다. 그러므로 서로 다른 문법의 사용자들은 동등한 관찰자가 아니며, 따라서 이 세계에 대해 무엇인가 서로 다른 견해를 가지게 될 것이다."[3] 그런데, 이 원리에 대한 '좀 더 형식적인 진술'[4]은 다른 요소를 이미 포함하게 된다. 왜냐하면 여기서 우리는 "모든 관찰자는, 그들의 언어적 배경이 유사하거나, 그것이 어떤 형태로 표준화될 수 있지 않는 한, 같은 물리적 증거에 의해서도 같은 세계상에 도달하지 않는다"[5]는 말을 듣는다. 이것은 또한 서로 매우 다른 언어를 사용하는 관찰자들은 동일한 물리적 세계의 동일한 물리적 상황하에서도 다른 사실을 갖게 된다는 것 혹은 유사한 사실을 다른 방식으로 조직한다는 것을 의미한다. 두 번째 해석은 몇 가지의 주어진 예들을 통해 뒷받침될 수 있다. 그 예들에서는 영어와 쇼니족의 언어에 있어서 서로 다른 의미 단위가 "동일한 경험을 보고하는 데 사용된다"[6]고 말한다. 또한 "언어들은 경험의 항목들을 서로 다르게 분류한다"[7]고도 쓰여져 있다. 경험이란 사실의 균일한 저장소이고, 사실은 언어가 다르면 서로 다른 형태로 분류되는 것으로 간주된다. 더욱이 워프는 대기압 현상에

3 Ibid., p. 221.
4 Ibid., p. 221.
5 Ibid., p. 214. 강조는 인용자.
6 Ibid., p. 208.
7 Ibid., p. 209.

관한 설명이 진공거부설로부터 근대적인 이론으로 이행하는 과정을 기술하고 있는데, 이것도 저 두 번째 해석을 뒷받침하고 있다. "'어째서 펌프 속에서 물이 솟는 것일까? 자연이 진공을 싫어하기 때문이다'라는 문장이, 전에는 논리를 만족시키는 것으로 생각되었지만, 오늘날에는 이상한 특수용어의 특수한 표현법으로밖에 여겨지지 않는다면, 이 변화는 결코 과학이 새로운 사실을 발견한 결과로 생긴 것은 아니다. 과학이 오래된 사실에 대한 새로운 언어적 정식화를 채용한 것이고, 이제 우리들은 그 새로운 용어에 습관화되어서 구식 용어법의 어떤 특질도 더 이상 우리들을 속박할 수 없게 된 것이다."[8] 그렇지만 나는 이러한 보다 보수적인 진술들은, 문법적인 카테고리와 특히 언어가 지닌 감추어진 '관계시스템'에서 비롯되는 커다란 영향력에 비하면, 오히려 이차적인 것이라고 생각한다.[9]

위프와 그의 추종자들은 언어를 가장 중요하고도 아마도 유일한 '사건들의 구성자'라고 간주한다. 이것은 너무 좁은 관점이다. 동물은 위프가 말하는 의미에서는 어떤 언어도 가지고 있지 않다. 그러나 그렇다고 그것들이 형태 없는 세계에서 살고 있지는 않다. 적어도 오늘날 지각된 것으로서의 행성은 살아 있는 것이 아니지만, 그것들은 주변에 영향을 미치고, 법칙적인 방식으로 그것들에 반응한다. 인간에 있어서는 낱말의 중재 없이 발생하는 의식, 음악, 예술, 적응적 행동은 세계가 나타나는 방식과 그에 따라서 살아 있는 존재에 대해서 중

8 Ibid., p.222.
9 Ibid., pp.68ff.

요한 기여를 한다. 과학에서 우리는 진술뿐만 아니라(과학이 진술체계라는 낡은 관념은 이제 전혀 인정받지 못한다), 관찰, 실험장비, 관찰자와 글로 쓸 수는 없고 실천적인 방식으로 학습되어야 하는 그들의 장비 사이의 직관적인 관계, 예술가들의 작업과 상당한 부분에서 공통적인 실험가의 작업 —— 그것이 원하는 것은 단순한 결과가 아니라, 단순하고, 주목하지 않을 수 없으며, 미학적으로 만족스러운 방식에서 출현하는 결과이다 —— 등을 가지고 있다. 오스틴에 의해서 그리고 해체 작업에 의해서 보여지듯이, 언어 혹은 텍스트에만 집중하는 것은 불합리성으로 이끌어질 수 있다. 한편으로 철학자들은 시인들처럼 텍스트를 생산하며, 다른 한편으로 그들은 그들의 텍스트들이 생성시키는 사고, 인상, 기억, 말하는 모양 등등을 넘어서는 실재성을 드러내 보인다는 것을 당연한 것으로 여긴다. (과학적 실재론자는 상대한 정도까지 이러한 곤경을 공유한다.)

마지막으로, 내가 공약불가능성에 관해서 생각하는 것 그리고 내가 그러한 관념에 어떻게 도달하게 되었는지에 대해서 몇 가지 코멘트를 하겠다.

나는 공약불가능성이 논리실증주의자들과 그들의 후손들이 요구하는 방식으로 우리의 개념을 날카롭게 다듬을 때 떠오른 것이며, 그것은 설명, 환원, 그리고 진보에 대한 그들의 생각들을 위태롭게 한다고 생각한다. 공약불가능성은 우리가 개념을 과학자가 그것들을 개방적이고, 애매하고 때로는 반직관적인 방식으로 사용하듯이 사용할 때, 사라진다. 공약불가능성은 철학자들에게는 문제이지만, 과학자들에게는 문제될 것이 없다. 다만 과학자들은 비통상적인 사물들에 의해서 심리적인 혼란을 겪을 뿐이다. 나는 기본 진술에 대한 초기 문헌들을 공부할 때, 우리 자신의 것과는 전혀 다른 지각의 가능성을 고찰함으로써 그 현상에 도달하였다. 내 박사학위 논문에서,[10] 나는 관찰 진술의 의미에 대해서 검토하였다. 나는 그러한 진술들이 '주어진 것'을 기술한다는 관념을 고찰하였고, 이 '주어진 것'(the given)이 무엇인가를 해명하려고 애썼다. 현상학적으로 이것은 가능한 것으로 여겨지지 않았고, 우리는 대상들, 그것들의 속성, 그것들의 관계가 '주어진 것'이 아님에 주목하였다. 우리가 일상적인 대상들의 속성들에 대한 신속한 보고를 할 수 있다는 것은 물론 사실이다. 그러나 이것은 그것들을 비-대상들로 변화시키지 않으며, 우리가 그것들에 대해서 특수한 관계를 가지고 있음을 보여 줄 뿐이다. 현상학적으로 주어진 것은 관찰되지 않은 채로 존재할 수 있는 같은 사물들로 이루어진다. 그것은 새로운 종류의 대상이 아니다. 환원 스크린과 같은 특수한 배열은 새로운 조건들을 도입한다. 그것들은 우리가 이미 알고 있는 대상들 안에 있는 구성요소를 드러내지 않는다. 결과: 주어진 것은 관찰에 의해서 고립되지 않는다.

두 번째 가능성은 그것을 논리적 수단에 의해서 고립시키는 것이다. 주어진 것은 **확실하게 확인될 수 있다**. 따라서 나는 '테이블이 있다'는 진술로부터 미래의 수정을 가능하게 하는 모든 귀결들을 제거함으로써 내 앞의 테이블에 포함된 주어진 것을 획득한다. 이것은 주어진

---

10 Vienna, 1951. ── 크라프트 학단에서의 2년간의 광범위한 토론 이후에 쓰여졌으며, 비엔나 대학의 빅터 크라프트 교수가 지도교수를 맡았다.

것이 합당하지 않은 결정의 결과라는 것을 보여 준다. 테스트 불가능한 진술은 과학의 기초로서 역할을 할 수 없다.

이 논증으로부터 나는 관찰진술의 의미는 기술된 대상의 본성에 의존하며, 이 본성은 가장 진보한 이론들, 즉 그러한 이론들의 내용에 의존한다는 가정을 도입한다. 또한 나는 그 주제에 대한 나의 첫 영어 논문에서 이 가정을 이렇게 정식화하였다. 관찰언어의 해석은 우리가 관찰한 것을 설명하는 데 우리가 사용하는 이론들에 의해서 결정되며, 그것은 그 이론들이 변화함에 따라서 변화한다.[11] 한마디로 관찰진술은 이론-**적재적일**(툴민, 핸슨, 그리고 분명히 쿤의 견해이다) 뿐만 아니라, 완전히 이론적이고, 관찰진술(비엔나 학파의 용어법으로는 '기록진술')과 이론진술 사이의 구분은 실용적인 구분이지 의미론적 구분이 아니며, 특별한 '관찰적 의미'란 존재하지 않는다. 그것은 따라서 핸슨과 같은 해(핸슨의 『발견의 패턴』은 1958년 등장했다), 쿤이 나중에 매우 유명해진 이 논제를 약한 형태로 정식화하기 4년 전이었다. 더욱이 나의 논제는 이론-적재성 논제보다 강한 것이었을 뿐 아니라, 다른 원천으로부터 온 것이었다. 왜냐하면 내가 말한 적이 있듯이, 툴민과 핸슨이 비트겐슈타인의 『철학적 탐구』로부터 고무되었던 데 비해서, 나는 비엔나 학파에서 발전된 관념으로부터 출발하였고,[12] 그것으로 돌아갔기 때문이다. 비엔나 학파의 철학과 긴밀한 연결을 보여 주는[13] 콰인

---

11 "An Attempt at a Realistic Interpretation of Experience", *Proceedings of the Aristotelian Society*, 58, 1958, *Philosophical Papers* Vol. 1에 재수록. (강조한) 문구는 p. 31에 있음.

12 *Philosophical Papers* Vol. 1, pp. 49, 125.

13 Dirk Koppelberg, *Die Aufhebung der Analytischen Philosophie*, Frankfurt, 1987.

(W. Quine)은 나와 매우 유사한 관찰가능성의 기준을 사용하였다.[14]

이제 파이글이 이러한 생각들에 대해서 들었을 때, 그는 이론에 의해서 관찰을 해석하는 일은 결정적 실험을 무의미하게 만든다는 점을 지적하였다. 어떻게 하나의 실험에 대한 해석이 이미 의존하는 이론들에 의존하고, 그 이론들 자체가 공통적인 언어와 같은 공통적인 요소를 아무것도 가지고 있지 않을 때, 그 실험에 의해서 그 이론들을 결정할 수 있겠는가? 방금 언급한 논문과 1962년에 간행된 「설명, 환원, 그리고 경험주의」에서 나는 도전을 시작하였다. 나는 한 이론의 중요한 용어들이 그것과 유사한 역할을 하고자 하는 다른 이론에 의해서 결코 정의될 수 없다는 사례를 구성함으로써 그것을 강화하였다. 내가 아넬리제 마이어(Anneliese Maier)의 『14세기 갈릴레이의 선행자들』(*Die Vorläufer Galileis im 14. Jahrhundert*)에서 발견한 예는 '임페투스'와 '모멘텀'이란 용어들 사이의 관계이다. 나는 그 도전에 대해 대답하기 위하여 테스트에 관한 이론을 발전시키기도 하였다. 1962년에 나는 '임페투스'와 '모멘텀'을 포함하는 이론들을 공약불가능한 이론이라고 불렀고, 이른바 비-사례적 이론이라는 특별한 이론의 집합만이 공약불가능할 수 있다고(반드시 그래야 하는 것은 아니고) 말했으며, 계기적인 공약불가능한 이론들은 포섭이 아니라, 대치라는 관계를 서로 갖는다고 덧붙였다. 1962년은 쿤의 위대한 책이 나온 해이다. 그러나 쿤은 같은 용어를 유사한(동일하지 않은) 상황에 적용하기 위해서 다른 접근방식을 사용하였다. 그의 접근방식은 역사적인 데 비해

---

14 *Philosophical Papers* Vol. 1, pp. 17f.

서, 나의 접근방식은 추상적이다.

1960년에 나는 8장, 9장, 그리고 16장에서 기술한 연구를 시작하였다. 그것들은 지각과 실험이 이론적 가정으로 환원될 수 없고 따라서 이론 지향적(theory-bound) 인식론의 이해를 넘어서는 자신의 규칙들을 준수한다는 것을 밝혔다.

나는 또한 과학에 대한 인식론적 기초를 부여하는 일에 반대해서 과학을 역사적으로 기초짓는 일을 주장하는 데서 쿤과 같은 입장이었다. 그러나 나는 과학의 정치적 자율성에 반대하는 점에서 여전히 그와는 달랐다. 그것과는 달리 우리의 견해(즉 나의 발표된 견해와 아직 발표하지 않는 최근의 철학과 같은 쿤의 견해)가, 내가 역사를 철학적 혹은 언어적인 것, 어쨌든 이론적인 줄로 엮으려는 쿤의 노력에 대해 공감하지 않은 것을 제외하고는 이제 거의 동일한 것처럼 보인다.[15] 이론을 통한 연결은 내가 적어도 벗어나고자 한 개념적 체계의 엄격하지만 괴물과 같은 (해체!) 경계로 우리들을 돌아가도록 만든다.

---

15 나의 "Realism and the Historicity of Knowledge", *The Journal of Philosophy*, Vol. 86, 1989, pp.353f. 특히 각주 26과 이 에세이의 후기를 참조할 것.

제17장

과학과 합리성, 그 어느 것도 탁월성에 대한 보편적 척도가 아니다. 그것들은
역사적 기반을 알지 못하는 특정한 전통이다.

지금까지 나는 적어도 논리학자, 철학자, 그리고 일부 과학자가 옹호
하는 형태의 이성은 과학에 걸맞지 않고, 과학의 성장에 기여할 수 없
다는 것을 보여 주려고 하였다. 이것은 과학을 찬양하고, 과학의 노예
이기도 한 사람들에 반대하는 훌륭한 논증이다. 그들은 이제 선택을
해야 한다. 그들은 과학을 지킬 수 있다. 그들은 이성을 지킬 수 있다.
그러나 그 둘을 모두 지킬 수는 없다.

그러나 과학은 신성불가침한 것이 아니다. 그것이 존재하고, 칭송
되며, 결실을 갖는다는 단순한 사실은 그것을 탁월성의 척도로 삼기에
충분한 것이 아니다. 근대과학은 이전 견해들과 합리주의 그 자체, 즉
지식의 문제를 포함하여 우리의 문제를 처리하는 일반적인 규칙이나
기준이 있다는 생각에 대한 전면적인 반대로부터 생겼으며, 상식에 대
한 전면적인 반대(예: 호메로스에 대한 크세노파네스의 반대)로부터 생

겼다. 우리는 먼저 과학과 합리주의를 가져오는 활동에 참여하는 일을 삼가야 하는가? 우리는 그것의 결과에 만족해야 하는가? 우리는 뉴턴 이후(혹은 힐베르트 이후)에 일어난 모든 일을 완벽하다고 가정해야 하는가? 아니면 우리는 근대과학이 기본적인 잘못을 가지고 있으며, 전면적인 변화를 필요로 할 수 있다는 것을 인정하는가? 또한 그것을 인정한다면, 우리는 어떻게 진행할 것인가? 우리는 어떻게 잘못들이 어디서 비롯되었는가를 알아내고 변화를 가져올 것인가? 우리가 가져오기를 원하는 변화를 준비하기 위해서는 과학으로부터 독립적이고 그것과 충돌하는 척도가 필요하지 않은가? 과학과 충돌하는 규칙과 기준에 대한 거부는 그러한 기준을 발견하는 일을 영원히 어렵게 만들지 않겠는가? 반대로 몇 가지 사례 연구는 '합리적' 절차를 곧이곧대로 적용함으로써 더 좋은 과학, 더 좋은 세계를 가져온 것이 아니라, 아무것도 가져다준 것이 없음을 보여 주지 않았는가? 또한 우리는 어떻게 결과 그 자체를 판단해야 하는가? 규칙에 의해서 하나의 실천을 인도하고, 실천에 의해서 합리성의 기준을 비판하는 단순한 방식이 없음은 분명하다.

내가 스케치한 문제들은 오래된 것이고 과학과 합리성 사이의 관계에 관한 문제보다 훨씬 더 일반적이다. 그 문제들은 하나의 풍부한, 잘 표현되고, 친숙한 실천 — 작곡하고, 그림을 그리고, 무대를 제작하고, 범죄를 처벌하고, 공공의 일을 위해 사람을 고르며, 사회를 조직하는 실천 — 이 그것과 상호작용할 수 있는 다른 종류의 실천과 충돌할 때마다 발생한다. 그 상호작용과 그것의 결과는 역사적 조건에 의존하며, 사례마다 다르다. 한 나라를 침략한 강력한 부족은 자신의 법률을 부과하고, 억압된 문화의 잔존물에 의해 그 자체로 변화되어야 할 토착적인 전통을 힘에 의해서 바꿀 수 있을지 모른다. 지배자는 편의성을 이유로 그의 왕국의 기본적인 이데올로기로 하나의 대중적이고 안정된 종교를 이용하려고 결정하고, 그럼으로써 그의 왕국과 선택된 종교 모두의 변형에 기여할지도 모른다. 그 당대의 무대에서, 더 좋은 것에 대한 추구로부터 축출된 개인은 다른 나라의 희곡, 연극에 대한 고대와 근대의 이론을 공부하고, 그의 아이디어를 실천하게 해주는 친절한 회사의 배우들을 써먹음으로써 국가 전체의 무대를 변화시킬 수도 있다. 재주 있는 공예가로서의 그들이 얻은 커다란 명성에 과학자로서의 명성을 보태기를 바라는 일단의 화가들은 기하학과 같은 과학적 요소들을 회화에 도입하고, 그럼으로써 화가, 조각가, 건축가를 위한 새로운 스타일과 새로운 문제를 창조할지도 모른다. 천문학의 고전적 원리와 현존하는 실천 사이의 차이에 대해 비판적이고, 이전의 영화를 회복하기 위하는 천문학자가 그의 목표를 성취하는 길을 발견하고, 그럼으로써 고전적 원리 그 자체를 제거하기 시작하게 될 수도 있다.

이 모든 사례들에서 우리는 하나의 실천, 하나의 전통을 가지고 있고, 우리는 다른 실천 혹은 전통으로부터 출현하는 그것에 대한 어떤 영향을 가지고 있으며, 하나의 변화를 관찰한다. 그 변화는 본래의 실천에 대한 가벼운 변형으로 이끌어질 수도 있고, 그것을 제거할 수도 있으며, 상호작용하는 요소들 중 어느 것도 닮지 않은 하나의 전통을 낳을 수도 있다.

방금 기술한 것과 같은 상호작용은 참여자 쪽의 인지의 정도를 변화시키는 일을 수반한다. 코페르니쿠스는 그가 원하는 것을 잘 알고 있었고 콘스탄티누스 대제(지금 나는 수반되는 변형에 대해서가 아니라, 초기의 충격에 대해서 말하고 있다)도 그랬다. 회화에 대한 기하학의 침입은 인지에 의해서 쉽게 설명되기 어렵다. 우리는 왜 지오토(Giotto)가, 특히 회화가 아직 물질적 실재에 대한 연구라고 간주되기 이전에, 그림의 표면과 그려진 사물의 물질성 사이의 타협을 성취하려고 했는지 알 수 없다. 우리는 브루넬레스키(Brunelleschi)가 삼차원적 대상을 표현하는 건축가의 방법을 자연스럽게 확장함으로써 그의 구성에 도달하였으며, 그의 당대 과학자들과의 접촉이 아무런 귀결이 없었던 것이 아니었음을 추측할 수 있다. 점차 부상하는 장인들의 주장이 대학에서 완전히 다른 방식으로 설명되는 원리를 가진 같은 종류의 지식에 기여하게 된 것을 이해하는 것은 여전히 어렵다. 여기서 우리는 코페르니쿠스에게서, 혹은 콘스탄티누스에게서 우리가 발견했던 대안적 전통에 관한 비판적인 연구를 갖게 되는 것이 아니라, 콜럼버스, 마젤란, 그리고 그들의 후계자들의 여행의 놀라운 결과들과 비교할 때 강단 과학이 갖는 무용성에 대한 인상을 갖게 된다. 그때 실제의 아메리카가 기술과 추상적 연구의 조합에 의해서 발견된 것처럼, 완전히 새롭고, 여전히 예견되지 않은 '지식의 아메리카'에 대해 발견될 수 있는 아이디어가 출현한다. 마르크스주의자들은 그러한 과정에 수반하는 인지에 관한 불충분한 정보를 무관련성과 혼동하는 버릇이 있었다. 그리고 그들은 개인들이 갖는 의식에 이차적인 역할만을 부여하였다. 이런 점에서 그들은 옳았다. 그러나 그것은 그들이 생각한 방식에서는 아니다. 왜냐하면 새로운 아이디어는, 자주 필요하지만, 지금 일어났고, 또한 그 아이디어가 적용되는 (흔히 알 수 없고 현실화되지 않은) 상황에 의존하는 변화를 설명하기에 충분하지 않기 때문이다. 혁명은 그것을 일으킨 사람들이 변화시키기를 원하는 실천만을 변형시키는 것이 아니라, 의도적이든 의도적이지 않든, 혁명이 변화를 가져오는 수단이 되는 바로 그 원리를 변형시킨다.

이제 어떤 전통의 상호작용을 고찰함으로써 우리는 내가 **관찰자 물음**과 **참여자 물음**이라고 부를 두 종류의 물음을 물을 수 있다.

관찰자 물음은 상호작용의 구체적인 부분들에 관한 것이다. 그들은 상호작용에 대한 역사적인 설명을 제시하기를 바라며, 아마도, 모든 상호작용에 적용되는 법칙, 혹은 주먹구구식을 정식화하기를 원한다. 헤겔의 3개조, 즉 정, 반, 합(부정의 부정)이 그러한 규칙이다.

참여자 물음은 하나의 실천 혹은 전통의 구성원들이 다른 실천이나 전통의 (있을 수 있는) 침입에 대해 갖게 된다고 추정되는 태도를 다룬다. 관찰자는 다음과 같이 묻는다. 무엇이 일어났으며, 무엇이 일어나려고 하는가? 참여자는 다음과 같이 묻는다. 나는 무엇을 할 것인가? 나는 그러한 상호작용을 지지할 것인가? 나는 그것에 반대할 것인가? 아니면 나는 그것을 단순히 잊을 것인가?

예를 들어, 코페르니쿠스 혁명의 경우에서, 관찰자는 다음과 같이 묻는다. 코페르니쿠스가 1560년경에 비텐베르크의 천문학자들에게 미친 영향은 무엇인가? 그들은 그의 작업에 어떻게 반응하였는가? 그들은 그들의 신념의 일부를 바꾸었는가? 만약 그랬다면 그것은 어째서인가? 그들의 의견의 변화는 다른 천문학자들에게도 영향을 미쳤는가? 아니면 그들은 고립된 그룹으로서 그 직종의 나머지 사람들에 의해 진지하게 취급되지 않았는가?

참여자 물음은 다음과 같다. 이것은 정말 이상한 책이다. 나는 그것을 진지하게 취급해야 할까? 나는 그것을 상세히 읽어야 하는가, 아니면 피상적으로 읽어야 하는가? 아니면 나는 단순히 이전처럼 계속하면 되는가? 주요 논제들이 한눈에 봐도 비합리적으로 보인다. 그러나 아마도 그것들에 무언가가 있는 것일까? 어떻게 나는 그것을 발견해야 하는가? 등등.

관찰자 물음은 참여자 물음을 고려해야 하고, 참여자 역시 관찰자가 그 문제에 관해서 말하려고 하는 것을 매우 주의 깊게 들어야(만약 그것들이 그 방식으로 기운다면) 한다는 것은 명백하다. 그러나 두 경우에 그 의도는 각기 다르다. 관찰자는 진행되는 것이 무엇인지 알기 원하고, 참여자는 무엇을 할 것인지 알기 원한다. 한 관찰자는 그가 이끌어 가지 않는(우연한 경우를 제외하고) 삶을 기술하고, 한 참여자는 그 자신의 삶을 정돈하고 그것에 영향을 미칠 수 있는 사물을 향해 어떤 태도를 취할 것인가를 스스로 묻는다.

참여자들은 **기회주의자**가 될 수 있고, 솔직하고 실천적인 방식으로 행동할 수 있다. 16세기 말에 많은 귀족들이 프로테스탄트가 되었는데, 그 길이 자신들의 이익을 확장해 주었기 때문이다. 또 그들의 신하들 중 일부도 평화롭기 위해서 프로테스탄트가 되었다. 영국 식민지 공무원들이 외국 부족과 문화에 속한 법률과 관습을 그들 자신의 '문명화된' 법률로 대체하였을 때, 그것들이 흔히 받아들여진 것은 그것들이 갖는 본질적인 탁월함 때문이 아니라, 그것들이 왕의 법률이기 때문에, 또는 그것들에 반대할 방법이 없었기 때문이다. 그것들의 힘과 '정당성'의 원천은 공무원들과 더욱 눈치 빠른 불행한 신하들에 의해서 명료하게 이해되었다. 과학, 특히 순수 수학에서 우리는 흔히 어떤 특정한 연구의 노선을 추구하는데, 그것은 그것이 본질적으로 완벽하다고 인정되기 때문이 아니라, 우리가 그것이 어디로 이끌어지는가를 보고자 하기 때문이다. 나는 한 참여자의 그러한 태도의 배경이 되는 철학을 **실용주의 철학**(pragmatic philosophy)이라고 부르고자 한다.

실용주의 철학은 판단되어야 할 전통과 영향을 받을 발전이 사고와 행동의 영속적인 구성요소로서가 아니라, 잠정적인 임시변통적 구성요소로 여겨지는 경우에만 번성할 수 있다. 실용주의 철학을 가진 참여자는 마치 여행자가 다른 나라를 보듯이 실천과 전통을 바라본다. 각 나라는 자기가 좋아하는 특징과 싫어하는 사물을 갖는다. 정착을 결정하는 데 있어, 여행자는 기후, 경관, 언어, 거주자들의 기질, 변화 가능성, 프라이버시, 남성과 여성 인구의 모양새, 극장, 발전의 기회, 범죄의 성질 등등을 비교할 것이다. 그는 그의 초기의 요구와 기대가 매우 합리적인 것이 아닐 수 있음을 또한 기억할 것이고, 따라서 그의 '본성'에 영향을 미치고 변화시키는 선택의 과정을 역시 허용한다. 그것은 결국 그 과정에 개입하는 또 다른 (그리고 미미한) 실천 혹은 전통이다. 따라서 한 실용주의자는 그가 전적으로 그의 순간적인 기분에 따라서 살겠다고 결정하는 그러한 극단적인 경우에도 참여자이면서 관찰자여야 한다.

지금 기술한 의미에서 실용주의자인 개인이나 집단은 별로 없다. 우리는 왜 그런지 다음과 같이 말할 수 있다. 자신의 가장 소중한 관념들을 변화의 일부로, 또한 아마도 불합리한 전통으로 전체적인 시야에서 보기는 어렵기 때문이다. 더욱이 이러한 불가능함은 존재할 뿐만 아니라, 사람, 사회, 지식의 진보와 연구에 참여하는 사람들에게는 적절한 태도라고 권장된다. 어떤 종교도 단지 해볼 만한 가치가 있는 어떤 것으로 자신을 제시하는 일은 거의 없다. 그 주장은 훨씬 더 강하다. 종교는 진리이고 다른 모든 것은 실수이며, 그것을 알고, 이해하면서도, 여전히 그것을 거부하는 사람은 속속들이 썩은 사람(아니면 절망적인 바보)이다.

그러한 주장에는 두 가지 요소가 담겨 있다. 첫째, 우리는 전통, 실천, 그리고 그 밖의 개인적이고(이거나) 집단적인 인간 활동의 결과와, 전통들에 작용하는 다른 도메인 사이를 한없이 구분한다. 둘째로, 우리는 이러한 특수한 도메인의 구조를 상세하게 설명한다. 따라서 신의 말은 그것을 전달하는 전통이 강력한 힘을 가지고 있기 때문이 아니라, 그것이 모든 전통을 벗어나 있고 그것들을 개선하는 방식을 제공하기 때문에 강력하고 거기에 복종해야 한다. 신의 말은 하나의 전통의 출발이 될 수 있고, 그것의 의미는 한 세대에서 다음 세대로 전해질 수 있다. 그러나 그것 자체는 전통을 벗어난 것이다.

첫 번째 요소 ─ 어떤 요구들은 '객관적'이고 전통-독립적인 것이라는 믿음 ─ 는 합리주의에서 중요한 역할을 한다. 그것은 신의 말이 가진 힘에 대한 믿음을 세속화한 형태이다. 그리고 이것은 반대의 이성-실천이 그것의 논쟁적인 무기를 획득하는 방식이다. 왜냐하면 그 두 작인들(agencies)은 두 가지 실천으로 여겨지지 않기 때문이다. 여기서 그 두 실천은, 아마도 동등하지 않은 가치를 갖겠지만, 아직 불완전하고 변화하는 인간의 작품들인데, 한편에서는 그러한 작품이고 다른 편에는 영속적인 탁월함의 척도이다. 초기의 그리스 합리주의는

이미 이러한 갈등의 버전을 가지고 있었다. 어떤 상황, 가정, 절차 ──
역사적 과정의 어떤 특징 ── 가 그것을 초래하였는지 검토해 보자!

우선 서로 반대되는 전통들 ── 호메로스의 상식과 기원전 6세기
에서 4세기에 생긴 여러 가지 형태의 합리주의 ── 은 **각기 다른 내적 구
조**를 가지고 있다.[1] 한편에서 우리는 쉽게 설명될 수 없는 복잡한 관념
을 가지고 있다. 그것은 '작동하지만', 우리는 그 작동방식을 알지 못
하고, 그것들은 '적절하지만' 우리는 왜 그런지 알 수 없다. 그것들은
특수한 상황에만 적용된다. 그것들은 내용은 풍부하지만, 유사성에서
빈약하고, 따라서 연역적 연결에서 취약하다. 다른 한편으로, 방금 도
입된 것으로서, 그것들의 구조를 상당히 드러내며, 여러 가지 방식으
로 연결될 수 있는 상대적으로 명료하고 단순한 개념들이 있다. 그것
들은 내용에서는 빈약하지만 연역적 연결에서는 풍부하다. 그 차이는
수학의 경우에서 특별히 두드러진다. 예를 들면, 기하학에서 우리는
매우 커다란 상황의 다양성 아래서 물리적 대상과 그것의 모양에 적
용되는 경험법칙(rule of thumb)으로부터 시작할 수 있다. 나중에 왜
주어진 규칙이 주어진 사례에 적용되는지 증명될 수 있다. 그러나 그
증명은 자연 가운데서는 어느 곳에서도 발견되지 않는 새로운 요소들
을 사용한다.

고대에는 새로운 존재들과 친숙한 상식의 세계 사이의 관계로부
터 여러 가지 이론들이 산출되었다. 그중 하나로서 우리가 플라톤주의
라고 부를 수 있는 것은 새로운 존재들이 실재하는 것이며 반면에 상

---

1 자세한 것은 제16장을 볼 것.

식의 존재들은 그것들에 대한 불완전한 모사라고 가정한다. 소피스트들에게서 비롯된 다른 이론은 자연적 대상들을 실재하는 것으로 간주하고, 수학의 대상들('이성'의 대상들)은 하찮은 것으로서 자연적 대상들의 비실재적인 이미지로 간주한다. 이 두 이론들은 또한 플라톤(이미 이전에 발견되었다)에 의해 유포된 지식에 관한 새롭고 상당히 추상적인 관념과 당시의 상식적 지식 사이의 차이에도 적용된다(플라톤은 전자의 실체성을 부여하기 위해 후자의 왜곡된 이미지를 현명하게 이용하였다). 다시 말해서 오직 하나의 참된 지식이 있고, 인간의 의견은 그것의 창백한 그림자일 뿐이라고 말하거나, 인간의 의견이 실재하는 유일한 실질적인 지식으로, 철학자들의 추상적인 지식은 쓸모없는 꿈으로 간주되거나 하였다. (안티스테네스는 "나는 말을 볼 수 있네. 플라톤, 그러나 나는 네가 말하는 이상적인 말은 어디서도 볼 수 없다네"라고 말했다.)

이러한 고대의 갈등이 역사를 통해서 오늘날까지 전해지는 것을 살펴보는 것은 흥미롭다. 우리는 그 갈등이 여러 곳에서 여러 가지 형태로 등장한다는 것을 알게 될 것이다. 그것이 얼마나 다양한 형태로 나타나는가는 두 가지 예로 충분히 설명될 것이다.

고트셰트가 독일의 극장을 개혁하고자 하였을 때, 그는 모방할 만한 연극을 찾았다. 즉 그는 그 시대의 무대에서 그가 발견한 것보다 더 질서 있고, 더 품위 있으며, 더 존중할 만한 전통을 찾았다. 그는 프랑스의 극장, 주로 코르네유의 극장에 매료되었다. (비극과 같은) "그러한 시의 구성체계는 규칙 없이는 존재하기 어렵다"[2]고 확신함으로써

2 J. Chr. Gottsched, *Schriften zur Literatur*, Stuttgart, 1972, p.200에서 인용한 "Vorreda zum

그는 규칙을 추구하였고, 아리스토텔레스를 발견하였다. 그에게 아리스토텔레스의 규칙은 극장을 보는 하나의 특정한 방식이 아니었다. 그것은 탁월성이 발견되는 곳에서는 탁월성의 이유였고, 개선이 필요해 보이는 곳에서는 개선을 이끄는 지침이었다. 좋은 극장은 아리스토텔레스 규칙의 전형이었다. 레싱은 점차 다른 견해를 준비했다. 첫째, 그는 코르네유와 고트세트의 아리스토텔레스에 반대되는 것으로서 진정한 아리스토텔레스라고 그가 생각하는 것을 회복시켰다. 다음으로 그는 아리스토텔레스 규칙의 자구에 대한 위반이 그 규칙의 목적을 흐리지 않는다면, 그러한 위반을 허용했다. 또한 마지막으로 그는 하나의 다른 패러다임을 제안하였고, 그것을 구성할 정도로 창의적인 정신은 규칙에 의해 제약을 받을 필요가 없음을 강조하였다. 만약 그러한 정신이 그의 노력을 통해서 성공한다면, "교과서는 잊어버리자!"[3]

다른 (훨씬 재미없는) 도메인에서는 언어가 단순하고 명료한 규칙에 따라서 구성되어야 한다고 제안하는 사람이나 그러한 이상적인 언어에 호의적인 입장에서 그것을 엉성하고 불명료한 자연적 관용어와 비교하는 사람과, 보다 넓고 다양한 상황에 적용되는 자연언어들이 활기 없는 논리적 경쟁 상대들에 의해서 적절히 대치될 수 없다고 주장하는 다른 철학자들 사이의 대립이 있다.

전통의 구조(복잡하고 불명료한 것 대 단순하고 명료한 것)에 있어

'Stebenden Cato.'"
3 *Hamburger Dramaturgie*, Stuck 48. 참조 그러나 Stuck 96에 있는 그 시대의 '독창적인 천재들'의 주장에 대한 레싱의 비판을 참조. '이성'과 실천 사이의 관계에 대한 레싱의 설명은 매우 복잡하고, 아래에서 더욱 발전될 견해와 일치한다.

서의 차이를 종류의 차이(실재적인 것 대 그것의 불완전한 현실화)로 보려는 이러한 경향은 어떤 실천에 대한 비평가들이 그것에 대해서 관찰자의 입장을 취하지만 그들에게 반대입장을 제공하는 실천의 참여자로 남는다는 사실에 의해서 강화된다. 이 실천의 언어를 사용하고 기준을 사용함으로써, 두 가지 실천 —— 비판되는 것과 비판하는 것 —— 은 서로 맞지 않는다는 사실이 실제로 일어난 일의 전부일 때, 그들은 제약, 잘못, 실수를 '발견한다'. 철저한 유물론에 **반대하는** 많은 **논증**들은 이러한 종류의 것이다. 그것들은 유물론이 '심적' 용어들의 쓰임새를 변화시킨다는 사실에 주목한다. 그들은 그 변화의 귀결을 재미있는 불합리성(무게 및 그와 유사한 것을 갖는 사고)을 가지고 설명하며, 거기서 멈춘다. 불합리성은 유물론이 우리가 정신에 대해서 일상적으로 말하는 방식과 충돌한다는 사실을 보여 준다. 그것은 어떤 것(유물론 아니면 다른 방식)이 더 좋은 것인지를 보여 주지는 못한다. 그러나 상식에 대해서 참여자의 관점을 취하는 것은 불합리성을 유물론에 대한 반대논증으로 전환시킨다. 그것은 마치 아메리카인들이 그들이 달러에 대한 단순한 관계(1:1, 1:10, 1:100)를 가질 수 없기 때문에 외국 화폐에 대해 반대하는 것과 마찬가지다.

판단을 내리고 그럼으로써 비판을 위한 아르키메데스의 기점을 창조하는 입장에 대해서 참여자의 입장을 취하는 경향은 강단 철학자들의 자부심이자 즐거움인 어떤 구분에 의해서 강화된다. 나는 평가와 어떤 평가가 내려졌다는 사실 사이의 구분, 하나의 제안과 그 제안이 수락되었다는 사실 사이의 구분, 그리고 그와 연관된 주관적인 바람과 객관적인 탁월함의 기준 사이의 구분을 언급한다. 관찰자로서 말할 때 우리는 자주 어떤 집단이 어떤 기준을 받아들이고, 이 기준들에 대해서 높이 평가한다고 말한다. 참여자로서 말할 때도 우리는 똑같이 어떤 기준의 기원에 대해서나 그것을 사용하는 사람들의 바람에 대한 언급 없이 기준들을 사용한다. 우리는 "이론들이 반증 가능하고 무모순적이어야 한다"고 말하지, "나는 이론들이 반증 가능하며 무모순적이기를 바란다"고 말하거나 "과학자들은 그들의 이론이 반증 가능하지 않거나 무모순적이 아니면 매우 불만족스러워한다"고 말하지 않는다. 첫째 종류의 진술(제안, 규칙, 기준)들이 (a) 개인적인 인간의 바람 혹은 어떤 부족의 관습에 대한 언급을 담고 있지 않으며, (b) 그러한 바람, 혹은 관습, 혹은 다른 사실에 관한 진술로부터 유도될 수 없고, 그것과 모순될 수 없다는 것은 참으로 옳다. 그러나 그것이 그것들을 '객관적'이거나 전통으로부터 독립인 것으로 만들지 못한다. '…해야 한다'라는 문장에서 주체 혹은 집단에 관한 용어가 결여되어 있다는 사실로부터 제기된 요구가 '객관적'이라고 추론하는 것은, 주체, 혹은 집단이 어디서도 등장하지 않는다는 사실에 근거해서 착시 혹은 대규모의 환시(幻視)에 대해 '객관성', 즉 개인적인 혹은 집단적 기질로부터의 독립성을 주장하는 것처럼 잘못이다. '객관적으로', 즉 전통 혹은 실천에 대한 언급 없이, 정식화되었지만 여전히 하나의 실천과의 관계 속에서 **이해되어야** 할 진술이 많이 있다. 날짜, 좌표, 통화의 가치에 대한 진술, 논리에 관한 진술(대안적 논리의 발견 이후의), 기하학에 관한 진술(비유클리드 기하학의 발견 이후의) 등등이 그 예이다. ('당신은 X를 해야 한다'에 대한 반박이) '그것은 **당신** 생각이다'가 될 수 있다는 사실은, 같은 것이 가치진술에서도 참이라는 사실을 보여 준다. 답변이 허용되지 않은 경우들은 대안적인 기하학 혹은 대안적인 논리체계의 발견에 대응하는 가치이론에서의 발견을 사용함으로써 쉽게 바로잡을 수 있다. 우리는 다른 문화 혹은 다른 실천으로부터 온 '객관적인' 가치판단에 부딪힌다.[4] 그리고 객관주의자에게 어떻게 그가 그 갈등을 해결할 것인가 묻는다. 공유된 원리로의 환원은 늘 가능한 것이 아니다. 따라서 우리는 그것들을 표현하는 요구 혹은 공식이 사용되기에 불완전하고 개선되어야 한다는 것을 인정해야 한다. 그러나 가치판단의 '객관성'에 대한 지속적인 주장은 지구의 구체 모양에 대한 발견 이후에 '위-아래'라는 쌍의 '절대적' 사용에 대한 지속적 주장과 마찬가지로 무식한 것이다. '어떤 요구를 진술하는 것과 어떤 요구가 이루어졌다고 주장하는 것은 완전히 다른 것이다. ─ 따라서 문화의 복수성은 상대주의를 의미하는 것이 아니다'와 같은 논증은 대립물이 약하기 때문에 존재할 수 없다는 논증과 많은 부분에서 공통적이다. 두 사례는 아주 구식 개념(그리고 부적합한 구분)에 의존한다. 우리의 '합리주의자'가 그것들에 매료되는 것은 그다지 놀랄 일이 아니다.

이것으로 인해서 우리는 (b)에 대한 대답도 가질 수 있다. 요구를 진술하고 실천을 기술하는 것은 두 가지 다른 일이라는 것과 그것들

---

4 (나중에 피터 오툴Peter O'Toole에 의해 그다지 흥미롭지 않은 영화로 만들어진) 희곡 『지배계급』에는 신이라고 주장하는 두 미치광이가 서로 대적한다. 이 기가 막힌 아이디어는 극작가를 너무 혼란스럽게 만들어 그는 그 문제를 해결하는 데 대화 대신에 불과 유황을 사용한다. 그렇지만 그의 최종적인 해결은 매우 흥미롭다. 한 미치광이가 착하고 강직한 보통의 영국 시민으로 변하여 한편에서 '토막살인자 잭'을 연기한다. 극작가는 상대주의의 불길을 뚫고 나온 현대의 '객관주의자'가 모든 방해요소들을 제거하도록 허용되어야만 정상상태로 돌아갈 수 있다는 것을 말하려고 한 것인가?

사이에 논리적 연결이 확립될 수 없다는 것은 사실이다. 이것은 요구와 실천 사이의 상호작용이 실천의 상호작용으로서 다루어지고 평가될 수 없다는 것을 의미하지는 않는다. 왜냐하면 그 차이는 먼저 관찰자-태도와 참여자-태도 사이의 차이에서 비롯되기 때문이다. 여기서 한편에서는 그 가치의 '객관성'을 옹호하는 쪽은 그것의 전통을 검토하는 일 대신에 그것의 전통을 이용한다 ── 그것은 그 전통을 타당성의 객관적 척도로 전환시키지 않는다. 그리고 둘째로 그 차이는 그러한 일방성에 적응해 온 개념들에서 비롯된다. 왕의 이름으로 새로운 법률과 새로운 질서를 선포하는 식민지 공무원은 그것이 적용될 상황에 대한 아무런 조회 없이 법률 자구만을 나열하고, 이러한 치명적인 불완전성을 나열된 법률의 '객관성'에 대한 증명으로 간주하는 합리주의자보다 상황을 훨씬 잘 파악하고 있다.

이러한 준비를 했으므로 이제 우리는 '이성과 실천 사이의 관계'라고 불러 온 것을 살펴보기로 하자.

문제를 좀 더 단순화함으로써 우리는 그 문제에 대해서 세 가지 견해가 존재한다고 말할 수 있다.

A. 이성은 실천을 인도한다. 그것의 권위는 실천과 전통의 권위로부터 독립적이다. 그것은 그것의 요구에 따라 실천을 형상화한다. 우리는 이것을 이성과 실천의 관계에 대한 **관념론적 버전**이라고 부를 수 있겠다.

B. 이성은 그것의 내용과 그것의 권위 모두를 실천으로부터 얻는다. 그것은 실천이 작동하고 그것의 배경 원리를 정식화하는 방식을

기술한다. 이러한 버전은 **자연주의**라고 불려 왔고, 이따금 헤겔에게서 비롯된 것으로 여겨져 왔다(매우 잘못된 것이지만).

관념론과 자연주의는 모두 난점들을 가지고 있다.

관념론의 난점은 관념론자들이 '합리적으로 행동하기를' 원할 뿐 아니라, 그의 합리적 행동이 어떤 결과들을 초래하기를 바라는 데 있다. 그리고 그러한 결과들이 그가 사용하는 이상화 가운데서 일어날 뿐 아니라, 그가 거주하는 현실 세계에서도 일어나기를 바란다. 예를 들어, 그는 현실의 인간이 그가 꿈꾸는 사회를 건설하고 유지하기를 원한다. 그는 현실의 별들과 현실의 돌들의 운동과 본성을 이해하기를 원한다. 그는 '천체(에 대한 모든 관측)를 무시하고',[5] 관념에만 집중하라고 우리에게 조언할 수도 있지만, 그는 결국 그가 그 법칙들을 어느 정도로 파악했는가를 보기 위해 자연으로 돌아간다.[6] 그때 그가 선호하는 의미에서 합리적으로 행동하는 것이 기대하는 결과를 산출하지 않는다는 것이 사실임이 흔히 판명되며, 실제로 판명되어 왔다. 합리성과 기대 사이의 이러한 갈등은 합리성의 기준에 대한 지속적인 개혁의 중요한 이유 중 하나였고, 그것은 자연주의를 매우 고무하였다.

그렇다고 자연주의가 만족스러운 것은 아니다. 일반적이고 성공적인 실천을 선택함으로써 자연주의자는 적어도 당분간은 '옳은 편에 속하는' 이익을 누린다. 그러나 하나의 실천은 퇴행할 수 있다. 그것은 잘못된 이유로 말미암아 일반적인 것이 될 수도 있다. (근대과학적 의

5 Plato, *Republic*, 530bf.
6 Plato, *Epinomis*.

학에 대한 평판의 많은 부분은 아픈 사람들이 달리 갈 데가 없으며, 텔레비전, 루머, 시설을 잘 갖춘 병원의 기술적인 곡예가 사람들에게 그들이 그것보다 더 잘 할 수 없다는 것을 확신시킨다는 사실에서 비롯된 것이다.) 실천을 토대로 기준을 확립하고, 그것에 그치고 마는 일은 이 실천의 결함을 영원히 영속화할 수 있다.

자연주의와 관념론의 이러한 난점들은 어떤 요소들을 공통으로 가진다. 기준의 부적합성은 흔히 그들이 행한 실천의 불모성으로부터 분명해지며, 실천의 결함은 흔히 다른 기준에 의거해 번성할 때 매우 명백해진다. 이것은 이성과 실천이 두 개의 각기 다른 종류의 실재물들이 아니고, **단일한 변증법적 과정의 부분들**이라는 사실을 시사한다.

이러한 시사는 하나의 지도와 그것을 사용하는 사람의 모험 사이의 관계에 의해서, 혹은 장인과 그의 도구 사이의 관계에 의해서 예증될 수 있다. 지도는 본래 실재의 이미지와 실재에 대한 지침으로서 구성되었다. 아마 이성도 그럴 것이다. 그러나 지도는 이성과 마찬가지로 이상화를 포함한다.(예를 들어, 밀레투스의 헤카타우스는 그가 점령한 세계에 대한 그의 설명에서 아낙시만드로스의 우주론의 일반적 개관을 도입하였고, 기하학적 모양으로 대륙을 표현하였다.) 방랑자는 그의 길을 찾기 위해서 지도를 사용한다. 그러나 그는 나아가면서 낡은 이상화를 제거하거나 새로운 것을 도입함으로써 그것을 수정하기도 한다. 무턱대고 지도를 사용하는 것은 그를 곧 곤경에 빠뜨린다. 그러나 지도 없이 나아가는 것보다는 지도를 가지고 있는 편이 낫다. 같은 방식으로 그 예는, 어떤 실천이 이성을 추가함으로써 상당히 개선되는 데 반해서, 실천의 인도가 없는 이성은 우리로 하여금 길을 잃게 할 것임을 보여 준다.

이러한 설명은 자연주의와 관념론보다 낫고 훨씬 더 현실적이지만, 여전히 전적으로 만족할 만한 것은 아니다. 그것은 (실천에 대한 이성의, 혹은 이성에 대한 실천의) 일방적인 행동을 상호작용으로 대체한다. 그러나 그것은 상호작용하는 실재물들이 갖는 낡은 견해(의 어떤 국면)들을 유지한다. 이성과 실천은 여전히 다른 종류의 실재물로 간주된다. 그것들은 둘 다 필요하지만, 이성은 실천 없이 존재하고, 실천은 이성 없이 존재한다. 우리는 이 문제에 대한 이러한 설명을 받아들일 것인가?

이 문제에 대답하기 위해서는, 우리가 '이성'과 그것에 의해서 형성될 수밖에 없거나 그것을 그 자리에 놓기 위해서 사용된 '비합리적인' 것 사이의 차이는, 실천의 구조적 차이를 종류의 차이로 전환시킴으로써 발생한 것임을 기억하기만 하면 된다. 가장 완벽한 기준 혹은 규칙조차도 그들이 행동하는 물질적 대상으로부터 독립적이지 않다 (그렇지 않다면 어떻게 그들이 그것에서 공격점을 찾을 수 있을까?). 만약 그것들이 어떤 매우 복잡하고 장소에 따라서는 매우 이해하기 힘든 실천 혹은 전통, 즉 **이성**의 **수호자**가 그의 엄격한 명령을 표현하는 언어의 잘 통합된 부분들이 아니라면, 우리는 그것들을 이해하기 어려울 것이고, 그것들을 어떻게 이용할 것인가를 알기 어려울 것이다.[7] 반대

---

7 이 논점은 비트겐슈타인에 의해서 여러 예들의 도움으로 강력한 힘을 가지고 만들어졌다. (나의 논문 "Wittgenstein's *Philosophical Investigations*", *The Philosophical Review*, 64, 1955를 볼 것) 합리주의자는 이렇게 대답하였다. 러셀은 (차갑게) "나는 이해할 수 없다", 칼 포퍼 경은 (씩 씩거리며) "그는 옳다. 그가 옳아. 나도 그것을 이해할 수 없어!" 한마디로 말해서, 지도적인 합

로 가장 무질서한 실천조차도 비참여자를 향한 우리의 태도로부터 출현하는 규칙성을 갖는다.[8] 따라서 '이성'과 '실천'이라고 불리는 것은 실천의 두 가지 유형이다. 그 차이는 그중 하나가 어떤 단순하고 쉽게 산출될 수 있는 형식적 측면을 명료하게 표현함으로써 우리로 하여금 단순성과 산출성을 보증하는 복잡하고 이해하기 어려운 속성들을 잊도록 하는 데 비해서, 다른 하나는 그 형식적 국면들을 우연적인 속성들의 엄청난 다양성 아래 잠기게 한다. 그러나 복잡하고 함축적인 이성도 여전히 이성이다. 또한 언어 관습에 내재하여 눈에 잘 띄지 않는 배경 위를 맴도는 단순한 형식적 특징을 갖는 실천도 여전히 실천이다. 첫 번째 사례에서 감각을 주고 적용을 보증하는 메커니즘과 두 번째 사례에서 내재적인 규칙성을 간과함으로써(혹은 오히려 주목조차 하지 않음으로써) 합리주의자는 여기서는 규칙과 질서를 지각하고, 저기서는 아직 형성되어야 할 필요가 있는 물질을 지각한다. 이 절의 앞 부분에서 역시 지적되었던, 전자에 대해서 참여자의 관점을 취하고 후자를 향해서는 관찰자의 태도를 취하는 습관은, 현실에서는 긴밀하게 연결되어 있는 것을 더욱 분리시킨다. 그리하여 우리는 종국에 두 가지 실재물을 갖게 되는데, 한 편에는 엄격하고 질서 있는 이성이 있고, 다른 편에는 가변성이 있으나 아직 완전히 유연하지 않은 재료가 있다. 또한 이것으로 말미암아 우리는 '서구에서 합리주의의 등장' 이후에 철학자

리주의자들이 이해하지 못하므로 그 논점은 무관한 것이다. 나는 반대로 그러한 단순한 논점을 이해하지 못하는 (혹은 이해하지 못하는 체하는) 합리주의자들의 지성(그리고 또한 지적인 정직성)을 의심하는 것으로부터 시작하고자 한다.
8 제16장의 '은밀한 분류'에 대한 짧은 논평을 볼 것.

들에게 지적인 자양분(또 재정적인 자양분을 주기도 했다는 것을 잊지 않도록 하자)을 제공하였던 '합리성의 문제'를 갖게 된다. 우리는 아직도 이러한 거대한 결과를 지지하는 데 사용되는 논증이 그가 어떤 종류의 질서를 볼 때마다 하나의 창조자를 추론하는 신학자의 그것과 구분할 수 없다는 사실을 주목하지 않을 수 없다. 명백하게 질서는 물질에 고유한 것이 아니며, 따라서 외부로부터 부여되어야 한다.

따라서 상호작용주의적 견해는 상호작용하는 실재물들에 대한 만족스러운 설명에 의해 보충되어야 한다. 이런 방식으로 제시됨으로써 그것은 사소한 문제가 된다. 왜냐하면 그 학자들이 아무리 완고하고, 그 수호자들의 다리가 아무리 강건하다고 해도 그것 주위에서 일어나는 것에 의해 영향을 받지 않고 유지되는 전통은 존재하지 않기 때문이다. 어쨌든 무엇이 어떻게 변화하는가 하는 것은 상호작용하는 전통에 참여하는 사람들에 의해서 수행되는 **역사적 연구**나 **정치적 행동**에서 하나의 문제가 된다.

나는 이제 이러한 결과들이 갖는 함축을 각각에 대응하는 설명과 함께 일련의 논제로 진술하겠다.

우리는 합리적 기준들과 그것들을 뒷받침하는 논증들이 뚜렷하고 명시적인 원리와 눈에 띄지 않고 대부분 알려져 있지 않지만 행동과 판단을 위한 성향의 절대적으로 필요한 배경으로 이루어진 특수한 전통의 가시적인 부분들임을 보았다. 그 기준들은 이러한 종류의 전통의 참가자들에 의해 채용됨으로써 탁월함의 '객관적인' 척도가 된다. 그때 우리는 합리적인 기준들과 그것의 정당성을 위한 논증들을 갖는다. 우리는 나아가 명시적인 기준들과 원리들에 기초하지는 않지만 역시 판단으로 이끄는 또 다른 전통이 있다는 것을 보았다. 이러한 가치판단들은 보다 '직접적인' 성격을 가지고 있다. 그러나 그것들은 합리주의자들의 그것과 꼭 마찬가지로 여전히 평가이다. 두 경우에서 모두 판단은 전통에 참여하고 그것을 사용하여 '좋은 것'과 '나쁜 것'을 구분하는 개인들에 의해서 내려진다. 따라서 우리는 다음과 같이 진술할 수 있다.

1) **전통은 좋은 것도 나쁜 것도 아니다.** 그것은 단순히 존재할 뿐이다. '객관적으로' 말해서, 즉 전통에의 참여와는 독립적으로 말해서, 인도주의와 반-유태주의 사이에서 선택할 일은 많지 않다.

추론: 합리성은 전통의 결정권자가 아니다. 그것은 그 자체로 하나의 전통이거나 어떤 전통의 한 국면이다. 따라서 그것은 좋고 나쁜 것이 아니다. 그것은 그냥 있는 것이다.

2) **하나의 전통은 다른 전통과 비교될 때만**(즉 세계를 그것의 가치를 통해서 보는 참여자가 보는 경우에만), **바람직스럽거나 바람직스럽지 않은 속성을 가정한다.** 이러한 참여자의 투사는 **객관적으로 보이며**, 그것을 기술하는 진술은 **객관적으로 들리는데**, 그것은 참여자들과 그들이 투사하는 전통이 아무 곳에서도 언급되지 않기 때문이다. 그것들은 **주관적인데**, 그것은 그것들이 선택된 전통과 참여자들이 그것을 이용하는 쓰임새에 의존하기 때문이다. 그 주관성은 참여자들이 각기 다른 전통들은 각기 다른 판단을 낳는다는 것을 인식하는 순간에 주목된다. 그때 그들은 물리학자들이 길이가 준거체계에 의존한다는 것을 발견하였

을 때 길이에 관한 가장 단순한 진술조차 그 내용을 개정하였던 것과 마찬가지로, 또 모든 사람들이 지구가 구체라는 것을 발견하였을 때 '아래'의 내용을 개정하였던 것처럼, 그들의 가치진술의 내용을 개정해야 할 것이다. 그러한 개정을 수행하지 않는 사람은 도덕적 상대주의를 극복해 온 특별히 약삭빠른 철학자들의 특수한 학파를 형성하는 일에 자부심을 가질 수 없다. 그것은 절대 길이에 여전히 집착하는 사람이 상대성을 극복해 온 특별히 약삭빠른 물리학자의 특수한 학파를 형성하는 일에 스스로 자부심을 가질 수 없는 것과 마찬가지다. 그들은 황소고집이거나, 아니면 잘못 알고 있거나, 아니면 그 둘 모두이다.

3) 1)과 2)는 프로타고라스가 옹호해 온 것으로 보이는 바로 그 종류의 상대주의를 함축한다. 프로타고라스적 상대주의는 그것이 전통과 가치의 복수성에 관심을 가졌다는 점에서 합당하다. 또한 그것은 자기 자신의 마을과 그것이 담고 있는 이상한 관습이 세계의 배꼽이라고 가정하지 않는 점에서 문명화된 것이다.[9]

4) 모든 전통은 추종자를 획득하는 특별한 방식을 갖는다. 어떤 전통들은 이러한 방식들을 반영하며, 한 집단으로부터 다음 집단으로 그것들을 변화시킨다. 다른 것들은 사람들이 그들의 견해를 받아들이도록 하는 데는 딱 한 가지 방법만 있다는 것을 당연하게 여긴다. 이러한 방식을 채용한 전통에 의존하는 것은 수락할 만하고, 터무니없는 일이며, 합리적이고, 바보 같은 것으로 보일 것이다. 아니면 '단순한 선전'이라고 무시할 것이다. 논증은 한 관찰자에게는 선전이고 다른 관찰자에게

---

9 프로타고라스는 *Farewell to Reason*의 제1장 3절 이후에 상세히 논의된다.

는 인간 담론의 본질이다.

5) 우리는 전통들 사이의 상호작용에 참여하는 개인들 혹은 집단들이 일어나는 사건들과 구조들을 판단할 때, 실용주의 철학을 채용할 수 있다는 것을 보았다(사람들은 변화를 관찰하거나 그것에 참여하는 동안 변화한다. 또한 그들이 사용하는 전통도 그들과 더불어 변화한다). 이것은 하나의 역사적 과정을 판단할 때에 우리는 아직 구체화되지 않았고 구체화되기 어려운 실천을 사용할 수 있다는 것을 의미한다. 우리는 판단과 행동을, 미리 구체화할 수 없으며 기준들이 인도한다고 생각하는 바로 그 판단(행동)들에 의해서 도입되는 기준들에 의거할 수 있다. 또한 우리는 어떤 기준 없이, 단순히 어떤 자연적 성향에 따라서 행동할 수도 있으며, 그의 부상당한 적을 죽이는 대신에 치료해 주는 사나운 전사는 왜 그가 그렇게 행동하는지 알지 못하며, 그의 행동의 이유에 대한 완전히 잘못된 설명을 내놓을 수 있다. 그러나 그의 행동은 영원한 적대감 대신에 협력과 평화로운 경쟁의 시대를 가져올 수 있고, 따라서 국가들 사이에 새로운 교역의 전통을 창조할 수 있다. 그 물음 — 당신은 어떤 길을 선택할까를 어떻게 결정할 것인가? 당신은 어떻게 무엇이 당신을 기쁘게 하고 당신이 거절하기 원하는 것이 무엇인가를 어떻게 아는가? — 은 따라서 적어도 두 가지 답변을 갖는다. 즉 (1) 결정은 없었고, 단지 돌아보았을 때, 그 행동에 대한 이유를 부여할 수 있는 전통으로 이끌어지는 자연적 발달의 기준들에 따른 결정이었다. 혹은 (2) 어떻게 우리가 아직 알지 못하는 환경에서 판단하고 선택할 것인가를 묻는 것은 우리가 아직 탐사하지 않은 영역에서 어떤 측정 도구를 사용할 것인가를 묻는 것과 같이 매우 타당하다. 새로운 물리

적 상황을 이해하기 위해서 측정 도구가 끊임없이 발명되어야 하듯이, 지적인 측정 도구인 기준들은 새로운 역사적 상황을 이해하기 위해서 자주 발명되어야 한다.

6) 따라서 내가 인도된 교류(guided exchange)와 열린 교류(open exchange)라고 각각 부를 하나의 이유를 집단적으로 결정하는 적어도 두 가지 다른 방식이 있다.

첫번째 경우에서 일부 혹은 모든 참여자들은 잘 구체화된 전통을 채용하고 그러한 기준들에 대응하는 반응을 받아들인다. 만약 한 당파가 아직 선택된 전통의 참여자가 되지 못했다면, 그는 참여자가 될 때까지 계속 부대끼고, 설득당하며, '교육된다'. 그러면서 교류가 시작된다. 교육은 결정적인 토론으로부터 분리된다. 그것은 초기 단계에서 일어나며, 어른들이 적절히 행동할 것임을 보증한다. 하나의 **합리적 토론**은 유도된 교류의 특수한 경우이다. 만약 참여자가 합리주의자라면, 그때는 모든 것이 순조로우며, 토론은 즉시 시작된다. 만약 일부 참여자만이 합리주의자라면, 그리고 만약 그들이 힘을 가지고 있다면(중요한 고려사항!) 그때 그들은 그들의 협력자들이 합리주의자가 되기 전까지는 그들을 진지하게 대하지 않는다. 합리성에 기반을 둔 사회는 완전히 자유롭지 않다. 우리는 성인들의 게임을 해야 한다.[10]

반대로 열린 교류는 실용주의 철학에 의해서 인도된다. 그 당파가

---

10 존 스튜어트 밀은 "이 교리(관념과 제도의 복수성)가 그들의 능력이 성숙한 상태에 있는 인간에게만" ─즉, 동료 지성인과 그의 제자들에게만─ "적용하고자 한 것임은 아마도 말할 필요도 없을 것이다"라고 말한다. *The Philosophy of John Stuart Mill*, ed. M. Cohen, New York, 1961, p.197에 있는 "On Liberty".

채택한 전통은 시작 무렵에는 구체화되지 않고, 교류가 진행됨에 따라 발전한다. 참여자들은 그들의 관념, 지각, 그리고 세계관이 완전히 변할 정도로 서로를 생각하고, 느끼고, 지각하는 방식에 함몰된다. — 그들은 새롭고 색다른 전통에 참여하는 다른 사람이 된다. 열린 교류는 파트너를, 그가 개인이든 하나의 완전한 문화이든, 존중한다. 반면에 합리적 교류는 합리적 토론의 틀 내에서만 존중될 가망이 있다. 열린 교류는 어떤 원칙(organon)을 갖고 있지 않다. 하지만 그것을 만들어 낼 수는 있다. 거기에는 논리가 없다. 하지만 새로운 논리의 형식이 그 과정에서 출현할 수는 있다. 열린 교류는 각기 다른 전통들 사이의 연결을 확립한다. 그럼으로써 논제 3)과 4)의 상대주의를 초월한다. 그렇지만 그것은 객관적이라고 할 수 없는 방식으로 그것을 초월한다. 그것은 그것이 일어나는 (역사적·심리학적·물질적) 조건들에서는 예견할 수 없는 방식에 의존한다. (제16장의 마지막 문구를 볼 것.)

7) 자유로운 사회는 모든 전통에 대해서 동등한 권리, 교육과 권력의 지위에 대한 동등한 접근 기회가 부여되는 사회이다. 이것은 1), 2), 그리고 3)의 명확한 귀결이다. 만일 전통들이 다른 전통들의 관점에서 보았을 경우에만 그것의 유리함을 갖는다면, 자유사회의 기반으로서 하나의 전통을 선택하는 일은 권력에 호소해서만 정당화될 수 있는 자의적인 행동이다. 따라서 자유로운 사회는 어떤 특정한 교리에 기반을 둘 수 없다. 예를 들어, 합리주의나 인도주의적 고려에 기반을 둘 수 없다. 자유사회의 기본 구조는 이데올로기가 아니라, **방어적 구조**이다. 그것은 신념과 같은 것이 아니고 철책과 같은 기능을 한다. 그러나 어떻게 이 구조가 인지되는가? 하지만 그 문제를 **토론하는** 것이 필요하지 않

은가? 아니면 그 구조는 단순히 **부과되어야** 하는가? 만일 그 문제에 대해서 토론할 필요가 있다면 이 토론은 주관적인 영향력으로부터 자유롭게 보호되어야 하고 '객관적' 고찰에만 기반을 두어야 하지 않는가? 이것이 지성인들이 그들의 동료 시민들에게 그들에게 제공되는 돈이 잘 쓰여지고 있으며, 그들의 이데올로기가 현재 그것이 가지는 중심적인 지위를 계속해서 가정해야 한다는 것을 확신시키는 방식이다. 우리는 이미 '합리적 토론의 객관성'이라는 문구 이면의 실수-겸-사기를 드러냈다. 그러한 토론의 기준은 '객관적'이지 **않으며**, '객관적'이라고 **보이는** 것뿐이다. 왜냐하면 그것들을 사용함으로써 이익을 보는 집단에 대한 언급이 생략되었기 때문이다. 그것은 "나는 당신이 …하기를 원한다" 혹은 "나와 내 부인은 당신이 …하기를 원한다"라고 말하는 대신에 "우리 모두가 원하는 것은 …이다" 혹은 "신이 우리에게 원하는 것은 …이다" 혹은 그것보다 더 좋게 "…하는 것은 합리적이다"라고 말하면서 그 자신에 대한 언급은 철저히 배제해 버리는 영리한 폭군의 초대와 같다. 얼마나 많은 지적인 사람들이 그러한 얄팍한 속임수에 빠지는가를 보는 것은 왠지 우울한 일이다. 우리는 다음을 관찰함으로써 그것을 제거한다.

8) 자유사회는 부여되는 것이 아니고, 열린 교류(위의 6) 참조)에 **참여하는 사람들이 언급된 종류의 방어적 구조를 도입하는 곳에서만 출현한다.** 작은 규모에서의 시민들의 책임 있는 결정, 넓은 범위에서의 국가들 사이의 협력이 내가 염두에 두고 있는 발전이다. 미국은 여기서 기술한 의미에서는 자유사회가 아니다.

9) 자유사회의 구조를 안정시키는 토론은 인도된 토론이 아니고 **열린**

토론이다. 이것은 바로 이전의 논제 아래 기술된 구체적인 발전이 이미 열린 토론을 사용한다는 것을 의미하지 않는다. 그것은 그것들이 열린 토론을 사용할 수 있으며, 합리주의는 자유사회의 기본적인 구조에 필수적인 구성요소가 아니라는 것을 의미한다.

과학의 결과는 명확하다. 여기서 우리는 하나의 특정한 전통을 가지고 있는데 그것은 '객관적으로' 다른 모든 전통들과 동등하다(1)과 7)의 논제). 그것의 결과는 어떤 전통에 대해서는 훌륭하게 보여도 다른 전통에 대해서는 형편없어 보이고, 또 다른 전통에는 하품할 가치조차 없어 보인다. 물론, 좋은 조건을 가진 우리의 유물론적 동시대인들은 달 탐색선 발사, 이중나선형, 비평형적 열역학과 같은 사건들로 말미암아 흥분에 휩싸이기 쉽다. 그러나 문제를 다른 관점에서 살펴보자. 그러면 그것은 어리석은 헛고생이 된다. 몇몇 생각을 제대로 표현하지 못하고, 오히려 제한된 동시대인들로 하여금 제정신이라면 아무도 방문할 생각을 하지 않을 장소 ─ 메마르고, 공기도 없고, 뜨거운 돌 ─ 에서 품위 없는 깡충 뛰기를 몇 번 하도록 하기 위해 수억 달러, 수천 명의 잘 훈련된 조교, 수년간의 고된 작업이 필요했다.[11] 그러나 신비주의자들은 자신들의 정신만을 사용하여, 천상의 세계를 거쳐서 신 자신에게로 여행하였다. 그들은 영광 중에 그를 보고, 그들의 삶을 지속하고 그들 자신과 그들의 동료 인간들을 계몽하기 위한 능력을 받는다. 그러한 비교를 지체 없이 반박하도록 만든 것은 일반 대중과 그들의 근엄한 훈련자들의 교양 없음, 지성인들과 그들의 상상력의

---

11 Norman Mailer, *Of a Fire on the Moon*, London, 1970을 볼 것.

놀라운 결핍이었다. 자유사회에는 그러한 태도에 반대하지 않는다. 그러나 그것이 근본적 이데올로기가 되는 것을 허용하지 않는다.

10) **자유사회는 과학과 사회의 분리를 주장한다.** 이 주제에 대해서는 제19장에서 더 논의한다.

제18장

그러나 합리성의 기준들을 평가하고 그것들을 개선하는 일은 가능하다. 개선의 원리들은 전통 위에 있거나 변화를 넘어서 있지 않다. 그것들을 고정시키는 것은 불가능하다.

이제 나는 어떻게 물리학과 천문학에서 기준들이 비판되며, 비판되어 왔는가, 또한 어떻게 이 절차가 다른 영역에도 확장될 수 있는가를 보여 줌으로써 이 결과들 중 일부를 설명할 것이다.

제17장은 이성과 실천 사이의 관계에 관한 일반적인 물음에서 시작하였다. 설명하는 가운데 이성은 과학적 합리성이 되었고, 실천은 과학연구의 실천이 되었으며, 문제는 과학적 합리성과 연구 사이의 관계이다. 나는 관념, 자연주의, 그리고 아직 언급되지 않았고, 내가 소박한 무정부주의라고 부르려는 제3의 입장에 의해서 주어진 대답들에 대해 논의하려고 한다.

관념론에 따르면, 어떤 일을 하는 것 ——**어떤 결과**를 낳든지 간에 ——은 합리적(적절한, 신의 의지 ——혹은 토착인들을 어리둥절하게 만드는 데 사용되는 그 밖의 다른 고무하는 말들——에 부합하는)이다. 신앙의 적을 죽이는 일, 임시변통 가설을 회피하는 일, 육체의 욕망을 경멸하는 일, 모순을 제거하는 일, 진보적인 연구 프로그램을 지지하는 일 등등은 합리적(적절한 등)이다. 합리성(정의, 신의 계율)은 보편적이고, 감정, 맥락, 역사적 상황으로부터 독립적이며, 그와 동등하게 보편적인 규칙과 기준을 낳는다.

무언가 더 세련된 것처럼 보이지만 실제로는 그렇지 않은 관념론의 버전이 있다. 합리성(법칙 등)은 더 이상 보편적이라고 이야기되지 않는다. 그러나 어떤 맥락에서 무엇이 합리적인가를 주장하는 보편적으로 타당한 조건진술들이 있으며, 그에 대응하는 조건적 규칙들이 있다.

어떤 논평자는 내가 증식과 반귀납과 같은 더 '혁명적인' 규칙들을 가지고 친숙한 규칙들과 기준들을 대체하려고 한다는 단서를 달면서, 나를 방금 기술한 의미에서 관념론자라고 분류한 적이 있다. 그리고 거의 모든 사람들은 '무엇이라도 좋다'를 그것의 가장 '기본적인 원리'로 갖는 '방법론'이 내게서 비롯된 것이라고 여긴다. 그러나 제21장에서 나는 내 의도가 어떤 일반규칙의 모둠을 다른 그런 모둠으로 대체하는 데 있지 않으며, 나의 의도는 오히려 독자들로 하여금 **모든 방법론들은, 가장 명료한 것일지라도 한계를 갖는다**는 것을 납득시키고, 그것을 방금 설명한 용어로 설명하는 데 있음을 명료하게 말한다. 또한 나의 의도는 관념론이 단순하든, 맥락-독립적인 종류든 간에, 과학적 합리성의 문제에 대한 잘못된 해결이라는 것을 보여 주는 데 있음을 밝히는 것이다. 이러한 문제들은 기준을 바꿈으로써 해결되는 것이 아니고, 기준에 대한 하나의 완전히 다른 관점을 취함으로써 해결된다.

관념론은 독단적인 것이 될 수 있다. 또한 그것은 비판적인 것이 될 수 있다. 첫 번째 경우에는 제안된 규칙들은 최종적이고 변경불가능한 것으로 여겨진다. 두번째 것에서 논의(discussion)와 변화의 가능성이 주어진다. 그러나 논의는 실천을 문제 삼지 않는다. 그것은 기준, 규칙, 그리고 논리라는 하나의 추상적 도메인에 여전히 제한된다.

소박한 무정부주의는 모든 규칙과 기준의 한계를 인식한다. 소박한 무정부주의자는 (a) 절대적 규칙과 맥락-독립적 규칙은 모두 나름의 한계를 갖는다고 말하고, (b) 모든 규칙과 기준은 가치 없는 것이며, 따라서 포기되어야 한다고 추론한다. 대부분의 논평자들은 나를 이런 의미의 소박한 무정부주의자로 여기는데, 그것은 내가 어떤 절차들이 과학자들의 연구를 얼마나 도울 수 있는가를 설명한 많은 구절들을 간과한 것이다. 왜냐하면 갈릴레오, 브라운 운동, 소크라테스 이전 철학자들에 대한 연구에서 나는 친숙한 기준들의 실패를 증명했을 뿐만 아니라, 그다지 친숙하지 않은 절차들이 실제로 성공한 사실을 보여주려고 하였기 때문이다. 따라서 나는 (a)에 동의하는 반면에 (b)에는 동의하지 않는다. 나는 모든 규칙들이 그 나름의 한계를 가진다는 것과 포괄적인 '합리성'은 존재하지 않는다는 것을 논증한다. 그러나 나는 우리가 규칙과 기준 없이 진행해야 한다고 논증하지는 않는다. 또한 나는 맥락적 설명을 찬성하는 논증을 하지만, 맥락적 규칙들이 절대적 규칙들을 **대체하는** 것은 아니라고 논증한다. 그것들은 절대적 규칙들을 보완하는 역할을 한다. 더욱이 나는 규칙과 실천 사이의 새로운 관계를 제안하였다. 내가 옹호하려는 입장을 특징짓는 것은 어떤 특정한 규칙-내용이 아니라, 이 관계이다.

이러한 입장은 **자연주의**의 어떤 요소들을 채용한다. 그러나 그것은 자연주의 철학을 거부한다. 자연주의에 의하면, 규칙과 기준들은 전통에 대한 분석으로부터 획득된다. 우리가 살펴본 대로 문제는 어느 전통을 선택하느냐 하는 것이다. 과학철학자들은 물론 그들의 기본적 전통으로 과학을 선택할 것이다. 그러나 과학은 **하나**의 전통이 아니다. 그것은 여러 가지이다. 따라서 그것은 여러 가지 부분적으로 양립불가능한 전통을 만들어 낸다. (나는 라카토스와의 토론에서 이러한 난점을 설명하였다.)[1] 그 밖에도 그 절차는 과학철학자가 신화나 아리스토텔레스를 선택하지 않고 과학을 선택하는 이유를 제시하는 일을 불가능하게 만든다. 자연주의는 과학적 합리성의 문제를 해결할 수 없다.

17장에서와 같이 우리는 이제 자연주의와 관념론의 결점들을 비교할 수 있고, 보다 만족스러운 견해에 도달할 수 있다. 자연주의는 이성이 연구에 의해서 완벽하게 **밝혀질** 수 있다고 말한다. 이 중에서 우리는 연구가 이성을 변화시킬 수 있다는 관념을 유지한다. 관념론은 이성이 연구를 완벽하게 **지배한다**고 말한다. 그 두 요소들을 결합시킴으로써 우리는 **인도된 활동의 일부이면서 동시에 그것에 의해서 변화될 수 있는 인도자**라는 관념에 도달한다. 이것은 제17장에서 정식화된 이성과 실천에 관한 상호작용주의적 견해에 대응하고, 지도(地圖)의 예를 통해서 예시된다. 이제 상호작용주의적 견해는 두 가지 요소, 즉 한편에는 현실과 동떨어진 인도와 다른 한편에 잘 타고난 실천을 가정한

---

1 *Philosophical Papers*, Vol. 2, 제10장. 또 19장을 볼 것.

다. 그러나 인도가 현실과 동떨어져 보이는 것은 그것의 '몸체', 즉 그것에 기반이 되는 바로 그 실질적인 실천이 주목되지 않기 때문이다. 또한 '실천'이 엉성하고 인도가 필요한 것처럼 보이는 것은 우리가 그것이 담고 있는 복잡하고 상당히 정교한 규칙을 파악하지 못했기 때문이다. 따라서 문제는 하나의 실천과, 그것과는 다른 외부적인 어떤 것 사이의 상호작용이 아니라, **다른 전통들의 영향 아래 있는 한 전통의 발전**인 것이다. 과학이 그것의 문제를 다루고, 그것의 '기준'을 개정하는 방식을 살펴보면 이 그림의 올바름을 확인할 수 있다.

물리학에서 이론들은 사실에 대한 기술로서, 사변과 사실적인 정확성의 기준으로서 동시에 사용된다. **측정 도구**는 법칙에 따라서 구성되며, 그것의 독해는 이 규칙이 정확하다는 가정 아래 테스트된다. 유사한 방식으로 물리적 원리를 만들어 내는 이론들은 다른 이론들을 평가하는 기준을 제공한다. 상대적으로 안정적인 이론들은 그렇지 못한 이론들보다 좋다. 그러한 기준들은 물론 손댈 수 없는 것이 아니다. 예컨대 상대주의적 불변성의 기준은 우리가 상대성이론의 심각한 결함을 발견한다면 제거될 수 있다. 결함은 이따금 그 이론에 대한 직접적인 시험, 예를 들어 그것의 수학에 대한 시험, 혹은 그것의 예측에서의 성공에 대한 시험에 의해서 발견된다. 그것들은 대안적 이론의 발전(제3장을 볼 것), 즉 검사해야 할 기준을 위반하는 연구에 의해서도 발견될 수 있다.

자연이 질적으로나 양적으로 무한정 풍부하다는 관념은 새로운 발견을 이루려는 욕구에 이르고, 따라서 그것으로 이론을 판단하는 다른 기준을 우리에게 주는 내용 증대의 원리에 도달한다. 이미 알려진 것을 넘어서는 잉여 내용을 가진 이론은 그렇지 못한 이론보다 선호된다. 그 기준들은 다시 손댈 수 없는 것이 아니다. 우리가 하나의 한정된 세계에 거주하고 있다는 사실을 발견하는 순간, 그것은 난관에 봉착한다. 그 발견은 주어진 속성들의 모둠을 넘어서는 일은 삼갔던 아리스토텔레스적인 이론들의 발전에 의해서 준비되었다. 그것이 그 기준을 위반하는 연구에 의해서 다시 준비되었다.

두 사례에서 모두 사용된 그 절차는 많은 다양한 요소들을 포함하고 있으며, 따라서 그것을 기술하고 혹은 그것에 반응하는 여러 가지 방식이 있다.

내가 생각하기에 가장 중요한 한 가지 요소는 우주론적인 것이다. 우리가 사용하는 기준과 우리가 추천하는 규칙은 어떤 구조를 가진 세계에서만 의미를 가진다. 그것들은 이 구조를 보이지 않는 도메인에서는 적용할 수 없거나, 헛돌기 시작한다. 사람들이 콜럼버스, 마젤란, 디아스의 새로운 발견 소식을 들었을 때, 그들은 고대의 설명에는 열거되지 않았던 대륙, 기후, 인종이 있다는 것을 알았고, 지식의 새로운 대륙도 있을지 모른다고 추측했다. 그것은 '아메리카'라고 불리는 새로운 지리학적 실재가 있는 것과 꼭 마찬가지로 '지식의 아메리카'가 있을 수 있다는 추측이다. 그리고 그들은 수용된 관념들의 한계 너머로 모험을 함으로써 그것을 발견하려고 노력하였다. 내용 증대에 대한 요구는 이제 매우 타당한 것이 되었다. 그것은 범위와 질에 있어서 무한히 풍부한 것으로 보이는 자연에 대해서 더욱 많이 발견하고자 하는 바람으로부터 생긴다. 그 요구는 한정된 수의 기본적 성질들로 구성된 한정된 세계에서는 의미가 없다.

어떻게 우리는 우리의 기준들을 지지하거나 유예시킬 수 있는 우주론을 발견할 수 있는가? 그 대답은 신화와 형이상학적 사변을 포함해서 기준들의 개정, 즉 일반적 의미에서 이론화에 들어가는 두 번째 요소들을 도입한다. 한정된 세계라는 관념은 우리가 그러한 세계를 기술할 이론을 가지고 있을 때, 이 이론들이 무한한 세계라는 그것의 라이벌보다 좋은 것임이 밝혀질 때, 받아들여질 수 있다. 세계는 우리에게 직접적으로 주어지는 것이 아니다. 우리는 그것을 전통이라는 매체를 통해서 포착해야 한다. 이것은 우주론적 논증조차도 거기 포함된 세계관들, 합리성 이론들 사이의 경쟁이라는 한 가지 단계를 언급해야 한다는 것을 의미한다.

이제 과학자들이 이론들을 어떤 방식으로 다루는 것에 익숙해졌을 때, 그들이 그렇게 다루는 이유를 잊어 버리고, 단순히 그것을 '과학의 본질'이라고 혹은 '과학적이라는 것이 의미하는 중요한 부분'이라고 여길 때, 철학자들이 친숙한 절차들을 체계화함으로써 그들의 망각 상태에 도움을 주면서, 그것들이 어떻게 추상적인 합리성 이론으로부터 나오는지를 보여 주었을 때, 그때는 배경이 되는 기준들의 결함을 보여 주는 데 필요한 이론들이 도입되지 않거나, 도입된다고 해도 진지하게 다루어지지 않을 것이다. 그것들은 기존의 관습적인 버릇과 체계화와 충돌하기 때문에 진지하게 취급되지 않을 것이다.

예를 들어, 세계가 질적으로나 양적으로 모두 유한하다는 관념을 검사하는 좋은 방식은 하나의 아리스토텔레스적인 우주론을 발전시키는 것이다. 그러한 우주론은 유한한 세계에 적용된 기술의 수단을 제공한다. 반면에 그것에 대응하는 방법론은 이러한 종류의 적절한 기술의 요구에 의해서 내용 증대의 요구를 대체한다. 우리가 그 우주론에 대응하는 이론들을 도입하고 새로운 규칙에 맞추어 그것들을 발전시켰다고 가정하자. 어떤 일이 벌어지는가? 과학자들은 그 이론들이 친숙하지 않은 속성들을 가지고 있기 때문에 불만족스러울 것이다. 과학철학자들은 그것들이 그들의 직업에서 들어 보지 못한 기준들을 도입하기 때문에 불만족스러울 것이다. 그들의 불만스러움을 '이성'이라고 불리는 아리아에 의해서 포장하는 나쁜 버릇 때문에, 그들은 좀 더 나아간다. 그들은 단지 불만스러울 뿐만 아니고, 그러한 불만스러움에 대한 '논증'을 가지고 있다고 말할 것이다. 그 논증은 대부분의 경우에 그들이 성장하면서 가지고 있었던 기준들에 대한 정교한 반복이자 변형이고 따라서 그들의 인지적 내용은 "그러나 그 이론은 임시변통적이다!" 혹은 "그러나 그 이론들은 내용 증대 없이 발전된 것이다"와 같은 것이다. 왜 그것이 그렇게 나쁜가 하는 질문을 제기했을 때, 우리가 들을 수 있는 것은 과학은 적어도 200년에 걸쳐서 다르게 진행하였으며, 내용 증대는 확증 이론에 관한 문제의 일부를 해결한다는 것이 전부이다. 그러나 질문은 과학이 무엇을 하는가 하는 것이 아니고, 그것이 어떻게 개선될 수 있으며, 확증 이론 같은 것을 채택하는 것이 세계에 대해서 배우는 좋은 방식인가의 여부이다. 아무런 대답도 마련되지 않는다. 또한 흥미로운 가능성은 현상태에 대해 강하게 주장함으로써 제거된다. 그러한 주장이 더 단호해질수록, 그 문제에 직면한 철학은 더욱 비판적이 된다. 반면에 우리는 일반적인 기준의 타당성, 유용성, 적합성이 그것들을 위반하는 연구에 의해서만 검사될 수 있다는 교훈을 유지한다.

또 한 가지 예가 이 논점을 예증한다. 외부세계에 관한 정보가 아무런 방해도 받지 않고 감관을 통해서 마음에 전달된다는 관념은 모든 지식은 관찰에 의해서 검사되어야 한다는 기준으로 이끌어진다. 즉 관찰에 일치하는 이론들은 그렇지 않은 이론들보다 선호된다. 이 단순한 기준은 감각적 정보가 여러 가지 방식으로 왜곡될 수 있다는 것을 우리가 발견하는 순간 대체되어야 한다. 우리는 관찰과 충돌하는 이론들을 발전시키고 그것들이 다른 많은 측면에서 우월하다는 것을 알게 됨으로써 그러한 발견을 이루었다.(제5장부터 11장은 갈릴레오가 그러한 발견에 어떻게 기여하였는지를 기술한다.)

마지막으로, 사물들은 잘 정의되며, 우리는 역설적인 세계에 살고 있지 않다는 관념은 우리의 지식이 자기-정합성을 가져야 한다는 기준에 도달한다. 모순을 가진 이론들은 과학의 일부가 될 수 없다. 이것은 분명히 많은 철학자들이 주저하지 않고 수락하는 매우 근본적인 기준이다. 그것은 가톨릭이 한때 성모마리아의 무오류성의 도그마를 받아들였던 것과 같다. 그러나 그것은 적절한 기술이 비정합적인 것이 되는 사실들이 있으며, 비정합적인 이론들이 생산적일 수 있고 다루기 쉬운 반면에, 그것을 정합성의 요구에 맞추려고 하는 시도는 쓸모없고 통제하기 어려운 괴물을 창조한다는 것을 우리가 알게 된 순간 그 권위를 잃는다.[2]

이 마지막 예는 통상 그것에 대해(또한 내용 증대라는 기준을 포함해 다른 기준들에 대해) 반대함으로써 정식화된 다른 질문을 제기한다.

2 제16장 각주 91ff에 대한 본문을 볼 것.

한 가지 반대는 비모순성은 연구의 필요조건이라는 것이다. 이 기준에 맞지 않는 절차는 연구가 아니다. 그것은 혼돈이다. 따라서 비모순성이 지난번 예에서 기술된 방식으로 시험될 수는 없다.

　　반대의 주요 부분은 두 번째 진술이고, 그것은 모순이 모든 진술을 함축한다는 진술에 의해서 통상 뒷받침된다. 그것은 맞는 말이다. 그러나 그것은 상당히 단순한 논리체계에서만 그렇다. 이제 기준들 혹은 기초 이론들을 바꾸는 일은 처리해야 할 반향을 갖는다. 상대성 이론에서 다른 것들은 모두 바꾸지 않은 채, 빛의 속도보다 큰 속도를 인정한다는 것은 가상적인 질량과 속도라는 더 수수께끼 같은 결과를 우리에게 가져온다. 양자이론에서 다른 모든 것은 바꾸지 않은 채로 잘 정의된 위치와 모멘텀을 인정하는 것은 간섭의 법칙을 엉망으로 만든다. 이른바 표준논리의 법칙들과 연결된 관념 체계에서 나머지 다른 것은 그대로 두면서 모순을 수용하는 것은 우리에게 어떤 진술이라도 주장할 수 있게 만든다. 분명히 우리는 몇 가지 추가적인 변화를 필요로 한다. 예를 들어 우리는 이 마지막 사례에서, 몇 가지 유도의 법칙을 바꾸어야 한다. 변화를 일으킴으로써 문제가 제거되고, 연구가 계획한 대로 진행될 수 있다. (비정합성을 포함하는 과학적 실천은 이미 올바른 방식으로 정리되었다.)

　　그러나 ─ 이 시점에서 빈번하게 일어나는 반대를 말하자면 ─ 근본적인 기준들이 제거된다면 연구의 결과는 어떻게 평가되는가? 예를 들어 어떤 기준들이, 내용 증대를 위반하는 연구가 내가 몇 구절 전에 말한 '무한주의적 라이벌보다 좋은' 이론들을 산출한다는 것을 보여 주는가? 아니면 어떤 기준들이 관찰과 충돌하는 이론들이 그것들의 경험적으로 흠잡을 데가 없는 라이벌들이 갖고 있지 못한 어떤 것을 갖고 있음을 보여 주는가? 비통상적인 이론들을 받아들이고 친숙한 것을 반박하려는 결정은 기준들을 가정하지 않는가? 또한 우주론적 탐구는 모든 기준들에 대한 대안을 제공하려고 노력할 수 없다는 것이 분명하지 않은가? 정합성, 내용 증대, 관찰적 적합성, 반증가능성 등등과 같은 '근본 원리'에 대한 논의에서 우리가 피곤할 정도로 규칙적으로 듣게 되는 몇 가지 질문이 있다.

우리는 기준의 개정으로 이끌어지는 연구가 어떻게 평가되어야 하는가를 묻는다. 예컨대, 언제, 어떤 근거에서 우리는 비정합성을 포함하고 있는 연구가 비-모순성의 기준의 치명적인 결함을 드러낸다고 만족할 것인가? 이 질문은 어떤 측정도구가 아직 명시되지 않은 우주의 어떤 지역을 탐구하는 데 도움을 줄 것인가를 묻는 질문만큼 타당하지 않다. 우리는 그 지역을 알지 못한다. 우리는 무엇이 거기서 작동할 것인지 말할 수 없다. 그것에 접근하기 위해서는 우리가 그 지역에 들어가든가, 그것에 관해서 추측하기 시작해야 한다. 우리는 기존의 이론 혹은 기준의 관점을 통해서 보았을 때, 비통상적인 지적·사회적·정서적 경향이 아무리 이상하게 보일지라도, 그것을 분명히 표현함으로써 그 지역에 들어간다. 깊이 몸에 밴 정신적 개념과 일치하지 않는 물리적 특징을 무시하는 것은 확실히 어리석은 일일 것이다. 그러나 물리적 우주에 들어맞지 않는 것으로 보이는 판타지를 줄이는 것은 그와 똑같이 근시안적이다. 판타지들, 사실상 인간의 주관성 전체는 벼룩, 돌, 쿼크가 그렇듯이 세계의 일부다. 우리가 후자를 보호하기 위해 그것들을 변화시켜야 할 이유가 없다.

유사한 고찰이 우리의 사고와 행동을 인도한다고 추정되는 기준들에 적용된다. 그것들은 안정적이지 않고, 그것들을 특정한 관점과 결부시킴으로써 안정화될 수 없다. 아리스토텔레스에게 지식은 질적이고 관찰적인 것이었다. 오늘날 지식은 양적이고 이론적이다. 적어도 우리의 지도적인 자연과학자에게 있어서는 그렇다. 누가 옳은가? 그것은 어떤 종류의 정보가 특권적 지위를 갖는가에 달려 있다. 그것은 다시 문화, 혹은 그 정보를 사용하는 '문화적 지도자들'에 달려 있다. 사람들은 별 생각 없이 자연과의 조화보다는 테크놀로지를 선호한다. 따라서 양적이고 이론적인 정보가 '실재적'이고, 속성들은 '외견상의 것'이고 이차적이다. 그러나 인간의 중심에 있는 문화는 추상적 관계(지능 지수, 효율 통계)에 대한 개인적인 앎을 선호한다. 또한 분자생물학자의 그것에 대한 자연주의자의 접근방식은 지식이 질적이라고 말하고, 양적인 법칙을 실재의 요소들이 아니라, 부가장치로 해석할 것이다.

마지막 두 구절에 대한 고찰을 결합함으로써, 우리는 외관상 가장 단단한 과학적 '사실'도 그것을 사실로 만드는 가치를 평가절하하는 결단에 의해서 또한/혹은 그것을 다른 종류의 사실로 대체하는 연구에 의해서 사라질 수 있다는 것을 본다. 이것은 새로운 절차가 아니다. 파르메니데스로부터 20세기 (비변증법적) 유물론자에 이르기까지의 철학자들, 갈릴레오와 데카르트로부터 모노(J. Monod)에 이르기까지의 과학자들은 그것을 평가절하하고 단순한 외양으로 선언하는 데 그 절차를 사용하였다. 그러나 과학을 지지하는 데 사용할 수 있는 것은 그것을 반대하는 데도 역시 사용할 수 있다. '실재'를 '외양'으로부터 분리하는 그 (문화적) 측정도구는 변하는 것이고, 우리가 하나의 문화에서 다른 문화로, 하나의 역사적 단계에서 다음 단계로 움직일 때, 우리의 물리적 측정도구가 우리가 하나의 물리적 영역(하나의 역사적 시기)에서 다른 영역으로 옮겨 갈 때 변화하고 변화해야 하듯이, 변화하고 변화해야 한다.

제19장

과학의 현존, 그것의 유익, 그리고 그것의 불이익에 익숙해진 사람들에게는 그럴지 모르지만, 그들을 제외한 다른 사람들에게 과학은 단일한 전통도, 가장 좋은 전통도 아니다. 오늘날 교회가 국가로부터 분리되었듯이, 민주국가에서 과학은 국가로부터 분리되어야 한다.

나는 다음과 같은 세 물음에 대답하려고 노력함으로써 앞의 장들의 논증들을 집약하려고 한다.

1. 과학이란 무엇인가? 과학자들은 어떻게 진행하는가? 어떻게 그들의 기준들은 다른 과업에서의 기준들과 다른가?

2. 과학은 어떤 점이 그렇게 위대한가? 어떤 이유들이 우리로 하여금 과학을 다른 삶의 형식이나 지식 획득의 방법보다 선호하도록 강요하는가?

3. 우리는 어떻게 과학을 이용해야 하며, 누가 그 문제를 결정하는가?

첫 번째 물음에 대한 나의 대답은 개인들, 학파들, 역사적 시기들, 과학 전체가 갖는 폭넓은 다양성 때문에, 방법에 관한 혹은 사실에 관한 포괄적인 원리들을 발견하는 것이 극히 어렵다는 것이다. '과학'이라는 낱말은 단일한 낱말일 수 있다. 그러나 그 낱말에 대응하는 단일한 실재물은 존재하지 않는다.

방법의 도메인에는 샐버도어 루리아(Salvador Luria)와 같은 과학자들이 있다. 그들은 연구를 '강력한 추론', 즉 '명석-판명한 실험적 단계에 의해서 강력하게 지지되고, 날카롭게 반박되는 예측'을 허용하는 사건들과 연결시키기를 원한다.[1]

루리아에 따르면, 세균 바이러스의 침입에 대한 박테리아의 저항은 환경과 무관한 돌연변이의 결과로서, 환경에 대한 적응이 아님을 보여 주었던 실험(Luria and Delbrueck, 1943)들이 정확히 그러한 특징을 보여 준다. 한 가지 단순한 예측이 있었다. 배양조직이 달라짐에 따라 세균 바이러스의 초과량을 담고 있는 세균 배양액 안에 생존하는 박테리아 집단의 변동이 첫 번째 경우에는 적고, 두 번째 경우에는 엄청나게 늘어날 것이라는 예측이다. 그 예측은 단순하고 직접적인 방식으로 테스트될 수 있었고, 결정적인 결과가 있었다. (그 결과는 라마르크주의를 반박하였는데, 라마르크주의는 세균학자들 사이에서는 일반적이었지만, 그 밖의 다른 곳에서는 실제로 소멸한 이론이었다 ─ 과학의 복잡성에 대한 첫 번째 표시.)

루리아의 방식을 따르는 경향이 있는 과학자들은 "우주와 초기

---

1 S. E. Luria, *A Slot Machine, a Broken Test Tube*, New York, 1985, p. 115.

지구에 관한 '거대 문제', 대기 상층부에서의 이산화탄소의 집중"[2] 등 '약한 추론으로 채워지는'[3] 모든 주제들에 관한 열의가 상당히 부족함을 보인다. 어떤 면에서 그들은 경험과의 긴밀한 접촉을 요구하고, 끝장을 볼 때까지 그럼직한 아이디어를 따르는 것에 반대하는 아리스토텔레스의 접근방식을 이어가고 있다.[4]

그러나 이것은 아인슈타인, 뉴턴으로부터 푸앵카레에 이르는 동안의 천체역학 연구자들, 원자론, 그리고 나중에 가서 운동이론의 주창자들, 매트릭스 역학이 초기 단계에 있었을 당시의 하이젠베르크, 그리고 대부분 거의 모든 우주론자들이 채택하였던 정확히 그 절차였다. 아인슈타인의 첫 번째 우주론 논문은 단 하나의 천문학적 상수도 포함하지 않은 순수히 이론적인 연습이었다. 오랫동안 물리학자들 사이에는 우주론이라는 주제 자체에 대한 지지자가 없었다. 관측자 허블은 존경받았지만, 그 나머지는 힘든 시간을 보냈다.

저널들은 관측자들의 투고 논문에 대해서는 매우 피상적인 심사만으로도 그것을 받아 주는 데 비해서, 우리 논문들은 우리가 수학, 물리학, 사실과 논리의 논점들을 둔감한 정신들에게 설명하는 일로 완전히 지쳐 버릴 때까지 힘든 승인절차를 밟는다. 그들은 밤의 어둠 속에서 부엉이같이 작업하는 미스터리한 익명의 심사자들의 부류를 형성하고 있었다.[5]

---

2 Ibid., p.119.

3 Ibid.

4 *De Coelo*, 293a24ff.

5 F. Hoyle, Y. Terzian and S. M. Bilson (eds)., *Cosmology and Astrophysics*, Ithaca and London, 1982, p.21.

아인슈타인은 "사람들이 항상 측정의 정확성을 과대평가하는 경향이 있는 반면에 가장 강한 논증에 대해서는 보통 귀머거리인 것이 정말 이상하지 않은가?"라고 묻는다.[6] 그러나 바로 그러한 '측정의 정확성을 과대평가하는 것'이 예방의학, 인구학, 유전학, 분광학, 그리고 그 밖의 주제들에서의 규칙이다. 우리가 한편에서는 개인적 접촉의 효과와 객관적 접근의 이념 사이에서, 다른 한편에서는 신속한 행동에 대한 실천적인 요구와 이론적 철저함 사이에서 어떤 타협을 발견해야 하는 문화인류학 같은 과학으로 옮겨 가면, 그 다양성이 증가한다. 로버트 챔버스(Robert Chambers)는 다음과 같이 쓴다.

> 아침에 대학의 세미나에서 생산양식에 관해서 듣고, 오후에 정부 회의실에서의 농업 확대에 관한 미팅에 참여하고 나면, 정신이 분열되는 듯한 느낌이 든다. 우리는 그 두 가지가 모두 같은 소규모 농부들에 대한 것임을 알지 못할 수도 있고, 한 쪽에서의 논의가 다른 쪽에 어떤 기여를 할 수 있을까 하는 의문을 가질 수도 있다.[7]

그러나 과학자들이 체계적인 방식으로 진행하고, 우연한 일을 피하며, 관찰과 실험에 집중한다는 것은 사실이 아닌가? 늘 그런 것은 아니다. 몇몇 과학자들은 이론을 제안하고, 실재와 거의 연관이 없거나 전혀 연관이 없는 사례들을 계산한다. 우리는 프란틀(L. Prandtl)의 『유

---

6 막스 보른에게 보낸 편지, *The Born-Einstein Letters*, New York, 1971, p.192에서 인용.
7 *Rural Devlopment*, London, 1983, p.29.

체역학과 기체역학』 강의에서 다음과 같은 구절을 읽는다.

> 19세기에 시작된 기술적 업적들의 위대한 성장은 과학적 지식을 훨씬 넘
> 어섰다. 많은 수의 실천적인 문제들은 오일러의 유체역학으로는 대답될
> 수가 없었다. 그것들은 심지어 토론될 수조차 없었다. 이것은 무엇보다도,
> 그 과학이 오일러의 운동방정식에서 출발하여 점점 더 마찰 없는 가설적
> 인 '이상적 유체'에 대한 순수한 학문적 분석으로 변했기 때문이다. 이 이
> 론적인 발전은 헬름홀츠, 캘빈, 램, 그리고 레일리라는 이름과 연결된다.
> 이 이른바 '고전적 유체역학'을 통해서 획득된 분석 결과들은 사실상 실
> 천적 현상들과 전혀 일치하지 않는다. … 따라서 기술자들은 … 점점 더
> 유체역학과는 다르게 발전한 지식의 분과로서 '수력학'이라고 총체적으
> 로 알려진 대량의 경험적 데이터를 신뢰하게 된다.[8]

프란틀에 의하면 우리는 한편에는 사실들의 무질서한 집합을 가
지고 있고, 다른 한편에는 단순하지만 반사실적 가정으로부터 출발
한 이론들의 집합을 가지고 있으며, 그 둘 사이에는 아무런 연관도 없
다. 최근에는 냉소적인 관찰자들이 양자역학과 특히 양자장이론에서
의 공리적(axiomatic) 접근방법을 셰이커 교도들에 비유하였다. 그들
은 뉴잉글랜드의 종교적 분파로서, 견고한 헛간을 짓고 금욕생활을 하
였는데, 이는 엄격한 정리들을 증명하며 횡단면을 계산하지 않는 일의

---

8 Ludwig Prandtl, *Fundamentals of Hydro-and Aeromechanics*, ed. O. G. *Tietjens*, New York, 1954, p.3.

비과학적인 대응물이라 할 수 있다.[9]

그러나 양자역학에서는 이 겉보기에 쓸모없는 활동이 이전에 성취되었던 것보다 더 정합적이고 훨씬 더 만족스러운 사실들에 대한 체계화에 도달하였다. 반면에 유체역학에서는 '물리적 상식'이 때때로 터무니없이 비현실적인 가정들에 기초한 엄격한 증명의 결과보다 덜 정확하다는 사실이 밝혀지곤 했다. 초기의 한 예가 가스의 점도에 대한 맥스웰의 계산이다. 맥스웰에게 이것은 이론역학의 실습으로서 토성의 고리에 대한 작업의 연장이었다. 그와 그의 동료들 중의 누구도 ─ 점도는 밀도의 넓은 범위에 걸쳐서 일정하다는 ─ 그 결과를 믿지 않았다. 또한 그것과 상반되는 증거도 있었다. 그러나 더 정확한 측정이 예측을 확인하였다.[10] 그러한 사건의 전환을 예비한 사람은 거의 없었다. 수학적 호기심이 그 일을 시작하게 만들었고, 일반원리가 아니라, 이화수정(cross-fertilization)이 그것을 결론에 이르게 하였다.

그러는 동안에 상황은 이론에 유리하도록 바뀌었다. 1960년대와 1970년대에 과학이 아직도 칭송되고 있을 때, 이론이 심지어 의학에서조차 점차 전문적인 기술을 대치하였던 대학에서, 그리고 초기의 형

9 R. F. Streater and A. S. Wightman, *PCT, Spin, Statistics and All That*, New York, 1964, p. 1.
10 양자역학에 대해서는 Hans Primas, *Chemistry, Quantum Mechanics, and Reductionism*, Berlin-New York, 1981, 4.1절과 4.2절을 볼 것. 맥스웰의 계산은 *The Scientific Papers of James Clerk Maxwell*, ed. W. D. Niven, 1965(1890년에 처음 출간되었다), pp. 377ff에 재수록 되어 있다. 그 결론은 p. 391에서 진술된다. "여기서 우리에게 주어지는 중요한 한 가지 결론은 가스의 마찰에 대한 이러한 설명이 참이라면 마찰계수는 밀도로부터 독립적이다. 수학적인 이론의 그러한 귀결은 매우 놀라운 것이고, 내가 그 주제에 관해서 접한 유일한 실험은 그것을 확증하지 않는 것으로 보인다." 유체역학에서의 예에 관해서는 G. Birkhoff, *Hydrodynamics*, New York, 1955, 20절과 21절을 볼 것.

태론적 연구와 실체-관련 연구가 분자연구로 대치되었던 생물학 혹은 화학과 같은 특수한 주제에서, 이론은 우위를 점하였다. 우주론에서는 빅뱅에 대한 굳건한 믿음으로 말미암아 이제 그것과 충돌하는 관측을 평가절하하는 경향이 나타났다. 버비지(G. R. Burbidge)는 다음과 같이 말한다.

> 그러한 관측은 저자가 포기할 것이라는 희망을 가지고 심사 단계에서 가능한 한 오랫동안 지연되었다. 만약 이런 일이 일어나지 않고 그것들이 출간되는 경우에는, 제2의 방어선은 그것들을 무시하는 것이다. 만일 그것들이 몇 가지 논평을 가져온다면, 가장 좋은 접근방법은 그것들이 절망적으로 잘못되었다고 간단히 논증하는 것이고, 만약 다른 모든 것이 실패한다면, 관측자는 그가 자신의 프로그램을 바꿀 때까지 망원경 사용 시간의 손실로 인해서 위협받을 수 있다.[11]

따라서 우리가 말할 수 있는 것은, 과학자들이 각기 다른 방식들로 진행한다는 것, 분명하게 말해서 방법의 규칙은 전혀 준수되지 않거나 아니면 기껏해야 어림 셈법과 같이 기능한다는 것, 그리고 중요한 결과는 각기 분리되고 자주 충돌하는 경향들에서 산출되는 성취들의 융합으로부터 온다는 것뿐이다. "'과학적' 지식이 어떤 면에서 특유하게 실증적이고 의견의 차이가 전혀 없는 것이다"[12]라는 관념은 괴물

---

11 "Problems of Cosmogony and Cosmology", eds. F. Bertola, J. W. Sulentic, B. F. Madore, *New Ideas in Astronomy*, Cambridge, 1988, p. 229.
12 N. R. Campbell, *Foundations of Science*, New York, 1957, p. 21.

과 다름없다.

예술에서도 상황은 아주 비슷하다. 사실상 그것은 모든 인간 활동의 영역에서 발생한다. 첸니노 첸니니(Cennino Cennini)의 1390년의 『공예가의 책』(Libro dell'Arte)은 풍부한 경험과 복잡한 기술에 기초한 실천적 조언을 담고 있다. 레온 바티스타 알베르티(Leon Battista Alberti)의 1435~1436년의 『그림에 대하여』(Della Pittura)는 중심 원근법 및 학문적인 광학이론과 밀접히 결합되어 있는 이론적 저작이다. 원근법은 곧 예술가들이 열광하는 것이 되었다. 그때 레오나르도와 라파엘로는 한편에서는 말로써, 다른 한편에서는 실천적인 방식으로, 정상적인 환경에서 편안하지만 잘 규정되지 않은 거리에서, 크게 뜬 두 눈으로 보여진 그림이 중심 원근법의 규칙을 준수할 수 없다는 점을 지적하였다.(바티칸의 '서명의 방'[Stanza della Segnatura]에 있는 「그의 아테네 학당」의 오른쪽 부분을 보라.) 그럼으로써 그들은 한 세기 이상 뒤에 케플러가 쉽게 반박된 가설을 가지고 여전히 다리를 놓아 보려고 했던 생리광학과 기하광학 사이의 차이를 명료히 한다.(9장, 각주 50의 본문을 보라) 그러나 중심 원근법은 여러 가지 변화를 누적하고 있는 기초로 남았다.

나는 지금까지 절차, 혹은 방법에 관해서 말해 왔다. 이제 습관의 문제로 사용되지 않는 방법들은 그 이유에 대한 생각 없이 종종 형이상학적 신념과 연결된다. 예를 들어, 경험주의의 극단적인 형태는 인간이 사물의 척도이거나, 사물의 척도와 조화롭다는 것을 가정한다. 방법론적 규칙들은 일관성 있게 적용됨으로써 그것에 대응하는 형이상학과 일치하는 결과를 산출할 수도 있다. 루리아의 절차가 한 예이다. 그것은 실패하지 않았다. 오늘날 그것은 연구의 첨단에 있는 하나의 주제를 만드는 일을 돕고 있다. 아인슈타인의 접근은 재앙으로 끝나지 않았다. 그것은 가장 매혹적인 현대적 이론 중의 하나인 일반상대성이론에 도달하였다. 그러나 방법은 그것이 최초의 승리를 기록한 영역에만 한정되지 않는다. 예를 들어 루리아의 요구사항들은 우주론에서도 나타난다. 그것들은 히버 커티스(Heber Curtis)에 의해서 할로 섀플리(Harlow Shapley)와의 '거대 논쟁'에서 사용되었고, 경험주의를 추상적 원리와 대립시킨 암바르추미안(Victor Ambarzumjan)에 의해서도 사용되었다. 그것들은 오늘날 홀턴 아프(Halton Arp), 마거릿 겔러(Margaret Geller) 및 그의 협력자들에 의해서 적용되고 있다. 그 결과, 즉 루리아의 방식으로 건립된 세계가 어떤 것이 되었건, 그것은 아인슈타인의 세계와는 거의 공통점을 갖지 않는다. 이 세계는 또한 보어의 세계와도 상당히 다르다. 요한 시어도어 메르츠(Johann Theodore Merz)는 상응하는 방법을 사용하는 추상적 세계관이 어떻게 경험적 콘텐츠로 그것들을 서서히 채워 가는 결과들을 산출하는가를 자세히 기술한다.[13] 그는 다음과 같은 견해들을 논의한다. 첫째는 **천문학적 견해**인데, 그것은 원격작용 법칙(action-at-a-distance law)에 대한 수학적인 정교화에 의존하고, (쿨롱, 노이만, 암페어 등에 의해) 전자학과 자기학으로 확장된 것이다. 라플라스의 모세관 현상 이론은 이 접근법의 탁월한 성취이다. 둘째는 **원자적 견해**이다. 이것은 화학 연구

---

13 *A History of European Thought in the 19th Century*(1904년 12월에 처음 출간되었다).

(예컨대, 입체화학)에 중요한 역할을 하였으나, 화학자들이 반대하기도 했던 것이다. 셋째는 **운동학적 및 역학적 견해**인데, 그것은 열과 전자 현상의 영역에서 원자를 채용한다. 어떤 과학자들에게는 원자론은 모든 것의 기초였다. 넷째로, **물리적 견해**가 있는데, 이것은 에너지의 개념과 같은 일반적 개념의 기초 위에서 여러 가지 방식으로 보편성을 성취하려고 노력하였다. 그것은 운동학적 견해와 연결될 수 있었지만, 종종 그러지 못했다. 마이어(Mayer), 헬름홀츠, 뒤 부아 레몽(du Bois-Reymond)과 같은 물리학자, 생리학자, 그리고 화학자, 그리고 실천적 영역에서 리비히(Liebig)는 19세기 후반의 뛰어난 대표자들이었다. 반면에 오스트발트(W. Ostwald), 마흐, 뒤엠은 그것을 20세기까지 확장하였다. **형태학적 견해**에 대한 그의 기술을 시작하면서, 메르츠는 다음과 같이 썼다.

앞선 장에서 내가 검토한 자연의 여러 국면들과 그것들의 도움으로 정교화된 여러 가지 과학은 자연적 대상과 현상에 관한 추상적 연구라고 적절히 이름 붙여질 수 있는 것을 구성한다. 우리가 지금까지 알게 되었던 모든 추리의 방법은 일차적으로 자연적 사물에 대한 관찰과 반성을 통해서 만들어졌지만, 그 추리의 방법들은 —시험의 목적으로— 자연이 그것들에게 할당한 위치와 환경으로부터 그 대상들을 제거한다는 것, 즉 그것들을 **추상화**한다는 것을 공통적으로 가지고 있다. 이 추상화의 과정은 문자 그대로 한 장소에서 다른 장소로, 자연 그 자체라는 거대한 작업장— 혹은 창고—으로부터 작은 작업실 또는 실험가의 실험실로의 이동 과정이거나, 아니면 —그러한 이동이 불가능한 경우— 그 과정은 단지 사색의 영역에서 수행되는데 한두 가지의 특수한 속성들이 주목되고 기술되는 반면에, 많은 수의 부수적인 데이터는 잠시 동안 무시된다. [그때 발전된 것은 아니지만, 제3의 방법은 '비자연적' 조건을 창출하는 것이고, 그럼으로써 '비자연적' 현상을 산출하는 것이다.]

더욱이 편의성의 측면에 덧붙여서, 과학 작업자들이 인내심을 갖고 추상화의 과정을 계속하는 한 가지 매우 강력한 동기가 있다. … 그것은 그러한 연구가 기술과 과학에서 갖는 실천적 유용성이다. … 따라서 인공적인 생명의 필요와 창조는 자연적 대상과 과정을 추상적이고 인공적으로 다루는 일에 대한 최대의 동기를 증명하였다. 이를 위해 한편에 수학자의 계산실을 두고, 다른 한편에 작업실과 공장을 갖춘 화학 및 전기실험실이 지난 100여 년 동안 그토록 명성을 누렸다.

그러나 인간의 마음에는 정반대의 관심이 있는데, 그것은 다행히도 과학에서의 추상화 정신의 일방적인 작용만큼 역방향으로 작용을 한다. … 이것은 자연에 대한 진정한 사랑이고, 만약 우리가 있는 그대로의 세계 — 실재적이고 자연적인 사물들 — 에 우리를 결합시키는 그 연결을 크게 끊거나 약화시킨다면, 우리는 모든 힘을 잃게 된다는 사실에 대한 인식이다. 우리는 그것에 대한 표현을 그의 어머니 지구로부터 모든 힘을 이끌어내고 그것으로부터 단절되면 붕괴하는, 힘이 센 거인에 관한 고대의 전설에서 발견한다. … (따라서) 자연적 대상에 관한 연구에서 우리는 있는 그대로의 사물들에 이끌리는 한 부류의 연구자들을 만난다. … [그들의] 과학은 추상적인 과학과는 반대로 정말로 기술적(記述的)인 과학이다.[14]

14 Ibid., Vol. 2, New York, 1965, pp.200f.

내가 이러한 서술을 길게 인용한 것은, 어떻게 각기 다른 절차들이 얼마나 각기 다른 세계관들에 의존하며, 그에 대한 증거를 제공하는지를 보여 주기 때문이다. 마지막으로, 메르츠는 **유전적 견해, 심리물리적 견해, 생기론적 견해,** 그리고 **통계학적 견해**를 그것의 절차 및 발견물들과 함께 언급한다.

그러한 상황에서 하나의 단일하고 포괄적인 '과학의 세계관' 혹은 과학의 단일하고 포괄적 관념은 무엇을 제공할 수 있는가?

그것은 하나의 조사결과, 즉 메르츠가 제시했던 여러 가지 접근방법들이 성취한 것과 실패한 것들뿐만 아니라, 그것들 사이의 충돌을 나열하는 목록과 유사한 목록을 제공할 수 있다. 또한 그것은 과학을 이렇게 복합적이고 여러 전선으로 약간 분산된 전쟁으로 인식할 수 있게 한다. 달리 말해서 그것은 하나의 관점을 정점에 두고, 사이비-유도에 의해서 혹은 그것들이 의미 없다고 선언함으로써, 다른 것들을 그것에 **종속시킨다.** 환원주의자들은 그런 게임을 하는 것을 좋아한다. 아니면 그것은 차이들을 무시하고 각각의 특정한 관점들과 그것이 성취해 온 결과들이 그 나머지 것들과 부드럽게 연결되고, 그럼으로써 하나의 인상적이고 정합적인 체계 ── 과학적 세계관 ──를 산출하는 반죽 작업을 제시할 수 있다.

그것을 달리 표현하면 모든 과학의 배경이 되는 하나의 단일한 정합적 세계관에 대한 가정은 미래의 통일성 혹은 교육적인 모조품을 기대하려는 형이상학적 가설이거나, 학문 분야들에 대한 분별력 있는 상향평가와 하향평가를 통해서 하나의 종합이 이미 이루어졌다는 것을 보여 주려는 시도이다. 이것이 획일성의 열렬한 애호가들이 과거에 진행했던 방식이다(『국가』 제7장에 있는 주제들에 대한 플라톤의 주제 목록 참조). 또한 이것은 오늘날에도 여전히 사용되고 있는 방식들이다. 그러나 보다 실재론적인 설명은 다음과 같은 사실을 지적할 것이다. 즉 "실재에 관한 단순한 '과학적' 지도는 존재하지 않는다. ─ 혹은 그런 것이 존재한다면, 그것은 누군가에 의해 파악되고 사용되기에는 너무 복잡하고 다루기 어려울 것이다. 그러나 여러 가지 다양한 과학적 관점들로부터 실재에 관한 많은 지도들이 각기 존재한다."[15]

당신은 우리가 19세기가 아니고 20세기에 산다는 것과 그 당시에는 불가능한 것처럼 보였던 통일이 이제 성취되었다고 반대할 수도 있다. 통계적 열역학, 분자생물학, 양자화학, 초끈이론 등이 그 예이다. 이것들은 실제로 잘나가는 주제들이지만, 그것들은 '세계에 관한 과학적 관점'이라는 문구가 암시하는 통일성을 산출하지는 않았다. 사실상, 그 상황은 메르츠가 19세기에 주목하였던 것과 크게 다르지 않다. 트루스델(C. Truesdell)과 그의 동료들은 물리적 접근을 계속한다. 프란틀은 오일러를 비방하였지만, 트루스델은 연구를 위한 엄격한 개념들을 제공하였다는 점에서 그를 칭송하였다. 형태학은 몇몇 사람들에 의해 지위가 낮아졌고 또 몇몇 사람들은 그것이 죽어 버렸다고 선언하였지만, 생태학자들과 동물 행동에 관한 로렌츠(Konrad Lorenz)의 연구에 의해 부활되었다(그것은 오래된 **정적인 형태**에 **운동의 형태**를 추가하였다). 그것은 은하 연구(허블의 분류)에서 중요한 역할을 하였다. 천대받던 우주론에 속했던 것이 이제는 고에너지 물리학자들의 관

---

15 John Ziman, *Teaching and Learning about Science and Society*, Cambridge, 1980, p.19.

심을 끌게 되었지만 같은 그룹이 받아들였던 상보성의 철학과는 충돌하였다. 그 문제에 대해 논평하면서 카파토스(M. Kafatos)와 나도(R. Nadeau)는 다음과 같이 쓴다.

관찰을 행할 때에 실험장치를 고려해야 한다는 코펜하겐 해석의 근본적인 요구사항은 우주론적 중요성을 가진 관측에서는 거의 충족되지 않는다.[그런 관측은 상보성의 패러다임적 사례인 빛에 의존하지만.][16]

더욱이 아프, 겔러와 그의 동료들의 관측은 우주론에서 중심적 역할을 하는 동질성 가정에 많은 의문을 제기하였다. 1,000메가파섹까지 확장된다면, 겔러의 연구는 그 주제 전체를 날려 버릴 수 있었다. 우리는 어떤 부분(예를 들어, 분자생물학)에서는 광적인 유물론을 갖고 있고, 또 다른 부분들(몇 가지 방식의 양자 측정과 인류 발생의 원리)에서는 과격한 주관주의에 대해 온건한 태도를 갖는다. 해석에는 많은 매혹적인 결과, 사변, 시도들이 있다. 그리고 그것들에 대해 아는 것은 확실히 그럴 만한 가치가 있다. 그러나 그것들을 주물러서 하나의 단일하고 정합적인 '과학적' 세계관, 교황의 축복까지도 받는 절차[17]를 만드는 일 —— 이것은 너무 멀리 나간 것이다. 결국 통일에 대해 그렇게도 격렬히 저항하는 세계가 교육자나 형이상학자들이 바라는 대로 단

---

16 "Complementarity and Cosmology", M. Kafatos(ed.), *Bell's Theorem, Quantum Theory, and Conceptions of the Universe*, Dordrecht, 1989, p.263.
17 *John Paul II on Science and Religion*, Notre Dame 1990, esp, M6ff에 간행된 뉴턴의 『프린키피아』(*Principia*) 간행 300주년을 기념한 교황 요한 바오로 2세의 메시지를 볼 것.

정하고 획일적이며 모든 곳에서 동일한 것이라고 누가 말할 수 있는가? 그 밖에도, 제3장의 각주에서 밝힌 대로, '반죽 작업'은 과거에 과학이 지속될 수 있게 했고, 만일 보존된다면 그 실행자들을 고무하는 일을 계속할, 그러한 갈등들을 확실히 근절시킨다.

여기서 몇몇 통일성의 수호자들은 더 높은 수준으로 상승한다. 그들은 과학은 복잡할 수 있지만, 그것은 여전히 '합리적'이라고 말한다. 이제 '합리적'이라는 낱말은 여러 가지 다양한 절차들을 수집하는 채집망으로 사용될 수 있거나, ——이것은 그것에 대한 유명론적 해석이 될 것이다——혹은 그것은 모든 각각의 단일한 과학적 활동에서 발견되는 일반적 특징을 기술하는 일이 될 것이다. 나는 첫 번째 정의를 받아들인다. 그러나 두 번째 정의는 거부한다. 두 번째 경우에서 합리성은, 말하자면 예술을 배제하는 협소한 방식으로 정의되고, 그럼으로써 그것은 과학의 넓은 부분들을 배제한다. 혹은 그것은 모든 과학을 생존하게 하는 한 가지 방식으로 정의될 수 있다. 그때 그것은 성관계, 코미디, 그리고 투견에 대해서도 적용된다. '과학'이란 낱말을 하나의 목록보다 더 강하고 더 정합적인 어떤 것에 의해 한정시킬 방법은 없다.

나는 두 번째 물음으로 왔다. 과학이 어떤 점에서 그렇게 위대한가? 위대함에는 여러 가지 척도가 있다. **대중성**, 즉 어떤 결과들에 대한 친숙성과 그것이 중요하다는 사실에 대한 믿음은 하나의 척도가 될 것이다. 과학을 향하여 가까이 갔다가 그것으로부터 멀어졌다가 하는 주기적인 진자운동에도 불구하고 과학은 여전히 일반 대중에게 높은 명성을 얻고 있음이 사실이다. 혹은 보다 정확히 말한다면 그것은 과학들이 아니고 '과학'(단수형으로서 독일어에서 그것은 더욱 인상적으로

*Die Wissenschaft*로 통한다)이라는 신화적인 괴물이다. 왜냐하면 일반적인 대중들이 가정하는 것처럼 보이는 것은 그들이 보는 신문의 교육란에서 그들이 읽은 과학의 업적들과 단일한 원천으로부터 그들이 지각하는 것처럼 보이는 과학의 위협들이 하나의 동일한 절차에 의해서 산출되었다는 것이기 때문이다. 그들은 생물학이 물리학과 다르고 물리학은 지질학과 다르다는 것을 안다. 그러나 이 학문분야들은 '과학적인 방식'이 각기 다른 주제에 적용될 때 성립한다고 가정된다. 과학적인 방식 그 자체는 같은 것으로 유지된다. 나는 과학적 실천이 그보다 훨씬 다양하다는 것을 주장하고자 노력해 왔다. 과학자들은 일반 대중의 과학적 문맹에 대해서 계속해서 불평해 왔고, '일반대중'이라는 말로 그들이 의미하는 것은 (예를 들자면) 볼리비아의 농부가 아니라, 서구의 중간 계층라는 사실을 덧붙이면서, 우리는 과학의 대중성은 실제로 매우 의문스러운 문제라고 결론을 지어야겠다.

실천적 유리함은 어떠한가? 그 대답은 '과학'이 때로는 작동하고 때로는 작동하지 않는다는 것이다. 어떤 과학(예를 들어 경제학)은 매우 안쓰러운 상태에 있다. 다른 것들은 재앙을 승리로 바꿀 정도로 충분한 기동성을 갖고 있다. **그것이 그럴 수 있는 것은 그것이 어떤 특정한 방법 혹은 세계관에 묶여 있지 않기 때문이다.** 따라서 하나의 접근방식이 어떤 명료하게 정식화된 기준에 의거해서 '과학적'이라는 사실은 그것이 성공할 것임을 보증하지 않는다. 특히 산업 스파이에 대한 두려움, 노벨상을 향한 경쟁자들을 따라잡으려는 소망, 기금의 균일하지 않은 배분, 국가 간의 경쟁, (위법행위, 표절, 펀드의 낭비 등에 대한) 고발의 두려움이 많은 철학자들을 포함한 몇몇 몽상가들이 아직도 '자유로운 지적 모험'[18]이라고 여기는 것에 제한을 가하고 있는 오늘날에는, **각 경우는 독립적으로 평가되어야 한다.** 최종적으로 진리에 관한 물음이 미해결의 상태로 남아 있다. 진리에 대한 사랑은 실제로 일어난 것을 간소화된 설명으로 대치하거나, 그것을 덜 예의바른 방식으로 표현하려는 가장 강한 동기의 하나이다. 진리에 대한 사랑은 자신과 다른 사람을 속이려는 가장 강한 동기 중의 하나이다. 그 밖에, 양자이론은 과학의 찬미자들이 사랑하는 정확히 그 방식으로 실재가 하나이거나, 혹은 여럿이라는 것을 보여 주는 듯하다. 여기서 하나라는 것은 관측자도 관측된 사물도 존재하지 않음을 의미하며, 여럿이라는 것은 발견되는 것은 그것 자체로 존재하는 것이 아니고, 선택된 절차에 의존한다는 것이다.

과학이 우월한 것이라고 선언될 때, 과학과 비교되는 관점은 어떤 것들인가? 사회생물학의 '아버지', 윌슨(E. O. Wilson)은 다음과 같이 썼다.

종교는 … 오랫동안 사회에서 생명력 있는 힘으로 존속할 것이다. 그의 어머니인 지구로부터 힘을 이끌어 낸 신화적인 거인 안테우스와 같이, 종교는 그것을 넘어뜨리려는 사람에게 패배하지 않는다. 과학적 자연주의의 영적인 유약함은 그것이 그와 같은 근원적인 힘의 원천을 갖고 있지 못하

---

18 이것이 전후의 행복감(euphoria)이 사라진 이후에 정부의 조언자들에 의해 인식된 일이다. Josep Ben-David, *Scientific Growth*, Berkeley, 1991, p.525에서 인용됨.

다는 사실에서 비롯된다. …따라서 다음과 같이 물을 시점이 되었다. 종교의 힘을 위대한 새로운 과업에 대한 헌신으로 전환시킬 방법이 존재하는가?[19]

윌슨에게 그 대안들의 가장 주요한 특징은 그것들이 **힘**을 가졌다는 사실이다. 나는 이것이 다소 협소한 규정이라고 여긴다. 세계관들 역시 거의 모든 인간에게 머지않아 발생할 기원과 목적에 관한 물음에 대답한다. 이러한 물음에 대한 대답들이 케플러와 뉴턴에게서도 가능했으며, 그들은 자신들의 연구에서 그것을 사용하였다. 그것들은 적어도 과학 내부에서가 아니면 오늘날 더 이상 가능하지 않다. 따라서 그것들은 비과학적인 세계관의 일부이고, 따라서 과학자들에게도 제공할 것을 많이 가지고 있다. 서구 문명이 오늘날 제3세계라고 불리는 곳을 침략하였을 때, 그것은 적절한 환경과 그 보상으로 주어진 삶에 대한 자신의 관념을 강요하였다. 그렇게 함으로써 섬세한 적응의 패턴을 혼란에 빠뜨렸고, 그 이전에는 존재하지 않았던 문제들을 야기하였다. 인간의 품위와 인간이 자연과 더불어 살 수 있는 여러 가지 방식에 대한 깨달음은, 발전과 공중보건의 담당자들로 하여금 보다 복잡하고, 혹자의 말을 빌리자면 보다 '상대주의적'인 방식으로 생각할 것을 고무해 왔다. 여러 접근방법이 존재하였는데 그것들 가운데 '일차적인 환경적 돌봄'이라고 불리는 접근방식이 있다. 그것은 법률적·정치적·과학적 정보를 제공하지만 현지인들의 필요, 바람, 가장 중요한 것

19 Edward Wilson, *On Human Nature*, Cambridge, 1978, pp.192f.

으로 그들의 **기술**과 **지식**에 부합하도록 변형된 것을 제공한다.[20] 이와 비슷하게 해방신학이라고 불리는 운동은 교회의 교리를 특히 남미의 가난한 사람, 사회적 약자들의 영적인 요구에 가깝게 가져가도록 변형시켰다.

부수적으로 뉴에이지의 예언자들에게 배척당한 것으로 보이는 관념들이 모두 과학으로부터 온 것은 아님을 지적하고자 한다. 세계-기계라는 관념, 그리고 자연이 인간에 의해서 주조되는 물질이라는 관련된 관념에 대해서 근대, 즉 데카르트 이후의 과학을 탓해서는 안 된다. 그것은 어떤 순수한 철학적 교설보다도 오래되고 강한 것이다. '세계-기계'라는 표현은 사이비 디오니시우스 아레오파기타에게서 발견된다. 그는 정체를 알 수 없는 신비주의자로서 기원후 500년경에 그것에 대해서 썼고, 굉장한 영향력을 가지고 있었다. 리지외 주교로서 1382년 사망한 오렘(N. Oresme)은 우주를 신이 운행하는 거대한 기계적 시계에 비유하면서 "모든 바퀴들은 최대한 조화롭게 움직인다"고 하였다. 그 정서는 쉽게 이해된다. 이 무렵에 '놀라운 정교함과 공을 들인' 기계적인 시계가 유럽 전역에서 만들어졌다. 모든 읍내에 하나씩 있을 정도였다. 린 화이트(Lynn White Jr.) ── 그의 책으로부터 나는 이러한 정보를 얻었다 ── 는 카롤링거 왕조 시대에 발생한 태도

---

20 *Lessons Learned in Community-Based Environmental Management*, Proceeding of the 1990 Primary Environmental Care Workshop, ed. Grazia Borrini, International Course for the Primary Health Care Managers at District Level in Developing Countries, Instituto Superior di Sanita, Rome, 1991. 보다 대중적인 발표로는 Grazia Borrini, "Primary Environmental Care: For Environmental Advocates and Policy-Makers", *UNESCO Courier*(출간예정)를 참조할 것.

의 변화에 대해서도 기술하였다.

구(舊)로마력은 때때로 인간 활동의 대표적인 유형의 장면을 보여 주었다. 그러나 지배적인 전통(비잔티움에서 계속된)은 각 달들이 속성들의 상징으로서 수동적인 의인화를 기술하는 것이어야 했다. 중세의 패턴을 고착시켰던 새로운 카롤링거 달력은 자연적 원천에 대한 하나의 강압적인 태도를 보여 준다. … 그 그림은 밭을 갈고, 수확하고, 나무 베며, 돼지를 위해서 도토리를 부수고, 돼지를 살육하는 장면들에 대한 것이다. 인간과 자연은 이제 두 가지 사물인데, 인간이 지배자이다.[21]

요약해 보자. 그들의 국가를 경쟁력 있게 만들고자 노력하는 형이상학자, 학교 교사, 그리고 과학자들의 마음 안에 있는 것을 제외하고는 '과학'이라는 통일된 과업이 존재하지 않듯이 '과학적 세계관'이라는 것도 존재하지 않는다. 그럼에도 불구하고 우리가 과학으로부터 배울 수 있는 것들은 여전히 많이 있다. 그러나 우리는 역시 인문학, 종교, 그리고 서구 문명의 맹공격에도 살아남은 고대 전통의 잔존물로부터도 배울 수 있다. 어떤 영역도 통일되거나 완벽하지 않으며, 혐오스럽거나 어떤 장점도 전혀 갖지 않은 영역은 거의 없다. 우리를 슈퍼마켓 '종교', 혹은 슈퍼마켓 '예술'로부터 벗어나서 보다 근대적이고 보다 값비싼 슈퍼마켓 '과학'으로 향하게 할 수 있는 객관적인 원리는 존재하지 않는다. 그 밖에 어떤 절차들의 상대적 탁월성에 대한 어떤 관

---

21 *Mediaeval Technology and Social Change*, Oxford, 1990, pp.56f.

념도 없이 그 절차들을 사용하는 지식과 행동의 커다란 영역이 있다. 그중 한 사례가 의학이다. 그것은 과학은 아니지만, 점차적으로 과학적 연구와의 연관성을 늘려 왔다. 심리학에 여러 양식과 학파가 존재하듯이 의학에도 많은 양식과 학파들이 존재한다. 그러므로 첫째, '서구 의학'을 다른 의학적 절차와 비교한다는 생각은 온당하지 않다. 둘째로, 그러한 비교는 종종 법률에 반하는 일이다. 자원자들이 있다고 하더라도, 그 테스트는 법률적으로 불가능하다. 이것에 더해서 건강과 질병은 문화-의존적인 개념이다. 우리는 물음 2에 대한 과학적 대답 없이도 의학이라는 도메인이 있음을 본다. 이것은 실제로 어떤 문제점이 아니다. 객관적인 지침에 대한 추구는 '합리적' 혹은 과학적 시대의 중요한 구성요소라고 주장되는 개인적 책무에 대한 관념과 상충된다. 그것은 두려움, 우유부단함, 권위에 대한 동경, 그리고 오늘날 존재하는 새로운 기회들에 대한 무관심을 보여 준다. 우리는 개인적 선택을 기반으로 세계관을 세울 수 있고, 따라서 우리 자신을 위해서 그리고 우리 친구들을 위하여 일련의 역사적 사건들에 의해서 분리되었던 것을 통합할 수 있다.[22]

다른 한편, 우리는 마치 사회적 무질서의 시기에 깡패 같은 정치인이 특수한 지위를 가지며, 시민됨이 단일한 보편적 교회의 일원이

---

22 그 시대의 지적인 상황에 깊은 관심을 가졌던 볼프강 파울리(Wolfgang Pauli)는 과학과 종교가 다시 한 번 통일되어야 한다고 요구하였다. 1948년 8월 8일에 마르쿠스 피에르츠(M. Fierz)에게 보낸 편지. 나는 전적으로 파울리의 정신에 동의하면서, 그 통일은 개인적인 문제여야 한다는 점을 덧붙이겠다. 그것은 마음에 관한 철학적-과학적 연금술사에 의해서 준비되지 말아야 하고, 교육에 있어서 그들의 부하들에 의해 부과되지 말아야 한다(강한 신앙이 아직 남아 있는 제3세계에서는 다르다).

됨과 일치할 때에 성직자가 특수한 지위를 갖는 것과 똑같이, 과학의 산물로 가득 찬 세계에서 과학자들에게는 특수한 지위가 제공될 수 있다는 데 동의할 수 있다. 또한 우리는 어떤 키메라(획일화되고 정합적인 '과학적 세계관'과 같은)에 호소하는 일이 중요한 정치적 결말을 가져올 수 있다는 데 동의할 수 있다. 1854년에 페리 제독은 무력을 사용하여 하코다테와 시모다의 항구를 물자공급과 교역을 위해 미국 선박에 개방하도록 하였다. 이 사건은 일본의 군사적 열세를 증명하였다. 후쿠자와를 포함하여 1870년 초엽의 일본 계몽운동의 구성원들은 당시 다음과 같이 추론하였다. 일본은 오직 강해져야만 자신의 독립을 지킬 수 있다. 그것은 과학의 도움을 받아야만 강해질 수 있다. 과학을 단순히 실천할 뿐만 아니라 그것의 배경이 되는 이데올로기를 믿을 때에만 과학을 효과적으로 이용할 수 있다. 많은 (전통적인) 일본인들에게 이 이데올로기 —'그' 과학적 세계관— 는 야만적이었다. 그러나 후쿠자와의 추종자들은 야만적인 방식을 채용하고 그것을 진보된 것으로 여기며, 서구문명 전체를 도입하는 일이 생존을 위해 필요하다고 주장하였다.[23] 그렇게 준비함으로써, 일본 과학자들은 그들의 서구인 동료들이 이전에 이룩해 놓았던 것처럼 새로운 가지를 쳤고, 그 발전을 도모했던 획일적 이데올로기를 반증하였다. 이러한 일련의 사건으로부터 내가 이끌어 낸 교훈은 획일적인 '세계에 관한 과학적 견해'는 **과학하는** 사람들에게는 유용한 것일 수 있다는 것이다 — 그것은

---

23 상세한 것은 Carmen Blacker, *The Japanese Enlightenment*, Cambridge, 1969에 있다. 정치적 배경에 대해서는 Richard Storry, *A History of Modern Japan*, Harmondsworth, 1982, 제3장과 제4장을 볼 것.

그들을 속박하지 않은 채 그들에게 동기를 부여한다. 그것은 깃발과도 같다. 비록 단일한 패턴을 제시하지만 그것은 사람들로 하여금 많은 다른 일들을 하게 만든다. 그렇지만 그것은 **아웃사이더들**(철학자, 믿지 못할 신비주의자, 뉴에이지의 예언자)**에게는 하나의 재앙**이다. 그것은 그들에게 가장 편협한 종교적인 활동을 제안하고, 그들 편에서는 그와 유사한 편협성을 권면하는 것이다.

내가 지금까지 말해 온 것에 물음 3에 대한 내 대답이 포함되어 있다. 즉 한 집단은 과학과 과학자들을 그것의 가치와 목적에 일치하도록 이용할 것이고, 그것은 그러한 목적에 가깝게 다가가는 와중에 과학적 제도를 교정하게 될 것이다. 과학이 자기 교정적이고, 따라서 외적 간섭을 필요로 하지 않는다는 반대 논변은 첫째, 모든 과업이 자기-교정적이며(제2차 바티칸 공의회 이후에 가톨릭 교회에서 일어났던 일을 살펴보라), 둘째로, 민주국가에서 보다 인간다운 삶의 방식을 성취하기 위해서 전체를 자기-교정하는 일은——부분들에게 잠정적인 독립이 주어지지 않는 한——보다 작은 목적을 가지고 있는 부분들의 자기-교정을 무효로 만든다는 사실을 간과하는 것이다. 따라서 민주국가에서 지역의 주민들은 과학을 그들에게 가장 적합한 방식으로 사용할 뿐만 아니라, 그렇게 해야 한다. 시민들은 과학적인 문제를 판단할 만한 전문성을 가지고 있지 못하다는 반대논변은 중요한 문제들이 여러 과학들 사이의 경계를 가로지르는 부분에서 발생하며, 따라서 각 과학들 내에 속하는 과학자들 역시 필요한 전문성을 가지고 있지 못하다는 사실을 간과한 것이다. 더욱이 의문스러운 경우들은 항상 한쪽에 대한 전문가, 다른 쪽에 대한 전문가, 그리고 그것들 사이에 속하는 전문가를 산출한다. 그러나 일반 대중이 가진 역량은 전문가의 오류 가능성이 존재하지 않는 것처럼 행동하는 대신에 전문가의 오류 가능성을 노정시키는 교육에 의해서 엄청나게 향상될 수 있다.

제20장

이 책의 배경이 되는 관점은 잘 계획된 일련의 사고의 결과가 아니라, 우연한 만남에서 유발된 논증의 결과이다. 우리 모두가 배울 수 있었던 문화적 성취에 대한 고의적인 파괴, 몇몇 지식인들로 하여금 다른 사람들의 삶에 개입하게 만드는 교만한 확신에 대한 분노, 그리고 그것의 비행을 가리기 위해서 그들이 사용하는 달콤한 구절에 대한 경멸이 내 작업 배후의 원동력이었고 지금도 여전히 그러하다.

자유사회에서의 지식과 교육의 문제를 내가 처음 생각하게 된 것은 독일 연극의 방법론적 혁신을 위한 바이마르 연구소에서 주정부 펠로우로 재직하는 동안(1946)이었다. 그 기관은 막심 발렌틴(Maxim Vallentin)의 지도 아래 행해진 '독일 연극 모스크바'의 후신이었다. 그 기관의 직원과 학생들은 정기적으로 동독의 극장들을 방문하였다.[1] 특

---

[1] 우리 세대의 많은 사람들이 그러했듯이, 나도 제2차 세계대전에 참전하였다. 이 사건은 내 사고에 적지 않은 영향을 주었다. 내게 전쟁은 도덕적 문제라기보다는 하나의 골칫거리였다. 전쟁 전에 나는 천문학, 연기와 성악을 공부했고, 이 직업들을 동시에 가지려고 생각하였다. 내게

별 열차가 우리를 이 도시에서 저 도시로 데려갔다. 우리는 도착하여 식사하고, 배우들과 대화를 나누고, 두세 개의 연극을 보았다. 각 공연이 끝나면, 우리가 방금 본 것에 대해서 토론을 시작하는 동안 관객들은 자리에 남아 있도록 요청되었다. 고전적인 연극도 있었고, 최근의 사건을 분석하려고 한 새로운 연극도 있었다. 그것들은 대부분 나치 독일에 대해 저항한 일을 소재로 삼았다. 그것들은 민주적인 국가들에서 나치의 지하활동을 찬양하던 초기 나치의 연극과 다를 바 없었다. 두 경우에서 모두 경찰과 도둑 놀이 전통에서의 이데올로기적 발언, 진정성과 위험한 상황 발생이 있었다. 나는 이것을 이해할 수 없었고, 토론에서 그에 대해서 논평하였다. 어떻게 우리가 그 연극이 '좋은 편'을 제시한다는 것을 알아차릴 수 있도록 구조화될 수 있을까? 레지스탕스 전사의 투쟁이 1938년 이전 오스트리아에서의 불법적인 나치

는 뛰어난 선생님(내 성악 선생이었던 아돌프 포겔은 국제적 명성이 있었으며, 노먼 베일리 같은 탁월한 오페라 가수를 가르쳤다)이 있었고, 내가 징집영장을 받았을 때(그때 나는 18살이었다) 나는 막 몇 가지 중요한 소리의 난점들을 극복하고 난 후였다. 이 얼마나 불편한 일인가 하고 나는 생각했다. 빌어먹을, 내가 왜 천치 같은 놈들의 전쟁 게임에 참여해야 한단 말인가? 어떻게 그것을 면할 수 있을까? 여러 가지 시도가 불발되었고, 나는 군인이 되었다. 나는 가능하면 총탄을 피하려고 장교 훈련을 지원하였다. 그 시도는 전혀 성공적이지 못했다. 나는 전쟁이 끝나기 전에 중위가 되었고, 폴란드에서 독일 퇴각군 속에 있었으며, 동독에서 달아나는 민간인, 보병, 탱크, 내가 졸지에 지휘하게 된 폴란드 예비군(나보다 높은 장교가 일이 성가시게 되자, 잽싸게 사라져 버린 덕분이다)에 둘러싸여 있었다. 전체적으로 찬란한 혼돈이 마치 무대와 같이 내게 다가왔지만, 나는 개의치 않았다. 총알 한 방이 내 오른손에 박혔고, 두 번째 총알은 얼굴을 향했으며, 세 번째는 내 등뼈에 꽂혔다. 나는 땅바닥에 쓰러졌고, 일어날 수 없었지만, '이제 드디어 내게 전쟁은 끝났고, 나는 성악과 내가 좋아하는 천문학 책으로 돌아갈 수 있다'고 행복해했다. 내가 그 시대 전체의 도덕적인 문제에 대해서 깨닫게 된 것은 훨씬 나중의 일이다. 이 문제들은 여전히 우리에게 남아 있는 것으로 보인다. 그 문제들은 개인이나 집단이 좋은 삶에 대한 그 자신의 개인적인 개념을 객관화하고, 그에 따라 행동할 때마다 생긴다. *Farewell to Reason*, pp.309ff를 볼 것. 이것이 내 논변이 때때로 난폭해지는 이유를 설명해 준다.

투쟁보다 도덕적으로 우월하도록 보이기 위해서는 연기에 어떤 것을 추가해야 할까? 그에게 '정의로운 슬로건'을 갖게 하는 것으로는 충분하지 않다. 왜냐하면 그렇게 되면 우리는 그의 옳은 점이 어디 있는가를 보여 주지 못한 채로 그의 우월성을 당연한 것으로 여기게 되기 때문이다. 그의 고결함이나 그의 '인간다움'이 차이를 만드는 표지일 수 없다. 모든 운동에는 그 추종자 중에 고상한 사람뿐만이 아니고 악당도 있다. 물론 극작가가 도덕적 싸움에서는 세련됨이 호사스런 것이라고 결정하고 흑백을 가르는 설명을 제시할 수도 있다. 그는 그의 추종자들을 교양 없는 사람으로 만드는 대가로 그들을 승리로 이끌 수도 있다. 그러면 해결책은 무엇인가? 그때 나는 에이젠슈타인(Sergei Eisenstein)과 '올바른 원인'에 대한 가차 없는 선전을 택하였다. 나는 이것이 내 어떤 깊은 확신 때문이었는지, 내가 사건들에 의해서 납득된 때문인지, 에이젠슈타인의 아름다운 예술 때문이었는지 알 수 없다. 오늘날 나는 그 선택이 관객에게 맡겨져야 한다고 말할 것이다. 극작가는 인물들을 제시하고 스토리를 말한다. 그가 실수를 범한다면, 그것은 그의 악당에 대한 공감 쪽에서 일어난다. 왜냐하면 상황과 고통이 악과 악한 의도를 창조하는 일에서 의도 그 자체가 하는 것만큼 커다란 역할을 하기 때문이며, 일반적 경향은 후자를 강조하는 것이다. 극작가(그리고 그의 동료, 교사)는 만일 그들이 스스로 결심할 수 없다는 것이 밝혀질 수밖에 없다면, 자신의 관객의(학생의) 결정을 기대해서는 안 되며, 그것을 그 자신의 결정으로 대치해서도 안 된다. 어떤 **상황에서도 그는 '도덕적 힘'이려고 해서는 안 된다.** 도덕적 힘은 선을 위한 것이든 악을 위한 것이든, 사람들을 노예나 노예상태로 변화시키며, 선에 대한 혹은 신 그 자체에 대한 봉사에 있어서의 노예상태는 모든 것 가운데 가장 비참한 것이다. 이것이 내가 오늘날 상황을 보는 방식이다. 그러나 내가 이러한 견해에 도달하는 데에는 오랜 시간이 걸렸다.

바이마르에서 1년을 보낸 후, 나는 예술과 연극에 과학과 인문학을 추가하기를 원했다. 나는 바이마르를 떠나서 비엔나 대학 부속의 유명한 오스트리아 역사연구소의 학생이 되었다. 나중에 나는 물리학과 천문학도 공부했으며, 최종적으로는 제2차 세계대전으로 인한 중단이 있기 이전에 추구하기로 결정한 과목들로 돌아갔다.

다음과 같은 '영향들'이 있었다.

(1) **크라프트 학단**: 우리 과학과 공학 학생들 중 많은 사람은 과학의 기초와 보다 광범위한 철학적 문제에 관심을 가졌다. 우리는 철학 강의를 찾아갔다. 강의들은 지루했고, 우리는 곧 쫓겨났는데, 우리가 질문을 하며 빈정거리듯이 말했기 때문이다. 나는 아직도 하인텔 교수가 내게 손을 들라고 조언한 것을 기억한다. "파이어아벤트 씨, 입을 닥치든가, 아니면 강의실을 떠나시오." 우리는 포기하지 않고, 우리들의 철학 클럽을 만들었다. 내 선생님들 중 한 사람인 빅토르 크라프트가 우리의 회장이 되었다. 그 클럽의 구성원들은 대부분 학생[2]이었지

---

2 그들 중 많은 사람은 지금은 과학자나 기술자가 되어 있다. 조니 세이건은 일리노이 대학의 수학 교수이고, 하인리히 아이히호른은 뉴헤이븐 관측소의 책임자이며, 골드버거 드 뷰다는 전자회사의 고문이다. 반면에 에리히 잔취는 너무 일찍 죽었는데, 우리 학단의 멤버들을 천문대에서 만났고, 나중에는 낡은 전통을 새로운 목적에 활용하는 반체제 인사 혹은 사이비 반체제 과학자들의 지도자가 되었다.

만, 교수들과 유력한 사람들의 방문도 있었다. 주호스, 하인텔, 홀리처, 폰 브릭트, 앤스콤, 비트겐슈타인이 우리 모임에 와서 우리와 토론했다. 오기까지 오랜 시간이 걸렸던 비트겐슈타인은 한 시간쯤 늦게 나타나서 활발한 참여를 하였고, 다른 곳에서의 아양 떠는 듯한 찬사보다는 우리의 무례한 태도를 좋아하는 것 같았다. 우리의 토론은 1949년에 시작되었고, 중단되었다가 1952년(혹은 1953년)까지 지속되었다. 나의 논제의 대부분이 제시되었고, 모임에서 분석되었으며, 초기의 내 논문 중 몇 가지는 이 토론의 직접적인 산물이다.

(2) 크라프트 학단은 **오스트리아** 대학협회라고 불리는 조직의 일부였다. 그 협회는 오스트리아의 레지스탕스 전사들[3]에 의해서 1945년 창립되었는데, 그것은 학자들과 아이디어들을 교류하는 포럼을 제공하기 위한 것이었고, 동시에 유럽의 정치적인 통합을 준비하기 위한 일이기도 했다. 크라프트 학단과 같은 세미나들이 학기중에 있었고, 여름 동안에는 국제적인 회합이 있었다. 회합은 티롤 지방의 작은 산골 마을인 알프바흐에서 열렸다(아직도 열리고 있다). 여기서 나는 뛰어난 학자들, 예술가들, 정치가들을 만났고, 나의 학문적 경력은 그들 중 몇 사람의 친절한 도움 덕분이다. 나는 또한 대중적인 토론으로 간주되는 것은 논변이 아니라, 자신의 사례를 표현하는 모종의 방법이 아닐까 하는 의구심을 갖기 시작했다. 그런 의구심을 테스트하기 위해 나는 토론에 끼어들어 대단한 확신을 가지고 불합리한 견해들을 옹호했다. 나는 겁에 질렸다. ──결국 나는 거물들에 둘러싸인 한 학생에

---

3 몰던 출판사의 프리츠 몰던의 형인 오토 몰던이 수년간 활동적인 리더와 조직책으로 일했다.

불과했다. ——하지만 전에 연기학원에 다닌 덕분에 나는 만족할 정도로 사례를 증명하였다.

(3) 과학적 합리성의 난점들은 1947년에 비엔나에 도착한 **펠릭스 에렌하프트**(Felix Ehrenhaft)에 의해서 매우 명료해졌다. 우리 물리학, 수학, 천문학 학생들은 그에 관해 많이 들었다. 우리는 그가 탁월한 실험가이며, 그의 강의는 거대한 스케일의 퍼포먼스로서 그의 조교들이 그것을 위해 몇 시간씩 준비하였음을 알았다. 우리는 그가 이론물리학을 가르쳤다는 것을 알았다. 그것은 지금도 그렇지만, 실험주의자에게는 예외적인 일이었다. 우리는 그를 사기꾼이라고 깎아내리는 끊임없는 루머에도 익숙했다. 우리는 우리 자신을 물리학의 순수함의 수호자로 여기면서, 그가 대중에게 노출되기를 기대하였다. 어쨌든 우리에게 호기심이 생겼고, 우리는 실망하지 않았다.

에렌하프트는 생명력과 진기한 관념들로 충만한 산과 같은 사람이었다. 그의 강의는 그의 동료들의 정제된 퍼포먼스와 비교해서 긍정적으로 (관점에 따라서는 부정적으로) 평가되었다. "너희는 귀머거리냐? 너희는 바보냐? 너희는 내가 말하는 모든 것에 실제로 동의하느냐?" 그를 폭로하려고 의도하면서도 그의 퍼포먼스에 대한 무언의 탄복으로 앉아 있는 우리에게 그는 소리쳤다. 다루어야 할 것들이 많았기 때문인지 정당화된 것보다는 물음이 더 많았다. 상대성이론과 양자이론은 게으른 사변이기 때문에 마땅히 단숨에 반박되었다. 이러한 측면에서 에렌하프트의 태도는 슈타르크(J. Stark)와 레나르트(P. Lenard)의 태도와 매우 가까웠는데, 그는 그들 모두에 대해서 찬성을 표하였다. 그러나 그는 거기서 더 나아가 고전물리학의 기초마저도 비판하였다. 첫 번째로 제거해야 할 부분은 관성의 법칙이었다. 방해받지 않는 사물은 직선으로 움직이는 것이 아니라, 나선형으로 움직인다고 가정된다. 다음으로 전자기학 이론의 원리, 특히 div B = 0에 대한 지속적인 공격이 있었다. 근본적인 토론이 있기 수년 전에 그는 중규모의 전자기 단극에 대한 확실한 증거를 산출하였다. 그럼으로써 새롭고 놀라운 빛의 속성을 증명하였다, 등등. 각 증명은 '강단 물리학'과 이론가에 대한 온건하면서도 역설적인 언급을 몇 가지 수반하였다. 여기서의 이론가는 에렌하프트가 창안하였고, 모든 분야에서 창안이 지속된 실험, 그리고 과다한 양의 설명할 수 없는 결과를 산출하는 실험에 대해 고찰하지 않고 사상누각을 건축하는 이론가를 말한다.

우리는 곧 정통 물리학자의 태도에 대해 증언할 기회를 가졌다. 1949년 에렌하프트가 알프바흐에 왔다. 그 해 포퍼는 철학에 관한 세미나를 주관하였고, 로젠펠트(L. Rosenfeld)와 프라이스(M. H. L. Pryce)는 물리학과 물리학의 철학을 (그것은 주로 막 등장한 아인슈타인에 대한 보어의 논평을 다루었다.), 막스 하르트만은 생물학을 가르쳤고, 던컨 샌디스는 영국 정치에 대해서, 하이에크는 경제학을 강연했다(그 밖에도 많았다). 비엔나에서 온 중견 이론물리학자 한스 티링(Hans Thirring)이 있었는데, 그는 현재의 작가뿐만 아니라 파이글, 포퍼에게 물리학을 가르친 사람이었고, 평화운동의 초기에 적극적으로 활동한 멤버였다. 그는 우리에게 과학보다 중요한 것이 있다는 인상을 심으려고 끊임없이 노력하였다. 지금 비엔나 대학의 이론물리학 교수가 된 그의 아들 발터 티링은 매우 뛰어난 청중이자 비판적인 청중으로 그곳에 있었다.

에렌하프트는 잘 준비해서 왔다. 그는 알프바흐의 한 시골집에 간단한 실험을 몇 가지 장치해 놓고, 그가 붙잡을 수 있는 사람들을 모두 초대해서 그것을 보게 했다. 참여자들은 매일 오후 두세 시경에 호기심에 차 들렀다가 그곳을 떠날 때는 (즉 만약 그들이 이론물리학자들이었다면) 마치 가당치 않은 것을 보았다는 태도를 보였다. 이러한 물리학적인 준비와는 별개로 에렌하프트는 아름다운 광고를 실행하였다. 이것은 그의 버릇이기도 하였다. 그의 강의가 있기 전날 그는 '감각적 질서'(지금은 매우 확장된 책으로 출간됨)에 관한 폰 하이에크의 학술 강연에 참석하였다. 토론 도중에 그는 일어나, 어리둥절함과 존경을 얼굴에 담아, 아주 순진한 목소리로 말하기 시작했다. "하이에크 교수님, 경탄할 만하고, 존경스러우며 가장 학술적인 강의입니다. 나는 단 하나의 세계도 이해하지 못했습니다…." 다음 날 그의 강연은 청중으로 넘쳐났다.

이 강의에서 에렌하프트는 물리학의 현황에 대한 일반적인 관찰을 덧붙이면서, 그의 발견에 대해 간략히 설명해 주었다. "이제 신사 여러분, 무엇이라고 말할 수 있을까요?" 그는 앞 줄에 앉아 있던 로젠펠트와 프라이스를 향하여 승리한 듯이 결론을 내렸다. 그러고는 즉시 대답했다. "당신들의 좋은 이론으로 대답할 수 있는 것은 하나도 없지요. Sitzen mussen sie bleiben! Still mussen sie sein. 그들은 앉아 있어야 합니다! 그들은 조용히 해야 합니다!"

그 토론은 예상대로 매우 격렬했고, 에렌하프트의 편을 드는 티링과 포퍼와 함께 로젠펠트와 프라이스에 대한 논박이 며칠간 계속되었다. 실험에 직면해서 로젠펠트와 프라이스는 이따금 마치 망원경에 직면해서 갈릴레오의 반대자들이 행한 것과 같은 행동을 하였다. 그들은 복잡한 현상으로부터는 아무런 결론을 이끌어 낼 수 없다는 것과 보다 세밀한 분석이 필요하다는 것을 지적하였다. 간단히 말해서 그 현상은 하나의 **드렉효과(Dreckeffect)**였는데 ── 이것은 논변에서 매우 자주 들었던 낱말이다. 이런 소동 앞에서 우리가 취할 태도는 어떤 것인가?

우리 중 누구도 이론을 포기하거나 그것의 탁월성을 부인할 준비가 되어 있지 않았다. 우리는 이론물리학 구제를 위한 클럽을 설립하고 간단한 실험들에 대해 논의하기 시작했다. 이론과 실험의 관계는 교과서와 연구논문에서 밝혀진 것보다 훨씬 복잡하였다. 이론이 큰 조정 없이 적용될 수 있는 몇 가지 패러다임적인 사례가 있지만, 나머지는 이따금 의심스러운 근사치와 보조 가정에 의해 처리되어야 한다.[4] 이 모든 것이 그 시점에 우리에게 미친 영향이 별것 아니었음을 기억하는 것은 흥미롭다. 우리는, 마치 우리가 발견한 난점들이 사물의 본질을 표현한 것이 아니고 어떤 독창적인 장치에 의해 제거될 수 있는 것처럼, 추상화를 계속 선호했다. 한참이 지난 후에야 에렌하프트의 수업이 이해되었으며, 종사자들 전체의 태도뿐만 아니라 그 시간의 우리의 태도는 과학적 합리성의 본성에 대한 훌륭한 사례를 내게 제공하였다.

(4) **필리프 프랑크(Philipp Frank)**는 에렌하프트보다 몇 년 뒤 알프바흐에 왔다. 그는 합리성에 대한 일반적 관념을 여러 가지 방식으로

---

4 임시변통적 근사치에 대해서는 제5장을 참조할 것.

훼손했다. 그는 현대적 관점에서 보았을 때 갈릴레오의 절차는 '비과학적'이었던 것에 비해서 코페르니쿠스에 대한 반박은 완벽하게 건전하고 경험과 일치한다는 것을 보임으로써 그렇게 했다. 그의 관찰은 나를 매료시켰고, 나는 그 문제를 더 자세히 조사했다. 제8장에서 제11장은 그 연구의 늦은 성과이다.(나는 느리게 일하는 사람이다.) 프랑크의 작업은 복잡한 역사적 사건의 분석에서 단순한 모델을 선호하는 퍼트넘과 같은 철학자들에 의해 매우 불공평하게 취급되어 왔다. 또한 그의 아이디어는 이제 흔한 것이기도 하다. 그러나 거의 모두가 달리 생각하고 있을 때, 그것을 발표한 사람은 바로 그였다.

(5) 비엔나에서 나는 대표적인 마르크스주의 지식인 몇 사람을 알게 되었다. 이것은 마르크스주의 학생들의 독창적인 홍보술의 결과였다. 그들은 ── 우리가 그랬듯이 ── 과학, 종교, 정치, 연극, 자유연애 등 주제에 상관없이 모든 주요 토론에 나타났다. 나머지 부분들을 조롱하기 위해 과학을 사용했던 우리들 ──그것이 내가 즐겨 하던 일이었는데 ──에게 말을 걸어 왔고, 우리를 자신들의 토론 모임에 초대했으며, 우리를 모든 분야의 마르크스주의 사상가들에게 소개했다. 나는 베르톨트 비어텔(Berthold Viertel), 부르그 극장의 감독, 작곡가이자 음악이론가인 한스 아이슬러(Hanns Eisler), 그리고 교사였고, 나중에는 내 가장 친한 친구 중 한 명이 된 발터 홀리처를 알게 되었다. 홀리처와 토론하기 시작했을 때, 나는 매우 열광적인 실증주의자였다. 나는 엄격한 연구의 규칙을 선호했고, 변증법적이고 역사적인 유물론에 관한 스탈린의 작은 팸플릿에서 읽은 변증법의 세 가지 기본 원칙에 대해서 동정하는 듯한 미소를 지었다. 나는 실재론적 입장에 관심

이 있었고, (퀼페[Külpe]의 탁월한 『실재론』[Realisierung]과 물론 『유물론과 경험비판론』[Materialism and Empiriocriticism]을 포함하여) 손에 쥘 수 있는 실재론에 관한 모든 책을 읽으려고 하였다. 그러나 나는 실재론에 대한 논변이 실재론적 가정이 이미 도입된 이후에야 작동한다는 것을 발견하였다. 예를 들어, 퀼페는 인상과 인상이 나타내는 사물 사이의 구분을 강조하였다. 이 구분은 그것이 문제의 핵심인 세계의 진정한 모습을 특징짓는 경우에만 우리에게 실재론을 부여한다. 나는 과학이 본질적으로 실재론적 과업이라는 언급에 대해서도 확신하지 못했다. 과학은 왜 하나의 권위로 선택되어야 하는가? 그리고 과학에 대한 실증주의적인 해석은 없는가? 그러나 레닌이 능숙한 재주로 드러낸 이른바 실증주의의 '역설들'은 나를 전혀 감동시키지 못했다. 그것들은 실증주의적 화법과 실재론적 화법이 혼합될 때 발생하였고, 그것들의 차이점을 드러냈다. 그것들은 실재론이 더 좋다는 것을 보여주지는 못했지만, 실재론이 상식을 동반한다는 사실은 실재론이 더 좋다는 인상을 주었다.

홀리처는 실증주의에서 실재론에 단계적으로 도달하는 논증을 결코 제시하지 않았다. 그는 그러한 논증을 만들어 내려는 시도를 철학적 어리석음이라고 여겼을 것이다. 그는 오히려 실재론적 입장 자체를 발전시켰고, 과학과 상식의 예들을 통해 그것을 예증하였으며, 그것이 과학 연구와 일상적 행동과 얼마나 밀접하게 연관되어 있는지를 보여 줌으로써 그 힘을 드러냈다. 임시변통적 가설과 임시변통적 의미의 변화를 신중하게 사용함으로써 실재론적 절차를 실증주의적 절차로 전환하는 것은 언제나 가능했다. 나는 이것을 자주, 부끄러움 없이

했다(크라프트 학단에서 우리는 그러한 얼버무리기를 미술에서도 발전시켰다). 홀리처는 비판적 합리주의자라면 했을 수도 있는 의미론적 논점이나 방법의 논점을 제기하지 않았고, 내가 나의 추상적인 반대를 다소 어리석다고 느낄 때까지 구체적인 사례를 계속 논의했다. 왜냐하면 실재론이 내가 가치 있다고 평가하는 사실, 절차, 원리들과 얼마나 밀접하게 연관되어 있는지, 그리고 실증주의가 그것들이 발견된 이후에 다소 복잡한 방식으로 그 결과들을 **기술하였던** 것에 비해, 실재론은 **그것들을 가져오는 데 도움이 되었다**는 사실을 내가 알았기 때문이다. 실재론은 결실을 얻었고, 실증주의는 그렇지 못했다. 이것이 적어도 내가 실재론으로 개종한 뒤 한참 이후에 오늘날 말하는 방식이다. 그 즈음에 나는 실재론자가 되었다. 내가 어떤 특정한 논증에 의해 확신을 가지게 되었기 때문이 아니라, 실재론과 그것에 찬성하는 논증과, 과학이나 다른 많은 것들에 적용될 수 있는 용이성을 더한 총합 때문에, 나는 그것에 손대기가 어렵다는 것을 막연하게 느꼈다.[5] 결국 그것이 실증주의와 그것에 대한 논증과… 등을 더한 총합에 비해서 좋은 것으로 보였다. 그러한 비교와 최종적인 결정은 각기 다른 국가들의 삶을 비교하는 일(날씨, 사람의 성격, 언어의 듣기 좋음, 음식, 법률, 제도, 날

---

5 나는 딩글러의 상대성이론 설명에 대한 라이헨바흐의 답변이 중요한 역할을 하였다고 기억한다. 딩글러는 단순한 역학적 조작(유클리드적인 평평한 표면의 제조)을 통해서 달성할 수 있는 것으로부터 추론한 데 반해서, 라이헨바흐는 어떻게 세계의 실재적 구조가 이러한 조작을 전체적으로 수정할 수 있는지를 지적하였다. 물론 라이헨바흐의 설명이 더 효율적인 예측 기계로 해석될 수 있고, 내가 그러한 해석에 빠지지 않았다는 이유만으로도 내게는 인상적으로 보였다는 것은 사실이다. 그것은 논증의 힘이 어느 정도까지 비합리적인 태도 변화에 의존하는가를 보여 준다.

씨 등), 그리고 직장을 잡고 그중 한 곳에서 인생을 시작하기 위한 최종 결정과 많은 공통점이 있었다. 이러한 경험은 합리주의를 향한 나의 태도에 결정적인 역할을 했다.

나는 실재론을 받아들였지만, 변증법과 역사적 유물론은 받아들이지 않았다. ─추상적 논증에 대한 나의 좋아함(또 다른 실증주의적 유물)이 그것에 대해서는 여전히 너무 강했다. 오늘날 스탈린의 규칙은 우리 현대적인 이성(理性) 친구들의 복잡하고 주전원 타기식의 기준에 비해 훨씬 선호될 만한 것이라고 보인다.

홀리처는 우리 토론의 시작부터 그가 공산주의자이며, 변증법적 역사적 유물론의 지적, 사회적 이익에 대해서 나를 설득시키려고 한다는 것을 분명히 했다. "내가 틀릴 수도 있고, 네가 맞을 수도 있다. ─그러나 우리가 함께 진리를 찾아보자"는 식의 솔직하지 않은 말투는 없었다. 그런 말투는 '비판적' 합리주의자들이 세뇌를 위한 그들의 시도를 윤색하는 것으로서 그들은 그것을 통해서 자신들의 입장이 심각하게 위태롭게 되는 순간을 잊게 된다. 홀리처는 공정하지 못한 감성적이거나 혹은 지적인 압력을 사용하지 않았다. 물론, 그는 나의 태도를 비판하였지만 우리의 개인적인 관계는 모든 측면에서 그를 추종하는 것에 대한 나의 주저함 때문에 손상되지는 않았다. 이것이 내가 매우 잘 알게 된 포퍼가 선동가에 불과한 데 비해서 홀리처는 선생인 이유이다.

우리의 앎의 어떤 시점에서 홀리처는 나에게 브레히트의 연출 조수가 되지 않겠느냐고 물었다. 분명히 가능한 자리가 있었고, 그 자리에 내가 고려되었지만, 나는 거절했다. 한동안 나는 이것이 내 삶에서 가장 큰 실수였다고 생각했다. 지금 생각해 보면, 예술을 통해서 지식, 감정, 태도를 풍부하게 하고 변화시키는 일은 (오직) 말로 마음에 영향을 주려고 하는 시도보다 훨씬 더 생산적인 과업이고 또한 훨씬 인도적인 것 같다. 브레히트 학단 내부의 긴장감, 그 구성원 중 몇몇이 가진 거의 종교적인 태도에 대해서 읽으면서, 나는 내가 적기에 빠져나왔다고 지금에야 생각한다.

(6) 오스트리아 대학협회에서 내가 했던 (데카르트에 관한) 강의에서 나는 **엘리자베스 앤스콤**을 만났다. 그녀는 영향력 있고, 어떤 사람에게는 가까이하기 어려운 영국 철학자였는데, 비트겐슈타인 저작들의 번역을 위해서 독일어를 배우려고 비엔나에 왔다. 그녀는 비트겐슈타인의 후기 저작들의 초고를 내게 주었고, 그것에 대해서 나와 토론하였다. 그 토론은 몇 달 이상 지속되었고, 때로는 아침에 시작해서 점심을 넘어서 저녁까지 계속되었다. 그 토론은 구체적으로 어떤 점인지 말하기 쉽지 않지만, 내게 심대한 영향을 주었다. 내가 생생하게 기억하는 어느 날, 앤스콤은 일련의 전문가다운 질문들을 통해서, 어떻게 잘 정의되고 명백하게 독립적인 사실들을 가진 우리의 개념(우리의 지각마저도)이 분명하지 않은 환경 등에 의존할 수 있는지를 이해하게 해주었다. 고통과 잔상과 같은 다른 실재물들이 그것들이 사라짐에 따라 소멸되는 것과는 다르게, 여러 가지 다양한 방식으로 나타나더라도, 심지어는 그것들이 전혀 존재하지 않을 때조차도 그들의 동일성을 유지한다는 의미에서 다른 '보존원리'를 준수하는 물리적 대상과 같은 실재물들이 있다. 그 보존원리들은 인간 유기체의 발달 단계에 따

라 변화될 수 있다.[6] 또한 그것들은 언어가 다름에 따라서 다를 수 있다.(제16장에서 기술된 것과 같은 워프의 '은밀한 분류'를 볼 것.) 나는 그런 원리들이 과학에서 중요한 역할을 하며, 그것들이 혁명의 와중에 변화할 수 있고, 그 결과 혁명 이전 이론과 혁명 이후 이론 사이의 연역적 관계는 무너질 수 있다고 추측하였다. 나는 이런 종류의 공약불가능성의 초기 버전을 포퍼의 세미나(1952년)에서 설명하였고, 옥스퍼드에 있던 앤스콤의 아파트에서 소그룹의 사람들에게(또한 1952년에 기치, 폰 브릭트, 그리고 하트가 참가한 모임에서) 설명했다. 그러나 나는 각 경우에서 모두 열광적인 반응을 일으키지 못했다. 구체적인 연구의 필요성에 대한 비트겐슈타인의 강조와 추상적 추리에 대한 그의 반대('보라, 생각하지 말고!')는 추상성을 향한 내 자신의 경향과는 어딘지 잘 맞지 않았다. 따라서 그의 영향이 발견될 수 있는 논문들은 구체적인 사례들과 포괄적인 원리들의 혼합이다.[7] 비트겐슈타인은 케임브리지의 학생으로 나를 데려가려고 준비하였다. 그러나 내가 도착하기 전에 그는 사망하였다. 그 대신 포퍼가 나의 지도교수가 되었다.

(7) 내가 **포퍼**를 만난 것은 1948년 알프바흐에서의 일이다. 나는 그의 자유롭고 구김살 없는 매너, 건방진 말투, 여러 가지 의미에서 공식기록에 무게를 두는 독일 철학자들에 대한 그의 불손한 태도, 그의 유머감각(그렇다, 상대적으로 잘 알려져 있지 않았던 1948년의 칼 포퍼는 노년에 가서 자신의 지위를 확립한 칼 경과는 달랐다)에 감탄하였다. 나

---

6 제16장, 각주 12ff에 대한 본문을 볼 것.
7 상세한 것은 *Der Wissenschaftstheoretische Realismus und die Autoritat der Wissenschaften*, Vieweg Wiesbaden, 1978에 있는 이 논문들에 대한 나의 논평.

는 또한 다루기 어려운 문제들을 간결하고 저널리스트적인 언어로 재진술하는 그의 능력에 감탄하였다. 그는 관념들을 즐겁게 내세우고, '전문가들'의 반응에 대해 개의치 않는 자유로운 정신이 있었다. 그런데 이 아이디어들 자체에 대해서는 그렇지 않았다. 우리 학단의 구성원들은 포퍼 이전에 연역주의에 대해서 쓴 크라프트로부터 배워서 그것에 대해서 알고 있었고,[8] 반증주의 철학은 의장인 아더 마흐(Arthur March)의 주관 아래 진행된 컨퍼런스의 물리학 세미나에서는 당연한 것으로 여겨졌다. 따라서 우리는 왜 그렇게 호들갑을 떠는지 이해할 수 없었다. '그것과 같이 하찮은 문제들이 대단한 발견인 것처럼 간주된다면, 철학은 절체절명의 상태에 있음이 틀림없다.' 저작 목록을 요구했을 때 포퍼가 우리에게 보내온 목록에 포퍼가 『과학적 발견의 논리』가 아니라 『열린 사회』를 포함시켰던 것을 보면, 그 당시 포퍼 자신도 자신의 과학철학을 그리 대단한 것으로 여기지 않은 것 같다.

런던에 있을 때 나는 비트겐슈타인의 철학적 탐구를 자세히 읽었다. 지나치게 규칙에 얽매이는 성격 때문이었는지, 나는 그 책을 연속적인 논증을 담은 논고처럼 보이도록 다시 썼다. 이 논고의 일부는 앤스콤에 의해서 영어로 번역되어, 1955년에 『철학 리뷰』에 간행되었다. 나는 또한 LSE의 포퍼 세미나를 방문하였다. 포퍼의 아이디어들은 비트겐슈타인의 것과 비슷했지만, 포퍼는 더 추상적이고 활기가 없었다. 이것은 나의 추상과 독단에 대한 성향을 멈추는 것이 아니라, 오히려

8 *BJPS*, Vol. 13, 1963, pp.319ff에 있는 Kraft의 *Erkenntnislehre*에 대한 나의 리뷰, 특히 p.321 둘째 구절을 볼 것. 또한 Popper, *Logic of Scientific Discovery*의 참고문헌을 볼 것. Mill, *System of Logic*, Vol. 2, London, 1879, 제14장은 그 절차에 대한 상세한 설명을 제시한다.

증진시켰다. 런던에서 머물던 후반기에 포퍼는 나를 그의 조교로 초청하였다. 내가 빈털터리였고, 다음 식사를 어디서 먹게 되는지도 모른다는 사실에도 불구하고, 나는 이를 거절하였다. 나의 결정은 어떤 명료하게 파악될 만한 일련의 사고를 바탕으로 한 것이 아니었다. 그러나 나는 어떤 고정된 철학을 갖지 않고 '합리적 토론'이라는 의식에 의해서 인도되는 발걸음으로 관념의 세계를 이리저리 방황하는 편을 택했던 것 같다. 나는 다시 한 번 운이 좋았다. 그 일을 맡았던 조지프 애거시는 사생활이 거의 없을 정도로 바빴고, 2년 후 포퍼, 슈뢰딩거, 그리고 나 자신의 허풍이 내가 과학철학에 관한 강의를 시작하였던 브리스톨에 직장을 갖게 해주었다.

(8) 나는 연극, 역사, 수학, 물리학, 그리고 천문학을 공부해 왔다. 나는 철학을 공부한 적이 없었다. 열의에 찬 젊은이들로 이루어진 많은 청중 앞에서 강의하는 모습은 나를 기쁨으로 가득 채워 주지는 않았다. 강의가 시작되기 일주일 전 나는 자리에 앉아서 내가 알고 있는 것을 모두 종이 한 장에 써 보았다. 한 페이지를 채우기도 어려웠다. 애거시는 내게 아주 좋은 조언을 해주었다. 그는 "파울, 이 첫 줄이 너의 첫번째 강의, 둘째 줄이 두 번째 강의 등이라고 생각해"라고 말했다. 나는 그의 조언을 받아들여서, 내 강의가 비트겐슈타인, 보어, 포퍼, 딩글러, 에딩턴, 그리고 그 밖의 사람들로부터 온 재치 있는 말들의 진부한 컬렉션이 되었다는 것을 제외하면, 꽤 잘해 나갔다. 브리스톨에서 나는 양자이론에 대한 내 연구를 계속했다. 나는 중요한 물리학의 원리들이 물리학이 진보할 때마다 위반되는 방법론적 가정에 의존한다는 사실을 발견했다. 물리학은 그것이 전파하지만 실제 연구에서는 결

코 따르지 않는 아이디어들로부터 권위를 얻는다. 방법론자들은 물리학자들이 그들의 성과를 칭찬하기 위해 고용했지만, 그들의 과업 자체에는 접근하도록 허용하지 않은 홍보 담당자의 역할을 한다. 반증주의는 해결이 아니라는 사실이 이론들, 그것들에 대한 증거, 그 후속 이론들 사이의 관계에 대한 헤겔식의 설명을 한 데이비드 봄(David Bohm)과의 토론에서 분명해졌다.[9] 제3장의 내용은 이러한 논의의 결과이다(나는 그것을 1961년에 처음 출간하였다).[10] 변칙 사례가 어디에나 있다는 쿤의 발언은 이러한 난점들에 매우 잘 들어맞았다.[11] 그러나 나는 계속해서 모든 경우들에,[12] 뿐만 아니라 비과학적 발달까지도[13] 포괄하는 일반 규칙을 찾기 위해 노력했다. 두 가지 사건으로 인해 나는 그러한 시도의 무의미함을 깨닫게 되었다. 하나는 (1965년) 함부르크에서 폰 바이츠제커(C.F. von Weizsäcker) 교수와 양자이론의 기초에 대해서 벌인 토론이었다. 폰 바이츠제커는 양자역학이 구체적인 연구에서 어떻게 발생했는지를 보여 주었고, 나는 일반적인 방법론적 근거에서 중요한 대안들이 생략되었다고 불평했다. 나의 불평을 뒷받침하는

---

9 『미네소타 과학철학 연구』 Vol. 4에 등장한 「반방법」(Against Method)이라는 에세이에서 나는 봄의 헤겔주의를 설명하였다.

10 포퍼는 한때 (1962년 미네소타 과학철학센터의 토론에서) 브라운 운동의 예가 단지 뒤엠의 사례(케플러의 법칙과 뉴턴의 이론과 같은 일반 이론 사이의 충돌)의 또 다른 버전이라고 언급했다. 그러나 매우 중요한 차이점이 있다. 케플러의 법칙으로부터의 편차는 원리적으로는 관찰 가능하다('원리적으로는'은 '알려진 자연의 법칙에서 주어진'을 의미함). 열역학 제2법칙으로부터의 현미경 편차는 그렇지 않다(측정기구는 그들이 측정하기로 되어 있는 것들과 똑같은 변동에 종속된다). 여기서 우리는 대안 이론 없이는 할 수 없다. 제4장, 각주 2를 참조할 것.

11 나는 쿤의 책을 1960년에 읽었고, 쿤과 그것에 대해서 폭넓게 토론하였다.

12 "Reply to Criticism", *Boston Studies*, Vol. 2, 1965의 설명을 볼 것.

13 "On the Improvement of the Science and the Arts and the Possible Identity of Two", *Boston Studies*, Vol. 3, 1967.

논증들은 상당히 좋았다 —— 그것들은 제3장에 요약된 논증들이다. 그러나 상황에 상관없이 부과된 것은 도움이 되기보다는 오히려 방해가 된다는 것이 내게 갑자기 분명해졌다. 과학에서건 다른 것에서건 문제를 풀려고 하는 사람에게는 **완전한 자유가 주어져야** 하고, 그 연구의 사적인 국면에서 논리학자나 철학자에게 매우 그럴듯해 보일지 모르는 어떤 요구나 규범에 의해서도 제한이 가해져서는 안 된다. 규범과 요구는 합리성 이론에 호소하는 것이 아니라, 연구에 의해 검사되어어야 한다. 긴 논문에서[14] 나는 보어가 이 철학을 어떻게 사용했는가와 어떻게 그것이 더 추상적인 절차와 다른가를 설명했다. 폰 바이츠제커 교수는 1977년 내가 그에게 이렇게 말했을 때 전혀 기뻐하지 않았지만, 나의 '무정부주의'로의 변신에 대해 최고의 책임이 있다.

(9) 나를 합리주의로부터 멀어지게 하고 모든 지적인 허식을 의심하도록 만든 두 번째 사건은 매우 다른 모습이다. 그것을 설명하기 위해, 나는 몇 가지 일반적인 관찰로부터 시작하겠다. 사회적 문제, 에너지 분배의 문제, 생태계, 교육, 노인 돌봄 등이 제1세계의 사회에서 해결되는 방식은 다음과 같이 대략 기술될 수 있다. 문제가 발생한다. 그것에 관해서 아무것도 행해지지 않는다. 사람들은 우려한다. 정치가들은 이러한 우려를 광고한다. 전문가들을 부른다. 그들은 이론을 세우고, 그것에 기초해서 계획을 짠다. 그들 자신의 전문가를 대동한 권력 집단이 강도가 약화된 버전이 수락되고 실현될 때까지 여러 가지 변형들을 만들어 낸다. 이 과정에서 전문가의 역할이 점차 증가한다. 이

---

14 "On a Recent Critique of Complementarity", *Philosophy of Science,* 1968/69(two parts).

제 우리는 인간의 사고와 행동에 관한 사회학적·심리학적 이론들이 사고와 행동 그 자체의 자리를 차지하게 되는 상황에 처하게 된다. 문제 상황에 개입된 사람들에게 묻는 대신에 개발업자, 교육자, 기술자, 그리고 사회학자들은 '이런 사람들이 실제로 원하고 필요로 하는 것'에 관한 정보를 그들이 관련되었다고 생각하는 분야에서 존경받는 동료에 의해서 수행된 이론적 연구로부터 얻는다. 살아 있는 인간이 아니라, 추상적인 모델에 대한 상담이 이루어진다. 대상이 되는 인구가 아니라, 모델의 생산자들이 결정하게 된다. 전 세계의 지성인들은 그들의 모델이 더욱 지적인 것이 될 것이고, 더 좋은 제안을 담고 있고, 이 인간들 자체보다도 인간의 현실을 더 잘 파악하는 것이 당연하다고 생각한다. 이런 상황이 나와 무슨 관계가 있는가?

1958년부터 1990년까지 나는 캘리포니아 대학 버클리 분교의 철학 교수였다. 나의 역할은 캘리포니아주의 교육정책을 수행하는 것이었고, 그것은 작은 백인 지식인 집단이 결정해 온 것이 지식이라는 사실을 사람들에게 가르쳐야 한다는 것을 의미한다. 나는 이런 역할을 한 번도 생각해 본 적이 없었고, 내가 그것에 대해서 미리 들었더라면 나는 결코 수락하지 않았을 것이다. 나는 학생들에게 내가 공부해 왔고, 내게 그럴듯하고 흥미로운 방식으로 재료들을 정리한 것을 가르쳤다—그리고 그것이 내가 한 일의 전부이다. 물론, 나에게는 '나 자신의 아이디어'도 어느 정도 있었다. 그러나 이 아이디어들은 매우 좁은 영역 안에서만 움직이고 있었다(몇몇 친구들은 그 당시에도 내가 약간 정신 나갔다고 말했다).

새로운 교육정책의 결과로, 1964년 전후에 멕시코인, 흑인, 인디언들이 대학에 들어왔다. 그들은 거기에 일부는 호기심에서, 일부는 경멸하면서, 일부는 약간 혼란스러워하며, '지식'이라는 것을 얻어 보겠다는 희망으로 앉아 있었다. 추종자를 찾는 어떤 예언자에게는 얼마나 좋은 기회인가! 합리주의자인 나의 친구들이 내게 말하기를 이성을 유포시키고, 인류를 개선시키기에 얼마나 좋은 기회인가! 새로운 계몽의 물결을 위한 얼마나 경탄할 만한 기회인가! 나는 전혀 다르게 느꼈다. 왜냐하면 내가 지금까지 어느 정도 지적인 청중들에게 얘기한 난해한 논증들과 멋진 이야기들은 그들의 아이디어로 다른 모든 사람들을 노예화하려는 데 성공한 작은 그룹의 꿈이자 자만심의 반영이라는 사실을 깨닫기 시작했기 때문이다. 이 사람들에게 생각하는 것은 무엇이고 어떻게 생각하는가를 가르치는 나는 누구인가? 나는 그들에게 많은 문제가 있다는 것을 알았지만 그들에게 어떤 문제가 있는지는 알지 못했다. 나는 그들이 무언가를 배우고자 열망한다는 것을 알았지만, 그들의 흥미, 그들의 느낌, 그들의 두려움에 익숙하지 않았다. 철학자들이 수세기에 걸쳐서 가까스로 축적해 왔고, 자유주의자들이 몹시 감상적인 문구로 치장을 해서 구미에 맞도록 만들어 놓은 무미건조한 학식들을, 그들의 땅, 그들의 문화, 그들의 존엄을 도둑맞고, 처음에는 그들의 그 인간 포획자들의 대변자들의 활기 없는 아이디어들을 흡수하더니 나중에는 그것을 반복하는 사람들에게, 제공하는 것이 옳은 일인가? 그들은 그들을 둘러싼 이상한 세계에 대해서 알기를 원했고, 배우기를 원했으며, 이해하고자 하였다. 그들에게는 더 좋은 양분을 제공받아야 할 자격이 있지 않은가? 그들의 선조들은 자신들의 문화, 다채로운 언어, 사람들 사이, 그리고 사람과 자연 사이의 관계에 관한 조화로운 견해를 발전시켜 왔다. 그것의 잔존물은 서구 사상의 본질적인 분리, 분석, 자기 중심성의 경향에 대한 살아 있는 비판이 된다. 이 문화들은 오늘날 사회학, 심리학, 의학이라고 불리는 분야에서 중요한 업적을 가지고 있다. 그들은 이상적인 삶과 인간 존재의 가능성을 표현하였다. 그러나 **그들의 문화는 소수의 아웃사이더들이 한 것 말고는 그들이 받을 만한 존경심을 가지고 검토된 적이 결코 없다.** 그것은 조소당하고, 처음에는 마땅히 형제애를 가진 종교에 의해서 나중에는 과학이라는 종교에 의해서 대체되었다. 그렇지 않으면 다양한 '해석들'에 의해서 핵심이 제거되었다. 오늘날에는 해방에 대한 얘기, 인종적 평등에 대한 얘기가 무성하다. 그러나 이것이 무엇을 의미하는가? 그것이 이러한 전통들과 백인들의 전통들 사이의 평등함을 의미하는가? 그렇지 않다. 평등함은 각기 다른 인종과 문화의 구성원들이 이제 백인이 열광하는 것에 참여할 훌륭한 기회를 갖는 것이다. 그들은 그들의 과학, 그들의 테크놀로지, 그들의 의학, 그들의 정치에 참여할 가능성을 갖는다. 이것이 내가 나의 청중을 바라볼 때, 내 머리를 스쳐 간 생각이다. 그들은 내가 수행하기로 되어 있는 과제로부터 오는 역겨움과 공포로 인해 나를 움츠러들게 했다. 왜냐하면 그 과제는 — 이것이 나에게 분명해졌는데 — 매우 교양 있고 매우 세련된 노예 감시인의 그것이다. 그리고 나는 노예 감시인이 되고 싶지 않았다.

이러한 경험은 나로 하여금 개념들을 통해서 어떤 문제에 접근하는 지적인 절차는 잘못된 길이라는 확신을 갖게 하였다. 또한 나는 이러한 실수가 우리 마음에 미치는 강력한 힘의 근원에 대해서 흥미를 갖게 되었다. 나는 고대 그리스의 주지주의의 등장과 그것을 초래한 원인을 검토하기 시작하였다. 나는 무엇이 풍부하고 복합적인 문화를 가진 사람들로 하여금 건조한 추상화에 빠지게 하고, 추상화에 적응할 수 있기 위하여 그들의 전통, 그들의 사상, 그들의 언어를 훼손하도록 만드는가를 알고자 하였다. 나는 어떻게 지식인들이 자기가 하고 싶은 대로 해 버리는지를 알기 원했다. ── 왜냐하면 그것은 살인이고, 다른 나라의 학교, 대학, 그리고 교육사절단에서 해마다 행해지는 정신과 문화에 대한 살인이기 때문이다. 이러한 경향은 역전되어야 한다. 나는 우리가 노예화한 대상들로부터 배우는 일로 시작해야 한다고 생각한다. 왜냐하면 그들은 제공할 것을 많이 갖고 있으며, 적어도 그들에게는 서구 정복자들이 그들에게 해온 대로 그들의 권리와 그들의 견해를 지나치게 강요하는 것이 아니라면 그들에게 맞다고 생각하는 대로 살아갈 권리가 있기 때문이다. 1964~1965년에 이러한 생각이 내게 처음으로 떠올랐을 때, 나는 나의 염려에 대한 **지적인** 해결을 찾기 위해 노력하였다. 다시 말해 나는 다른 사람들을 위한 교육정책을 고안하는 것은 나와 나 같은 부류의 사람에게 달렸다는 것을 당연하게 생각하였다. 각 개인에게 가장 유익을 주는 전통의 선택을 허용하는 각기 다른 관점들의 풍부한 저장소로부터 살아갈 새로운 종류의 교육을 상상해 보았다. 교사의 과제는 그 선택을 활성화하는 것이고, 그것을 그 자신의 어떤 '진리'로 대치하는 것이 아니다. 그 저장소는 피스카토르(E. Piscator)와 브레히트가 상상한 관념의 극장과 공통점을 가지고 있으며, 그것은 표현 수단의 엄청나게 다양한 발전을 가져올 수 있다. '객관적인' 과학적 설명은 하나의 사례를 표현하는 한 가지 방식이며, 연극은 또 한 가지 방식이고(아리스토텔레스에 있어 비극은 우연적인 세부적 사항들을 드러낼 뿐 아니라, 역사적 **구조**를 드러내기 때문에, 그것이 역사적이기보다는 '더 철학적인' 것이었음을 기억할 것), 그리고 소설 또한 한 가지 방식이다. 왜 지식이 학문적 글쓰기와 추리라는 외양으로만 표현되어야 하는가? 플라톤은 한 권의 책에서 쓰여진 문장은 제스처, 농담, 여담, 정서를 포함하는 복잡한 성장의 일시적인 단계에 불과하다고 보지 않았는가? 그는 대화를 수단으로 하여 이 과정을 포착하려고 시도하지 않았는가? 그리고 여러 가지 형태의 지식이 있어서, 어떤 것은 기원전 7세기와 6세기에 그리스에 있었던 '합리주의'라는 명목으로 등장한 것보다 매우 구체적이고 실제적인 지식이지 않은가? 그리고 다다이즘이 있었다. 나는 제2차 세계대전 이후에 다다이즘을 공부하였다. 이 운동에 내가 매력을 느낀 것은 그것의 창시자들이 아직 다다이즘 운동에 뛰어들기 이전에 사용하였던 스타일 때문이다. 그것은 명료하고, 선명하며, 진부하지 않고 단순하며, 협소하지 않으면서 정밀하였다. 그것은 감정의 표현만이 아니라, 사고의 표현에도 적합한 스타일이었다. 나는 이러한 스타일을 다다이즘적인 실천 그 자체와 연결시킨다. 당신이 언어를 해체하여, 몇 날이나 몇 주를 불협화음, 무질서한 낱말, 의미 없는 사건들 속에서 지낸다고 가정해 보자. 그리고 이렇게 준비한 다음, 당신은 앉아서 "고양이는 매트 위에 있다"라고 쓴다. 그러면 말하는 기계와 같이 우리가 보통 생각 없이 발화한 단순한 문장(우리 말의 많은 부분은 실제로 틀에 박힌 것인데)은 이제 완전히 다른 세계를 창조하는 것같이 보인다. 신은 빛이 있으라고 말했다. 그리고 빛이 있었다. 현대에 들어서 아무도 다다이스트만큼 언어와 사고의 기적을 이해하지 못하였다. 왜냐하면 아무도 그들이 아무런 역할을 하지 않는 세계를 상상할 수도 창조할 수도 없었기 때문이다. 단순히 기계적인 것이 아닌 **살아 있는 질서**의 본성을 발견함으로써 다다이스트들은 그러한 질서가 틀에 박힌 일로 악화되는 것에 주목했다. 그들은 제1차 세계대전 이전에 있었던 언어의 악화를 진단하였고, 그것을 가능하게 하는 심성을 창조하였다. 그 진단 이후에 그들의 실천은 보다 사악한 다른 의미를 가정하였다. 그들은 가장 상업적인 여행자의 언어, 철학자, 정치가, 신학자의 언어와 적나라하게 불분명한 언어 사이에 '중요성'에서의 놀라운 유사성이 있음을 밝혔다. 우리 학교, 강단, 정치적 모임을 채우는 명예, 애국심, 진리, 합리성, 정직에 대한 찬사가 아무리 문학적 언어로 포장된다고 하여도, 그 저자들이 고전의 스타일을 모사하는 데 아무리 어려움을 겪는다고 해도, 그것은 **불분명한 언어와 모르는 사이에 융합**되고, 그 저자들 자신이 결국에 한 묶음의 꿀꿀대는 돼지들과 구별될 수 없게 된다. 그러한 악화를 막을 수 있는 방법이 있을까? 나는 있다고 생각했다. 나는 모든 업적을 일시적이고, 제한적이며, 개인적인 것으로 간주하고, 모든 진리를 '발견된' 것이 아니라 그것에 대한 우리의 사랑이 **창조한** 것으로 간주하는 일이 한때는 유망한 동화였던 것의 악화를 막을 수 있다고 생각했고, 나아가 나는 이 비체계적인 추측에 대해 실질적인 내용을 부여할 수 있는 새로운 철학 혹은 새로운 종교를 발전시키는 일이 필요하다고 생각하였다.

나는 이제 이러한 생각들이 지적인 자만과 어리석음의 또 다른 예에 불과하다는 것을 깨닫는다. 우리가 공유할 수 없는 삶을 사는 사람들, 우리가 알지 못하는 문제들을 가진 사람들에 대한 해결책을 우리가 가지고 있다고 가정하는 것은 자만심에 찬 생각이다. 그들과 동떨어진 인도주의에서의 그러한 실천이 관심의 대상이 되는 사람들을 기쁘게 하는 효과를 가질 것이라고 가정하는 것은 어리석다. 서구의 합리주의 초기부터 지식인들은 자신을 교사, 세계는 학교, '사람들'은 순종하는 학생들로 간주했다. 플라톤에게서 이것은 매우 분명하다. 같은 현상이 기독교인, 합리주의자, 파시스트, 마르크스주의자들 사이에서 발생한다. 마르크스주의자들은 그들이 해방시키고자 하는 사람들로부터 배우려고 하지 않았다. 그들은 해석, 관점, 증거에 대해서 서로 공격하고, 그로 인해 초래된 지적 해시(hash)가 원주민에게 훌륭한 음식을 제공한다는 것을 당연하게 여겼다.(바쿠닌은 현대 마르크스주의의 독단주의적 성향을 알고 있었고, 그는 모든 권력 —— 거기 포함된 관념들에 대한 권력 —— 을 즉시 관심의 대상이 되는 사람들에게 되돌리려고 하였다.) 내 자신의 관점은 방금 언급한 것과 다르지만, 여전히 하나의 **관점**이고, 내가 창안한 추상적인 공상이며, 이제는 상대방의 삶을 한 줌도 공유하지 않은 채 팔려고 했던 것이다. 지금에 와서 나는 이것을 감당할 수 없는 자만심으로 여기고 있다. 그래서 남은 것이 무엇인가?

두 가지가 남아 있다. 나는 내가 개인적으로 이해한다고 생각하는 사람들에게만 말을 걸고, 영향을 미치기 위해 내 자신의 조언을 따를 수 있다. 여기에 몇몇 나의 친구가 포함된다. 또 만난 적이 없지만 비슷한 문제들에 관심이 있고, 내 스타일과 일반적인 접근방식에 크게 화내지 않는 철학자를 포함할 수도 있다. 또한 서양의 과학과 서양의 지적 삶에 매료된 다른 문화권의 사람들을 포함할 수 있다. 그 사람들은 서양 문화에 참여하기 시작하였지만, 여전히 그가 떠나 왔던 문화의 삶을 사고에 있어서뿐만 아니라 정서적으로도 기억하고 있는 사람들이다. 나의 설명은 그들이 느끼기 쉬운 정서적 긴장을 줄여 주고, 서로에게 반대하기보다는 그들의 삶의 여러 단계를 통합하는 하나의 방식을 이해하게 만들 것이다.

또 다른 가능성은 주제를 변경하는 것이다. 나는 내 경력을 독일 민주주의공화국 독일 극장의 방법론적 개혁을 위한 연구소에서 연기하고, 연극을 제작하고, 노래하는 학생으로부터 시작했다. 이것이 나의 주지주의와 극적인 성향에 자극을 주었다. 나의 주지주의는, 문제는 사고에 의해서 해결되어야 한다고 말했다. 나의 극적인 성향은 그것을 과장된 연기로 표현하는 것이 추상적 논증을 해 나가는 것보다 낫다고 생각하게 만들었다. 예시가 없는 논증은 가장 추상적인 문제에 영향을 미치는 인간적인 요소로부터 멀어지기 때문에 여기서는 갈등이 없다. 내가 오늘날 보는 예술들은 추상적인 사고와 분리된 영역이 아니라, 그것과 상보적인 것이기 때문에, 그것의 잠재력을 충분히 인식할 필요가 있다. 예술의 이러한 기능을 검토하고, 그것의 힘과 과학 및 종교의 힘을 결합시키는 연구 양식을 확립하려고 노력하는 것은 매혹적인 과업이지만, 1년~3년 정도는 바쳐야 하는 과업이다.

상대주의에 대한 후기

『이성이여 안녕』이라는 내 책에 대한 비판적 단평에서 앤드류 러그는 "파이어아벤트나 그와 비슷한 생각을 가진 사회비평가들은 그들이 통상 가지고 있는 합리주의를 업신여기는 태도를 가지고 상대주의를 취급할 것이다"[1]라고 제안한다. 『지식에 대한 세 가지 대화』[2]에서 나는 그렇게 했다. 여기서 나는 상대주의는 독단적인 세계관들 사이의 관계를 매우 훌륭하게 설명해 주지만 그것은 살아 있는 전통에 대한 한 가지 이해를 향한 첫걸음에 불과하다고 말했다. 그러나 『이성을 넘어서: 파울 K. 파이어아벤트의 철학에 대한 논집』에서 나는 "상대주의는 걸핏하면 서로 싸우는 쌍둥이인 절대주의[객관적 진리가 존재한다는 생각]에 못지않은 괴물"[3]이라고 썼다. 같은 책에서 나는 일찍이 내가 그

1 Andrew Lugg, *Canadian Journal of Philosophy*, Vol. 21, 1991, p.116(1989 접수됨).
2 Oxford, 1991, pp.151ff. (MS finished 1989/90)
3 Dodrecht, 1991, p.515. (MS finished 1989)

전통들을 '백치' 같은 것으로 물리치라고 했던 조언을 상기시켰다.[4] 두 경우에 모두 나는 상대주의에 대한 반론을 제기했으며, 왜 내가 생각을 바꾸었는지를 분명히 얘기했으며, 남겨진 난점들에 대해서 언급하였다.

앤드류 러그는 "하나의 일반적인 이론(혹은 어떤 원칙에 입각한 관점)으로서 상대주의에 대한 나의 입장은 결코 완전한 것이 아니며, 내가 상대주의의 전통적인 버전들로 인한 곤경이 그것들이 너무 높은 수준의 추상으로 던져짐에서 비롯되었음을 논증하는 것으로 읽힐 수 있다"[5]고 덧붙였다. 이것은 분명히 내가 『이성이여 안녕』에서 말한 것에 대해서는 옳다. 그러나 (러그의 논평의 결과로서 내가 비로소 주목하게 된) 그런 기대들은 『자유사회에서의 과학』[6]에서 이미 발생했다. 그 책에서 나는 전통의 참여자와 외적인 관망자를 구분하였고, 객관주의를 전자의 특수한 위치에서 비롯된 하나의 환상이라고 기술하였으며, 이러한 일련의 논증들을 요약하여 그 모든 것을 이탤릭체로 인쇄했다. 논제 1: 전통들은 좋은 것도 나쁜 것도 아니다. 그것들은 단순히 존재할 뿐이다. 논제 2: 한 전통은 다른 전통과 비교하였을 때, 즉 자신들의 고유한 가치를 통해서 세계를 바라보는 참여자들에게 보여졌을 때만, 바람직스럽거나 바람직스럽지 않은 속성을 가정한다(등등). 이것은 마치 프로타고라스를 연상시킨다. 나는 논제 3에서 그렇게 말했다.

---

4 Ibid., p.509.
5 Ibid.
6 London, 1978, part 1, section 2, pp.27ff. *Against Method*, London, 1988 제2판 제17장에 아무 변화 없이 재출간, 그리고 지금 4판의 제17장, pp.235ff에 논평을 첨부하여 재간행.

그러나 그러고 나서 나는 (논제 4와 논제 5에서) 전통들이 어떻게 상호작용하는가를 기술하였다. 나는 인도된 교류와 열린 교류라는 두 가지 가능성을 논의하였다. 인도된 교류는 '잘 구체화된 전통'을 채택하며 이러한 표준에 대응하는 반응만을 수락한다. 만일 한쪽이 아직 참여자가 되지 않았다면, 그는 그렇게 될 때까지 계속해서 요구받을 것이고, '교육받도록' 설득받을 것이며, 마침내 교류가 시작될 것이다. 나는 계속해서 "합리적인 토론은 인도된 교류의 한 특별한 경우이다"라고 말한다. 열린 교류의 경우에는 "참여자는 각기 다른 상대방의 사고 방식, 느낌에 함몰되어 상대방의 생각, 지각, 세계관이 전적으로 변화될 수 있다는 정도까지 지각하게 된다. ── 그들은 새롭고, 완전히 다른 전통에 참여하는 다른 사람이 된다. 열린 교류는 파트너가 한 개인이든 하나의 문화 전체이든 그를 존중한다. 반면에 합리적 교류는 합리적 토론의 틀 내에서만 존중을 보장한다. 열린 교류는 그것이 새로운 기관을 창안할지언정 아무런 기관을 갖지 않는다. 새로운 형식의 논리가 그 과정에서 출현할지언정 아무런 논리를 갖지 않는다." 요컨대, 열린 교류는 아직 구체화되지 않고, 구체화될 수도 없는 실천의 일부이다.

이러한 논평은 첫째로 전통들이 잘 정의되는 경우가 거의 없다는 것(열린 교류는 언제나 일어날 수 있다), 그리고 둘째로 그들 사이의 상호작용은 일반적인 용어로는 이해될 수 없다는 것을 함의한다. 외적인 영향에 직면하였을 때, 전통을 살려 내기 위해 우리는 단지 부분적으로 의도적인 방식으로 행동한다. 우리는 그것들이 발생하고 난 후에 그 결과들을 기술할 수 있다. 우리는 (상대주의에서와 같이) 그것들을 영속적인 이론적 구조 안에 통합할 수 없다. 달리 말하면, (하나의 특수하고 매우 안정된 전통의 일부로서가 아니고는) 지식 **이론**이 있을 수 없으며, 기껏해야 지식이 과거에 변화해 온 방식의 (상당히 불완전한) 역사가 있을 뿐이다. 나의 다음 책에서 나는 그러한 **역사**의 몇몇 에피소드에 대해서 논의할 것이다.

그러는 동안 나는 '상대주의'라는 용어를 다시, 그러나 새로운 의미에서 사용하기 시작하였다. 이 책의 제2판에서 나는 이 의미를 "과학자들[그리고 그런 문제에서는 상대적으로 획일적인 문화에 속한 모든 구성원들]은 실재의 조각가들이다"[7]라고 말함으로써 설명하였다. 그것은, 조각가들이 사용하는 재료의 속성에 의해서 제약된다는 것을 제외하고는, 과학사회학의 강한 프로그램을 연상시킨다. 비슷하게 개인들, 전문 집단들, 문화들은 다양성의 범위가 큰 환경들 혹은 '실재들'을 창조한다. 그러나 모든 접근방식이 성공하는 것은 아니다. 어떤 문화는 번창하고, 어떤 문화는 한동안 지속되다가 쇠퇴한다. 심지어 있는 그대로의 자연을 그 자체로 명백히 드러내는 과학과 같은 하나의 '객관적인' 영위도 상당히 표준화된 방식으로 결과들에 개입하고, 제거하며, 확대하고, 생산하며, 정리한다. ── 그러나 그럼에도 불구하고 결과들이 하나의 통합된 세계 속에 응결될 것이라는 보장이 없다. 따라서 덜 조직적인 방식으로 실험하거나 개입하거나, 우리가 잘 발달된 문화의 일부로서 단순히 살아가면서 파악하는 것은 우리를 둘러싼 환경이 우리의 행동(사고, 관찰 등)에 **반응하는** 방식이다. **우리는 이 환경 그 자체**

---

7 Op. cit., p.270. "Realism and the Historicity of Knowledge", *Journal of Philosophy*, 1989 에 있는 더 상세한 설명을 볼 것.

를 파악하는 것이 아니다. 문화와 자연(혹은 보다 일반적인 용어를 사용하자면, 존재)은 또 다른 그리고 더욱 복합한 관계 속에 참여함으로써만 발견할 수 있는 방식으로 늘 복잡하게 얽혀 있다.

이제 과학자들이 각기 다르고 흔히 서로 상충하는 방법들을 사용한다는 사실(나는 현재의 이 제4판의 제19장에서 그것들의 일부를 기술하였다), 그리고 이 대부분의 방법들이 성공적이라는 사실, 그리고 수없이 많은 비과학적인 삶의 방식이 존속할 뿐만 아니라, 그것을 가지고 사는 사람들을 보호하고 윤택하게 했다는 사실을 고려한다면, 우리는 존재가 여러 각기 다른 접근 방식에 대해 각기 다르게 그리고 **긍정적으로** 반응한다고 결론지어야 한다. 존재는 친절한 방문자에게 친절한 얼굴을 보이고, 화난 제스처에는 화를 내며, 그로 하여금(그녀? 그것? 그들?) 다른 상황에서 하던 방식으로 행동하게 만드는 원칙에 관하여 어떤 힌트도 주지 않는 따분한 사람에 의해서는 꼼짝하지 않는 사람과 비슷하다. 따라서 우리가 살아가고, 실험하고 연구를 수행하면서 발견하는 것은 '세계', 혹은 '존재' 혹은 '실재'라고 불리는 단일한 시나리오가 아니라, 다양한 반응들로서, 그 각각은 그것을 불러일으킨 사람들에게 특별한 (그리고 언제나 잘 정의된 것이 아닌) 실재를 구성한다. 이 것은 상대주의인데, 왜냐하면 여기서 직면하는 실재의 유형이 취해진 접근방식에 의존하기 때문이다. 그러나 그것은 실패를 허용하는, 즉 모든 접근방식이 성공하는 것은 아니라는 철학적 교리와는 다르다. 논평들에 대한 나의 답변[8]에서 나는 이러한 형태의 상대주의를 '우주론

---

8 Gonzalo Munevar(eds.), *Beyond Reason*, Dodrecht-Boston-London, 1991, p.570.

적' 상대주의라 불렀고, 『이리데』(Iride)에 간행된 한 논문[9]에서는 '존재론적' 상대주의라고 말했으며, 「예술작품으로서의 자연」[10]에서는 근대과학의 세계는 (이 세계에 대한 기술만이 아니라) 장인(匠人)/과학자의 각 세대에 의해서 구성된 예술작품이라고 주장하였다. 반면에 「실재론과 지식의 역사성」[11]에서는 그러한 견해들이 얼마나 닐스 보어의 생각과 관련된 것인가를 지적하였다. 나는 마지막 논문에서 존재론적 상대주의는 토머스 쿤의 최근 철학과 유사할 수 있다고 언급하였다.

내 앞에 쿤의 1991년 11월 19일자 로버트 및 모린 로스차일드 저명 강연록을 한 부 가져온다면, 나는 그 유사점과 차이점을 상세히 일러 줄 수 있다.

우리는 모두 과학사회학의 강한 프로그램에 반대한다. 사실상 나는 정확히 쿤이 했던 대로, "강한 프로그램의 주장은 불합리하다. 해체의 사례는 정신 나간 것이다"라고 말했을 것이다. 나도 역사적 논증으로 과학의 권위를 폄하하기에 충분치 않다는 데 동의한다. 그런데 왜 역사의 권위가 말하자면 물리학의 권위보다 더 커야 하는가? 우리가 역사적으로 보여 줄 수 있는 것은 과학적 권위에 대한 **일반적인** 호소가 모순에 도달한다는 것이 전부이다. 그것은 그러한 호소를 약화시킨다. 그러나 그것은 과학이 이제 어떻게 해석되고 사용되어야 하는가에 대해 말해 주지는 않는다. (그러한 물음은 관심 가진 쪽 자신에 의해서, 자신들의 표준, 개념, 문화적 수행에 의해서 대답되어야 한다고 나는 말하겠다.)

9 No. 8. n.s., January-April 1992.
10 *Common Knowledge*, Vol. 1, No 3, 1993.
11 op. cit., 위의 각주 7.

쿤은 "과학의 권위를 약화시키는 것으로 보이는 난점들이 과학의 실천에 관한 관찰적 사실로 이해되어서는 안 된다. 오히려 그것들은 어떤 발달된 혹은 진화적 과정에 대해서도 필요한 특성이다"라고 말한다. 그러나 우리는 과학이 보다 많은 사실들과 더 좋은 법칙들을 찾는 정적인 방식이라기보다 진화적 과정이라는 사실을 어떻게 아는가? '그것의 실천에 대한 관찰적 사실'로부터 알든가 아니면 외부로부터 부과된 해석으로부터 안다. 첫 번째 경우에 우리는 쿤이 극복하기를 원했던 상황으로 돌아간다. 반면에 두 번째 경우에는 과학이 보다 넓은 (문화적) 맥락 —— 발전을 가치 있게 여기는 맥락 —— 에 통합되는 것이고, 그것(내가 위의 괄호 안에서 언급한 절차)에 따라서 해석되는 것을 의미한다. 이것이 쿤이 진정으로 원했던 것이라고 여겨진다. 즉 쿤은 그 문제를 사실에 호소해서가 아니라, 철학적으로 해결하고자 하였다. 만약 내가 이것이 그에게 가능한 유일한 절차가 아니라 여러 절차 중에 하나임을 알았더라면, 나는 그것에 동의했을 것이다.

그의 논증을 집약하면서, 쿤은 세 가지 주장을 내놓는다. "첫째, 역사를 떠나서, 시간과 공간을 떠나서 아르키메데스의 플랫폼은 이제 지나간 것이다." 맞다, 그리고 틀리다. 그것은 기술될 수 있고 어떤 기술로부터 독립적인 것으로 보이는 구조로서는 지나갔다. 그러나 그것은 우리에게 영향을 미치지만 그것의 본질을 영원히 숨기는 우리 존재의 미지의 배경으로서는 지나간 것이 아니다. 아르키메데스주의도 가능한 접근방식으로서는 지나간 것이 아니다. 그것은 예를 들어 신정국가에서는 정치적으로 정확한 접근방식일 수 있다.

둘째로, 쿤은 아르키메데스주의적인 플랫폼이 없는 상태에서는

"비교평가가 취할 수 있는 유일한 방법"이라고 말한다. 이것은 물론 참이다. 또한 사소한 주장이다. 셋째로, 그는 실재와의 대응으로서의 전통적인 진리 개념에 대해 도전한다. "내가 과학이 도달하지 못하는 실재가 있다는 것을 제안하는 것이 아님을 강조할 수 있게 해주길 바란다. 내 논점은 오히려 과학철학에서 통상적으로 기능해 온 실재의 개념은 합리적이지 않다는 것이다." 여기서 나는 (사이비 디오니시우스 아레오파기타에 의해서 제안된 것과 같은) 보다 형이상학적인 실재 개념을 아직 없애버리지 않았다는 것을 단서로 달고 이에 동의한다.

어떤 실재를 불러일으키는 문화와 이 실재들 그 자체는 결코 잘 정의될 수 없다는 말을 재차 강조하고 싶다. 문화는 변한다. 문화는 다른 문화와 상호작용한다. 그것으로부터 초래되는 불확정성은 그들의 세계에 반영된다. 이것이 상호문화적인 이해를 가능하게 하고 과학적 변화를 가능하게 하는 것이다. 잠재적으로 각각의 문화는 모든 문화이다. 우리는 물론 문화들이 잘 정의되고 엄격히 분리되며, 과학적 용어들의 의미가 확실하게 고정되는 세계를 상상한다. 그런 세계에서는 오직 기적 혹은 계시만이 우리 우주를 바꾸어 갈 것이다.

옮긴이 후기

이 책은 Paul Feyerabend, *Against Method*(New Edition, Introduced by Ian Hacking), London: Verso, 2010(이하 AM으로 약칭)을 완역한 것이다.

역자가 1987년 이 책의 초판을 번역하여 출간한 것이 벌써 32년 전의 일이니, 감회가 새롭다. 당시 나는 연세대학교에서 박사과정을 수료하고, 과학철학을 더 공부하기 위해 지원한 캐나다 웨스턴 온타리오 대학 철학과 박사과정의 입학 허가를 받고 출국을 얼마 앞두고 있었다. 역자가 과학철학으로 대학 강단에 선 지 3년쯤 지난 때였다. 과학철학을 본격적으로 공부한 학자가 국내에 거의 없었던 터라, 지금 강원대학에 계신 신중섭 교수, 동아대학에서 퇴임하신 박영태 교수, 그리고 나와 같은 소장 학자들이 과학철학에 관한 입문서를 열심히 번역하여 출간하고 있었다. 나는 나중에 상지대학 교수가 된 최종덕 선생과 존 로지의 『과학철학의 역사』를 번역하였다. 이 책도 원래는 최 교수와 함께 번역하기로 했던 것인데, 그이가 먼저 유학을 떠나 버리는 바람에 혼자서 번역을 떠안게 되었다.

과학철학이라는 학문분야를 충분히 이해하지도 못한 상태에서, 파이어아벤트의 다른 논문이나 원전을 거의 접해 보지 못한 채 번역을 감행했으니, 그 결과가 그다지 만족스럽지 않았던 것은 당연했다. 그 이후 파이어아벤트는 1988년에 내용이 상당히 수정된 개정판을 출간하였고, 1993년에 제3판을 간행하였으며, 그리고 그가 타계한 후 2010년 제4판이 간행되었다. 이언 해킹도 이 최종판의 서문에서 지적하였듯이, 1988년 판은 1975년 판을 일부 보태고, 재배열하고, 잘라내고 하여 간행된 것이었지만, 파이어아벤트의 계속된 수정작업에서 가장 큰 변화가 있었던 판이다. 그러나 해킹이 그랬듯이, 나도 이 개정판이 썩 마음이 들지 않아서 굳이 재번역을 해야겠다고 생각하지 않았다. 그러다가 초판의 역서가 1990년대 초엽에 출판사의 사정으로 절판이 되고 나니, 이 책은 출판계에서 자취를 감추게 되었다. 그동안 나는 2009년에 파이어아벤트의 철학적 자서전 『킬링타임』을 번역하여 출간하였고, 이어서 『풍요로움의 정복』의 번역을 완료하였으나, 그 책에 담긴 그림들의 판권문제를 해결하지 못하여 출간 작업이 정지된 상태이다.

파이어아벤트에 대한 논문은 국내에서 인하대 고인석 교수, 울산대 김보현 교수, 강원대 신중섭 교수 등에 의해서 발표되었지만, 정작 나는 한 편도 쓰지 못하고 있었다. 그러다가 한림대에 계셨던 송상용 교수님의 칠순을 기념하여 간행한 『과학철학』에 내가 파이어아벤트의 과학철학을 쓰게 되면서, 이 제4판이 파이어아벤트 사상을 집대성한 성격을 가지고 있음을 새롭게 발견하였다. 왜냐하면 『AM』 이후에 출간된 『자유사회에서의 과학』(1978), 『이성이여 안녕』(1987), 『킬링 타임』(1995)을 비롯하여 심지어 『풍요로움의 정복』(1999)의 주요 논제가 이 책 속에 고스란히 녹아 있었기 때문이다.

그린비 출판사로부터 제4판에 대한 번역을 의뢰받은 지도 벌써 몇 년이 흘렀다. 출판사 말로는 이 책을 찾는 독자들이 적지 않고, 이 책의 논제들이 우리 사회에 갖는 함의가 아직 상당하다는 것이었다. 나도 그런 생각에 전적으로 동의하기에 번역을 마음먹었는데, 그동안 학교 행정일에 붙들려서, 또 건강상의 이유로 미루어 오다가, 작년부터 다시 작업에 착수하여 이제야 새 번역을 출간하게 되었다.

아무튼 32년 만에 이 책이 다시 간행되는 것을 보니, 그것 자체로서 이 책은 고전의 지위를 갖게 되었다고 생각된다. 번역서의 제목을 『방법에의 도전』에서 『방법에 반대한다』로 바꾸어 보았다. 실은 『반(反)방법』이 가장 정확한 제목이라고 생각했지만, 좀더 많은 사람들이 부담없이 이 책에 다가오도록 하기 위해서는 좀 쉬운 제목을 붙이는 편이 좋겠다는 출판사에 설득당했다.

뒤에 수록된 이 책의 해제에서 이 책이 갖는 여러 가지 의미를 집약해 보았지만, 그것 이외에 나는 이 책이 갖는 더욱 중요한 점은 그것이 과학활동과 과학의 진보에 미친 형이상학, 혹은 크게 보아 철학의 역할을 매우 잘 깨닫게 해준다는 점에 있다고 생각한다. 특히 서양의 과학을 받아들이고 독자적인 과학연구의 성과를 갖기 시작한 지 이미 상당한 시간이 경과했지만, 새로운 문제를 발굴하거나, 새로운 개념체계를 확립하거나, 새로운 방법론을 제안하는 수준에 이르지 못한 우리나라 자연과학의 현실을 보면서, 이 책이 여전히 기여할 부분이 있다는 생각이 든다. 그것은 우리의 과학적 현실이 바로 새로운 존재론과 형이상학이 과학의 새로운 발견에 미치는 영향을 잘 배우지 못하고 이해하지 못하는 데서 비롯된 것이 아닌가 하고 생각되기 때문이다.

또한 새로운 존재론의 필요성과 더불어, 이론과 이론의 대결이 결국 존재론과 존재론의 대결에서 비롯되고, 그러한 대립을 통해서 과학 이론의 진보가 가능하다면, 우리 사회에서 각기 다른 의견을 가진 그룹들이 대규모로 대립하는 현상도 그렇게 부정적인 것이 아닐 수 있다는 위로를 이 책으로부터 받을 수 있다는 기대도 가져 본다.

아무쪼록 이 책이 과학과 형이상학의 상호작용을 배우고 가르치는 데 조그만 기여가 될 수 있기를 기대한다. 여전히 번역에 서투른 부분이 있고, 오역이 있지 않을까도 걱정이다. 모든 책임은 역자에게 있으니 질정을 바란다. 지루한 번역작업에 늘 함께 해준 아내에게 먼저 고마움을 전하고, 오랫동안 참으며 원고를 기다려 주신 그린비 출판사 편집부 여러분들께도 감사드린다.

2019년 10월

정병훈

AM 제4판에 대한 옮긴이 해제
— 파울 파이어아벤트: 객관주의와 상대주의를 넘어서

정병훈 (경상대학교 철학과)

1. 인물과 삶

파울 파이어아벤트(Paul Feyerabend, 1924~1993)에 대한 평가는 상반된다. 일부 철학자들은 그를 광대로 여긴다. 더 많은 철학자들은 그가 가장 뛰어난 20세기 과학철학자들 중의 한 사람이라고 생각한다.[1] 이런 상반된 평가는 파이어아벤트의 삶의 궤적과 인간됨이 그의 철학적 관점과 분리될 수 없기 때문일 것이다.

파이어아벤트는 1924년 1월 13일 오스트리아 비엔나(빈)의 중류 이하의 가정에서 태어나 국제적인 명성을 가진 철학자로 성장하기까지 진기한 인생을 살았다. 그는 고등학교 시절, 이미 희곡과 철학에 탐

---

1 파이어아벤트는 20세기 후반 과학철학에서의 네 거물('big four') 중 한 사람이라는 평가를 받았다. 나머지 세 사람은 포퍼, 라카토슈 그리고 쿤이다. "그런데 파이어아벤트의 독특한 위치는 단지 네 사람 중 한 사람이라는 데 있지 않다. 그는 나머지 세 사람 사이의 중요한 연결고리였다."(*The Worst Enemy of Science?*, Oxford University Press, 2000, p.xiii) 파이어아벤트에 대한 상반된 평가에도 불구하고, 그가 과학철학과 심리철학 분야에서 커다란 영향력을 발휘한 20세기의 가장 독창적인 철학자 중 한 사람이라는 사실은 부정할 수 없다.

닉하였고, 물리학과 수학에서 대학 수준의 교과서를 공부하였다. 이 시절 그는 낮에는 이론천문학을 공부하고, 저녁에는 성악 레슨을 받고 오페라 리허설을 하였으며, 밤에는 천문 관측을 하였다. 고등학교 졸업시험을 통과하고 그는 곧바로 독일군에 징병되어 제2차 세계대전에 참전하였다. 그는 장교로 승진한 후, 러시아군과의 전투에서 척추 관통상을 입고, 하반신이 마비된 채 후송되었다. 이때 입은 상처는 그에게 일생 동안 엄청난 육체적 고통을 가져왔다. 그는 진통제 없이는 대중 강연을 할 수 없을 정도로 극심한 통증을 겪었다.

전쟁에서 돌아온 후 파이어아벤트는 다른 학생들보다 세 살에서 다섯 살 많은 학생으로 비엔나 대학에 등록하였다. 비엔나에서 그는 먼저 역사와 사회학을 공부하였고, 그 다음에는 물리학, 수학, 천문학을 공부하였다. 그러면서 노래, 무대경영, 연극, 이태리어, 화성, 피아노 등을 배웠고, 철학 강의와 세미나에도 참석하였다. 그는 당시를 "무언가 재미있는 일이 있고 흥미로운 사람들이 있는 곳이면 언제나 내가 그곳에 있었다"[2]고 회고한다.

그의 인생에 커다란 전기를 마련해 준 것은 알프바흐(Alpbach) 여름학교에 참가한 일이다. 당시 오스트리아의 대학협회는 그 나라의 학문 부흥을 위하여 알프바흐라는 작은 마을에서 지적·예술적·경제적·정치적 교류의 장을 마련하고 있었다. 그는 처음에는 학생으로, 나중에는 강사로, 마지막 세 번은 세미나의 좌장으로, 열다섯 차례나 알

---

2 파울 파이어아벤트, 『킬링타임: 파울 파이어아벤트의 철학적 자서전』, 정병훈·김성이 옮김, 한겨레출판, 2009, 133쪽.

프바흐를 방문하였다. 거기서는 세미나, 공개강좌, 심포지엄과 함께 예술행사가 벌어졌다. 1948년 8월 바로 이곳에서 개최된 철학세미나에서 파이어아벤트는 칼 포퍼를 만났다. 그는 포퍼와 친구이자 지도교수와 학생 사이로 지내다가, 나중에는 서로 등을 돌리고 결별하였다. 그 해 오스트리아 대학협회는 토론 그룹의 조직을 지원하였는데, 이를 계기로 과학전공 학생들과 철학전공 학생들의 모임이 결성되었다. 파이어아벤트는 그 모임의 학생대표가 되고, 크라프트(Victor Kraft)는 학문적 좌장이 되었다. 크라프트는 비엔나 학단의 일원이었으므로, 옛 비엔나 학단의 학생판 격인 크라프트 학단이 탄생한 것이었다. 후에 파이어아벤트는 포퍼의 반증주의에 대한 자신의 비판적인 입장이 이미 크라프트 학단의 세미나에서 형성된 것임을 밝혔다. 파이어아벤트가 비트겐슈타인을 만난 것도 크라프트 학단의 세미나에서였다. 당시 크라프트 학단을 방문하였던 앤스콤(E. Anscombe)은 비트겐슈타인의 『철학적 탐구』 초고를 파이어아벤트에게 보여 주었고, 그들은 그것을 함께 읽고 토론하였다. 후에 파이어아벤트는 이 당시 그가 비트겐슈타인으로부터 받은 영향은 그의 생애를 통해서 지속되었다고 술회하였다.

　　파이어아벤트는 천문학으로 디플로마를 받은 후, 1951년 철학에서 박사학위를 취득하였다. 그는 케임브리지대학에서 비트겐슈타인과 공부하기 위해서 영국문화원의 장학금을 신청했고, 장학생으로 선발되었다. 하지만 비트겐슈타인이 사망하자, 그는 다른 지도교수를 찾아야 했고, 알프바흐에서 만났던 포퍼를 선택하였다. 그는 런던정경대학에서 공부하기 위해 1952년 가을 영국으로 떠났다. 포퍼의 강의와 세미나에 출석하면서, 그는 포퍼의 반증주의를 잘 알게 되었고, 비엔나 학단의 논리실증주의에 대한 포퍼의 반박 논증에 익숙해졌다. 하지만 이미 이 무렵에 파이어아벤트는 1960년대에 이르러 표명하기 시작한 반증주의 비판, 공약불가능성 개념 등을 키워 가고 있었다. 이 시절 그가 집중하던 두 가지 주제는 양자역학과 비트겐슈타인이었다. 그리고 그는 점차 비트겐슈타인주의자가 되어 가고 있었다. 그는 1953년 포퍼를 통해 장학금 연장을 신청했으나 실패하였고, 그해 여름 비엔나로 돌아왔다. 후에 포퍼에게서 조교로 채용하겠다는 편지를 받았으나, 그 제의를 거절하였다. 그는 분석철학자 팹(A. Pap)의 조수로 일하면서 철학논문지에 논문 기고를 하는 등 철학도로서의 활동을 계속하였다. 한편 영국 유학시절이나 비엔나 시절에도 성악활동은 늘 그의 삶의 일부였다.

그는 철학분야에서 박사학위를 받은 후에야 비로소 철학도가 되었다. 철학자로서의 그의 경력은 우연한 것이었고, 그는 철학자라고 여겨지는 것을 그다지 반기지 않았다. 그럼에도 불구하고 1955년 그는 영국 브리스톨 대학에서 과학철학과 양자역학의 철학을 강의하면서, 그의 철학자로서의 이력을 시작하였다. 그는 1959년부터 20년 이상 봉직한 캘리포니아 버클리 대학을 비롯하여, 오클랜드, 서섹스, 예일, 런던, 베를린, 취리히 대학 등에서 가르치고 연구하면서, 동시에 네 대학에서 종신교수직을 보장받는 등 직업적 철학자로서도 성공하였다. 파이어아벤트는 1994년 2월 11일 스위스에서 뇌종양으로 세상을 떠났다.

2. 파이어아벤트의 새로운 과학철학

파이어아벤트는 1960년대부터 80년대에 이르는 과학철학의 전성기에 활약한 주역 가운데 한 사람이다. 그와 더불어 활약한 철학자들로 쿤(Thomas Kuhn), 핸슨(N. R. Hanson), 라카토슈(I. Lakatos), 툴민(S. Toulmin) 등이 있다. 파이어아벤트가 「설명, 환원, 그리고 경험주의」라는 주옥같은 과학철학 논문을 발표한 것은 1962년이다. 쿤의 『과학혁명의 구조』(1962), 핸슨의 『발견의 유형』(1958), 툴민의 『예견과 이해』(1961) 등도 거의 같은 시기에 출간되었다. 당시 그들은 '새로운 과학철학자'라고 불렸다. 그들의 주장은, 구체적인 부분에서는 상당한 차이점을 보였지만, 과학사에 대한 분석을 토대로 종래의 과학철학이 제시해 온 과학상에 도전하고 있다는 중요한 공통점을 가지고 있었다. 그들은 전통적 과학철학이 과학에 대한 논리적 분석을 토대로 과학의 객관성과 합리성을 주장해 오던 것과 달리, 과학사에 대한 동태적 분석을 시도하여 과학의 합리적 이미지가 실제의 과학과 일치하지 않음을 밝혔다.

새로운 과학철학은 과학사에 대한 분석을 토대로 이른바 전통적 과학철학의 '수용된 견해'(received view)를 비판하였다. 그것은 주로 논리경험주의자들과 칼 포퍼의 견해를 말하는데, 수피는 그 수용된 견해를 다음의 몇 가지로 집약하였다. ① 관찰과 이론은 엄밀히 구분된다. ② 과학은 누적적으로 진보한다. ③ 과학은 엄밀한 연역적 구조를 가지고 있다. ④ 과학에는 통일된 방법이 있다. ⑤ 과학은 통합적인 체

계이다. ⑥ 정당화의 맥락과 발견의 맥락은 분리할 수 있다.[3]

파이어아벤트가 1962년에 발표한 「설명, 환원, 그리고 경험주의」는 *Against Method*(1975, 『방법에 반대한다』, 이후 AM) 이전의 대표적인 업적[4]이다. 그 논문에서 파이어아벤트는 과학철학에서의 '수용된 견해'가 포함하는 중요한 전제들을 논박하였다. 그 논문의 목표는 전통적 과학철학에서 논리적 분석이라는 방법이 가장 성공적으로 적용된 사례로 인정되고 있던 네이글(E. Nagel)의 환원 모델과 헴펠-오펜하임(Hempel-Oppenheim)의 과학적 설명 이론이 상당한 난점을 가진다는 것을 지적하는 데 있었다. 그에 따르면 네이글의 환원 모델과 헴펠의 설명 이론은 아리스토텔레스의 자연학, 뉴턴의 역학, 양자역학과 같은 보편 이론에 적용될 수 없다는 것이다. 물론 파이어아벤트는 환원 모델과 설명 이론이 제한된 범위의 별로 흥미롭지 않은 경험적 일반화에 적용될 가능성마저도 부정하지는 않았다. 하지만 그가 보기에 그 두 이론은 두 가지 이유에서 실패하였다. 첫째, 보편 이론에 적용할 때, 그 두 모델은 과학적 실천과 모순된다. 둘째, 그것들은 합당한 경험주의에 어긋난다.

그 논문의 진가는 네이글의 환원 모델과 헴펠-오펜하임의 설명 도식을 비판하는 과정에서 파이어아벤트가 '수용된 견해'의 이른바

---

3 Frederick Suppe, *The Structure of Scientific Theories*, Chicago: University of Illinois Press, 1977 참조.
4 이 논문은 파이어아벤트가 공약불가능성의 개념을 소개한 논문으로 알려져 있다. 이 글의 후반부에서 다시 논의하겠지만, 공약불가능성은 쿤과 파이어아벤트를 묶어 주는 연결고리가 되는 개념으로서 과학철학에서 지속적인 논의 대상이 되어 왔다.

'두 언어 모델'을 공격한 것에 있었다. 이 모델에서는 과학에서 사용되는 언어를 관찰언어와 이론언어로 구분한다. 이 구분에 따르면 관찰언어는 이론언어와는 독립적으로, 그것이 지시하는 경험적 사실에 의해서 의미를 획득한다. 반면에 이론언어는 '결합 원리'에 의해 관찰언어와 연결됨으로써, 그 의미를 얻게 된다. 그러므로 '두 언어 모델'에서 의미는 관찰언어로부터 이론언어로 유출된다. 그런데 파이어아벤트에 의하면 보편 이론들은 반대 방향의 의미 유출을 생성한다. 이론이란 보편적인 동시에, 세계의 모든 대상을 포괄하는 개념화이기 때문에, 관찰에 대한 기술, 즉 관찰언어에서 사용되는 언어에도 영향을 미친다. 파이어아벤트에 따르면 이론들의 이러한 국면은 전통적 과학철학에서 간과된 부분이다. 이는 논리실증주의자들이 이론을 경험적 일반화로 취급하였고, 특히 이론에 의존하지 않는 독립적인 사실에 대한 경제적인 기술이라고 여겼기 때문이다.

마지막으로 이 논문에서 파이어아벤트는 '공약불가능성'(incommensurability)[5] 개념을 도입하는데, 이는 보편 이론의 경험적 테스트 가능성을 설명하기 위한 것이었다. 보편 이론이 관찰언어의 의미에 영향을 미친다면, 이론으로부터 독립적인 사실에 대한 객관적 기술을 담은 관찰문장이 성립할 수 없다는 것을 의미한다. 그

---

5 말년에 파이어아벤트는 공약불가능성의 개념이 1952년 앤스콤과의 대화에서 처음 언급되었고, 1958년 논문에 수록되었다고 밝힌다. 그는 쿤의 『과학혁명의 구조』가 출간된 1962년, 그와는 독립적으로 그 용어를 사용하였다. 파이어아벤트는, 순수히 역사에 대한 분석에서 착안한 쿤과는 다르게, 추상적인 고찰에 의해 도달한 속성을 규정하기 위한 낱말로 처음 사용하였다는 사실도 언급하였다. *Beyond Reason: Essays on the Philosophy of Paul Feyerabend*, ed. Gonzalo Munévar, Dordrecht: Kluwer Academic Publishers, 1991. p.526.

렇다면 우리는 보편 이론을 어떻게 경험적으로 테스트할 수 있는가? 이에 대해서는 통상 두 가지 입장이 있어 왔다. 하나는 규약주의(conventionalism)로, 이는 보편 이론을 선험적으로 타당한 것으로 여기는 입장이다. 다른 하나는 도구주의(instrumentalism)인데, 여기서는 보편 이론이 단지 현상을 예측하기 위한 도구일 뿐이라고 여김으로써 그것의 기술적인 내용을 없애 버린다. 그러나 이 두 입장은 모두 보편 이론의 경험적인 성격을 부정한다. 따라서 파이어아벤트는 이 두 입장 중 어느 것도 받아들일 수 없었다. 왜냐하면 그는 이론은 경험적 내용을 가져야 하고, 따라서 경험적으로 테스트되어야 하며, 경험적 테스트에 붙여 실패하게 되면 폐기되어야 한다고 믿었기 때문이다. 따라서 파이어아벤트는 규약주의와 도구주의에 대한 대안을 제시한다.

파이어아벤트에 따르면 이론은, 논리실증주의자들이나 포퍼가 믿듯이, 경험적 데이터와 부딪힘으로써 테스트되는 것이 아니다. 이론에 대한 테스트가 성립하기 위해서는 적어도 서로 상반되는, 혹은 서로 양립할 수 없는 두 이론의 맞부딪힘이 필요하다. 달리 말해서 이론은 사실에 의해서 테스트되는 것이 아니라, 다른 이론에 의해서 테스트된다. 한 이론의 난점은 그 이론의 관점으로 본 사실들과의 대조에 의해서는 드러나지 않는다. 그것은 다른 대안적인 이론의 관점에서 주어지는 사실들과의 대조에 의해서만 드러날 수 있다. 파이어아벤트가 이론 증식(proliferation)의 필요성을 주장하는 것은 바로 이 때문이다. 만일 이론이 다른 이론과의 부딪힘을 통해서만 테스트될 수 있다는 것이 사실이라면, 그의 경험주의적 입장에서는 당연히 대안적 이론의 증식이 요청된다. 만약 대안적 이론이 주어지지 않는다면, 독단적인 정체 상태가 있을 뿐이다. 그런데 보편 이론들이 갖는 침투성으로 말미암아, 그것이 포함하는 개념들은 서로 배타적일 수 있다. 이러한 배타적인 관계에서는 한 이론의 개념을 적용하는 일이 다른 이론의 관점에서 보면 타당하지 않는 원리들에 의존하는 것처럼 보이기 때문이다. 파이어아벤트는 이러한 배타적 관계를 '공약불가능성'이라고 부른다.

파이어아벤트의 말대로 두 이론이 포함하는 개념들 사이에 의미 변화가 생성될 수 있다면, 기존의 이론은 그보다 넓은 적용 범위를 갖는 새로운 이론에 의해서 설명될 수 있고, 그 설명은 헴펠-오펜하임 모델을 따른다는 주장은 성립할 수 없게 된다. 또한 네이글이 말하는 환원가능성도 인정될 수 없게 된다. 그리고 이것을 인정하게 되면, 과학에서의 이론의 진보는 누적적으로 이루어진다는 '수용된 견해'도 무너지게 된다.

우리가 살펴본 대로 파이어아벤트의 「설명, 환원, 그리고 경험주의」는 '의미 변화'와 '공약불가능성', '이론 증식'의 개념들을 토대로 '수용된 견해'의 중요한 전제들 중 적어도 몇 가지를 차례로 논박하였다. 파이어아벤트는 '수용된 견해'의 중요한 주장들 중 ① 관찰과 이론은 엄밀히 구분된다 ② 과학은 누적적으로 진보한다 ③ 과학은 엄밀한 연역적 구조를 가지고 있다 ④ 과학은 통합적인 체계이다 등을 논박하였다. 이것이 파이어아벤트가 1960년대와 1970년대 과학철학에 커다란 영향을 미치는 스타로 일약 떠오를 수 있었던 까닭이었다. 또한 그 논문의 주요 논점들은 AM의 논리적 기반이 된다.

3. AM의 아나키즘적 인식론

파이어아벤트가 AM 초판 서문에서 밝힌 대로, 이 책은 원래 파이어아 벤트가 "친구이자 동료 아나키스트"라고 생각했던 라카토스와의 공 동 저작으로 기획되었다. 그 기획은 라카토슈의 방법론에 대한 옹호와 파이어아벤트 자신의 방법론 비판을 서로 견주려는 의도를 가지고 있 었다. 그러나 1974년 라카토슈의 갑작스런 죽음으로 말미암아, 파이 어아벤트가 준비했던 부분만이 간행된 것이다.

AM 제4판은 파이어아벤트 철학의 집대성이라고 할 수 있다. 그 는 그 저작의 초판 내용을 대폭 수정하거나, 보완하여 초판 이후의 그 의 사상의 전개를 이 책 속에 집약하고 있다. 다시 말해서 그는 AM 이 후에 간행된 『자유사회에서의 과학』(1978)과 『이성이여 안녕』(1987) 을 비롯하여, 그가 생애 마지막으로 썼던 자서전 『킬링타임』(1995), 유 고로 간행된 『풍요로움의 정복』(1999)이 담고 있는 핵심적인 주장이 나 논변들을 『AM』 제4판에 쏟아 넣었다. 따라서 이 4판은 그가 1975 년 간행하였던 초판과는 상당한 내용의 차이를 보이며, 그의 아나키즘 적 인식론을 전개하고자 했던 초판보다 훨씬 포괄적인 목표를 지니고 있다.

그 책에서 파이어아벤트의 목표는 두 가지다. 그중 하나는 그 자 신이 그동안 해왔던 과학철학적 작업을 집약하고, 그 주요 논변들을 과학사의 중요한 사례 연구를 토대로 뒷받침하려는 것이다. 다른 하나 는 그러한 주요 주장들로부터 도출되는 문화철학 및 정치철학적 함의 를 제안하려는 것이다.

첫째 목적에 부합하는 부분은 이론적이고 역사적인 부분이다. 그것은 과학적 지식의 인식론적 특징이 과학적 실천에서 규칙을 엄격하게 적용한다는 점에 있다는 전통적 과학철학의 주장을 반박하는 것이다. 어떤 목표를 이루기 위한 규칙을 우리는 '방법'이라고 부른다. 과학을 실천하는 규칙은 과학방법론이다. 그러므로 파이어아벤트의 궁극적인 목표는 과학에는 어떤 건전한 목표가 있고, 이것을 실현시켜 줄 합리적인 방법이 있다는 논리실증주의와 포퍼의 주장을 논박하려는 것이다. 그가 초판의 부제로 '아나키즘'이라는 개념을 도입한 것은 단 한 가지 방법의 무조건적 독점, 즉 방법론적 단일주의에 반대하려는 의도를 담고 있다. 이와 관련된 파이어아벤트의 주장은 다음과 같이 요약될 수 있다.

과학적 성공이나 진보를 예증하는 과학사에서의 결정적인 에피소드들에서 (a) 대부분의 규칙들은 위반되었으며, (b) 진보를 이루기 위해서는 규칙을 위반해야만 했다. 따라서 방법론에 집착하는 것은 치명적인 결과를 낳게 될 것이다. 그러므로 합리주의자는 반갑지 않은 선택을 해야 한다. 과학은 진보적이거나 합리적이다. 둘 다일 수는 없다. 그렇다고 이것이 모든 규칙이 포기되어야 한다는 것을 의미하지는 않는다. 왜냐하면 일부 절차들이 어떤 특정한 상황에서 과학자들의 일에 도움이 될 수 있기 때문이다. 그러므로 파이어아벤트에 따르면, 모든 방법론은 그 나름의 한계를 지니고 있으며 진보를 방해한다. 과학을 가능하게 하는 유일한 원리가 있다면 그것은 '무엇이라도 좋다' (anything goes)[6]는 것이다. 이러한 원리에 의한 과학적 지식의 진보는

6 *Against Method*, New Edition, Introduced by Ian Hacking, Verso, London, 2010, p.12[이

진리를 향하여 점진적으로 접근하는 것이 아니다. 그것은 양립할 수 없는 선택항이 끊임없이 증식되는 것을 의미한다.

방법론적 단일주의에 대한 반대 논변은 과학의 합리성에 대해서도 중요한 함의를 갖는다. 전통적 합리성의 개념에 따르면, 합리적이라는 것은 어떤 표준을 가지고 사는 것이고, 방법론에 따르는 것을 의미한다. 예를 들어서 "사실과 충돌하는 가설을 배격하라", "임시변통적인 조처를 삼가라"라는 식의 규칙이다. 전통적 과학관에서는 과학은 합리적이어서 성공할 수 있었고, 그것이 올바른 방법을 가지고 있었기에 합리적이다. 그러므로 전통적 과학관에서 과학이란 이성적인 작업이며, 그 점에 있어서 과학과 비과학은 구분되고, 과학은 다른 분야보다 우월하다. 그러나 파이어아벤트가 보기에 과학에 있어서 이성은 보편적일 수 없으며 비이성은 배제될 수 없다. 오늘날 과학의 기초를 이루고 있는 관념들은 오직 편견, 자만심, 열정과 같은 것이 있었기 때문에, 그것들이 이성에 반대했기 때문에, 그것들이 제 나름대로 활동하도록 허용되었기 때문에 존재한다. 따라서 과학은 신성불가침한 것도 아니고, 신화보다 우월하지도 않다. 또한 파이어아벤트는 의견의 만장일치는 교회나 어떤 신화의 신봉자들에게나 적합할 수 있고, 의견의 다양성이 객관적 지식을 위해서 필수적이며, 그것이 인도주의적 견지와 양립할 수 있는 유일한 방법이라고 생각한다.

책 67쪽].

4. 갈릴레오 사례분석과 AM의 주요 논제

AM의 초판부터 제4판에 이르기까지 변함없고 일관된 부분은 바로 갈릴레오의 역사적 사례에 대한 분석이다. 파이어아벤트는 갈릴레오에 대한 사례분석을 통하여 그의 주요 논변을 뒷받침하고 있다. 여기서의 주요 논제 중 대표적인 것이 관찰의 이론적재성 논제, 공약불가능성 논제, 방법론적 다원주의 논제 등이다. 이 논제들은 파이어아벤트의 앞선 논문들에서도 부분적으로 다루어진 주제들이다. 그러므로 파이어아벤트는 AM의 기본적인 성격을 이렇게 규정한다. "AM은 책이 아니다. 그것은 콜라주다. 그것은 10년, 15년 또 20년 전에 거의 같은 낱말로 출간했던 기술, 분석, 논변을 담고 있다."[7] 다만 이러한 논변들을 갈릴레오와 관련된 역사적 사례를 토대로 보다 구체적으로 제시하려는 것이다. 예를 들어서 파이어아벤트는 이미 1968년에 "Against Method"라는 제목의 논문을 발표했는데, 거기서 그는 "이론과 관찰은 대응규칙에 따라 연결되는 상호독립적인 실재가 아니라, 분리될 수 없는 전체로서 형성된다"[8]고 주장했다.

1) 관찰의 이론적재성 논제(theory-ladeness thesis of observation)

과학이 객관적 지식이라는 과학에 대한 전통적 이미지는 관찰이 객관적이라는 믿음에 의존해 왔다. 또 그것은 관찰 데이터의 이론중립적 성격과, 가설과 그 관찰적 귀결 사이의 논리적 관계가 갖는 필연적

---

7 『킬링타임』, 246쪽.
8 같은 책, 246쪽.

성격에 의존하는 것으로 여겨져 왔다. 이렇게 널리 인정되고 있는 과학관을 정식화하고 옹호하려는 입장을 과학철학에서는 '소박한 귀납주의'라고 부른다. 소박한 귀납주의자들은 관찰에 대해서 기본적으로 두 가지 가정을 가지고 있다. 첫째는 과학이 관찰과 더불어 시작된다는 것이고, 둘째는 관찰이 과학적 지식의 굳건한 토대를 마련해 준다는 것이다. 한마디로 과학적 지식의 객관성을 보증해 주는 것은 이러한 관찰이라는 것이다. 그러므로 관찰자가 과학자로서 제구실을 하기 위해서는 정상적이고 온전한 감각기관을 가지고 아무것에도 사로잡히지 않은 채, 그가 보거나 들은 것을 기록해야 한다. 이렇게 기록된 것을 관찰진술이라고 하는데, 그것은 어떤 사람의 감각적 경험을 통해서도 그것이 참임이 확증될 수 있는 진술을 말한다.

　이러한 소박한 귀납주의의 과학관은 핸슨, 쿤, 파이어아벤트 등에 의해 혹독한 비판을 받았다. 그들은 관찰과 관찰진술이 가지고 있는 이론적재적 성격을 강조하였다. 그들에 따르면, 개인의 지각 경험은 관찰되는 대상의 물리적 특성에 의해서만 객관적으로 결정되는 것이 아니고, 관찰자가 이미 가지고 있는 기대와 관점, 그리고 이론적 배경의 영향을 상당히 받는다. 이론과 사실은 하나의 덩어리로 혼합되어 있으며, 그 덩어리들은 서로 통약불가능하다. 따라서 과학사에서 혁명기에 해당하는 시기에 경쟁하는 이론들을 비교하기 위한 중립적인 사실이나 관찰은 존재하지 않는다. 우리는 이러한 주장을 '관찰의 이론적재성 논제'라고 부른다. 그들은 이 논제를 두 가지 논변에 의해서 뒷받침한다.

　첫째, 우리는 어떤 대상을 그저 "보는 것"(seeing)이 아니라, "무엇으로 본다"(seeing as). 우리가 어떤 대상을 볼 때, 관찰자로서 갖게 되는 경험은 광선의 형태로 관찰자의 눈 속에 들어온 정보에 의해서 결정되는 것도 아니고, 관찰자의 망막에 맺힌 상에 의해서 결정되지도 않는다. 다시 말해 정상적인 두 관찰자가 동일한 장소에서 동일한 대상을 볼 때, 그들 각각의 망막에 맺힌 상은 사실상 같을 수 있다고 할지라도, 그들이 동일한 시각 경험을 필연적으로 갖게 되는 것은 아니다. 관찰자가 보는 것, 즉 그가 어떤 대상이나 장면을 보게 될 때 갖게 되는 주관적인 경험은 망막에 맺힌 상에 의해 결정되지 않고, 관찰자의 경험, 지식, 기대, 문화적 배경 그리고 일반적으로 내적 상태에 의해서 결정된다. 과학에 있어서 관찰 혹은 지각경험에 특히 영향을 미치는 것은 관찰자가 이미 가지고 있는 이론이다. 그러므로 우리는 동일한 대상을 보고 이를 다르게 해석하는 것이 아니고, 애초에 달리 본다.

둘째, 관찰된 사실을 기록하는 관찰진술은 이론에 의존한다. 관찰진술은 어떤 이론의 언어로 구성되어 있으며, 그것이 의존하는 이론적 혹은 개념적인 틀이 정확할수록 더욱 명료해진다. "전자 빔은 자석의 N극에서 굽는다"라는 말이나, 어떤 환자의 퇴피(退避) 증상에 대한 정신과 의사의 말도 상당한 이론이 이미 전제된 것이다. 물리학에서 사용하는 '힘'이라는 개념은 그것이 뉴턴 역학에서 차지하는 역할에 의해서 그 의미를 얻는다.

파이어아벤트는 관찰의 이론적재성 논제를 갈릴레오에 대한 사례 연구로 뒷받침하였다. 동시에 이 사례 연구는 갈릴레오 사례에 대한 새로운 해석의 근거로 제시된다. 먼저 파이어아벤트는 갈릴레오가 당시 처했던 문제 상황을 정리한다.

망원경을 가지고 천체를 관측하기 시작한 지 얼마 지나지 않아서 갈릴레오는 그가 본 것을 조그만 책자인 『별에서 온 소식』(1610)에 담아 발표하였다. 갈릴레오는 망원경을 통한 관찰에서 주어진 경험적 증거를 토대로 아리스토텔레스-프톨레마이오스의 우주구조가 논박될 수 있으며, 따라서 자신은 코페르니쿠스의 우주구조에 완전히 동의할 수 있다는 것을 과감하게 표명하였다. 그러나 당시 우리의 일상적 경험과 육안에 의한 감각적 관찰은 아리스토텔레스의 자연학 및 프톨레마이오스의 천문학, 그리고 성경의 가르침과 서로 잘 부합하는 것으로 여겨지고 있었다. 반면에 코페르니쿠스의 지구운동설 및 태양중심의 체계는 육안에 의한 관찰에서 주어진 경험적 증거에 어긋난다는 이유로 거부되고 있었다. 그 코페르니쿠스 체계를 반대하는 대표적인 논증이 탑의 논증(argument of tower)이다.

갈릴레오가 『별에서 온 소식』에서 주장한 망원경에 의한 발견이 당시의 사람들에게 승인되기 위해서는 다른 사람들도 갈릴레오가 본 것을 확인할 수 있어야 했다. 만일 그렇게 되었더라면, 망원경에 의한 초기 발견들은 코페르니쿠스주의를 뒷받침하는 증거가 될 수 있었다. 그러나 당시 사람들이 갈릴레오의 주장을 확인하려고 했을 때, 그들이 발견한 것은 망원경에 의한 최초의 천체관측이 불명료하고, 불확정적이고, 모순을 안고 있으며, 누구든지 어떤 기구의 도움 없이 육안으로 볼 수 있는 것과도 상충된다는 사실뿐이었다.

파이어아벤트는 갈릴레오가 봉착한 상황을 몇 가지로 집약한다. 첫째, 갈릴레오는 천상의 물체들을 망원경으로 관찰한 것이 사실과 일치한다는 것을 설득할 만한 광학이론을 가지고 있지 못했다. 둘째, 감각은 통상적인 조건 아래서 주의 깊게 사용될 때 세계에 대한 신뢰할 만한 정보를 필연적으로 제공해 준다는 당시의 철학적 입장을 논파하기도 어려웠다. 셋째, 당시의 망원경은 여러 가지 결함을 가지고 있었기 때문에 천체현상에 대한 만족스러운 보고를 제공하기 어려웠다. 결국 갈릴레오는 망원경에 의한 관측자료가 코페르니쿠스 이론을 지지한다는 것을 설득하기 위한 시각이론도, 광학이론도, 그의 주장을 뒷받침할 만큼 충분히 정확한 망원경도 가지고 있지 못했다.

그러나 관찰적 불일치와 이를 둘러싼 난점들에도 불구하고 오히려 새로운 현상의 실재성이 받아들여지고, 코페르니쿠스의 이론이 지지되어 가는 수수께끼 같은 발전이 진행되었다. 그렇다면 과학자들 사이에 의견의 일치가 회복되고, 관찰의 일치가 확인되어 가는 놀라운 변화는 어디서 연유한 것일까?

파이어아벤트에 의하면 사람들은 현상에 주목하고, 그것을 가장 자연스럽다고 여겨지는 방식으로 해석한다. 바로 그것이 '자연적 해석'(natural interpretation)이다. '자연적 해석'이란 우리의 '감각작용에 개입하는 정신작용'을 말한다. 다시 말해서 그것은 우리가 문화와 언어 등으로부터 습득한 "대상을 보는 방식 혹은 틀"이다. 자연적 해석은 우리의 관찰과정에 개입하여 그 과정의 일부를 이루고, 그 관찰내용을 표현하는 관찰언어를 결정한다. 그렇기 때문에 개인들은 자연적 해석의 본성과 그것의 존재를 명백히 알기 어렵다. 코페르니쿠스의 견해와 모순되는 것은 현상 그 자체가 아니라, 현상에 대한 자연적 해석이다.

파이어아벤트는 프톨레마이오스주의로부터 코페르니쿠스주의

로의 변화를, 한 모둠의 자연적 해석이 다른 모둠의 자연적 해석으로 대체되는 것으로 파악한다. 파이어아벤트에 의하면, 갈릴레오는 사람들에게 코페르니쿠스주의라는 새로운 자연적 해석을 제공함으로써, 이를 토대로 새로운 경험을 형성하게 만들고, 다시 그것을 통해서 코페르니쿠스주의를 신봉하도록 사람들을 유도하였다. 따라서 갈릴레오가 옹호한 코페르니쿠스 이론에 대한 승인은 이론의 변화뿐만 아니라, 무엇이 경험적 사실로 간주될 것인가에 대한 변화도 포함하고 있었다. 파이어아벤트에 따르면 그러한 변화는 주관적이고 심리적인 변화이다. 이러한 변화를 겪고 나서야 당시 사람들은 비로소 갈릴레오의 발견을 승인할 수 있게 되었다. 코페르니쿠스의 원리와, 잘 알려져 있었지만 숨어 있었던 자연적 해석인 프톨레마이오스의 원리를 함께 검토함으로써, 갈릴레오는 숨어 있었던 자연적 해석을 다른 해석으로 대체하였다. 달리 말하면 그는 코페르니쿠스 이론에 기초한 새로운 관찰언어를 도입하였다. 그렇게 함으로써 그는 감각을 탐구의 도구라는 본래의 자리로 되돌려 놓았다.

파이어아벤트의 관점에서 볼 때, 한 모둠의 자연적 해석을 다른 모둠으로 대체하는 것은 한 모둠의 심적 작용을 다른 모둠의 심적 작용으로 대체하는 것을 뜻한다. 그런데 갈릴레오 이전의 통상적인 관찰자들은, 그들의 문화적 배경, 일상적 경험, 언어 등으로 인해, 하나의 특수한 모둠의 관찰경험과 그에 대응하는 관찰언어를 갖도록 프로그램화되어 있었다. 그것에 반해 갈릴레오의 『두 천문체계에 관한 대화』(천문대화, 1632)의 내용을 받아들인 관찰자들은 새로운 방식으로 프로그램화되었기 때문에, 그들은 새로운 모둠의 관찰경험과 새로운 관찰언어에 이르게 되었다.

2) 공약불가능성 논제(incommensurability thesis)

이러한 관찰의 이론적재성 논제를 토대로 파이어아벤트는 공약불가능성 논제를 제시한다. 개념의 의미와 해석, 그리고 그러한 개념을 포함하고 있는 관찰진술은 그것들이 발생하는 이론적 맥락에 의존한다. 어떤 경우에는 경쟁 관계에 있는 두 이론의 근본 원리가 본질적인 측면에서 서로 다를 수 있기 때문에, 한 이론의 기본개념을 다른 이론의 개념으로 나타내는 것조차 가능하지 않다. 결과적으로 경쟁 관계에 있는 두 이론은 어떤 관찰진술도 공유하고 있지 않다. 이러한 경우 경쟁 관계에 있는 이들에 대한 논리적인 비교는 불가능하다. 따라서 두 이론은 공약불가능하다. 이와 같은 파이어아벤트의 입장이 전제하는 의미론은 다음과 같이 요약될 수 있다.

⑴ 과학 개념의 의미는 그것이 들어 있는 이론적 맥락에 의존한다.

⑵ 이론에 들어 있는 과학적 개념의 의미는 그 이론이 변형되면 근본적으로 변화한다.

⑶ 과학 개념 S의 의미는, 만일 그것이 다른 개념들과 근본적으로 다른 관계를 맺게 되면, 근본적으로 변화한다.

⑷ 이론 T에 등장하는 과학 개념 S는, 만일 T가 변화되면 다른 개념들과 근본적으로 다른 관계를 갖게 된다.

⑸ 따라서 만일 T가 변하면, 그것에 들어 있는 과학 개념의 의미는 근본적으로 변화한다.

파이어아벤트는 공약불가능한 이론들의 예로 양자역학과 고전역학, 뉴턴 역학과 상대성이론, 유물론과 심신이론을 들고 있다. 이러한 입장에 서는 파이어아벤트에 있어서 공약불가능성이 경쟁 관계에 있는 공약불가능한 이론들을 비교할 수 있는 수단을 모두 배제하는 것은 아니지만, 필연적으로 과학이 포함하는 주관적인 측면을 드러나게 한다. 따라서 파이어아벤트는 경쟁 관계에 있는 이론들이 단지 논리적 수단에 의해서만 비교될 수 있다는 주장을 거부한다.

이러한 공약불가능성 논제는 파이어아벤트 철학의 감추어진 중핵이다. 그는 과학과 철학에서의 매우 다양한 형태의 '개념보존주의' 혹은 '의미불변의 원리'에 반대하기 위하여 이 논제를 사용한다. '공약불가능성' 개념이 주목을 받은 것은 1962년 토머스 쿤이 『과학혁명의 구조』를 간행하고 난 이후의 일이고, 그것은 쿤 철학의 랜드마크처럼 인식되고 있지만, 파이어아벤트는 쿤의 『과학혁명의 구조』가 출현하기 10년도 더 전부터 그 논제를 발전시켜 왔다.

파이어아벤트에 따르면, 그는 1949년부터 1951년 사이에 그가 왕성하게 활동하였던 크라프트 학단에서 공약불가능성을 처음 논의하였으며, 1951년의 그의 박사학위 논문 「기록문장 이론에 대하여」의 축약본인 「경험에 관한 실재론적 해석의 시도」(1958)에서 발전시켰다고 한다. 거기서 그는 한 용어의 의미는 그것이 관찰용어라고 할지라도, 그것이 사용되는 이론적 맥락에 의해서 결정된다고 주장하였다. 예를 들어 '온도'라는 용어의 의미는 그것의 일상적 용법에 의해서 결정되는 것이 아니라, 통계열역학의 원리에 의해서 결정된다. 결국 파이어아벤트에 따르면, 관찰언어에 대한 해석은 우리가 관찰한 것을 설명하는 데 사용하는 이론에 의해서 결정되며, 따라서 이론이 변하면 그것도 변하게 된다는 것이다.

앞서도 언급하였지만, 공약불가능성 논제는 1962년의 논문 「설명, 환원, 그리고 경험주의」의 주요 논제이다. 거기서 파이어아벤트는 과학적 진보에서 발견되는 세 가지 보편 이론의 변화에서 중심이 되었던 개념들을 비교함으로써 공약불가능성을 설명하였다. 운동에 관한 임페투스 이론에서의 '임페투스' 개념과 뉴턴 역학에서의 '힘' 개념, 현상론적 열역학으로부터 운동이론으로의 이행에서 온도와 엔트로피 개념, 그리고 뉴턴으로부터 상대성 이론으로의 이행에서 질량, 길이, 시간의 개념 등이 그것이다. 또한 같은 논문에서 그는 공약불가능성이 철학에서의 전통적 근본이론에서도 발생하였고, 특히 심신문제, 외적 세계의 실재성 문제, 다른 사람의 마음의 문제 등에서 발생하였다고 주장하였다. 그는 낡은 철학의 문제들이 해결되지 못했던 이유를 철학자들이 그 문제 해결에 필요한 의미 변화에 저항했기 때문이라고 진단하였다. 파이어아벤트에 따르면 개념들은 서로 상호배타적인 이론적 전망에 속하기 때문에 공약불가능하다. 달리 말해서, 한 이론의 존재론적 귀결과 다른 이론의 존재론적 귀결이 양립할 수 없을 때, 그 이론들은 공약불가능하다.

AM에서 파이어아벤트는 그 논제의 적용을 보편적인 과학이론 너머로 확대한다. 그는 그것을 고대 그리스 호메로스의 종합적 세계관으로부터 소크라테스 이전의 실체적 세계관으로의 이행을 특징짓는 데 사용한다. 그럼으로써 사고와 행동의 공약불가능한 틀, 지각의 도메인에서의 공약불가능성, 공약불가능한 발견과 태도, 그리고 공약불가능한 패러다임에 대해서 논의한다.

쿤의 공약가능성 논제[9]가 문제와 표준, 그것을 진술하고 해결하는 데 사용된 개념, 그리고 그것을 일으키는 세계관에서의 공약불가능성 이라는 폭넓은 도메인으로부터 개념의 문제로 점차 축소되어 간 것에 비해서, 파이어아벤트는 초기의 보편 이론에서 발생하는 개념과 존재 론적 함의의 문제에서 시작하여, 점차 지각적 변화의 측면을 강조하였 고, 문제의 변화, 나아가 이론 선택의 문제로 공약불가능성의 적용을 확장해 갔다. 두 사람의 공통점은 공약불가능성 논제를 통해 과학의 발전이 진리에 가깝게 접근하는 것이라는 해석을 반박하려는 데 있다. 그것은 그 둘 모두 과학에서의 보편 이론의 변화가 존재론의 변화를 함의하고 있다고 파악하기 때문일 것이다.

3) 방법론적 다원주의 논제(methodological pluralism thesis)

AM이 다루고 있는 또 다른 주요 논제는 방법론적 다원주의 논제이다. 한마디로 그것은 여러 가지 종류의 과학이 있을 수 있으며, 서구의 과 학은 있을 수 있는 여러 과학 중의 하나라는 것이다. 파이어아벤트는 보편적 과학이성 혹은 방법론을 반대하는 그의 논증을 반복하면서, 그 의 사례들을 확장해 간다. 그의 논의는 존 스튜어트 밀이 제시했던 자

---

9 쿤의 논제는 세 가지 유형의 공약불가능성을 포함한다고 알려져 있다. (1) 지각적 공약불가능 성(지각적 경험은 이론 비교를 위한 공통의 기반을 제공할 수 없다). (2) 의미론적 공약불가능성(두 혁명적 이론의 언어들은 서로 번역불가능하다. 이론 비교의 가능성을 위해서는 상호번역가능성이 요 구된다). (3) 방법론적 공약불가능성(평가의 방법이 패러다임에 따라서 각기 다르기 때문에 평가를 위한 공통의 척도가 존재하지 않는다).

유로운 사회의 이념을 바탕으로 한다. 그가 말하는 자유로운 사회는 각 개인이 독립적이고 성숙한 사고를 하는 사회이다. 파이어아벤트는 그런 사회에서 우리는 과학에 대해 어떤 태도를 가져야 할 것인가를 논의한다.[10]

파이어아벤트에 의하면, 산업사회에서 과학에 대해 특별한 지위를 부여하게 된 주된 원인은 다른 지식의 형식과 비교해서 과학이 갖는 인식적 우월성에 대한 믿음이다. 이 믿음은 과학은 그 방법 때문에 우월하다는 생각에 기초한다. 그런데 사실상 엄격하게 적용되는 방법이라는 것은 존재하지 않는다. 과학적 지식이 다른 형태의 지식에 비해서 우월하다는 주장은 철저히 검토되지 않았다. 대신에 다른 형태의 지식은 과학에 의해서 간단히 배제된다. 그리고 과학적 지식은 아무런 정당화 없이 특별한 지위를 누리고 있다. 과학적 지식은 유리함과 불리함, 이득과 손해를 함께 가지고 있는 지식의 한 형태일 뿐이다. 이것이 사실이라면 민주 국가에서는, 국가가 과학과 특별한 관계를 갖는 일은 사라져야 한다. 민주 사회에서 모든 종교적 전통이 같은 권리를 누려야 하듯이, 모든 인식적 전통은 생존을 위한 같은 조건을 받아들여야 한다. 어떤 것도 다른 것보다 유리하도록 국가가 선호해서는 안 된다. 서구 과학의 특별한 전통은 아무런 정당성 없이 다른 전통들을 압도해 왔다. 그러므로 파이어아벤트는 중세 이후에 국가와 교회가 분리되었듯이, 이제 과학과 국가의 분리가 이루어져야 한다고 주장한다.

10 이후에 그는 『자유사회에서의 과학』과 『이성이여 안녕』에서 이 주제를 더욱 확장하였다. 이 저작들은 그의 방법론적 다원주의가 갖는 정치적 함의를 드러내려는 시도이기도 하다.

파이어아벤트는 과연 근대과학이 마술 혹은 아리스토텔레스의 과학과 같은 대안들에 비해서 더 좋은 것인가 하는 의문을 제기한다. 물론 파이어아벤트의 대답은 그렇지 않다는 것이다. 나아가 파이어아벤트는 그의 아나키즘적인 증식 원리가 갖는 정치적 귀결을 논의한다. 여기서도 그의 주장은 한마디로 과학과 국가가 분리되어야 한다는 것이다. 그 이유는 다음과 같다. (1) 과학은 여러 전통 혹은 이데올로기 중의 하나일 뿐이다. (2) 자유 사회는 여러 전통들 혹은 이데올로기들 사이의 평등함이 있는 사회이다. (3) 교육, 의학 등에서 과학을 우월한 것으로 취급하는 것은 다른 전통의 권리를 침해한다.

파이어아벤트는 그의 방법론적 다원주의를 확장하여 문화적 상대주의로 나아가기 위한 논변을 담고 있다.[11] 파이어아벤트에 의하면, 과학적 지식은 어떤 영역의 문제를 해결하기 위한 국소적인 이용물이고, 그것이 수락되기 위해서는 많은 협의가 필요하다. 이런 관점에서 본다면, 과학은 수많은 제도 중의 하나에 불과하고, 건전한 정보의 유일무이한 저장고는 아니다. 또한 과학적 문화와 비과학적 문화를 비교할 때, 과학적 문화가 늘 우월한 것은 아니다. 따라서 과학 및 과학에 기초한 테크놀로지(IQ테스트, 과학에 기초했던 의료나 농업, 기능본위의 건축양식 등등)가 다른 모든 시도를 능가한다는 주장은 가치, 사실, 방

---

11 말년에 파이어아벤트는 『자유사회에서의 과학』과 『이성이여 안녕』에서의 상대주의적 입장의 차이를 설명하면서, 이 두 책에서 모두 과학이 다양한 지식 중의 한 형태라고 주장했지만, 그것이 의미하는 바는 조금 다르다고 설명하였다. 즉 앞의 책에서는 하나의 실재에 접근하는 여러 방식이 있으며 과학은 그중 하나라는 생각과 지식(진리)은 상대적 개념이라는 생각을 합성하였다면, 뒤의 책에서는 첫 번째 생각만을 이용하고, 두 번째 생각은 제거했다는 것이다. *Beyond Reason*, p.519.

법의 어느 것에 의해서도 지지받지 못한다. 모든 사람이 입수 가능한 모든 정보를 공유하고, 동일한 방법으로 논쟁한다고 해도, 여전히 긴장은 잔존한다. 그것은 가치 사이의 긴장이다. 이러한 긴장을 해소시키는 데는 힘, 이론, 그리고 대립하는 그룹들 사이의 개방된 교류라는 세 가지의 방법이 있다. 여기서 우리가 택해야 할 것은 세 번째 방법이다. 그 이유는 이러하다. 과학에서의 이론적 승리는 도구, 개념, 논증, 기본적인 가정 등의 무기를 사용하여 달성되었는데, 그러한 무기는 지식의 진전에 따라 변화한다. 따라서 경쟁이 되풀이됨으로써 다른 결과가 생겨날 수도 있다. 승자가 패자가 되기도 하고, 그 반대가 되기도 한다. 그러므로 여러 가지 관념, 방법, 편견의 역사가 과학적 실천의 중요한 부분이다. 또한 과학의 가치나 이용에 대한 결정은 과학적인 결정이 아니다. 그것은 '실존적'이라고 불러 마땅한 결단, 즉 어떤 특정한 방식으로 살아가고, 생각하고, 느끼고, 행동할 것인가에 관한 결단인 것이다.

여기서 파이어아벤트는 밀이 『자유론』에서 제시한 다원주의의 원리를 받아들일 것을 권한다. 그것은 어떤 관념이 테스트에 의해 불충분한 점이 드러났다고 하더라도 그 관념을 유지하라는 견지의 원리(principle of tenacity)와, 비록 기묘하게 보이더라도 새로운 개념을 생각해 보라는 증식의 원리(principle of proliferation)이다. 파이어아벤트는 유럽의 여러 민족이 정체적 인류가 아닌 선진적인 인류가 될 수 있었던 것은 주목할 만한 문화의 다양성이 존재했기 때문이라는 밀의 견해에 동의한다. 파이어아벤트는 상대주의가 문화의 다양성이라는 현상의 의미를 이해하고자 하는 시도이며, 나아가 인류의 진보를 가져올 다원주의적 지침이라고 생각한다.

5. 객관주의와 상대주의를 넘어서

파이어아벤트는 AM 제4판에 그가 그의 자서전 『킬링타임』에서 밝혔던 과학에 대한 입장을 재차 강조한다. 즉 그는 '과학의 최악의 적'이라는 그에 대한 과학자들의 세평에 맞서서, 과학이 대중적 통제에 종속되어야 한다는 견해를 견지한다. 그가 보기에 과학은 이해관계로부터 그다지 자유롭거나 개방적인 작업이 아니기 때문이다. 그는 비합리주의자라는 비판에 대해서도, 자신이 비판하는 것은 어디까지나 권위적이고 경직된 이성이라고 반박한다. 한편 철학자들에게는 과학과 상식의 영역이 철학 없이는 생존할 수 없다는 편견을 버려야 한다고 충고한다. 단순한 이론과 규칙에 의해서 복잡한 과학의 세계를 포착하려는 시도 자체가 무모하다는 것이다. 철학적인 우매화의 횡포로부터 사람들을 해방시키려 했던 AM의 일관된 목표는 제4판에서도 그대로 유지되고 있다.

한편 이 AM 제4판에는 파이어아벤트가 『킬링타임』에서 AM을 회고할 때 묻어났던 문화철학적 관점이 집약되어 있다. 파이어아벤트는 과학이 전체 인류문화에서 차지해야 할 적절한 비중이 있다고 생각한다. 그것을 넘어서는 것은 과학 자체를 위해서나 인류문화 전체를 위해서 결코 바람직하지 않다는 것이다. 과학은 앎의 한 가지 방식에 불과하고, 과학문화는 세계를 보는 하나의 태도이자 양식일 뿐이기 때문이다. 실제로 우리의 앎에는 여러 가지 방식이 있고, 그것들은 서구적 문명화에 의해 훼손되기 전에는 상당히 효과적이었다. 과학적 태도와 방법은 자연현상과 그에 준하는 환경에 대해서만 유효하다. 그러므로 문화 전체가 과학화되어야 하는 것은 결코 아니다. 인간에게는 과학 이외에도 신화, 제의(祭儀), 종교, 예술, 문학, 철학이 골고루 필요하다. 우리는 세계를 예술적, 미적 태도로 바라볼 수 있다. 종교적 관점에서 바라볼 수 있고, 도덕적 관심에서 논의할 수 있다. 이것들은 세계를 대하는 각기 다른 태도와 지향이요, 상이한 사고와 방법이며 개념체계이다. 그러므로 인류문화는 각각의 문화양식이 조화롭게 만들어내는 교향악과 같을 때 진정으로 아름답고 의미 있는 것이 된다. 과학과 형이상학, 과학과 예술, 과학과 신화, 이성과 비이성이 함께 작용할 때, 또 과학자들이 신화, 종교, 형이상학으로부터 영감을 얻을 때, 오히려 과학이 과학다워질 수 있다고 파이어아벤트는 주장한다.

그런데 파이어아벤트가 보기에 오늘날 현대 문화에서 과학은 지나치게 이데올로기화되어 있다. 따라서 자유롭고 다원화된 사회를 확립하기 위해서는, 인류 사회를 다른 독단적 이데올로기로부터 보호해야 하듯이 과학의 지나친 영향으로부터 보호해야 한다. 과학에 대한 지나친 신화화, 과학 엘리트주의, 비민주적이거나 폐쇄적인 과학 활동, 과학의 객관성과 합리성에 대한 지나친 신뢰, 과학에 대한 맹신과 중독, 과학에 대한 철학적 규범화, 지나치게 이성만 강조하여 자유로운 상상력을 잃게 하는 철학 등을 파이어아벤트가 비판하는 근본적인 이유가 여기에 있다. 이러한 파이어아벤트의 철학은 바로 오늘날 포스트모던한 시대의 다원화된 문화를 뒷받침하는 문화철학이라고 여겨질 수 있다. 이것은 그가 '지적 아나키즘'이라고 이름 붙인 파이어아벤트 철학의 궁극적 목표이기도 하다.

파이어아벤트는 생애 마지막 시기에 문화적 상대주의, 그리고 공약불가능성에 대한 자신의 생각을 바꾸었다. 그는 회갑논문집[12] 말미에 실린 인터뷰(1989년), '결론을 대신하는 비철학적 대화'에서 상대주의에 대한 자신의 철학적 입장이 『이성이여 안녕』을 쓸 무렵부터 변했다고 말한다. 그런데도 대부분의 비판자들은 1975년 혹은 1978년, 기껏해야 1987년에 그가 말한 것에 대해서 논평하고 있다는 것이다. 그러면서 상대주의에 대한 자신의 입장을 피력하였다. 그는 이렇게 말한다. "우선 상대주의란 말 자체가 다른 철학적 용어들과 마찬가지로 모호합니다. 어떤 의미에서는 나는 열렬한 상대주의자입니다. 하지만 다른 의미에서 나는 분명히 상대주의자가 아닙니다. 무엇보다도, 나는 생각을 바꾸었습니다."[13] 그는 자신이 내세웠던 상대주의적 관점이 철학적인 난점을 안고 있다고 인정한다. 그리고 객관주의와 상대주의는 생산적인 문화적 협력을 가로막는 지침으로서 극복되어야 할 대상이라고 강조한다.

그가 보기에 문화적 상대주의는 다음의 전제들을 포함한다. 첫째, 문화는 특수한 절차와 가치를 가진 상대적으로 폐쇄된 단위이고, 다른 문화가 그것에 개입하기 어렵다. 따라서 모든 문화는 동등한 가치를 가지며, 다른 문화에 의해서 존중되어야 한다. 둘째, 각 문화들 사이의 공약불가능성은 문화들 사이의 장벽이 너무나 커서 서로 완전히 단절되어 있다는 것을 상정한다.

---

12 *Beyond Reason*.
13 *Ibid.*, p.507.

그러나 파이어아벤트는 적어도 그런 전제들 중 일부는 정당화되기 어렵다고 생각한다. 왜냐하면 문화들 사이에는 활발한 교류가 있어 왔고, 이를 통해서 한 문화의 다양한 요소들이 다른 문화로부터 전달되고, 변형되었기 때문이다. 또한 문화들 사이에는 서로 넘지 못할 간극이 있는 것도 아니다. 따라서 파이어아벤트는 문화가 상대주의와 객관주의 모두가 전제하는 것 이상으로 융통성을 가진 것이라고 여긴다. 반면에 상대주의와 객관주의는 문화에는 단일한 객관적인 실재가 있다는 문화적 본질주의로 환원된다.

AM 제4판에서 우리는 상대주의에 대한 파이어아벤트의 마지막 입장을 엿볼 수 있다. 그에 따르면, "문화는 변한다. 문화는 다른 문화와 상호작용한다. 그것으로부터 초래되는 불확정성은 그들의 세계에 반영된다. 이것이 상호문화적인 이해를 가능하게 하고, 과학적 변화를 가능하게 하는 것이다. 잠재적으로 각각의 문화는 모든 문화이다."[14]

이러한 입장은 다음과 같은 중요한 귀결을 갖는다. 문화적 특유성이 신성불가침한 것이 아니며, 자신의 확립된 규범 내에서만 배타적으로 평가되어서는 안 된다. 오히려 문화적 실천은 외부로부터, 인도주의적 관점에서 정당하게 평가되어야 한다. 이제 객관주의와 상대주의를 극복하려는 파이어아벤트의 시도를 정당하게 평가하는 일이 우리에게 남겨진 새로운 과제가 될 것이다.

---

14 *Against Method*, 2010, p. 287 [이 책 488쪽].

파울 파이어아벤트 연보

1924 오스트리아 비엔나(빈) 출생.

1940 2차대전에 징집되어 독일 근로봉사대에 입대.

1942 장교학교에 지원.

1943 어머니가 자살한 사실을 알게 됨.

1944 철십자 훈장을 받음.

1945 복무 중 총상으로 척추신경에 손상을 입게 됨.

1947 빈으로 돌아와 역사와 사회학을 공부하다가 물리학으로 전공을 변경하고 첫번째 논문을 발표.

1948 오스트리아에서 알프바흐 여름학교 세미나에 참석. 칼 포퍼를 만나고 첫번째 아내 에델투르트와 결혼.

1949 크라프트 서클의 학생회장이 됨. 비트겐슈타인이 크라프트 서클에 방문해 강의를 하고 파이어아벤트는 브레히트를 만난다.

1951 「기초진술」로 박사학위를 받고 비트겐슈타인 아래에서 공부하기 위해 장

학금을 신청했으나 파이어아벤트가 영국에 도착하기 전에 비트겐슈타인이 사망함.

1952 영국 런던 정경대학에서 칼 포퍼 아래에서 공부함.

1953 칼 포퍼가 장학금을 연장신청해 주었음에도 불구하고 오스트리아로 돌아옴. 포퍼의 『열린 사회와 그 적들』을 독일어로 번역하고, 포퍼의 연구보조가 되는 것을 거절.

1954 비트겐슈타인에 대한 첫번째 논문 발표.

1955 영국 브리스톨 대학의 정규 강사가 되고 비트겐슈타인의 『철학적 탐구』에 대한 요약이 『철학리뷰』에 게재됨.

1956 두번째 아내 메리 오닐과 결혼. 「분석의 역설」 논문을 발표하고 양자물리학자 데이비드 봄(David Bohm)과 친교를 시작. 봄은 이후 파이어아벤트에게 중대한 영향을 끼치게 된다.

1958 방문학자로 버클리 캘리포니아 대학에서 강의를 함. 이때 가장 중요한 초기 논문들이 발표됨.

1959 버클리의 종신교수직을 수락하고 미국에 영주권을 신청.

1962 「설명, 환원, 그리고 경험주의」 발표.

1963 「좋은 경험주의자가 되는 법」 발표.

1965 포퍼와의 거리두기를 하고 있었음에도 불구하고 포퍼의 저작 『추측과 논박』에 열렬한 찬사를 담은 리뷰를 씀.

1967-8 연구의 중심이 이론적 다원주의로 이동하며 과학자들은 가능한 한 많은 대안 이론을 가지고 이론을 구축하고 방어해야 한다고 주장함.

1969 「경험 없는 과학」이라는 소논문에서 경험주의자가 되는 것을 포기함.

1970 쿤의 관점에서 포퍼를 공격한 논문이 발표되었고, 이는 최초로 인식론적 아나키즘을 이야기한 글이 됨. 존 스튜어트 밀의 『자유론』을 과학적 방법론에 적용하고자 함.

1974 임레 라카토스가 사망함. 칼 포퍼의 『객관적 지식』에 대한 비판적 리뷰를 발표함.

1975 인식론적 아니키즘으로서 첫번째 책 『방법에 반대한다』가 출간됨.

1976~7 『방법에 반대한다』에 대한 주요 리뷰에 답함. 상대주의에 대한 최초의 주요 논문 발표.

1978 『자유사회에서의 과학』 출간. 『방법에 반대한다』에서의 입장을 바꾸지 않고 인식론적 아나키즘에 대한 정의를 명확히 함. 파이어아벤트의 논문이 독일어로 번역되면서 본격적으로 독일어 판본이 출간되기 시작.

1983 버클리에서 이후 두번째 부인이 되는 그라치아 보리니를 만남.

1987 1981년에서 1987년 사이에 쓴 글을 모아 『이성이여 안녕』 출간.

1988 『방법에 반대한다』의 두번째 개정판 출간.

1989 버클리에서 1983년에 만난 그라치아 보리니와 1월에 결혼하여 이탈리아와 스위스로 떠남.

1990 공식적으로 버클리 대학을 사임함.

1991 은퇴한 이후, 이전 제자에 의해 『지식과 이성의 너머에 대한 대화』 출간. 이 외에도 다양한 저작들이 더불어 출간됨.

1993 『방법에 반대한다』 제3판 출간. 뇌종양으로 쓰러짐.

1994 스위스에서 사망.

1995 자서전 『킬링타임』 출간.

1999 『풍요로움의 정복』 출간.

크리티컬 컬렉션 04

방법에 반대한다

발행일 초판1쇄 2019년 12월 10일 | **지은이** 파울 파이어아벤트 | **옮긴이** 정병훈

펴낸곳 (주)그린비출판사 | **펴낸이** 유재건 | **주소** 서울시 마포구 와우산로 180, 4층

주간 임유진 | **편집·마케팅** 방원경, 신효섭, 이지훈, 홍민기 | **디자인** 전혜경

경영관리 유하나 | **물류·유통** 유재영, 이다윗

전화 02-702-2717 | **팩스** 02-703-0272 | **이메일** editor@greenbee.co.kr | **신고번호** 제2017-000094호

ISBN 978-89-7682-597-1 93130

이 도서의 국립중앙도서관 출판예정도서목록(CIP)은 서지정보유통지원시스템 홈페이지(http://seoji.nl.go.kr)와 국가자료
공동목록시스템(http://www.nl.go.kr/kolisnet)에서 이용하실 수 있습니다.(CIP제어번호: CIP2019038443)

철학이 있는 삶 **그린비출판사** www.greenbee.co.kr